フロイト最後の日記
1929〜1939

ジグムント・フロイト［著］
ロンドン・フロイト記念館［編］
マイクル・モルナール［解説・注］
小林　司［訳］

日本教文社

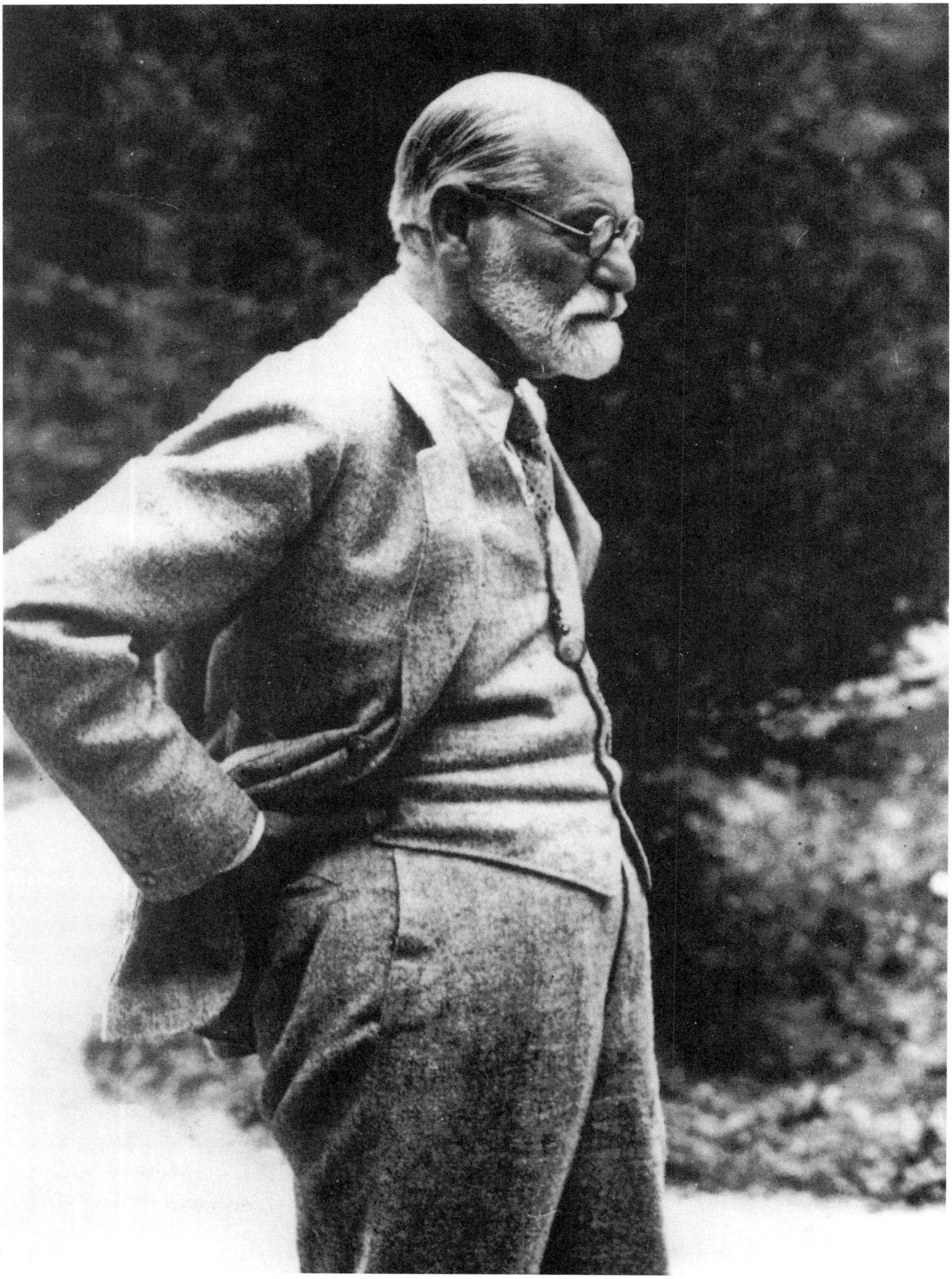

CONTENTS

はじめに
VII

日記原文
1

日記解説
42

あとがき
277

本書の出典に用いた略号一覧
279

注
280

索引
325

フロイト一族の系図
328

THE DIARY OF SIGMUND FREUD 1929-1939
A Record of the Final Decade
translated and annoted by Michael Molnar

Copyright © 1992 by Freud Museum Publications
Introduction copyright ©1992 by Michael Molnar
Freud material copyright©1992 by A. W. Freud et al. by arrangement with
Sigmund Freud Copyrights.
Japanese translation published by arrangement with the Freud Museum
c/o The Spieler Agency, L.L.C. through The English Agency (Japan)Ltd.

*Photo Credits:
Where no photograph credit appears in the caption, the photograph forms part
of the Freud Museum photograph archive and has been reproduced by kind
permission of A. W. Freud et al.

フロイトの日記　　写真キャプション
凡例：
1. 年月日を1933-10-25（1933年10月25日）、1925-5（1925年5月）と表記する。
2. 写真説明末尾の人名ないしアルファベットは写真撮影者名。
3. 1ページ大写真の説明は、反対ページの写真説明の一番下にある。
4. 説明末尾に括弧つきで人名が二人記してあるのは、手紙からの引用を示す。

Page i：ロンドンにおけるフロイト、1938年夏、『モーゼと一神教』執筆中。「腰掛けて、ペンを手にとると、いつも次に何が続くかと好奇心がわいてきました」
Page ii：彫刻家オスカル・ネモン家の庭園にいるフロイト、1931-7。

ロンドンのメアスフィールド・ガーデンズ 20 にある、フロイトが最後に住んだ家。現在はフロイト記念館になっている。

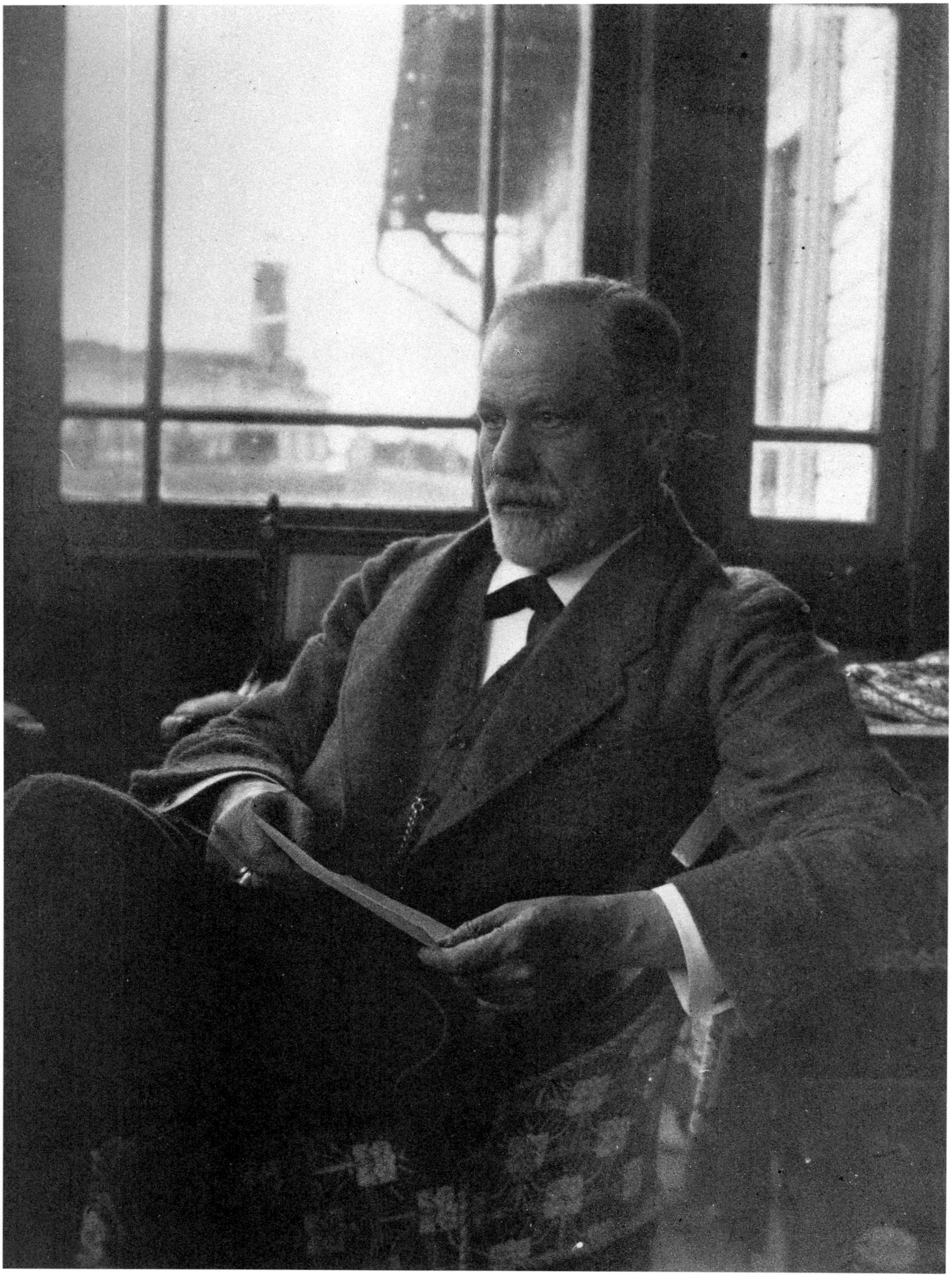

はじめに

　1986年6月、ロンドンでフロイト記念館が開館される1か月前に、フロイトの机上にあった幾つかの文書が目録に登録された。その中に、大学ノートの大きさの20枚ほどの紙の束があって、それには日付と短いコメントが、紛れもないフロイトのあのゴシック体のごつごつした筆跡で書かれていた。第1ページ目の上部に「Kürzeste Chronik（最短日録）」と記され、アンダーラインをつけてある。記念館副館長のスティーヴ・ノイフェルドが、私に目を通してみてくれと言った。すこぶる読みにくいドイツ語の文字の群れを解読していくうちに、私はたちまちその内容に魅せられ、好奇心をそそられてしまった。

　その理由は、この得体の知れない文書が新しく発見されたものだったからではない。フロイトが簡単な日録をつけていることは、すでに周知の事実であった。フロイトに学んだ精神分析家で彼の伝記を書いたアーネスト・ジョーンズも、この日記について触れている。歴史学者ロナルド・クラークが書いた、その後の伝記でも「綴じてない日記」として、これから二、三の項目が引用されている。ピーター・ゲイも、彼が書いたフロイトの新しい伝記のための重要な歴史的資料だとして、この「概略日記」を使っている。精神分析家でジグムント・フロイト文書館の創設者であるクルト・アイスラーも、フロイトの末息子エルンスト・フロイトが編集した写真伝記につけた序文の中でこの「簡略日記」に触れて、その数ページの写真さえも載せている。

　最後に、フロイトの長男マルティン・フロイトはこの文書について、一番完全な紹介をしている。「父は机上にある、綴じてない大判の白紙に日記のようなものをつけており、大事だと感じた日々の出来事をごく短く記録していた」（1）　ところが、このようにいろいろ言われているにもかかわらず、この日録が完全な形で公刊されたことは一度もなかった。なぜだろうか。

　ナチスが占領していたオーストリアから、1938年にフロイトが亡命したときに、他の書籍や文献と一緒に、彼はこれを持ち出す事ができた。ロンドンに着いて、ハムステッドのメアスフィールド・ガーデンズ 20 の家を買い、1年後の1939年9月に彼はそこで亡くなった。英国におけるこの最後の1年間にも、彼はこの日録を書き続けていた。死後に、書類、書籍、家具、フロイトが収集した大量の古代遺物が家族に残された。娘のアンナ・フロイトは、1982年に亡くなるまで、ここに住んで仕事をしていた。彼女の遺言により、この家は、記念館にしてくれる公益信託財団に遺贈され、1986年に、この家に残っていた文書類はすべてフロイト文書館に引き渡されることになった。この日録が私に手渡されたのは、まさにその時だったのである。

　この日録が、フロイトの最後の10年に関する重要な一次資料であることは既にわかっていたので、記念館は私にこれを解読して英訳してくれと依頼した。私は、記念館の2階にある日当たりのよい1室に置いてあったトレッスル・テーブル［引き出しのない机］の前に陣取って仕事を始めた。この部屋は、アンナ・フロイトの女友達だったドロシー・バーリンガムの寝室だったことがある。フロイト記念館は、私の周りで、初代館長デイヴィッド・ニューランズの指導のもとに急速に形を整えていった。フロイトの書斎では、古代遺物を荷解きして目録を作る仕事をニューランズ館長が監督指導し、図書室ではフロイトの蔵書リストを作る仕事、館の最上階（かつて、アンナ・フロイトの面接室だったところ）では、フロイト一家の写真アルバムのリスト作りが続いていた。私が解読の仕事を進めていくと、周りで行なわれていること全部が、この日録に何らかの関係を持っていることが次第にわかってきた。

　また、この日録がなぜ今まで公刊されたことがなかったのかも、同時に見えてきた。記されていることの大部分はフロイトの家族内の出来事や日常生活に関することだったから、歴史家やフロイト研究者は、この日録を好奇心の対象としてしか眺めず、「本当のフロイト」を伝えるには適当でない代物だと見なしていたらしい。さらに、フロイトの古代遺物コレクションを見たことのない人にとっては、多くの項目は、まったく理解できないわけではないにしても、不可解だと思われるだろう。だが、フロイトが言及しているすべての品物や本は、私の身近に実際に存在していた。彼の家族や言及されている知人の写真が、階上にある写真アルバムに収まっていることも次第に明らかになり、彼らの未公開の手紙が部屋の隅にある金庫に眠っているのにも気がついた。必要なのは、散在するこれらの材料を一つにまとめあげる事だけであって、そうすれば、この日録の不可解なほのめかしも、息吹をもって立ち上がるように思えた。それをなしとげた結果が、実はこの本なのである。本書が、フロイト最後の10年間についての彼自身による記

上：ロンドンのフロイト記念館にあるフロイトの書斎。
下：その一角。
左：フロイト、1918年。

録に、ユニークな文献的背景を提供できるといいと考えている。

I.「信頼できる年代記作者」

　母親の死から1週間後の1930年9月19日に、ジグムント・フロイトは娘のアンナに手紙を書いている。葬儀のあとの休息のために、アンナは当時、スイスのサン・モリッツに滞在していたのだが、この親子は毎日、葉書や手紙、電報を交わしていた。フロイトの手紙には、この日録にもしばしば登場している犬のことが先ず記されている。フロイトのチャウチャウ犬ヨフィは胃をこわしたが、今はアンナのアルザス犬［ドイツ・シェパード犬］ヴォルフと元気に戯れている。それから、シロッコ［季節風］が吹いた結果、フロイトの妻、妹と義妹［妻の妹］が頭痛になってしまったし、フロイト自身は心臓が悪いが、胃のほうはほとんど治った、と付け加えている。彼の主治医マックス・シュールは往診に来ないが、フロイトの患者で医師でもあったルース・マック・ブランズウィックが代わりにフロイトを診ていた。そして、この雑然とした手紙を次の飾らない言葉で終えている。「約束どおりに、信頼できる年代記作者として、とりあえず報告しておきます」(1)
　この頃には、彼がこの最終期の「日録」を書き始めてから約1年たっていた。日録を読むと、それがアンナへの手紙――各種のできごとの雑然とした異様な混合物――に何となく似ている事に気がつく。つまらない些事と重要な事柄との間にも区別がない。訪問者の名前や集会に加えて、フロイトの健康、周囲の人たちの健康、家庭での出来事、政治的事件、死亡、記念日、お祝い、仕事、休暇、古代遺物のコレクションの増加、が記されている。これらの一定の出来事に加えて、夢や飛行船ツェッペリンといった奇妙な物事があちこちに飛び入りしている。その結果、この日記はフロイトの思いがけない面、つまり記録係としての面を露呈している。(当時フロイトが読んでいた『新自由新聞』には、各種のニュースの混合である「クライネ・クロニーク（小さな年代記）」というページがあった)
　しかし、もっと大事なのは、彼が自分の日記につけた表題に、個人史的な意味あいが含まれていることである。これはフロイトの初めての「年代記」ではない。1882年に彼はマルタ・ベルナイスと婚約した。二人の長い婚約期間の間、彼らは共同記録としての「Geheime Chronik（秘密年代記）」をつけることにした。それは、二人ともウィーンに住んでいた1883年に始まっており、さもなければ交わしたはずの手紙の代わりをしていて、将来への記録の意味も持っていた。それは、二人が交互に記した「日記と自己告白が結合したもの」(2)であった。彼らは、自分たちのラブレター（とフロイトが当時つけていた日記と）を、結婚式の日に、すべて破棄してしまい、この「年代記」だけを二人が生きたこの時期の正式の記録として残すつもりだったらしい。(3)　しかし、マルタが故郷のハンブルクへ戻った1884年1月10日までに、フロイトは、「二人のうち一人」が自分の分を書き続けなかったので、この記録は見捨てられてしまったと訴えている。(4)
「秘密年代記」が終ったあとの新婚当時に、フロイトが何か日記の類をつけていたという証拠はない。とはいえ、他の文書類が1890年代の彼の生活の大部分を記録している。代表的なのは、友人であったベルリンの鼻科専門医ヴィルヘルム・フリースとの親しい文通である。(これは1887年から1904年まで続いたが、最も頻繁だったのは1892年から1902年) また、この時期にフロイトは自己分析を通じて自分の体験をふるいにかけていたが、彼の文通と科学論文とは、この過程で一役をかっている。『夢判断』のために、彼は自分の夢も記録し始めていた。だから、この当時ないしは、第一次世界大戦までの、ことさら多忙な年月に、フロイトには個人的な日記の類をつけている余裕はなかったであろう。『日常生活の精神病理』(1901)では、確かに、「主に仕事に関する毎日の短いメモを含む紙の束」について彼は触れている。しかし、これは日記というよりは出来事に関する説明書のような響きを持っている。(5)
　第一次世界大戦は旅行や社会生活を制限したし、フロイトの家族をばらばらにした。このことが次の「日記」を書いた主な理由になったのかもしれない。大戦中の1916年、息子が3人とも戦場へ行ってしまい、娘の一人が遠いハンブルクに住んでいたときに、フロイトは折にふれて、「プロカスカス家族カレンダー」という表題の大量生産のカレンダーに家族についてのメモや最近の出来事を書きとめていた。これは形式や内容の点で、1929年から1939年にかけてのこの最後の日記に似ていた。
　この初期のメモにも、世界大戦の大量殺人と、フロイトの3人の息子が戦死する可能性という両面で、「死」が背景に流れている。これらの死だけではなくて、自分が1918年の2月に死ぬという迷信めいた予感も、フロイトはかねてから持っていた。したがって、彼は

上：新聞報道、1928-10-29．大西洋を横断するツェッペリン伯爵号。
右：フロイトと婚約した当時のマルタ・ベルナイス、1883年頃。

A Record of the Final Decade

自分の死のことも考えていたにちがいない。(7)

　1918年12月にこの「家族カレンダー帖」を書くのをやめたとき、フロイトは自分が死ぬべきときを生き延びていたし、3人の息子たちも戦争から無事に生還していた。しかし、1929年に彼がこの最後の日録を書き始めたときには、状況が変わっていて、死がもっと身近なものになっていた。73歳になったフロイトは、ガンと心臓障害のために、死刑の執行を延期されているような状況で生きていた。この日録の表題「最短 (kürzeste)」にも、このことがはっきりと表われているような気がする。つまり、それは単に日録の記載が短いという意味だけではないようにも見える。1923年にガンの診断が下った後、フロイトに与えられた余命は5年だった。(8)　1929年までには6年が経っていたのだから、日録がすぐに終わるかもしれないという意味あいもあったかもしれない。

　以上は、日録の表題を読んだだけでも言える一面である。しかし、内容から見ても同じことだ。極端に短い記載を見ると、自分自身の出来事についての記録を出来るだけ書かずにおこうというフロイトの拒絶的態度が感じられる。この態度は、他の歴史論文（『精神分析運動の歴史について』）の題辞にも表れていて、そこでは、「短くせよ／世界の終末の日には空無となる」というゲーテの詩句が引用されている。(9)

　最後の審判を背景として書かれているから、日録も短くなるわけだ。フロイト個人に関する限り、世界の終末の日は、それほど遠い未来のことではなかった。1929年以降、彼は余生を生きていたのだから。その意味では、この「最短の日録」は書かれている最中から、いわば死後の記録であった。だからその淡々とした客観性だけを見ると、彼が人間的な事柄から離れていた証拠だと誤解される恐れがある。しかしながら、この日録の記載から読み取れるのは、むしろ忙しく積極的な生活である。この日録は、私たちの注意を他の方向、他の資料へと向けさせる道標として読まれるべきなのだ。

　フロイトがこの日記を書き続けたのはなぜだろう、というありきたりの疑問は解けないままである。単に「時の経過を刻んだ」だけなのだろうか？　もしそうならば、記述が抜けた日にちがあるのはなぜだろう？　日誌記録者というものは、強迫的に最大もらさずに記すものであるが、この日記を見る限りでは、フロイトはそうでなかった。病気のせいだったことがあるにしても、記述が抜けたことを説明するはっきりした理由はほとんど見当たらない。全くの思いつき、つまりその場その場の気まぐれで書かれたのか。あるいは、記入事項の背後に何か目に見えぬ体系があって、特定の事柄だけが記されたのか。

　幾つかの記述を詳しく調べてみれば、どのような事柄を記述しているのかが、わかるであろう。ここで、無作為のサンプルとして、1935年10月を採り上げてみよう。

1935年10月1日　月曜［火曜］＊　大きな観音
　この最初の記述は、フロイトの古代遺物コレクションに新しく追加があったことを記している。観音像とは慈悲の菩薩の像であり、瞑想中なので眼を閉じている。現在、フロイト記念館にあるこの像は、1930年代にふえつつあった一群の仏像の間に立っている。骨董品としての本来の興味以上に、この像は仏教と涅槃［至福の境地］、さらにはフロイトの死の衝動の概念との関係を考える推定の元にもなりうる。

1935年10月2日　火曜［水曜］＊　アビシニア［エチオピアの旧称］で戦争始まる
　この政治的な記述は、フロイトの身近な関心からはかけ離れているように見える。しかし、ムッソリーニによるアフリカの植民地戦争は、オーストリアに直接の関係があった。1934年のオーストリアのゼネストのときに、ドイツのナチスがオーストリアを侵略するのを防いだのは、ムッソリーニによる介入だけであった。ドイツと共謀して、彼が海外にかかわるようになればなるほど、将来オーストリアをムッソリーニが守ってくれる見込みは薄くなっていった。（ちなみに、この時期のもう一つの政治的出来事が記されていないのは、考えてみれば奇妙な現象である。ドイツ議会で2週間前に可決されたばかりの、反ユダヤ主義の「ニュールンベルク法」のことに、この日録は触れていない）。

1935年10月10日　木曜　ある微妙な失錯行為
　この主題に関するフロイトの論文とそれが語られている自伝的エピソードに、この記述は読者の興味を向かわせる。この論文でフロイトは、ドロシー・バーリンガム（前日が誕生日）に贈った骨董品の指輪について述べ、さらにこの贈り物につけようとしてメモを書いているときに犯したペンの滑りを、自ら解釈している。そのあとでアンナが自

上：フロイト、1925年。
下：1935-10-1に入手した大きな観音像。WK

＊フロイトは10月の最初の2日の曜日を間違えて記しているが、あとになってから思い出して記載したせいで誤ったのだと思われる。

分の解釈をそれに追加した。

1935年10月11日　金曜　ピヒラーの手術
　日録が始まってからでは11回目、この年4回目の手術である。この不快な数字は、この時期にフロイトが耐えた苦痛をにおわせている。

1935年10月13日　日曜　ソーントン・ワイルダー
　この米国の作家の訪問は、フロイトの手紙と、ワイルダーの日記の両方に記録されている。この会見は、フランツ・ウェルフェルからジェームズ・ジョイスまで、文学と精神分析に関する魅力あふれる討論の機会となった。

1935年10月16日　水曜　マティルデ48歳
　この日は、フロイトの一番上の子供であるマティルデ・ホリチャーの誕生日であった。フロイト家から1ブロックほど離れただけの近所に夫と住んでいたこの娘が、この年に苦しんだ病気をフロイトは真剣に心配していた。

1935年10月18日　金曜　ベルクガッセ
　ベルクガッセ 19 というのがウィーンにあったフロイトの自宅の住所である。ウィーン郊外グリンツィングに借りた屋敷での、恒例の6か月にわたる夏の生活から、フロイト一家がウィーン市内へ戻ってきて、冬の生活が再開されたことをこの記載は示している。

1935年10月22日　火曜　＋リヒャルト・ワーレ
　他の人の死と同じく、哲学者リヒャルト・ワーレの死も記憶されるべきことだった。彼は、フロイトが結婚する前の1880年代早期に、「カフェ・クルツヴァイル」で会合していたフロイトの仲間たちの一員だった。ワーレの兄弟の一人であるフリッツはマルタと恋仲になっていて、フロイトは半狂乱になって嫉妬した。

1935年10月28日　月曜　自己を語る
　この月の最後の記述は、自伝『自己を語る』の英訳本をフロイトが受け取ったことを記している。この本は、もともとはドイツで科学者の生涯と業績を解説するシリーズの一冊として出版された。自分の生活と仕事の関係をどう見ているのかを示すことだけが、このシリーズの目的だった。1935年1月にフロイトはこの英訳版につけた補遺の中で、自分の生活と精神分析の歴史とは「密接に入り混じっている」と書いている。(10)
　これらの記述は、次のような疑問を感じさせる。この時期における、フロイトの生活と仕事の新しい面を、この日録は何か見せているのだろうか？　以上の、1935年10月の記述を眺める限り、話題は広範にわたっており、フロイトの古代遺物コレクション、世界やオーストリアの政治、自分の著述や出版、病気、訪問者、家族の誕生日、一家の出来事、死亡、などが雑然と記されている。このうちの幾つかは、すでに彼の伝記やこの時期の歴史記録に記されているが、その他は未知あるいは、あいまいのままである。
　しかし、この日録とその他の資料との間には決定的な違いがある。この日録は、この時代に対するフロイト自身の見方がおのずから表れているものであり、自分が重要だと感じた出来事を彼は書き留めたのだった。したがって、各項目は二重の意味を持っている。いつ何がおきたのかという歴史記録的な価値が一つで、もう一つは自伝的な要素である。とはいえ、全体としてみれば、この日録の記載は様々な印象が織りなす奇妙な織物のように思える。その織物の模様は、一方から眺めると、歴史の中に立っているフロイトを浮かび上がらせている。けれども、もう一方から見ると、もっと魅力的な何かが立ちのぼってくる。その「何か」とは、フロイトの目に映った進行中の歴史の映像なのである。

II．「人が生き、考える時の言語」

　この「簡潔な日記」の矛盾は、よく知られている執筆者としてのフロイト、つまり、公刊されている著作の背後に隠れている鋭敏な知性、が見えないことである。ここでは、あの精選された言葉は少しも見当たらず、ただ単語や文章が次々と年代順に並んでいるにすぎない。その理由は、フロイトがこれを書くときに、他の人に読ませることを念頭

机上の古代遺物。NB

に置いていなかったからである。

　しかし、他人が完全に除外されているわけではない。暗号で書かれているのでもなければ、秘密にされていたのでもないこの日記は、フロイトの机上に置きっ放しになっていた。すくなくとも家族には、その歴史を語っており、この読者（家族）にとって、説明は不要であった。家族や訪問者めいめいの社会生活、古代遺物や書棚など、自分の周りの世界を見れば説明が見つかったのだから。もし、共感を持って耳を傾けるならば、このような範囲の経験を、この日記は読者に向かって語り始めるであろう。

　このむき出しの事実を超えて、この日記にはフロイトの家族や社会への関心が、しばしば垣間見られる。また、考えや感情を表わしていないように思われるにしても、この日録は読むものの興味をフロイトの内面生活へと向けさせる。記念日や旧友の死には、そこはかとない思索がうかがえる。新しく手に入れた古代遺物は、コレクションの瞑想的な沈黙を強調している。犬についての記述は、この10年間における動物との友情を物語っている。孫たちの名前で示される幼い子どもたちとの交流にフロイトは喜びを見出していた。

　いろいろな書かれていない物語が、この日録の欄外に浮かび上がってくる。できるところでは、私はこれらの物語を記そうと試みた。一つの解説の中に手短に記したこともあれば、読者が再構築できるようにと、数年にわたるいくつかの解説の中にそれを織り込んだこともある。ある項目をフロイト自身の言葉で、あるいは他の関係者の言葉によって、説明できるときには、必要な場所に直接その言葉を引用しておいた。そうするにあたって私は、フロイト記念館で読むことができた、未刊の資料や、ほとんど知られていない資料を大いに利用した。写真でおわかりのように、古代遺物の記載の説明には、フロイトのコレクションを使った。ある特定の事柄に関する直接の証拠が見つからない場合には、記載の背景の説明となる人物や話題についての一般的な情報を示すように努めた。時には、推定が混じったり、情報の詳しさにむらが出たこともある。

　様々な副次的エピソードや並行するそれぞれの人生とは別に、読み進めるうちに、やがて一つの圧倒的な物語が始まる。それは、ナチズムの進展と、フロイトの亡命である。もしこの日記が小説だとすると、この特定の「筋書き」の組み立てに関する限り、これ以上の技巧をこらすことは出来まい。日常的なことがら、つまり医療、病気、カード遊び、国際精神分析出版所の経営の心配、知人の来訪といった、一人の老人のとりとめのない関心事の後で、その背景には政治のドラマの音が響き出し、1938年のクライマックスへ向けて次第に盛り上がっていく。このとき、音を立てて閉じた罠から抜け出そうとする、人生終幕の前年におけるフロイトの奮闘の中で、ばらばらだった主題がついに一つになる。そして、劇的な脱出行の後の最終章つまり大団円では、英国で暮らしたいという幼時期の夢と、「自由の中で死にたい」という成人後の願望とが、期せずして充たされることになる。

　フロイトがまだ幼なかったとき二人の異母兄弟がマンチェスターへ移住した。若者としてフロイトは彼らを訪れ、イングランドに強い印象をもった。しかし、英国に関するすべてのつながり、彼の英国好き、英国の言語や文学についての深い知識、にもかかわらず、そこには一つの障碍が横たわっていた。亡命の数日後、1938年6月11日に、フロイトはスイスの精神分析家レイモン・ド・ソシュールにこう書いた。「移民体験が非常に辛いものになる一点が、たぶん、あなたにはおわかりにならないだろうと思います。それは、こういうことです。つまり、その人が生き、考え、他のものと決して置き換えることができない、言語というものを、共感をもってあらゆる努力を傾けても、失ってしまうことなのです。よくわかっている表現でも、英語では思いつけませんし、Es（イド）という単語の場合一つを採りあげてみても、見慣れたドイツ語のゴティック書体を捨てたがらないとわかるのは辛いことです」(2)

　最後の一文でフロイトが触れている、このイドというのは、他にEsとも表現されており、無意識の力を示すために彼はこの言葉を使うことに決めていた。したがって、ここで彼は、ラテン文字に対して無意識が抵抗するという奇妙な現象を記している。もっとも、1929年からの日録の多くはこの書体で記されていた。ゴティック体で書く場合でも、地名や固有名詞はラテン書体で書くという決まり事があった。したがって、この日録では、ゴティックとラテンという2種類のアルファベットがおのずから混合している。奇妙なことに、この日録ではその限られた記入事項の範囲内でさえも、フロイトがソシュールにこぼした「言語からの亡命」がわずかながら見られる。例えば、オーストリアの暗黒時代の始まりとなった、ドイツによる侵攻は「Finis Austriae」というラテン語の墓碑銘で表わされた（このキャッチフレーズにはいろいろな含みがある。これ以上何も言うべきことがないというかのように、一国とその文化を埋葬する一方で、悲惨な時代を世界史的

上：机上の古代遺物。NB
下：ロンドンの書斎を展望。NB

視野から眺めるという、暗い慰めをも提供しているのだから)。また、1938年11月10日――ユダヤ人とその財産を攻撃した、あの有名な「水晶の夜」――に、フロイトは、この言語に絶する出来事を、母語から距離を置いて、まるで外国の記録係のように、簡単に英語で「ポグロム　ドイツで」とだけ記している。しかしながら、この日録はそれ以降もドイツ語で続けられ、英語に切り替えられたわけではなかった。最終ページと最後の年には、言語を切り替えようとする、あまり気乗りのしない試みが散見されるのも事実である。1939年には、月の名前の大部分と曜日の名の一部とが英語で記されている。しかし、それだけのことだった。こうした最低レベルの記載でさえ、あいかわらず母語による支配がまだ続いている。書き言葉であれ、話し言葉であれ、そう簡単には置き換えることのできない、隠れた重みを母語はまだ維持していた。

　フロイトがソシュール宛ての手紙で打ち明けた母語の問題は、単に、ある言語の能力があるかないかの問題ではない。フロイトの英語は素晴らしかった。一生涯、彼は英語を読み続けていたし、英語で文通したり、英語で精神分析をしたりしていた。だが、それでもなお、英語に対しては乗り越えねばならない精神的抵抗があった。彼の患者のうちで一番言語に敏感だった詩人H. D.は、母語と新たに習得した言語との間の違いを回想して、こう書いている。「彼がギリシャ語を話していたようにも聞こえた。彼の美しい語調は、英語の句や文をある文脈から（英語全体に関連する文脈から、と言ってもよいのだが）彼独特の方法で取り出していたので、それとわかるなまりなしで彼が英語を話しているにもかかわらず、まるで外国語を話しているように聞こえてしまったのだ」(3)

　H. D.に対する精神分析は、1933年の3月に始まった。この頃には、フロイトが分析する患者の過半数は英米人になっていた。1921年に1日9人の被分析者を扱っている頃、すでにそのうちの6人は英語使用者だった。(4)　この日録は仕事の日誌ではなかったから、これらの患者には言及していない。例外は、他の面でも社会的接触があったドロシー・バーリンガム、イーディス・ジャクソン、マーク・ブランズウィック、ルース・ブランズウィックといった人たちだけである。第一次世界大戦後にオーストリア経済が不安定になり、外国通貨の値打ちが高くなったので、外国人の患者が必要になった。政治がフロイトに亡命を強いたよりもずっと前に、経済が彼の仕事に外国語を使うようにさせたのである。

　この点を別としても、オーストリア・ハンガリー帝国の教養ある住民の大部分と同様に、フロイトも多言語を使っての生活を送っていた。幼時には、ドイツ語とチェコ語を聞いて育った。16歳の時に、フロイトと友人のエドアルト・シルバーシュタインはスペイン語を教えあって、この言葉を使って文通をした。マンチェスターの親戚とは英語で手紙を交わし、ジョン・スチュアート・ミルの著作をドイツ語に翻訳した。パリに留学した後には、シャルコーによるフランス語の著作をドイツ語に翻訳した。イタリアへ旅したときには、イタリア語で話した。しかし、これらの外国語を使っている時でも、フロイトは明らかに違和感を持っていた。

　この他にも、現代では使われていない言語がある。学校でフロイトはラテン語とギリシャ語を学んだ。1914年に、学生時代についての短いエッセーで、古代文化は「生存競争を闘うとき、他に並ぶもののない慰めになる」、と彼は記している。(5)　古代遺物のコレクションのように、古代文化は休息、保護と勇気づけ、つまり現在の時についての一種の死後からの展望を提供した。その慰めは冷静な知識、すなわち科学的視点が持つ「死の中の生」とも対比できる。

　しかし、言語はこの「最短の日録」とどの程度、関わりがあるのだろうか。この日録は、基本的には、孤立した単語が骨組のように並んでいるだけのものである。このことは、一方では、著者が何をしようとしていたのかを如実に伝えてくれる。この10年を記録するために、フロイトは最も客観的な表記法を選んだ。精選された語法やこの語法で示される広い社会的関係を拒否して、直接的な記録の類いを並べる方法を彼は選び取った。むきだしの「科学的な」データは読者の生きた経験と直接結びつく――その読者がフロイト自身か彼の家族であればだが。外部の読者は初めから無視されているのだ。立ち入りを防ぐとか、秘密にするとかいうことではなしに、もっと単純に、われわれが読むことを、最初から度外視しているのである。背景についての説明が欠けているので、読者は、わずかばかりの記載の中にフロイトの思考についての手がかりを追い求め、この日録の要点、つまりこれが彼の日常生活の記録であることを、見落とす危険がある。

　ソシュールへの手紙で、フロイトはある言語の中で生き、考えることについて語っている。この日録は生活の記録であって、文学作品ではない。おそらく読者は、フロイトもまた、文学的な文体が呼びおこすある特定の「心象」の外側で生きていたという明白な事実を、心にとめておかなければならないだろう。ある程度までは、出来事そのもの

上：「彼女は完璧ですが……槍を亡くしたのです」と、H・Dにフロイトはこのアテナ像を示した。NB

下：エジプトの石板類。

がこの文体を作り出した。日録に記録したすべてのことが、その著者に何らかの印象を与えたのだ。この日録は、言葉になった記憶痕跡であり、経験と、選び抜かれた言語から生まれる完全な意識との間にある、一種の中間施設である。

1938年夏に、フロイトは自分のライフワークの要約である『精神分析学概説』（未完）のあらましを書いた。いつものように、精神分析が科学として扱われるようにと気を配ったフロイトは、精神分析による観察と自然科学による観察とは本質的に相等しい、と主張した。そして結末では、物理学においても精神分析においても、現実を知ることはできないと記した。「というのは、新たに推論したことすべてを、われわれ人間は知覚の言語に翻訳しなければならないからである」(6)

この比較で、フロイトは現実の経験を翻訳行為だとみなした。この図式はこの日録にもあてはまるだろう。この日記はフロイトの経験を翻訳したものの一つとして、読めるかもしれない。使われている言語は他の著作よりも原始的だが、その理由は一連の別種の知覚を翻訳しているからである。この日録が記したのは、物理的社会的現象の世界——病気、来る人、行く人、新たに現われた事柄や本の世界である。それは、過ぎ行く時間を展望している。人が生活し、思考する言語が記されているというよりも、むしろ、この年代記は、フロイト自身の同時代史についての第一稿である。

III.「人生の曲線」

この日録が始まる12日前、つまり1929年10月19日にフロイトは、自分が治療を受けるために滞在していたベルリンのテーゲル療養所からアーネスト・ジョーンズにこう書いている。「人生の曲線がゆっくりと、しかし着実に下降するとともに、休暇期間と労働期間との間にあった、時期による差が急速になくなりつつあります。私も休息の権利を主張することが出来るように思っています」(1) 日録の初めの2年間、フロイトは夏の住居やベルリンへの移動を、欄外に赤や青のクレヨンを使った線を引いて目立つようにしていた。したがって、この「時期による差」を一目で見てとることができた。ところが、彼はこれを1932年にやめてしまった。この年から1938年まで、フロイトの毎年の生活周期は一定のパターンに落ち着いた。つまり、夏をはさむ6か月はウィーン郊外で、残りの冬の6か月はウィーン市内のベルクガッセで過ごすことになったのである。

日録はフロイトの意識的なあるいは知的な生活の詳細を記録していないし、1個の「人格」としてのフロイトをさらけ出すこともしていない。とはいえ、彼の最後の10年間の生活のリズムを生き生きと伝える年代記になっている。日録をつけることは、時を刻むことである。これは言葉を換えれば、毎日そこへ戻っていく基線ないし定数を記録にとどめることを意味している。新しい項目を記すことによって——それは、繰り返しであると同時に繰り返しではないのだが——私たちの人生の最少限の持続性が確認できるのだ。別の言い方をすれば、私たちの書く言葉が、ある一日と別の一日とを実際に区切るのである。

ジョーンズへの手紙の中で、フロイトは休息の権利に触れているが、この点に触れたのはこれが最後ではなかった。1930年代に、彼は治療の仕事をやめて著述に専念する、としばしば書いている。だが、彼と一族に必要な収入をもたらしたのは、被分析者［患者］、それも多くは外国人であった。平均患者数は1日に4〜5人に落ちついたが、フロイトは仕事を最期まで続けていた。最終的にやめざるをえなくなったのは、1939年8月である。もし、1929年に労働と休息の間の差がなくなっていたとすれば、それは、フロイトが休暇の時期にも患者を治療し続けたからだった。

しかし、もっと基本的なレベルで言えば、ジョーンズにフロイトが書いた「休息」という言葉は、緊張からの解放、つまり「あらゆる生命体の最も普遍的な努力——無機の世界の無活動への回帰」を示している。(2) これは、議論の的になったフロイトの「死の欲動」の定義である。彼が開拓した理論上の死とは別に、彼が権利として主張した実際の死があった。これら、両方の死は、ある意味で、この最後の日録、一番長い10年間にわたる年代記の背景にある、一つの通奏低音である。

日録は、1929年10月下旬にウィーンへ戻ること、古い環境への回帰、おなじみの仕事の再開、で始まっている。しかし、この時期のフロイトは、創造的な仕事がいまや終わり、現実の生活は急速に終局に向かっている、と感じていた。科学者には出来事を客観的に記録する義務がある。この日録の中で、彼は少なくとも、彼自身の避けることのできない衰えの段階を一覧表にしてみせた。あるいは、衰えに対する闘いをも記したと言

上：バラを眺めるフロイト、ベッツラインスドルフにて、1931年夏。
下：性と死の欲動の性質についてのメモ。1918年。

えようか。最初の1か月の日録には、日付の間違いがたくさんあるが、これはこれらの日付と、たぶんそれに付随する出来事とを、いくらか後の時期に記入したことを意味している。記載事項が、実際には月末か週末、あるいは、その出来事の数日後に記されたのであれば、それらを記載する行為は記憶力の訓練やテストにもなっていたに違いない。この記載行動は、「回想」——精神分析の基礎とも言うべき、記憶を呼びおこす行為——の一種と言うことができる。

いずれにせよ、この日録は、主に私的な記録として書き始められた。しかし、最初からわずか1週間後には、暴力的「反ユダヤ主義の騒ぎ」という記載がある。この不吉な記載事項は、フロイト自身の生活とは直接には関係ない事の、最初の記載である。その後1年間、外部からのそのような侵入はなかった。次に、フロイトは1930年11月の選挙を記している。これよりあとは、公的事項の侵入が始まって、1931年4月15日の「スペイン共和国に」という遠くの出来事、次にもっと近くの1931年9月13日の「クーデター　シュタイアーマルクで」が続き，最終的には、1933年5月11日の「ベルリンの焼却」の記事が来て、純粋に私的な生活を送るすべての希望が炎の中で消されていく。

あるいは、変わったのは日記の私的な性格ではなくて、フロイトや他のすべての人の私生活の中へ、次第に侵入を進めていた世界情勢が日記の性格を変えた、と言えるかもしれない。この点で、日録はあの暗黒時代についての、信頼するに足る画像を提供している。文明の自己破壊力を文明がコントロールできるかどうかという疑問を提起した『文化への不安』をフロイトが完成させた時期に、この日記が始まったのも驚くには当らない。大部分は私的な記録であるこの日録は、普遍的に文明を概観した『文化への不安』とは正反対の書き物のように見える。あるいは彼が検討した暴力と攻撃性に対する控えめな反応とも思われる。『文化への不安』の続編かあるいは影か、両方の捉え方が可能だが、いずれにしてもこの日録は、この論文の中心的主題、つまりそれぞれの人間に反映される、リビドーと死の欲動、あるいはエロスとタナトスとの闘いという主題と、必然的に重なっている。

この対照的な要素を、もっとわかりやすい言葉で言い直せば、この「年代記」は一種の貸借対照表だと考えることもできる。表面だけを見ると、これは種々雑多な記録、つまり備忘録にすぎない。しかし、この日録は会計報告の記録ともみなせるのだ。例えば、記念日や誕生日は人生からいえば貸し方で、借り方には、旧友や知人の名前につけた＋印（死亡を表わす印）がある。精神分析出版所をめぐるトラブルが借り方だとすれば、着実に流れ込んだ外国語への翻訳書は貸し方であろう。痛ましい一連の手術や病気も、古代遺物コレクションの増加との間で、貸借の釣りあいが取れている。

死の予感は、勘定書をまとめるきっかけになるから、これが他の記録文書が始まった理由でもあったかもしれない。例えば、この日録が始まるよりもちょうど6年前、顎の大手術の直前に、フロイトは遺書を書いた。その数日後にあたる1923年11月5日に、彼は自分の著作の翻訳書の系統的なリストを作り始めて、その更新が1935年まで続いた。翻訳書の多くは日録にも記載され、それゆえに2種類の記録が重複している。

フロイトが1930年代に並行してつけていた記録は他にもある。手紙のやり取りをも彼は記録したのだ。このうちで残っているのは、1938-1939年の英国時代のリストだけである。これを見ると、彼が郵便物をどんなに丹念に記録し、いかに素早く返事を出していたかがわかる。この念入りな記録は1939年8月27日までフロイトの手によって記されて、その後はアンナ・フロイトの手で、フロイト死亡日の1週間前にあたる9月15日まで書き続けられた。彼が並行して別に記録していたのは、小さなノートで、これには患者名と、面接時間、支払い金額が書いてあった。もう一つは、英国での訪問者リストだった。1938年6月から1939年5月まで、100人以上の名前が記されている。訪問者の多くは全くの他人か、突然の来客だったが、この日録に記されたのは、そのうちの（たぶん、最も重要な）1割以下である。

これらの各リストは、それぞれが、フロイトの仕事と社会生活の軌跡を残すという、はっきりした目的を持っていた。こうした各方面に分散した文書の中に置いてみると、日録はすべての他の文書を一まとめにする、「リストのリスト」という性格を持っている。だから、記録は交差している。とはいえ、他のリストが単なる機械的な登録に過ぎないのに対して、この日録は、体験を選んで採用したり、削除したりした一つの心の痕跡である。さらに、明らかに独断的で矛盾した特徴をも示している。例えば、来客の訪問を書き留めているのに、別離を記していないことが何度もある（この逆もある）。時には、来客、誕生日、記念日も、省略されている。また、何週間も記録が欠けていたりする。最初に1年が完全に記録された年で、しかも一番記録が整っている1930年を過ぎると、平均の項目数は年に79へと下降していく。それでも、こうした不規則性にもかかわらず、

上：フロイトが1931年と1932年に夏を過ごしたペッツラインスドルフ。
中：1931-9-17に亡くなったオスカル・リー。
下：1933-5-22 に亡くなったシャーンドル・フェレンツィ。

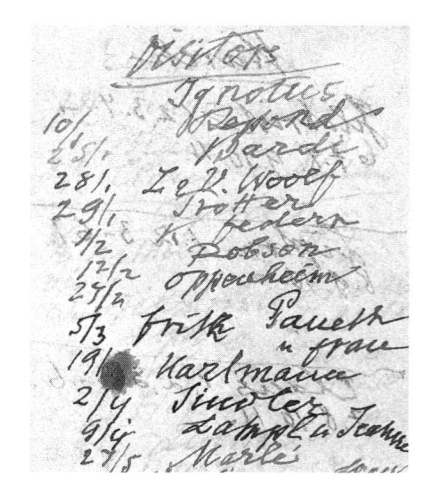

記録が完全に断念されたことはなかった。この事実一つをとっても、この日記は一定不変の何らかの必要性に答えた、と言えよう。散発的とはいえ、本当の終息の1か月以内まで、こつこつと続いたのだから。

その終焉は、フロイトの予測を超えてはるかに後だった。40歳代の初めから、バイオリズム、遺伝、迷信などを使って、彼は自分の余命を計算していた。今や、ガンと高齢が余命の見込み年数を減らしてしまった。この記録全体の中で感嘆符がついているのは、生存についての事実を正面から記した項目だけである——「81歳！」「母 生きておれば100歳！」（父親が81歳半で亡くなったので、フロイトは、81歳を自分が死ぬ年齢だろうと考えていた）。彼の人生の曲線は一つの座標軸の上に記されている。目に見える軸は普通の暦年であるが、見えない軸はわれわれが支配されている秘密の周期的な力から成っている。これら二つの軸の間で、日録は、一方では、達成、獲得、もろもろの記念日、他方では、死、病気、喪失などの項目をその上にちりばめて、フロイトの人生のグラフを描き出した。最も平凡な項目であっても、各項目の背後には、「私は生きている」というひそやかなリフレーンを聞くことができるだろう。

ジョーンズへの手紙でフロイトが語っている曲線は、一つの抽象であり、人生を幾何学的な一本の線になぞらえている。だが、人生の細かな諸事実は、それぞれ独特のパターンを作り出している。したがって、この日録を出来事の単純な一本の直線、ないしは一つの閉じられたシステムだと捉えるのは間違いであろう。もしも、図式的に描くとすれば、最低限、綾織をなす幾つもの曲線で示すべきである。その曲線の一部は、この時期の彼の活動を同様に書き留めた、手紙や他のリストなどの文書を使って描くことができよう。この「年代記」は寄せ集めであるにしても、でたらめな混合物ではない。既に述べたように、ある特定のタイプの出来事だけが記されているのだ。内的証拠［日記の記載から言えること］も、いくつかの項目が、後から記入されたことを示している。これは、出来事や人々が記憶によってすでに濾過されていたことを意味している。多くのものが削除されたり、自己検閲によって消されたのだ。したがって、この日録は、単純、直接の、無垢な記録とは言えない。各項目は熟考されたあげくに、何かしら重要なものだけが記されたのである。

このことを心にとめておいて、この日録で何回くらいいろいろな人物に言及されているのかに注目してみたい。これは驚くにはあたらないが、日記に圧倒的に多いのはアンナの名前である。フロイトが病に苦しんだこの時期に、アンナはフロイトの不変の友、彼の「忠実なアンナ-アンティゴネー」(3) になった。［アンティゴネーは、エディプスとその母との娘］。以下に挙げるのが、10回以上この日記に登場する人々の名前である。モーゼ（12回）、オリヴァー（12）、マティルデ（12）、エルンストル（13）、マルタ（14）、ピヒラー、（19）、アイティンゴン（20）、ミンナ（22）、エルンスト（26）、マルティン（27）、王女（29）、アンナ（50）

「架空の人物」モーゼを除くと、外科医ハンス・ピヒラー、マックス・アイティンゴン、マリー・ボナパルト王女以外は、全員が家族のメンバーである。ピヒラーはフロイトの命を救った人であり、フロイトには彼による継続的治療が必要だった。アイティンゴンと王女は、フロイトと精神分析運動のために心から尽くした人たちだ。家族の外での二人の役割は、家族内でのマルティンとアンナの役割に匹敵していた。彼らは、そろって同じように精神分析運動とその出版活動の諸問題にかかわっていた。マルタ、ミンナ、マティルデはフロイト家の女性たちの中核だった。マルティンと同様に、エルンストは実際面を助け、オリヴァーとエルンストルには被扶養者の役割が与えられる。こうして、主な「登場人物」たちが、中心にいるけれども姿を見せない人物フロイトの周りに、役割と相互依存関係からなる、魅力的なネットワークを形作っている。

このような簡潔な「日記的年代記」でも、個人的意識の奇妙さを避けることはできない。この日記を読み進めると、読者は、非常に独特な、外界との一連の接触が図示されているのに気づくであろう。最も身体的な「内部」——ガンと人工口蓋、心臓や胃の発作——が、外部の社会的出来事へとつながって、フロイトを取り巻くささやかな医師や専門家の一団が、彼を診察する。あたかも、フロイト自身の私的な生活と公的な顔との間にある「ノーマンズ・ランド［無人緩衝地帯］」を各項目が図式化しているかのように思われる。

この点で、この日録は心理的文献の一種とも言えよう。そこで、日記には何を採用しているのかという選択が問題になる。例えば、1938年6月25日の「ガン夫人がエジプトの古代遺物を」のガン夫人は、なぜH・ローエンシュタインかマリノウスキーではいけなかったのか。（この時期の訪問者名簿では、ガン夫人の前後に二人とも名前が載っている）この二人が望ましい贈り物を持ってこなかったから記されなかったのか？ なぜ王女

上：訪問者リスト、1939年。
中：フロイトの母と彼の妹ミツィ。
下：「アンナ・アンティゴネー」とその父。

A Record of the Final Decade XVII

（多分マリノウスキーを同伴した）の名が日録にだけ現れて、来客名簿に載っていないのか。その翌月［7月15日］、旧友ヴォルフ・ザックスや古い反抗者メラニー・クライン（二人とも訪問者名簿ではケント氏の次に記載されている）が日録で言及されていないにもかかわらず、言及されているケント氏の正体はわからないままである。長男マルティンが、ヴェイツマンの訪問を父は大喜びしたと言っているのに、チャイム・ヴェイツマンの名前がなぜ除外されているのだろうか。1938年11月7日にユダヤ人科学者たちが訪れたことが載っていないのに、「ポグロム　ドイツで」と数日後に記されているのはなぜだろう。歴史学者や精神分析学者は、この日録と、他の資料でわかっているフロイトの生活とを照合して、その比較からフロイトについて新しい結論を引き出すことが出来るかもしれない。

しかし、たぶん、そのような「心理学的読み方」はこの日録の性格に反することになるだろう。「年代記」が目ざすのは、つまるところ、客観的な歴史の記録である。厳密に言えば、私的な年代記という表現自体に矛盾があるのだ。「年代記（クロニクル）」という単語の語源は、chronos、つまり、「時間」である。このフロイトの年代記でも、個々の人間は主に誕生日、記念日、死、という形で登場している。精神活動は絵の中には含まれていない。代わりに、読者は時の移ろいとの関わりの中で、人々を知ることになる。

時と変化という文脈の中では、フロイトが言及している古代遺物には特別な意味がある。注目すべきは、新たに入手した遺物が、ギリシャ、ローマ、エジプトのものばかりではないことだ。観音像2体、仏陀像3体、中国のらくだ、馬、女性像、各種の翡翠（ひすい）製品と、ヴィシュヌ像は、この時期の東洋コレクションの増加を物語っている。同時に、精神分析も東へひろがっていった。日録で一番多く言及される外国語は日本語である。日本語の翻訳書が次々に到着し、日本の心理学者がヨーロッパへ研究に来た。その一人、矢部八重吉とフロイトは1930年5月7日夜に『快感原則の彼岸』について話し合っている。その中で、矢部は死の欲動と仏教との類似点を語った。フロイトはこの意見に驚いて、隣室からアンナを呼び、話を聞くように言ったほどである。(4)

したがって、矢部とのこの会談や、1930年代にフロイトが入手した仏像群は、彼の後年の仕事、論議を呼んだあの「死の欲動」論が持つ重要な思索的側面を、われわれに思いおこさせる。この概念は1920年に、『快感原則の彼岸』の中で初めて現われた。彼は、心的生活の基本的な原則、つまり、内的緊張を減らしたり取り除いたりする努力を述べるのに、最初は「涅槃原則」という言葉を採用した。性の欲動と死の欲動は、方法が異なるにしても、どちらも心的エネルギーを出来るだけ低く抑えるこの「恒常原則」のために働くのだ。

フロイトの思考のこのレベルは、一見そうは見えないにしても、この日録とそれほどかけ離れてはいない。非常に抽象的な思索は、日常的な存在に基づいている。出来事を年代順に記録するという単純な行動において、人間は、知らず知らずのうちに具体的な事実を、最も難解でつかみどころのない観念、つまり時の概念へと結びつけるのだ。「年代記」とは、要するに、明示された時間である。「マジック・メモについてのノート」（1925）の中で、フロイトは（子どもが遊びに使う記録ボードに）ものを書き留めることさえもが、知覚の性質を説明する一つのモデルになることを示した。この論文でフロイトは、人間の知覚／意識システムを、外部の世界に絶えず「触手を伸ばしたり」、引っ込めたりして、瞬間的印象を生み出すシステムとして描いた。さらに、この「書きもの」が持つ不連続な性質を、人間の時間の概念の起源だと考えた。(5)　心に残された刻印、つまり記憶の痕跡が、意識の「動く指」に取って代わるのである。

こうした「メタ心理学的思索」の一条の直線は、1930年代のフロイトの著作へと続いている。それが明白な形で現われたのが、1938年に彼が書いたいくつかのメモである。この年の8月22日に、彼はこう記した。「空間とはおそらく拡大された心的装置の投影である。その他の起源はありえないだろう。心的装置のア・プリオリな形式という、カントの主張の代わりにだ。心は拡大する。心については何もわかっていないのだ」。また、同じ日付のさらなるメモは、このメモを補うかのように、こう述べている。「神秘主義とは、自我の外側にあるイドの領域の、あいまいな自己認識である」。(6)　時間の性格に関するさきほどの仮説と同様に、空間についてのこの思索も、イマニュエル・カントの哲学に対するフロイトの一つの答えなのだ。カントは、時間と空間を、知覚の究極・客観的な座標軸だと考えた。ところが、フロイトはこの構造を逆転させた。カントの考えとは逆に、彼は、時間と空間を、知覚という行為の結果だと主張した。こうして、形而上学の抽象よりも、経験に優位を与えたのである。

世界をフロイトがどう体験したかということと、彼の仕事との間にあるつながりをこの日録は示してくれる。例えば、空間の性質についての上記のメモは、彼がロンドンの

上：マリー・ボナパルト、アンナ・フロイト、マックス・アイティンゴン。
中：フロイトの書斎にあるエジプトの古代遺物陳列棚。NB
下：フロイト・コレクションにある唐様式のラクダ2頭。NB

XVIII   *The Diary of Sigmund Freud : 1929-1939*

新しい家を初めて訪ねるという体験の直後に書かれている。この一群のメモの中には、読む者を死の欲動のテーマへと引き戻す、次のような一節がある。「個人は内的葛藤によって滅びる」(7)　このメモが記されたのは1938年7月20日だが、日録を見ると、3日前の7月17日にフロイトは最後の遺言書を書き上げて、8日後の7月28日にその遺言書に署名しているのだ。

　こうした照応関係は興味深いが、だからといって、これらから何か軽々しい結論を引き出そうとすることには危険がある。フロイトの死の欲動論が初めて発表されると、世間は、それを娘ゾフィの死によって触発された学説だと考えた。ところが、ゾフィがまだ生きていたときにこの考えが生まれたのだから、その推定は興味深いとしても間違いである、とフロイトは明言した。日録に書かれている一つの事柄と、フロイトの人生や仕事の他の側面との間に因果関係が存在するにしても、それをいつでも示せるわけではない。とはいえ、全体的に見ればこの日録は、フロイト最期の年月の信頼できる人生の海図だと言えるだろう。

　この日録で、フロイトは自らの人生の下降する曲線を跡づけた。幾何学的な曲線という彼の考えからは、ひとつのグラフ、つまり、うつろいゆく時と、次第に衰える活力、という2つの座標軸を使って記された、ある一つの人生というイメージが浮かび上がってくる。これは、いわば数学的視点とも言うべきものであろう。しかし、直接の経験という視点から見れば、この曲線は最小の公分母へと還元できるのかもしれない。その公分母とはある単独の知覚、つまりこの日録の一つの記載である。この観点からすれば、フロイトが示唆したように、時間と空間とは、人間の知覚の様式が作り出した巨大な外接物になる。その起源は、この空想のグラフ上に曲線を形作る、ある一つの点、つかの間の意識、つまり「あらゆる説明や描写を撥ねつけるかけがえのない一つの事実」(8)なのである。

IV.「このわずかな幸運」

　この日録はウォール街の大暴落の1週間後にスタートしており、第二次世界大戦勃発の1週間前に終わっている。この二つの時点の間でファシスト政権と全体主義政権とがヨーロッパの大部分を支配した。フロイトの人生の下降カーヴは、ヨーロッパ文明の崩壊と軌を一にしていた。彼の晩年には、おだやかな背景はなかった。この日録を一つの冷めた記録と見なそうとしても、純粋に私的な面が余りにも痛々しくて、冷静に読むのは難しいであろう。一つの手術は次の手術につながり、病気や苦痛の記載が増えていく。この「年代記」は——もう一つの中世の文学分野の表題を借りれば——『死者の書』でもある。

　この日録が記録した時代は破滅だった。ナチス時代を振り返る際、ヨーロッパ人には、この時代を歴史から抜き取って、他に類のない悪の侵入だった、と見なす危険がある。この見方には、再びこのようなつまずきはおこりえないという、偽りの気休めさえもが潜んでいる。フロイト自身の見方も、別の意味で危険をはらんでいた。いま発達しつつあるものは、すべてがそれ以前にもおきており、将来にもおきるだろう、と彼は考えた。政治的な出来事に疎くて、文化的悲観主義者でもあったから、ドイツにおける空前の状況を評価する確かな判断基準を、彼は持つことができなかった。多くの警告を無視して頑迷だった結果、彼と彼の家族が強制収容所へ入れられる寸前にまで行ったことを、われわれは忘れてはならないだろう。フロイトの妹たち4人が強制収容所で虐殺されたことも記憶にとどめるべきである。

　最終時点において、逃亡が避けられないとわかったときに、フロイトはウィーン精神分析学会を解散した。ローマ皇帝ティトゥスがエルサレムで神殿を破壊した時にラビのヨハナン・ベン・ザッカイがした事を我々もしよう、とフロイトは1938年3月13日に行なわれた最後の委員会の会合で委員たちに告げた。このラビはヤブネーの町へ逃走して、そこでトーラー［ユダヤ教の律法や教え］を教える学校を開いて、ユダヤの伝統を後世に伝えたのだった。フロイトがこの話を引用したのは、意識的な歴史的ジェスチャーであって、しかめつらをした彼の公的肖像写真が示している威厳に満ちたイメージそっくりである。

　これが、彼の演じた役割の一つである。けれども、こうした「広報活動」版とは別の自己イメージがある。その一つは、フロイトの甥である詩人エルンスト・ヴァルディンガーが伝えている愛すべきエピソードに表われている。1938年5月に出国文書をとうと

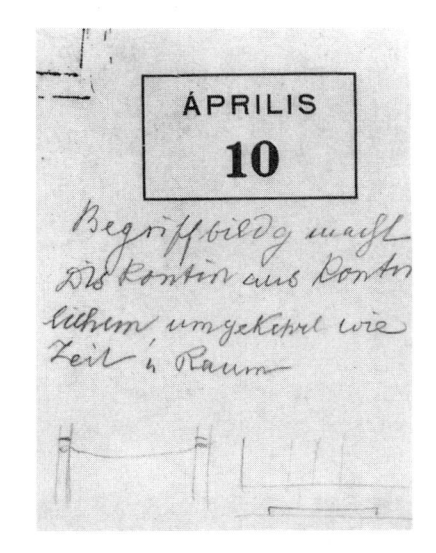

上：時間と知覚に関するメモ、1918年。「概念形成は時間や空間と違って連続から不連続を作る」
下：1920年に亡くなった娘ゾフィ。
左：フロイト・コレクションにある手を地面に触れている仏陀像。NB

う受け取った時に、フロイトは「子ども時代に聞いた民間伝承を不意に思い出して、陽気に『これで、僕は幸運なハンスだぞ！』と」叫んだらしい。（1）

　1938年6月に亡命した時に、フロイトの持ち物はウィーンにしばらく残された。ナチスの当局者は家具調度品をあとから送ると約束したが、そのような約束を信じることは到底出来ない状況だった。蔵書や古代遺物のコレクションに再会できるという保障は皆無だった。彼が述べていたグリム童話の『幸運なハンス』の主人公ハンスのように、彼は長年にわたる仕事の成果を示す物を何ももたずに、手ぶらで新しい故郷に着くのである。

　この童話の特別な意味を示す文献が他にもあるから、その物語の内容をここで簡単に紹介しておこうと思う。それは、こうだ。年季奉公の数年が明けたので、親方はハンスに、「ハンスの頭ほど大きな黄金のかたまり」をこれまでの給金として与えて、故郷に送り帰した。太陽に照りつけられながらとほとほ歩いていくと、黄金のかたまりが次第に重く感じられてきて、ハンスは疲れてしまった。そのとき、馬に乗った人を見たハンスは、黄金を馬と取り替えたいという欲望に勝てなかった。取り替えてから、ハンスは大喜びで馬を進めたが、この馬は荒馬で彼を振り落としてしまう。哀れなハンスが路傍に転がっていると、1匹の豚を連れた男が通りかかった。乗せてくれない馬よりは、豚肉料理の方がはるかにましだ、とハンスは考えた。しかし、この豚も手に負えなくて、ハンスは豚をガチョウに取り替えた。……こうして次第に安い品物に取り替えながらハンスは旅を続けて、最後に石が2個だけ手もとに残った。ところがこれらの石も、うっかり井戸に落としてしまった。それから、ハンスは母のもとにいそいそと帰っていったのである。

　ヴァルディンガーは、遠い昔の子ども時代の「不意の」回想だと述べているが、このエピソードにはそれ以上のものがあるだろう。フロイト家の家政婦だったパウラ・フィヒトルは、フロイトが孫たちに聞かせてやった物語の一つがこの童話だったことを覚えていた。手紙の中でフロイトも、ハンスが自分の持ち物を捨てる喜びと、自分が仕事を終えたときに感じる解放感とを比較している。（2）　一番興味深いのは、友人シャーンドル・フェレンツィへ宛てた手紙の一つで、フロイトがこのグリム童話と精神分析の実践とを比較していることである。分析では、幼児期のコンプレックスのかけらが転移、つまり、まるで脱皮のように、そのかけらを分析家に向かって捨てたり与えたりする情動［はげしい感情の動き］に変わる、とフロイトは述べている。さらに、彼は「『幸運なハンス』の物語と同じように、われわれの治療の進展というのは物々交換であり、最後のかけらは、ただ死自身とともに井戸の中に落ちていく」と続けている。（3）　このフロイト版『ハンス』の最後の段階で、精神分析の進展と『幸運なハンス』の物語とは、死への旅というイメージで互いに溶け合っている。

　この日録もまた、死への旅の海図である。旅の途中で、フロイトはハンスと同じく、自分の物質的、精神的宝物を捨てていった。それから、すべての恐ろしい苦しみがあったにしても、彼の人生には、あの力強い「幸運」や「幸福」の要素がいつも現われていた（ドイツ語のGlückには、「幸運」と「幸福」の両方の意味がある）。「幸福（Glück）とは、歴史以前の欲望が遅れて充たされたものです」と、フロイトはあるときヴィルヘルム・フリースに書き送った。（4）　金のかたまりを堀り当てた──つまり自然界の秘密の一つを探り当てた──フロイトは、自分のことを幸運な子ども（Glückskind）だと感じていた。1938年12月7日にBBC［英国国営放送］がラジオ放送用の録音をとった時には、彼は、自分の精神分析の発見を「わずかな幸運」だったと述べている。（5）

　『幸運なハンス』の美しさは、それぞれのおろかに思われる物々交換によって、ハンスが客観的には次第に貧乏になっていくのにもかかわらず、彼の幸福感がいよいよ増していくことである。聖なる愚者や幼子のように、ハンスはこれまで受け入れられていた標準を逆転させ、所有することの喜びを無意味にした。金は単なる重荷であり、馬もただの厄介者にすぎない。その場その場の食欲をみたすことと、故郷へ近づくことだけがハンスに喜びをもたらすのだ。

　一見した限りでは、この特徴とフロイトの間に共通点はほとんどないように見える。何といっても、フロイトが成し遂げた仕事は、衆目の一致する限り、自己懲罰、自己否定と、なかんずく、仕事へのすばらしい能力に基づいていた。しかし、この欲動を何があおったのか。友人ルートヴィヒ・ブラウンにそう尋ねられたとき、フロイトはこのように答えている。「書くために腰掛けて、ペンを手にとると、いつも次に何が続くかと好奇心がわいてきて、それが私をいやおうなく仕事に駆り立てるのです」。（6）　どこまで本当なのか、この回答はいささかちゃめっけを帯びている。けれども、フロイトは気のおもむくままにものを書いていたのではない。逆に、彼は書くという作業にあまりにも没頭していたので、傍らに立って、それを眺める精神的余裕がなかったのだ。仕事が手か

上：ロンドンにおけるフロイト。1938年夏。彼の書籍や蒐集物はまだオーストリアにある。
下：ロンドンの書斎。ここで1939年にフロイトが亡くなった。NB

ら離れる最後の瞬間が、フロイトの目標であり、勤勉な好奇心の報酬でもあった。

　簡潔なこの年代記も、同じ好奇心や無心さの副産物だと言えるかもしれない。けれども、時の広がりは異なっている。当時はその意義に気づかないまま、あとから振り返ってある一定のパターンに組み込めるようにと、フロイトは会合や出来事を手短に記していった。フロイトにとっては、自分自身の感情よりも、この全般的なパターンが大切だった。これらの出来事に対するフロイトの感情や反応を知ろうと望む際に、読者が心に留めておくべきなのは、精神分析と同じように、まず出来事それ自体に語らせることである。したがって、読者はこの日録の中に、出来事だけがあって、分析者や理論家のフロイトが見当たらなくても驚いてはならない。この彩りが極端に少ない出来事の記録を読んで、子どもが初めて書いた日記をなんとなく連想させるとしても、それは当然であろう。記述者フロイト──素朴だが「信頼できる年代記作者」──は、註釈や批判を入れずに、日録の中に、これらの年月の人生を記録した。この単純さは、子どものようでもあるし、科学的とも言えよう。この最後の10年間のグラフを描くことで、フロイトは、自分の姿を見せぬまま、図像化した自己像すらをも時の中に浮かび上がらせたのである。

　精神分析は人生を複雑なパズルにする、とフロイトに言った人がいた。そのとき、フロイトはこう答えている。「精神分析は人生を単純化します。精神分析は人間に、迷路から抜け出すための導きの糸を提供しているのです」(7)　この日録が最後に示すのは、時間によって作られた迷宮のような人間ではない。それは、はるかに図式的な何か、つまり時間を通じてずっと働きかけている創造力の、もう一つのかすかな痕跡である。この創造力の本質は、見誤ってしまうほどに単純な、記録し、また、捨て去ろうとする衝動であり、その創造力が形になって表われたのが、何も持たずに生まれた場所へ戻るという、人生最大の願いをかなえた一人の幸運な人物（Glückskind）なのである。

注

はじめに
1. Jones, III.239.
   Clark, p.502.
   Gay p.552.
   Eissler, Kurt "Biographical Sketch" in Pictures and Words p.33.
   Pictures and Words, p.271, N.311.
   Martin Freud, p.205.

I. 「信頼できる年代記作者」
1. Freud-Anna Freud 19.9.1930 ［FM］
2. Jones, I.131.
3. Jones, I.109.
4. Freud-Martha Bernays 10.1.1884 in Letters.
5. 『日常生活の精神病理』S.E., VI.116. この「仕事のメモ」とは Kassabuch つまり会計簿のことかもしれない。Pictures and Words, Pl.133, p.147に、その中の1ページが載っている。
6. Prochaskas Familien-Kalender.「簡略日録」(1929-1939) と同様に、この「プロカスカス家族カレンダー」も、ワシントンD.C.にある米国国会図書館のSigmund Freud Collection（ジグムント・フロイト・コレクション）の一部をなしている。
7. Freud-Ferenczi 20.11.1917 in Jones, II.218.
8. Sterba, pp.115-6.
9. "On the History of the Psychoanalytical Movement," S.E., XIV.
10. "Postscript (1935)" S.E., XX.71.

II. 「人が生き、考える時の言語」
1. Freud-Ernst Freud 12.5.1938 in Letters.
2. Freud-de Saussure 11.6.1938 ［LoC］
3. H.D. p.69.
4. Freud-Ernst Freud 24.10.1921 ［LoC］
5. "Some Reflections on Schoolboy Psychology," S.E., XIII.241.
6. "An Outline of Psycho-Analysis," S.E., XXIII.196.

悔悟し、歩く仏陀の立像。NB

III.「人生の曲線」
1. Freud-Jones 19.10.1929 [LoC]
2. "Beyond the Pleasure Principle," S.E., XVIII.62.
3. Freud-Arnold Zweig 2.5.1935 in Zweig Letters.
4. Y.Yabe, A Meeting with Professor Freud, Typescript, p.11 [LoC]（Originally published in Japanese as appendix pp.1-19 in Vol. 5. of Freud's Collected Works on Psychoanalysis, Shunyodo Publishing Company, Tokyo, 1931）.
5. "The Mystic Writing Pad," S.E., XIX.231.
6. "Findings, Ideas,Problems," S.E., XXIII.299-300.
7. Ibid, p.299.
8. "An Outline of Psycho-Analysis," S.E. XXIII.157.

IV.「このわずかな幸運」
1. Ernst Waldinger , "My Uncle Sigmund Freud," in Books Abroad, Vol.15., No.1, Jan.1941, p.4.（Hans im GlücK（幸運なハンス）のエピソードはジョーンズのフロイト伝には載っていないが、ヘレン・プーナー・ウォーカーによる、それよりも早期の伝記には現れている）
2. Detlef Berthelsen, Alltag bei der Familie Freud: Die Erinnerungen der Paula Fichtl, Hamburg, 1987, p.52.
Freud-Martha Bernays 28.1.1884 in Letters.
「私は、まだ、『幸運なハンス』の幸福感を自由には味わえません。しかし、やがて味わえることになるでしょう」
3. Freud-Ferenczi 10.1.1910 in Jones, II. 496.
4. Freud-Fliess 16.1.1898 in Masson.
5. Freud 1938-12-7. BBC談話のためのフロイトの手書き原稿の写し。[FM]（「私は、神経症の患者を治そうと、神経科医として専門的な活動を始めました。年上の友人の影響のもとに、また、自分自身の努力によって、私は、心的生活における無意識や、本能的欲動が果たす役割その他についての、新しくて重要な事実をいくつか発見しました。これらの発見の中から一つの新しい科学である精神分析学が育ちましたが、これは心理学の一部分であって、神経症治療の新しい方法だったのです。
このわずかな幸運を手に入れるために、私は大きな犠牲を払わねばなりませんでした。人々は私が言う事実を信じてくれないし、私の学説を味気ないものだと考えたのです。世間の抵抗は強くて容赦ないものでした。ようやく、私は弟子を持つことが出来、国際精神分析協会を設立できました。けれども、まだ闘いは終わっていないのです」）
6. Hugo Knoepfmacher, "Zwei Beiträge zur Biographie Sigmund Freuds" in Jahrbuch der Psychoanalyse, Band XI, p.70.
7. London Weekly Dispatch, 28.7.1927（Freud: Interview with George Viereck）[Transcription: LoC B28].

フロイトの机の上に置かれていた書類挟み。この中に、この日記と手紙リストが収められていた。NB

1929年		**最短日録**
10月31日	[木曜]	ノーベル賞見送られる
11月2日	土曜	最初のタロックの集まり／リックマンの訪問
11月4日	火曜[月曜]	指の感染でシュニッツラーへ
11月5日	水曜[火曜]	年鑑／前書きをアイティンゴンへ
11月6日	木曜[水曜]	クリスと台座／フルルノア
11月7日	金曜[木曜]	反ユダヤ主義の騒ぎ／ディオスクーロイの指輪
11月11日	月曜	神経痛　アダ、逃げ出す
11月14日	木曜	心臓と腸の病気／アルトマン博士
11月16日	土曜	ロートシルト病院／アンナの本
11月20日	水曜	最初のイヴェットの夕べ
11月21日	木曜	イヴェットのホテルで
11月22日	金曜	トーマス・マンの献辞／2回目のイヴェットの夕べ
11月23日	土曜	ゴットリーブの所へ／誤診でピヒラーの所へ
11月25日	月曜	アダ　連れ戻される
11月30日	土曜	王女　去る／＋アイティンゴンの母
12月3日	火曜	アンナの誕生日　34歳
12月7日	土曜	マルティン　40歳
12月7日土曜－10日火曜		心臓が悪い日々
12月11日	水曜	エメラルドの指輪
12月12日	木曜	学会の夕べ
12月17日	火曜	アンナ　エッセンへ／カットした石を買う
12月21日	土曜	アンナ戻る
12月24日	火曜	クリスマス／アイティンゴン「不安」
12月27日	金曜	真珠をマルタへ
12月30日	月曜	アダ　死ぬ

──────── **1930年** ────────

1月3日	金曜	葉巻をランダウアーから
1月6日	月曜	協議　マルティン―ドルッカー
1月9日	木曜	学会の夕べ
1月10／11日	金／土曜	カットした石
1月15日	水曜	台座つきのテラコッタの人物像届く
1月18日	土曜	＋ニューヨークのフェリクス・ウィーナー
1月16日	木曜	本をR・ロランから
1月21日	火曜	ロンドン夫人／胆嚢の発作
1月24日	金曜	シュール／美術館　曲芸師を買う
2月3日	月曜	ローハス教授の訪問　B.－アイレス
2月6／7日	木／金曜	ネストロイの夢
2月8日	土曜	＋トム
2月9日	日曜	アルノルト・ツヴァイク
2月13日	木曜	アレクサンダーおよびシュタウプとの夕べ
2月14日	金曜	翡翠（ひすい）のネックレスをアンナへ／催眠分析
2月15日	土曜	エジプト　半分の胸像
2月16日	日曜	ルースの誕生日　オパールのネックレス
2月17日	月曜	マーガレトルの亡くなった子供／ローハイムの本
2月23日	日曜	ミツィ　ウィーンに
2月26日	水曜	ベルマン教授　コルドバ　アルゼンティ……
2月28日	金曜	トレビチュ博士と人工口蓋の不在／アイジンガーとアンジェラについて

1929   Kürzeste Chronik
31 Okt.   im Nobelpreis übergangen
So. 2 Nov. Erste Tarokpartie – Besuch Rickman
Di 4 "   mit Flugereiterung bei Schnitzler
Mi 5 "   Almanach für Eitingon
Do 6   Moviped für Eitingon
Fr 7   Kris u. Montierungen Journey
           Antisemit. Unruhen – Dioscurenring
Mo 11 –   Neuralgie. Adda weggegeben
Do 14 –   Herz-Wermanfall Dr Altmann
Sa 16 –   Rothschildspital, Anna's Buch
Mi 20   Erster Abend Goethe
Do 21 –   zu Rosé bei Goethe. Goethe zweiter Abend
Fr 22 –   bei Widmung Th. Mann.
Sa 23   Goetheis
           blinder Lärm bei Pichler
Mo 25 –   Adda geholt   Eitingon's Mutter †
Sa 30 –   Prinzessin abgereist
_____
           Anna's Geburtstag 34 J.
Di 3 Dez. – Martin 40
Sa 7 Dez. Di 10 – schlechte Herztage
Mi 11 –   Smaragdring
Do 12 –   Vereinsabend Heim gekauft
Di 17.   Anna nach Essen – u. Frankfurt
Sa 21.   Anna zurück Eitingon "Unbehagen"
Di 24   Weihnacht – Martha
Fr 27   Perlen für Martha
Mo 30   Adda gestorben
_____
                    1930
Fr. 3 Jan. – Zigarren von Landauer
Mo 6 Jan. – Konferenz Martin – Drucker
Do 9 Jan. – Vereinsabend, Heim
Fr u. Sa 10.11 – gefrittkaus Tonfiguren gekommen
Mi 15 Jan.   Montierte Tonfiguren kommt
                Felix Wiener zu Rolland
18 Jan.   Brief von R. Gallenaufall
Sa 16 Jan. – nach London, Akrobat gekauft
Do 21 Jan. – Schur. museum.
Fr 24 Jan. – Besuch Prof. Rojas B.-Aires
Mon 3 Febr. Traum von Nestroy
Do/Fr 6/7 Febr. Tom †
Sa 8 Febr. Arnold Zweig
So 9 Febr. Abend mit Alexander – Staub
Do 13 Febr. Badekette für Anna. Hypnoanalyse
Fr 14   Rappel. Halbkette
Sa 15   Recks Geburtstag Opalkette
So 16   Margareths todtes Kind, Rolein's Buch
Mi 17   Mitzi in Wien
So 23   Prof Berman Cordoba – Argent
Mi 26   Dr Trebitsch u. seine Prothese
Fr 28   Singer über Angela

So 2 März. Kongestion Darmzustand
Di 4 M. Jdde gekauft
Mi 5 M. Auftrag preuss. Kultusministeriums
So 9 M. Jo-fi angekommen
Di 11 M. Ernstl 16 Jahre
So 16 M. } Yvette
Mo 17 M.
Mi 19 M. Neue Vorlesungen. Verlag $1000.
Do 20 M. Abend über Unbehagen
Di 25 M. Norwegische Vorlesungen
Mi 26 M. Anna nach Pest. Elkust
Do 27 M. Anna zurück - Eitingon aus Paris
Fr 28 M. Mela schwer erkrankt
Sa 29 M. Martha nach Berlin
So 30 M. Lajos auf Besuch - bei Pie
Mi 2 April Marten zum Ankauf
Do 3 " $5000 Walter 9 Jahre
Sa 5 nächtlicher Herzanfall. Braun.
So 6 Bob operiert. Dr Hans Zweig
Mo 7 " Rosa Math. abgereist. Dr Stefan Zweig
Do 10 " Witz französisch
Sa 12 Ferenczi über Sonntag. Prinzen abends
So 13 Martha zurück, Ferenczi. Illusion russ.
Mo 14 Feder gebrochen. Dorothy nach Paris
Di 15 Anna u. Dorothy zurück
Do 17 Anna u. Sachs - Caligula
18 Cottagesanator
Di 22 Tabakabstinenz
Fr 25 Japan. Übersetz. Jenseits, Lustprinz.
Mai Fr. 2 Zürich k. Sanator
Sa 3 Ankunft in Tegel
Berlin Mo 5 74 Jahre
Di 6 Gabe aus Japan - Lederer 1 Besuch
Mi 7 Lederer 2 Besuch Singezahn
Do 11 Operation
Mi 14 Martha nach Kärnten
Sa 17 Besuch in Caputh - Bullitt
So 25 Max auf Besuch
Mo 26 Lederer 3 Besuch
Do 29 } Hiddensee
Sa 31

3月2日	日曜	腸　うっ血状態
3月4日	火曜	翡翠を買う
3月5日	水曜	問い合わせ　プロシアの文化大臣
3月9日	日曜	ヨフィ　着く
3月11日	火曜	エルンストル　16歳
3月16／17日	日／月曜	イヴェット
3月19日	水曜	新しい講義／出版所1000＄
3月20日	木曜	不安についての夕べ
~~3月25日~~	~~火曜~~	~~ノルウェイ語の『入門』~~
3月26日	水曜	アンナ　ブダペストへ／＋エルクス
3月27日	木曜	アンナ戻る／アイティンゴンがパリから
3月28日	金曜	メラ　重い病気で倒れる
3月29日	土曜	マルタ　ベルリンへ
3月30日	日曜	ラヨスの訪問　リーの所へ

4月2日	水曜	5000＄　マルティン　購入のため
4月3日	木曜	ヴァルター　9歳
4月5／6日	土／日曜	夜の心臓発作　ブラウン
4月7日	月曜	ボブ　手術を受ける／ハンス・ツヴァイク博士
4月10日	木曜	ロブ　マティ　出かける／シュテファン・ツヴァイク博士／フランス語の機知
4月12日	土曜	フェレンツィ週末に
4月13日	日曜	マルタ戻る／フェレンツィ／王女　夜に
4月14日	月曜	バネ壊れる／ロシアの幻想
4月15日	火曜	アンナとドロシー　パリへ
4月17日	木曜	アンナとドロシー帰る
4月18日	金曜	ザックス－カリギュラ
4月22日	火曜	コテーシュ療養所
4月25日	金曜	タバコをやめる

5月2日	金曜	日本語訳『快感原則の彼岸』
5月3日	土曜	療養所から戻る
5月5日	月曜	テーゲルに着く
5月6日	火曜	74歳
5月7日	水曜	矢部　日本から／レーデラー　最初の訪問
5月11日	日曜	レーデラー　2回目の訪問
5月14日	水曜	王女の手術／マルタ　ケルンテンへ
5月17日	土曜	カプートを訪れる／ブリット
5月25日	日曜	マックスの訪問
5月26日	月曜	レーデラーを3回目に訪問
5月29日　木曜－31日　土曜		ヒッデンゼー島

1930年 6月		
6月4日	火曜	3回目の訪問　レーデラーへ
6月8日	日曜	ロベルト・フリース
6月13日	金曜	メルセデス夫人／グルンドル湖に家を借りる／
		＋トゥルーデ・ハマーシュラーク
6月14日	土曜	4回目の訪問　レーデラー
6月17日	火曜	アレクサンダー博士
6月18日	水曜	ヴァインマン博士／ミンナの誕生日
6月20日	金曜	シュタウプ博士
6月21日	土曜	ルーシー／ジャクソンとデイビッド・B．治療終了／
		ツェッペリン　夜に
6月24日	火曜	マックス来る　ドロシー出発する
6月25日	水曜	夢判断　8版
6月30日	月曜	心臓発作　神経痛と下痢

7月1日	火曜	最後の訪問　レーデラー／夢判断の印税を分ける
7月3日	木曜	アルノルト・ツヴァイク／ゲーテ賞浮かび上がる
7月11日	金曜	リーブマン／20£　ホガース社　不安に
7月14日	月曜	ノイレンダー／『論文集』に対して£81　ホガース社
7月23日	水曜	シュレーデルと別れる
7月25日	金曜	ウィーンに着く
7月27日	日曜	グルンドル湖に着く
7月29日	火曜	ゲーテ賞

8月2日	土曜	フェダーン　メンク　ホロスの訪問
8月6日	水曜	マティルデ着く
8月8日	金曜	イシュルで母と
8月16日	土曜	F・ザルテン／アレックス　ゾフィ　ハリー
8月17日	日曜	イシュルで母の誕生日95歳
8月19日	火曜	セレナーデ
8月24日	土曜	ミヒェル博士とゲーテ賞／母と別れる
8月25日	日曜	＋メラ・リー
8月28日	木曜	アンナ　フランクフルトに
8月29日	金曜	マルティン虫垂炎の知らせ／アンナ帰る
8月30日	土曜	マティルデ出発する
8月31日	日曜	ジンメルとラフォルグ

9月2日	火曜	ザックス
9月3日	水曜	ベルンフェルト夜に　パケも
9月7日	日曜	アイティンゴン、ジンメル、フェダーン、ヴァインマン
9月12日	金曜	＋母亡くなる8 a.m.
9月14日	日曜	アンナ　母の埋葬へ
9月15日	月曜	アンナ　ドロシーと出発する
9月16日	火曜	王女　出発する
9月17日	水曜	ドルフィ着く
9月18日	木曜	エルンストとヨフィ　ウィーンへ／エヴァ一緒に住む
9月28日	日曜	ウィーンに着く
9月29日	月曜	アンナ帰る／ボンディ博士
9月30日	［火曜］木曜	X線をシュヴァルツの所で

Juni 1930
Mi 4 dritter Besuch bei Lederer
So 8 Robert Fliess — Miete in Grundlsee
Fr 13 Frau Mercedes †
      Trude Hammerschlag
Sa 14 Mathas Besuch Lederer
Di 17 Dr Alexander   Minna's Geburtstag
Mi 18 Dr Weinmann
Fr 20   Dr Stauss Jackson — David R. entlassen
Sa 21 Lucie —
      Zeppelin nachts   Roman Dorothy abgereist
Di 24 Max ang. gen
      Traumdeutung 8 Aufl. mit Diarrhoe
Mi 25 Ausfall Herz neuralgie
Mo 30 Letzter Besuch b. Lederer. Honorar
Juli
Di 1 Traumdeutung bestellt
                      Goethepreis aufgetaucht
Do 3 Arnold Zweig — Hogarth f. Nachahmen
Fr 11 Liebmann   £ 85 Hogarth f. collect. Pap.
Mo 14 Neuländer
Mi 23 Abschied v. Schröder
          Aufenthalt in Wien
Fr 25 Ankunft in Grundlsee
So 27
Di 29 Goethepreis
       Besuch Federn Menz Hollos
August
Sa 2 Mathilde   angekommen
Mi 6   in Ischl bei Mutter
Fr 8   Aler Sophie Harry
Sa 16 J. Salter — Mutter f. 95 J.
So 17 Ischl bei
Di 19   Ständchen   Goethepreis Abschied v Mutter
Sa 24 Dr Michel u.
Mo 25 Mela Rie   Frankfurt
Do 28 Anna zu Martin blindarm. Anna
Fr 29 Nachricht   zurück
Sa 30 Math. abgereist
So 31 Simmel u Laforgue

Sept.
Di 2 Sachs
Mi 3 Bernfeld abends, Paquet dazu
So 7 Eitingon Simmel Federn Weinmann
Fr 12 † Mutter gestorben 8h früh
So 14 Anna bei Mutters Begräbnis
Mo 15 Anna und Dorothy abgereist
Di 16 Prinzess abgereist
Mi 17 Dorothy angekommen Eva eingezogen
Do 18 Ernst u. Sofi nach Wien
So 28 Ankunft in Wien   D. Bondy
Mo 29 Anna zurück
Do 30 Röntgen bei Schwarz

Okt Fr 3   Alle Ärzte bei Pichler neue Vitrine
    Di 14   Operation bei Pichler
    Fr 17   Fieberhafte Erkrankung – Bullitt
    Mi 29   Arbeit aufgenommen
Nov So 2   Erste kleine Zigarre
    Mi 5   Festsetzg des Grabreliefs von Rom
    Do 6   im Nobelpreis endgiltig übergangen
    So 9   Wahlen – ferentie
    Do 20   Relief montirt
    Di 25   Erster Abend Goethe
    Sa 29   Eitingon
    So 30   bei Goethe Hotel
Dez Mi 3   Anna 35 J
    Do 4   Wilson erschienen
    Do 11   Ed Weiss – Sitzung
    Sa 13   Anna nach Basel
    So 14   Halsmann Dr M Preise
           Hebraeische Vorreden
    Mi 17   bei Max Pollak
    Fr 26   Unbehagen f 2 Aufl vorwiegend
    Di 30   Japanisches abgeschrieben

                    1931
Jan Do 8   Ernst, Lux Lux Lux Lux für Kinderkrank
    Sa 10   Ernst abgereist, Huxley Lecture
    Mo 12   Einladung London
    Mi 14   Periostit. Schmerzen Nachts
    Do 15   Anna in Prag
    Sa 17   Prozess eingetreten
    Mo 19   Rontgen bei Dr Preiserr
    Di 20   Martha Grippe
    Mi 21
    So 25   Martha außer Bett

Febr Mi 4   Versuch Nase bei Fröhlich
    Sa 7   Electrokution bei Pichler
    Mo 9   † Mathilde Breuer
    Mi 11   mündpern St. Zweig Heilung d. Geist
    Mo 16   Arbeit aufgenommen
    Do 17   Dr 40 Jahre
    Fr 20   Gutachten f Bernfeld
    Sa 28   Eitingon Besuch
    Fr   Abend Bernfeld

März Fr 20 Lux operation vollzogen
    Sa 21   Ehrenmitglied Ges Ärzte
    Fr 27   Abend mit Rado

April Fr 3 Poetzleinsdorf gemietet
    So 12   Tausky, Reise nach Scharfenberg
    Di 14   Consil Pichler
    Mi 15   Republik in Spanien
    Di 22   Consil Holzknecht
    Do 24   Auersperg Operation

10月3日	金曜	全ての医者がピヒラーの所で／新しいガラス・ケース
10月14日	火曜	ピヒラーの手術
10月17日	金曜	熱っぽい病気／ブリット
10月29日	水曜	仕事に取りかかる
11月2日	日曜	最初のささやかな葉巻
11月5日	水曜	ローマの葬儀のレリーフの続き
11月6日	木曜	決定的にノーベル賞見送られる
11月9日	日曜	選挙／フェレンツィ
11月20日	木曜	レリーフに台座がつく
11月25日	火曜	最初のイヴェットの夕べ
11月29日	土曜	アイティンゴン
11月30日	日曜	イヴェットのホテルで
12月3日	水曜	アンナ35歳
12月4日	木曜	ウィルソン終わる
12月11日	木曜	エド・ヴァイス／会議
12月13日	土曜	アンナ　ブダペストへ
12月14日	日曜	ハルスマン　新自由／ヘブライ語の序文
12月17日	水曜	マックス・ポラックの所で
12月26日	金曜	不安第2版のために訂正する
12月30日	火曜	日本語の日常生活

1931年

1月8日	木曜	エルンストとルクス。ネックレスをルクスへ
1月10日	土曜	エルンスト出発する／ヨフィ　出産
1月12日	月曜	ロンドンへの招待、ハクスリー講演
1月14日　水曜／15日	木曜	骨膜炎の痛み　夜に
1月17日	土曜	アンナ　プラハへ
1月19日	月曜	王女　入る
1月20日	火曜	X線をプレッサー医師の所で
1月21日	水曜	マルタ流感
1月25日	日曜	マルタ　とこあげ
2月4日	水曜	コリントの壺をフレーリヒから
2月7日	土曜	電気刑をピヒラーの所で
2月9日	月曜	＋マティルデ・ブロイエル
2月11日	水曜	開口障害／St.ツヴァイク　精神による治療
2月16日	月曜	仕事に取りかかる
2月17日［19日］	木曜	オリ　40歳
2月20日	金曜	推薦状をベルンフェルトへ
2月28日	土曜	アイティンゴンの訪問
2月27日	金曜	夜にベルンフェルト
3月20日	金曜	ルクス手術を受ける
3月21日	土曜	医師会名誉会員
3月27日	金曜	ラドとの夕べ
4月3日	金曜	ペッツラインスドルフに家を借りる
4月12日	日曜	タンズリー／エルンストル　シェルヘンベルクへ
4月14日	火曜	ピヒラーの診察
4月15日	水曜	スペイン　共和国に
4月22日　水曜［20日	月曜］	診察　ホルツクネヒト
4月24日［23日］	木曜	アウアースペルグで手術

5月5日	火曜	再び我が家に
5月6日	水曜	75歳の誕生日
5月9日	土曜	会議　ペッツル——ゴンペルツ
5月14日	木曜	オリの訪問

6月1日	月曜	ペッツラインスドルフに移る
6月3日	木曜［水曜］	イーディス・リシャヴィの埋葬
6月6日	土曜	日本語の翻訳書／オットー・フライシュル
6月13日土曜 – 15日月曜		アイティンゴン
6月20／23日	土／火曜	エルンスト
6月28日	日曜	シュトルフェル／タロックをフライシュルと

7月14日	火曜	彫刻家ジュランがフライブルクへ
7月19日	土曜	＋ヨハンナ・リー
7月23日	木曜	アルフレッド・リーの所へ／v.d.ホープ
7月24日	金曜	彫刻家O・ノイマン／グラーフからの肖像／アレックスとリリーの夕べ／大会中止に
7月26日	日曜	マルタ70歳
7月28日	火曜	＋フォレル
7月31日	金曜	アルメニア人歯科医がボストンから

8月1日	土曜	アンナ病気に／新しい人工口蓋　カザニジャン
8月7日	金曜	シュタイン医師が鼻血で
8月10日	月曜	カザニジャン仕事を始める
8月13日	木曜	エルンストル　シェルヘンベルクに入学する
8月25日	火曜	テーゲル閉鎖へ
8月27日	木曜	ターニング・ポイント
8月28日	金曜	リカルダ・フーフ　ゲーテ賞
8月29日	土曜	カザニジャン去る。新しい人工口蓋
8月31日	月曜	ミンナ　通りで事故に

9月1日	火曜	オスカル・リー　病に倒れる
9月2日	水曜	リビドー的類型に着手
9月7日	月曜	アレクサンダー博士
9月11日	金曜	アイティンゴン
9月12日	土曜	王女出発する
9月13日	日曜	ヌンベルグ　別れの挨拶に／クーデター　シュタイアーマルクで／アイティンゴン出発する
9月16日	水曜	ミンナ　メラノへ
9月17日	木曜	＋オスカル・リー／エムデン
9月18日	金曜	ヌンベルグの所へ
9月26日	土曜	ベルクガッセで
9月30日	水曜	女性の性愛終わる／リックマン

10月4日	日曜	ランプル／フリートユンク
10月5日	月曜	＋タトゥーアン
10月6日	火曜	観音と唐の人物像を買う
10月8日	木曜	フェダーン　僧侶を買う
10月9日	金曜	交換可能通貨の規制
10月12日	月曜	ジュランの石膏の銘板／ペッツラインスドルフのアルバム
10月14日	水曜	金を両替する
10月15日	木曜	ミンナ戻る／騎手と衛兵を買う

Mai Di 3 nach Hause zurück
Mi 6 75 Geburtstag Gomperz
Sa 9 Sitzung Poetzl-Gomperz
Do 14 Olis Besuch

Juni Mo 1 Übersiedlung Pötzleinsdorf
Di 3 Edith Rie Begräbnis Otto Fleischl
Sa 6 Japan. Übersetzg
Sa 13 - Mo 15 Sitzungen
Sa 20 - Di 23 Horfer - Janet - Larek mit Fleischl
So 28

Juli Di 14 Bildhauer Juran zur Freiberg
So 19 † Johanna Rie
Do 23 bei Alfred Rie - v.d. Hoop
Fr 24 Bildhauer O. Neumann - Graf'sches Porträt
Alex. Lilli abds. - Kongress abgesagt.
So 26 Martha 70 J.
Di 28 † Forel. Zahnarzt aus Chosten
Fr 31 Uremenier Neue Prothese Kazanjean

August Sa 1 Anna krank - Nasenbluten
Fr 7 D Steiner wegen
Mo 10 Kazanjean Arbeit begonnen
Do 13 Urlaub in Schartzenberg angenommen
Di 25 Segel wird gearbeitet
Do 27 Wendepunkt
Fr 28 Ricarda Huch - Goethepreis
Sa 29 Kazanjean abgereist Neue Prothesen
Mo 31 Minna's Unfall auf Reisen

Sept. Di 1 Oscar Rie erkrankt
Mi 2 Libidinöse Typen begonnen
Mo 7 † Alexander
Fr/Sa 11/12 Eitingon angereist
So 13 Nürnberg angeschaut. Putsch in Steiermark
Mi 16 Eitingon abgereist
Do 17 Minna nach Meran Emden
Fr 18 † Oscar Rie
Sa 26 bei Nürnberg Berggasse
Mi 30 Weibl Sexualität beendigt
Dickman

Okt. So 4 Lampl - Friedjung
Mo 5 † Jatho
Di 6 Kwannon u. Tanzfigur gekauft
Do 8 Federn - Priester gekauft
Fr 9 Devisenordnung
Mo 12 Juran Gipsplakette
Album v. Pötzleinsdorf
Mi 14 Gold eingewechselt
Do 15 Minna zurück
Reiter u. Wächter gekauft

Fr 16 Mathilde 44 J
Sa 17 Ernst angekommen
Mi 21 Arthur Schnitzler †
Do 22 Albr. Schaeffer u Frau
So 25 Feier in Freiberg
Mi 28 Ferenczi, Martin aus Zürich
Do 29 Drei Büsten von Nemon
Sa 31 Stolzknecht † — Nepenthe
       Jeanne überreicht
       ───────────────
       Magendarmzustand
Do 5/XI In Hochrotherd
Fr 6/XI Kolik — Bondi Kameeltreiber, Jade
So 8/XI Frau XIV u XV — Einkäufe byzantisch
Di 10/XI Marianne Ringe gekauft
Fr 13   Kinder "   Martin nach Berlin
Mi 18   Bleuler — Prometheussage
Do 19   Oppenheimer
Sa 21   Taudlerbrief in N. Presse
So 22   Yvette
Mo 30
       Dezember   Geburtstag — Scharlach bei
Do 3   Perlen f Anna ? — 76   Ernst's Kindern
Fr 4   Lou Salomé's Dank
Mi 9   Vishnu von Calcutta
Di 22 Tassanische Übersetzung
       ───────────────
       1932 Januar
Fr 1   Langer Maganausfall — Streik gegen Reich
Sa 16 Besuyos   Martin u Wien Storfer's
So 17 Anna Grippe - sehr starker Abschpets
Mo 18 $2500 von Wallin
Di 26 Anna auf Semmering
Sa 30 $1000 von Jackson u von Briel
       Februar
Mo 1   Anna zurück
Fr 5   Chinesische Reiterin
Mi 10 Vorwort zu unsern Vorlesungen
Do 18 Geschenk Yoshiyama von Rosaida
Fr 19 Morosof Verlag
Mo 22 Inhalt Neurosenlehre im Goethehaus
Di 23 Kongress d. Buch im Goethehaus
       ───────────────
       März
Mo 7   Operation bei Pichler
Di 8   Pyland †
Do 13 Zahne Klebe von Fröhlich gekaust
Mo 14 Halbwoch's Krueger
Do 17 Wal in Deutschland zurückpf...
       Besuch Thomas Mann
       Goethetag
Di 22 französ Illusion

10月16日	金曜	マティルデ44歳
10月17日	土曜	エルンスト到着する
10月21日	水曜	＋アルトール・シュニッツラー
10月22日	木曜	アルブレヒト・シェッファーと妻
10月25日	日曜	式典　フライブルクで
10月28日	水曜	フェレンツィ／マルティン　チューリヒへ
10月29日	木曜	3体の胸像　ネモンから
10月31日	土曜	＋ホルツクネヒト／ネペンテス／ジャンヌ出発する
11月5日木曜／6日金曜		胃腸の状態
11月8日	日曜	ホッホローテルドで
11月10日	火曜	さしこみ／ボンディ
11月13日	金曜	全集 XIV と XV／ラクダ使いと翡翠を購入する
11月18日	水曜	マリアンネの赤ん坊と手術
11月19日	木曜	真珠と指輪を買う
11月21日	土曜	ブロイラー／マルティン　ベルリンへ
11月22日	日曜	オッペンハイマー／プロメテウス伝説
11月29日	日曜	タンドラーの手紙が新自由に
11月30日	月曜	イヴェット

12月

12月3日	木曜	真珠をアンナ36歳の誕生日へ／エルンストの子どもたちが猩紅熱に
12月4日	金曜	ルー・ザロメの感謝
12月9日	水曜	ビシュヌ像　カルカッタから
12月22日	火曜	日本語の翻訳書

1932年1月

1月1日	金曜	長い胃の発作／ライヒへの措置
1月16日	土曜	アイティンゴン／マルティン　シュトルフェルを引き継ぐ
1月17日	日曜	アンナ流感／最初のポルトガル語の翻訳書
1月18日	月曜	2500ドル　ブリットから
1月26日	火曜	アンナ　ゼマーリングに
1月30日	土曜	1000ドル　ジャクソンとブリルから

2月

2月1日	月曜	アンナ戻る
2月5日	金曜	中国の女性騎手
2月10日	水曜	新しい講義への序文
2月18日	木曜	古沢から富士山の贈り物
2月19日	金曜	出版所へ支払猶予
2月22日	月曜	アンナと私　風邪をひく
2月23日	火曜	ゲーテ・ハウスで胸像の計画

3月

3月7日	月曜	手術をピヒラーの所で
3月8日	火曜	＋ブリアン
3月13日	日曜	フレーリヒから大きなケレベを買う／クリューゲル自殺する
3月14日	月曜	ドイツの選挙決まらず
3月17日	木曜	トーマス・マンの訪問
3月22日	火曜	ゲーテの日／フランスの幻想

1932年イースター

3月27日	日曜	開業46周年／回状を出版所向けに
3月28日	月曜	マイネルトの孫のシュトカート博士／声明書できあがる

4月

4月4日	月曜	マルタ　ベルリンへ／4症例研究
4月6日	水曜	ローハイムの訪問／マルタ　エルンストの誕生日へ
4月10日	日曜	ヒンデンブルク当選する
4月16日	土曜	イタリア雑誌　エド・ヴァイス
4月17日	日曜	ホッホローテルド
4月19日	火曜	マルタがベルリンから／マルティン　ライプツィヒへ
4月22日	金曜	ビンスワンガー

5月

5月6日	金曜	76歳の誕生日
5月8日	日曜	一日をホッホローテルドで
5月11日	水曜	編集スタッフの会合
5月14日	土曜	ペッツラインスドルフ
5月23日	月曜	ハンガリー語の翻訳書
5月31日	火曜	Psa四季報／ミツィ去る

6月

6月6日	月曜	スウェーデン語の不安
6月15日	水曜	日本語の愛の心理学
6月21日	火曜	提案　シュタイニヒ――アインシュタイン
6月24日	金曜	ルクスとガビー
6月28日	月曜	大きな馬を買う／2000ドル　ジャクソンから

7月

7月11日	月曜	ヤーコプ・ベルナイス　フレンケルから
7月13日	水曜	＋マティルデ・ハルバーシュタット
7月16日	土曜	エヴァ　モルニッツで猩紅熱／ヨフィ戻る
7月26日	土曜	誕生日をホッホローテルドで

8月

8月1日	月曜	シュタイニヒがアインシュタインの手紙を
8月10日	水曜	マルティン　腎臓に疝痛
8月14日	日曜	幾何学模様の小箱
8月15日	月曜	ジャンヌ　客に
8月22日	月曜	ブリル
8月23日	火曜	フェレンツィの拒絶
8月27日	土曜	エルンストの訪問／ラド
8月30日	火曜	エルンスト出発する
8月31日	水曜	講義終わる

9月

9月1日	木曜	アンナ　ゲッティンゲンへ――大会
9月2日	金曜	フェレンツィとブリルも
9月4日	日曜	ヴィースバーデン大会
9月6日	火曜	アインシュタインとの議論終わる
9月8日	木曜	アンナ戻る
9月9日	金曜	＋クリ・エーレンフェルス
9月12日	月曜	全集XVとXVI
9月17日	土曜	ベルクガッセ

Ostern 1932.

27 März   467 Praxis. Rundbrief für Verlag
Mo 28/3   Dr Stockert, Jekels u Meynert, Rundbrieffertig

April

Mo 4/4   Martha nach Berlin — Vier Krankengeschichten
Mi 6/4   Roheim auf Besuch. Martha bei Ernsts Geburtstag
Do 10/4   Hindenburg gewählt.
Sa 16/4   Rivista italiana ed. Weiss
So 17/4   In Hochrotherd — Martin nach Leipzig
Di 19/4   Martha von Berlin,
Fr 22/4   Bienenanger

Mai

Fr 6/5   76 Geburtstag
So 8/5   Tag in Hochrotherd
Mi 11/5   Redaktionssitzung
Sa 14/5   Pötzleinsdorf
Mo 23/5   Psa. Quarterly – Mitri abgegangen
Di 31/5   ungarische Übersetzungen

Juni

Mo 6/6   Unbehagen schwedisch
Mi 15/6   Ueberleben japanisch Steinig – Einstein
Di 21/6   Aufforderung
Fr 24/6   Lux u Gabi
Di 28/6   Grosses Pferd gekauft $20000 Jackson

Juli

Mo 11/7   Jakob Bernays von Fränkel
Mi 13/7   Mathilde Riegerstadt – Sofie zurück
Sa 16/7   Eva Verlag in Malnitz
Di 26   Geburtstag in Hochrotherd

August

Mo 1/8   Steinig mit Einsteins Brief
Mi 10/8   Martin Neue Politik
Do 14/8   geometrische Praxis
Mo 15/8   Jeanne als Jap.
Mi 22/8   Brill
Di 23/8   Ferenczi's Absage - Rado
Sa 27/8   Ernst Besuch
Di 30/8   Ernst abgereist
Mi 31/8   Vorlesungen fertig

Sept.

Do 1/9   Anna nach Göttingen – Kongress
Fr 2/9   Ferenczi mit Brill
So 4/9   Kongress Wiesbaden
Di 6/9   Discussion Einstein beendigt
Do 8/9   Anna zurück
Fr 9/9   + Chr. Ehrenfels
Mo 12/9   Obras XV, XVI.
Sa 17/9   Berggasse

Di 20. Mathilde krank
Sa 24/9 Minna nach Meran – Martin zurück
So 25/9 Kochrohherd
Di 27/9 bei Anna in Imperial. Urenkel Brücke's
         Oktober
So 2/10 Kochrohherd mit Ruth, Mark
Di 4/10 Anna nach Berlin geflogen – Felix Jackson
So 6/10 Anna zurück – Herzberg heutige Operation b. Pichler
Fr 14/10 Minna von Meran
         Alfred Rie + Unfall u. Tod.
Sa 24/10 – So 30/10
         November
Di 1/11 Grippe und Ohrenentzündung
Do 3/11 Parazentese Rattin
Di 8/11 Roosevelt in USA gewählt
Mi 30/11 bei Yvette im Hotel
         Dezember
Sa 3/XII Anna 37 J. – Neue Vorlesungen.
Do 8/XII Operation bei Pichler
         1933
         Januar
Mi 4/1   Dr May – Martin nach Berlin
Do 5/1   J. Anton +
Mi 18/1 L. Tiffany + New York
Fr 27/1 Einziehen; Hitler Reichskanzler
So 29/1 Ruth Dreyfus; Sofi Ragnar
Di 31/1 Galsworthy + ; Sofi Ragnar
         Februar
So 12/2 Arnold Zweig
Mo 13/2 Brief – Traumdeutung
         vier japan. Übersetzungen
Di 14/2 Eiserner Buddha
Fr 17/2 Leonardo czechisch
Di 21/2 Parlament Berlin in Brand
Di 28/2
         März
Sa 4/3   Dollarmoratorium Roosevelt
So 5/3   Hitlerwahl in Deutschland
Mo 13/3 egypt. Stoffmalerei
Mi 15/3 Harry promotion
Fr 17/3 farbige Chinesin
Mi 22/3 Warum Krieg
Sa 25/3 Setzerstreik
Mo 27/3 Pourquoi Guerre? – Nachricht Ferenczi – Sofi
Mi 29/3 bösen Barbari
Fr 31/3 Bryher

9月20日	火曜	マティルデ病気に
9月24日	土曜	ミンナ　メラノへ／マルティン戻る
9月25日	日曜	ホッホローテルド
9月27日	火曜	インペリアルのアンナの所へ／ブリュッケのひ孫

10月

10月2日	土曜	ルースやマークとホッホローテルドへ
10月4日	月曜	アンナ　ベルリンへ飛ぶ／フェティッシュ　ジャクソン
10月6日	水曜	アンナ戻る／ヘルシュベルグ／ピヒラーの所で徹底的な手術
10月14日	金曜	ミンナがメラノから
10月29／30日	土／日曜	＋アルフレッド・リー　事故と死

11月

11月1日	火曜	流感と耳の炎症
11月3日	木曜	穿刺術
11月8日	火曜	ルーズヴェルト米国で選ばれる
11月30日	水曜	イヴェットのホテルで

12月

12月3日	土曜	アンナ37歳／新しい入門講義
12月8日	木曜	ピヒラーの所で手術

1933年

1月

1月4日	水曜	マイ医師／マルティン　ベルリンへ
1月5日	木曜	＋G・アントン
1月18日	水曜	＋L・ティファニー　ニューヨーク
1月27日	金曜	アイティンゴン
1月29日	日曜	ルース流感／ヒトラー　帝国首相
1月31日	火曜	＋ゴールズワージー／ヨフィ　カグランへ

2月

2月12日	日曜	アルノルト・ツヴァイク
2月13日	月曜	ブリル－夢判断
2月14日	火曜	4冊の日本語翻訳書
2月17日	金曜	鉄の仏陀
2月21日	火曜	チェコ語のレオナルド
2月28日	火曜	ベルリン国会議事堂　火事に

3月

3月4日	土曜	ドルの支払停止／ルーズヴェルト
3月5日	日曜	ヒトラーの選挙　ドイツで
3月13日	月曜	エジプトの織物の絵
3月15日	水曜	ハリー　博士号
3月17日	金曜	彩色のある中国人女性
3月22日	水曜	Warum Krieg?
3月25日	土曜	印刷工のストライキ
3月27日	月曜	Pourquoi Guerre?／フェレンツィの便り／ヨフィ　怪我
3月29日	水曜	バリラリの訪問
3月31日	金曜	ブライヤー

4月

4月2日	日曜	エルンストルがベルリンから／アルノルト・ツヴァイク
4月3日	月曜	ヨフィの危険な出産／ノーマン・ダグラス
4月5日	水曜	エルンストル、ボブ、マビー　シチリアへ
4月8日	土曜	オリとヘニー　ベルリンから
4月10日	月曜	イタリア語のモーゼ／Why War?
4月16日	日曜	感謝祭　開業47年
4月17日	月曜	ベームとフェダーン
4月22日	土曜	クレンペラー
4月25日	火曜	エド・ヴァイス博士－フォルツァーノ

5月

5月1日	月曜	市の封鎖措置　行進に
5月4日	木曜	移動　ホーエ・ヴァルテに
5月5日	金曜	エルンストとクレメンス
5月6日	土曜	77歳の誕生日／目まいの発作
5月11日	木曜	ベルリンの焼却
5月15日	火曜［月曜］	エルンスト出発する／手術　P／アルノ・ツヴァイク
5月16日	水曜［火曜］	ジャンヌの家庭訪問
5月21日	日曜	大腸炎／ジャンヌ出発する／ファン・フリースラント
5月22日	月曜	＋フェレンツィ／セルビア語の講義
5月23日	火曜	日本語の雑誌第1号
5月24日	水曜	ルースとマーク　パリから戻る
5月25日	木曜	アンナとマルティンがブダペストから
5月26日	金曜	下顎のジアテルミー
5月28日	日曜	オリ－ヘニー　パリへ
5月29日	月曜	ポー　マリー・ボナパルトから
5月30日	火曜	仏陀の頭部

6月

6月4日	日曜	フェレンツィの追悼文　終わる
6月5日	月曜	H・G・ウェルズの訪問
6月16日	金曜	アイティンゴン
6月26日	月曜	＋パウル・ハマーシュラーク／ヴィッテルスの後悔
6月30日	金曜	エルンストルの扁桃腺手術

7月

7月8日	土曜	ルース　手術／マルティンのフルンケル症
7月9日	日曜	マトゥーラ60周年をクネプフマッハーやワーグナーと

8月

8月1日	火曜	休日をホッホローテルドで
8月2日	水曜	ブリット
8月10日	木曜	盲人の施設
8月11日	金曜	アイティンゴン
8月12日	土曜	ホッホローテルド／スティーヴン・ワイズ
8月17日	木曜	王女
8月18日	金曜	Essais de Psych.appliquée／ドロシー戻る　ランプル
8月24日	木曜	ジャンヌ手術する
8月25日	金曜	ルース　アメリカへ

April

- So 2 — Erustl von Berlin — Arn. Zweig
- Mo 3 — Loti gefährlich Geburt — Norman Douglas
- Mi 5 — Strese book Mabbie nach Sizilien
- Sa 8 — Oli-Kenny aus Berlin
- Mo 10 — Moses italienisch — Why war?
- So 16 — Ostern. 47 Paris
- Mo 17 — Boehm u federn
- Sa 22 — Klemperer
- Di 25 — Dr Ed Weiss Forzano

Mai

Sperre der Stadt gegen Umzüge
- Mo 1 — Umzug Hohe Warte
- Do 4 — Ernst u Klemens
- Fr 5 — 77 Geburtstag Schwindelanfall
- Sa 6 — Verbrennung in Berlin — Arn. Zweig
- Do 11 — Ernst abgereist. Operation K.
- Di 15 — Jeanne Jausenbuch
- Mi 16 — Cotilis Jeanne abgereist — van Vriesland
- So 21 — ferencsi Serbische Uebersetzung
- Mo 22 — Japan Zeitschrift N.
- Di 23 — Ruth Mack von Paris
- Mi 24 — Anna u Martin von Bpest
- Do 25 — Diathermie u Unterseucher
- Fr 26 — Oli Kenny in Paris Bonaparte
- So 28 — Be von Marie
- Mo 29 — Budha Kopf
- Di 30 — ferencsi beendigt.

Juni

- So 4 — Nachtrag H. G. Wells auf Besuch Wittels Reue
- Mo 5 — Eitingon
- Fr 16 — Paul Wasserschlag t.
- Mo 26 — Ernst's Tonsillenoperation

Juli

- Fr 30 — Ruth operation — Martin's Jurenkulose
- Sa 8 — 60 jährige Matura mit Knopfmacher u Wagner
- So 9 —

August

Kochroterd
- Di 1/8 — ferien
- Mi 2 — Bullitt
- Do 10 — Blindeninstitut
- Fr 11 — Eitingon
- Sa 12 — Kochroterd — Stephen Wise
- Do 17 — Prinzessin — Essais de psych. appliquée.
- Fr 18 — Dorothe zurück u Lampl
- Do 24 — Jeanne operiert
- Fr 25 — Ruth nach Amerika

September 1933
So 3 — Laforgue – Hüttung Kryptr
Di 5 — Operation – Herzanfall – Beginn d. Krankheit
Sa 16 — Ernst u. Lux gekommen
Di 19 — Pichler, Consilium, Lux abgereist
Sa 30 — Berggasse

Oktober 1933
Di 3 — Attentat auf Dollfuss
Mi 4 — Dr Ludwig Bauer
Do 5 — Martin Aufenthaltsr[eich] bestanden
Mo 9 — Erste Ausfahrt – Zweigfigur u. Jade f. Dorsky
Sa 14 — Deutschland tritt aus Völkerbund aus.
Mo 16 — Mathilde 46
Do 19 — Martin nach Zürich

November
Sa 4 — Martin zurück
Do 8 — Asthma(?) – Pichler Besuch
So 12 — 10 Jahre seit Operation – Deutsche Wahlen
Di 14 — Nachricht Simmel sichergestellt
Do 16 — New Lectures (Korr.) – cyprische Siegel u. Funde
— Ernst von Berlin abgereist
Sa 25 — Eitingon

Dezember
So 3 — Anna 38 f. Mitzi Herzanfall
Mo 11 — Fall bei der Lampe

1934
Januar
— Hebraeische Vorlesungen I
Di 2 — Martin's Nierensteinoperation
Fr 5 — Prinzess abgereist Oscar Philipp
Sa 6 — Röntgen im Hause
Mi 24 —

Februar
Mi 7 — Silberne Hochzeit Math – Robert u. Alex – Soph.
Sa 10 — Martin nach Hause
Mo 12 — Generalstreik
Sa 17 — Ehrenfels Sen.
So 18 — Buckingham's nach Italien
Mo 19 — König Albert †

März
Sa 3 — Lux Autounfall in Istrien
Do 8 — G. Earle – Mumienmaske
Fr 9 — Mumienhülle
Mo 12 — Katarrh
Mi 14 — † Zweifer
Fr 23 — Radium

1933年9月

9月3日	日曜	ラフォルグ／ブライヤー基金
9月5日	火曜	手術―心臓発作―病気の始まり
9月16日	土曜	エルンストとルクス来る
9月19日	火曜	ピヒラーの診察／ルクス出発する
9月30日	土曜	ベルクガッセ

1933年10月

10月3日	火曜	ドルフス暗殺の企て
10月4日	水曜	ルートヴィヒ・バウアー博士
10月5日	木曜	マルティン、司法試験に合格する
10月9日	月曜	初の外出／小人の像と翡翠をドロシーへ
10月14日	土曜	ドイツ国際連盟脱退を望む
10月16日	月曜	マティルデ46歳
10月19日	木曜	マルティン　チューリヒへ

11月

11月4日	土曜	マルティン戻る
11月8［9］日	木曜	胃炎／ピヒラーの往診
11月12日	日曜	手術から10年／ドイツの選挙
11月14日	火曜	ジンメル逮捕の知らせ
11月16日	木曜	新しい講義（スプロット）／キプロスの印章と出土品／エルンスト　ベルリンを去る
11月25日	土曜	アイティンゴン

12月

12月3日	日曜	アンナ38歳／ミツィ　心臓発作
12月11日	月曜	事故　ランプで

1934年
1月

1月2日	火曜	ヘブライ語の講義 I
1月5日	金曜	マルティン　腎臓結石の手術
1月6日	土曜	王女　出発する／オスカル・フィリップ
1月24日	水曜	X線を自宅で

2月

2月7日	水曜	銀婚式　マティルデ－ロベルト＆アレックス－ゾフィ
2月10日	土曜	マルティン自宅へ
2月12日	月曜	ゼネラル・ストライキ
2月17日	土曜	エーレンフェルス　Jr.
2月18日	日曜	バーリンガム一家イタリアへ
2月19日	月曜	＋アルベール国王

3月

3月3日	土曜	ルクス　自動車事故に
3月8日	木曜	G・アール／ミイラの仮面
3月9日	金曜	ミイラの容器
3月12日	月曜	カタル
3月14日	水曜	＋ロイファー
3月23日	金曜	ラジウム

1934年
4月

4月5日	木曜	国勢調査
4月13日	金曜	シュトラッサーガッセの家を見学し、借りる
4月20日	金曜	オリ　パリから
4月21日	土曜	デイリー
4月23日	月曜	2回目のラジウム
4月24日	火曜	ネストロイの全集
4月25日	水曜	イェケルスの出発
4月26日	木曜	ウルの発掘／オリ　出発する／v.d.レーウの夕べ
4月28日	土曜	シュトラッサーガッセ47

5月

5月1日	火曜	新憲法
5月6日	日曜	78歳／ゲシェラ・フェレンツィ
5月7日	月曜	象牙の仏陀とフォウの犬の石像
5月18日	金曜	クチナシ

6月

6月4日	月曜	サラピスと泉の雄牛
6月14日	木曜	＋グロデックおよび　＋ツヴァイク嬢
6月30日	土曜	ドイツで突撃隊の反乱

7月

7月4日水曜／5日　木曜		眼から来る偏頭痛と体調不良
7月9日	月曜	隕石／ハリー　カールスバード
7月12日	木曜	エルンストル　旅行へ／ライオン－竜
7月13日	金曜	サラジン
7月16日	月曜	中国語の講義
7月17日	火曜	ザックス博士、ヨハネスバーグ
7月21日	土曜	エルンスト　ベルリンから
7月25日	水曜	＋ドルフス：　バルハウスでクーデター
7月26日	木曜	マルタ73歳／マリアンネに男の子が

8月

8月2日	火曜	＋ヒンデンブルク
8月18日	土曜	アイティンゴン
8月20日	月曜	ヌンベルグ
8月22日	水曜	ジョーンズ
8月25日	土曜	アレクサンダー／アンナ　ルツェルンへ
8月29日	水曜	＋v.d.レーウ

9月

9月1日	土曜	アンナ　ルツェルンから
9月3日	火［月］曜	ラド
9月6日	水曜	エロス　ミリナ
9月14日	金曜	全集第12巻
9月23日	日曜	モーゼ　終わる

1934
April

Do 5/4 Volkszählungscommission
Fr 13/4 Wohnung Strasserg. gesehen u. gemietet
Fr 20/4 Oli aus Paris
Sa 21/4 Daly
Mo 23/4 Zweites Radium Lectorys Werke
Di 24/4 Sekels' Abschied
Mi 25/4 Ur Excavatore - Oliabgereist - otheneuwabis
Do 26/4 Strassergasse 47
Sa 28/4

Mai

Di 1/5 Neue Verfassung
So 6/5 78 Jahre - Gisela Ferenczi
Mo 7/5 Elfenbeinbuddha u. sein Fotund
Fr 18/5 Gardenia

Juni - Brunnenstier
Mo 4/6 Sarapis und Frau Zweig
Do 14/6 † Groddeck und † Frau Zweig
Sa 30/6 S.A. Revolte in Deutschland

Juli

Mi 4/7 Migraine ophthalm. mit Krankheit
Do 5/7 Meteorstein - Harry Karlsbad
Mo 9/7 Ernstl auf Wanderung - Löwendrache
Do 12 Sarasin Vorlesgen
Fr 13 Chinesisch Johannestg
Mo 16.17 Dr Sachs
Di 17 Ernst v Berlin
Sa 21 † Dollfuss Putsch im Ballhaus
Mi 25 Martha 737 - John bei Marianne
Do 26

August

Do 2/8 † Hindenburg
Sitringen
Sa 18/8 Nunberg
Mo 20/8 Jones
Mi 22/8 Alexander - Anna nach Luzern
Sa 25/8 † v.d. Leeuw
Mi 29/8

September

Sa 1/9 Anna von Luzern
Di 3/9 Radó Myrina
Mi 5/9 Eros
Fr 14/9 XII Band Ges. Ausgabe
So 23/9 Moses beendigt

Oktober 1934
Di 9/10 Attentat in Marseille
Sa 13/10 IX Berggasse
Di 16/10 Mathilde 47 J.
           Nov 1934
Sa 3/XI Lux
Mo 26/XI Dozentur verlopsen – Hormoninjektion
           Dezember 1934
Mo 3/XII Anna 39 J.
Fr 7/XII Martin 45 J. Fleischer
Fr 14/XII Flimmern – Dr Fischel
So 16/XII Vagusanfall
           1935
           Januar
Di 1/1 Magenanfall-Erbrechen
Mi 9/1 Martin zurück von Nizza
So 13/1 Saarabstimmung + Anna's Vortrag
Mi 23/1 + Anna v Vest – Anna's Vortrag
So 27/1 Nachschrift zu Selbstdarstellung
           Februar
Mi 6/2 Levy-Brühl. Anna's II Vortrag
Di 18/2 Dr Gerard
Mi 19/2 Oli 44 J.
Fr 22/2 Minna nach Meran
Do 28/2 + Otto Fleischl (Nachschrift)
           März
Mo 11/3 Ernste – Großzügig
Sa 16/3 Haus in Grinzing gemietet
So 17/3 Allgemeine Wehrpflicht in Deutschland
Sa 23/3 Operation bei Pichler
Fr 29/3 Elektrische Uhr
           April
Sa 6/4 Minna zurück. Ernst 43 J.
Do 11/4 Neue amerik. Vorlesungen
Sa 13/4 Martin aus Zürich
           Strassergasse
Do 18/4 Reik u Landauer
Sa 20/4 Ostern 49 J Praxis. Jones u Familie
So 21/4 Neuralgie – Federn u Meng
Mo 22/4 Schmiedeberg
Di 23/4
Do 25/4 Jones abreist
Fr 26/4 Schale von Wedgwood, Marie Anwalt
        von Zweig – Gegenstück zu gelb Drachen
So 28/4 Brief an Thomas Mann
Mo 29/4 Ruth operiert
Di 30/4 Operation bei Pichler

1934年10月

10月9日	火曜	マルセイユでの暗殺
10月13日	土曜	ベルクガッセに
10月16日	火曜	マティルデ47歳

1934年11月

11月3日	土曜	ルクス
11月26日	月曜	講師の地位を剥奪される／ホルモン注射

1934年12月

12月3日	月曜	アンナ39歳
12月7日	金曜	マルティン45歳
12月14日	金曜	心室細動／フライシャー博士
12月16日	日曜	迷走神経の発作

1935年
1月

1月1日	火曜	胃の発作──嘔吐
1月9日	水曜	マルティン　ニースから戻る
1月13日	日曜	ザールの住民投票
1月23日	水曜	＋アンナ v. ヴェスト／アンナの講義
1月27日	日曜	補遺を自己を語るへ

2月

2月6日	水曜	レヴィ＝ブリュール／アンナの2回目の講義
2月18日	火曜	ジェラード博士
2月19日	水曜	オリ44歳
2月22日	金曜	ミンナ　メラノへ
2月28日	木曜	＋オットー・フライシュル（ニュース）

3月

3月11日	月曜	エルンストル　成年に
3月16日	土曜	グリンツィングに家を借りる
3月17日	日曜	一般徴兵制　ドイツで
3月23日	土曜	手術をピヒラーの所で
3月29日	金曜	電気時計

4月

4月6日	土曜	ミンナ　帰る／エルンスト43歳
4月11日	木曜	新しいアメリカの講義
4月13日	土曜	マルティン　チューリヒから
4月18日	木曜	シュトラッサーガッセ
4月20日	土曜	ライクとランダウアー
4月21日	日曜	感謝祭　開業49年／ジョーンズと家族
4月22日	月曜	フェダーンとメング
4月23日	火曜	シュミットバーグ
4月25日	木曜	ジョーンズ　夜に
4月26日	金曜	鉢をマコードから／メアリ・スチュアートをツヴァイクから／黄色の竜の片割れ
4月28日	日曜	トーマス・マンへの手紙
4月29日	月曜	ルース　手術を受ける
4月30日	火曜	手術　ピヒラー

1935年5月

5月5日	土曜	人工口蓋の苦痛の始まり
5月6日	日曜	79歳
5月20日	月曜	ブリット
5月24日	月曜	王立医学協会名誉会員 ~~ロンドン医学会~~

6月

6月9日	日曜	4か国会議　ウィーンで
6月10日	月曜	ホロス／エド・ヴァイス
6月11日	火曜	チャタルジー
6月18日	火曜	ミンナ70歳
6月22日	土曜	アンナ　プラハへ／新しい人工口蓋
6月27日	木曜	エルンストル　マトゥーラ

7月

7月8日	月曜	＋アルベルト・ハマーシュラーク
7月13日	土曜	シューシュニクの事故
7月14日	日曜	テオ・ライク
7月17日	水曜	心臓発作、期外収縮
7月22日	月曜	王女
7月26日	金曜	マルタ74歳

8月

8月2日	金曜	ロックフェラーJr.／イシスとホルス
8月4日	日曜	ロベルト60歳
8月6日	火曜	アイティンゴン
8月14日	水曜	エルンストがルシアンと
8月18日	日曜	母　生きておれば100歳！
8月19日	日曜	かさぶたの手術

9月

9月1日	日曜	サラジン——ケンプナー
9月3日	火曜	祝辞をウィーンB．B．40周年式典に
9月5日	木曜	翡翠の皿とラクダ
9月15日	日曜	エムデン／シュテファン・ツヴァイク／ヴィリー・ハース
9月29日	日曜	ジーンズ

10月

10月月1日	月曜［火曜］	大きな観音
10月2日	火曜［水曜］	アビシニアで戦争始まる
10月10日	木曜	ある微妙な失錯行為
10月11日	金曜	ピヒラーの手術
10月13日	日曜	ソーントン・ワイルダー
10月16日	月曜	マティルデ48歳
10月18日	金曜	ベルクガッセ
10月22日	火曜	＋リヒャルト・ワーレ
10月28日	月曜	自己を語る

11月

11月6日	水曜	＋ビクトル・ダースツァイ
11月10日	日曜	イヴェット・ギルベールの訪問
11月21日	木曜	年鑑1936

Mai 1935
So 5/5 Anfang des Prothesenelends
Mo 6/5   79 Jahre
Mo 20/5 — Bullitt   London Medical Society
Fr 24/5 — Ehrenmitglied der Royal Society of Medicine
            Juni
So 2/6 Vierländertagung in Wien
       Roelot Ed. Weiss
Mo 10/6 Chatterie 40 Jahre
Di 11/6 Minna   Neue Prothese
Di 18/6 Anna nach Prag
Sa 22/6 Ernstl Matura
Do 27/6
            Juli
Mo 8/7 † Albert Hammerschlag
Sa 13/7 Unfall Schuschnigg
So 14/7 Th. Reik
Mi 17/7 Herzanfall Extrasystole
Mo 22/7 Pfarrerin
Fr 26/7 Martha 74 J.
            August
Fr 2/8 Rockefeller jr — Ysirnil Morus
So 4/8 Robert 60 J.
Di 6/8 Lilington
Mi 14/8 Ernst mit Lucian
So 18/8 Mutter wäre 100 Jahre
Mo 19/8 Operation der Prothese
            September
So 1/9 Sarasin – Kempner
       Begrüssung der „Wien" B.B. z. 40 Jubil.
Di 3/9 Tochtersöhne und Nansel — Willy Haas
Do 5/9 Emden — Stefan Zweig
So 15/9 Jeans
            Oktober
So 29/9 Grosse Kwannon
Mo 1/x Beginn d. Krieges in Abessinien
Di 21/x Anheilt e. Fehlleistung
Do 10/x Operation b. Pichler
Fr 11/x Thornton Wilder
So 13/x Math 48 Jahre
Mi 16/x Berggasse
Fr 18/x † Richard Wahle
Di 22/x Autobiographical Study
Mo 28/x
            November
Mi 6/xi † Victor Eisseitay
So 10/xi Besuch von Yvette Guilbert
Do 21/xi Almanach 1936

Sa 23/11. Olivier Nizza
        Dezember
Di 3/XI   Anna 40 J. – Große Hasebüsche
Sa 7/XII Martin 46 J. Palaestina
Di 10/XII Ernste nach zurückgetreten
Sa 17/XII Masaryk zurückgetreten
Mo 23/XII Paul Kollitscher †

1936

            Ernst
Do 2/1   Ernst abgereist Akropolis fertig
Mo 13/1   Unglaube auf Akropolis
Di 14/1   Prinzess abgereist Operation 6 Pichler
Do 16/1   Georg v. † Königsberger
Mo 20/1   Nemon ? Queften
Di 21/1   van Queften
Mi 22/1   Februar   Max
            Eine Woche Nemon – Max.
Sa 1/2   Abschied von Max.
Di 4/2   † Rob. Breuer Operation Pichler
            Bischowski   März
Do 20/2   Glückwünsche von Alex.
Di 3/3   † Pineles – Osirisgruppe von Alex.
Di 10/3   Operation 6 Pichler
Mi 25/3   Minna's Glaukom – Angela
            Konfiskation unserer Bücher in Leipzig
            Migraine   April
Fr 3/4   Großes Totenschiff
            Henny reist Eva
So 5/4   Ernst 44 J. Paris – Anna 2 Akrophaus
Mo 6/4   Ostern 50 J. von Max Kraker
So 12/4   Minna noch Eva abgereist
Di 14/4   Henny in Sanatorium
Mi 15/4   Minna
Sa 18/4   Strassergasse
Do 23/4   # 5000 von Brill
Mi 29/4   Minna aus Sanat.
            Mai
Mo 4/5   Adresse von Mann Wells Rolland u.a.
Mi 6/5   80 J. Geburtstag Eroberung
            Thomas Mann   v. Abessinien
Do 7/5
Fr 8/5   Vortrag Th. Mann + L. Braun

11月23日	土曜	オリ　ニースから

12月

12月3日	火曜	アンナ40歳／大きな漢の箱
12月7日	土曜	マルティン46歳
12月10日	火曜	エルンストル　パレスチナへ
12月14日	土曜	マサリク　辞任する
12月23日	月曜	＋パウル・ホリチャー

1936年

1月2日	木曜	エルンスト
1月13日	月曜	エルンスト　出発する
1月14日	火曜	「アクロポリスでの不信」終わる
1月16日	木曜	王女　出発する／手術　ピヒラーが
1月20日	月曜	＋ジョージ5世
1月21日	火曜	ネモンとケーニヒスベルガー
1月22日	水曜	ファン・ヴルフテン

2月

2月1日	土曜	1週間　ネモン／マックス
2月4日	火曜	マックスの出発
2月9日	日曜	＋ロブ・ブロイエル
2月20日	木曜	ブィホヴスキー／手術　ピヒラー

3月

3月3日	火曜	＋ピネレス／オシリスの一団をアレックスから
3月10日	火曜	手術　ピヒラー
3月25日	水曜	ミンナの緑内障／アンジェラ／本の押収　ライプツィヒで／偏頭痛

4月

4月3日	金曜	大きな葬送の平底船
4月5日	日曜	ヘニーがエヴァと
4月6日	月曜	エルンスト44歳
4月12日	日曜	感謝祭　開業50年／エジプトの農耕風景／ミンナ依然不調
4月14日	水曜［火曜］	ヘニー　エヴァ　出発する
4月15日	水曜	ミンナ　療養所へ
4月18日	土曜	シュトラッサーガッセ
4月23日	木曜	＃5000　ブリルから
4月29日	水曜	ミンナ　療養所から

5月

5月4日	月曜	挨拶状をマン　ウェルズ　ロランらから
5月6日	水曜	80歳の誕生日／アビシニアの征服
5月7日	木曜	トーマス・マン
5月8日	金曜	講演　Th.マン／L・ブラウン

1936年
6月

6月5日	金曜	ベルクガッセ7の新施設を訪問
6月14日	日曜	トーマス・マン　講演を我が家で
6月18日	木曜	ミンナ71歳
6月29日	月曜	画家クラウス／エラ・ブラウン
6月30日	火曜	王立学会外国人会員

7月

7月11日	土曜	ドイツとの協定
7月14日	金曜	手術　ピヒラー
7月18日	土曜	療養所で手術
7月19日	日曜	目に包帯をして戻る
7月23日	木曜	重病を脱する
7月31日	金曜	アンナ　マリエンバード大会

8月

8月6日	木曜	アンナ　大会から戻る
8月14日	金曜	アルノ．ツヴァイクとH・シュトルク
8月18日	火曜	モーゼをアルノルト・ツヴァイクと
8月20日	木曜	アンナ　ラックスへ／小銘板をヴィリー・レヴィイが
8月25日	火曜	＋タンドラー／ブリット　パリへ
8月28日	金曜	ジョーンズと家族／エルンストル　ロシアへ

9月

9月6日	日曜	カーディーム
9月12日	土曜	エルンストとルクス／ヴォルフ　再び
9月14日	月曜	結婚50年

10月

10月17日	土曜	ベルクガッセ
10月18日	日曜	ベーア＝ホフマン
10月22日	木曜	アルノルト・ツヴァイク
10月24日	土曜	アイティンゴン＆フリースの誕生日の日付
10月27日	火曜	鼻血
10月30日	金曜	新しい馬

11月

11月1日	日曜	ベームとの会見
11月15日	日曜	主任　v.デメル
11月21日	土曜	オリヴァー
11月22日	日曜	＋エトカ・ヘルツィヒ
11月26日	木曜	オリ　出発する

12月

12月3日	木曜	アンナ41歳
12月7日	月曜	マルティン47歳
12月10日	木曜	エドワード8世退位する
12月12日	土曜	手術　ピヒラーが
12月20日	日曜	オットー・ローイ教授
12月24日	金曜	クリスマス　痛みの中で
12月27日	日曜	シュテファン・ツヴァイク

1936

Juni
- Fr 5/6 — Besuch im neuen Lokal Berggasse 7
- So 14/6 — Vorlesung von Thomas Mann bei uns.
- Do 18/6 — Minna 71 Jahre
- Mo 29/6 — Maler Krausz Ella Braun
- Di 30/6 — foreign member Royal Society

Juli
- Sa 11/7 — Verständigung mit Deutschland
- Di 14/7 — Operation bei Pichler
- Sa 18/7 — Sanatorium Operation
- So 19/7 — zurück mit bestandenem Auge.
- Do 23/7 — aus schwerem Kranksein
- Fr 31/7 — Anna Marienbad Congress

August
- Do 6/8 — Anna zurück vom Congress
- Fr 14/8 — Arn. Zweig und H. Struck
- Di 18/8 — Moses nach Arn. Zweig
- Do 20/8 — Anna auf Hax — Plaquette von Willy Levy
- Di 25/8 — Sandler + Bullitt nach Paris Russland
- Fr 28/8 — Jones mit Familie Urlaub nach Russland

Sept.
- So 6/9 — Radium
- Sa 12/9 — Grusch u hex — Woche nochmal
- Mo 14/9 — 50jährige Ehe

Okt
- Sa 17/10 — Berggasse Hofmann
- So 18/10 — Beer-Hofmann
- Do 22/10 — Arnold Zweig u Fliess' Geburtstag
- Sa 24/10 — Einbiegen in Jahrzehnt
- Di 27/10 — Nasenblutung
- Fr 30/10 — Neues Jahr   Boehm

Nov
- So 1/11 — Versammlung mit Direktor v. Demel
- So 8/11 — Oliver
- Sa 21/11 — + Ella Kertz
- So 22/11 — Oli abgereist
- Do 26/11 — Anna 41 Jahre

Dezember
- Do 3/12 — Martin 47 Jahre
- Mo 7/12 — Eduard VIII abgedankt
- Do 10/12 — Operation bei Pichler
- Sa 12/12 — Prof. Otto Loewi Schmerzen
- So 20/12 — Weihnacht in
- Do 24/12 — Stefan Zweig
- So 27/12 —

1937

Januar
- Sa 2/1 Prinzessin, Korrespondenz mit Fliess
- Mo 11/1 Sofie in 6. Monat zur Operation
- Do 14/1 † Sofie her freigesprochen – hier aufgenommen
- Fr 15/1 Thomas Mann –

Februar
- Mo 18/1 Kl. Moses beendet
- Mi 3/2 † Lou Salomé, geb. 5/2 ? Johansburg
- Do 11/2 Loalf Sachs aus Johansburg
- So 28/2

März
- So 7/3 Jul. Wagner 80 Jahre – Montessorikrippe
- Di 23/3 Japanische Medaille

April
- So 4/4 Beer-Hofmann auf Besuch
- Di 6/4 Ernst 45 Jahre
- Do 22/4 Operation mit Pichler, † Halban
- Sa 24/4 von Sanat. nach Grinzing
- Fr 30/4 "Unendliche Analyse" beendigt

Mai
- Do 6/5 81 Jahre! Ernst abgereist
- Mi 12/5 Coronation –
- Do 13/5 Antiquit. aus Athen
- So 16/5 Pfingsten Anna i. Bpest
- Fr 28/5 † A. Adler in Aberdeen

Juni
- Sa 5/6 Oberholzer – Weil
- Fr 11/6 Annas Unfall – Schmerzen – Großsitzen
- Sa 26/6 Visite von McCord

Juli
- Moses II
- Di 27/7 Eitingon
- Mi 28/7 Arn.? Zweig Prinzess abgereist

August
- So 8/8 Moses II beendigt
- Mi 18/8 Haematurie
- Di 24/8 † Kallich

1937年
1月

1月2日	土曜	王女　フリースへの手紙を買う
1月11日	月曜	ヨフィ　手術で病院へ
1月14日	木曜	＋ヨフィ　心臓麻痺で
1月15日	金曜	トーマス・マン／リュンを引き取る
1月18日	月曜	心臓の異常

2月

2月3日	水曜	小さなモーゼ　終わる
2月11日	木曜	トルー・ザロメ　死去 5／2？
2月28日	日曜	ヴォルフ・ザックスがヨハネスバーグから

3月

3月7日	日曜	ユリ・ワグナー　80歳
3月23日	火曜	日本のメダル／モンテッソーリ保育所

4月

4月4日	日曜	ベーア＝ホフマンの訪問
4月6日	火曜	エルンスト45歳
4月22日	木曜	エヴィパンで手術
4月24日	土曜	療養所からグリンツィングへ／＋ハルバン
4月30日	金曜	『終わりなき分析』終わる

5月

5月6日	木曜	81歳！
5月12日	水曜	戴冠式／エルンスト　出発する
5月13日	木曜	古代遺物　アテネから
5月16日	日曜	聖霊降臨祭　アンナ　ブダペストへ
5月28日	金曜	＋A・アドラー　アバディーンで

6月

6月5日	土曜	オーバーホルツァー－ヴァイル
6月11日	金曜	アンナの事故／痛み／高温／耳炎
6月26日	土曜	胸像をマコードから

7月

7月		モーゼⅡ
7月27日	火曜	アイティンゴン
7月28日	水曜	アルノ・ツヴァイク／王女　出発する

8月

8月8日	日曜	モーゼⅡ　終わる
8月18日	水曜	血尿
8月24日	火曜	＋カリッヒ

1937年9月

9月1日	水曜	エマヌエル・レービ　80歳
9月14日	火曜	＋マサリク／51年　結婚から
9月15日	水曜	ルー・ジョーンズ
9月23日	木曜	妄想と構成の着想

10月

10月15日	金曜	新しい歯
10月16日	土曜	マティルデ50歳／ベルクガッセに戻る
10月19日	火曜	ベルギーのエリザベータ王妃
10月21日	木曜	＋ヴィル・クネプフマッハー
10月22日	金曜	ドロシー　病に倒れる／アイティンゴン

11月

11月5日	金曜	気管支炎で床に／＋ゲルトナー
11月11日	木曜	オリ
11月14日	日曜	王女　映写会
11月23日	火曜	講演　ビーネンフェルト博士
11月28日	日曜	シュテファン・ツヴァイク
11月30日	火曜	人工口蓋　壊れる

12月

12月3日	金曜	アンナ　42歳
12月7日	火曜	マルティン　48歳

1938年1月

1月9日	［日曜］	＋アンナ・リヒトハイム
1月22日	土曜	手術　アウアースペルグ——アテローマ、エヴィパン

2月

2月11日	金曜	＋エマヌエル・レービ
2月19日	土曜	手術　アウアースペルグ
2月24日	木曜	シューシュニクの演説
2月［24日木曜－］28日［月曜］		悪い日々

3月

3月2日	水曜	ミンナ　手術
3月9日	水曜	シューシュニク　インスブルックに
3月10日	木曜	ワイリーがアメリカ大使館から
3月11日	金曜	ミンナ　2回目の手術／エルンストル　24歳／シューシュニクの辞職／Finis Austriae
3月13日	日曜	ドイツとの合邦
3月14日	月曜	ヒトラー　ウィーンに
3月15日	火曜	出版所と我が家の捜索
3月16日	水曜	ジョーンズ
3月17日	木曜	王女
3月22日	火曜	アンナ　ゲシュタポへ

Sept 1937

- Mi 1/9 Emanuel Loewy 80 J.
- Di 14/9 † Masaryk 57 J. bei Privat
- Mi 15/9 Lou Jones
- Do 23/9 Vtr über Wahn u Konstruktion

Okt
- Fr 5/x   Neue Zähne 50 J zurück Berggasse
- Sa 16/x Mathilde
- Di 19/x Königin Elisabeth v. Belgien
- Do 21/x † Wilh. Knopfmacher
- Fr 22/x Dorothy u Kraus - Eitingon

November
- Fr 5/XI mit Brouardel zu Litt. † Gärtner
- Do 11/XI Oppressionskinovorstellung
- So 14/XI Vortrag Dr Wienenfeld
- Di 23/XI Stefan Zweig
- So 28/XI Prothese gebrochen
- Di 30/XI

Dezember
- Fr 3/XII Anna 42 J. 48 J
- Di 7/XII Martin

1938 Januar
- 9/1 Anna Lichtheim †
- Sa 22/1 Operation Auersperg - Atherom - Eoiran

Februar
- Fr 11/2 † Emanuel Loewy
- Sa 19/2 Operation Auersperg
- Do 24/2 Schuschnigg's Rede
- 28/2 Schlechte Tage

März
- Mi 2/3   Mimi Operation
- Mi 9/3   Schuschnigg in Innsbruck
- Do 10/3 Wiley vom amerik. Gesandtschaft
- Fr 11/3 Mimi zweite Operation
       Ernstl 24 J - Abdankung Schuschnigg
           finis Austriae
- So 13/3 Anschluss an Deutschland
- Mo 14/3 Hitler in Wien
- Di 15/3 Kontrolle in Verlag u Haus
- Mi 16/3 Jones
- Do 17/3 Prinzessin
- Di 22/3 Anna bei Gestapo

Mo 28/3 Aufnahme in England gesichert
— Ernste in Paris — Ausreise scheint ermöglicht

April

Fr 1/4 — Zweig & Wyle in London
Mi 6/4 — Ernst 76J
Sa 9/4 — Sopers Übersetzung beendigt
So 10/4 — Abstimmung
Di 12/4 Mo 11/4 — Minna aus Sanatog. zurück. In
   Ostersonntag 52 J. Praxis. In
So 17/4 — Alex 72 J. Freitschie abgereist
Di 19/4 — Ralph mit Braut Franz Radziwil
Mo 18/4 — Anfall von Taubheit
Di 26/4 — Schwerwiedergekommen
Fr 29/4 —

Mai

— Beer-Hofmann mit Prinzess
So 1/5 — Minnat ausgereist. Verhandl. mit Gestapo
Do 5/5 — 82 Jahre
Fr 6/5 — Anfall 14 Tage ?
Di 10/5 — Ausspruch bekommen
Do 12/5 — Martin abgereist
Sa 14/5 — Schatzung der Sammlung
Sa 21/5 — Mathilde u. Robert abgereist
Di 24/5 — + Emilie Kassowitz
Mo 30/5

Juni

Do 2/6 — Unbedenklichkeitserklärung
Sa 3/6 — abreise 3h 25. Orient Express — 33/4 0m
   Brücke von Kehl
London So 4/6 — Paris tochter Marie Ernst Bullitt
   ungehindert. abds nach London
Mo 5/6 — über Dover. London. Minna
   Minna schwer krank. bekommen
   Sarah aus Manchester
Do 9/6 — Zun Besuch
Fr 10/6 — Besuch Jahuda
Sa 11/6 — Minna z. Geburtstag zurückgekehrt
Sa 18/6 — G.H. Wells
So 19/6 — Moses III neu begonnen
Di 21/6 — Prinzess — cyprischer Kopf
Do 23/6 — Besuch der R.S. — filme
Sa 25/6 — Mrs Gunn mit ägypt. Antiq.

3月28日	月曜	英国への入国　保証さる／エルンストル　パリに／移住　できそうに

4月

4月1日	金曜	2人のエルンスト　ロンドンに
4月6日	水曜	エルンスト46歳
4月9日	土曜	トプシーの翻訳　終わる
4月10日	日曜	国民投票
4月12日	火曜	ミンナ　療養所から戻る
4月17日	日曜	感謝祭の日曜日　開業52周年
4月19日	火曜	アレックス　72歳／王女　出発する
4月18日	月曜	婚約中のラジヴィルの2人と食事
4月26日	火曜	聴力を失う
4月29日	金曜	王女　戻る

5月

5月1日	日曜	ベーア＝ホフマンが王女と
5月5日	木曜	ミンナ　出国する／交渉をゲシュタポと
5月6日	金曜	82歳
5月10日	火曜	出国　2週間以内に？
5月12日	木曜	パスポートを受け取る
5月14日	土曜	マルティン　去る
5月21日	土曜	蒐集品の査定
5月24日	火曜	マティルデとロベルト　出発する
5月30日	月曜	＋エミリエ・カソヴィッツ

6月

6月2日	木曜	審査不問証明書
6月3［4］日	土曜	出発 3.25 オリエント急行／3 3/4 am　ケール橋
ロンドン6月4［5］日	日曜［土曜］	パリ10時　マリー　エルンスト　ブリットの出迎え／夕方　ロンドンへ
6月5［6］日	月曜［日曜］	9am ドーヴァー－ロンドン／新居／ミンナ　重病／花と新聞
6月9日	木曜	サム　マンチェスターから
6月10日	金曜	リュンを訪ねる
6月11日	土曜	ヤフダの訪問
6月18日	土曜	ミンナ　誕生日に初めて会う
6月19日	日曜	G・H・ウェルズ
6月21日	火曜	モーゼⅢ　再び始める
6月23日	木曜	王女－キプロス人の頭部
6月23日	木曜	R．S．の訪問／映像
6月25日	土曜	ガン夫人がエジプトの古代遺物を

1938年7月

7月15日	金曜	モーゼをアメリカに売る／ケント氏？／エクスナー博士
7月16日	土曜	フィンチレイ・ロードの家を見る
7月17日	日曜	モーゼ　完成する／遺言書
7月18日	月曜	ケント氏／1200オランダ・ギルダー要求さる
7月19日	火曜	聴力を失う／サルヴァドール・ダリ
7月23日	土曜	オランダの出版社
7月26日	火曜	マルタ77歳
7月28日	木曜	遺言書に署名する／家の購入　終わる
7月29日	金曜	アンナ　パリ大会へ

8月

8月1日	月曜	パリ大会から挨拶状
8月4日	木曜	新出版所の発起書
8月5日	金曜	ボイムラーから物品発送の知らせ／アンナ　パリから戻る
8月6日	土曜	王女
8月7日	日曜－8日　月曜	物品　到着する／ヴィリー・レヴィイ　始める
8月13日	土曜	我が家を見る。メアスフィールド・ガーデンズ20
8月24日	水曜	ルース　去る
8月29日	月曜	ミンナ　老人ホームへ

9月

9月2日	金曜	ホテル・エスプラネード－ウォリントン・クレセント
9月4日	土曜［日曜］	アレックス　ゾフィ　ハリー　到着する
9月7日	水曜	サナトリウム・ロンドン診療所
9月8日	木曜	手術　ピヒラー
9月27日	火曜	メアスフィールド・ガーデンズ20
9月30日	金曜	平和

10月

10月2日	日曜	ミンナ　家に／マルティン　入院
10月11日	火曜	ザウアーヴァルト博士
10月12日	水曜	アルノルト・ツヴァイク　辞去する
10月16日	日曜	マティルデ51歳
10月29日	土曜	王女とユージェニー－青銅のヴィーナス
10月31日	月曜	反ユダヤ主義への論評

11月

11月10日	木曜	ポグロム　ドイツで／禁書　フランコのスペインで
11月29日	火曜	H・G・ウェルズ

12月

12月3日	土曜	アンナ43歳
12月4日	日曜	王女　我が家を訪問
12月6日	火曜	リュン　戻る／独唱会　エンゲル・ランド
12月7日	水曜	放送／マルティン49歳
12月8日	木曜	王女　出発する／ウィル・ブラウン

Juli 1938

Fr. 15/7 — Moses nach Amerika verkauft — Mr Kent?
      Dr Exner
Sa 16/7   Haus in Finchley Road besichtigt
So 17/7   Moses beendet. Testament.
Mo 18/7   Mr Kent — 12000 Holland. angefordert
Di 19/7   Taubheit — Salvador Dali
Sa 23/7   Holländischer Verlag
Di 26/7   Martha 77 J.
Do 28/7   Testament unterschrieben
Fr 29/7   Hauskauf abgeschlossen
          Anna zum Kongress nach Paris

August

Mo 1/8   Begrüssung vom Paris Kongress
Do 4/8   Prospekt des neuen Verlags
Fr 5/8   Nachricht Bäumler v. Abgang d. Sachen
Sa 6/8   Anna zurück v. Paris   Willi Levy begonnen
          Sachen angekommen.   20 Maresfield Gardens
So 7/ Mo 8/8 Eigenes Haus besichtigt
Sa 13/8   Ruth darabgefunden
Mi 24/8   Minna in's nursing home
Mo 29/8

September

Fr 2/9   Hotel Esplanade Warrington besucht
Sa 4/9   Alex. Sophie Harry angekommen
Mi 7/9   Sanit London Clinic
Do 6/9   Operation Pichler
Di 27/9   20 Maresfield Gardens
Fr 30/9   Friede

Oktober

So 2/10   Minna ins Haus   Mathilde in Pisa
          Dr Sauerwald
Di 11/10 Arnold Zweig z. Abschied
Mi 12/10 Mathilde 51 J.
So 16/10 Freuters und Eugenie — Bronce Venus
Sa 29/10 ein Werk z. Antisemitismus
Mo 31/10

November

Do 10/11 Pogroms in Germany — Verbot in Franco-Spanien
          H. G. Wells
Di 29/11

Dezember

Sa 3/XII Anna 43 J.
So 4/XII Prinzessin mit Hausbesuch
Di 6/XII Lün zurück — Vortrag Engel Fernd
Mi 7/XII Broadcasting — Martin 49 J.
Do 8/XII Prinzess abgereist. Willi Brown

1939.

January
Lumbago.
Knochenschmerzen

Februar
2/1, 31/1 Moses imprimirt
Do 2/2 Prinzessin
So 5/2 † Pius XI – Trotter
Fr 10/2 Oli 48 J
So 19/2 Prinzess mit Lacassagne
So 26/2 Probeexcision u Röntgen
Di 28/2

March
Fr 3/3 Bescheid von Paris – Pius XII
Mo 6/3 Dr Finzi
Mi 8/3 25 Jahrfeier d. British Society
Do 9/3 Erster Röntgen – Finzi
Sa 11/3 Jahrestag der Nazi-invasion
Mo 13/3 Moses bei Lange – Prinzess u Lacassagne
Mi 15/3 Radium – Prag besetzt

April
Do 6/4 Ernst 47 J
So 16/4, 19/4 Sommerzeit
Mi 19/4 Alexander 73 J
Do 20/4 Schur nach New York

May
Sa 6/5 83 st. Geburtstag
Fr 12/5 Topsy verschieden
Fr 19/5 Moses zurück
Sa 20/5 Anna nach Amsterdam

June
Tue 6/6 Ein Jahr in England

July
So 2/7 Prinzessin Geburtstag bei uns
Mo 10/7 † Havelock Ellis
Mi 12/7 Schur zurück
Sa 15/7 † Bleuler
Mo 24/7 Eochen – Wells in citizenship
Mi 26/7 Martha 78 J

August
Tue 1/8 Auflösung d Praxis – besuchen Ruth Jones
Georg Marie Seyprieds Sachs
We 23 Ruth + Walshenden
Th 24 Juli + on Dank
Fr 25 Eva nach Nask. Dorothy + York
Kriegspanik

1939年
1月

1月2日 [月曜] －31日 [火曜]　　　腰痛－骨の痛み

2月

2月2日　　木曜　　　　　　　モーゼ　印刷さる
2月5日　　日曜　　　　　　　王女
2月10日　　金曜　　　　　　　＋ピウス11世／トロッター
2月19日　　日曜　　　　　　　オリ　48歳
2月26日　　日曜　　　　　　　王女　ラカサーニュと
2月28日　　火曜　　　　　　　試験切除とX線

3月

3月3日　　金曜　　　　　　　パリからの指示／ピウス12世
3月6日　　月曜　　　　　　　フィンツィ博士
3月8日　　水曜　　　　　　　英国学会25周年
3月9日　　木曜　　　　　　　初のX線－フィンツィ
3月11日　　土曜　　　　　　　ナチス侵攻記念日
3月13日　　月曜　　　　　　　モーゼとランゲ／王女とラカサーニュ
3月15日　　水曜　　　　　　　ラジウム／プラハ　占領さる

4月

4月6日　　木曜　　　　　　　エルンスト47歳
4月16日　　日曜　　　　　　　夏時間
4月19日　　水曜　　　　　　　アレクサンダー73歳
4月20日　　木曜　　　　　　　シュール　ニューヨークへ

5月

5月6日　　土曜　　　　　　　83歳の誕生日
5月12日　　金曜　　　　　　　トプシー　出版さる
5月19日　　金曜　　　　　　　モーゼ　英語で
5月20日　　土曜　　　　　　　アンナ　アムステルダムへ

6月

6月6日　　火曜　　　　　　　英国に一年

7月

7月2日　　火曜　　　　　　　王女　誕生日を我々と
7月10日　　月曜　　　　　　　＋ハヴロック・エリス
7月12日　　水曜　　　　　　　シュール　戻る
7月15日　　土曜　　　　　　　＋ブロイラー
7月24日　　月曜　　　　　　　エーフヒェン／ウェルズ　市民権で
7月26日　　水曜　　　　　　　マルタ78歳

8月

8月1日　　火曜　　　　　　　開業の終了／訪問客、ルース、ジョルジュ大公とマリー、セグレダキス、ザックス
8月23日　　水曜　　　　　　　ルース　辞去する
8月24日　　木曜　　　　　　　金を銀行から
8月25日　　金曜　　　　　　　エヴァ　ニースへ／ドロシー　N．ヨーク／戦争恐怖

娘アンナ、妹ミツィ、フロイト、と姪トムの娘アンジェラ、1929年ベルリン。

1929

　この日記は悪い時代、つまり2つの世界大戦の中間点で始まっている。日記がスタートする数日前には、ウォール街で株価が暴落していた。オーストリアとドイツの経済は第一次大戦の影響から立ち直ることができず、1920年代には両国とも激しいインフレに苦しんだ。フロイトは外国人の患者から外国の硬貨を手に入れていたので、最悪の影響からはある程度免れることができたが、3人の息子はいずれも生活のやりくりが大変だった。「あなたもご存じでしょうが、経済も社会情勢も、こちらではきわめて悪くて、若者の生活は厳しいのです。良くなる兆しはありませんし」と、1929年12月6日にフロイトは甥のサム・フロイトに書いている。

　翌日、つまり12月7日のこの日記には、「心臓が悪い日々」と記してある。これは、フロイトが1か月間に経験した2度目の心臓が不調な時期である。以上の2つのテーマ、すなわち、すぐれぬ健康と政治的災難とが、フロイトの人生最後の10年の通奏低音になった。それでもフロイトは働き続けた。そこで、この時期の仕事は、進歩をあまり信じない一人の老人の目を通して、この時代の諸問題を映し出すものとなった。サム・フロイトに手紙を出した1週間後に、彼は仲間のマックス・アイティンゴンに手紙を書いて、この友人に「不満足なクリスマス・プレゼント」を渡すつもりだと言っている。これは、この日記が始まった時に出来あがった『文化への不安［原題は「文化の不満足」］』のことである。この本は、文化が抱える問題についての、彼の最新の診断書だった。12月24日にアイティンゴンはフロイトを訪問した。フロイトは、日記に「アイティンゴン『不安』」と記して、この本を贈ったことを記録した。

　精神分析の礎石となった『夢判断』をフロイトが出版してから、30年が経っていた。後に続いた一連の著作で、無意識の欲動と力とが人間にどんな影響を及ぼすのかを、彼は明らかにした。1920年代後半になると、フロイトは社会や文化の性格を分析するようになる。『幻想の未来』（1927）では信仰の中にある無意識の諸要素を調べて、子供時代に抱いた両親の像を、大人が神という形でどこまで理想化するのかを吟味した。そして『文化への不安』では、人間が持つ破壊衝動と、社会が必要から各種の欲動を押さえつけることとの間にある、根本的な葛藤を述べたてた。

　フロイトは今では73歳で、世界的に有名になっており、国際精神分析運動の創始者でもあった。けれども、依然として彼の仕事は知識人の間では物議をかもしていて、一般大衆の多くと、既成の医学・科学界の大半には受け容れられていなかった。この日記は1929年10月31日の、こんなそっけないコメントで始まる。「ノーベル賞見送られる」。フロイトは、人々が大切にしている信仰や、「常識」だと見なされている考えを、自分が攻撃していることを自覚していた。だから、己の仕事が憎まれても、あまり驚きはしなかった。彼は何度もノーベル賞の候補に推薦されたが、当然のことながら、それほど見込みがあるとは考えていなかった。このコメントの、ちょうど14年前にあたる1915年10月31日に、彼は友人にこう書き送っている。「世の中の7／8を敵にまわしているのだから、その世の中から承認されるなんてことを期待するのは馬鹿げているでしょうね」(1)

　このような反対を受けてもひるまずに、フロイトは最期の年月も各種の幻想と、幻想に基づく制度に対しての攻撃を続けた。現実を映し出す科学的真理こそが、いつでも彼の理想だった。文化への不満を分析することを通じて、彼は自分を取り巻く世界の窮状への不安を表明した。中でも、人間社会の中にある破壊的傾向が理解、抑制できないことについての不安を明らかにできたのである。

1．フロイト-フェレンツィ.1915-10-31.ジョーンズ『フロイト伝』第2巻 p.213に引用された。

ノーベル賞見送られる　　　　　　　　　　　　　　　　　　　1929年10月31日　[木曜]

ノーベル賞受賞者はすでに前の週に発表されていた。クリスチャン・エイクマンとサー・F・ホプキンズがビタミンの研究で医学・生理学賞を受賞し、文学賞をドイツの小説家トーマス・マンが受け取った。

だがノーベル賞——というよりこの賞をもらえないこと——は、少なくとも1915年以来フロイトの人生において、いらだちの原因になっていた。この年にハンガリーの精神分析医の友人シャーンドル・フェレンツィに出した手紙の中で、一般大衆の尊敬が得られないことを示しているのだから、この賞をもらえないと悲しくなる、と彼はぐちをこぼしている。(1)

ノーベル賞を受賞する見込みが話題になった1917年には、フロイトの反応はすでに懐疑的だった。「その日が来るまで生きてはいないでしょう」と、作家で精神分析家の友人ルー・アンドレアス＝ザロメに、彼は書いている。(フロイト-ルー・アンドレアス＝ザロメ.1917-7-13)

最初のタロックの集まり　　　　　　　　　　　　　　　　　　1929年11月2日　土曜

タロックとはウィーンのカード・ゲームのことであり、フロイトは1890年代から、土曜日の夜にはいつもこのゲームを楽しんでいた。この記載は、「休暇から戻って最初の」ゲームという意味だと思われる。

ゲームの相手は古くからの忠実な仲間で、その中には小児科医オスカル・リー、兄アルフレッド・リー、フロイトの義妹ミンナ・ベルナイスなどがいた。(1)

2人から4人でするゲームだったが、4人のときはルールが別で、ケーニッヒルーフェンと呼ばれた。(2)

リックマンの訪問＊　　　　　　　　　　　　　　　　　　　　1929年11月2日　土曜

英国の精神分析医ジョン・リックマン（1891-1951）は、1928年にホガース社から発行された『精神分析索引 1893-1926』を編集した。彼は英国の優れた精神分析医アーネスト・ジョーンズに勧められて、1920年にフロイトから分析を受け始めた。1929年までには分析を受ける相手をフェレンツィに代えた。ジョーンズはこう書いている。「リックマンを別にすれば万事が順調です。フェレンツィから分析を受けているリックマンは、当然のことですが、非常に扱いにくく、いいような、悪いような、複雑な気分なのです」（ジョーンズ-フロイト.1929-10-14）

この頃、フロイトとブダペストに住むシャーンドル・フェレンツィとの間のそれまで親密で頻繁だった文通は、次第にまばらになっていた。リックマンのこの訪問で2人は間接的に接触することになった。けれども、この次にフェレンツィに出した手紙で、フロイトは、自分が隠れた真実を明るみに出せぬので、リックマンは自分の分析をよく思っていないようだ、と冗談半分にこぼしている。「だから例えば私は、今では君の患者であるリックマンに文句を言ったのです。君は僕を、まるで自分の祖父みたいに扱って、軽蔑をあまり隠さずに、ずけずけ物を言っている。分析を続ければ必ず見つかるはずの真実を僕が見つけなかったからといってね」（フロイト-フェレンツィ.1930-1-11）

指の感染でシュニッツラーへ　　　　　　　　　　　　　1929年11月4日　火曜[月曜]＊＊

外科の教授で胃腸疾患専門家だったユリウス・シュニッツラー（1865-1939）は、オーストリアの有名な作家アルトール・シュニッツラーの弟で、1923年にフロイトのあごを最初に手術して失敗したマルクス・ハイエク教授（1861-1941）の義弟である。(1) 指の感染が何かははっきりしない。

シュニッツラーもタロックの常連だった。この診察は、本当はカードの集まりの前だったのではないか？　これらの早い時期の記載は非常に雑然としていて、11月2日から6日までは、どの日付のものなのかもよくわからない。この記載も11月2日土曜日分の続きかもしれない。

年鑑　　　　　　　　　　　　　　　　　　　　　　　　　　　1929年11月5日　水曜[火曜]

『精神分析年鑑』とは精神分析というテーマに関する論文を集めた年鑑である。創刊は

上：フロイトの友人で高弟でもあったシャーンドル・フェレンツィ、1924年のスケッチ。
中：フロイトのタロック・カード1組。
下：フロイトの分析を受けている当時のジョン・リックマン、1924年。1929年にはフェレンツィの患者になった。

＊リックマンの訪問がタロック・ゲームの夕べの後だったとは考えにくい。おそらくフロイトはそれぞれの日の出来事を、時間順ではなく、後から思い出した順に書いたのだろう。
＊＊本当は11月5日が火曜日。この1週間の曜日はすべて間違っている。従って、フロイトが「7日金曜」と記録した「反ユダヤ主義の騒ぎ」も、実際は「7日木曜」におきていた（[　]内が正しい曜日）。もしかしたら、フロイトはこれらの項目を後から書き入れたのではないか。そして、この月の最初の完全な日付「So.2 Nov」を、「土曜日」(Sonnabend) ではなく「日曜日」(Sonntag) と読み間違えて、その後の計算をしたのかもしれない。

1926年で、A・J・シュトルフェルが編集し、ウィーンの国際精神分析出版所から発行された。フロイトがこのとき受け取った1930年版の冒頭には、『ドストエフスキーと父親殺し』が再録されていた。これは、ルネ・フェレップ・ミラーとフリードリッヒ・エクシュタインが編集し、1928年にパイパー・プレスから出版された、全23巻のドストエフスキー全集のうちの1巻の解説としてフロイトが書いた論文である。

前書きをアイティンゴンへ　　　　　　　　　　1929年11月5日　水曜［火曜］

マックス・アイティンゴン（1881-1943）はチューリヒで医学を学んでいた時にスイスの精神科医カール・グスタフ・ユングと知りあい、ユングを通じてフロイトと会うようになった。初めて会ったのは1907年である。早い時期に精神分析の議論のためにフロイトの家に集まったグループ「水曜心理学集会」の会員だった彼は、1908年にはザルツブルグで開かれた最初の国際精神分析大会に参加した。

1910年に、彼はドイツの精神分析医カール・アブラハムと共にベルリン精神分析学会を設立し、書記を務めた。1919年にはフロイトに勧められて「委員会」のメンバーになった。これは精神分析運動を守るために1912年に作られた、小さな秘密のグループである。（1）ベルリン精神分析学会は1920年に研究所と精神分析診療所とを開設し、精神分析医の訓練と精神障害者の治療とにあたった。これは、世界初のこの種の施設であった。

一族の毛皮の仕事で、かなりの個人的収入があったアイティンゴンは、この収入をこれらの事業を支えるためだけでなく、たびたび危機を迎えた国際精神分析出版所（I.P.V.またはInternationaler Psychoanalytischer Verlag）を救うためにも使った。1925年にはちょうど亡くなったアブラハムの後をついで、国際精神分析協会の会長に選ばれた。

1929年までにはアイティンゴンは精神分析運動とフロイト本人にとって、なくてはならない人物になっていた。ベルリン診療所の開設10周年記念日が近づいた1930年に、『国際精神分析雑誌』（Internationale Zeitschrift für Psychoanalyse）を編集していたハンガリーの分析医シャンドア・ラドは、診療所を記念する小冊子を出版しようと提案した。フロイトは同意したが、序文の中で、「この小冊子を、本当は診療所を創設、出資、指導したアイティンゴン本人への贈り物と考えている」と、明記した。

クリスと台座　　　　　　　　　　　　　　　　1929年11月6日　木曜［水曜］＊

エルンスト・クリス（1900-1957）は美術史家で、ウィーン美術史美術館の館長だった。彼はフロイトの友人の考古学者エマヌエル・レービの弟子だったが、初めてフロイトに会ったのは、マリアンネ・リーを通じてだった。彼女は、フロイトのタロック仲間で旧友の小児科医オスカル・リーの娘で、やがてクリスの妻になった。ヘレーネ・ドイチュから教育分析を受けた後の1927年に、クリスはウィーン精神分析協会に加わり、マリアンネと結婚している。

クリスはカメオ細工（1）と沈み彫りの世界的権威だった。また品物に台座をつけたり、陳列したりする専門家で、フロイトが古代遺物を買うのを助けた。

この記載が言う台座とは、おそらく、クリスが働いていた美術館のギリシャ・ローマ古代遺物部が用意したものだろう。あるいは、1930年1月15日に届いたテラコッタの人物像向けの台座だったのかもしれない。

フルルノア　　　　　　　　　　　　　　　　　1929年11月6日　木曜［水曜］

スイスの精神分析医で哲学者のアンリ・フルルノア（1886-1956）は、心理学者テオドール・フルルノアの息子である。彼は、ドイツの分析医ヨハン・H・W・フォン・オフイセン、フロイト、ウィーンの分析医ヘルマン・ヌンベルグから、それぞれの分析を受けた。1915年からジュネーブで精神分析医を開業していた。

反ユダヤ主義の騒ぎ　　　　　　　　　　　　　1929年11月7日　金曜［木曜］

1923年後半からウィーンの単科大学や総合大学は、ユダヤ人学生とナチス学生との対立の焦点になった。この週にはすでにウィーン工科大学で、右翼学生が授業を妨害し、ユダヤ人学生を襲撃していた。11月7日木曜日の朝には、解剖学研究所でナチス学生が、（ユダヤ人の）教授で市会議員でもあったユリウス・タンドラーの講義を妨害し、それから騒ぎは街頭や建物の他の部分へと拡がった。

＊途切れた線は「クリス」と6日木曜［水曜］とを結んでいる。途切れない直線はクリスと5日水曜［火曜］とをつないでいる。クリスがこの両日ともに訪問したのか、それともフロイトが日付を思い直して、途切れない線を加えて訂正し、クリスを水曜に振り替えたのか、のどちらかである。訂正したのなら、途切れた線は「フルルノア」だけにあてはまるのかもしれない。

上：ベルリン精神分析研究所の創設者でもあり所長でもあったマックス・アイティンゴン。1923年にフロイトに送られたこの写真には、フロイトに貰った指輪が写っている。

下：美術史家であり、フロイトの弟子でもあったエルンスト・クリス。

反ユダヤ主義は長い間オーストリアーハンガリー帝国に蔓延していた。この主義をこの時代以前に主張していた2人の人物、つまり、ドイツ民族至上主義的な1882年のリンツ綱領を制定したゲオルグ・リッター・フォン・シェーネラーと、非常に人気があった世紀の変わり目のウィーン市長カール・ルエーガーとが、ヒトラーの政治的モデルになった。若い時に反ユダヤ主義に出会って、初めて「自分がユダヤ人である」ことを意識したフロイトは、差別には誇りと知的な独立心をもって立ち向かった。1930年にはこう書いている。「しかし、私はすでに以前から自分がユダヤ人だと思っていました。ドイツの反ユダヤ主義の影響をこうむったからですが、学生時代に反ユダヤ主義運動が再燃したのです」（フロイト-ドゥオシス.1930-12-15）

ディオスクーロイの指輪　　　　　　　　　　　　　1929年11月7日　金曜［木曜］

この指輪には天上の双子ディオスクーロイの沈み彫りが入っていたのだと思われる。フロイトが蒐集した古代遺物の中には残っていないが、彼は古代遺物をしばしば贈り物にしており、中でも指輪は愛情や信頼のしるしだったから、残っていなくても驚くにはあたらない。

秘密の「委員会」が1913年5月25日に初めて集まった時、フロイトは儀式ばってそれぞれのメンバーに古代ギリシャの沈み彫りをしてある金の指輪を贈った。フロイト自身はジュピターの頭部の沈み彫りが入った金の指輪をはめていた。

神経痛　　　　　　　　　　　　　　　　　　　　　　　　　1929年11月11日　月曜

痛みと病気とがフロイト最後の年月の通奏低音である。フロイトは今では73歳になっており、1923年にガンの根本的手術をした後は、軽い病気が続き、うまく合わない人工口蓋から来る痛みが消えなかった。神経痛も数多い副作用の一つだったのかもしれない。精神分析医のリヒャルト・ステルバはフロイトを観察してこう書いている。「彼の物腰は機敏で溌剌としており、手の動きも素早く、しっかりしていた。けれども、じっと座っているときには［中略］、何度も上顎のあたりを指で触って、痛みや不快な圧迫感をやわらげているようだった」

アダ、逃げ出す　　　　　　　　　　　　　　　　　　　1929年11月11日　月曜

アダとは動物の名前らしく、この日逃げ出し、11月25日に再び拾われた。手紙や個人的回想の類を調べてもこの記載についての手がかりはない。フロイトが初めて飼った犬、チャウチャウ犬リュン・ユーは1929年8月に轢死した。9月にアンナはこう書いている。「新しいリュンが家にいればいいと思うのですが、父は耳を貸そうとしないのです」。（アンナ・フロイト-ジョーンズ.1929-9-19）　アダは代わりの犬だったのか？　なぜ逃げ出したのか？

心臓と腸の病気　　　　　　　　　　　　　　　　　　　1929年11月14日　木曜

フロイトは長年にわたり心臓病に苦しんでいた。1893年から1895年の間に「激しい心臓発作」があった。すでに1894年には焼けるような感覚が症状の一つだと書いている。この時は、病気はニコチンのせいにされ、タバコをやめようとしたが、うまくいかなかった。もっとも、フロイト自身はこの病気は1889年にインフルエンザにかかった後で始まった器質性の疾患だと言っていた。

1926年にフェレンツィは、心臓病の多くは転換ヒステリーだから精神分析が必要だ、とフロイトを説得しようとした。フロイトは、精神的原因で死ぬこともあるが、自分のは精神分析では直せない、と答えた。自分の心臓病は中毒が原因で、構造上の病気だとの診断だから分析できない、と言うのが彼の理由だった。フロイトの主治医マックス・シュールも彼のは器質的な病気だったと言い、フロイト伝を書いたアーネスト・ジョーンズを非難して、「騎士道精神で」神経症として扱ったと述べている。

アルトマン博士　　　　　　　　　　　　　　　　　　　1929年11月14日　木曜

これはジークフリート・アルトマン教授（1887-1963）のことかもしれない。ウィーンのユダヤ人盲人協会の理事だったこの教授を、フロイトは1933年8月10日に訪問することになる。（1）　アンナ・フロイトの友人ドロシー・バーリンガムは、自ら進んでアルトマンと会っている。このとき、彼女は3歳の盲目の少女「シルヴィア」の分析を始めていたが、この初めての分析が生涯にわたる盲目の子どもとの関わりの出発点になった。

ウィーンのタンドラー解剖学研究所を襲ったナチスから逃れる学生たち。DOW

ロートシルト病院　［ロートシルト＝ロスチャイルド］　　　1929年11月16日　土曜

　これは、心臓の専門家ルートヴィヒ・ブラウン博士の診察を受けたという意味かもしれない。博士はフロイトの旧友で、ウィーンのユダヤ人病院であるロートシルト病院の医長を務めていた。

アンナの本　　　　　　　　　　　　　　　　　　　　　1929年11月16日　土曜

　フロイトには子どもが6人いたが、末っ子のアンナ・フロイト（1895-1982）だけが精神分析家になった。この時期にはアンナ1人が未婚で、両親の家に住んでいた。彼女が最初についた仕事は学校の教師で、第一次大戦の時だったが、この経験を踏まえて彼女はここでフロイトが言っている本を書くことができた。1930年に発行された"Einführung in die Psychoanalyse für Pädagogen"（教育学のための精神分析学入門）である。英国では1931年に『教師のための精神分析入門：4つの講義』（アレン＆アンウィン社、ロンドン）という題名で出版され、米国では1935年に『教師と両親のための精神分析』（エマーソン・ブックス社、ニューヨーク）という題名で発行された。(1)

　この本はウィーンのホルト（働く母親のための昼間託児所）のスタッフ向けに行なった4つの講義をまとめたものである。これは、進歩的な市会議員ユーゴー・ブライトナーと、幼稚園や福祉施設の監査官アントン・テザレクの後援で開かれた講義だった。

　フロイトがこの本をフェレンツィに新年の贈り物として送ると、すぐに返事が来た。「アンナ嬢の本を読み、本当に嬉しく思いました。文章には彼女の性格の良さがすべて反映しているからです。慎重さ、賢明さ、節度、知性、人間性。このように成長したのは実に素晴らしいことです」（フェレンツィ-フロイト．1930-1-5）

最初のイヴェットの夕べ　　　　　　　　　　　　　　　1929年11月20日　水曜

　フランスの歌手で「語り部」だったイヴェット・ギルベール（1865-1944）は、最初はパリのカフェ・コンセールに出演して評判になり、1890年代には国際的名声を得た。彼女が歌の中で演じたのは、無邪気な女生徒から、飲んだくれや娼婦まで、ありとあらゆる人物に及んでいた。トレードマークだった長い黒手袋をつけた彼女の肖像画を、トゥールーズ＝ロートレックが数回描いている。フロイトが蒐集した絵の中にもロートレックが描いた彼女の石板画の原画（「ピエロのコロンバイン」）があった。また、フロイトの書斎にも彼女のサイン入り肖像写真が掛かっていた。この時代のフロイトの他の女性の友人たち（マリー・ボナパルト王女、ルー・アンドレアス＝ザロメ）にも共通した特徴であった妖しい魅力に加えて、彼女は、ベル・エポックや青年時代のパリとフロイトとを結ぶ生きた絆だった。パリで開かれた初の催眠術会議に出席した1889年に、フロイトは初めて彼女が歌うのを聞いた。だが、1920年代にイヴェットの夫マックス・シラーの姪のエヴァ・ローゼンフェルトとアンナが友人になるまで、彼は彼女に会うことがなかった。

　この時代のフロイトの生活では、ウィーンで開かれるイヴェットのコンサートだけが、夜でも出かける気になる催し物だった。彼は花を贈り、お礼のしるしに彼女はフロイト夫妻と、娘アンナとを、ホテルでのお茶に招いた。3週間後にフェレンツィに出した手紙で、フロイトは彼女が歌った歌を引用している。「11月に、また懐かしいイヴェット——私たちが非常によく理解しあっている仲だということはご存じですね——が誰にも真似できぬほど力強く歌うのを聴いたのです。

　　　『そんなこと言ったかしら？　そうかもしれないわね。でも、
　　　思い出せないの』」（フロイト-フェレンツィ．1929-12-13）

イヴェットのホテルで　　　　　　　　　　　　　　　　1929年11月21日　木曜

　イヴェット・ギルベールはコンサートのためにウィーンに来た時には、いつも豪華な「ホテル・ブリストル」に泊まっていた。フロイト夫妻とアンナ宛てに出した招待状には、このホテルの便箋が使われていた。(1)

トーマス・マンの献辞　　　　　　　　　　　　　　　　1929年11月22日　金曜

　1929年にトーマス・マン（1875-1955）は、フロイトに関する論説を『精神分析学運動』誌の創刊号（1929-5-6）に発表した。『現代精神史におけるフロイトの位置』と題したこの論説は、ノヴァーリスが代表するドイツ・ロマン主義やニーチェにフロイトを結びつけたものだった。そして、フロイトの学説についての、次のようなマンの意見で終わっていた。「これは反動的な乱用には断固として抵抗している、現代の非合理主義の表明である。解放された賢明な人類が住む家を建てるために敷いた、将来に備えての基盤にな

イヴェット・ギルベール、1927年。彼女の自伝『わが人生のシャンソン』より。

る、最も重要な礎石だと確信している」

フロイトはこの論説を喜んだが、内容が妥当かどうかについては疑いを抱いていた。友人のルー・アンドレアス=ザロメにはこう書いている。「トーマス・マンが論説を書いて下さったのは確かに光栄です。でも、私について何か書くように頼まれたとき、マンの手元にロマン主義に関する評論があり、そこでその評論の表面と裏面とに、家具職人の表現を使うならば、精神分析のベニヤ板を貼りつけたような印象を受けるのです。その中身の大部分は材料が違うのですからね。とはいえ、マンが何か言えば本物の一枚板のように見えます」（フロイト-アンドレアス=ザロメ.1929-7-28）

1930年にマンはこの論説を、講演や評論を集めた本に再録した。出版前にフロイトに贈られた献本は、現在フロイト博物館の蔵書の中にあり、自筆の献辞が記されている。これが、この記載が言う「マンの献辞」だろう。「ジクムント・フロイトへ、大いなる尊敬を込めて、ミュンヘンにて、1929.11.17」

2回目のイヴェットの夕べ　　　　　　　　　　　　　　1929年11月22日　金曜

イヴェットの芸術に熱を上げたフロイトは、1週間に2回もコンサートに出かけた。舞台に現われた彼女は、長い黒のドレスを着て、髪はあざやかな赤色、もちろん長い黒手袋をつけ、「イヴェットの時間」「今は5月」「彼らは3人の小さな子どもだった」を歌った。「ウィーン新聞」の批評家は彼女を「人間の心を優しく洞察する優れた女優」と呼んだ。

ゴットリーブの所へ　　　　　　　　　　　　　　　　1929年11月23日＊　土曜

ルドルフ・ゴットリーブ（1864-?）はウィーンの医者で、1886-7年にフロイトが初めて大学で行なった講義に登録・出席した5人の学生——ちなみに全員がユダヤ人——の1人だった。「神経疾患治療の入門のための脊髄と延髄の解剖学」と題したこの講義は、フロイトの優れた教師テオドール・マイネルトの講義室で開かれた。ゴットリーブは1889年4月11日に開かれたフロイト最初の討論集会にも出席し、この機会を記念してフロイトに贈られた、浮き出し模様入りの大きな写真アルバムのために寄付をした一人だった。もし、フロイトがこのとき訪問した相手が同じゴットリーブならば、非常に古い知人を訪ねたことになる。(1)

誤診でピヒラーの所へ　　　　　　　　　　　　　　　1929年11月23日　土曜＊＊

ハンス・ピヒラー博士（1877-1949）は口腔外科医で、1923年からフロイトの口腔手術を担当した。第一次大戦中にはウィーン大学病院に新設された口腔外科の主任を務めた。専門の論文を125編書き、教科書数冊に寄稿した、先進的外科医であった。フロイトと彼の「家庭医」マックス・シュールは、ピヒラーを心から信頼していた。巧みで根本的な彼の手術がフロイトの命を数年延ばしたことは間違いない。

1929年から39年まで10年以上の間にピヒラーが執刀した20回の手術を、この日記は記録している。フロイトは無数の診察や検査についてはわざわざ記録しなかった。フロイトを治療し始めた1923年から、ピヒラーは病歴を詳しく記録しており、その中には、ここでフロイトが言う誤診も記されている。

フロイトはヨーゼフ・ヴァインマン博士と共にピヒラーを訪ねた。今ではこの博士が毎日フロイトの面倒を見ていたが、ガンの再発かと恐れた箇所について、別の医師の意見を聞くための訪問だった。最新の人工口蓋を作ったベルリンのヘルマン・シュレーデル博士も、口の中のある1箇所が怪しいと考えていた。しかし今回は、その腫れ物は病理的なものではなく、たぶん鼻風邪だろうと、ピヒラーは診断した。だから「誤診」と書いたのだ。

アダ　連れ戻される　　　　　　　　　　　　　　　　1929年11月25日　月曜

謎の「アダ」が出てくるのはこれで2回目。2週前の11月11日に逃げ出していた。

王女　去る　　　　　　　　　　　　　　　　　　　　1929年11月30日　土曜

家族を別にすれば、マリー・ボナパルト王女はこの日記で最も頻繁に名前が出てくる人物である。日記の中では、大体、PrinzessまたはPrinzessinと呼ばれている。

マリー・ボナパルトが、友人で通訳でもあったロドルフ・ローエンシュタインと共にフランツ・アレクサンダー（左端）と話している。
TG

＊「23日　土曜」——この記載は金曜と土曜の間にあり、どちらかはっきりしない。けれども、「23日　土曜」の上にある線が、この記載とこの日付とを結んでいるように見える。
＊＊20日水曜から23日土曜までの日付は、最初は間違って21から24と記入され、その後訂正してある。フロイトが正しい日付に気づかずに4日間も書き続けたとは考えにくい。おそらくフロイトはこれらの項目を週末にまとめて書いて、日付を間違えたのだろう。

マリー・ボナパルト（1882-1962）は、ナポレオンの弟の一人であるリュシアン・ボナパルトの直系の子孫だった。夫はギリシャ王コンスタンタン1世の弟、ジョルジュ大公で、この夫を通じて彼女はデンマーク、ロシア、英国の王室とも姻戚関係にあった。王族にもかかわらず、彼女は優れた性格と活発な知性とを備えた女性だった。

1925年にフロイトから精神分析を受け始めると、彼女の人生は一変した。自らも精神分析家になった彼女は、国際精神分析運動を代表する人物になった。彼女との交友は、フロイトの最終段階の人生において最も重要な人間関係の一つである。この友情は彼女の魅力だけでなくて、気が合うことにも基づいていた。息子のマルティン・フロイトは書いている。「彼女にはフロイトの主な特徴が備わっていた。勇気、誠実さ、根から優しく、親切なこと、科学的真実への揺るぎない献身。この意味で、2人は驚くほど性格が似ていた」

1929年8月にマリー・ボナパルトとその娘ユージェニーは、フロイト家がベルヒテスガーデンに借りた「シュネーヴィンケル荘」に、一緒に滞在した。ユージェニーはほとんど寝たきりの状態で、最初は肺結核にかかり、それは治ったものの、今では下肢に結核性嚢腫ができていた。そこで、療養のために訪問したのだった。

初めて精神分析を受けた後も、王女はフロイトに会うためだけでなく、分析をさらに鍛え直し、学ぶため、たびたびウィーンへ舞い戻った。今回彼女がウィーンを去るときに（1）、フロイトは彼女に、弟子や親友の特権である有名な沈み彫りの指輪を贈った。

マリー・ボナパルトが抱いていた興味の一つは犯罪精神病理学だった。1929年に『イマーゴ』誌は、彼女がフランス語で著わした殺人犯についての研究論文『ルフェーヴル夫人の事件』の、R・ローエンシュタイン博士の手になるドイツ語訳を掲載した。この論文は、1925年に妊娠中の義理の娘を殺した女性の事件を論じており、フロイトはこの本を書斎に置いていた。

✝アイティンゴンの母　　　　　　　　　　　　　　　　　　1929年11月30日　土曜

名前の隣にある十字マークは、死亡を意味し、この日記ではたびたび使われる。マックス・アイティンゴンの母親が亡くなると、フロイトは手紙を送り、1年も経たないうちに経験することになる、自分の母親の死というテーマにも触れている。「あなたとあなたの御家族に心から哀悼の意を表わします。しかし、あなたを慰めるつもりはありません。母親を失うのは他の何事とも比べられない、何か非常に変わったことでしょうし、理解しがたい感情が生まれるでしょうから。私には母親がいるために、望ましい休息、永遠の無への道がふさがれているのです。つまり、母より先には死ねないのです。もし、先に死んだら、自分を許せないでしょう」（フロイト-アイティンゴン.1929-12-1）

アンナの誕生日　34歳　　　　　　　　　　　　　　　　　　1929年12月3日　火曜

フロイト最後の10年の間、末っ子のアンナはフロイトにとって色々な意味で欠かせない人物になった。ガンの手術の後、フロイトは公の活動や仕事からは大体退いた。アンナはウィーン精神分析学会の仕事や、国際精神分析学会の実務に関わりがあったので、父親と外界とを毎日つないでいた。さらに、アンナはフロイトの事実上の看護師になった。後に彼はこう書いている。「私が手に入れられなかった多くのものを償うために、運命は、悲劇的な状況のとき、アンティゴネーに優るとも劣らない娘を持つことを認めてくれたのです」。（フロイト-アルノルト・ツヴァイク.1934-2-25）［アンティゴネーはギリシャ悲劇「オイディプス」に登場するオイディプス王の娘の名前。自ら両目を潰して盲目となった王を世話して助けた］

アンナが父親の最後の年月にどれほど重要だったか、さらなる証拠が必要なら、彼女の1929年から38年までの10回の誕生日が、この日記にすべて記録してあるという事実を指摘できるだろう。他の家族の誕生日はこうではない。妻マルタと、長女マティルデ、長男マルティン、三男エルンストは6回、義妹ミンナ・ベルナイスは4回、次男オリヴァーは3回しか記されていない。

マルティン　40歳　　　　　　　　　　　　　　　　　　　　1929年12月7日　土曜

フロイトの長男マルティン（1）はウィーン大学で法律を学んだ。2人の弟と同様に、第一次大戦中は兵役に服した。戦争が終わると結婚し、銀行に勤める。ところが1920年代初頭にオーストリア経済が崩壊すると、勤務先のフィデス信託銀行は、他の多くの銀行と同様に破綻した。そこで、彼は一種の自動車レンタル業である自動車信用組合を作り（ウィーンのタクシーの多くはこの仕組みを利用していた）、それから訴訟も引き受けた。

上：フロイトが夏をすごしたシュネーヴィンケル荘におけるアンナ・フロイト、1929年。MH
下：30歳頃のアンナ・フロイト。彼女はフロイトにとって「私が手に入れられなかった多くのものを償う」存在だった。

マルティンは父親の住まいにほど近いフランツ・ヨーゼフ河岸に住んでおり、ベルゼ（証券取引所の建物）の中にある事務所も、ベルクガッセ19から歩いて2分の所にあった。朝は大体父親を訪ねて、晩もしばしば父親の所で過ごしていた。

心臓が悪い日々　　　　　　　　　　　　　　1929年12月7日土曜－10日火曜
この心臓発作の後、フロイトはフェレンツィにこう書いている。「ここだけの話ですが、こういう状態なので、エネルギーの多くの部分を、毎日の仕事を続けるのに必要な、少しばかりの健康を維持するのに使わねばなりません。本当に色々な方法を駆使して、強情な内臓をきちんと働かせるのです。最後には心臓が邪魔をして、過度の収縮、不整脈、心室細動発作がおきます。ところが、かかりつけの賢明な医者ブラウン博士は、みなたいしたことではないと言うのです。もう私をだまし始めたのでしょうか」（フロイト-フェレンツィ.1929-12-13）

エメラルドの指輪　　　　　　　　　　　　　　　　　1929年12月11日　水曜
フロイトにとって指輪がお気に入りだったことは、「委員会」のメンバーに権威のしるしとして贈ったのを見ればわかる。「精神分析への献身で結びついた一団の人間を区別する特権であり、記章でした」。（フロイト-ジンメル.1928-11-11）　この時フロイトは古代の沈み彫り入りの指輪を作った。1928年にジンメルへ贈った指輪もその一例で、近代的な台座の中にローマの印章が埋まっていた。（1）

集会の夕べ　　　　　　　　　　　　　　　　　　　　1929年12月12日　木曜
これは、隔週水曜日に開かれていた、ウィーン精神分析学会のことではない（それならば12月は4日と18日のはず）。1923年にガンの手術をすると、最初から最後まで参加する体力がなくなったので、フロイトは各種の会合に出席するのをやめた。とはいえ議論を懐かしがったので、パウル・フェデーンが、学会執行部と他の少数の選ばれた会員が出席する小規模の集会を代わりに用意した。この集会はフロイト家の待合室で1928年から32年まで1年に5回位開かれ、その後は中止された。この集会では大体、出席者の1人が論文を読み上げるか、あるいはフロイトの最新の著作を批評し、議論が続いて、休憩が入った。その後再開した議論では、しばしばフロイトが長時間話した（1）。

アンナ　エッセンヘ　　　　　　　　　　　　　　　　1929年12月17日　火曜
アンナはエッセンからゲッチンゲンへ行き、小説家で批評家のルー・アンドレアス＝ザロメ（1861-1937）を訪ねた。若い時にニーチェに恋された彼女は、その後リルケの助言者兼愛人になった。1911年にワイマールで開かれた第3回精神分析大会と、1912年にウィーンでフロイトに会ったことが重要な意味を持ち、その後彼女は精神分析家になって開業した。長年にわたって、彼女はフロイトやアンナと手紙を交わした。2人は彼女を大いに尊敬し、私事を打ち明けていた。12月初めにアンナに出した手紙で、彼女は一人の少女の分析に成功した喜びを書いている。「どうしてもあなたのお父様にお知らせしたいと毎日のように思い、心の中でそうしていたのです」（ルー・アンドレアス＝ザロメ-アンナ・フロイト.1929-12-1）

カットした石を買う　　　　　　　　　　　　　　　　1929年12月17日　火曜
エルンスト・クリスはカットした宝石の専門家だったから、フロイトがこれらの宝石を手に入れたり、選んだりする際に一役演じた可能性が高い。

アンナ　戻る　　　　　　　　　　　　　　　　　　　1929年12月21日　土曜
自宅へ打った一連の電報が、アンナが旅したそれぞれの地点を示している。自宅を出発すると、午前中にケルンから一本打ち、晩にはエッセンからもう一本打電した。翌日12月19日木曜日にはゲッチンゲンから打った電報で、ニュールンベルクで帰国の旅に一息入れ、「土曜日の朝には戻る」と知らせている。

クリスマス　　　　　　　　　　　　　　　　　　　　1929年12月24日　火曜
フロイトは無神論者だったから、一家が祝った祭礼は子どもたちのためのものだった。長男のマルティンは書いている。「私たちはユダヤ教の儀式をまったく経験しないで育った。祝ったのはクリスマスで、ロウソクを灯したツリーの下にプレゼントが置いてあり、復活祭といえば、華やかに彩色したイースター・エッグだった。私はユダヤ教会へは一度も行ったことがなかったし、弟や姉妹もそうだったと思う」。妻のマルタもクリスマス

ルー・アンドレアス＝ザロメ、1930年頃。「彼女が共に戦う同志の隊列に加わった時、我々の誰もが光栄に思った」とフロイトは述べている。

を祝うのが必要だと考えており、「いつも非常にお金がかかるのですが、喜びも大きいのです」と（義娘に出した手紙に）書いている。（マルタ・フロイト-ルーシー・フロイト.1934-12-7）

アイティンゴン「不安」 　　　　　　　　　　　　　　1929年12月24日　火曜

　フロイトが取り組んでいた最新の著作『文化への不安』の進み具合を、アイティンゴンはこの年を通じて聞いていた。「私の本は、題名が必要なら、おそらく『文化における不幸』になるでしょう。題名は簡単には決まりません」。（フロイト-アイティンゴン.1929-7-8）フロイトが満足していなかったのにもかかわらず、11月には印刷に送られ、アイティンゴンがクリスマスに訪問したとき、原稿と本とが贈り物として用意されていた。「もちろん、クリスマスと新年の間に私たちはあなたに会いたいと思います。私は24日から26日まで空いています。私にとっては不満足な＊クリスマス・プレゼントもあなたに渡せると思います」（フロイト-アイティンゴン.1929-12-13）

　この訪問の際には日本の心理学者、矢部八重吉も2人の話題に上った。矢部が国際精神分析協会と連絡を取り、ヨーロッパで教育分析を受ける手はずを整えたと、アイティンゴンはフロイトに語っている。

真珠をマルタへ 　　　　　　　　　　　　　　　　　　1929年12月27日　金曜

　この真珠はフロイトから妻マルタへの新年の贈り物だろう。その後撮った写真の中で何回も、彼女は真珠のネックレスをつけている。妻への具体的な贈り物にフロイトが触れたのは、このときだけである。それどころか、彼女はこの日記にさえもあまり出てこない。1886年に結婚したときから、マルタはフロイトの人生におけるある限られた要素であり、夫の感情を安定させ、日常生活を支える役割を果たしていた。科学的興味を夫と分かちあったことは全くなく、家族と世帯の世話が彼女の活動分野だった。長女マティルデ宛ての手紙の中で、妻の選び方について書いたとき、フロイトが描いたのはマルタの気性と役割である。「知的な青年男性は妻に何を求めるべきかを知っています。優しさ、陽気さと、2人の生活をより明るく、気楽にする才能なのです」（フロイト-マティルデ・フロイト.1908-3-26）

アダ　死ぬ 　　　　　　　　　　　　　　　　　　　　1929年12月30日　月曜

　謎の「アダ」が出てくるのはこれが最後。(1)

妻マルタ。フロイトを見守ってきた彼女は、できるだけ目立たないようにしていた「几帳面な観察者」だった。

＊"Unbehaglich"は文字通りには「不快な、居心地の悪い」。フロイトは新しい本の題名"Das Unbehagen in der Kultur"を使って、しゃれを言っているのである。この題名は後に『文明とその不満足（Civilization and its Discontents）』と英訳されたが、フロイトは『文化における人間の不快』という英訳名はどうかと言っていた。

フロイトと母親。「母親がいるために、自分の望ましい休息、永遠の無への道がふさがれているのです」

1930

　この年、おおやけに認められることが再び話題の中心になった。1930年11月6日にフロイトは日記にこう書いている。「決定的にノーベル賞見送られる」。だが、ノーベル賞を再び逃がしたものの、彼はこの年の夏に重要な賞を受け取った。フランクフルト市から1930年のゲーテ賞を贈られたのである。フロイトや彼と文化的背景を共有する人々にとって、ゲーテはロマン主義の熱情と古典主義の抑制との理想的なバランスを体現していた。「ゲーテとの関係がより近くなると想像するのは非常に魅力的です」(1) と彼は書いている。この栄誉に彼は大いに喜んだが、しかし完全には落ち着けない、より広い文化的文脈の中に置かれることになった。フロイトには作家や芸術家に多くの知人がおり、科学者よりは、彼らの方が彼に共鳴してくれた。けれども、彼は「芸術家」と呼ばれるのを嫌った。自分の仕事の本質である科学的成果が軽んじられるように感じたからである。

　8月28日の日記には「アンナ　フランクフルトに」とあり、ゲーテ賞受賞演説を記録する。公式行事のためにドイツまで出かける体力がフロイトにはなかったので、この時代にはよくそうだったように、娘のアンナが代役を務めた。アンナがフランクフルトで読み上げた演説の中で、フロイトは偉人や父親や教師に対して人間が取るアンビバレントな態度に触れた。この態度はエディプス・コンプレックスに内在する父親へ向ける敵意の、別の側面だと解釈できる。しかし、彼は母親との関係は論じていない。以前、ゲーテを研究した論文『「詩と真実」にみられる幼年時代の一記憶』(1917) の中で、フロイトはこの詩人の成功が、母親の愛情を信じたことに基づくのを明らかにした。自らも母親の初子で最愛の息子だったフロイトは、ゲーテと自分自身とを比較せずにはいられなかったのであろう。休暇先のグルンドル湖の家でゲーテ賞が手渡されたその日（1930年8月24日）に、母アマリアと会ったのがフロイトにとっては母の見納めになった。母は3週間後に亡くなった。9月12日の日記には単にこう書いてある。「母亡くなる8a.m.」。フロイトは母の死を悲しまなかった。すでに95歳で、痛ましい病気が続いていた。その死は本人を苦しみから解放しただけでなく、フロイトにとっても一つの解放だった。1929年12月に母親を亡くしたばかりの友人に、彼はこう書いている。「私には母親がいるために、自分の望ましい休息、永遠の無への道がふさがれているのです」。(2) 母親が生きている間は義務として生き続けなければならなかった。今、彼はようやく自由に死ぬことができると感じた。

　1923年にガンと診断されてから、フロイトはさし迫った死の可能性に平静に向きあってきた。彼を一番いらだたせたのは、時おり激しい痛みに襲われながらも病弱のまま生きて、常に健康に気を配らねばならないことだった。1930年の日記は1月3日の「葉巻をランダウアーから」という言葉で始まる。これは仲間から贈られた葉巻である。フロイトにとってタバコは単なる楽しみではなくて、一つの中毒だった。24歳から50年間、彼は「熱烈な愛煙家」で、「自己抑制と堅実な仕事の多くは葉巻のおかげ」であった。(3) ところが、4月5／6日の記載を見ると、またしても心臓発作がおきている。この発作でフロイトは禁煙が必要だと納得し、この習慣を文字通りに「切り捨てた」。なぜなら、それを「自己切断の行為［自分への切り裂き］」と呼んだのだから。(4) もっとも、11月2日には「最初のささやかな葉巻」と記されていて、この「自己切断手術」が早くも失敗したことを示している。

　タバコと、タバコで可能になる仕事とがなければ、人生はほとんど生きるに値しないだろう。フロイトにとって、タバコは古代遺物を買うのと同様に、文化生活が常に与えてくれる、ささやかな報酬だった。古代遺物購入の記録はこの日記全体に点在しており、1930年夏には古物商レーデラー博士を6回訪ねたと記してある。シュテファン・ツヴァイクが簡潔な伝記を発表して、フロイトを品行方正なブルジョアに描くと、自分の特異な性向、中でも喫煙と蒐集を省略している、とフロイトは指摘した。これらの習慣はブルジョアのイメージとはあまり矛盾しないように見えるかもしれない。けれども、余分な専門的情熱の要素を追加して、フロイト像を多少なりとも複雑にする。この点から見れば、これらの習慣はフロイトの広範な文化的野心のしるしや指標として、あるいはダイモン、つまりファウストの飽くなき知識の追求という形でゲーテが表現していたあの欲動の表われだと解釈できるかもしれない。

1．フロイト-アルノルト・ツヴァイク.1930-8-21.『ツヴァイク書簡集』
2．フロイト-アイティンゴン.1929-12-1.［FM］('Ich habe ja selbst noch meine Mutter und sie sperrt mir den Weg zur ersehnten Ruhe…')
3．フロイト-シュテファン・ツヴァイク.1931-2-7『シュテファン・ツヴァイク』
4．フロイト-フェレンツィ.1930-5-7［FM］

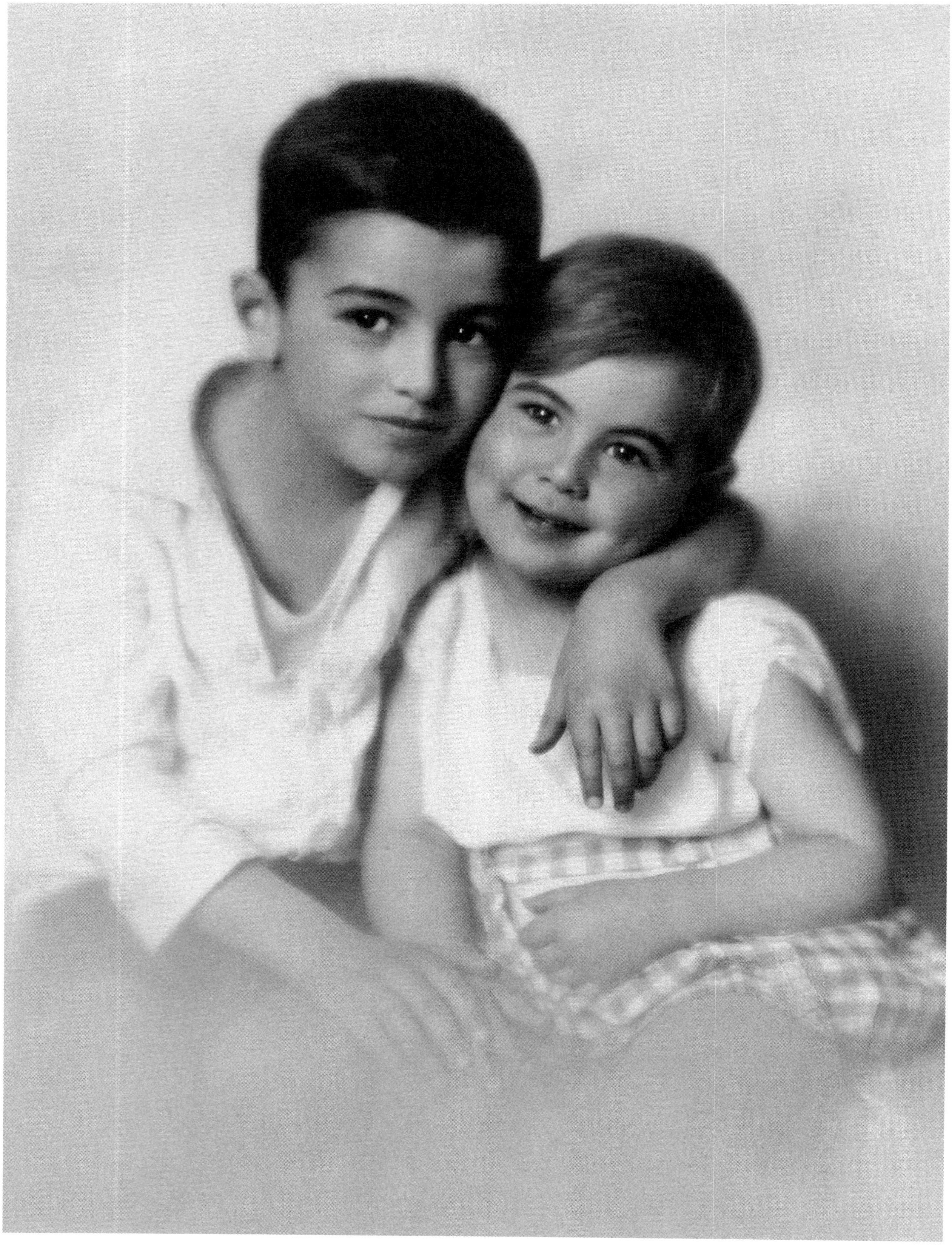

葉巻をランダウアーから　　　　　　　　　　　　　1930年1月3日　金曜

　カール・ランダウアー（1887-1945）はフライブルク、ベルリンと、クレペリンの下、ミュンヘンで医学を学んだ。1912年にはウィーンに来てユリウス・ワグナー・フォン・ヤウレッグの下で精神医学を、フロイトの所で精神分析を勉強した。1926年にはフランクフルト精神分析研究会を作った。この会はフランクフルト精神分析研究所へと発展し、1929年から1933年まで、彼はハインリヒ・メングと共にこの研究所を率いた。この研究所はフランクフルト大学の「客員研究所」という立場にあり、フランクフルト社会研究所とのつながりを通じて、フランクフルト学派の社会学者にも影響を与えた。1932年にランダウアーはヴィースバーデンで開かれた国際精神分析大会を準備したが、これは第二次大戦前にドイツで開かれた最後の大会となった。

　喫煙はフロイトの人生のライトモチーフの一つである。この時期のオーストリアでは高品質の葉巻が手に入らなかったので、彼はマックス・アイティンゴン（同じく葉巻の愛好者）のような外国人が、ドイツなどから葉巻を持って来てくれるのを頼りにしていた。ランダウアーも、良い葉巻はフロイトが最も喜ぶ贈り物だ、と知っていたことは確かである。

協議　マルティン—ドルッカー　　　　　　　　　　1930年1月6日　月曜

　30歳の誕生日だった1919年12月7日に、長男マルティンはエルネスティーネ（「エスティ」）・ドルッカー（1896-1980）と結婚した。夫妻は2児——アントン・ヴァルターとゾフィ——を設けた。とはいえ、これは幸せな結婚ではなく、2人の仲はすでに1922年には疎遠になり始めていた。1930年になると、マルティンは家族の所よりも、父母のいるベルクガッセで多くの時間を過ごしていた。(1)

　エスティの父親は有名な弁護士で、マルティンが戦争から戻ると、彼のために銀行の秘書の仕事を見つけ、夫婦にアパートを世話した。この「協議」は夫婦の現状について話しあったとも、エスティの父親と義理の息子マルティンが夫婦の和解を図ったとも考えられる。だが、仕事の話だったのかもしれない。

　エスティは怒りっぽい女性で、フロイトは彼女を嫌っていた。もしかしたら、この協議は夫婦間の協議で（ありそうもないが）、フロイトは彼女のことを、エスティと記さずに「ドルッカー」と書いたのかもしれない。1930年末にフロイトは甥のサムにこう書いている。「あなたも話しを聞いているか、気づいているでしょうが、マルティンと変わり者の妻とは巧くいっていません。子どもたち2人は元気です。一般に、家族というものを広く見渡すと、いくつかの弱点が見つかるものですが、私たちの家族もその例外というわけにはいかないでしょう」（フロイト-サム・フロイト.1930-12-31）

集会の夕べ　　　　　　　　　　　　　　　　　　　1930年1月9日　木曜

　これもフェダーンが準備した内輪の議論の夕べである。議事は記録されず、リヒャルト・ステルバが密かにつけていた記録だけが、編集の末に公表されている。その記録によると、1929年か30年に開かれたある集まりで、若くて聡明な分析医ヴィルヘルム・ライヒが、子どもを両親から離して育てるソビエトの実験についての考えを発表した。この方法でエディプス・コンプレックスと、結果としておきる神経症をなくすことができる、とライヒは考えた。フロイトの反応は慎重で、こう述べている。「エディプス・コンプレックスだけが神経症の特定の原因ではありません。神経症に唯一、特定の病因はないのです。最も完全なオルガスムスを通しても、解放されないであろう前性器的欲動要因がいくつもあるという事実を、ライヒは見落としています」(1)

カットした石　　　　　　　　　　　　　　　　1930年1月10／11日　金／土曜

　宝石を買うのは1か月のうちでこれが2回目である。今となっては、フロイトがどれだけ宝石を持っていたのかは、わからない。多くの宝石を人にあげてしまったからだけでなく、アンナ存命中の1960年代にロンドンのメアスフィールド・ガーデンズの家に夜盗が押し入ったからである。

台座つきのテラコッタの人物像届く　　　　　　　　1930年1月15日　水曜

　フロイトは台座つきのテラコッタを沢山持っていたので、ここで言うテラコッタがどれを指すかはわからない。ウィーン美術史美術館館長のバンコー博士とデメル博士が彼のために書いた数多くの証明票は保存していたものの、この日記で触れている主な品物以外には、手に入れた古代遺物の出所や取得日時の記録はない。

上：カール・ランダウアー、フランクフルト精神分析学研究所長。TG

下：マルティン・フロイトの2人の子ども、家政婦と、1927年頃。

左：フロイトの孫、アントン・ヴァルターとゾフィ。毎日曜朝、フロイトを訪問していた。

アーネスト・ジョーンズによれば、第一次世界大戦が始まった最初の8月を、フロイトは「蒐集した古代遺物を詳しく調べ、書き留めて」過ごしている。マリアンネ・クリスも、夫のエルンストがフロイトの蒐集物の目録を作ったと言っている。残念ながら、このどちらの目録の記録も残っていない。けれども、いくつかの台座や彫像に書いてある赤い数字は、失われた目録と関連があるのかもしれない。

†ニューヨークのフェリクス・ウィーナー　　　　　　1930年1月18日　土曜

これはフロイトの姪の夫が米国で亡くなったという意味である。フロイトの最年長の妹アンナはエリ・ベルナイスと結婚し、夫妻はニューヨークへ移住して、夫は農産物取引所の社員になった。この夫妻の次女リーア（ルーシー）・ベルナイスが結婚した相手が販売代理人フェリクス・ウィーナーである。（1）　実際は2日前の1月16日に56歳で亡くなっている。

本をR・ロランから　　　　　　1930年1月16日＊　木曜

フランスの作家ロマン・ロランをフロイトは深く尊敬していた。2人は1923年から文通を続けていて、1923年にフロイトはこう書いている。「ロマン・ロランから愉快な手紙をもらい、本を取りかわしました。烏合の衆でない人物もいることにはいつも驚かされます」（フロイト-エルンスト・フロイト.1923-3-14）

現在、フロイトの蔵書の中にはロランが書いた2編の戯曲——『獅子座の流星群』（パリ1928）と『リリュリ』（パリ1928）——だけが残っている。『リリュリ』には1923年5月付の著者による献辞があり、フロイトを「幻想の破壊者」（Déstructeur d'Illusions）と呼んでいる。この戯曲のヒロイン、リリュリは幻想の美しさを象徴するから、この献辞は本の内容にからめているのである。1927年に幻想というテーマを取り上げたフロイトは、最新の著書『幻想の未来』（1927）をロランに贈った。それからこう書き送っている。「神秘主義は音楽と同じように私には閉ざされているのです」。（フロイト-ロラン.1929-7-20）　フロイトが宗教を攻撃したのに答えてロランは、信仰には「大洋感情」という確かな実体がある、と主張した。

次に著わした『文化への不安』（1930）の冒頭部分で、フロイトはロランが主張した宗教感情を論じている。（1931年に）追加した脚注では『リリュリ』と、その後出た2冊の本——『ラーマクリシュナの生涯』（1929）と『ヴィヴェカーナンダの生涯』（1930）——に触れている。このことから考えると、この時フロイトが受け取ったのはこの2冊だった可能性が高い。

ロンドン夫人　　　　　　1930年1月21日　火曜

誰か不明。もしかしたら、米国の心理学者ルイス・サミュエル・ロンドン（1883年生まれ）の妻が訪問したのかもしれない。ロンドンは『精神療法：50症例の研究』（ニューヨーク1937）と『力動精神医学』（ニューヨーク1952）の著者である。

胆嚢の発作　　　　　　1930年1月21日　火曜

フロイトの主治医マックス・シュールは、この時期にフロイトがわずらった数多くの正体不明の胃腸系統の疾患を記録している。病気の原因は、特定の原因があったのだとしても、正確には突きとめられなかった。3か月前にフロイトはシュールにこう書いていた。「胆嚢の発作は、それが何であるにしても、次第に少なく、軽くなっています」（フロイト-シュール.1929-9-19）

シュール　　　　　　1930年1月24日　金曜

マックス・シュール博士（1897-1969）は1929年秋にフロイトの「家庭医」になった。マリー・ボナパルトがこの医者をフロイトに勧めたのである。ウィーン滞在中に病気になった彼女は、シュールの治療法だけでなく、彼が精神分析に関わっていることにも感銘を受けた。シュールは1918-19年冬にフロイトが行なった大学での最後の講義に出席し、フロイトの著作をすべて読み、1925年からは精神分析を受けていた。

初めてシュールに会ったとき、フロイトは2人の関係の基本的条件を述べた。容態についていつも真実を語ること。その時が来たら不必要に苦しめないこと。これは事実上、安楽死を求めたものである。（1）

上：フロイトの書斎の陳列棚にあるテラコッタ［素焼き］群。NB
下：1930年1月24日に買った曲芸師像。NB

＊この項目は1月18日の項目に続いており、フロイトがこの日記を後から書き込み、5、6日後に記入したこともあったことの、さらなる証拠になっている。

美術館　曲芸師を買う　　　　　　　　　　　　　　　1930年1月24日　金曜

この、曲芸師が逆立ちしているローマ時代の青銅像は、最初は1930年1月22日に美術商で考古学者のルートヴィヒ・ポラックが、ウィーン美術史美術館に売り込んだ。美術館は買い上げを断った。フロイトはクリス、ポラック、あるいは知りあいの美術商の誰かから情報を手に入れたのだろう。もしかしたら、この像を買いに、実際に美術館へ出向いたのかもしれない。美術館が記録した写真を見ると、この像は無傷である。しかし現在は両手がなく、金属の支柱が付いている。ある時点で事故に遭ったのは明らか。

ローハス教授の訪問　B.―アイレス　　　　　　　　　1930年2月3日　月曜

ネリオ・ローハス（1890-?）は1924年から46年までアルゼンチンのブエノスアイレス大学で法医学の教授を務めた。法医学会（Sociedad de Medicina Legal）の創設者兼会長で、1931年には法医学文書館（Archivos de Medicina Legal）を創設した。この日には、ヨーロッパ研究旅行中にフロイトを訪問したのだと思われる。この時代のアルゼンチンに精神分析の学会は存在しなかった。しかし、1927年にJ・P・ポルト・カレロがブラジル精神分析学会というブラジル人の集まりを作っていた。

ネストロイの夢　　　　　　　　　　　　　　　　　　1930年2月6／7日　木／金曜

フロイトはしばしば劇作家ヨハン・ネストロイ（1801-62）が書いた庶民的笑劇の名言を引用し、この作家を「ウィーンのアリストファネス」と呼んでいた。例えば、1909年5月にネストロイの『タンホイザー』のパロディを見て、大いに楽しんでいる。また、1934年にネストロイ全集を蔵書に加えた［p.169参照］ことも、この日記に記すに値する出来事だった。

ネストロイで注目すべきなのは、ウィーン社会を風刺的に描いたことだけではない。登場人物の性格は言葉を通じて明かされ、文法と統語法が彼らの弱点を表わしている。この点に気づいたフロイトは、自分の精神分析の洞察が正しいことを証明するために、ネストロイのジョークを引用した。(1)　この日記中、唯一の夢への言及である。

㊉トム　　　　　　　　　　　　　　　　　　　　　　1930年2月8日　土曜

トム・セドマン＝フロイト（旧姓マルタ・ゲルトルート・フロイト）はフロイトの妹マリー（ミツィ）の娘である。アンナはこう書いている。「すごく才能がある女の子でしたが、女であることが嫌いで、男の名前に変えたのです」。(1)　1929年10月19日に夫のヤーコプ（ヤンケフ）・セドマンが自殺したあと極度の憂うつ状態に陥った彼女は、ベルリンの病院で37歳で亡くなった。2人が死に至った事情を、フロイトはサム・フロイトに宛てた手紙でこう書いている。「ヤンケフ・セドマンの自殺という悲劇的な出来事がおきました。あなたの叔母マリー・フロイトの3女で、自分のことを『トム』と呼んでいたマルタの夫です。正直で感じがよく頭のいい男で、誰からも愛されたのですが、資金がないのに『フェアラーク』（出版社）を作るという、この時代には不可能だと思われる事業に乗り出し、ついに借金の重荷と破産の恥辱に耐えられなくなったのです。あなたも覚えているかもしれませんが、妻のトムは非常に才能のある画家で、子ども向けの絵本を考案したのですが、彼女も半分以上正気ではありませんでした。夫の自殺の前からそうだったのですから、最近の様子がどうなのか、想像に余りあります。2人にはアンジェラという7歳になるかわいい金髪の女の子がいますから、私たちが何らかの方法で面倒を見てやらねばならないでしょう」（フロイト-サム・フロイト.1929-12-6）

アルノルト・ツヴァイク　　　　　　　　　　　　　　1930年2月9日　日曜

ドイツの高名な小説家アルノルト・ツヴァイク（1887-1968）は、1927年に初めてフロイトと個人的に連絡を取り、反ユダヤ主義についての自著『キャリバン』を献呈する許可を求めた。(1)　1929年には「精神分析のおかげで創造力を取り戻せた」ことをフロイトに明かした。フロイトの死後に、彼はジョーンズにこう語っている。「私はフロイトを父親として、また恩人として慕っていました。彼による精神分析の発見がなければ、私の才能は第一次世界大戦の灰燼の下に埋もれていたでしょう」（アルノルト・ツヴァイク-ジョーンズ.1956-2-22）

ツヴァイクは『精神分析運動』誌1929年7-8月号に『フロイトと人間』（Freud und der Mensch）と題するエッセーを発表して、フロイトを宗教的で病理的な恐怖からの解放者として描いている。

上：トム・フロイトと母（フロイトの妹ミツィ）

下：作家アルノルト・ツヴァイク、1931年。「私はフロイトを父親として、また恩人として慕っていました。彼による精神分析の発見がなければ、私の才能は第一次大戦の灰燼の下に埋もれていたでしょう」

アレクサンダーおよびシュタウプとの夕べ　　　　1930年2月13日　木曜

　フランツ・アレクサンダー（1891-1964）はゲッティンゲンとブダペストで医学を学び、その後カール・アブラハムが創設したベルリン精神分析研究所の最初の訓練生になった。1930年には米国に招かれ、シカゴ大学医学部で精神分析の客員教授の地位についた。フーゴー・シュタウプ（1885-1942）は法律家兼資本家で、その後ベルリンの研究所で分析家としての教育を受けた。(1)　このとき、フランツ・アレクサンダーと研究を共にした。

　この夕べも、フロイト家の待合室で開かれた非公式の議論の集まりである。アレクサンダーとシュタウプの新しい著作が議論の材料になった。(2)　この集まりの後、フロイトはアイティンゴンにこう書いている。「あなたが葉巻とアレクサンダーを送ってくれたことに感謝します。本当に待ち望んでいたのです。私の家で開かれた夜の集会はまことに刺激的でした。自分の論文を読みあげたアレックスには未熟な点がありましたが、シュタウプからは非常に知的な印象を受けました」（フロイト-アイティンゴン.1930-2-15）

翡翠（ひすい）のネックレスをアンナへ　　　　1930年2月14日　金曜

　アンナ・フロイトの服装は地味で、よく農民風の長く垂れた服を着ていたが、ネックレスが大好きで、人生の本当の最後まで、写真に映った彼女は大体色々なネックレス、中でもビーズのネックレスをつけている。(1)

催眠分析　　　　1930年2月14日　金曜

　この翌日、フロイトはアイティンゴンにこう書いている。「あなたを通じて、モスクワのリフシッツから『催眠分析』と題する小冊子を受け取りました。もう読みましたか？　どういう人物で、どれ位信用されているかご存じでしょうか？　この男は間違いなく愚か者で、条件反射学を公式に認めても心理学は禁止するといった文化水準に自分の仕事をあわせている、と私は思います。（中略）私が説明した夢の心理的特徴を全部認めておきながら、夢には意味がないと言うのですから。それでいて、それらの特徴が見つからなければ不安だというのです。おめでたい子どもです！　にもかかわらず、彼が順調に出世しているのは、明らかにソヴィエト政府の命令に従っているからでしょう。翻訳もひどく、彼の仕事がそうである以上に、わけがわからなくなっています。しかし私はもう一度全力をあげて、夢には意味がある、と世界に向かって証明しなければなりますまい」（フロイト-アイティンゴン.1930-2-15）

　問題の小冊子——物理学教授セミョーン・リフシッツが書いた『催眠分析』——は、双書の一部として出版された（『精神療法と医学的心理学の領域に関する論文』シュツットガルト　1930 No.12）。その中には、著者からフロイトに宛てた1930年1月27日付の献辞が記されていた。

エジプト　半分の胸像　　　　1930年2月15日　土曜

　この記載が指すのは、おそらく、玄武岩製のエジプトの役人の胸像だろう。中期王国、第12王朝（1938-1759B.C.）の出土品で、小さな像の上部を形成している。この小像をフロイトは書き物机の上で文鎮として使っていた。もっとも、「半分のバスト」とは肩の所で切られた像ではなく、本当は「胸像の片割れ」という意味かもしれない＊。もしそうなら、これは同じ場所と時代に作られた二体の玄武岩の胸像の中の一体かもしれない。集団から切り離された一人の女性の像、おそらく、カップルの片割れの胸像である。

ルースの誕生日　オパールのネックレス　　　　1930年2月16日　日曜

　ルース・マック・ブランズウィック（1897-1946）は米国人で、フロイトから分析を受けるため、1922年にウィーンへ来た。この時彼女は最初の夫である心臓病専門家ハーマン・ブラムガートと結婚していたが、ウィーンで別れた。1925年に彼女は精神分析家として開業した。1926年にフロイトは最も有名な患者の一人である「狼男」セルゲイ・パンケーネフに彼女を紹介した。(1)　1927年にフロイトは三男エルンストに「彼女は家族同然です」と書いている（フロイト-エルンスト・フロイト.1927-4-28）。1928年3月に彼女が作曲家マーク・ブランズウィックと結婚する際には、フロイトは結婚式で立会人を務めた。

　彼女の誕生日は本当は翌17日（月曜）だった。平日を避けて1日早く祝ったとも考えられる。あるいは、この記載は誕生日に備えてこの日にオパールのネックレスを買ったと

上：ネックレスをしているアンナ・フロイト、1930年頃。
下：フロイトの蒐集物の中にあるエジプトの胸像の断片。NB
右：フロイトの患者で弟子でもあったルース・マック・ブランズウィックとその娘のマティルダ、1920年頃。

＊古代遺物の取得についてのフロイトの記載は、この日記ではいつも簡単である。蒐集品の量を考えると、問題の品物がどれなのかを、確信を持って特定できないことが多い。記録する基準は、主として品質や重要性だったようである。この頃に手に入れたと思われる数多くの重要でない品物にはこの日記では触れていない。

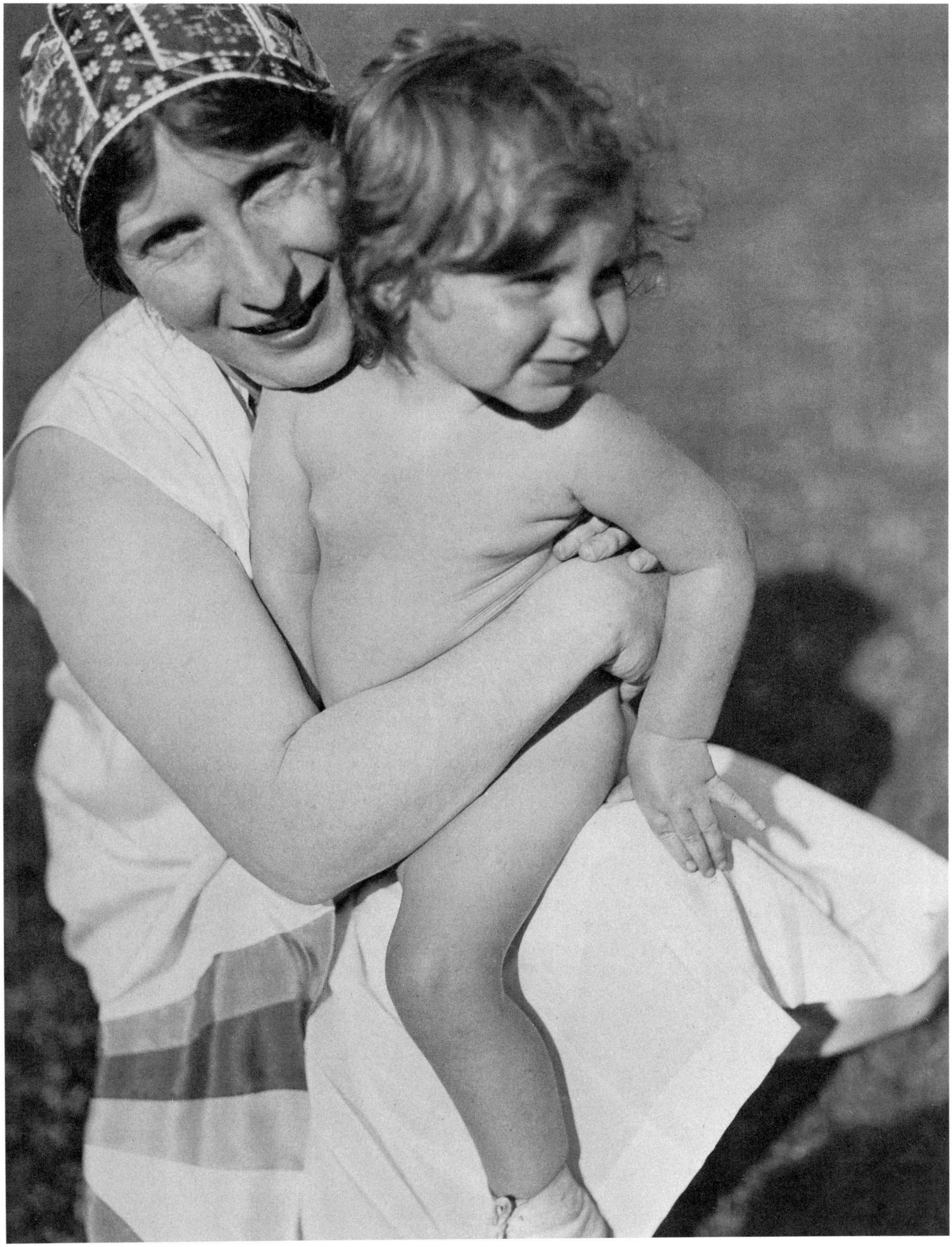

いう意味かもしれない。

マーガレトルの亡くなった子供　　　　　　　　　　　1930年2月17日　月曜

　マーガレトルとは、フロイトの友人でタロック仲間だったオスカル・リーの長女マルガレーテ・リーのことである。アンナの学校友達だった彼女は、精神分析医ヘルマン・ヌンベルグと結婚した。最初に生まれた子どもは死産だった。しかし、1年後には女の子が生まれている。ヌンベルグが初めて結婚を報告したとき、フロイトは趣味の良さを誉め、結婚祝いとしてかなりの額の現金を渡した。夫妻はこの贈り物を1929年7月にオックスフォードで開かれた第11回国際精神分析大会に出席するのに使った。

ローハイムの本　　　　　　　　　　　　　　　　　　1930年2月17日　月曜

　1915年から16年にかけて、フェレンツィはハンガリーの人類学者ゲザ・ローハイム（1891-1953）を分析した。ローハイムは精神分析の理論を民族学へ応用した初めての人類学者である。フロイトとハンガリーの分析医のフェレンツィやヴィルマ・コヴァーチは、精神分析に関連する民族学の資料を彼が集められるように、マリー・ボナパルトから資金援助を受けて、探検旅行を何度も準備した。1928年から31年までにローハイムは、ソマリランド、オーストラリア中部、メラネシアと、アリゾナのユマ・インディアンの中で現地調査を行なった。現在、フロイトの蔵書の中にはローハイムの本が4冊ある。出版時期から考えると、この時フロイトが受け取ったのは『アニミズム；魔術と神聖なる王』かもしれない（ケガン・ポール社、ロンドン1930）。

ミツィ　ウィーンに　　　　　　　　　　　　　　　　1930年2月23日　日曜

　マリー・フロイト（1861-1942）――「ミツィ」――は、フロイトの3番目の妹である。フロイトが結婚した1886年に、彼女は又いとこのモーリッツ・フロイトと結婚した。モーリッツは1920年に亡くなった。夫妻は5児を設けたが、1人は死産だった。2月7日にミツィの末娘のトムが亡くなったが、孤児になったその娘アンジェラの問題が未解決のまま残っていた［2月8日参照］。この問題もあってマリーはウィーンへ来たのだと思われる。

ベルマン教授　コルドバ　アルゼンティ……　　　　　1930年2月26日　水曜

　グレゴリオ・ベルマン博士（1894-1972）は、この月2人目の南米からの訪問客で、アルゼンチン、コルドバ大学医学部の法医学の教授だった。この教授が出版した薬物中毒に関する研究書をフロイトは持っていた（『薬物中毒。薬物を求める心理』ブエノスアイレス1926）。ヨーロッパの病院を回った1929-30年の研究旅行の間に、ベルマンはフロイトを訪問したのだと思われる。この月初めのローハス教授の訪問とこの教授の訪問は、どちらの南米人も法医学や毒物学に興味を持っていたのだから、相互に何か関連があったのかもしれない。(1)

トレビチュ博士と人工口蓋とりはずし　　　　　　　　1930年2月28日　金曜

　相変わらず人工口蓋は問題続きで、手を入れるため、一時的に取り外されていた。修繕は成功したらしく、数日後、フロイトはアイティンゴンにこう書いている。「人工口蓋のことで3月にベルリンへ行くつもりでしたが、休暇でこちらへ来ていたシュレーデルの助手トレビチュ博士がうまく直してくれたので、当分の間、行くのを先に延ばせそうです。もしかするとかなりの間です」（フロイト-アイティンゴン.1930-3-6）

アイジンガーとアンジェラについて　　　　　　　　　1930年2月28日　金曜

　アンジェラはトム・フロイトの孤児になった7歳の娘で、この頃、落ち着き先が問題になっていた。(1)　アールパード・アイジンガーはトムの遺言執行人である。娘をアンナが養子にするのを固く禁じる母親の手紙をアイジンガーは持っていた。トムは娘が普通の家庭生活を送るのを望み、精神分析を受けさせようとは考えなかった。
　あるいはトムがこの計画を嫌っていることを、フロイトはすでに知っていたのかもしれない。2週間前にアンジェラの祖母に出した手紙で、自分やアンナがアンジェラの面倒を十分に見る可能性を、フロイトは退けている。(2)
　代わりにアンジェラは伯父と伯母、アルノルト・マーレとリリー・マーレの養子になった。

腸　うっ血状態　　　　　　　　　　　　　　　　　　1930年3月2日　日曜

　長年にわたりフロイトは慢性的な便秘を繰り返していた。原因ははっきりとはわから

ベルリンにおけるフロイト、アンナ、ミツィ、アンジェラ（アンジェラの母トム撮影）。

なかった。虫垂炎と診断されたこともあった。1909年に米国に滞在したときにも便秘になったようである。2年後フロイトは依然として「アメリカ大腸炎」と名づけたその後の胃腸障害を、米国料理の後遺症のせいにしていた。

フロイトを診ていた1930年代に、フロイトがかかった過敏性腸症候群は、大体タバコの吸い過ぎが原因で、タバコを減らし、ベラドンナを少量服用すれば症状はやわらいだ、とフロイトの家庭医シュールは述べている。

翡翠（ひすい）を買う　　　　　　　　　　　　　　　　　　　1930年3月4日　火曜

20世紀最初の10年間にフロイトはすでに中国の翡翠の鉢を集めており、水曜心理学集会の会合で灰皿に使っていた。1909年に米国を訪れた際、ティファニーで買った品物の中にも中国の翡翠の鉢があった。蒐集物の中にある翡翠製品の数を見れば、フロイトが翡翠を好んでいたのは明らかだが、大部分は最上級の品物ではない。また、彼の蔵書には東洋美術に関する本は2、3冊しかないが、その中には翡翠に関する図版入りの大著、ユーナ・ポープ・ヘネシーが著わした『初期中国の翡翠』（ロンドン1923）がある。

問い合わせ　プロシアの文化大臣　　　　　　　　　　　　　　1930年3月5日　水曜

世界初の精神分析療養所で、今では倒産の恐れがある、ベルリンのテーゲル館が存続できるかどうかを、フロイトは非常に心配していた。1929年3月15日に所長のエルンスト・ジンメルはプロシアの文化大臣ベッケル教授に、この療養所の存続を可能にする基金を創設するための、財政上ではなく、精神的な支援を求めた。この訴えの署名者の中にはフロイト、アイティンゴン、アインシュタインがいた。

大臣はこの訴えを支持しなかったが、精神分析には興味を持ち、1930年にフロイトを訪問した。もしかしたら、ここでフロイトは会見を準備するための問い合わせに触れているのかもしれない。この会見は、フロイトが再びこの療養所に滞在した夏に行なわれた。ベッケルはフロイトの科学的業績を祝福し、喜んだフロイトはベルリンと、会見の結果生まれた実際にベルリンへ移り住む可能性について、6年後にこう書いている。「すべてが非常に魅力的で、私の評判もよく、社会民主党の大臣ベッケル博士が2人の議員と共に親しくテーゲルを訪問してくれたのです」（フロイト-ヘルマン.1936-2-28）

ヨフィ　着く　　　　　　　　　　　　　　　　　　　　　　　1930年3月9日　日曜

初めて飼った犬、チャウチャウ犬リュン・ユーが1929年8月に轢死すると、フロイトは非常に落胆した。あの犬を失ったことが今年の夏に影を投げた、と彼はフェレンツィに書いている。だが、リュン・ユーは一家が初めて飼った犬ではない。アンナが一人でウィーンを散歩できるように、一家は1920年代にヴォルフという名のジャーマン・シェパード犬を護衛役として手に入れており、ヴォルフは今なお健在だった。

家族全員がリュンの死を生と同様に深刻に受けとめ、本当に悲しんだとアンナは述べている。彼女は代わりの犬をすぐに見つけたがったが、1929年秋にはフロイトはまだ賛成しなかった。この時からリュンの妹、ヨフィが来るまでに経った時間を、フロイトが失った犬を悼むのにかかった時間だ、と考えていいのかもしれない。この新しい犬は深く愛される仲間になった。到着からわずか3週間後に、ベルリンの子どもたちを訪ねていたマルタにフロイトはこう書いている。「ヨフィは日ごとに好かれるようになり、くつろぐどころか、ドアの前に寝るほどの有様です」。1週間後にはヨフィが皆の人気者になった、と付け加えている。5月にフロイトがベルリンへ行った時には、ヨフィは犬舎に預けられた。到着4日後に出した手紙では、心配のあまり、追伸でこう尋ねている。「P.S. 誰かヨフィの所へ行ってやりましたか？　あの犬をたいへん懐かしく思います。亀では代用になりませんね」

エルンストル　16歳　　　　　　　　　　　　　　　　　　　　1930年3月11日　火曜

エルンストルはフロイト最年長の孫で、フロイト次女ゾフィとマックス・ハルバーシュタットの長男である。『快感原則の彼岸』に登場する、糸巻きを使って「いないいない……いた！」というお遊びをする幼児がエルンストルである。もっとも、本人はこの遊びを覚えていない。(1)　母ゾフィは1920年にインフルエンザで亡くなり、3年後には彼の弟ハイネルレが結核で死亡した。この頃、フロイトはエルンストルの振る舞いを心配していた。1928年にはアンナと共に金を出し、エヴァ・ローゼンフェルトが経営するヒーツィングの学校にこの少年を送る手はずを整えた。バーリンガム家の4人の子供もこの学校に通っていた。フロイトがエルンストルに向ける感情は、その弟ハイネルレを失った哀しみでまだ曇っていた。マックス・ハルバーシュタットに彼はこう書いている。「な

犬のヨフィを抱く家政婦パウラ・フィヒトル。

ぜなら、彼は我らがゾフィのたった一つの遺産です。もちろん、失ったハイネルレを考えないわけにはいきませんが」（フロイト-マックス・ハルバーシュタット.1928-8-9）

イヴェット　　　　　　　　　　　　　　　　　　　　　　1930年3月16／17日　日／月曜

　1929年11月のコンサートは成功し、このときイヴェット・ギルベールはウィーンでさらに2回コンサートを開いた。（1）　会場はコンツェルトハウスのホールで、ゲオルク・クーゲルが指揮を取り、切符はすべて売り切れた。パリの街角の生活が彼女のテーマだった。ある批評家は彼女の容貌を「人間のすべての情熱が刻まれているようだ」と評した。

新しい講義　　　　　　　　　　　　　　　　　　　　　　　　1930年3月19日　水曜

　この「新しい講義」とは、2年後にようやく着手した、『続精神分析入門』のことではなくて、『精神分析入門』の新版を指している。この本はドイツでは1917年に初めて完全な形で出版され、その後、何度か再版された。そして、このころ国際精神分析出版所（Internationaler Psychoanalytischer Verlag I.P.V.）は八つ折り版の発行を始めていた。

出版所1000＄　　　　　　　　　　　　　　　　　　　　　　　1930年3月19日　水曜

　国際精神分析出版所は1919年1月に設立され、オットー・ランクが所長になった。アドルフ・シュトルフェルが後を継いだが、商才に欠け、1930年代に出版所の財政状態は危機を迎えていた。このときシュトルフェルは（フロイトの表現によると）「誇大妄想の発作」から、著作への支払いの一部として、フロイトにドル建て小切手を送った。（1）これをマルクに変えて、ベルリンへ持って行くつもりだと、フロイトはアイティンゴンに記している。

不安についての夕べ　　　　　　　　　　　　　　　　　　　　1930年3月20日　木曜

　これもフェダーンが準備した選り抜きの会合である（この前は、1929年12月12日木曜と、1930年1月9日木曜に開かれていた）。フェダーンがフロイトの『文化への不安』を批評し、フロイトが自著を厳しく批判してそれに応えた。彼はこの本をトラヤヌス帝が建てたアダムクリッシ戦勝記念柱——巨大な土台の上に建てられた小さな記念碑——になぞらえた。そして、こう締めくくっている。「私の本は、我々の本能論ではまだ不十分だとの洞察の結果です。（中略）私はこの本をあくまで分析を目的として書きました。かつて分析についての著述家だったことに基づいて思いをめぐらし、罪の感覚という概念を真の限界まで推し進めようと考えたのです」（1）

（ノルウェイ語の『入門』＊　　　　　　　　　　　　　　　　　1930年3月25日　火曜）

　ノルウェイ語の『精神分析入門』はクリスチャン・シールデルップによる翻訳で1929年に初めて出版された。フロイトの蔵書の中には、訳者の日付なしの献辞があるハードカバー版と、1930年に出版された献辞のないペイパーバック版が残っている。

アンナ　ブダペストへ　　　　　　　　　　　　　　　　　　　1930年3月26日　水曜

　この頃、アンナ・フロイトには児童分析専門の精神分析家だとして評価が確立し、来賓として講演するように何回も招待を受けていた。1929年12月には第1回国際精神衛生大会から米国で講演するように招かれた。これは、彼女が講演すれば、米国での精神分析のさらなる発展、とりわけ批判が多い「非医師による分析」という主張を推し進めるのに好影響がある、と期待してのことだった。

　米国は遠いので彼女は出かけなかった。けれども、ブダペストなら列車を使えばウィーンからわずか2、3時間。また、3月26日にハンガリー精神分析学会で講演して欲しいとの招待は、フェレンツィの求めに応じる好機になった。

　毎月曜日にアンナはウィーンで児童精神分析に関するセミナーを開いており、ブダペストの講演はこの仕事に基づいていた。テーマは症例記述の方法だった（1920年代に教育分析研究所で開かれた正規のセミナーは、アンナもこれに参加していたのだが、「子どものセミナー」（Kinderseminar）と呼ばれていた。児童分析を扱ったからではなく、出席者がみな若い世代だからであった）。

ウィーン19区のコテーシュ・リツェウム小学校5年生の教師をしていたアンナ、1919年頃。

＊何らかの理由で、この記載と日付は青鉛筆で消されている。このとき1930年発行のペイパーバック版を受け取って日記に記入したフロイトは、1929年発行のハードカバー版がすでに蔵書の中にあるのにあとで気づいて、この記載を抹殺したのかもしれない。

＋エルクス　　　　　　　　　　　　　　　　　　　　　　　1930年3月26日　水曜

これはアイティンゴンの義理の弟エルクスが亡くなったという意味である。ライプツィヒに住んでいたエルクスは、しばらくの間、周期的な短いうつ病の発作に悩んでおり、1929年9月にアイティンゴンは彼をウィーンのヘルマン・ヌンベルグの所へ送り、精神分析を受けさせていた。

アンナ戻る　　　　　　　　　　　　　　　　　　　　　　　1930年3月27日　木曜

ブダペストでアンナの面倒を見たフェレンツィに、フロイトは後でこう書いている。「あなたがアンナのために準備して下さった歓迎と、払って下さった敬意とに、心の底から感謝せずにはいられません。彼女の成長を本当に喜んでいるので、反響があると非常に嬉しいのです」（フロイト-フェレンツィ.1930-3-30）

アイティンゴンがパリから　　　　　　　　　　　　　　　　1930年3月27日　木曜

義理の兄弟の仕事上の問題で仲裁役を務めるため、アイティンゴンは1週間前にパリまで行かねばならなかった。彼の一族はニューヨーク出身のこの親戚から以前は恩恵を受けていたが、ウォール街で株が暴落したため、今、この男の事業は深刻な危機に陥っていた。

この訪問の後に出した最初の手紙でアイティンゴンはフロイトに、「非常に憂うつなウィーン訪問」の間、示してくれた友情を感謝している（アイティンゴン-フロイト.1930-4-7）。はっきりと触れてはいないが、この憂うつな気分の少なくとも一因は、エルクスが亡くなったことだったのかもしれない。

メラ　重い病気で倒れる　　　　　　　　　　　　　　　　　1930年3月28日　金曜

メラ（メラニー）・リーはフロイトの友人でタロック仲間だったオスカル・リーの妻である。彼女と年長の娘マルガレーテはアンナの親友でもあった。最初、彼女は脳炎と診断されたが、すぐに取り消された。4月初めにベルリンにいるマルタへ出した手紙でフロイトは、2、3週間でこの病気は害もなく治りそうだ、と報告した。ところが1週間後に出した手紙では、回復せず、新たな合併症の恐れがある、と記している。

マルタ　ベルリンへ　　　　　　　　　　　　　　　　　　　1930年3月29日　土曜

フロイトは再びベルリンへ行って、シュレーデル博士に人工口蓋を直してもらうことにしており、妻のマルタが同行する予定だった。ところが、トレビチュ博士が1か月前に手を入れてくれていたおかげで、人工口蓋がしばらくの間耐えられるようになったので、彼は復活祭（4月20日）の後まで出発を遅らせた。代わりにマルタが夫より先にプラハ経由でベルリンへ行った。この時出かけたのは、一つには4月6日の三男エルンストの誕生日にまに合わせるためだった。

ベルリンで彼女はあるホテルの快適な部屋に泊まった。「ホテルの良い部屋が取れて嬉しく思います。2人とも倹約する年ではありませんしね」と妻宛ての手紙にフロイトは書き、こう締めくくっている。「米国人の口癖を真似て言えば、『良い時』＊を過ごして下さい」（フロイト-マルタ・フロイト.1930-4-1）

ラヨスの訪問　　　　　　　　　　　　　　　　　　　　　　1930年3月30日　日曜

ブダペストの友人ラヨス・レヴィイ博士は頻繁にフロイトを訪問した。1920年代中盤には健康の問題について助言もしていた。博士はフェレンツィから分析を受けたことがあり、フロイトが彼の妻カターを分析した。カター・レヴィイはブダペストの富裕な醸造業者アントン・フォン・フロイント（1880-1920）の姉妹であり、第一次大戦中にフロイントはフロイトから分析を受けた。精神分析運動のためにフロイントは多額の寄付をし、この金で1919年に国際精神分析出版所が設立された。

リーの所へ　　　　　　　　　　　　　　　　　　　　　　　1930年3月30日　日曜

フロイトとオスカル・リー（1863-1931）との友情は長い時をさかのぼる。2人はカソヴィッツ小児病研究所の同僚で、1886年から96年まで、フロイトはこの研究所で神経科の医長を務めていた。2人は共同で子どもの片側麻痺についての信頼できる論文（『小児期半側性脳性麻痺の臨床的研究』）を書き、1891年に発表した。

リーは妻の病気に心を奪われていた。フロイトはマルタにこう書いている。「日曜にリ

＊原文は英語（a good time）。

フロイトと旧友オスカル・リー。

ーの所へ行きました。私だけが彼と話しました。すっかり落ち込んでいますが、インフルエンザ性脳炎という恐ろしい診断が取り消されたので、すべてがずっと明るく見えます。深刻な後遺症を残さずに、2、3週間で、この病気が自然な経過をたどる可能性もあると思います。マルガレーテも良くは見えません。気の毒なヌンベルグはひどいインフルエンザにかかっています」（フロイト-マルタ・フロイト.1930-4-1）

5000＄　マルティン　購入のため　　　　　　　　　　　　　　　1930年4月2日　水曜

長男マルティンは精神分析出版所の業務を立て直そうとしていた。やがて彼は出版所の経営を引き継ぐことになる。この5000ドルは、出所がどこにせよ（1）、シュトルフェルがこの事業で持っていた株をマルティンが買い取るための金だったと思われる。シュトルフェルは常に問題をおこしていた。

ヴァルター　9歳　　　　　　　　　　　　　　　　　　　　　　　1930年4月3日　木曜

マルティンとエスティ・フロイトの息子アントン・ヴァルターの誕生日をフロイトが記録したのはこのときだけである。（1）　もしかしたら、このときヴァルターは父親が多くの時を過ごしていたベルクガッセを訪れたのかもしれない。A・W・ヴァルター氏はこの誕生日を覚えていないが、10歳か11歳の誕生日に祖父からおかしな贈り物をもらったことは覚えている。それは、きわめて愛国的なドイツの少年雑誌『良き仲間』の1年間の予約購読だった。

夜の心臓発作　ブラウン　　　　　　　　　　　　　　　　　　1930年4月5／6日　土／日曜

心臓専門家ルートヴィヒ・ブラウン教授（1861-1936）はフロイトの良い友人で、ユダヤ人友愛団体ブナイ・ブリース協会の会員仲間だった。1926年にフロイトの70歳の誕生日を祝うために開かれたこの団体の会合で、フロイトを称える演説をしたのはこの教授である。そのわずか数か月前の1926年2月19日にブラウン教授は、教授宅からほんの数歩離れた路上で狭心症の発作をおこしたフロイトを手当てしていた。今回の発作でショックを受けたフロイトは、思い切った策を取り、ベルリンにいる妻マルタへこう書き送った。「先週土曜の夜に心臓発作があり、驚きました。ところが、ブラウンが何も言わなかったので、ついに際限のないタバコには耐えられまいと確信しました。それからは葉巻を3本半に抑えて、本当に人が変わった気持ちです。ただし、その変わった人間も失った葉巻を恋しく思っているのです」（フロイト-マルタ・フロイト.1930-4-9）

ボブ　手術を受ける　　　　　　　　　　　　　　　　　　　　　1930年4月7日　月曜

ロバート（ボブ）・バーリンガム（1915-70）は米国人ドロシー・バーリンガムの長男で、一家はベルクガッセ19の階上の部屋に住んでいた。ぜんそくにかかっていたこの息子（と自分自身）が抱える諸問題を治療するため、母親はこの息子と他の子どもたちを連れて1925年にウィーンへ来た。アンナがボブを分析し、ドロシーはテオドール・ライクから分析を受け始めた。ボブはバーリンガム家の子どもたちの中で、最初に虫垂炎を手術している。（1）　2日後にフロイトは、「ボブの最新の事件」は滞りなく終わった、と書いている。2か月後には、ボブは「若き神のように」健康で溌剌としていた。

ハンス・ツヴァイク博士　　　　　　　　　　　　　　　　　　　1930年4月7日　月曜

ハンス・ツヴァイク博士はブルノ（Brunn）の出身で、1920－30年のチェコ語文献に載った精神療法についての総説を、『精神療法中央誌』2月号に発表した（この博士をシュテファン・ツヴァイクやアルノルト・ツヴァイクの親戚だとする証拠は見当たらない）。

ロブ　マティ　出かける　　　　　　　　　　　　　　　　　　1930年4月10日　木曜

フロイトの最年長の子どもだった長女マティルデ（1887-1978）は家族の愛情関係の中で特別な位置を占めていた。アンナはこう書いている。「こうして自分に負わされた手助けする最年長者という役割を、彼女は見事に果たしました。常に助言し、励まし、色々教えてくれたので、年少の兄弟姉妹の間に揺るぎない権威がありました」

1909年に彼女は布地商ロベルト・ホリチャー（1875-1959）と結婚した。妹のゾフィが亡くなると夫妻は甥ハイネルレ［ゾフィの次男］を養子にしたが、急性結核にかかったハイネルレは、1923年6月19日に5歳で亡くなった。この孫の死にフロイトも深い影響を受けた。マティルデは90歳まで生きたが、健康状態は良くなかった。1929年にフロイトはこう書いている。「マティルデは（中略）慢性の病弱ですが、信じられないほど普通に振る舞っています」（フロイト-サム・フロイト.1929-12-6）

アンナ、バーリンガム家の子どもたち、と愛犬たち、1930年頃。

夫妻はウィーンのフロイト家からそう遠くない所に住んでいた。このときは健康上の理由で南チロルかあるいは温泉にでも出かけたのかもしれない。

シュテファン・ツヴァイク博士　　　　　　　　　　　　　　1930年4月10日　木曜

シュテファン・ツヴァイク（1881-1942）は、「若きウィーン派」と呼ばれるオーストリアの青年作家集団に属していた世紀の変わり目から、フロイトを知り、敬服していた。この集団の中には、アルトール・シュニッツラー、ヘルマン・バール、フーゴー・フォン・ホフマンスタールがいた。カフェ・グリーンシュタイドルが彼らの溜まり場で、当時の最も文化的な新聞『新自由新聞』に、彼らはたびたびエッセーを発表した。この新聞をフロイトはいつも読んでいた。ツヴァイクは汎ヨーロッパ文化という考えに深く傾倒していた（自伝の副題は『一ヨーロッパ人の回想』である）。第一次大戦中には反戦戯曲『エレミア』を発表。また、反戦雑誌『ドゥメン』の編集者アンリ・ギルボーやロマン・ロランと共に、この戦争が解き放った狂信的軍国主義に反対した。1920年代にはメアリ・スチュアート、エラスムス、マゼラン、マリー・アントワネット、バルザックの伝記と、歴史研究書や小説で桁はずれの国際的人気を博し、一時期は世界中で最も多く翻訳された作家になった。

同世代のオーストリア人の多くと同様にフロイトは、肩書きや敬称の正しさに細心の注意を払っていた。イポリット・テーヌに関する論文でツヴァイクは確かにウィーン大学から博士号を取得していたが、肩書きなどなくても彼の名前は世界的に有名だったから、この日記の他の場所では、フロイトはこの博士という肩書きを繰り返していない。もちろん、この名前と前ページの同名人ハンス・ツヴァイク博士の名前とを、ここで釣りあわせたとも考えられる。だが、もっとうがった説明も可能だろう。

1930年8月21日付の手紙で、フロイトはアルノルト・ツヴァイクを間違って「博士（Herr Doktor）」と呼んだ。この分不相応な肩書きにアルノルトが異議を唱えると、このペンの過ちは同名人シュテファン・ツヴァイクへの怒りの表われだ、とフロイトは説明した。フロイトによると、シュテファンに対しては「不満を持つ正当な理由」があった。1929年12月4日、日課の散歩中に、フロイトは本の広告に出くわした。題名は『フロイトの悲劇的コンプレックス：精神分析の分析』で、著者は米国人チャールズ・E・メイラン。精神分析が人生への復讐を求めるフロイトの願望による産物であることを証明しようとする内容だった。フロイトによれば、この著者は「悪意のある愚か者、おかしな狂信者」で、分析教育が終わる前にベルリン研究所から不適格と決めつけられていた人物である。ところが、この広告にはユングとシュテファン・ツヴァイクの推薦文が引用されていたのだった。(1)

フランス語の機知　　　　　　　　　　　　　　　　　　　1930年4月10日＊　木曜

これはフロイトの著書『機知——その無意識との関係』の仏訳タイトル"Le Mot d'Esprit et ses Rapports avec l'Inconscient"のことである。(1)　マリー・ボナパルトとM・ネイサン博士との共訳で、パリのガリマール社から1930年に出版された。フロイトの蔵書は特別な装丁本だが、献辞はない。

フェレンツィ週末に　　　　　　　　　　　　　　　　　　1930年4月12日　土曜

シャーンドル・フェレンツィ（1873-1933）は長い間フロイトが分析仲間の中で最も親しく付きあっていた友人で、1908年に初めてフロイトに会ったときからずっと文通を続けていた。1909年にはフロイトとユングに同行し、米国へ旅行した。1913年にはハンガリー精神分析学会を設立。1919年からブダペスト大学で初の精神分析の教授職についた。1920年代にフェレンツィは「積極技法」を開発し、動作、態度、自由連想を通じて無意識の内容を表現するように患者を促した。この方法は他の分析医の間に大きな関心をかき立てた。ところが、彼がこの方法を相互分析や患者の母親役を演じることにまで広げると、論議の的になった。

この訪問の目的の一つは、フェレンツィとフロイトの間に広がりつつある亀裂を埋めることだった。この亀裂は積極技法への意見の違いに集約された。フェレンツィは知的にも感情的にもフロイトに深く恩義を感じており、フロイトの感情を損なうのは、彼にとって非常につらいことだった。彼は今、この話しあいで心が休まるのを望んでいた。

＊この記載と「4月12日土曜」とを結ぶ直線は横線で消されており、「木曜10日（Do10）」に引いた下線がこの記載まで延ばされている。この出来事がどちらの日付に属するのか、フロイトは確信が持てなかったらしい。こうした訂正や、日付とその後の記述が必ずしも一直線に並んでいないことも、この時期フロイトが最初に出来事を過去に遡って書き入れ、それから日付を付け加えたことの、さらなる証拠である。

結婚の前年のマティルデ、1908年。

マルタ戻る　　　　　　　　　　　　　　　　　　　　　　　1930年4月13日　日曜

　ベルリン滞在中、マルタは活発な社交生活を送った。中でも、アイティンゴンと妻ミラとをベルリン－ダーレム、アルテンシュタイン通りの自宅に訪ね、翌日にはヴィヒマン通りにあるベルリン精神分析研究所を訪れた。これらの訪問の他、マルタは4月6日に三男エルンスト38歳の誕生日の準備を手伝うことができた。フロイトは妻にこう書き送った。「あなたがベルリンであげた社交の仕事をうわさや手紙で聞き、尊敬、感心しました。私には真似できませんね」（フロイト-マルタ・フロイト.1930-4-9）
　妻が戻るとフロイトは息子にこう書いている。「ママは今日戻りました。とても上機嫌でベルリンの印象や出来事に満足しています。私を待たずに、ママが一人で行って本当に正解でした。皆が得をしたのです」（フロイト-エルンスト・フロイト.1930-4-13）

フェレンツィ　　　　　　　　　　　　　　　　　　　　　　　1930年4月13日　日曜

　2日間の訪問でフロイトとフェレンツィの意見の違いは一時的に修復された。とはいえ、礼状にはフェレンツィが2人の友情に抱いていた当然の不安が表われている。「先週日曜日にあの懐かしいあなたの書斎で過ごした時の、親しく愉快な気分を何度も思い出します。少しばかり独特な私の仕事のやり方や思考法が、私にとってつらい、あなたとの対立へ行き着くのではないかという心配は、はなはだ大げさだったと確信してお別れしました。ですから、新たな勇気を持って再び仕事に取りかかり、これまで約25年間、あなたの傍らでたどってきた本道をこの小さな回り道で踏み外すことはない、と強く望んでいるのです」（フェレンツィ-フロイト.1930-4-30）
　フェレンツィは古代遺物への情熱をフロイトとわかちあった数少ない仲間の一人だった。この訪問後に出した礼状で、（ハンガリーで発掘されたローマ時代の）オシリス像を送る、と彼はフロイトに約束している。

王女　夜に　　　　　　　　　　　　　　　　　　　　　　　1930年4月13日　日曜

　マリー・ボナパルトは外科医ハルバン教授の診察を受けるため、前日ウィーンに来た。1920年代に彼女は不感症を克服するためにクリトリスを動かす手術の話を聞いた。「A・E・ナルジャニ」という筆名を使って、彼女はこの処置を支持する論文を発表した（『女性の不感症の解剖学的原因に関する考察』という表題で『医学ブリュッセル』誌1924年4月号に掲載された）。さらに、彼女自身がこの手術を受けた。けれども、手術の現場ではデリケートな問題がつきまとった。ハルバンはパリでさらなる手術を受けることを勧め、その際には、この点を正すだけでなく、慢性卵管炎を直すために子宮も切除するつもりだった。
　この日訪れた2人の間にある対照はいくぶん象徴的である。マリー・ボナパルトはフェレンツィが果たしてきた友人兼模範的弟子という役割に取って代わろうとしていた。出版や翻訳を通じて、今では彼女は精神分析界に根を下ろし、精神分析家としても独り立ちしていた。彼女は被分析者を3人かかえており、彼女の分析をフロイトが手紙で指導した。被分析者はお抱え運転手が運転する車でサン＝クルーにある彼女の自宅へ来て、天気のよい日には分析は庭で行なわれた。

バネ壊れる　　　　　　　　　　　　　　　　　　　　　　　1930年4月14日　月曜

　1927年から28年にかけて、ピヒラー博士が作った人工口蓋3,4,5号のバネは絶えず問題をおこし、頬に食い込んだり、壊れたりした。1929年夏にフロイトがベルリンを訪れて、シュレーデル博士に新しい人工口蓋を作ってもらった主な理由はこれである。1929年11月23日から1930年10月3日までフロイトはピヒラーの診察を全く受けていない。ところが、今度はシュレーデルが作っ（てトレビチュが手を入れ）た人工口蓋が問題をおこしていた。(1)

ロシアの幻想　　　　　　　　　　　　　　　　　　　　　　　1930年4月14日　月曜

　『幻想の未来』ロシア語版は、最初は1928年に『無神論者（Ateist）』誌32号誌上に発表された。独立した単行本（Budushchnost' odnoi illyuzii『幻想の未来』）、モスクワ-レニングラード1930）がこのとき別の翻訳者を使って出版された。フロイトの著作はロシアでは非常に早い時期から受け入れられた。最初に翻訳されたのは『夢について』（サンクト・ペテルブルグ1904）で、『日常生活の精神病理』（モスクワ1910）がこれに続いた。どちらも最初の翻訳書である。1920年代にはソビエト連邦で精神分析への関心が急激に高まった。ジョーンズの記録によると、モスクワではロシア語訳『精神分析入門』2000部が1

ベルリンでマルタ・フロイトと義理の娘ヘニー、お気に入りの孫娘エヴァ。

か月で売り切れ、1923年にはカザンで精神分析学会が新たに結成された。『幻想の未来』はロシア語に訳された25番目のフロイトの著作で、精神分析がスターリン時代に「ブルジョア個人主義」と決めつけられる前にソ連で発行された最後の彼の著作になった。

アンナとドロシー パリへ　　　　　　　　　　　　　　　1930年4月15日　火曜

ドロシー・バーリンガム（1891-1979）は富裕なニューヨークの装飾家・ガラス工芸家ルイス・コンフォート・ティファニーの娘である。1914年に彼女はロバート・バーリンガム博士と結婚した。夫妻は4人の子ども——ロバート（ボブ）、メリー（マビー）、カトリーナ（ティンキー）、マイケル（マイキー）——を設けた。ところがバーリンガム博士が躁鬱病だったので、1921年に彼女は夫と別居した。彼女が子どもたちを連れて1925年にウィーンへ来た主な目的は、息子ボブの慢性ぜんそくを直すことにあったが、彼女はライクから分析を受け始め、同時にアンナがボブと妹マビーを分析した。

ドロシーとアンナは親密な友人になった。1928年にはフロイト一家が住むベルクガッセ19の階上のアパートにバーリンガム一家が越してきて、2家族は共生関係に入った。1926年からバーリンガム家で子守をしていたパウラ・フィヒトルが、1929年に階下へ移り、フロイト家の家政婦になった。彼女は1982年にアンナが亡くなるまで、ウィーンと英国のフロイト家で働いた。一方、ドロシーは結核にかかり、治療と新鮮な空気が必要になった。1930年に彼女とアンナはホッホローテルド村に週末用の別荘を手に入れた。ドロシーが車を持っていたので、2人は週末になると大体、この別荘まで車で出かけていった。

アンナとドロシー帰る　　　　　　　　　　　　　　　　1930年4月17日　木曜

このパリへの小旅行で2人はマリー・ボナパルトを訪問したのかもしれない。もっとも、王女はわずか2日前にハルバンの診察を受けていたから、まだウィーンにいたとも考えられる。だが、パリにはドロシーの親戚ヘンリエッタ・ブランデス（旧姓イーリ）も住んでいた。フロイトに最初のチャウチャウ犬リュン・ユーを世話したのはこの中国犬飼育家である。

ザックス─カリギュラ　　　　　　　　　　　　　　　　1930年4月18日　金曜

20世紀最初の10年代、法学部の学生の時に、ハンス・ザックス（1881-1947）はフロイトの講義を聴講した。とはいうものの、2人が初めて会ったのは1910年で、この時ザックスはフロイトに自分が訳したキプリングの『兵営俗謡集』を贈った。非医師の精神分析家になった彼はオットー・ランクと共に、1911年に創刊された『イマーゴ』誌を編集した。1913年には共著『精神科学にとっての精神分析の重要性』を出版した。この時期にフロイトがザックスを非常に信頼していたことは、知りあってそれほど時が経たない1912年に、フロイトの回りに集まり、精神分析の基本的原則を腐敗や歪曲から守るために作られた、秘密の「委員会」の創立メンバーに彼が選ばれたという事実に現われている。

ザックスはフロイトに献辞入りの新しい自著、ローマ皇帝カリギュラを精神分析的に研究した『悪童——生命の歴史、カリギュラ』（ベルリン1930）を贈った。フロイトが3年後にザックスへ出した手紙には、からかい半分にこの本に触れた箇所がある。「あなたの仕事の計画に興味を持ちました。カリギュラというよりは、ナルシシズムの方にですがね」

コテーシュ療養所　　　　　　　　　　　　　　　　　　1930年4月22日　火曜

コテーシュとはウィーンの高級住宅街のことである。コテーシュ療養所は入院費の高い贅沢な施設で、1908年にルドルフ・ウルバンチッチが創設した。(1)　腸と神経の病気を治療し、特別な滋養食と回復用の設備とを提供した。フロイトの腹痛は次第に頻繁でひどくなり、今では食餌療法のためにこの療養所に入らねばならなくなった。ブラウン教授は、この病気の方が人工口蓋よりも重要で、ベルリンへ行く前に治療すべきだ、と主張した。アンナが療養所まで送っていった。

タバコをやめる　　　　　　　　　　　　　　　　　　　1930年4月25日　金曜

3週間前の心臓発作の後、フロイトは葉巻を1日3本半に減らした。今では、この節制さえ断念せざるを得なくなった。10日後、彼はフェレンツィにこう書いている。「これはニュースです。4月22日に心臓と腸の病気でコテーシュ療養所に逃避せねばなりませんでした。治り始めると、悲しいことに、4月25日に吸った葉巻が当分の間は最後のものになり

上：改修前のホッホローテルド荘。「すっかり静かでした」とアンナが書いている。
下：ハンス・ザックス、以前は秘密委員会の一員だった。TG

*Zur Erinnerung an die lange
Eingeschlossenheit Sommer 1930
seinem lieben Hausrath
Freud*

ました。5月4日にベルリンまで来ることができ、もう十分に健康だと感じています。けれども、これは自己手足切断手術のようなものでした。(1)　罠にかかったキツネが自分の足を嚙み切るのに似ています。あまり幸せではなく、人間ではないような気がしています」(フロイト-フェレンツィ.1930-5-7)

日本語訳『快感原則の彼岸』　　　　　　　　　　　　　　1930年5月2日　金曜
4月30日にアイティンゴンは、矢部八重吉から受け取った『快感原則の彼岸』の日本語訳をフロイトに送った。(1)　アイティンゴンは手紙で、これは矢部の編集で全40巻が予定されている日本語版フロイト全集の第7巻だと説明している。(2)

療養所から戻る　　　　　　　　　　　　　　　　　　　　1930年5月3日　土曜
完治とはいかなくても、少なくともベルリンへ行ける体になって、フロイトはコテーシュ療養所を退院した。禁煙の決意はしばらく続いた。「療養所へ入るとすぐに、葉巻を全く受けつけなくなり、この長年の習慣だった楽しみを棄てた代わりに、急速、順調に健康が回復して、好調持続です。胃だけがまだ具合が悪いのです」(フロイト-ジョーンズ.1930-5-12)。だが、帰ってから2週間経つと、すでにタバコは元に戻っていた。「ほんの昨日、初めて恐る恐る葉巻を吸ってみました。しばらくは1日1本だけです」(フロイト-ジョーンズ.1930-5-19)

テーゲルに着く　　　　　　　　　　　　　　　　　　　　1930年5月5日　月曜＊
テーゲル館はベルリンにあった精神分析診療所兼療養所で、エルンスト・ジンメルの指揮の下、1927年4月に開業した。フロイトの三男で建築家のエルンストが建物内部の改装を担当した。私立病院で、重い精神神経症や肉体に障害を持つ患者、とりわけ各種中毒患者を25-30人ほど治療する施設だった。ジンメルは精神病患者向けの閉鎖病棟を望んだが、館の家主フォン・ハインツ家に拒否された。フロイトが初めてこの病院に滞在したのは、新しい人工口蓋を作るためにシュレーデルから治療を受けた1928年9月である。翌29年3月と9-10月にも、さらに2回この施設に泊まって、彼はシュレーデルの診察を受けた。

アンナと共にテーゲルに着いた翌日に、フロイトは家族へこう書き送った。「最も重要なのはシュレーデルです。人工口蓋を直すよりは、新しいものを作りたがっています。どれだけの時間が私に残されているのでしょう？　今日で74歳です。(中略)ですから、すぐには帰れないと思います。けれども、この館に純粋な愛着を感じ、春は平和で美しく、アンナと私には休日が続いています」(フロイト-愛するものたち.1930-5-6)

74歳　　　　　　　　　　　　　　　　　　　　　　　　　1930年5月6日　火曜
フロイトは誕生日に反対したが――贈り物に感謝しないわけではなかった――初めて家族に出した手紙の中にその反対が現われている。「もちろん、誕生日のつまらない騒ぎは避けられませんでした。ウィーン同様にバラや、ランや、電報で息ができません。訪問客はこちらの方が少ないです。目立つのはアイティンゴンから届いたバラの花束で、74本だと思うのですが120本あると言う人もいます。ヨフィの名前で書かれた詩が一番素敵です。もちろん、書いたのはアンナで、小さな本物の亀にくくりつけて届けられました」(フロイト-愛するものたち.1930-5-6)

ヨフィはウィーンのカグランにある犬舎に預けられていた。犬が詩を贈る習わしは1926年にヴォルフ(犬の名)が届けた韻文で始まった。映像記録を見ると犬の首の回りに詩が結びつけてある。この年はヨフィが留守だったので、以下の素人詩を渡すのは亀の役目だった。「ヨフィは跳び回り、ドアから抜け出し、革ひもをくぐり抜け、敵と戦う。体を伸ばしてご挨拶。ご主人の手をなめ、5月6日に、このプレゼントを送るんだ。この手紙がこっそり明かすのは、どんなに心を入れ替えて、もっと良い子になりたいのか、だ。ドアが開いても、動いたりしないし、吠えもケンカも、駆けっこもジャンプも、食べたり飲んだりもしない。そう、悲しいヨフィは言う、だって離れ離れなんだもの」

矢部　日本から　　　　　　　　　　　　　　　　　　　　1930年5月7日　水曜
アイティンゴンが矢部八重吉を連れて夜遅くフロイトを訪問した。2人は1時間以上話しこみ、12時過ぎに辞去した。初めて日本語に訳された著作の一つがなぜ『快感原則の彼岸』なのかに興味を持ったフロイトは、この点を矢部に問いただした。矢部は「生命は死へ向かうという理論は仏教の考え方です。日本人の考えには仏教の影響が非常に強い

＊左側の余白にベルリンという単語が書いてあり、赤線でこの日付と結ばれている。

上：テーゲル療養所にて、モシェ・ヴルフとエルンスト・ジンメル(後列)、アンナ・フロイト(左)、フロイト、とヴルフ夫人、1929年。

左：ジンメルに贈った、フロイトの署名入り肖像写真。「長逗留の思い出に、1930年夏、親愛なる家主さま」

ので、この本を読めば、精神分析を理解しやすくなるかもしれません」と答えた。矢部はこう続けている。「この説明を聞いてフロイトは大変喜んだ。この理論を非難され、いくらか手直ししていたので、急に同じ考えの仲間が大勢できたと思って、嬉しかったのだ。彼は隣室にいる令嬢に呼びかけた。『アンナ、アンナ！』」(1)

レーデラー　最初の訪問　　　　　　　　　　　　　　　　1930年5月7日　水曜

　フィリップ・レーデラー博士はベルリンのアム・クップファーグラーベンに店を構える古物商だった。フロイトとの間にはすでに取り引きがあった。前年秋にフロイトはテーゲル療養所から家族にこう書いている。「レーデラー博士が亡くなったとのニュースは、マーク・トウェインの言葉を借りれば、はなはだ誇張されている、とわかりました。以前何度か会った時と同じくらい貪欲だろうと確信しています。それが生命の力強いしるしなのです」（フロイト-愛するものたち.1929-9-18）

　色々な時代にフロイトは、苦しみを埋め合わせ、士気を高めるのを明らかな目的として、古代遺物を手に入れた。タバコが厳しく制限されたこの時期に家族宛ての手紙に書いた説明の中で、2つの中毒──葉巻と古代遺物──の相互作用が明かされている。「残念なのは葉巻が禁止されたことです。どんな方法を試してもうまくいきません。ワインを飲んでも、手紙を書いても、ナツメヤシを食べても、その代用にはなりません。古代遺物なら葉巻の代わりになるかもしれませんが、そんなに沢山は買えませんからね」（フロイト-愛するものたち.1930-5-9）

レーデラー　2回目の訪問　　　　　　　　　　　　　　　　1930年5月11日　日曜

　この訪問と最初の訪問とは間違いなく成功だった。翌日、家族に出した手紙でフロイトは上機嫌である。「今年、何もかもがレーデラーからの買い物のようにうまくいけばいいのですが。この後長い休みが来て、その間、買った品物と別れねばならないのが残念です＊。みな、テーゲルのこのテーブルの上に一かたまりになって立っています。もちろん、そうなればまるで出版社から何ももらわなかったのと同じです＊＊。でも、そういうことも十分にありえたのです」（フロイト-愛するものたち.1930-5-12）

王女の手術　　　　　　　　　　　　　　　　　　　　　　　1930年5月14日　水曜

　4月12日にウィーンで王女を診察したハルバン医師は、パリへ手術に行く約束をした。子宮切除とクリトリスの手術はヌイイにある米国病院で行なわれた。ルース・マック・ブランズウィックがわざわざ王女の世話をしに駆けつけ、マックス・シュールも立ち会った。これらの医師のうちの誰かがフロイトに電話して、経過を知らせていたのであろう。王女はすぐに回復し、2週間後にはベッドを離れた。

マルタ　ケルンテンへ　　　　　　　　　　　　　　　　　　1930年5月14日　水曜

　この時、妻マルタと残りの家族はまだウィーンにいて、フロイトがシュレーデルから受けている治療がいつ終わるか、わかるのを待っていた。一家は夏の住まいを借りる場所がいまだに見つからず、適当な場所を探すために、現在はオーストリア最南端の州であるケルンテンまでマルタが出かけたが、うまく行かなかった。この失敗を惜しみ、慰めるために、フロイトは聖書の「野のユリ」を持ち出して、夏の住まいが見つからない悲しさに触れた。「あなたの勇敢な企てが実を結ばず、非常に残念です。どうすればよいでしょうか？　偉大なる神は、野のユリに衣をまとわせることができたのですから、夏の住まいも世話して下さるかもしれませんが、あてにはなりませんね」（フロイト-マルタ・フロイト.1930-5-19）［「マタイによる福音書」6-28には、衣食住のことを思い煩わなくても、野の百合に見られるように美しく、神が自然に育ててくださる、とある］

カプートを訪れる　　　　　　　　　　　　　　　　　　　　1930年5月17日　土曜

　この頃、カプートはポツダムの少し先の湖畔にある、ベルリン郊外の小さな村に過ぎなかった。この時期にはアルバート・アインシュタインが住んでいたが、2人がこの時会った記録はない。5月12日に出かける予定だったが、天候が悪く、同行する三男エルンストの都合もつかなかった。

　フロイトは1926年12月後半に初めてアインシュタインに会った。最初の出会いの後で

フロイトが耽溺したものの痕跡を示す2つの品物、灰皿と古代遺物。NB

＊この古代遺物はウィーンへ送られたのだと思われる。フロイトはそれを夏の休暇先へは持って行かなかった。
＊＊「まるで出版社から何ももらわなかったのと同じです」。ここでフロイトが言っているのは、蒐集にかかる費用のために、印税の支払いなどの臨時収入を取りのけておく習慣である。

彼はこう書いている。「アインシュタインは非常に興味深く、幸福そうで、愉快な人物です。私たちは2時間話し、相対性理論よりは精神分析について論じ合いました。今、彼は［分析について］読んでいる所ですが、もちろん納得はしていません。彼はもうすぐ48歳ですが、［70歳の］私より年取って見えます！」（フロイト-アンナ・フロイト.1926-12-29）

アインシュタイン夫妻は1929年、夫が50歳の誕生日を迎えた直後に、カプートに家を建てた。この家からはハーフェル湖を見下ろすことができ、この湖でアインシュタインは友人たちから贈られたボートを楽しんだ。この誕生日を機会に、自分もベルリンにいたフロイトはアインシュタインへ手紙を送り、彼を幸運な人間と呼んだ。誰もが口をはさめる心理学でなくて、数理物理学という難解な科学の分野で研究ができるから、という理由だった。

アイティンゴンが著わしたアインシュタインに関する本を、フロイトはこの年の後半に読んだ。12月にアイティンゴンに出した手紙で、この本ではあの男のことは何もわからず、相対性理論も理解できなかった、と彼は記している。

ブリット　　　　　　　　　　　　　　　　　　　　　　　　1930年5月17日　土曜

ウィリアム・クリスチャン・ブリット（1891-1967）は、ウッドロー・ウィルソン大統領の行政顧問として米国国務省で働いていた1919年に、特命を帯びてロシアへ派遣された。ロシアでは2国間の外交関係を樹立することでレーニンと合意した。ところが、帰国すると大統領がこの提案をはねつけたので、彼は辞任した。1920年代にはジャーナリズムに関わりながら小説を著わし、絵も描き、映画にも手を出した。初めてフロイトに会ったのは2番目の妻を通じてだったが、この妻はウィーンでフロイトから分析を受けていた。

この会見の頃ブリットは1919年に開かれたパリ講和会議についての本を書くために、ドイツの公文書館で資料を調べていた。この会議にはブリット自身も参加していた。フロイトは意気消沈しているように見えた、とこの会見の記録の中でブリットは書いている。「何をしているのかと尋ねられたので、ヴェルサイユ条約についての本を書いており、クレマンソー、オルランド、ロイド・ジョージ、レーニン、ウッドロー・ウィルソンの研究が含まれるが、たまたま全員を個人的に知っている、と私は答えた。すると、フロイトの目が輝き、彼は生気に満ちてきた。矢継ぎ早に質問を浴びせ、私はそれらの質問に答えた。ところが、驚いたことに彼は、ウィルソンについての章を一緒に書きたい、と言った」

ブリットとフロイトはどちらもウィルソンに反感を持っていた。ブリットによれば、この会見の2日後に、ウィルソン大統領を心理学的に研究する一冊の本を合作することで二人は同意している。

マックスの訪問　　　　　　　　　　　　　　　　　　　　　1930年5月25日　日曜

マックス・ハルバーシュタット（1882-1940）はハンブルク出身の写真家で、1913年にフロイトの次女ゾフィと結婚した。結婚前にフロイトは彼をこう評している。「ハンブルクに住む非常に遠い親戚であり、たいへん真面目で、信頼でき、2人は本当に愛しあっているようです。暮らし向きはまずまずの中流階級で、財産も、高い地位もありませんが、それは私たちには問題ではないのです」（フロイト-マリー・フロイト.1912-7-20）

ハンブルクの写真の仕事はこの時代には繁盛せず、この時フロイトは彼を経済的に支えようとしていた。

レーデラーを3回目に訪問　　　　　　　　　　　　　　　　1930年5月26日　月曜

この古物商をこれだけ訪問しても、フロイトは第一の中毒（葉巻）を忘れることができなかった。1週間前に彼は再び喫煙を始めている――「初めて恐る恐る葉巻を吸って」（フロイト-ジョーンズ.1930-5-19）。

ヒッデンゼー島　　　　　　　　　　　　　　　　　　　1930年5月29日　木曜－31日　土曜

フロイトはこの時1度だけ、北ドイツ海岸沖ヒッデンゼー島にある、三男エルンストの別荘を訪れた。旅行の途中で2つの災難が起きた。まず、シュトラールズントで列車からフェリーへ乗り換える時、エルンストが左手をドアに挟み、指先を切ってしまった。それからフロイトの心臓病が再発し、翌朝まで続いた。にもかかわらずこの訪問は成功で、景色と健康的な空気に感銘を受けたフロイトは、この島で今年の夏を過ごしたがった。けれども、最盛期の宿泊先を見つけられず、彼は家族に、子供たちにとってはここが健康の楽園（Gesundheitsparadies）だろうが、年寄りのためになるかどうかは疑問だ、と書き送った。

フロイトの義理の息子、写真家のマックス・ハルバーシュタット。MH

「楽園」という言葉を繰り返したアンナは父親よりも感銘を受け、エヴァ・ローゼンフェルトにこう記している。「今、わたしはこれまで何が必要だったのかが、はっきりわかりました。島です。この島でわずか2日過ごしただけで、私はすっかり回復し、完全に自分を取り戻したので、これ以上自分のことを思い煩う必要がなくなりました。これが一番良い所。ヒッデンゼー島は本当に楽園で、小さな一画に美しいものが全部組み合わさっていて、大気、風、太陽、自由があるのです」（アンナ-エヴァ・ローゼンフェルト.1930-6-3）

しかし、フロイトはベルリンにいた時の方が体調がよく、心臓発作にも不安を抱いていた。「発作が再発して、当然のことながら自信が大いにぐらつき、夏の休暇は私にはもうあまり役立たないのではないか、と時々感じます。でも、健康で生きるのならいいのですが、健康のために生きるのは非常に愚かなことです」（フロイト-愛するものたち.1930-6-4）

この次に家族に出した手紙では、この問題をさらに詳しく述べている。「実のところ、心臓を悪くして、最初に禁煙が必要になった35年前をまざまざと思い出しました。すっかり意気消沈し、もはや安心できません。何か思い切った仕事を始める自信もないので、この夏は無理するわけにはいかないでしょう。それはそうと、禁煙直後の素晴らしい回復が長続きしなかったのにはだまされた気分です。健康を損ね、みじめな状態で放置されていた人工口蓋も問題続きですから、必ずしも羨むべき状態ではありませんね」（フロイト-マルタ.1930-6-4）

3回目の訪問　レーデラーへ　　　　　　　　　　　　1930年6月4日　火曜

5月26日にすでに「レーデラーを3回目に訪問」と記してある。前ページの紙の最下部にそう書いたので、この箇所を書くときに、フロイトにはそれが見えなかったのであろう。また、その後ヒッデンゼー島へ行き、心臓を病んだことも、回数を取り違えた原因になったのかもしれない。(1)

ロベルト・フリース　　　　　　　　　　　　　　　　1930年6月8日　日曜

ロベルト・フリースは、ベルリンの耳鼻科医ヴィルヘルム・フリース（1858-1928）の息子で、1895年に生まれた。同じ年に生まれた娘アンナ・フロイトは、もし男の子なら、フリースの名前をとってヴィルヘルムと名づけられるはずだった。アンナと同様にロベルトも精神分析家になった。周期的な変化の有無を探すために、ヴィルヘルムは幼年時代のロベルトを研究し、行動や病気の記録を取った。また、息子が空腹時に見た夢の一つをフロイトに伝え、フロイトはこの夢を幼児アンナが空腹時に見た「野イチゴ」の夢と並べて『夢判断』に載せた。

1890年代中ごろに、フロイトはヴィルヘルム・フリースと熱い友情を結び、考えを取り交わし続けた。そうすること——文通と会見あるいは「討論」——によって、フロイトは自分の心理学を推し進め、自己を分析する感情的・知的自信を持つことができた。だが1890年代後半になると、彼はフリースを手放しでは賛美しなくなり、2人の関係は苦い、非難の応酬に変わった（例えば、十分な知識がないままにフロイトがフリースから採り入れた両性説についてである）。フロイトの人生には他にも多くの良い友人関係があったが、ここまで心を開いた友情関係は他にない。両者が対等だった友人関係も、これが最後である。その後の男性との関係は対等ではなく、相手は年少者か弟子だった。

ヴィルヘルム・フリースと別れたことは、生涯にわたる痕跡をフロイトに残した。ロベルトはその後ジークフリート・ベルンフェルトにこう書いている。「おっしゃるとおり、強烈な感情的特質から、2人はお互いを是非とも必要としたのです。私はこのことを2人からずいぶん聞きました。父親からはもちろん長年にわたってですし、フロイトとは1929年＊に長時間話をしました。率直に話してくれましたが、個人的事柄について話す習慣は彼にはあまりなかったように思います」（ロベルト・フリース-ベルンフェルト.1944-8-28）

メルセデス夫人　　　　　　　　　　　　　　　　　　1930年6月13日　金曜

これはグルンドル湖の女家主（次項参照）の名前かもしれない。あるいは、未知の訪問者か？

グルンドル湖に家を借りる　　　　　　　　　　　　　1930年6月13日　金曜

マルタはグルンドル湖畔のレーベンブルクに夏を過ごす家を借りた。フロイトとアンナはベルリン滞在の後に、この家へ行く計画だった。この知らせを聞いた時に、フロイ

上：「大気、風、太陽、自由」。ヒッデンゼー島の港で船上のエルンスト、ルクスとシュテファン・フロイト。

下：「本当に楽園で……」ヒッデンゼー島にあったエルンスト・フロイトの別荘。

＊この手紙は14年後に書かれた。ロベルトはこのときの会話と、今回の会見で交わした会話とを混同したのではないか。

トは家族にこう書き送った。「ママが頑張ったおかげで、やっと夏の住まいが決まりましたね。イシュルやライヒェナウ（チキンとカリフラワー）でないだけで満足なので、グルンドル湖畔のお城に小さな欠点が色々見つかるとしても、不平は一度だけしか言わないことにする、と約束しましょう」（フロイト-愛するものたち.1930-6-14）

＋トゥルーデ・ハマーシュラーク　　　　　　　　　　　　1930年6月13日　金曜

トゥルーデ・ハマーシュラーク（1898-1930）はアルベルト・ハマーシュラークの娘で、サムエル・ハマーシュラークの孫である。フロイトは学校時代にこの先生を非常に好んで尊敬しており、結婚前の一文無しの時代には時々金を貸してもらっていた。ウィーン大学で研究中に、トゥルーデは化学実験室でおきた爆発か火事で亡くなった。この知らせを聞いてフロイトは家族にこう書いている。「トゥルーデ・H［ハマーシュラーク］の恐ろしい、理不尽な死にも非常な衝撃を受けました」（フロイト-愛するものたち.1930-6-14）

4回目の訪問　レーデラー　　　　　　　　　　　　　　　1930年6月14日　土曜

実際は、このベルリンの古物商への訪問はこれで5回目である。

アレクサンダー博士　　　　　　　　　　　　　　　　　1930年6月17日　火曜

シカゴ大学医学部で精神分析の客員教授を務めていたフランツ・アレクサンダーが、米国から帰国してフロイトを訪問した。(1)　1年以上にわたり彼はフロイトに、自分にも関わりがある論争を報告していた。シカゴ大学病院の院長マクリーン博士は恒久的な精神分析の教授職を提案したが、この提案を教授会はきっぱり拒否した。議論の間にアレクサンダー個人の人物評価と、彼の仕事が行動主義に嫌われていることについて、様々な中傷があった。

2月にアレクサンダーはフロイトにこう書いていた。「結局、こうして学問の世界と医学部に出かけてみて、精神分析が依然として医学界には受け容れられていないことが、改めてはっきりしたのだと思います。精神分析への抵抗がどんなに深く行き渡り、この抵抗の影響下だと人々がどれほど正しく行動しなくなるのか、この学期に初めてわかったとマクリーンは言っています」（アレクサンダー-フロイト.1930-2-1）

ヴァインマン博士　　　　　　　　　　　　　　　　　　1930年6月18日　水曜

ヨーゼフ・ヴァインマン博士は歯科医で、口腔病理学者でもあり、ベルリンでシュレーデルと研究を共にした。1928年から30年までフロイトを治療した。

この日、アンナとフロイトはどちらも体の具合が少し悪かった。翌日、フロイトはベルリンから家族にこう書いている。「昨日も体調が悪く、めまいがし、元気がなく、お腹をこわし、吐き気がしましたが、心臓は1日中何ともありませんでした。奇妙なことに、アンナも全く同じで、実は私より悪かったのです。そこで私たちの診断は、暑さの影響か、軽い食中毒（何の？）か、の間を揺れ動いています。今日中にはよくなるでしょう。（中略）昨日、ヴァインマン博士が訪ねてきたので、大歓迎しました」（フロイト-愛するものたち.1930-6-19）

ミンナの誕生日　　　　　　　　　　　　　　　　　　　1930年6月18日　水曜

ミンナ・ベルナイス（1865-1941）は妻マルタの妹でフロイト一家と共に暮していた。フロイトがマルタと結婚した1886年に、ミンナの婚約者イグナッツ・シェーンベルクが結核で亡くなった。1895年に彼女は「2、3か月の間」ベルクガッセに越してきて、残りの人生をフロイト家と共に送ることになった。ミンナが同居したのは誰にとっても都合が良かった。マルタにとっては大所帯を切り盛りする助けになり、フロイトにとっては、妻には見出せなかったレベルの知的な交際相手になった。

ミンナ65歳のこの誕生日に、誕生日への有名な否定的態度が他の人々にも及ぶことをフロイトは示した。ウィーンにいる家族に、彼はこう書いている。「ミンナの誕生日は難しい問題です。本当はゼロで終わらない歳の誕生日を全部廃止したいのですが、彼女がこの問題について自分の意見を言うのは自由です」（フロイト-愛するものたち.1930-6-14）

ところが、贈り物の問題はある幸運で解決した。一人の訪問客、ペルーから来た女性が、ペルー・インディアンが作った銀の額縁を持ってきたのである。ミンナの誕生日に受け取った贈り物なので、フロイトはこれを彼女に渡したのだった。

シュタウプ博士　　　　　　　　　　　　　　　　　　　1930年6月20日　金曜

フーゴー・シュタウプは法律家で、その後ベルリンで精神分析家として教育を受けた。

グルンドル湖展望、1930年。

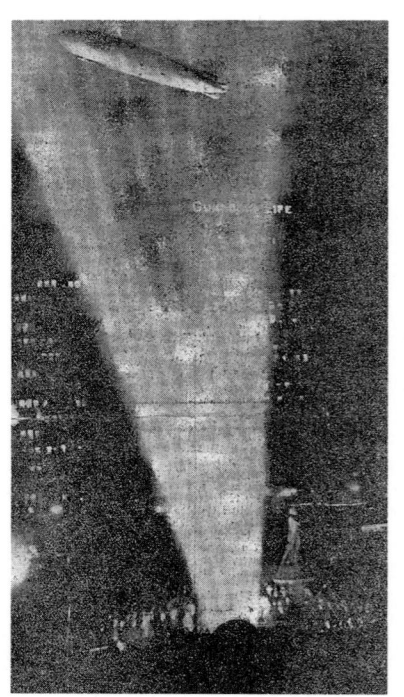

フランツ・アレクサンダーと共に犯罪と精神分析を研究し、この前は2人一緒にフロイトを訪問した。(1) もし、この会見でフロイトとシュタウプが犯罪と精神分析について議論したのなら、この頃世の中を騒がせていた2つの事件が話題に上ったのかもしれない。「デュッセルドルフの吸血鬼」と呼ばれた大量殺人者ペーター・キュルテンの裁判と、ヒルデガルト・フレンツェルの裁判である。この女性は父親を近親相姦で告発し、その後訴えを取り下げた。この振舞いは、別の人間たちとの性的経験を父親に「転移」した、と説明された。専門家証人の中には性科学者マグヌス・ヒルシュフェルトがいた。

ルーシー　　　　　　　　　　　　　　　　　　　　　　1930年6月21日　土曜

　ルーシー(「リー」)(1886-1980)はフロイトの姪で、最年長の妹アンナとエリ・ベルナイスとの間に生まれた娘である。彼女が7歳の時、両親はニューヨークへ移住し、2人が落ち着くまでの間、ルーシーはウィーンのフロイト家に1年間滞在した。彼女の夫フェリクス・ウィーナーはこの年早くにニューヨークで亡くなった。フランクフルトからベルリンへ来た彼女は、翌日にはフランクフルトへ戻り、それからパリへ出て、米国に戻らなくてもいいようにパリで仕事を探すつもりだった。フロイトはルーシーを好んでいて、こう評していた。「いつも優しくて、道理をわきまえ、要するにあの家系全体の中で唯一人、人間らしい人間［der einzige Mensch］です」(フロイト-愛するものたち.1930-6-22)

ジャクソンとデイヴィッド・B. 治療終了　　　　　　　　　1930年6月21日　土曜

　フロイトは3人の被分析者と共にベルリンへ来て、この日まで治療を続けていた。彼は家族にこう書いている。「昨日、ジャクソン夫人とデイヴィッドの治療を終えました。ドロシーだけがもう1週間続くでしょう。そのあと、本当の休日になります」(フロイト-愛するものたち.1930-6-22)。ここでフロイトが述べているのは、イーディス・ジャクソン、ドロシー・バーリンガム、デイヴィッド・ブランズウィック(1896年生まれ)のことであり、デイヴィッドはルース・マック・ブランズウィックの夫マークの兄弟である。

　イーディス・バンフィールド・ジャクソン博士(1895-1977)は米国で小児科学と精神医学を学び、その後ヨーロッパに来て、この年フロイトから教育分析を受けていた。

ツェッペリン　夜に　　　　　　　　　　　　　　　　　　1930年6月21日　土曜

　翌日、フロイトはこの出来事をこう書いている。「昨日、12時過ぎに次第に高まる爆音で眠りを破られたので、アンナを起こし、2人でドアを開けてバルコニーへ降り、急いで庭に出ると、家の上空のずいぶん低い所にツェッペリンが見えました。まるで、わざわざ私たちの所へ来てくれたみたいでした」(フロイト-愛するものたち.1930-6-22)。

　フロイトは飛行に魅せられていた。1927年5月に彼を訪問した英国の女性作家ブライヤーは、「飛ぶことについて尋ねると、彼の眼が驚くほど生き生きしてきた」と記している。1928年10月29日には、フロイト自身がベルリン上空で20分間の遊覧飛行を楽しんだ。「びっくりするような、どちらかといえば心地よい感覚でした」と、その後サム・フロイトに書いている(フロイト-サム・フロイト.1928-12-6)

マックス来る　ドロシー出発する　　　　　　　　　　　　1930年6月24日　火曜

　マックス・ハルバーシュタット［次女ゾフィの夫］は写真の仕事で2日間ベルリンを訪れ、義弟にあたるエルンストの所に泊まっていた。マックスの息子エルンストルもベルリンへ来ており、父親と共にハンブルクへ帰り、3日間過ごす予定だった。

　ドロシー・バーリンガムはこの週末まで分析を続けるつもりだったが、後に残してきた長女メリー(「マビー」)が急に虫垂炎になったので、慌ただしくウィーンへ出発した。彼女が去るとフロイトは暇になり、アンナだけが残った。とはいえ、マックスとエルンストルが一緒だったから、まだ滞在客もいたわけである。

夢判断　8版　　　　　　　　　　　　　　　　　　　　　1930年6月25日　水曜

　1929年の終わりまでフロイトはこの第8版(1)の仕事をし、同時に『文化への不安』を書いていた。意気消沈した彼は、フェレンツィにこう記している。「誰にも興味がある事柄であなたにお知らせしなければならないのはただ一つ、新年早々新しい本が出るだろうということで、『夢判断』第8版にうんざりしているということです」(フロイト-フェレンツィ.1929-12-13)

心臓発作　神経痛と下痢　　　　　　　　　　　　　　　　1930年6月30日　月曜

　フロイトは便秘を治すためにヨーグルト錠剤を服用していたが、2週間前に蓄えが底を

上：フロイトの妹ローザと話しているミンナ・ベルナイス。

下：大西洋横断飛行をするツェッペリン伯爵号と時期を同じくしてフロイトも1回だけ飛行機に乗った。これら2つの飛行は「テンポ」紙(1928-10-9)の、後ろの紙面に掲載された。(1)

ついた。体重を増やそうとした彼は、そのためにキャビアを食べていた。この日の腹具合で食物抜きになる所だったが、夜には再び食べ物を摂り始めた。この日の夜、家族に出した手紙で、こうして一つの健康状態から別の状態へ移るたびに自分が75歳に近づいていることを自覚する、と彼は述べている。

最後の訪問　レーデラー　　　　　　　　　　　　　　　1930年7月1日　火曜

この古物商を実際に訪問したのはこれが最後かもしれないが、最後の取り引きではなかった。エルンストを仲介役として、その後も取り引きは続いた。1931年9月にフロイトは息子にこう書き送った。「今日、レーデラーにもう300マルク送って下さい。たぶん、これが最後でしょう」（フロイト-エルンスト・フロイト.1931-9-20）

5年後、ドイツの作家ゲオルク・ヘルマンに彼はこう記している。「クプファーマルクトにレーデラーという博士が住んでいて、フランクフルト市からもらったゲーテ賞の賞金のかなりの部分を、古代遺物に換えることができました」（フロイト-ヘルマン.1936-2-28）

夢判断の印税を分ける　　　　　　　　　　　　　　　　1930年7月1日　火曜

フロイトは『夢判断』第8版の印税を長男マルティンと次男オリヴァーに分け与えて、自分の手元にはほんの少ししか残さない、と決めていた。

アルノルト・ツヴァイク　　　　　　　　　　　　　　　1930年7月3日　木曜

小説家アルノルト・ツヴァイクはベルリン－アイヒカンプに住んでいた。このとき1回しかフロイトを訪問しなかったのは、健康がすぐれなかったからだとも考えられる。「木曜夜にアルノルト・ツヴァイクが夫人と共に来ました。この気の毒な若者は半盲で、もはや読むことさえできません。こういう運命を前にすると、自分の運命にも悲観的になります。余り長く続かねばいいのですが」。（フロイト-愛するものたち.1930-7-5）　ツヴァイクの視力は1926年に眼の結核で損なわれたのかもしれない。この手紙の末尾でフロイトが触れたのは、シュレーデルの手の中にゆだねられている自分自身の運命である。最初は、1か月で治療が終わる予定だったが、今ではその倍も続いており、依然としてシュレーデルはいつ終わるか期限を告げずにいた。

ゲーテ賞浮かび上がる　　　　　　　　　　　　　　　　1930年7月3日　木曜

ゲーテ賞はフランクフルト市から贈られる格式高い賞である。創設は1927年で、賞金は10,000ライヒスマルク、（フロイトが7月29日にようやく受け取った公式通知の表現によると）「この賞は、その仕事を通じて著名になり、さらにその創造的影響がゲーテを記念して捧げられる栄誉にふさわしい人物に贈られねばならな」かった。

フロイトがこの記載に使った表現"aufgetaucht"つまり「現われる」あるいは（文字通りには）「浮かび上がる」は、何か予期せぬことへの驚きを表わしている。この段階ではまだ公式発表はなく、本当に受賞できるのかどうか、フロイトは確信を持てなかった。家族への手紙でこの賞に触れたのはこれから1週間後で、7月10日に妻宛てに送った、7月9日付『ベルリン日報』紙の切り抜きという形だった。「フランクフルト市のゲーテ賞が今年ももうすぐ授与される。昨年はアルベルト・シュヴァイツァーとシュテファン・ゲオルゲが受賞した。今年はジグムント・フロイトが最有力候補である。しかしながら、委員会はまだ最終決定には達していない」（『ベルリン日報』.1930-7-9）

リーブマン　　　　　　　　　　　　　　　　　　　　　1930年7月11日　金曜

ジュリアス・リーブマンは富裕な米国人で、息子がフロイトから分析を受けていたようである。（1）　前年にフロイトは、ニューヨーク出身のリーブマン家の人々が自分の勧めで1929年春にテーゲル療養所を訪れた、と話していた。その後、この一家から受けた寄付で療養所は閉鎖を免れることができた。1930年6月26日に家族宛てに出した手紙で、ベルリンから直接グルンドル湖へ行けない理由の一つはリーブマンだ、とフロイトは述べている。

20£　ホガース社　不安に　　　　　　　　　　　　　　1930年7月11日　金曜

これは英訳版『文化への不安』の印税のことだと思われる。訳者はジョーン・リヴィエールで、この年にホガース社とロンドン精神分析研究所から発行された。ホガース・プレス社はジェームズ・ストレイチーの求めに応じて1924年にフロイトの著作の出版を引き受けた。これはそれまでの、ジョージ・アレン＆アンウィン社が国際精神分析文庫

フランクフルト市のゲーテ・ハウス。

に代わってこれらの著作を販売するとの取り決めが、うまく行かなかったからだった。

こういう大規模な事業には少なからぬ危険があり、新興のホガース社は専門家の助言に逆らってこの事業に乗り出した。ホガース社はレナード・ウルフとヴァージニア・ウルフが1917年に作った会社だが、1924年にはまだ規模は比較的小さかった。7年間に、質は最高とはいえ、32冊の本しか出版していなかった（著者の中には、ヴァージニア・ウルフ、キャサリン・マンスフィールド、T・S・エリオット、E・M・フォースター、ロバート・グレーヴズと、翻訳ではチェーホフ、ブーニン、ゴーリキー、ドストエフスキーがいた）

ノイレンダー　　　　　　　　　　　　　　　　　　　　　　　　1930年7月14日　月曜

ゲルトルート・ノイレンダー（1878-?）というガンの専門家がいたが、ピヒラー医師の日誌にはこの女医の診察を受けた記録はない。この人物が何者なのかは、わからない。

「論文集」に対して£81　ホガース社　　　　　　　　　　　　　　1930年7月14日　月曜

フロイトの著作の権利を最初は精神分析研究所が、1巻50ポンドで即座に買い入れた。その後、ホガース社がすでに出版されていた『論文集』4巻の権利を200ポンドで購入したが、この会社は利益があがり出すとすぐに印税を払い始めた。

レナード・ウルフは著作権についてのフロイトの態度についてこう書いている。「フロイトは著作権には信じられぬほどおおようで無頓着でした。『論文集』4巻の英国での権利を200ポンドですぐさま売ったということが、その好例でしょう。無頓着だったことは、ある本の米国での権利を、ホガース社と別の出版社とに同時に売ったことでわかります」

1924年から39年までの間、ホガース社はフロイトが書いたすべての本の英訳版を出し、その死後、24巻の『標準版全集』を出版した。

シュレーデルと別れる　　　　　　　　　　　　　　　　　　　　1930年7月23日　水曜

フロイトはベルリンを楽しみ、人々からも暖かく扱われたが、ようやく人工口蓋が仕上がり、出発できるとなると、大いに安心した。次々に取り替えた人工口蓋は、この時代の彼にとって人生の災いだった。痛みがあったからだけでなく、何度も手直しが必要だったからである。これは、食べる、話す、タバコを吸うなどの基本的なことをするために、口腔外科医の診察に頼り続けねばならぬことを意味した。フロイトがいらだったのは、この依存という感覚に対してだった。それに加えて、シュレーデルが作った新しい人工口蓋にも彼は懐疑的だった。「もちろん、これは苦心の末の傑作かも知れませんが、どんな方法で私の生活を台無しにするか、まだ予測できません。耐えがたいのは、思うようにはならない人間に頼らねばならぬことです。新しい人工口蓋で自立できるとは思えません」（フロイト-マルタ・フロイト.1930-6-4）

シュレーデルが約束の期日を守れないことも、この夏を通じていらだちの原因になっていた。当初、フロイトはずっと早くに出来上がると思い込んでおり、この遅れで家族全員の夏の計画が足止めを食ってしまった。フロイトが一緒になれるまで、マルタとミンナはウィーンで待機していた。結局、7月初めに、彼は自分抜きでグルンドル湖へ行くように皆に勧めた。この時、新しい人工口蓋はもう仕上がっていて、大体満足できたが、口の傷から来る痛みがあったので、治るまでは出発できなかった。その間、シュレーデルは「傑作」の修正を続けていた。

＊ウィーンに着く　　　　　　　　　　　　　　　　　　　　　　1930年7月25日　金曜

他の家族を追ってグルンドル湖へ行く前に、フロイトは2、3日ウィーンで過ごさねばならなかった。ブラウン医師とヴァインマン医師に会う必要があったし、この夏に読む本も集めねばならなかった。

＊＊グルンドル湖に着く　　　　　　　　　　　　　　　　　　　1930年7月27日　日曜

ベルリンは酷暑だった。本当の休みが始まる時には、よい天気がもう終わってしまうのではないかとフロイトは恐れたが、実際にその通りになった。到着4日後に、彼はこう書いている。「グルンドル湖は美しく、家は快適ですが、天気は雨で、他のところと同じように、親切ではありません。いたるところ薄情です」（フロイト-アイティンゴン.1930-7-31）

マルタはグルンドル湖に着いた時、扁桃腺炎を患っていたが、月末にはよくなった。しかし、天気はそんなに早くは回復せず、2週間たってもまだ変わらなかった。「毎日、雨、雨、雨です」("es regnet, regnet every day") と、8月半ばにフロイトはジョーンズに書いている（フロイト-ジョーンズ.1930-8-13）。

グルンドル湖とトーテス・ゲビルゲ山塊を展望する。

ゲーテ賞　　　　　　　　　　　　　　　　　　　　1930年7月29日　火曜

　この月の初めからフロイトはこの賞のことを知っていたが、公式通知は7月26日にようやく届いた。この時、すでにフロイトは受賞演説を書き始めており、ゲーテと精神分析をどう結びつけられるか、友人たちに助言を求めていた。8月10日付の手紙でアイティンゴンは、ゲーテがクラフトという名の不幸な男を精神療法家のような方法で助けたことを知らせた。ゲーテ専門家ローゼンフェルト博士は、この論考や他の文献を探すのを手伝った。

　公式通知はフロイトにこの賞を授与する理由を説明している。「医学のみならず、芸術家、牧師、歴史家、教育家が扱う観念の世界も、あなたの心理学で刺激を受け、豊かになったのです」

　アルノルト・ツヴァイクの祝賀状に答えて、フロイトはこの賞への満足感を控え目に表わしている。「私がゲーテ賞を嬉しいと思っているのは確かです。ゲーテとの関係がより近くなると想像するのは非常に魅力的ですし、この賞そのものも受賞者の業績を評価するというより、ゲーテへの賞賛なのですから。しかしそうだとしても、私の年になると、受賞しても、大きな実際的価値や特別な感情的意義はありませんね」（フロイト-アルノルト・ツヴァイク.1930-8-21）

フェダーン　メング　ホロスの訪問　　　　　　　　1930年8月2日　土曜

　パウル・フェダーン（1871-1950）はフロイトの最も長い間の忠実な弟子の一人で、彼の「使徒パウロ」だった。1902年からフロイトを知っており、水曜心理学集会のメンバーだった。第一次大戦以来、ウィーンを代表する教育分析家として活躍。フロイトがガンのために実務から大体退くと代理人を務めた。1924年にはウィーン精神分析学会の副会長に選ばれ、1926年には『国際精神分析雑誌』の共同編集者になる。この時期から、フロイト2番目の代理人を務めたアンナと緊密に協力して働いた。

　ハインリヒ・メング（1887-1972）は第一次大戦中にカール・ランダウアーから精神分析の手ほどきを受け、その後フェダーンから教育分析を受けた。彼らは共同で教育雑誌『精神分析教育学』を創刊し、2冊の参考書『大衆向け医学』（1924）と『大衆向け精神分析』（1926）を出版した。

　イシュトヴァン・ホロス（1872-1957）はハンガリーにおける精神分析の先駆者の一人で、1922年にはフェレンツィと共に『麻痺性疾患についての精神分析の貢献（Zur Psychoanalyse der paralytischen Geistessörung）』を出版した。また、精神病院の入院患者を精神分析で治療した。(1)

　フロイトが3人の精神分析医を招いたのは、ゲーテ賞受諾演説を試すためだった。一人がフロイトの代わりに演説を読み上げ、それからフロイトが批評を求めた。しかし、誰も批判しなかった。メングは書いている。「公的な栄誉が初めて自分の仕事に与えられることに、フロイトがどれほど喜び、深く心を動かされているのかを知るのは、私たちにとって感動的でした」

マティルデ着く　　　　　　　　　　　　　　　　　1930年8月6日　水曜

　長女マティルデは両親と1か月間過ごすためにグルンドル湖へ来た。彼女は他の家族への責任感と実際的性格で有名だった。フロイトが残る生涯の間使うことになる、奇妙な形をした肘かけ椅子を彼女から贈られたのは、この年のことだと思われる。

　デザイナーのフェリクス・アウゲンフェルト（三男エルンストの友人）は、この頃マティルデがフロイトのおかしな要求に合わせた椅子をデザインしてくれと依頼した、と書いている。「彼女は私に、フロイトには非常に奇妙で窮屈な姿勢で本を読む癖がある、と説明しました。ある種の対角線の姿勢で椅子にもたれ、片方の足を肘かけにひっかけ、本を高く掲げて、頭を宙に浮かせているのです。私が設計した風変わりな形の椅子は、癖になったこの姿勢を支え、もっと楽にする工夫だったと説明できるでしょう」（アウゲンフェルト-ロブナー.1974-2-8）

イシュルで母と　　　　　　　　　　　　　　　　　1930年8月8日　金曜

　イシュル温泉はフロイトの母親が毎夏を過ごした地で、グルンドル湖から28km、車で45分の所にあったが、この夏フロイトは3台の車を自由に使うことができた。ドロシー・バーリンガム、ルース・マック・ブランズウィック、マリー・ボナパルトの車である。

＊左側の余白に赤いクレヨンで引いた水平の線が、この記載を強調している。
＊＊左側の余白には、この記載の横に青いクレヨンで引いた線がある。

フロイトが1930年夏を過ごしたグルンドル湖畔にあるレーベンブルグの別荘。「まれに見る美しい環境で快適な家でした」（フロイト-ジョーンズ、1930-8-13）

Goethe

Goethes Vater

母親お気に入りの息子だったフロイトは、自分の成功は幾分は母親の愛情のおかげだ、と常に感じていた。この恩義については（1）、小論文『「詩と真実」にみられる幼年時代の一記憶』（1917）の末尾でほのめかされている。「もしある男が母親の紛れもない寵児であるならば、生涯を通じて彼はあの大得意の感情、成功への自信を持ち続けて、それが実際に成功につながることも稀ではない。ゲーテも自伝に『私の力は母親との関係に根ざしている』などの表題をつけることができたかもしれない」（2）

F・ザルテン　　　　　　　　　　　　　　　　　　　　　1930年8月16日　土曜

フェリクス・ザルテン（1869-1947）はジクムント・ザルツマンが使ったペンネームである。彼は数多くの演劇や小説を書いたが、その中の『バンビ』は、その後ウォルト・ディズニーの手で世界的に有名になった。ブダペストで生まれ、ウィーンで育った彼は、貧しさのために16歳で学校をやめねばならず、事務員をして生計を立てた。世紀の変わり目にはフーゴー・フォン・ホフマンスタールと共に活動する青年作家の一人となり、疲弊した19世紀文学と闘った。

この記載以外に、ザルテンとフロイトが個人的な知り合いだったことを示す証拠はない。けれども、フロイトは前年にザルテン60歳の誕生日への祝辞を書いており、この祝辞はツェルネイ社の1930版年鑑に発表された（このザルテンへの祝辞を書いた作家には、ベーア＝ホフマン、ゴールズワージー、ホフマンスタール、ハインリヒ・マン、トーマス・マン、アルトゥール・シュニッツラーなどがいた）。この年鑑を見てザルテンはフロイトを訪問する気になったのかもしれない。（1）

アレックス　ゾフィ　ハリー　　　　　　　　　　　　　1930年8月16日　土曜

アレクサンダー（1866-1943）はフロイト唯一の弟で（1）、最年少の兄弟姉妹［第8子］であり、フロイトがすでに10歳になっていたときに生まれた。年が離れていたので、競争はなかったらしく、むしろ、フロイトはこの弟に対して名づけ親の役割を果たした。（2）　家族の言い伝えによると、アレクサンダーという名前を提案したのはフロイトである。アレクサンダーはウィーン輸出専門学校の教授と、『関税新聞』誌の編集者になった。1909年にはゾフィ・シュライバー（1878-1970）と結婚し、同年、一人息子ハリー（1909-68）が生まれた。

1週間前にフロイトはこの弟に手紙を出し、母親の誕生日にイシュルで会ってから、自分と一緒にグルンドル湖へ来るように勧めていた。

イシュルで母の誕生日95歳　　　　　　　　　　　　　1930年8月17日　日曜＊

母アマリア・フロイトの健康状態はつい最近までは良かったが、今では下肢の壊疽にかかり、痛みがひどいので、常にモルヒネが必要だった。フロイトは三男エルンストにこう書き送った。「今月17、18日に、イシュルにお祖母さんを訪ねました。もう、あまり良いことは言えません。放心状態から脱すると、常に私たちに気づいて、興味を示すのに感謝しています」（フロイト-エルンスト・フロイト.1930-8-23）

今では少なくとも10年間にわたりこの母親は、フロイトの未婚の妹アドルフィーネ（「ドルフィ」）の世話を受けながら、世の中から引きこもって暮しており、家族内の出来事はいっさい知らされていなかった。母親90歳の誕生日の後、フロイトは異母兄の息子サムにこう書いている。「家族の死は全部秘密にしてあります。私の娘ゾフィ、ゾフィの次男ハイネルレ、ベルリンのテディ、エリ・ベルナイス、それからあなたのご両親のこともです」（フロイト-サム・フロイト.1925-8-21）

セレナーデ　　　　　　　　　　　　　　　　　　　　　1930年8月19日　火曜

フロイトが蒐集した写真を見ると［IN:893］、イシュル温泉で母親がバルコニーに立っており、下の通りではブラスバンドが演奏をしている。この「セレナーデ」は誕生祝いの一部だったと思われる。

ミヒェル博士とゲーテ賞　　　　　　　　　　　　　　1930年8月24日　土曜

フランクフルト市の市議会議員ミヒェル博士が、フロイトにゲーテ賞と1万ライヒスマルクの小切手を持って来た（この時代には1.44RMでバター1ポンド、4300RMで4ドアのオペル車が買えた）。彼はアイティンゴンにこう書いている。「日曜日に市議会議員のミヒ

＊アマリアの誕生日は本当は8月18日だったが、フロイトは17、18日の両日、母親を訪ねている。最初の訪問を記録し［Ischl bei Mutter］、その後の日記を書いた後、8月18日と記す隙間がなかったので、母親の誕生日を省略形で書き入れたとも考えられる（G.95 J.すなわちGebuetstag 95 Jahre-［Birthday 95 years］.)

上：フェリクス・アウゲンフェルトがフロイトの奇妙な読書姿勢に合わせてデザインしたフロイトの安楽いす。NB
中：一番下の子ども2人（アレクサンダーとパウリーネ）を連れているフロイトの母アマリア、1872年頃。
下：アレクサンダー・フロイト、その妻ゾフィ、息子ハリー、1920年頃。
左ページ：上左　ゲーテ、上右　ゲーテの母
左下：フランクフルト、1930年。以上の3点は、アンナ・フロイトがフランクフルトを訪れた際に受け取った記念品の中身。

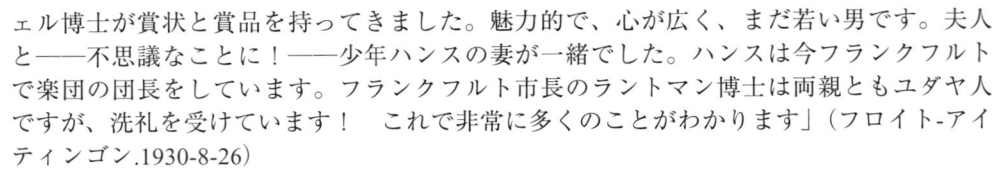

ェル博士が賞状と賞品を持ってきました。魅力的で、心が広く、まだ若い男です。夫人と——不思議なことに！——少年ハンスの妻が一緒でした。ハンスは今フランクフルトで楽団の団長をしています。フランクフルト市長のラントマン博士は両親ともユダヤ人ですが、洗礼を受けています！　これで非常に多くのことがわかります」（フロイト-アイティンゴン.1930-8-26）

母と別れる　　　　　　　　　　　　　　　　　　　　　　　　　1930年8月24日　土曜

パウル・フェダーンがフロイトの母親をウィーンまで連れ帰った。この「別れ」（Abschied）が永久の別れかもしれないことをフロイトは知っていた。彼はアイティンゴンにこう書いている。「母の容態は悪く、フェダーンの助けでイシュルからウィーンに生きて着いたことを、みな喜んでいます」（フロイト-アイティンゴン.1930-8-26）

†メラ・リー　　　　　　　　　　　　　　　　　　　　　　　　　1930年8月25日　日曜

メラ（メラニー）・リー、旧姓ボンディ（1872-1930）はオスカル・リーの妻で、ヴィルヘルム・フリースの妻イーダの妹である。従って、彼女はフロイトの過去の友人と現在の友人との両方につながりがあった。彼女は3月に重い病に倒れたが、それは娘マルガレーテが2月に死産した直後のことだった。

アンナ　フランクフルトに　　　　　　　　　　　　　　　　　　　1930年8月28日　木曜

フランクフルトまでゲーテ賞を受け取りに行く体力がフロイトにはなかったので、代わりにアンナが出かけた。彼女が読み上げた受賞演説の中で、フロイトは偉人を解読しようとする伝記作家や精神分析家の試みを擁護した（彼はゲーテを「慎重な秘匿者」と呼んだ）。この賞はオーストリアでもフロイトにそれなりの栄誉をもたらした。ラジオ・ウィーンが夜の番組で「ゲーテの」『自然』を朗読した後、授賞式の模様を30分間伝えたのである。(1)

マルティン虫垂炎の知らせ　　　　　　　　　　　　　　　　　　　1930年8月29日　金曜

アンナがフランクフルトから帰ったことを記した手紙の追伸で、フロイトはこう付け加えている。「［長男］マルティンは急に虫垂炎を手術しなければなりませんでしたが、元気にやっています」（フロイト-アイティンゴン.1930-8-30）

アンナ帰る　　　　　　　　　　　　　　　　　　　　　　　　　　1930年8月29日　金曜

フロイトはアイティンゴンにこう書き送った。「アンナが戻り、授賞式は非常に素晴らしく、精神分析にとって名誉なことだったと言っています」。（フロイト-アイティンゴン.1930-8-30）　だが、受賞を喜んだからといって、自分が一般大衆に受け入れられた、とフロイトが誤解することはなかった。それどころか、この受賞によって精神分析への風あたりは増すばかりだろうと、最初から確信していた。受賞に続いてフロイトの病気が報じられたことを、彼はまるで喜ぶかのように記している。「外国の新聞が私の健康を案じるニュースを報じたのを聞くか、お読みになったと思います。これがゲーテ賞の結果です。敵意ある世論は、憤りを表わすことなしにはこの事実を受け入れられないのでしょう。だから、早速私を殺そうとしているのです。まあ、いつの日にかは、彼らの言うとおりになるのですがね」（フロイト-ジョーンズ.1930-9-15）

マティルデ出発する　　　　　　　　　　　　　　　　　　　　　　1930年8月30日　土曜

8月を両親と過ごした長女マティルデは、このときウィーンへ帰ったのだと思われる。長女夫婦はフロイトのベルクガッセの自宅から道一本隔てたチュルケン街に住んでいた。

ジンメルとラフォルグ　　　　　　　　　　　　　　　　　　　　　1930年8月31日　日曜

エルンスト・ジンメル（1882-1947）は社会主義医師協会（Gesellschaft sozialistischer Ärzte）の会長で、1926年から30年まで『社会主義医師』誌（Der sozialistische Arzt）の編集者だった。彼はカール・アブラハムから教育分析を受けた。1920年にアイティンゴンと共にベルリン総合病院を設立し、1927年4月にはテーゲル館に最初の精神分析診療所を開いた。シュレーデル博士から治療を受けている間、この施設はフロイトにとって格好の休憩所になった。(1)

ルネ・ラフォルグ（1894-1962）はアルザス生まれで、フランス語とドイツ語を話した。1923年にE・ソコルニカから分析を受け始め、同年、フロイトと文通を開始した。やがてフランスで最も重要な精神分析の推進者の一人になる。また、1923年にはサンタンヌ精

上：アレクサンダーとアマリア・フロイト、1925年。
下：アマリア・フロイトと娘2人（ミツィとドルフィ）、1930-8-18.

神病院の助手と精神分析顧問医師に任命され、1926年にはパリ精神分析学会の創立メンバーとなった。さらに、1934年に開設されたフランス精神分析研究所の創立にも関わった。ラフォルグは妻と共に映画カメラ持参でフロイトを訪問したが、この時撮影したフィルムは一部現存している。

ザックス　　　　　　　　　　　　　　　　　　　　　　1930年9月2日　火曜

ハンス・ザックスはまもなく米国へ移住し、ハーバード大学で精神分析の教授になった。1933年に彼がヨーロッパを訪れた後、フロイトは米国でおきた変化への怒りをあらわにした。(1)「ザックスと少しだけ話しました。印象はよくなく、常にあった下品な面がずっと露骨になりました。まるで成金のように太り、自己満足し、うぬぼれ、上流気取りで、アメリカを嬉しがり、アメリカで得た成功に有頂天です。人間には何が必要かとの疑問を持ち出したアンナは正解でした。人間にとって、不幸はためになりませんが、成功もためにならないのです」(フロイト-ランプル＝ド・フロート.1933-6-8)

ベルンフェルト夜に　パケも　　　　　　　　　　　　　1930年9月3日　水曜

ジークフリート・ベルンフェルト (1892-1953) は1918年にシオニズム青年運動を組織し、1919年にはヴィリー・ホファーと共に、ユダヤ人戦争孤児のための施設「バウムガルテン子どもの家」をウィーンに開設した。1922年にウィーンで精神分析家として開業し、1924年には（ヘレーネ・ドイチュの下で）ウィーン教育研究所の副所長になった。1925年にはベルリン精神分析研究所へ移り、同年、未来のドイツでファシスト独裁政権が用いる手段を暴いた予言的な本を出版した（『シシフォスあるいは教育の限界』。この本はフロイトの蔵書の中にあった）。ジンメルと同様にベルンフェルトも、マルクス主義と精神分析は両立し、補いあう体系だと考えていた。

フロイトがベルンフェルトから受けた第一印象は非常に良く、1920年にはベルリン総合病院で一緒に働くように、アイティンゴンに勧めている。「ベルンフェルト博士を考慮に入れるべきです。第一級の人物で、素晴らしい教師ですが、精神病的なケースとは距離を置いています」(フロイト-アイティンゴン.1920-5-27)

ドイツの詩人、随筆家、劇作家アルフォンス・パケ (1881-1944) はフランクフルト市のゲーテ賞委員会 (Curatorium des Goethe-Preises) の書記であり、この賞をフロイトに与えるように各委員を説得した人物だった。8月24日にミヒェル博士がこの賞を携えてグルンドル湖を訪れた時には一緒にこられなかったが (1)、都合のよい時に訪問するようにフロイトに招待されていた。

アイティンゴン、ジンメル、フェダーン、ヴァインマン　　1930年9月7日　日曜

これら4人の訪問客はそれぞれが、この時期にフロイトが気にかけていた重要な関心事を象徴している。フロイトと国際精神分析出版所との仲介役だったアイティンゴンは、この出版所の最近の財政危機に腐心していた。8月6日が収支にとって重要な日付だ、とシュトルフェルは彼に伝えていた。ライプツィヒの銀行から借金をして危機は避けられたが、今では新たな危機が秋に予想されていた。

ジンメルのベルリン精神分析診療所も財務問題が切迫し、フロイトは心配していた。精神分析療養所の草分けだったテーゲル館は、この種の施設の見本であり、精神分析運動にとって、これを失うわけにはいかなかった。

フェダーンは『国際雑誌』を編集し、ウィーン精神分析学会の副会長を務める他、フロイトの母親がウィーンへ帰る際に面倒を見たので、母親の容態について、ここでさらなる知らせを持ってきたのかもしれない。

ヨーゼフ・ヴァインマン博士は歯科医で、マックス・シュールに勧められてベルリンへ行き、フロイトの人工口蓋の細かい調整を毎日行なった。フロイトはこの医師に感銘を受け、「聡明で、非常に積極的」だと書いている。(フロイト-ランプル＝ド・フロート.1931-3-14)（ヴァインマンはその後米国へ移住し、イリノイ大学で歯科学の教授になった）

✝母亡くなる8 a.m.　　　　　　　　　　　　　　　　　1930年9月12日　金曜

アマリア・フロイトはウィーンの自宅の寝室で亡くなった。近頃の苦しみを考えれば、その死は驚きでなく、むしろ救いだった。また、その死でフロイトは、「自分がなくてはならぬ人間だ」という責任感から解放された。「母親は自分の死に耐えられないのではないか」と、彼は12年も前に心配していた。「私の母は今年で83歳で、もうそれほど丈夫ではありません。彼女が亡くなれば私ももう少し自由になるだろうと時々考えます。なぜなら、私の死を母が耳にするという想像には、恐怖で身がすくむ思いがあるのです」(フ

バウムガルテン子どもの家の職員数人とジークフリート・ベルンフェルト。

ロイト-アブラハム.1918-5-29)。したがって、彼は母の死に対して、悲しみではなくて、ただ「個人的な自由が拡大した」と感じた。(フロイト-ジョーンズ.1930-9-15)(1)

アンナ　母の埋葬へ　　　　　　　　　　　　　　　　　　　　1930年9月14日　日曜
　ユダヤ教の戒律は土曜日の葬儀や埋葬を禁じている。従って、フロイトの母親もこの日になって埋葬できることになり、ウィーンの代表的なユダヤ人墓地で夫のかたわらに葬られた。自分の母親の葬儀にフロイトが出席しなかったのは意外とも思えるが、彼が宗教儀礼や「そのような儀式」に断固反対していたことからすれば、当然かもしれない。(1)　また、フェレンツィに書き送ったように、彼は「痛みも、悲しみも」感じなかった。代わりに、自分にどんな感情もわかないと感じたことを、興味を持って観察している。「ともかく、最も深い層で人生の価値がはっきり変わるでしょう」(フロイト-フェレンツィ.1930-9-16)

アンナ　ドロシーと出発する　　　　　　　　　　　　　　　　1930年9月15日　月曜
　ゲーテ賞授与式や祖母の病気と死で緊張した後のアンナには休息が必要だった。この日、彼女はドロシー・バーリンガムと一緒に北イタリア旅行へ出発した。マルタと妹のミンナ・ベルナイスが花束を手に駅で見送った。この休暇のあいだ、アンナは絶えず家族と連絡を取っていた。第一日目の夜に彼女はミラノから父親にこう書いている。「スカラ座へは行かずに、私たちはもうベッドの中にいます。最初の1日が休日全期間と同じくらい充実していたからです。旅は素敵で、お父様のモットーに従えば『もっと安くできる。しかしね……』でした。食堂車では食事を楽しみ、時間どおりに到着し、ウィーンからベルリンへ行くのと同じようなものでした」(アンナ・フロイト-ジグムント・フロイト.1930-9-15)

王女　出発する　　　　　　　　　　　　　　　　　　　　　　1930年9月16日　火曜
　マリー・ボナパルトがグルンドル湖に着いたとは記されていない。アンナとドロシーの出発した直後に彼女も別荘から旅立ったので、フロイトは、湖全体と向こうの山々を見渡せる美しい家の中に自分だけが見捨てられたように感じた。2日後に彼はこう書いている。「この家はいよいよ寂しくなっていきます。今日アンナとドロシーはゼルデンとトラフォイの間にいるはずです」(フロイト-アイティンゴン.1930-9-18)

ドルフィ着く　　　　　　　　　　　　　　　　　　　　　　　1930年9月17日　水曜
　「ドルフィ」——アドルフィーネ・フロイト（1862-1942）——はフロイト5人の妹のうちの4番目である。(1)　彼女は人生のすべてを母親の世話に捧げた。(2)　母親の苦しみを考えれば、前月は特に疲れる1か月だったに違いない。こうフロイトは書いている。「妹のアドルフィーネは私たちの家で先週の経験から立ち直りつつあります。自然は母が95歳だからといって、情けをかけてはくれませんでした。足の壊疽の痛みで最後の日々にはモルヒネを欠かせなかったのです」(フロイト-アイティンゴン.1930-9-18)

エルンストとヨフィ　ウィーンへ　　　　　　　　　　　　　　1930年9月18日　木曜
　フロイトの末息子エルンスト（1892-1970）は、今ではベルリンで建築家になっており、息子たちの中では「幸運児」(Gluckskind) だった。フロイトによれば、3人の息子のうちでも、エルンストの性格や気質が父親に最も近かった。
　アンナはイタリアから電報でヨフィの様子を尋ねた。フロイトはこの記載の翌日にこう答えている。「本日のニュース。ヨフィは胃の調子が悪いようですが、ヴォルフと楽しく遊んでいるそうです。当然ながら、私たちはウィーンにいるあの小さな生き物を懐かしがっています」(フロイト-アンナ・フロイト.1930-9-19)。もしかすると、エルンストがウィーンのカグランにあるナウシュ犬舎にヨフィを連れて行った後で、このニュースを電話で父親に知らせたのかもしれない。

エヴァ一緒に住む　　　　　　　　　　　　　　　　　　　　　1930年9月18日　木曜
　エヴァ・ローゼンフェルトはイヴェット・ギルベールの夫マックス・シラーの姪で、4児の母だったが、息子2人がジフテリアで亡くなり、娘1人は山歩き中に事故で死亡した。ドロシー・バーリンガムと同様に彼女も、この2、3年の間にアンナと非常に親しくなった。グルンドル湖畔のレーベンブルクにマルタが夏の住まいを調達するのを助けたのは彼女である。この頃彼女はフロイトから分析を受けていたが、この分析は一緒に住んだ後も続いた。今ではルース・マック・ブランズウィックも共に暮らしており、マックス・

アマリア・フロイト、1900年頃。母の死はフロイトに「個人的な自由が拡大した」感じをもたらした。

A Record of the Final Decade

PROF. DR. FREUD　　　Tegel 22. 7. 30.
WIEN, IX., BERGGASSE 19

[Handwritten letter in German from Sigmund Freud]

Liebes Dolfi

Beiliegend ist nur Taschengeld für Deinen Geburtstag, zu dem ich dir herzliche Glückwünsche schicke, unter bestem Dank für deine unschätzbare Leistung all diese Jahre. Heuer wird dein Schicksal wie Mutter's sein, aber leider weiss ich noch nicht, wann denn.

Herzlichst dein
Sigm.

左：ドルフィ宛てのフロイトの手紙。1930-7-22.「愛するドルフィに、同封のお金は誕生祝いのほんの気持ちです。これまで計り知れない仕事をしてくれたことを深く感謝しています。今年は母の傍にいることになるでしょうが、いつからとはまだ決まっていません。愛しているよ。ジグムより」
右：ドルフィ、1889年。「かわいい、妹のうちでも最高だ」

シュール医師がいないので、代わりにフロイトの家庭医を務めていた。翌日フロイトがアンナへ出した手紙に、訪問客の出入り、天気、人々の健康状態が詳しく書いてある。この手紙によると、シロッコ［南からの熱風］が吹いたのでルースとエヴァは疲れてしまい、3人の年配の婦人は頭が痛く、フロイト本人は心臓がおかしくなっていた。

＊ウィーンに着く　　　　　　　　　　　　　　　　　　1930年9月28日　日曜

グルンドル湖はフロイトの経済状況が許す最も牧歌的な避暑地だった。これほど美しい所で暮したことはなかった、と彼は弟に書き記した。その後、別の文通相手にこう語っている。「重要な仕事は何もなく、普段より皆に優しくしたくなります」（フロイト-フィーレック.1930-8-20）。フロイトは体を休め、田園生活を楽しんだ。ウィーンに戻っても格別嬉しくならない理由が十分にあった。（1）

アンナ帰る　　　　　　　　　　　　　　　　　　　　1930年9月29日　月曜

アンナとドロシーは南チロル縦走ハイキングでリフレッシュして帰ってきた。エヴァ・ローゼンフェルトに出した叙情的な手紙に、アンナの気分が表われている。「私たちは1500mの高地にいます。ふだんより太陽に近く、確かにそう感じます。私の中にある要らないものすべてが、ゆっくりと燃焼し、消えていきます」
「きわめて美しく、ほんの少しの心配事はだんだんと忘れていく」
「今でも自分で糸を紡ぎ、ラシャ布を織る農民の女性を訪ねた」
「でも、この人は同時に分析はしていない」
「必要なものはみなリュックの中。もしかしたら、これ以上何も要らないのかもしれない」
（アンナ・フロイト-エヴァ・ローゼンフェルト.1930-9-18）

ボンディ博士　　　　　　　　　　　　　　　　　　　1930年9月29日　月曜

これはハンブルク出身の児童心理学者クルト・ボンディ博士（1894-1972）のことかもしれない。アンジェラ・セドマンを福祉施設へ送ろうと考えた時、フロイトはこう書いていた。「ハンブルク近くにあるボンディ博士の施設について、良い話を聞いています」（フロイト-ミツィ・フロイト.1930-2-15）

X線をシュヴァルツの所で　　　　　　　　　　　　1930年9月30日［火曜］木曜＊＊

ゴットヴァルト・シュヴァルツ博士はウィーン総合病院の放射線医学研究所に勤めていた。彼はこの年4月にフロイトが入所したコテーシュ療養所の顧問放射線医師でもあったが、今回は、この年初めの腹痛の発作に器質的原因があるかどうかを調べるために、フロイトの胃のレントゲン写真を撮影した。しかし、何も見つからなかった。

全ての医者がピヒラーの所で　　　　　　　　　　　　　1930年10月3日　金曜

「誤診」のために、フロイトがピヒラー医師の診察を最後に受けてから、大体1年経っていた。今回、フロイトがこの専門医を再受診したのは、シュール医師が疑わしい増殖物を見つけたからだった。これが長期間にわたる衰退の始まりになった。ピヒラーはこの時から1938年までフロイトの治療を受け持ち、常に診察し、絶えず手術をし続けた。

シュールの他には歯科医のヴァインマンがいたのかもしれない。それに加えて、フロイトの2番目の「家庭医」ルース・マック・ブランズウィックと、あるいはピヒラーの助手ベルクが同席したとも考えられる。ピヒラーの日誌にはこの診察の結果が記してある。人工口蓋の背後に約1cm四方の小さな白斑症が見つかり、上皮腫の前ガン性増殖の疑いがあった。ピヒラーは1週間様子を見た上で手術を受けるように、とフロイトに勧めた。

新しいガラス・ケース　　　　　　　　　　　　　　　　1930年10月3日　金曜

これは、現在はフロイト記念館の書斎ドアの隣にある小さな長方形のケースのことだと思われる。現在、その中には東洋の古代遺物のうち、小さめのものが大部分収められている。もっと大きな独立したケースは時代がさらに古く、おそらく第一次世界大戦前の品物である。この頃、乱雑な部屋の中には何かかさばる物を置く空間がほとんどなかったが、蒐集物が増え続けるので、古代遺物があふれるのを防ぐには、少なくともこの

＊この記載には余白に青線で印がつけてある。記載に変化をつけるために使ったクレヨンの色に何か意味付けがあるとは思われない。手近にあったクレヨンを使っただけであろう。フロイトが本の余白に書いた印についても同じことが言える。ここでも、様々な色のクレヨンや色鉛筆が使われている。
＊＊フロイトはDi（Dienstag―火曜）の代わりに"Do"（Donnerstag―木曜）と誤って書いている。

ベルクガッセ 19.

ケースのような卓上ケースが必要だった。

ピヒラーの手術　　　　　　　　　　　　　　　　　　　1930年10月14日　火曜

ピヒラーが勧めた手術は10月10日の予定だったが、フロイトの鼻カゼで延期になった。代わりにこの日に行なわれ、ヴァインマン医師とピヒラーの私的な助手ベルク医師が立ち会った。シュレーデルがベルリンで治療した時に残した傷跡と組織を、ピヒラーはここで切除することにし、切除した箇所に上腕から皮膚を移植した。手術は1時間半続いた。

翌日、フロイトはアイティンゴンにこう書いている。「胃と心臓の病気は治療を受けて、徐々に退きましたが、ピヒラーが先制攻撃をかけたので、口の中が最前線に変わりました。(中略) 非常に気分が悪いのですが、手術としては、明らかに深刻なものではなかったと思います。3－4日間も人工口蓋を外してはおけないので、肉の一片を傷口にあててあります。しばらくの間は、あまり噛みも話しもできません。ですから仕事を休み、流動食を摂っています。昨日は口がひどく痛みましたが、今日は圧迫感だけです」(フロイト-アイティンゴン．1930-10-15)

熱っぽい病気　　　　　　　　　　　　　　　　　　　　1930年10月17日　金曜

この病的状態は手術の後遺症である。発熱で始まり、気管支肺炎を併発し、それが10日間も続いた。

ブリット　　　　　　　　　　　　　　　　　　　　　　1930年10月17日　金曜

病中にもかかわらず、フロイトはブリットを歓迎した。ウッドロー・ウィルソンの性格を研究する共著を書く基本資料としてフロイトに読んでもらうため、この時ブリットはウィルソンの経歴に関する、「タイプで打った1500頁におよぶノート」を持ってきたのかもしれない。アンナによれば、2人の仕事のやり方を再現するのは不可能である。ブリットの政治的経歴を守るために、フロイトはこの問題を秘密にした。また、ブリットはフロイトの共著者だけでなく、患者にもなった。

ブリットが1931年の終わりにウィーンへ戻ったときフロイトは、計画中のこの本が直ちに出版されれば、難問山積の精神分析出版所を破産から救う助けになるかもしれない、と依然として楽観的に考えていた。

仕事に取りかかる　　　　　　　　　　　　　　　　　　1930年10月29日　水曜

患者の治療を除けば、今回の発熱で中断した具体的な仕事の一つは、ウッドロー・ウィルソンの本だった。アルノルト・ツヴァイクに出した手紙の中で、フロイトは慎重にこの本について触れている。「また、私はこれ以上何も書きたくないのですが、にもかかわらず、再び他人の仕事のために解説を書いています。それが何かは言えませんが、これも分析で、しかし同時に非常に現代的で、政治的だとも言えるのです」。(フロイト-アルノルト・ツヴァイク．1930-12-7)　この手紙では、フロイトは明らかに序文だけを書くつもりだと言っている。これは後の「ブリットの緊密な協力」という説明とは矛盾する。けれども、フロイトは残りの原稿を少なくとも確認あるいは監修しようと考えていたのかもしれない。

最初のささやかな葉巻　　　　　　　　　　　　　　　　1930年11月2日　日曜

これは手術後最初の葉巻という意味だろう。仕事と健康に復帰した証拠である。「昨日、私は病気の日々の痕跡を覆い隠しました」と彼は翌日アイティンゴンに書き送った。夏の間タバコが禁じられ、気分や仕事をする能力に大変な悪影響を及ぼしたので、医師の一人ブラウン博士は6月に葉巻を再開するように勧めていた。フロイト本人が「吸う気がなくなった」と主張したにもかかわらずである。けれども、フロイトの不満は続いていた。「タバコを禁じられてから、仕事を非常にしづらくなりました」。(フロイト-ラド．1930-9-26)　もっとも、実際には禁煙ではなくて、自由に吸えないだけであった。なぜなら、彼は9月9日にすでに葉巻を1日2本吸っていた。11月中旬にはアイティンゴンにこう書いている。「1日4時間働き、葉巻を2本吸っています」。そして6日後にはこう記している。「私的な医者ブラウンが賛成してくれたので、葉巻を1日3－4本吸っています」

ローマの葬儀のレリーフの続き　　　　　　　　　　　　1930年11月5日　水曜

これは蒐集家の喜び、つまりすでに持っている品物に付け加える断片を購入したという意味である。1930年のある日、氏名不詳の女性［マリー・ボナパルトか？］が、ロー

新しいガラス・ケース。NB

マ時代の大理石製の石棺の蓋を一部分手に入れ、フロイトに贈った。この断片を最初にウィーンへ持ちこんだのは、考古学者で古物商のルートヴィヒ・ポラックだったが、ポラックはローマの古物市場で2番目の断片を見つけた。そこでこの断片も買い入れて、フロイトに提供した。(1)

決定的にノーベル賞見送られる　　　　　　　　　　　　　　　1930年11月6日　木曜

この年初めにジョーンズは、迫り来るフロイト75歳の誕生日の贈り物として、ノーベル賞委員会を作るように提案した。これは正式な委員会を作って、ノーベル賞当局に自分たちの言い分をできる限り強く主張するという考え方であり、「ノーベル賞当局の不面目な怠慢に終止符を打つことを望んで」いた（ジョーンズ-アイティンゴン.1930-7-26）。だが、この年のノーベル医学賞を受賞したのはウィーンに住む別人で、人間の血液型を発見した病理学者カール・ラントシュタイナー教授だった（この受賞が実際に報じられたのは1週間前であり、10月30日付『国営郵便』誌にこのニュースが掲載された）。文学賞は米国人シンクレア・ルイスのものとなった。

なぜフロイトは「決定的に」（endgiltig－「最終的に」「決定的に」）と書いたのか？ まるでこの年だけでなく、永久にこの賞を逃してしまったかのように？ あるいはフロイトは──否定はしたが──最近のゲーテ賞が非常に有利な契機になるので、仮に今年ノーベル賞委員会がフロイトを無視したら、来年以降の受賞などはあり得ない、と考えたのかもしれない。もう一つの底流だと思われるのは、死の予感である。75歳の誕生日が過ぎた1931年5月にフロイトはアインシュタインに、80歳の誕生日を祝うことはないだろう、と「約束」している。

選挙　　　　　　　　　　　　　　　　　　　　　　　　　　1930年11月9日　日曜

このオーストリアの選挙結果は、大恐慌によって、政治がどれだけ過激になったのかを示している。共産党も社会民主党も極右へ向かう動きを食い止めることができなかった。社会民主党の得票数が前回選挙より2万票だけしか増えなかったのに対して、国家社会主義労働者党（ナチス）は11万票も増加した。2か月前の9月14日に行なわれたドイツの選挙でも、同じ変化がもっと大規模に見られた。ナチスが得票数を1928年の80万票から650万票に増やしたのである。

このオーストリアの選挙では社会民主党が72議席を獲得し、キリスト教社会党は護国団、郷土防衛軍とあわせて66議席取り、国民経済ブロックと農村同盟は19議席、郷土ブロックは8議席だった。フロイトの選挙区であるウィーン北西区では社会民主党が依然として得票総数の50パーセントを占め（73177票）、ナチス党は5273票しか獲得できなかった。

フェレンツィ　　　　　　　　　　　　　　　　　　　　　　1930年11月9日　日曜

フェレンツィが次第にフロイトや精神分析仲間から離れていく中で、この訪問は一時的な小康状態をもたらした。また、予期せぬ訪問でもあった。なぜなら、6日前のアイティンゴン宛ての手紙の中でフロイトは、フェレンツィが孤立、沈黙しているのを嘆いていたからである。

フェレンツィの新しい「積極技法」では分析医と患者が、感情的さらには肉体的にも互いに関わりあったが、これはフロイトが認められる限度をはるかに越えていた。4月に会った時フロイトは、「2人の間の友情は壊さない」と言ってフェレンツィを安心させた。けれども見解は異なったままで、フェレンツィは非常に心配していた。このウィーンへの訪問の後でフェレンツィが書いた手紙を読むと、2人がもう一度お互いの違いについて話し合い、フロイトが少なくともある程度、フェレンツィの心配をなだめたことがわかる。「ウィーンへの旅は私のためになりました。私がしていることが、結局はそれほど革命的なことではないとわかり、喜んでいます。ご存じのように、私はささいな事でもあなたと意見を異にしたくないのです。ご健康をお祈りします。お体の状態が非常に良いようにお見受けしました」（フェレンツィ-フロイト.1930-11-23）

レリーフに台座がつく　　　　　　　　　　　　　　　　　　1930年11月20日　木曜

今ではフロイトの所有物になった2つの重い大理石の断片は、つなぎ合わせて、木製の台座に据えられた。それから、診察室にある本棚の上に置かれ、蒐集品の人目を引く追加物になった（依然として欠けている断片には、ヘクトルの父プリアモスが、息子を殺したアキレスの前にひざまずき、遺体を買い戻そうとする姿が描かれていたのだと推定できる）

ローマ時代の石棺の蓋。ヘクトルの死を悲しむ両親とトロイで埋葬するために彼の遺体を買い戻して運んでいるトロイの仲間たちが彫られている。NB

最初のイヴェットの夕べ   1930年11月25日　火曜

イヴェット・ギルベールが毎年ウィーンで開いたコンサートに、フロイトは再び出かけたようである。コンサートの後フロイトはホテルに花を贈っていた。ホテル・ブリストルの便箋に書いた日付のない手紙で、イヴェットはフロイト夫妻に感謝している。「素敵なお花を頂き、本当にありがたく思います。こんなに偉い方が私のコンサートを楽しんで下さるなんて、非常に嬉しくて、幸せな気持ちで一杯です！」

この年のコンサートに対する批評家の反応は、前年と較べると、ずいぶん冷めていた。『ウィーン新聞』はこう書いている。「今回のギルベールは声楽的に見ると少し調子がおかしかった。とはいえ、彼女のリサイタルでは歌が一番重要だったためしがない。常に歌うふりをしていただけなのだから」

アイティンゴン   1930年11月29日　土曜

アイティンゴンは、国際精神分析協会会長としての今後の問題と、自分が所属するベルリン精神分析学会の他の会員との間に持ち上がった問題とを、話し合うためにフロイトを訪れた。(1)　また、はっきりさせたい厄介な欠礼もあった。ベルリン精神分析研究所開設最初の10年を祝う小冊子『ベルリン精神分析研究所の十年』は9月に出て、フロイトがアイティンゴンを称える前書きが載っていた。ところが、最初の新刊見本を受け取るのが通例であるにもかかわらず、アイティンゴンがフロイトにこの小冊子を送ったのは11月だった。「本当に単なる偶然だったのか、という問題を避けて通るわけにはいかないでしょう」（アイティンゴン-フロイト.1930-11-19）

イヴェットのホテルで   1930年11月30日　日曜

この訪問の後フロイトは、健康がすぐれないのでイヴェットがウィーンへ来ても、これ以上リサイタルを見ることができないだろう、と不満を漏らしている。とはいえ、彼女と交わしたかったであろう議論は手紙で続いた。イヴェットは自分自身と自分の演技法について書くつもりだと発言していた。自分の人格を完全に隠して、舞台用の仮面を前面に押し出すべきだ、という彼女の考え方に、フロイトは手紙で疑問を投げかけた。そして代わりに、「演じた役が本物になるのは、抑圧された願望があらわになるからだ」という仮説を持ち出して、この考え方に対抗した。

この議論はイヴェット・ギルベールの夫マックス・シラー「マックス伯父さん」に宛てた手紙で続き、その中でフロイトは予想されるこの考え方への異議にこう答えている。「ところで、あなたはマダム・イヴェットが単に一つの役を演じるのでなく、ありとあらゆる配役を同じくらい巧みに演じる、と指摘なさるかもしれません。聖女、罪人、浮気女、義人、犯罪者、純情娘。確かにその通りで、これは並外れて豊かで順応性のある精神生活の証しです。とはいえ、私はためらわずに全部のレパートリーの出所を、彼女の人生初期の経験や葛藤まで遡ってみせるでしょう。しかし、この話題を続けたいのは山々ですが、何かが私を引きとめます。不確かな分析は反感を買うと知っていますし、私たちの関係に満ちている温かい共感を乱すようなことをしたくはないのです」（フロイト-マックス・シラー.1931-3-26）(1)

アンナ35歳   1930年12月3日　水曜

アンナのどの誕生日にもフロイトは訪問客を記録していない。この日は家族の祝日で、外部の人間には閉ざされていたようである。フロイトとアンナの関係は、第三者を締め出しはしなかったが、明らかに比類のない関係だった。母親の死後、「彼女［アンナ］が私にとってどんなに大切か、をいくら述べても述べ足りません」（フロイト-ジョーンズ.1930-9-15）と、3か月前にフロイトはジョーンズに書いていた。

ウィルソン終わる   1930年12月4日　木曜

フロイトとブリットは10月17日からウッドロー・ウィルソンの心理学的研究を続けていたようである。この本の前書きでブリットは、それぞれが初稿を分担して書き、それから「両者がともに責任を持てる合金に全体がなるまで」相手が書いた原稿に手を入れた、と主張した。だが最終結果を見ると、この説明には大いに疑問が残る。ブリットのテキストをフロイトは単に訂正、批評したのではないか。序論を除くと、どこにもフロイトの文体の痕跡は見当たらない。

それでも、フロイトはこの時点で原稿にそれなりに満足していた。3日後、アルノルト・ツヴァイクに「再び序文を書いています」と打ち明けているが、これは明らかにウ

義理の兄にあたるマックス・ハルバーシュタットが撮影したアンナ・フロイト。MH

ィルソン本の序文のことである（フロイト-アルノルト・ツヴァイク.1930-12-7)。だが、この時フロイトが書き終えたのがどんな草稿や草案だったにしても、それは最終稿ではありえなかった。(1)　精神分析出版所所長のシュトルフェルは、この本が出版所を破滅から救うと期待しており、彼との会見の模様をフロイトは1931年4月にこう報告している。「新しいウィルソン本を私から受け取りさえすれば、出版所には素晴らしい未来が開けるでしょう（まだ半分しか完成していません）」（フロイト-アイティンゴン.1931-4-16)

エド・ヴァイス　　　　　　　　　　　　　　　　　1930年12月11日　木曜

　エドアルド・ヴァイス（1889-1971）はウィーンで医師の資格を取り、1909年にフェダーンから4年におよぶ広場恐怖症の分析を受け始めたが、それが彼の教育分析になった。イタリアの故郷トリエステに帰ると、精神病院で働いた。マルコ・レビ・ビアンキーニが1925年にイタリア精神分析学会を設立した時には共同創立者になったが、精神分析家として開業する資格をすでに得ていた会員は、ビアンキーニと彼だけだった。1919年にヴァイスは『精神分析入門』をイタリア語へ翻訳する仕事に取りかかった。激励の手紙の中でフロイトは、イタリアで精神分析を擁護してくれて嬉しいと書いたが、『入門』の翻訳はたやすい仕事ではないと注意した。この訪問は、フロイトがさらなるイタリア語の翻訳書『トーテムとタブー』を受け取った直後の出来事だった。11月に出した礼状で、フロイトはヴァイスを「真の不屈な先駆者」だと誉め称えている。

会議　　　　　　　　　　　　　　　　　　　　　　1930年12月11日　木曜

　この日は木曜だから、フロイトとフェダーンは前年冬にも言及がある非公式な議論の集まりを再開したのだと思われる。この会合をフロイトは「学会の夕べ」("Vereinsabend")と呼んだが、ここでは「セッション（会議）」("Sitzung")と記している。従って、もう少し改まった集まりだったのかもしれない。あるいは、これは『国際雑誌』編集委員会の初期の会議か？　編集者の一人、ロベルト・ウェルダーによると、この編集会議は本当は1932年頃に始まった。とはいえ、果たした役割は従来の夜の集まりと同じで、フロイトに議論の場を続けて提供した。

　この「編集会議」は仕事の話を口実にはしていたものの、実際には、フロイトが科学的な議論を楽しむための集まりだった。この策略の特徴を、ウェルダーは一つのユダヤ・ジョークで説明している。ある祭日に、ユダヤ教会が非常に混んでいたので、入場券がなければ入れなかった。入場券を持たない一人の男が、入り口で警備員に呼び止められた。「少しの間でいいから入れてくれないか、中にいる人間に急ぎの伝言がある」と男は訴えた。入るのを許された男は、しばらくの間、中にとどまった。ようやく出てくると警備員は男に向かって叫んだ。「この嘘つきめ！　用事があるなんて言ったくせに、本当はお祈りをしたかったんだな！」

アンナ　ブダペストへ　　　　　　　　　　　　　　1930年12月13日　土曜

　アンナがブダペストのハンガリー精神分析学会に招かれて講演したのは、これが今年2回目である。題名は「ある暗所恐怖症の児童の分析──その詳説」で、フロイトによれば、この講演は大成功だった。

ハルスマン　新自由　　　　　　　　　　　　　　　1930年12月14日　日曜

　フィリップ・ハルスマンは1929年にインスブルックの法廷で親殺しで有罪になった学生である。控訴にも失敗したが、ウィーン大学法学教授ヨーゼフ・フプカ博士はハルスマンの嫌疑を晴らす運動をし続けており、ウィーンの『新自由新聞』に長大な論文を発表した。(1)　この事件についての意見をこの教授が求めたのに答えて、フロイトは『ハルスマン事件に関する専門家の見解』を書き、法廷の場で精神分析を軽率に使わないように警告した。容疑者にエディプス・コンプレックスが存在しても、不確かな傍証にしかならない。この主張を擁護するために、フロイトは、ドーミトリー・カラマーゾフへの誤った有罪宣告と、心理学は2つの端を持っている棒である、というドストエフスキーの格言を引きあいに出している。

ヘブライ語の序文　　　　　　　　　　　　　　　　1930年12月14日　日曜

　これはヘブライ語訳『精神分析入門』と『トーテムとタブー』向けの2編の序文のことである（ヘブライ語版『精神分析入門』は2巻本で1934-5年にテル・アビブで出版され、『トーテムとタブー』は1939年にエルサレムで発行された）。『入門』の序文でフロイトは

「不屈な先駆者」エドアルド・ヴァイス。TG

皮肉っぽくこう言っている。「この本の訳者に課された問題を著者は十分に推測できます。また、これらのヘブライ語の講義をモーゼや預言者が理解できるかどうか、という疑問を押し隠す必要もないでしょう」

また『トーテムとタブー』の序文では、フロイトはユダヤ教への態度を明らかにした。自分に3人称を用いながら、「聖なる言葉」[ヘブライ語]はわからないし、父祖の宗教[ユダヤ教]（や他のどの宗教）とも全く縁がなく、民族主義の理想には加われないが、それでもなお自分をユダヤ人だと考えており、他の人種にはなりたくない、と彼は述べている。(1)

マックス・ポラックの所で　　　　　　　　　　　　　　1930年12月17日　水曜

アイティンゴンはフロイトを説き伏せて、1914年にストラックが製作した横顔のエッチングの肖像画の代わりに、オルリク教授の手による、新しいエッチングの肖像画を作らせようとしていた。しかし、フロイトは断った。「今は人間の顔を永遠なものにする時代ではありません。いずれにせよ、私の考えではシュムッツァーの版画にまさるものはあり得ません。マックス・ポラックにもウィーンで、あれが「最後の顔」だと約束したのです」（フロイト-アイティンゴン.1930-10-5）。ポラックはすでにフロイトの最も有名な肖像画の一つを製作していた。これは1914年に作られたエッチングで、フロイトは書き物机に座っており、その前景には古代遺物が並んでいるシーンを描いたものである。(1)

不安第2版のために訂正する　　　　　　　　　　　　　1930年12月26日　金曜

フロイトが『文化への不安』ドイツ語版初版の著者用献本を受け取ったのは、前年のクリスマス・イヴだった。ドイツ語版第2版は1931年に出たが、同じ形で、再び国際精神分析出版所から発行された。

日本語の日常生活　　　　　　　　　　　　　　　　　　1930年12月30日　火曜

『日常生活の精神病理』の日本語翻訳書が2種類、1931年に日本で出版された。一つは大槻憲二が訳して、矢部八重吉監修の下に、春陽堂から発行された。もう一つは丸井清泰の訳で東京の「アルス」社から出た［こちらの本は1952年に岩波文庫から再刊された］。競合する2社が同時に自分の著作の翻訳書を出すという奇妙な事態にフロイトはとまどったらしい。2、3日後に彼はジョーンズにこう書き送った。「少し前に『日常生活』の日本語訳を受け取りましたが、矢部が監修した本ではありません。一体どうなっているのでしょうか」（フロイト-ジョーンズ.1931-1-4）。ジョーンズはこう答えている。「『日常生活』（Alltagsleben）を日本語に訳すのは大変な仕事だったに違いありませんが、おそらく彼らは日本語の実例を選んだのでしょう」（ジョーンズ-フロイト.1931-1-15）

自分の夏の家にいるフロイト、1931年。

1931

　1931年6月2日に英国の同僚アーネスト・ジョーンズに出した手紙でフロイトは、昨年のゲーテ賞以来一般の人々は自分を「いやいやながら公認する」態度に変わった、と述べている。それから、このような変化はどうでもよいが、そんなことよりも「人生の目的や主な目標にまで影響を及ぼさない、我慢できる人工口蓋」を手に入れる方がずっとましだと付け加えた。（1）　この発言は一つの重要で、1931年には特に関連する一つの主題──フロイトのガンとその余波に触れている。

　この主題の反響は近著『文化への不安』の中にも見つかるが、1931年にはこの本の第2版が発行された。この本の中でフロイトはこう書いている。「人間はいわば一種の補助器官が付いた神になった。補助器官を全て身につければ、人間は本当に素晴らしい。とはいうものの、これらの器官はまだ血肉化せず、依然として時々大きな問題をおこすのだ」。（2）　『標準版フロイト全集』がこの一節に付けた脚注によれば、補助器官とは義歯や義足のような「人体への人工的な付属品」である。けれども、1923年以来フロイトが口腔に人工口蓋を付けるはめになったとは書かれていない。1923年に、あごのガンを徹底的に手術した彼は、腫瘍と共に、上下のあごの一部と軟口蓋の断片を切除した。そこで話したり、食べたり、（タバコを吸ったり）するためには、やっかいな器具を口の中にはめねばならなくなったが、この器具はよく痛み、苦痛そのもののことも度々だった。

　1931年7月に苦痛が減じるとの期待を抱かせる、一つの可能性が舞い込んだ。これはこの年7月31日の日記に「アルメニア人歯科医がボストンから」とフロイトが記している、一人の人間を通じてであった。この歯科医ヴァラツァド・カザニジャンは著名な口腔外科医で、この夏ヨーロッパを訪れていた。とはいえ、フロイトは周囲から説得されてようやく治療に同意した。というのは新しい人工口蓋を作るのには大金がかかり、しかも貴重なドルで治療費を支払わねばならなかったからである。出費に見合うほど長生きするかどうか、フロイトには自信がなく、経営が不調な精神分析出版所を立て直すのにその金を使った方がましなようにも思われた。結局、彼はこの話を受け入れたが、それは「長年にわたる苦痛で弱り果てて」いたからであった。（3）

　10回目のガンの手術をこの年受けたのも、フロイトにとっては一つの譲歩だった。絶え間ない診察、どうにも我慢ならない人工口蓋（1931年2月13日の臨床記録には「耐えられぬ」痛みを引きおこしている、とある）の度重なる調整、繰り返される手術（この年は2回、この日記をつけていた10年間には20回）──これらのすべてにフロイトの忍耐力は極限まですり減り、病気を成り行きに任せたくなることも時々あった。4月に何人もの専門家に相談したフロイトは、放射線学者グイド・ホルツクネヒトにこの思いを訴えた。ホルツクネヒトはフロイトから分析を受けたことがあり、ウィーン精神分析学会の会員でもあった。この年の後半に放射線障害で死ぬことになるこの学者は、これ以上の治療に異議を唱えたフロイトに対して、私はこれから障害を受けた部位の25回目の手術を受けるところだ、とのみ答えた。このストイシズムの実例を見てフロイトは納得し、ガンと戦い続けた。そして、疑問を感じつつ、ときにはユーモアさえ交えながら、「我慢できる人工口蓋」を探し続けた。しばらく後に、仕立て屋シュテファンを訪れた後で、フロイトは妻にこう書いている。「シュテファンの新しいスーツは今度もぴったりです。人工口蓋も作ってくれないかと、彼に聞いてみるつもりです」。（4）

1. フロイト-ジョーンズ.1931-6-2.［タイプ原稿：Inst.of PsA］("Seit dem Goethepreis im Vorjahr hat sich das Benehmen der Mitwelt gegen mich zu einer immerhin noch widerwilligen Anerkennung gewandelt, nur um zu zeigen, wie gleichgiltig das eigentlich ist. Etwa im Vergleich zu einer erträglichen Prothese, die nicht Selbst-und Hauptzweck der Existenz sein wollte.")
2. S.E.,XXI. 91-2.
3. フロイト-ランプル＝デ・フロート.1931-8-11［FM］("Durch die vieljährigen Quälerei mürbe gemacht")
4. フロイト-マルタ・フロイト.1932-4-12［FM］("Der neue Anzug von Stefan ist widerum tadellos, ich werde ihn fragen, ob er nicht auch Prothesen macht.")

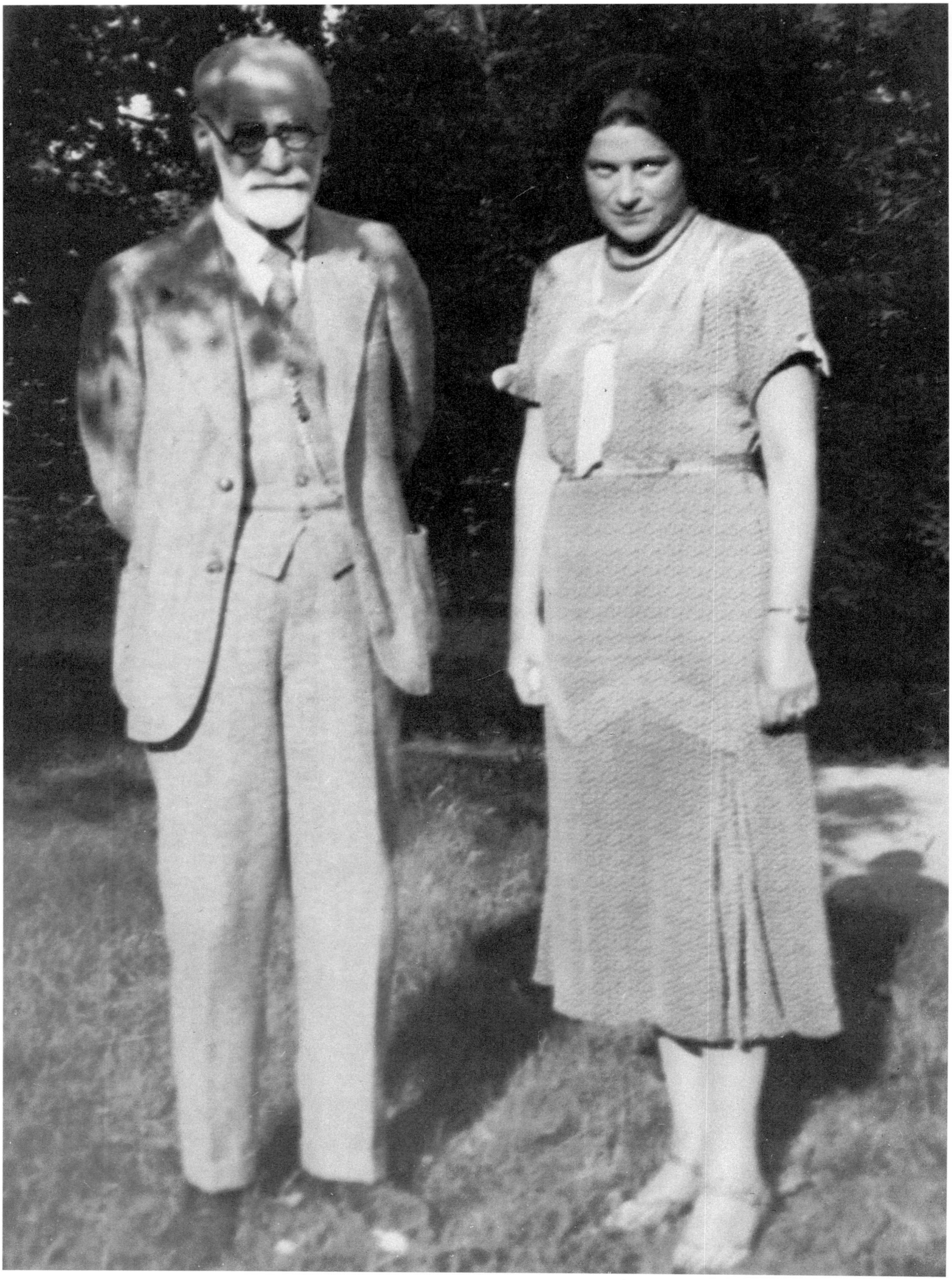

A Record of the Final Decade

エルンストとルクス。ネックレスをルクスへ　　　　1931年1月8日　木曜

　フロイトの末男エルンストは1920年にルーシー・ブラッシュ（「ルクス」）と結婚した。フロイトも妻マルタも彼女を魅力的だと考えて、可愛がっていた。このネックレスは、娘アンナやマルタへ贈ったのと同じ愛情の印であるが、誕生日の贈り物ではない——ルクスの誕生祝いに150ライヒスマルクを贈るようにと、フロイトは3月18日にエルンストに言っている（フロイトは遅れをとった。ルクスの誕生日は3月2日だったのだから）

エルンスト出発する　　　　1931年1月10日　土曜

　ベルリンへ戻ったのかどうかはわからない。兄マルティンと同様にエルンストもスキーをできたから、ウィーン訪問の後、スキーを楽しみに出かけたのかもしれない。

ヨフィ　出産　　　　1931年1月10日　土曜

　フロイトの愛犬ヨフィの最初の「夫」は黒色のチャウチャウ犬だった。このとき生まれたのは雄犬でタトアンと名づけられたが、こちらも「悪魔のように黒い」ものの、「愉快ないたずらっ子」だった。（フロイト-アイティンゴン.1931-8-3）

　このタトアンという名は、マリー・ボナパルトの初めてのチャウチャウ犬、タトゥーンの名前を貰ったものである。王女の娘ユージェニーが病気になり、お相手の犬が欲しいと言ったので、王女はこのタトゥーンを手に入れた。この犬と雌犬チーキーとの間には雌のトプシーが生まれた。トプシーはマリー・ボナパルトが書いた本に登場して有名になった。フロイトとアンナはこの本を1938年に訳している。（1）

ロンドンへの招待、ハクスリー講演　　　　1931年1月12日　月曜

　格式高いハクスリー記念講演を行なうようにロンドンへ招かれたのも、ゲーテ賞に続く栄誉で、フロイトは大いに喜んだ。ロンドン大学チャリング・クロス医学委員会委員長デイヴッド・フォーサイスが招待状の差出人だったが、彼は1919年にウィーンでフロイトから精神分析を学んでいた。招待状は「実用医学との関係における近年の科学の進歩」というテーマで講演するように求めていた。招待状の中には、以前の講演者のリストが同封されており、科学的病理学の先駆者ルドルフ・ウィルヒョー、手術消毒の創始者ジョセフ・リスターらの名前があった。非常に残念なことに、フロイトはこの招待を断らざるを得なかった。（1）

骨膜炎の痛み　夜に　　　　1931年1月14日　水曜／15日　木曜

　骨膜炎とは骨を覆う結合組織の炎症である。急性の場合は感染症のために激痛を伴う。これまでフロイトの健康状態は非常に良く、前年12月後半には、次のようにさえ述べていた。「必要悪のまさに典型である人工口蓋がなければ、人生を楽しもうとすることもできるでしょう」（フロイト-アイティンゴン.1930-12-22）

　この比較的健康な中休みは、この年の1月初めまで続いた。「相変わらず人工口蓋は苦痛そのものですが、健康状態は悪くありません。当地とベルリンで、あわせて6.5kg増えました。タバコの楽しみは引き続き、制限されています」（フロイト-ジョーンズ.1931-1-4）

　人工口蓋に骨膜炎が重なって、この中休みは終わった。数日後に彼はこう書いている。「あごと人工口蓋のおかげで、現在、大変ひどい目にあっています」（フロイト-アイティンゴン.1931-1-18）

アンナ　プラハへ　　　　1931年1月17日　土曜

　これも招かれての講演かもしれない（アンナは1935年にはプラハの研究会で2回講演している）。出版物は出さなかったものの、アンナはこの年もこれまでと同様に忙しかった。エルンストが管理していたフロイトの基金から、ミツィ叔母さんに毎月送金する役目を引き受けようとこの末娘が言った時、フロイトは耳を貸そうとしなかった。「これ以上彼女に負担をかけようとは思いません。することがもう十分ありますし、これから35年間はずっと彼女が必要でしょうからね」（フロイト-エルンスト.1930-2-1）

王女　入る　　　　1931年1月19日　月曜

　ここでは「着く」（angekommen）ではなく「入る」（eingetreten）という動詞が使われているから、王女はフロイトとの短い分析期間に入ったのかもしれない。もっとも、彼女にはウィーンへ来る別の理由——不感症を治すためにハルバンから3回目の手術を受けるという理由があった。

上：エルンスト・フロイト。
下：長男シュテファン・ガブリエルを抱くルクス、1922年。
左：フロイトと、可愛がっていた義理の娘ルクス・フロイト、1931年。

成功の可能性については、フロイトは懐疑的で、曖昧な態度を取っていた。「王女が2週間前から当地に滞在しており、3月初めまで留まる予定です。非常に調子が良く、色々な関心事にそれぞれ時間をさいています。お嬢さんは再び結核性関節嚢炎に感染したので、X線治療を受けに当地へ来るところです。(1) 王女本人はハルバンからもう一度形成外科手術を受けるつもりでおり、不感症の解剖学的原因についての彼女の考えを限界まで押し進めようとしています」（フロイト-アイティンゴン.1931-2-8）

X線をプレッサー医師の所で　　　　　　　　　　　　　　　　1931年1月20日　火曜

この診療はピヒラー医師のノートには記されていない。仮にあごと関連があるか、あるいは最近の骨膜炎のせいであるなら、ヴァインマンかシュール医師に勧められてこの治療を受けたのかもしれない。

マルタ流感　　　　　　　　　　　　　　　　　　　　　　　　1931年1月21日　水曜

マルタ一人だけが病気ではなかった。フロイトはアイティンゴンにこう書いている。「家族のほとんど全員が、流感のような症状を呈しています。妻も発熱して、腸もおかしいので、数日間ベッドについています」（フロイト-アイティンゴン.1931-1-27）

マルタ　とこあげ　　　　　　　　　　　　　　　　　　　　　1931年1月25日　日曜

マルタは夫よりわずか5歳年下だったが、健康状態は夫や夫の妹たちよりも良好だった。21日から4日間だけだったとしても、床についたのは珍しい。

コリントの壺をフレーリヒから　　　　　　　　　　　　　　　1931年2月4日　水曜

フレーリヒ（1）は1930年代にフロイトが定期的に接触していた古物商の一人である。このコリントの壺は、紀元前600年に作られた黒い模様があるアラバストロン（油や香料を入れるフラスコ瓶）かもしれない。近東の地母神に由来する、翼の生えた「獣の女王」が描かれているが、ギリシャ人はこの女神をアルテミスと関連づけた。

電気刑をピヒラーの所で　　　　　　　　　　　　　　　　　　1931年2月7日　土曜

フロイトはやむなく手術を再開した。彼はこう書いている。「先週、専門医たちが再びある種の粘膜細胞の増殖を見つけました。もちろん悪性ではありませんが、それでも疑わしく、今後どうなるかわからないので、摘出しなければなりません。忍耐力を奮い起こして診断に従い、昨日ピヒラーから新たな小手術を受けました。今回は電気凝固法でしたが、10月ほどひどい目にはあいませんでした。今日はもう痛みがなく、タバコを吸いながらこの手紙を書いており、仕事から離れるのは2、3日で済みそうです。流感や気管支肺炎にかからねばですが」（フロイト-アイティンゴン.1931-2-8）

✝マティルデ・ブロイエル　　　　　　　　　　　　　　　　　1931年2月9日　月曜

マティルデ・ブロイエル（旧姓アルトマン、1846-1931）はフロイト初期の友人で協力者だったヨーゼフ・ブロイエル（1842-1925）の未亡人である。フロイトはブロイエルと共に精神分析に関する初の著作『ヒステリー研究』（1895）を著わした。患者アンナ・O（ベルタ・パッペンハイム）の治療を通じてこの方法――「会話療法」――を発見したのはブロイエルだと、フロイトは常に考えていた。

ブロイエルは1880年代にはすでに専門医として名声を確立していたが、この頃ブロイエル夫妻はフロイトの出世を図るために事実上の養子にし、金を貸し与えて、自宅で歓待した。自著『失語症の理解のために』（1891）をヨーゼフに献呈し、1887年に生まれた長女の名前をマティルデ・ブロイエルから採ることで、フロイトは感謝の気持ちを表わした。

しかしながら、1890年代になると知的、個人的距離が広がり、2人の友情は1896年についに終わりを告げた。(1)

開口障害　　　　　　　　　　　　　　　　　　　　　　　　　1931年2月11日　水曜

この開口障害の2日後にピヒラー医師が記した簡潔なノートを見ると、フロイトがどれだけ苦しんだかがうかがえる。「人工口蓋を挿入する際の痛み、耐え難し。しかし、はずすと後の困難が増すので、人工口蓋に耐えるように患者を説得。ようやく同意する」

St.ツヴァイク　精神による治療　　　　　　　　　　　　　　1931年2月11日　水曜

この日、フロイトはシュテファン・ツヴァイクの最新作『精神による治療（Die Heilung

上：マルタ、1931年。
下：フロイトが研究し始めた頃のヨーゼフ・ブロイエルと妻マティルデ、1880年代。「私はあなたの家族の一員のような気がしていました」（フロイト-マティルデ・ブロイエル、1926-5-13）

durch den Geist）：メスメル、メアリ・ベイカー・エディ、ジグムント・フロイト』を受け取った。発行はライプツィヒのインゼル社。イーデン・シーダー・ポール社が『精神の治療者たち』("Mental Healers") という表題で英訳を発行した。

1週間以内にこの本を読んだフロイトは、ツヴァイクに感想を送った。「誰もが良く知っているように、人間は自分の肖像に腹を立てるか、あるいはその中に自分を見ようとしません。ですから、あなたが私の最も本質的な諸相を認めてくれたことに、私は急いで満足の意を表わさねばなりません。中でも、業績に関する限り知性よりは性格の問題である、という所です。これがあなたの解釈の要点ですし、私もそう思います。この点を除くと、あなたが私の中にあるプチ・ブルジョワ的な品行方正さを、もっぱら強調したことには異議があるでしょう。主人公はそれよりもう少し複雑ですから」（フロイト-シュテファン・ツヴァイク.1931-2-17）

仕事に取りかかる　　　　　　　　　　　　　　1931年2月16日　月曜

仕事ができるようになっても、痛みがあったのは明らかである。2月7日に受けた小手術からフロイトはまだ回復していなかった。「この前の手術の傷はまだ癒えていません。これらの厄介事はやむをえないことですし、必要だったとわかります。ですが、そのために、続く数週間は悲惨そのものです」（フロイト-フェレンツィ.1931-2-22）

オリ　40歳　　　　　　　　　　　　　　1931年2月17日［19日］＊　木曜

フロイトの次男オリヴァー（1891-1969）の名前は、フロイトの文化的英雄の一人オリヴァー・クロムウェルから採られた。数字や機械類を好む「科学的な」子どもだったこの次男は、成長すると技師になった。

オリヴァーは1920年代にはデュッセルドルフとブレスラウで働いたが、この1931年には、妻や一人娘と共にベルリン、テンペルホーフに住んでいた。適当な仕事が見つからず、1931年7月にフロイトは、管理していた基金（ゲーテ賞の賞金で作られた）から毎月300ライヒスマルクをオリヴァーへ送るよう、エルンストに頼んでいる。（1）

推薦状をベルンフェルトへ　　　　　　　　　　　　　　1931年2月20日　金曜

ジークフリート・ベルンフェルトは、今ではベルリンに住み、ブラウンシュヴァイクの大学で教育と心理学の教授職につこうと工作していた（前年はベルリン大学で何らかの地位を得ることを望んでいた）。この頃フロイトはベルンフェルトを高くかっていた。(1) 1月には次のような推薦の手紙を書いている。「ベルンフェルトは精神分析の優れた専門家です。私の学生や門下生の中で、おそらく精神力がいちばん強いと思います。それに加えて優れた学識があり、話し方は力強く、非常に説得力のある教師です」（フロイト-オルデン.1931-1-22）

今回はベルリン科学、技術、教育省長官オスヴァルト・リヒター博士に、フロイトは直接推薦状を送っている。

アイティンゴンの訪問　　　　　　　　　　　　　　1931年2月28日　土曜

この訪問の主な話題は国際精神分析出版所の相変わらずの危機だったに違いない。出版所の財政が苦しいのにもかかわらず、シュトルフェルはアイティンゴンに給料を上げるように求めていた。アイティンゴンは、ここで経費が増すと出版所の当面の計画が危うくなる、と指摘して答えた。この計画の中にはマリー・ボナパルトのポーについての本と、ウィルソン大統領に関するフロイトとブリットの共著があった。この共著は春には完成し、今秋出版できると期待されていた。

この応酬は、シュトルフェルが辞職すると脅し、彼が肩代わりしていた会社の負債を払うように求める結果に終わった。この負債を支払えば会社の倒産につながるので、アイティンゴンは要求に応じざるを得なかった。「ですから、今年を乗り切るために、金を払って彼をなだめねばならなかったのです」（アイティンゴン-フロイト.1931-4-13）

夜にベルンフェルト　　　　　　　　　　　　　　1931年2月27日＊＊　金曜

ベルンフェルトが「私の家で」（bei mir）話をするだろう、とフロイトはアイティンゴンに書いている。したがって、これも1929年から30年にかけてベルクガッセ 19 で開かれた非公式な議論の集まりだと思われるが、その集まりでベルンフェルトが論文を読み上げたのかもしれない。

＊フロイトは最初に「17日火曜」と書き、それから「木曜」に訂正したが、「17日」を「19日」には変えていない。
＊＊場所が間違っており、「2月28日　金曜」の後に書いてある。

上：オリヴァー・フロイトと妻ヘニー、一人娘のエヴァ、1920年代後半の休日に。二人が結婚したときにフロイトは「新妻はもっと朗らかでしとやかであってほしい」と述べていた（フロイト-フェレンツィ、1923-4-17）。

下：ジークフリート・ベルンフェルト。「彼がベルリンへ去ってしまったのを、我々は残念に思っております」とフロイトは彼に与えた推薦状を結んでいる。TG

1931年と1932年の夏にフロイトが過ごした美しい別荘。庭は小さな公園のようだった。

ルクス手術を受ける　　　　　　　　　　　　　　　　　　　1931年3月20日　金曜

他では触れられていないから、おそらく簡単な手術だったのだろう。2日前にエルンストに手紙を出した時には、どこか具合が悪いと、フロイトは知らなかったようである。

医師会名誉会員　　　　　　　　　　　　　　　　　　　　　1931年3月21日　土曜

医師になった当初からフロイトはウィーン医師会（オーストリア医学界を支配した団体）を軽蔑し、キリスト教保守主義の典型だと見なしていた。(1)　この会が1926年に70歳の誕生日を無視した時には、彼はこう述べている。「彼らから祝辞や栄誉を受け取ったとしても、本気だとは思わなかったでしょう」（フロイト-マリー・ボナパルト.1926-5-10）

今回、この会はフロイトとノーベル賞受賞者カール・ラントシュタイナーとを名誉会員に指名した。「成功を見てからの臆病な行為で、非常に不愉快ですし、胸が悪くなります」（フロイト-アイティンゴン.1930-3-20）。そこで、注目を浴びないように、フロイトは冷やかな礼状だけで応えた。

ラドとの夕べ　　　　　　　　　　　　　　　　　　　　　　1931年3月27日　金曜

シャンドア・ラド（1890-1972）はドイツ初の分析医カール・アブラハムから教育分析を受け、ベルリン精神分析学会会員になった。ラドから分析を受けた分析医の中には、オットー・フェニヘル、ハインツ・ハルトマン、ヴィルヘルム・ライヒがいた。ラドは1920年代には『雑誌』（『国際雑誌』）の編集に関わったが、フロイトはこの仕事を特に重要だと考えていた。フロイトはラドの知性と能力をおおむね高く評価していた。

この年後半に、ラドは新設されたニューヨーク精神分析教育研究所の初代所長に就任した。(1)　出発前にウィーンで論文を提出することになっており、フロイトも米国での計画についてラドと親しく言葉を交わしあった。

「ベルンフェルトの夕べ」のちょうど1か月後だから、これも非公式な議論の夕べだとも考えられるが、単に私的な会話を交わしただけだったのかもしれない。

ペッツラインスドルフに家を借りる　　　　　　　　　　　　1931年4月3日　金曜

今年の夏を過ごすためにフロイト一家は広い庭がある大きな屋敷を借りた。ウィーン郊外ペッツラインスドルフのクレーヴェンヒュラー通り6にあったマオスナー荘である。ウィーンで暮らす中流階級人の多くと同様に、フロイト一家も毎年田園地帯で夏を過ごした。フロイトが手術を受けた後も、一家はベルヒテスガーデンやゼマーリングに出かけていた。ところが今ではフロイトの健康状態がさらに危うくなったので、一家は専門医の援助がすぐに受けられる所に留まらねばならなくなった。この年から1937年まで、夏はすべてウィーン近郊で過ごさざるを得なかった。

タンズリー　　　　　　　　　　　　　　　　　　　　　　　1931年4月12日　日曜

植物学者アーサー・タンズリー（1871-1955）は1922年にフロイトから分析を受けた。この学者のことをフロイトはこう書いている。「魅力的な男だとわかりました。良いタイプの英国の科学者です。我々の科学に引き入れられれば、植物学には損失でも、我々には利益になるかもしれません」（フロイト-ジョーンズ.1922-4-6）。1926年にタンズリーは英国精神分析学会会員になった。1927年にはケンブリッジ大学植物学教授に就任している。

エルンストル　シェルヘンベルクへ　　　　　　　　　　　　1931年4月12日　日曜

シェルヘンベルクはエルンストルの新しい学校である。4月21日付の手紙でフロイトは息子エルンストに、この孫の「授業料」を毎月払い忘れぬように注意した。

W・エルンスト・フロイト（「エルンストル」）は自分が受けた教育についてこう書いている。「僕はヒーティンク（ウィーン）にあった非常に進歩的なバーリンガム-ローゼンフェルト学校の生徒だった。ところがこの学校では、大学入学資格を得るための公的試験（マトゥーラ）を受けられなかったのだ。そこで、別の学校を見つけねばならず、アンナ・フロイトが色々探し回った後で、ベルリン、テーゲル湖内の島にあるシェルヘンベルク島農学校［Schulfarm］を見つけた。叔母がどのようにしてこの学校を見つけたのかはわからないが、テーゲル湖畔にあった精神分析療養所、テーゲル館を経営していたエルンスト・ジンメルが、この学校と何か関わりがあったのかもしれない。あるいは、ウィーンの進歩的女子校シュヴァルツヴァルト校の校長と叔母の間に接点があって、この校長がシェルヘンベルクを知っていたとも考えられる。叔母がどうしてこの学校を見

つけたのかを知りたいものだ。入学前にこの学校を見に行った覚えはないが、この日付——1931年4月12日——が、見学にいった日かもしれない」

ピヒラーの診察　　　　　　　　　　　　　　　　　　　　　　　1931年4月14日　火曜

今回診察を受けたのは、シュール医師が新たな病変を見つけたからだった。ピヒラー医師が調べると、再び腫瘍が増殖しており、手術が必要だと判明した。この件についてのピヒラーのノートを見ると、新たな事の成り行きが明らかになる。フロイトはピヒラーに治療を一時休むように求めていた。「かなりの開口障害。約15mm。ジアテルミー手術の後遺症が2か月にわたり続いたとの報告があるので、切除とティールシュ植皮を勧める。グッタペルカを人工口蓋に充填。患者はもうすぐ75歳の誕生日を祝うが、鼻カゼ。延期を希望。長期間延期せぬよう勧める。この柔らかい腫瘍はまだ前ガン状態だと思われるが、(患者には告げなかった急速な成長を考慮すると)延期には反対。腫瘍を放置すれば、危険を冒すことにならないかと訊かれ、放置しないように勧める」(ピヒラーのノート.1931-4-14)

腫瘍が急速に増殖しているとピヒラーは告げなかったが、患者との約束でそうする義務があったシュールがフロイトに告げた。

スペイン　共和国に　　　　　　　　　　　　　　　　　　　　　　1931年4月15日　水曜

スペイン国王アルフォンソ13世(1886-1941)は4月12日の選挙後王座から退き、次のように声明した。「日曜の選挙は私が我が国民の敬愛をもはや享受していないことを示した」。国王が国を去ると、ニセート・アルカラ・サモラの下、共和政府が作られたが、アルカラ・サモラは1936年に辞任するまで大統領を務めた。

フロイトは通り一遍ではない興味をスペインに抱いていた。少年時代には学友エドアルト・ジルバーシュタインとスペイン語を独習した。2人は「スペイン語協会」を作り、1871年から81年までスペイン語で手紙を交わしていた。

診察　ホルツクネヒト　　　　　　　　　　　　　　　　1931年4月22日　水曜［20日　月曜］

グイド・ホルツクネヒト教授(1872-1931)は生涯をX線技術の利用と改良に捧げた。この教授のおかげでウィーン総合病院のX線科は世界的に有名になった。また、教授はX線診断に関する数多くの著作を出版し、発色放射線量計を発明した。

ところが他の先駆者たちと同様に、この教授も自分の体に放射線を浴び過ぎて、ガンの犠牲になった。そのために右腕を切断し、現在は入院中で、さらなる手術を待っていた。彼はフロイトの古くからの知りあいで、ウィーン精神分析学会会員だった。このときフロイトは、これ以上の手術を避けるために、ラジウム療法の可能性を探っていた。シュール医師は、この頃ロカルノに滞在していたパリにあるキュリー研究所のリゴー教授の意見を聞くように勧めた。しかしリゴーは紛れもなく悪性な組織以外にはラジウムを使うことには反対で、フロイトの場合にも反対だった。

最後の頼みとして、ピクレルの勧めに従い、フロイトはウィーンを代表する放射線学者ホルツクネヒト教授の意見を求めた。ウィーンの分析医リヒャルト・ステルバはこの会見の模様をこう書いている。「フロイトの新たな病変のX線写真をピヒラーはホルツクネヒトに見せた。感光板を診た後、ホルツクネヒトは言った。『フロイトさん、あなたは手術を受けねばなりません』。10回目の手術は受けたくない、とフロイトは繰り返した。ホルツクネヒトは単にこう言った。『どう言えばいいのでしょうか？　私は明日25回目の手術を受けるのです』。それから会話は他の無関係な事柄へ転じた。3人の訪問者がホルツクネヒトの病室を辞去した後、フロイトはピヒラーとヴァインマンに言った。『我々が訪ねたのは真の英雄だ。もちろん、私も明日手術を受けるつもりだよ』」

アウアースペルグで手術　　　　　　　　　　　　　　　　1931年4月24日［23日］＊　木曜

アウアースペルグ療養所は数人の医者が手術に利用していたが、ピヒラーもその一人で、リヒテンフェルスガッセにある彼の事務所の角を曲がった所にあった。ベルク医師とヴァインマン医師がこの手術を手伝い、シュール医師とルース・マック・ブランズウィック医師も立ち会った。腫瘍を切除した他、上膊部から皮膚を移植した。動脈から激しく出血したが、手術は成功し、フロイトは急速に回復した。(1)

著名な病理学者ヤーコプ・エアトハイムがこの腫瘍の報告書を書いた。シュール医師によると、この報告書は「病理診断の傑作」だった。報告書はこの腫瘍の性質を前ガン

1922年にグイド・ホルツクネヒトが設立を援助した精神分析外来患者診療所(ペリカンガッセ 18)。

＊この手術は実際は4月23日木曜に行なわれた。フロイトは自宅に帰るまでの少なくとも11日間、この出来事とその前の出来事を書き込まなかったのではないか。そう考えればこの日付の間違いを説明できる。

状態だと述べ、喫煙が原因だとの事実を強調した。自分のタバコ中毒についての権威者からの非難に対して、フロイトはただ肩をすくめたようである。

再び我が家に　　　　　　　　　　　　　　　　　　　　　　1931年5月5日＊　火曜

「奇妙な疲労や消耗を我が家に持ち帰りました」とフロイトはアイティンゴンへ書き送った（フロイト-アイティンゴン.1931-5-7）。手術とそれに続く肺の合併症の後だったから、人並みに疲れを感じても当然だろう。とはいえ、この奇妙な消耗は前ガン状態の組織の発見と関連があったのかもしれない。この発見でフロイトが苦しみとの間に築いた均衡は失われた。1か月後、彼はジョーンズにこう書いている。「8年間味わった安心は、今度の病気でなくなりました」（フロイト-ジョーンズ.1931-6-2）

75歳の誕生日　　　　　　　　　　　　　　　　　　　　　　1931年5月6日　水曜

通常ならこの誕生日は公的に祝われただろうが、フロイトが療養所から戻ったばかりで、まだ体が弱っていたので、近親者だけで祝うことになった。これはフロイトには理想的だった。彼はアイティンゴンにこう書いている。(1)　「誕生日に我が家にいて非常に嬉しく思いました。疲れ果てた看護婦たちも、この方が手がかからず、快適だったのです。ともあれ、1日が気持ち良く過ぎました」（フロイト-アイティンゴン.1931-5-7）とはいうものの、いつものように数多くの祝辞や祝電が到着し、その中にはアインシュタインや——フロイトが最も喜んだ——ロマン・ロランからのものがあった。

また、犬たちからは恒例の誕生日の詩が贈られた。この詩はピンク色のリボンで犬の首の回りに結ばれ、「四足獣の仲間たち、ヴォルフ——ヨフィ——タトゥーン」と署名されていた。贈り物の中にはマリー・ボナパルトから届いたギリシャの壺があった。礼状にフロイトはこう記した。「墓の中まで持って行けぬのが残念です」。ジョーンズによると、ゴルダーズ・グリーン墓地で現在フロイトとマルタの遺骨を収めているのがこの壺である。

会議　ペッツル——ゴンペルツ　　　　　　　　　　　　　　　1931年5月9日　土曜

これは3通りに読める。会合か会議の後で2人が来たか、2人が「会議」の構成員だったか、あるいはペッツルと会った後でゴンペルツに面会したかである。

2人はどちらもフロイトの古くからの知人で、精神分析に好意的だったが、現在は他の分野で働いていた。神経病理学者オットー・ペッツル（1877-1962）は、最初はフロイトから医学を学んだが、精神分析で初めて実験的方法を使った研究者の一人だった。(1)　実証主義哲学者ハインリヒ・ゴンペルツ（1873-1942）は、フロイトの初期の恩人だった著名な古典学者テオドール・ゴンペルツの息子である。(2)

1899年にハインリヒは自分自身を実験台にしてフロイトの夢理論を試したが、成功しなかったらしい。1920年から35年まで、彼はウィーンで哲学の教授を務めた。また、1920年代にはギリシャの哲学者パルメニデスとソクラテスに関する心理学的所見を書いて、『イマーゴ』誌に発表している。

オリの訪問　　　　　　　　　　　　　　　　　　　　　　　1931年5月14日　木曜

この訪問の記録は見つからない。オリヴァーは金に困っていたから、あるいは妻や娘を連れずに一人で来たのかもしれない。2人の名前が書かれていないからである。

ペッツラインスドルフに移る＊＊　　　　　　　　　　　　　　1931年6月1日　月曜

アイティンゴンに出した手紙でフロイトはこの一時転居をこう書いている。「古い家具やオーストリア民俗の鑑定家・収集家の遺物の中に落ち着くのは、良い気持ちではありません。ですが効果はあるもので、新しい家具を数点、必ず好きになります。それはそうと、ドアを開けると大庭園のような広大な庭に出られます。ヴォルフとヨフィの安全のために、どちらも明日来る予定ですが、塀で区切ってあります。アカシアの香りが今でも満ちており、リンデンがちょうど咲き出し、ツグミやヒバリが飛び去り、また散歩に飛来します。拡声器や車の警笛が平和を乱すこともありません。ここなら誰もが幸せに過ごせるでしょう。もちろん、私はそうではありません。まだ体力が戻っていませんし、人工口蓋も依然しっくりしないのですから。再び5時間を［分析に］あてています」

＊マックス・シュールによれば、フロイトは5月4日に家に戻った。後から書いたのだとしても、フロイトが誕生日にこれほど近い日付を間違えたのだとしたら奇妙である。けれども5月4日の夜に戻ったのであれば、翌日を本当に帰宅した日だと考えたのかもしれない。

＊＊"P"[Poetzleinsdorf]は赤字で書いてあり、左側の余白に直線で印をつけてある。

フロイト夫妻、1931年。

(フロイト-アイティンゴン.1931-6-1)

イーディス・リシャヴィの埋葬　　　　　　　　　1931年6月3日　木曜［水曜］

　イーディス・リシャヴィは、マティルデの夫ロベルト・ホリチャーの姪である。神経衰弱に陥った彼女はヘルマン・ヌンベルグから分析を受けていた。1929年にはベルリンに滞在していたフロイトを訪ねている。彼女のことをフロイトはこう書いていた。「ひどく気が狂っていて（meschugge）、まことに近寄りがたく、「自殺せねばならぬ」との思いにとりつかれ、愚かにもその手段を他人に求めています」（フロイト-愛するものたち.1929-9-18）

　彼女の苦悩の原因は年上の女性との不幸な情事だとわかり、狂気への恐れが彼女を自殺へ駆り立てていた。もっとも彼女は直接自殺したのではなく、手の傷の感染症を放置して死ぬにまかせた。フロイト自身はこの葬儀に参列しなかった、と考えていいだろう。

日本語の翻訳書　　　　　　　　　　　　　　　　1931年6月6日　土曜

　フロイトの著作の日本語翻訳書が1931年に少なくとも7冊、競合する2つの出版社から発行された。この翻訳書は矢部八重吉が編集した40巻の日本語版全集の、『日常生活の精神病理』以外の1巻だったのかもしれない。

オットー・フライシュル　　　　　　　　　　　　1931年6月6日　土曜

　オットー・フライシュル（1849-1935）はフロイトの友人で良き指導者だったエルンスト・フライシュル・フォン・マルコフの弟である。オットーは医者で、若い頃はローマで働いた。また兄エルンストの論文集を編集し、1893年にライプツィヒで出版した。

　エルンスト・フライシュル・フォン・マルコフ（1846-1891）はフロイトが青年時代に手本にした科学者の一人である。フロイトの書斎には生涯にわたって彼の肖像画が掛けてあった。優れた生理学者（と物理学者）で、エルンスト・ブリュッケの研究室で研究を続けていたが、フロイトは1876年から82年までこの研究室で解剖学の研究に従事した。ある感染症でエルンストは右腕を切断せざるを得なかった。耐えられぬ痛みで彼はモルヒネに頼ったが、彼のモルヒネ依存症をフロイトはコカインで治そうとした。そのために、エルンストはモルヒネの代わりにコカイン依存症に陥った。

アイティンゴン　　　　　　　　　　　　　1931年6月13日土曜－15日月曜

　長男マルティンがシュトルフェルから国際精神分析出版所の経営を引き継ぐという計画を話しあうために、マルティンが休暇から戻った後でアイティンゴンが来るように、フロイトは日程を調整した。「すること全てが能率的で頼りになる」と述べて（フロイト-アイティンゴン.1931-5-12）、フロイトはマルティンをアイティンゴンに推薦した。　この年、アイティンゴンは50歳になった。フロイトはこの月に祝福の手紙を書いて、彼が精神分析のためになしたすべての事に感謝している。(1)

エルンスト　　　　　　　　　　　　　　　　1931年6月20／23日　土／火曜

　この年エルンストは3回父親を訪問したが、これは2回目の訪問である。1930年と32年には1回しか訪れていない。(1)

シュトルフェル　　　　　　　　　　　　　　　　1931年6月28日　日曜

　アドルフ・ヨーゼフ・シュトルフェル（1888-1944）はオットー・ランクと共に1921年から国際精神分析出版所を経営した。1925年にはランクに代わって所長に就任した。1931年にフロイトがアイティンゴンと交わした手紙を通じて、シュトルフェルへの不満が何度も繰り返されている。この出版所の財政危機は切迫しており、シュトルフェルのまずい経営が原因だった。(1)

　現在のあつれきの原因の一つはハンガリー語版のフロイトの著作だった。翻訳はとっくの昔に終わっていたが（『夢判断』は15年前！）、原稿の売却やハンガリーの出版社との権利関係について、シュトルフェルが問題をおこしていた。

　3月にフロイトはシュトルフェルの「狡猾で、悪意のある」行状（lausbübisch-boshaft）を語り、4月にはシュトルフェルの行動から自分自身と出版所を守ろうとするアイティンゴンの計画に賛成した。ところが、4月後半になるとシュトルフェルの振舞いが変わり、軟化して非常に協力的になった。出版所を救おうという意欲にあわせるかのように、彼はウィルソン本を出版すると発表した。

　その間アイティンゴンは、シュトルフェルを金でなだめて、他の誰かに彼の役割を引

上：庭で読書するフロイト。「ここなら誰もが幸せに過ごせるでしょう。もちろん、私はそうではありません」（フロイト-アイティンゴン、1931-6-1）

下：エルンスト・フライシュル・フォン・マルコフ、フロイトの書斎にて。

き継がせようと考えていた。最近のアイティンゴンとの会見で（6月13－15日）、マルティンがその候補者に名乗り出た。この会見で決定した今後の方針を、このときにシュトルフェルは、告げられたのだと思われる。

タロックをフライシュルと　　　　　　　　　　　　　　　1931年6月28日　日曜

オットー・フライシュルが再訪したのだろう。この日は日曜だから、ここで触れているのは、土曜夜の習慣だったタロック・ゲームの追加となるゲームだったのかもしれない。あるいは、すでに書き入れていた日曜の出来事に、土曜のゲームへの言及を後から付け加えたとも考えられる。(1)

彫刻家ジュランがフライブルクへ　　　　　　　　　　　　1931年7月14日　火曜

チェコの彫刻家フランティシェク・ジュランは、フロイトの生まれ故郷フライブルク（プリーボル）に設置するレリーフの銘板を製作していた。この銘板は10月25日に開かれる公式式典で序幕される予定だった。

アンナは書いている。「パパがカードをしているのが窓を通して見えますが、家の外では風が吹き、恐ろしい暑さを冷しています。彫刻家が1日中家にいて、フライブルク［現在はチェコのプリーボル］の生家に取りつけるパパの彫像を作りました。実物そっくりです」（アンナ・フロイト-エヴァ・ローゼンフェルト.日付なし）

＋ヨハンナ・リー　　　　　　　　　　　　　　　　　　　1931年7月19日　土曜

友人の妻が亡くなった——ヨハンナ・リー（旧姓カープルス、1871-1931）は1895年にオスカル・リーの兄アルフレッド・リーと結婚している。

アルフレッド・リーの所へ　　　　　　　　　　　　　　　1931年7月23日　木曜

アルフレッド・リー（1862-1932）は法律家で、フロイトのタロック・ゲームの常連の一人だった。亡くなった妻を弔問したのだと思われる。

v.d.ホープ　　　　　　　　　　　　　　　　　　　　　　1931年7月23日　木曜

J・H・ヴァン・デル・ホープ（1887-1950）はオランダ精神療法学会（Nederlandsche Vereeniging voor Psychotherapie）の共同創立者兼会長で、精神分析を学びにウィーンへ来た。(1)　アムステルダムの大学講師で、1937年には国際精神分析出版所から『意識の諸類型』（Bewustseinstypen）を発表している。

彫刻家O・ノイマン　　　　　　　　　　　　　　　　　　1931年7月24日　金曜

オスカル・ノイマン（1906-1985）はベオグラード出身で、ドイツ系ユダヤ人の彫刻家である。後に名前をオスカル・ネモンに変えた。彼はキュービズムを使ってパウル・フェダーンの銘板を作ったが、この銘板が気に入ったフロイトはモデルになることに同意した。アイティンゴン宛ての手紙でフロイトはこう報告している。「ある人が私の胸像を作っています。ブリュッセルの彫刻家オスカル・ノイマンで、見かけはスラブ系の東方ユダヤ人ですが、ハザル人かカルムイク人、まあそんな所でしょう。認められぬ天才を見つけるのが普段は非常に下手なフェダーンが、この男を私に押しつけました。ところが、今回はだいぶ中味があるのです。やせて山羊ひげを生やしたこの芸術家が——全能の神のように（1）——泥から作った頭部は非常に良くできており、驚くほど私にそっくりです。自分の仕事をどう評価するか、黙して語りませんが、言わせようとはしませんでした」（フロイト-アイティンゴン.1931-8-3）

粘土製のこの胸像が、木、石、青銅製のさらなる3体の胸像の型になった。フロイト家の家政婦パウラ・フィヒトルは、この彫刻家が作った先生はひどく怒っているように見える、との感想を漏らした。フロイトの答えはこうだった。「そのとおり、私は怒っている。人類に怒っているのだよ」

グラーフからの肖像　　　　　　　　　　　　　　　　　　1931年7月24日　金曜

この時フロイトは紀元後4世紀エジプトの、ミイラ褐色絵の具で描いた、あご髭のある青年の肖像画を手に入れた。このような肖像画を彼はすでに1枚持っていたから、この買い物は思いがけない幸運だった。(1)　診察用長椅子の横にある自分の椅子の上にフロイトはこの新しい絵を飾った。元々は2枚ともオーストリアの古物商テオドール・グラーフの蒐集品だった。

古代フィラデルフィアの墓地やファイユーム、エル・ルバイヤートで見つかった同種

上：チェコのプリーボルにあるフロイト誕生の家で記念銘板を除幕するフランティシェク・ジュラン、1931年。
中：グラーフの蒐集品からフロイトが入手した、ミイラ褐色絵の具で描いた肖像画。WK.
下：フロイトと弟のアレクサンダー。
右：「人類に怒っている」フロイトの肖像を彫ったオスカル・ネモン、1931年。

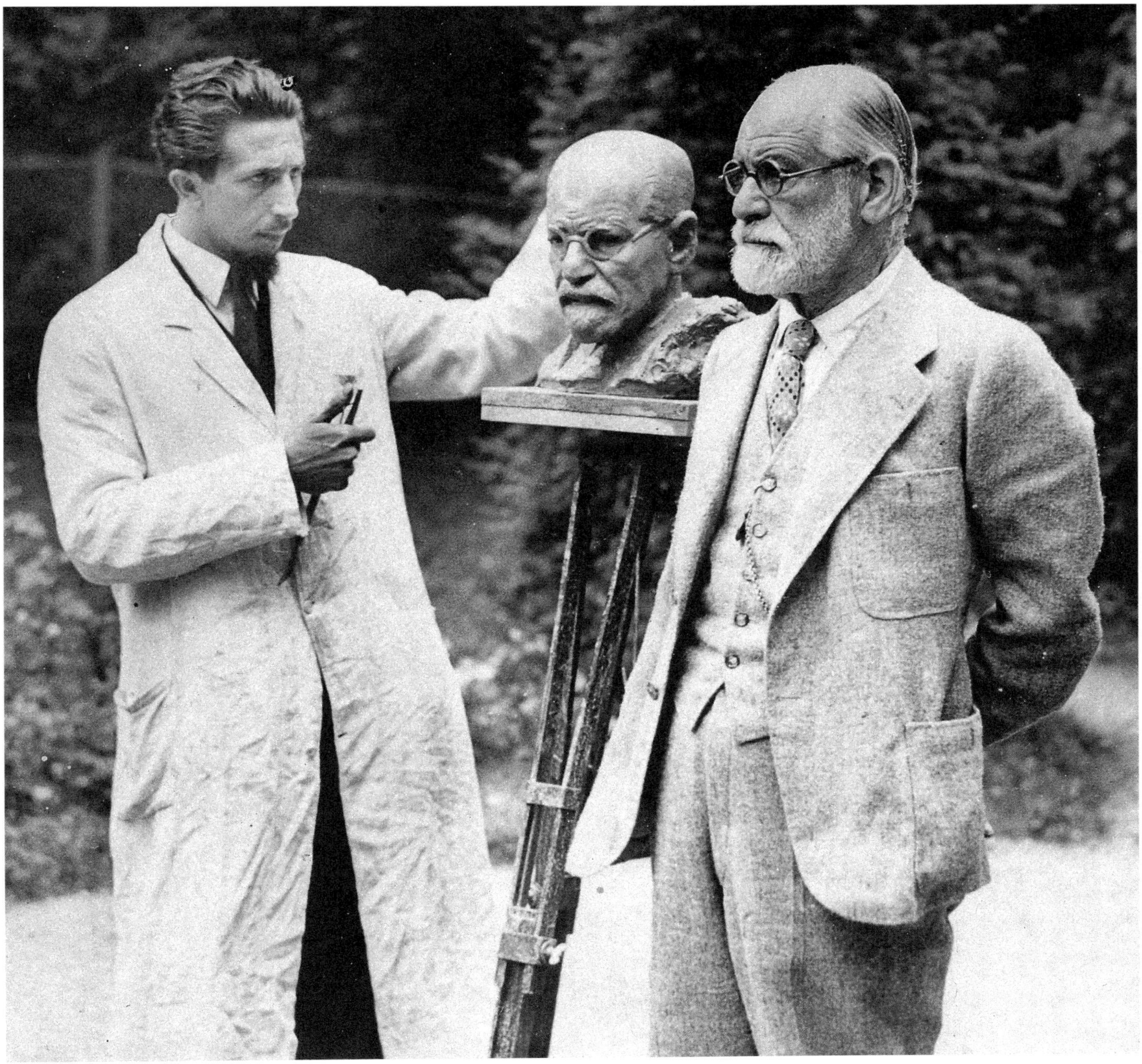

の肖像画をグラーフは大量に入手していた。1889年にはベルリン、1893年にはシカゴで開かれた世界博覧会で、一部の絵を展示している。

アレックスとリリーの夕べ　　　　　　　　　　　　　　1931年7月24日　金曜

フロイトの弟アレクサンダーと、妹ミツィの娘で姪にあたるリリーが来たのだと思われる（フロイトは"Lilly"ではなく"Lilli"とつづっている）。リリー・マーレ（旧姓フロイト、1888-1970）は女優で、1918年に男優アルノルト・マーレと結婚した。1919年には息子オムリが生まれた。1930年に姪のアンジェラ・セドマンが孤児になると、夫妻はこの少女を養子にした。この少女の養育資金をフロイトは援助していた。1930年8月には「ゲーテ賞基金」の中から500マルクをマーレに送るよう、彼はエルンストに指示を与えている。

大会中止に　　　　　　　　　　　　　　　　　　　　　1931年7月24日　金曜

国際精神分析大会は9月にインターラーケンで開かれる予定だったが、ドイツ国内の深刻な政治情勢、世界的経済危機、ウィーン・クレジットアンシュタルト銀行の破産、が束になって影響を及ぼした。多くの分析家には出席する余裕がなかったので、この大会は翌年まで延期になった。出版所の問題に心を奪われていたアイティンゴンが大会準備を手伝えなかったことも、延期の一因だった。

その間、メラニー・クラインが出版所に提出した本を発行しない口実にこれらの問題を「利用」しようと、アイティンゴンはフロイトに持ちかけた。フロイトは賛成した。「もし、メラニー・クラインの本の出版を遅らせて、最終的に拒む良い機会があるなら、その機会を利用するべきです。アンナのことを考えると、私は党派的にならざるを得ません。ですが、女児の発達に関する最近の研究の中で、それでもなお私は、クラインの遊戯療法の結果には誤りがあり、結論は間違っていると確信しました。あの本を擁護する必要は全くありません」（フロイト-アイティンゴン.1931-8-3）

マルタ70歳　　　　　　　　　　　　　　　　　　　　1931年7月26日　日曜

フロイトとマルタが共に生きた45年間の思い出が、この誕生日の祝いには交っていたに違いない。家庭生活で必要になる多くの事柄からフロイトを守る上で、妻マルタは非常に重要な役割を演じた。

当初はマルタと仕事が、フロイトを動かす2つの力になっていった。婚約中の4年間、1882年から1886年に結婚するまで、フロイトは思い描く理想の生活をしばしば口にした——マルタが自分のものだとわかり、研究や仕事を続けられることである。「一度でいいから、君と仕事とを同時に手に入れられないだろうか？」（フロイト-マルタ・ベルナイス.1885-10-21）

士気が挫けた時には、他のすべてよりマルタを大切に思うこともあった。「君が僕のものになる前は、人生は全然楽しくなかった。今では君は『原則的に』僕のものだから、僕の人生にとって一番重要なのは、君を完全に僕のものにすることなのだ。そうでなければ、僕の人生はまるで意味がなくなってしまうだろう」（フロイト-マルタ・ベルナイス.1884-6-19）

＋フォレル　　　　　　　　　　　　　　　　　　　　　1931年7月28日　火曜

アウグステ・フォレル（1848-1931）は、スイスの心理学者で精神科医だったが、前日亡くなった。ブロイラーも彼の弟子の一人だった。

フォレルの多彩な経歴はフロイトのそれに匹敵する。蟻の研究で科学の道に入った彼は、医学を学び、脳解剖学で数々の発見をした。精神医学の教授としては、ブルクヘルツリ精神病院の院長に就任した。1887年にはイポリット・ベルネームを訪ね、催眠療法を学んだ。性科学に関する著書を出版し、法心理学にも関わっている。

1889年夏に初めてフォレルと会ったフロイトは、この年にフォレルの著書『催眠術』を批評した。フロイトの蔵書の中にはフォレルの本がたくさん残っているが、その中には献辞入りの『脳と心』がある。(1)

アルメニア人歯科医がボストンから　　　　　　　　　　1931年7月31日　金曜

ヴァラツァド・カザニジャン（1879-1974）は世界的に有名な口腔外科医である。アルメニア人の彼は子どもの頃トルコから逃れ、ハーヴァード歯科学校を卒業し、今ではこの学校で教鞭を取っていた。第一次大戦中にはフランスで英国兵士の治療にあたり、あごの再建の専門家だった。8月初めにパリで開かれる世界歯科医学大会に出席するため、この時ヨーロッパを訪れていた。

上：フロイトと姪のリリー・マーレ。
下：妻マルタ、70歳。

この「アルメニア人歯科医」が来たのを見て、ルース・マック・ブランズウィックはフロイトの人工口蓋を改良しようと思い立った。彼女はこの医師をなんとか説得し、大会前の短期間ウィーンまで連れてきた。カザニジャンはフロイトの人工口蓋を診ることには同意したが、大会後またウィーンへ来るとは約束しなかった。

フロイトにとって人工口蓋は人生の災いだった。改良できるかについては次第に疑いを深めたが、望みを完全に捨てたわけではなく、彼はこの診察を受け入れた。その後アイティンゴンへ出した手紙でこう書いている。「(カザニジャンは)大きな自信を与えてくれます。内気な男で、チャーリー・チャップリンのように笑います」(フロイト-アイティンゴン.1931-8-3)

アンナ病気に　　　　　　　　　　　　　　　　　　1931年8月1日　土曜

これは突然の発熱だが、過労も一因だったに違いない。国際精神分析大会の中止後(アンナも準備を手伝っていた)、発熱の2日前に彼女はフェレンツィにこう書いていた。「今、ようやく少なくとも疲れることができます」(アンナ・フロイト-フェレンツィ.1931-7-29)

新しい人工口蓋　カザニジャン　　　　　　　　　　1931年8月1日　土曜

カザニジャンの準備段階の仕事にフロイトが示した最初の反応は驚きだった。「そして今、信じがたい事がおきたのです！　1日半で——金曜と土曜——今日は月曜ですが、この魔術師は仮の人工口蓋を作り上げました。大きさも重さもこれまでのわずか半分ですが、少なくとも同じように噛んだり、話したり、タバコを吸ったりできるのです」(フロイト-アイティンゴン.1931-8-3)

とはいうものの、長年の苦悶が終わるとの希望は単なる希望に過ぎなかった。「確信は持てません。これまでの苦心や約束はすべて失望に変わっただけだったのですから」。フロイトがこの話を断ろうとした一番の理由は、出費に見あうほど長く生きるかということだった。治療費はきわめて高く、6000ドル前後の大金を払う価値があるのか、彼は確信を持てなかった。出版所を救うのに使う方が有益だとも思える金額だった。

シュタイン医師が鼻血で　　　　　　　　　　　　　1931年8月7日　金曜

鼻腔と性器とは関連があるという友人ヴィルヘルム・フリースの理論のせいで、1890年代にフロイトは(自分自身や家族の)鼻の症状に特別な注意を払っていた。その後、1924年には、最も深刻で厄介なガン手術の後遺症として鼻の化膿にかかった。また、1925年には「きりがない鼻の感染症」について述べている(フロイト-アブラハム.1925-7-21)。

この鼻血については、シュタイン医師や病状の記録がないので、何が原因だったのかはわからない。

カザニジャン仕事を始める　　　　　　　　　　　　1931年8月10日　月曜

大会後カザニジャンは、家族がいたこともあって、再びウィーンへ行こうとは思わなかった。ところが、彼——とフロイト——が抵抗したにもかかわらず、ルースとマリー・ボナパルトが、ウィーンまで来るように巧みに彼を説き伏せた。ルースはこの医者の通常の月収に等しい5千ドルを提供した。(1)　また、王女は「妻や娘を従えて」(フロイト-エルンスト・フロイト.1931-8-30)この歯科医をパリからウィーンまで連れてきて、ぜいたくなコテーシュ療養所の滞在費も支払った。

カザニジャンはフロイトの仕事を8月最終週までに済ませるつもりだった。ベルリンでのシュレーデルの治療が何度も延び延びになった後だったから、この厳格な治療計画をフロイトは歓迎したに違いない。「長年の苦悶に弱り果てて」(フロイト-ランプル＝ド・フロート.1931-8-11)　いたフロイトは、周囲の人間の執拗な勧めに従い、この治療をおとなしく受け入れた。

エルンストル　シェルヘンベルクに入学する　　　　1931年8月13日　木曜

W・エルンスト・フロイトはこの型破りな学校のことを共感を込めて書いている。「シェルヘンベルク島農学校はベルリン市が運営する、主に労働者階級の子ども向けの学校だった。この時代には、規定の学費は1日1ドイツ・マルクだったと思う。寄宿学校で100名ほどの男子生徒がおり(現在は共学)、校長はブルームという名前の素晴らしい人物だった。この学校については文献が沢山出ている。名前が示すように、規模はささやかだが、農場もあった。乳牛数頭、馬2、3頭と、多数のニワトリがおり、少しは農業もして

上：マルタ・フロイト(右)と妹ミンナ、1882年頃。
下：マティルデ、オリヴァー、マルティンと母マルタ、1894年。

いた。街の子どもを田園生活に親しませるというのがこの学校の方針で、生徒は例えばジャガイモの植えつけや収穫を手伝わねばならなかった。僕はアビトゥーア（オーストリアのマトゥーラに相当するドイツの大学入学資格試験）を受けるまでこの学校にいる予定だったが、1933年にヒトラーが権力の座についたので、この予定は未完に終わったのだ」

テーゲル閉鎖へ　　　　　　　　　　　　　　　　　　　　　1931年8月25日　火曜

　テーゲル療養所は長年財政危機が続いていた。1929年にジンメルが資金援助を求めると、様々な後援者が名乗り出た。その中にはドロシー・バーリンガム、スイス生まれのフランス人精神分析医レイモン・ド・ソシュール、マリー・ボナパルトらの名前があった。けれども患者に対するスタッフの割合が多いので、このような病院の経営は経済的に成り立たなかった。

　この時、テーゲル館を借りる余裕がなくなり、療養所は閉鎖に追い込まれた。翌日の手紙でアイティンゴンはフロイトにこの決定を伝え（1）、こう付け加えた。「残念です。非常に残念です」（"Schade, sehr schade"）

　フロイトには閉鎖を惜しむ他の理由があった。最初の精神分析病院という独特な価値とは別に、1928、29、30年にフロイトがベルリンを訪れた際、この療養所は格好の休息、避難、歓待の場になっていたのである。

ターニング・ポイント　　　　　　　　　　　　　　　　　　　1931年8月27日　木曜

　この意味ははっきりしない。天候の転換点かもしれない。8月初めにフロイトはこう書いている。「先週の厳しい暑さは体にこたえました」（フロイト-アイティンゴン.1931-8-8）。けれども、8月末にはすでに気候はもっと涼しくなっていた。したがって、これはフロイト自身（ことによると人工口蓋に関連して）か、アンナの健康の転換点だったとも考えられる。

　今月初めの熱発からアンナがいつ回復したのかは記されていないが、この発熱は余病を併発したらしく、その余病がこの時まで続いたようである。

　その後エヴァ・ローゼンフェルトに出した手紙で、アンナはこう記している。「今日、私はもう庭においてあるドロシーの緑色の手押し一輪車に寝そべり、回復につとめています。すでに高熱はなく、午後にぶり返さなければ、これで終わりでしょう。喉は依然としてすっきりしませんし、少しだけ感染症にかかったお腹の調子もまだ完全ではありませんが、それでもずっと良くなりました。すべてが不思議な出来事です」（アンナ・フロイト-エヴァ・ローゼンフェルト.日付なし）

リカルダ・フーフ　ゲーテ賞　　　　　　　　　　　　　　　　1931年8月28日　金曜

　1931年のゲーテ賞は当然ながらフロイトの関心事だった。フロイトに続く受賞者はリカルダ・フーフ（1864-1947）だが、この女性は優れた「新ロマン主義」の詩人、著述家、歴史家である。（1）

カザニジャン去る。新しい人工口蓋　　　　　　　　　　　　　1931年8月29日　土曜

　これまでのものに代わる新しいゴム製の人工口蓋をカザニジャンは3つ製作した。ピヒラー医師が気前よく作業場を貸したものの、カザニジャンは義歯を作る作業をすべて自分でやらねばならなかった。経験のある助手はいなかったし、入手できない多くの材料はマリー・ボナパルトがパリから送らねばならなかった。

　この歯科医が出発した翌日、フロイトはこう書いている。「あの魔術師は昨日発ちました。それほど素晴らしい気分ではありませんが、ともかく、ずっとうまく話せます。新品に慣れればさらに進歩を期待できるでしょう。それ以上の事はおきないと思います」（フロイト-アイティンゴン.1931-8-30）

　フロイトは柔らかい人工口蓋ではタバコを吸えず、舌を噛んだ、とピヒラーは9月に記している。続く数か月を、ピヒラーはこの新しい人工口蓋の手直しに費やしたが、たいして巧く行かなかった。（1）

ミンナ　通りで事故に　　　　　　　　　　　　　　　　　　　1931年8月31日　月曜

　この事故に関する証拠資料はこれまで見つかっていない。

オスカル・リー　病に倒れる　　　　　　　　　　　　　　　　1931年9月1日　火曜

　この日心臓発作で倒れたオスカル・リー＊はフロイトの最も古い友人の一人で、分析

「私たちは一世代半にわたってすべてを分かちあいました」オスカル・リー（フロイト-マリー・ボナパルト.1931-9-18）。

以前からの友人のうち、数少ない生き残りだった。フロイトはマリー・ボナパルトにこう書いている。「45年前の新婚の頃（1886）、小児神経症を治療する医院を開いたと発表すると、リーが来て、最初は実習生、それから助手になりました。その後、我が家の子どもたちの医師と家族の友人になり、私たちは一世代半にわたってすべてを分かちあいました。お嬢さんの一人マリアンネ［クリス］はご存じのように分析家になりました。もう一人は分析医［ヘルマン］・ヌンベルグと結婚したので、結びつきはこれ以上ないほどに緊密になったのです」（フロイト-マリー・ボナパルト.1931-9-18）

リビドー的類型に着手　　　　　　　　　　　1931年9月2日　水曜

　小論文『リビドー的類型について』はリビドーの性質で人間を特徴づけようとする試みである。フロイトは人間を3つの主要類型——エロティック型、ナルシシズム型、強迫型——に分類した。エロティック型は愛し、愛されることを求めて、イドの本能的要求を代表する。強迫型は良心と超自我の要求に支配される。ナルシシズム型は自主独立で、自己保存に関心を向ける。

　もっともこれらの基本型の純粋例よりもよく見受けられるのは混合型である。エロティック・ナルシシズム型が一番多く、文化的見地に立てば、最も価値があるのはナルシシズム・強迫型である。(1)

アレクサンダー博士　　　　　　　　　　　　1931年9月7日　月曜

　1930年にシカゴ大学で精神分析の客員教授に就任すると、米国ではフランツ・アレクサンダーに対する反対が弱まった。1931年1月に彼はニューヨークでハーヴィー講演を行なったが（「精神分析と医学」について）、この講演後コーネル大学医学部の学部長は、学科の比較的早い段階で医学部の学生に精神分析を教えるべきだと、いま納得したと明言した。

　ローゼンウァルト基金ももう一つの好機だった。精神分析に興味を持った理事E・R・エンブリーは、犯罪者の分析に進んで研究費を出そうとしていたが、この分析はアレクサンダーの専門だった。

　米国に精神分析の研究所を開設することの可能性について、アレクサンダーはフロイトと話し合いたいと考えていた。この年初めに彼はフロイトにこう書いていた。「ここでは抵抗はヨーロッパより素朴で、それほど悪意もありません」（アレクサンダー-フロイト.1931-1-18）

アイティンゴン　　　　　　　　　　　　　　1931年9月11日　金曜

　アイティンゴンが3日間にわたりウィーンを訪れた。国際精神分析出版所が抱える諸問題は当然議論になっただろうが、今ではフロイトは主にアイティンゴンから葉巻を手に入れていたのだから、葉巻の話も出たに違いない。

　1月にフロイトはアイティンゴンに再び喫煙を始めたと語ったが、質の悪いオーストリアの葉巻には不満を漏らしていた。ベルヒテスガーデンの業者と連絡を取ったアイティンゴンは、フロイトがこの地で買っていた銘柄の名前（ドン・ペドロ）を探り出し、数百本注文した。フロイトが禁煙したと聞いた5月には、彼はまだドン・ペドロとレイナ・キュバナスを相当数持っており、吸う気はないか、とフロイトに尋ねた。説得する必要はあまりなかった。

　8月にザルツブルクの音楽祭を訪れたアイティンゴンの妻ミラは、国境越しにベルヒテスガーデンの葉巻を2箱購入した。その2か月後にアイティンゴンはフロイトが求めていたリリパタノスを2箱携えて、オランダ旅行から帰国している。

王女出発する　　　　　　　　　　　　　　　1931年9月12日　土曜

　足の手術後スイスで静養中の娘ユージェニーを訪ねたマリー・ボナパルトは、それからフロイトに会うために、ウィーンへ来た。

　王女は犯罪心理学に常に興味を抱いていた。フロイトを訪れた後はレイモン・ド・ソシュールと共にデュッセルドルフへ行き、サディストの殺人者ペーター・クルテンに関する情報を集めるつもりだった。デュッセルドルフで前年に裁判を受けたクルテンは、この年の8月初めに処刑されている。

＊1902年にドイツ語の正書法が改革される以前から、リーは署名や便せんに名前を印刷する際、自分のファースト・ネームを"Sigismund"とつづっていた。フロイトは旧式の異形"Oscar"に固執したが、本書はリーのつづりに従った（自分の名前に関する限り、フロイトは青年時代に"Sigismund"から"Sigmund"につづりを変えた。異形のつづり"Siegmund"を使う人々も時折見受けられたが、フロイトも蔵書票では、この"Siegmund"を使っている）

一時フロイトが保養地にしており、今では彼の葉巻の産地になったベルヒテスガーデン。

ヌンベルグ　別れの挨拶に　　　　　　　　　　　　　　　　　1931年9月13日　日曜

　ヘルマン・ヌンベルグ（1884-1970）はチューリヒのブロイラーとユングの下で学んだが、その後はウィーンに住み、ウィーン精神分析学会会員になった。学会研究所が開設されると創立以来講師を務め、ここで行なった講義に基づいて『一般神経症講義と精神分析学基礎（ベルン1932）』（『精神分析原理』ニューヨーク1955）を著わした。この教科書にフロイトは序文を書いている。

　1930年にペンシルヴェニア大学の精神医学の教授が、ペンシルヴェニア病院精神衛生研究所に精神分析の研究を取り入れるため、ヌンベルグを招いた。この職に就くためフィラデルフィアへ出発するヌンベルグは、その前にここでフロイトに別れの挨拶をした。

クーデター　シュタイアーマルクで　　　　　　　　　　　　　　1931年9月13日　日曜

　プフリマー博士が率いるシュタイアーマルク州の護国団がウィーンへの行進を試みたが成功しなかった。護国団とはオーストリア、ファシストの準軍事組織である。1930年5月18日の集会で採択された「コールノイブルクの誓い」にその政治綱領が述べられていた。「我々は西欧型議会制民主主義と政党政治を排撃する！　［……］我々は我が民族を滅ぼそうとする、マルクス主義の階級闘争や資本主義の自由経済と戦う」。「愛国的な」護国団はこの段階でナチスとよく似ていたが、事実、シュタイアーマルクの護国団は後にナチス党と合併した。

　その後グラーツで開かれた裁判で陪審員はプフリマーと同志8名を無罪と判定した。オーストリア政府もこの計画を知っていたらしく、11月の総選挙でブルジョア諸政党が もし2／3の多数を獲得しなければ、「合憲クーデター」をおこそうと考えていたのは、プリフマーではなくて政府当局（の一部）であった。

アイティンゴン出発する　　　　　　　　　　　　　　　　　　1931年9月13日　日曜

　1931年11月1日からマルティンがシュトルフェルに代わって精神分析出版所の経営を引き受け、ホーゼマンという人物に代理人の権限が与えられると決定した。10月末に行なった一連の提案の中で、アイティンゴンはこの決定をシュトルフェルに正式に知らせた。そして、11月から出版所は集団経営になり、経営陣の中にはツヴァイク嬢も含まれる、と通告した。さらに、もっと安い建物へ引っ越すように求めた。

ミンナ　メラノへ　　　　　　　　　　　　　　　　　　　　　1931年9月16日　水曜

　ミンナ・ベルナイスは今では66歳で、健康状態も良くなかった。そこで、療養のために彼女は定期的にメラノを訪れていた。今回のメラノ行きは8月31日の事故と何か関連があったのかもしれない。

✝オスカル・リー　　　　　　　　　　　　　　　　　　　　　1931年9月17日　木曜

　この月初めの心臓発作からオスカル・リーは回復しなかった。この友人が亡くなった翌日にマリー・ボナパルトに出した手紙で、フロイトは達観した感想を漏らしている。「旧友たちが死ぬのを見るのは避けられない運命です。若い友人たちより長生きする羽目にならねば、それで十分です」（フロイト-マリー・ボナパルト.1931-9-18）。2日後、リーは火葬にふされた。(1)

エムデン　　　　　　　　　　　　　　　　　　　　　　　　　1931年9月17日　木曜

　オランダの精神分析医ヤン・ファン・エムデンは1910年にライデンで初めてフロイトに会った。1911年にはワイマールで開かれた第3回国際精神分析大会に出席した。フロイトの友人になった彼は、1929年には1週間フロイト家に客として滞在している。(1)

ヌンベルグの所へ　　　　　　　　　　　　　　　　　　　　　1931年9月18日　金曜

　義父オスカル・リーが重病なので、ヘルマン・ヌンベルグは妻マルガレーテと娘を連れずに、1人でフィラデルフィアへ出発した。マルガレーテ・ヌンベルグをこの日フロイトが訪ねたのは、亡くなったオスカル・リーへの弔問だった。

ベルクガッセで＊　　　　　　　　　　　　　　　　　　　　　1931年9月26日　土曜

　広々とした夏の住まいから、相対的に窮屈な街のアパートへ移ったことの記録である。

＊この記載には左側の余白に赤線で印がつけてある。

社会民主党を率いていたカール・レナー博士。1931年のプフリマー暴動で殺された2人の労働者の記念決起集会で演説。DOW

ペッツラインスドルフの美しいたたずまいの中で、フロイト一家は夏を過ごした。──「こんな牧歌的光景は最近はなかなか許されません（フロイト-アイティンゴン.1931-8-3）。カザニジャンから治療を受けたものの、フロイトは何とか仕事を続けた。自分自身の著作の他に、被分析者が3人おり（ドロシー・バーリンガム、マリー・ボナパルト、米国人アーマ・パトナム）、8月中旬からはジャンヌ・ランプル＝ド・フロートが加わった。

さらに、犬たちもこの屋敷の生活を楽しんだ。「笑わないで下さい。ですが、犬たちはペッツラインスドルフを楽しむのに大いに役立っており、庭で自由を満喫しています。私のヨフィは楽しい生き物で、大方の人間の訪問客が帰った後、この犬といると心が休まります。彼女の黒い息子は愉快ないたずらっ子です。これらの動物がいない夏はもう想像できません」（フロイト-アイティンゴン.1931-8-3）

ベルクガッセへの帰還は、フロイトがベルクガッセに引越してから40年たった記念日と、大体一致していた。(1)

女性の性愛終わる　　　　　　　　　　　　　　1931年9月30日　水曜

『解剖学的な性の差別の心的帰結の二、三について』（1925）の中で、フロイトは男性と女性の幼児期のセクシュアリティを比較し、女児の場合、ペニス羨望がペニスの代わりに子どもを持ちたいという願望へ発展する、と考えた。男児の場合、去勢コンプレクスに耐えることでエディプス・コンプレクスは破壊され、この時昇華された願望が超自我の中核を形づくる。ところが女児はこの段階を免れる。そのために女児の超自我はそれほど峻厳でなく、正義の感覚もあまり堅固にはならず、行動も感情に左右されやすくなる。

論文『女性の性愛について』でフロイトはこの主題をさらに追求した（1）──フェミニズムの見地に立つ分析家の中に、とりわけ多くの論議を引き起こした主題である。女児と母親との関係を述べたこの論文で、母親への情緒的結びつきから父親へのそれに女児は直接進むので、エディプス・コンプレクスは遅れて発達し、克服されないこともよくある、とフロイトは主張した。(2)

リックマン　　　　　　　　　　　　　　　　　1931年9月30日　水曜

ジョン・リックマンはフェレンツィから分析を受けた後、英国へ帰る所だった。翌年の振る舞いを見てジョーンズは、リックマンの「基本的体質がきわめて病的」だと確信し、ついには不治の精神病が潜んでいると決めつけた。

ランプル　　　　　　　　　　　　　　　　　　1931年10月4日　日曜

ウィーンの精神分析医ハンス・ランプル（1889-1958）はマルティンの学友で、1912年にフロイトの講義に出席し始める前から、フロイト一家との間につきあいがあった。

1912年にウィーン大学医学部を卒業すると、彼は後にノーベル賞を受賞したカール・ラントシュタイナー博士の下で、血清学、細菌学、病理解剖学を研究した。1920年には精神分析を勉強し、1921年にベルリンへ移ったが、やがて彼の妻になるオランダの医師ジャンヌ・ド＝フロートは、この年にフロイトから教育分析を受け始めた。2人は1925年に結婚している。

8月から11月の間、ランプル夫妻はウィーンに滞在していたから、ジャンヌはフロイトの教育分析を続けて受けることができた。

フリートユンク　　　　　　　　　　　　　　　1931年10月4日　日曜

ヨーゼフ・フリートユンク博士（1871-1946）はチェコの小児科医で、1909年に水曜心理集会に加わった。1910年にウィーン精神分析学会が設立された時には、創立会員の一人となった。第一次大戦後はオーストリア社会民主党の政治家として活動し、1919年から34年まで国会議員を務めた。また、1920年からウィーン大学で小児科を講義した。彼は1938年にパレスチナに移住している。

＋タトゥーアン　　　　　　　　　　　　　　　1931年10月5日　月曜

1月10日に生まれた子犬である。早死にの原因はジステンパーだったのかもしれない。(1)

観音と唐の人物像を買う　　　　　　　　　　　1931年10月6日　火曜

観音（kannonあるいはkuan-yin）とは憐れみの菩薩のことである。当初、インドや初期中国の仏教では観音像は男性像で、阿弥陀仏の脇に立つ仏像だった（観世音菩薩）。その

上：1891年からフロイトが住んでいたベルクガッセ 19 の入り口。
中：1891年9月に転居したと書かれているフロイトの名刺。
下：2人の娘を抱くハンス・ランプル。

Hier lädt der helle Sonnenschein
Dich zum Spazierengehen ein.

後女性像となり、一種の仏教の聖母、「慈悲の女神」として非常な人気を得た。フロイトが手に入れたこの観音像は、19世紀に作られた小さな翡翠（ひすい）製の座像で、木製の台座がついていた。

唐の人物像の方は現在フロイトの机の上にある2体の厩番像のどちらかか、あるいは女性像のことだと思われる。唐の時代（618-907AD）に中国では仏教が広がり、絹貿易が拡大した。その芸術はこのコスモポリタンな文化を反映している。

フェダーン　　　　　　　　　　　　　　　　　1931年10月8日　木曜

パウル・フェダーンはフロイトの代理人として各種公的行事でたびたびフロイトの代役を務めたが、10月25日にフロイト誕生の地フライブルク［現プリーボル］で開かれる銘板除幕式でもそうする予定だった。今回の訪問では除幕式での演説について話し合ったのかもしれない。

僧侶を買う　　　　　　　　　　　　　　　　　1931年10月8日　木曜

フロイトの蒐集品の中には仏教の羅漢像、明朝（15-16世紀）の僧侶の像が2体ある。

交換可能通貨の規制　　　　　　　　　　　　　1931年10月9日　金曜

この年8月、オーストリア政府は国際連盟にクレジットアンシュタルト銀行の破産と、その後のシリングの取り付け騒ぎで生じた危機を乗り切るための支援を求めた。連盟は支出を抑え、予算を均衡させるように要求した。賃金や給料は減らされ、政府は支出を切りつめ、税金が増加した。

信用制限策の中には、政府系の『ウィーン新聞』に翌日発表された、外国通貨の規制策が盛り込まれていた。外国通貨の売買ができるのはオーストリア国立銀行を通じてのみとなり、交換レートもこの銀行が決めることになった。500オーストリア・シリング以上の国外への持ち出しは禁止された。この新しい規制に従わなかった場合、25万オーストリア・シリング以下の罰金か、1か月以上1年以下の禁固刑に課せられた。(1)

ジュランの石膏の銘板　　　　　　　　　　　　1931年10月12日　月曜

彫刻家ジュランは7月に、10月25日のフライブルクの式典で序幕される銘板向けに、フロイトの彫刻を製作した。ここでフロイトが触れているジュランからもらった銘板とは、銘板製作に使った石膏製の型のことかもしれない。英国へ持ち込まれた様子はなく、現在の所在は不明である。

ペッツラインスドルフのアルバム　　　　　　　1931年10月12日　月曜

アンナの手書きの注釈がある写真アルバムが、ペッツラインスドルフの美しい屋敷で過ごした夏を記録している。訪問客、屋敷、庭、犬たちの写真があり、この日記と対になる、この夏についての視覚的な記録になっている。

金を両替する　　　　　　　　　　　　　　　　1931年10月14日　水曜

10月9日に実施された通貨規制では、1000シリング以上の価値を有するすべての交換可能通貨は8日以内に国立銀行へ申告、提出し、銀行が定める交換比率でオーストリア通貨に両替しなければならない、と定められていた。

交換可能な外国通貨を価値が落ちる現地通貨に両替しなければならなくなったフロイトは、あるいは皮肉を込めて、「金」という単語を使ったのかもしれない。もっとも、外国金貨の蓄えがあったとも考えられる。

ミンナ戻る　　　　　　　　　　　　　　　　　1931年10月15日　木曜

メラノで1か月を過ごした妻の妹ミンナは、この日にウィーンへ戻った。彼女が出発した直後にフロイトはエルンストにこう書いていた。「ミンナ叔母さんはメラノで太陽にあたっています。こちらではお目にかかれませんね」（フロイト-エルンスト・フロイト.1931-9-20）

騎手と衛兵を買う　　　　　　　　　　　　　　1931年10月15日　木曜

フロイトの蒐集品の中にある騎馬像の中には、古代ギリシャのテラコッタの小像（550BC）が1体ある。このような小像は死者への贈答品か、あるいは故人を慰めるために、墓の中に置かれるのが通例だった。蒐集品の中にはテラコッタの騎手像も2体あるが（1体はローマ時代のエジプトで紀元後1〜2世紀に作られたもので、もう1体はおそらく近代

上：精神分析運動でフロイトの代理人だったパウル・フェダーン。
中：フロイトの机上に立っていた中国の衛兵（右から二つ目）と僧侶（左から二つ目）WK。
下：フロイトの長女マティルデ。
左：アンナは書いている「ここでは日当たりがよく、散歩できます」。

の模造品)、これらの騎手像はディオスクロイ神を形どっているのかもしれない。さらに紀元前550年に作られたテラコッタの騎馬像も1体あるが、こちらはおそらくボイオティア人だと思われる。

衛兵とは剣を手にした陶磁器製の立像か、あるいは明朝の青銅像——墓守りの隊長像のことだと思われる。このような渋面の仏像は普通一対で門を警備している。

マティルデ44歳 1931年10月16日　金曜

フロイトは前年には長女マティルデの誕生日を記録しなかった。しかし、これはおそらく2日前に手術を受けて、さらにその翌日、気管支肺炎になったからだと思われる。

エルンスト到着する 1931年10月17日　土曜

1930年秋にアンナとドロシー・バーリンガムはホッホローテルド村に田園の田舎家を購入した。ブライテンフルトの近くにあり、ウィーンから車でわずか45分だったから、週末になると2人はドロシーが運転する車で出かけることができた。1年以上にわたり2人は（エルンストから助言を受けながら）この田舎家を修繕していた。一続きの写真がこの改築作業を記録している。エルンストがウィーンにいる間に改築計画が完成し、兄が帰国するとアンナは手紙や電報で仕事の進み具合を知らせ続けた。彼女はこう書いている。「この建物は大きな喜びをもたらしてくれるので、毎日出かけて、すべての仕事に加われないのが、本当に残念です」（アンナ・フロイト-エルンスト・フロイト.1931-11-22）

✝アルトール・シュニッツラー 1931年10月21日　水曜＊

アルトール・シュニッツラー（1862-1931）はおそらく彼が生きた時代に最も有名だったオーストリアの劇作家、小説家である。2人が初めて直接接触した1906年にシュニッツラーに出した手紙で、フロイトは人間心理と性愛の問題へのこの作家の洞察を誉めたたえ、それから自分を着想の源泉だと認めてくれたことに感謝した。

また、最後の文通になった1931年5月付の短い手紙では誕生日への祝辞に対する礼を述べ、1932年に迫ったこの作家70歳の誕生日を一足先に祝福している。

シュニッツラー60歳の誕生日を祝う手紙の中で、フロイトはこの作家との関係に奇妙な性格があることを明らかにした。「私があなたを避けてきたのは、自分の『分身』に会うのを、いわば恐れたからだと思います。［……］あなたの決定論や懐疑論——人々は悲観主義と呼んでいます——無意識の真実や人間の生物学的性質をあなたが深く理解していること、我々の社会の因習をあなたが解析する方法、あなたの思考が愛と死の両極にどれほど心を奪われているか。これらすべてに、私は奇妙な親しみを感じて、動揺するのです」（フロイト-アルトール・シュニッツラー.1922-5-14）

アルブレヒト・シェッファーと妻 1931年10月22日　木曜

ドイツの詩人アルブレヒト・シェッファー（1885-1950）は、この頃『精神分析運動』誌（1930 第2巻）に『人間と火』("Der Mensch und das Feuer")と題する論文を発表し、『文化への不安』でフロイトが主張した火の起源に関する考えに異議を唱えた。フロイトは再びこの問題を研究していたから、この問題がこの日の話題になったのだと思われる。翌11月を通じて、フロイトは『火の支配について』と題する論文を書いている。

シェッファー夫妻は『イーリアス』を共訳していた。従って今なおフロイトの蔵書の中にある、1931年付の著者の献辞が入ったこの本を、この時持ってきたのかもしれない。この訪問の間にフロイトは蒐集物の中からタナグラ像をシェッファーに贈っている。(1)

式典　フライブルクで 1931年10月25日　日曜

フロイトの生まれた町フライブルク（現プリーボル）がフロイトの生家に青銅の銘板を取りつけた。この銘板にはジュランが製作したフロイトのレリーフの胸像が埋め込まれていた。生家の前の通りの名前もシュロッサーガッセからフロイトーヴァに改められた。

欠席したフロイトに代わって、この時もアンナが演説を読み上げた。16歳から故郷へ戻ったことがないと述べたフロイトは、演説をこう締めくくった。「私の内奥には今なお、あのフライブルクの幸せな子ども、若い母親から初めて生まれた子どもが生きています。この子どもはこの空気や、この大地から、最初の忘れられぬ印象を受け取ったのです」

マルティン、フェダーン、アイティンゴンもこの除幕式でフロイトの代役を務めた。

上：フライブルク（現プリーボル）の式典でフロイトのメッセージを代読するアンナ、1931-10-25。
下：フロイトが「最初の忘れられぬ印象を受け取った」生誕の地フライブルク（プリーボル）の風景。

＊シュニッツラーが亡くなったのは、実際は10月21日午後7時だったから、フロイトは翌日まで彼の死を知らなかったのかもしれない。これは後から書いた日付だろう。

数多くの人々が参列し、素晴らしい演説が続いたと、アイティンゴンは熱のこもった報告を送った。

フロイトの返信では感謝の気持ちに多少の皮肉が加味されていた。「いくつかの気づいたことから思うのですが、フライブルクの良き市民たちは、私が世の中でどう思われているのかを知らずに、あふれる程の訪問客が地球の隅々から来ると期待したに違いありませんね」（フロイト-アイティンゴン.1931-10-27）（1）

フェレンツィ　　　　　　　　　　　　　　　　　　　　1931年10月28日　水曜

この会見で2人は広がりつつある違いを話し合い、解決しようと試みた。その後、フロイトはアイティンゴンに次のようなあきらめの手紙を出している。「フェレンツィが3日ほど滞在し、随分会いました。1日目の彼は控え目で、ふさいでおり、腸の調子も良くありませんでした。2日目にはくつろいで（「リラックスして」）、私が言うべきことを大体すべて話す間、静かに耳を傾けていました。3日目になるといつもの快活さで率直に返答したのです。ある点には入ろうとせず、私によそよそしい態度を取るので、どの場所に障害があるのかが、かなりうまく突きとめられます。［……］彼の技法にある危険は別として、科学的にあまり生産的でない道を彼が進んでいるとわかったのが残念です。もっとも、事の本質は神経症が生んだ退行のように思えます。しかし人間とはそういうものです。一体何ができるでしょう？」（フロイト-アイティンゴン.1931-11-1）

フェレンツィが患者との間に「母親のような」親密な関係を作ることをフロイトは心配した。1か月後に彼はこう警告している。「ところで、あなたは優しい母親の役割を他人に対して演じたがるのですから、自分に対してもそうしてほしくなるかもしれません。すると、野蛮な父親の側からの忠告を述べましょう。あなたは——私が覚えている限り——分析以前の時期に両親との間に演じた性的なゲームを知らないわけではありますまい。私はあなたの新しい技法から、昔の過ちを連想するのです。ですから、この前の手紙で新しい思春期だと言ったのです」

マルティン　チューリヒへ　　　　　　　　　　　　　　1931年10月28日　水曜

1932年1月1日から長男マルティンが出版所を引き受けることになった。数日前にフライブルクでアイティンゴンと会った彼は、その準備について話し合っていた。この時チューリヒへ行ったのは、出版所の国際業務や銀行取引を調べることが目的だったのかもしれない。さらに、フロイトの外国投資を動かしに行ったとも考えられる。「政治、経済の展開を受けて」（マルティン・フロイト-ジョーンズ.1952-12-5）、インフレから外国投資を守るために、マルティンは時々投資先を変えていた。

3体の胸像　ネモンから　　　　　　　　　　　　　　　1931年10月29日　木曜

フェダーンの求めで、オスカル・ネモンはウィーン精神分析学会向けに3体の胸像を製作した。自分用の気にいった1体を選ぶために、これらの胸像がフロイトに渡された。「現在、私の部屋は私のせいで不気味です。私自身の他に、高い柱の上で3つの頭が私の真似をしており、その中から私は一つを選ばねばならないのです」（フロイト-アイティンゴン.1931-11-1）。結局、フロイトは木製の胸像を選んだ。「生き生きとした、人なつっこい表情なので、愉快な部屋仲間になりそうです」（フロイト-フェーダン.1931-11-1）

✝ホルツクネヒト　　　　　　　　　　　　　　　　　　1931年10月31日　土曜

グイド・ホルツクネヒト教授は、有名な放射線学者だったが、前日ガンで亡くなった。この4月に治療法を相談するため、フロイトはこの教授を訪れた。この時、末期ガンで瀕死の状態だったこの教授の静かな英雄的態度に、フロイトは深く心を打たれたのだった。(1)

ネペンテス　　　　　　　　　　　　　　　　　　　　　1931年10月31日　土曜

これはおそらく食虫植物の一種（Nepenthacea）で、ジャンヌ・ランプル＝ド・フロートからの別れの贈り物だと思われる（彼女は翌年のフロイトの誕生日には素晴らしいランを贈っている）。あるいは、ウィーン精神分析学会がネモンの胸像に添えて渡した贈答品かもしれない。それとも、この名前をつけて売られていた軽い鎮静剤か？

ジャンヌ出発する　　　　　　　　　　　　　　　　　　1931年10月31日　土曜

ジャンヌ・ランプル＝ド・フロートはこの時フロイトとの分析期間を終え、ベルリンに戻った。フロイトは彼女を好んでおり、夫ハンス・ランプルの気分が不安定なのを——

上：フロイト誕生の家で記念銘板の除幕式のときに花束を抱くアンナ・フロイト。
中：フロイトが生まれた家の印刷物（M.ユングワース作）。
下：フライブルクの除幕式に列席するマルティン、アレクサンダー、アンナ・フロイト。

―もしかしたら精神病の発作かもしれないのを――心配していた。1か月後に出した手紙で、妻宛ての手紙をランプルが開封しないか不安だった、と認めている。

胃腸の状態　　　　　　　　　　　　　　　　　　　　1931年11月5日木曜／6日金曜

この時フロイトはいつになく激しい腸の障害に見舞われた。「私自身について話さねばならぬのなら、腹具合が悪いどころでなく、胃腸が手のつけられない状態で――原因は不明です――その間、結腸のけいれんが数時間続き、現に分析の時間を急に中断せざるを得ませんでした。こんなことはこれまでの人生で1度しかありません」(フロイト-アイティンゴン.1931-11-15)

ホッホローテルドで　　　　　　　　　　　　　　　　　　　　1931年11月8日　日曜

この時初めてフロイトはアンナとドロシー・バーリンガムがホッホローテルド村に買い入れた田園の田舎家を訪れた。改装はすでに終わっていた。彼は翌年には4回訪れている。初訪問の記念日に、アンナは家族アルバム向けの一揃いの写真に注釈を書き入れた。田園風景の写真の脇にはこう記している。「この光景はいつでも同じように美しい。春、夏、秋。冬はまだ来ていない。1932年11月8日」家の正面の写真への注釈はこうである。「パラソルの下にある空っぽの肘かけ椅子が、誰かが来て、横になるのを待っている。1932年11月8日」

さしこみ　　　　　　　　　　　　　　　　　　　　1931年11月10日　火曜

5日前の症状がぶり返したらしい。

ボンディ　　　　　　　　　　　　　　　　　　　　1931年11月10日　火曜

ボンディ家の一族はフロイト家と妻マルタのベルナイス家の、両家族と親しかった。ヨーゼフ・ボンディ（1865年生まれ）は産婦人科医でフロイトの妻と母親を治療した。弟ザムエル・ボンディ（1871年生まれ）は内科専門医で、この時ウィーンに住み、医院を開業していた。フロイトは以前彼の患者だったことがあるらしいから、診察を受けるためにボンディを訪問したのかもしれない――あるいはさしこみについての受診か？

全集 XIV と XV　　　　　　　　　　　　　　　　　　　　1931年11月13日　金曜

スペイン語版全集（Obras Completas）第14巻は"El Porvenir de las Religiones"という題名で、『幻想の未来』と、1904年から28年の間にフロイトが書いた幾つかの論文のスペイン語訳とを収録していた。第15巻（と第16巻）は症例研究で、"Historiales Clinicos I"という題名だった。1932年9月12日にフロイトは第15巻をもう一部受け取ったことを記録している。

ラクダ使いと翡翠を購入する　　　　　　　　　　　　　　　　　　　　1931年11月13日　金曜

このラクダ使いとはエジプトの木製の立像のことかもしれない。この立像は棒か縄を握るかのように右手を伸ばしている。

また、フロイトが翡翠（ひすい）を好んだことは、蒐集品の中にある翡翠製品の数や、この日記の他の箇所にもある翡翠への数々の言及を見ればよくわかる。

マリアンネの赤ん坊と手術　　　　　　　　　　　　　　　　　　　　1931年11月18日　水曜

マリアンネ・クリス（1900-1980）はフロイトの親友オスカル・リーの次女であり、学者で分析家のエルンスト・クリスと結婚した。1930年に夫妻は共にウィーン精神分析学会の会員になった。フロイトはマリアンネを「養女」と呼び、分析した。この赤ん坊は女児で、アンナ・フロイトに敬意を表してアンナと名づけられた。母子が危険から脱した4日後にアンナはこう書き送った。「非常に小さいけれど、形はすっかり整っています」（アンナ・フロイト-エルンスト・フロイト.1931-11-22）

フロイトはこう記している。「私の体の具合が色々と悪く、マリアンネ・クリスの生まれたばかりの赤ん坊も危篤状態――新生児メレナ――だったので、家族全員が大忙しでした。今では赤ん坊は輸血で助かり、私も書くことができるほど元気です」（フロイト-ランプル＝ド・フロート.1931-11-29）

真珠と指輪を買う　　　　　　　　　　　　　　　　　　　　1931年11月19日　木曜

2週間後の誕生日にアンナは真珠を贈られたが、この真珠だった可能性が高い。おそらくこの指輪も、やがて誰かへの贈り物になったのだと思われる。

上：ホッホローテルド荘。「パラソルの下にある空っぽの肘かけ椅子が、誰かが来て、横になるのを待っている」
下：「この光景はいつでも同じように美しい」

ブロイラー   1931年11月21日   土曜

オイゲン・ブロイラー（1857-1939）は1898年から1927年までチューリヒ大学で精神医学の教授を務め、ブルクヘルツリ精神病院院長を兼任していた――この病院は公的な医療施設の中で初めて精神分析を受け入れた。(1) ブロイラーが著わした『精神医学教科書』は標準的な教科書となり、考案した専門用語のいくつかも広く使われるようになった。「自閉症」や「精神分裂症」などである。

フロイトの弟子の多くが、最初にブルクヘルツリで教育を受けた。これらの弟子の中にはカール・アブラハム、アブラハム・ブリル、マックス・アイティンゴン、カール・ユング、ヘルマン・ヌンベルグ、フランツ・リクリンがいる。

ブロイラーは1890年代からフロイトの研究を知っており、1896年に『ヒステリー研究』を批評した。1904年からはフロイトと時たま文通するようになる。さらに、ザルツブルクで1908年に開かれた第1回国際精神分析大会と、1911年のワイマール大会に出席し、こちらの大会では自閉症に関する論文を読み上げた。だが、国際精神分析協会には加わらず、後年は精神分析には距離を置き、臨床心理学に興味を集中した。とはいえ、1925年に書いた手紙では、フロイトとの違いに心を痛めており、フロイトの中心的な考えは自分にとって自明のことだ、と述べている。もっとも、彼はメタ心理学にはついていけなかった。

これは訪問の記録である。文学的空想に浸り、ユダヤ人のゴーレム伝説を古代エジプト人と結びつける女性の症例を、ブロイラーは数日後にフロイトに出した手紙の中で語った。この手紙と、この時の会見での議論との間には何か関わりがあるのかもしれない。いずれにせよ、その後フロイトがブロイラーについて「かなり失礼な」("ziemlich despektierlich")ことを言ったにしても、2人がまずまずの間柄だったことをこの会見が証明している。

マルティン　ベルリンへ   1931年11月21日   土曜

マルティンはアイティンゴンに会うためにベルリンへ行き、シュトルフェルから出版所を引き継ぐ準備を力を合わせてすべて整えた。引き継ぐためには、シュトルフェルに賠償金を払い、彼が引き受けていた借金を処理しなければならなかった。

それでもなおフロイトは、出版所が助かるか、自信を持てずにいた。マルティンだけでなく、他の息子たちの経済の見通しについても、フロイトの気分は暗かった。「ご存じのようにマルティンはベルリンへ出かけました。確かに当節は健康で丈夫な3人の息子があの街にいるのに、誰一人として一銭も稼げません。幸せな時代です」（フロイト-ランプル＝ド・フロート.1931-11-29）

オッペンハイマー   1931年11月22日   日曜

これは「マクシミリアン・モップ」と呼ばれていた画家でイラストレーターのマックス・オッペンハイマー（1885-1954）のことかもしれない。彼はウィーンとプラハのアカデミーの会員で、有名な肖像画家だった。トーマス・マンやアルトール・シュニッツラーの肖像を描いている。1909年10月にはフロイトの油絵の肖像画を描いたが、この絵はパウル・フェダーンのものになった（フェダーンからこの肖像画を遺贈されたマリー・ボナパルトは、その後ニューヨーク精神分析研究所に寄付している）。

エドアルド・ヴァイスはこの絵が自分の分析の邪魔になったことを覚えている。「私の記憶では分析用の長イスの右側の壁に、私が2、3か月前に見たのとそっくり同じ姿の、フロイトの油絵の肖像画が掛けてありました――あご髭はなく、口髭を切り揃え、射抜くような目をしています。分析時間中、この絵にひどく気を取られてしまうので、すぐにもっと味気ない絵に取り替えられました。

しかし、別の可能性がある。これはカール・オッペンハイマーのことかもしれない。この頃、彼はオットー・ワールブルクの悪性腫瘍理論に関する論文を発表していたから、このような論文と著者について、当時のフロイトは強い関心を持ったはずである。

プロメテウス伝説   1931年11月22日   日曜

『文化への不安』の脚注でフロイトは、人間が火を征服した起源には、放尿で火を消そうと競争したくなる（同）性愛的衝動を男性が棄てたことがある、と推論した。ちょうど1か月前にフロイトを訪れたアルブレヒト・シェッファーは、前年発表した論文『人間と火』で、この見解に異議を唱えた。この論文と、灰に放尿することを禁じたモンゴル人の掟についての論考を読んだフロイトは、プロメテウス伝説を中心に置いた論文『火

ひげの無いフロイト、1909年。マックス・オッペンハイマー（俗称「モップ」）画。

の支配について』で、このテーマに舞い戻った。この日完成したこちらの論文では、プロメテウス、ヘラクレス、ヒドラ神話をさらなる証拠に使って、火を征服するには本能を棄てねばならなかったと論じている。

タンドラーの手紙が新自由に　　　　　　　　　　　　1931年11月29日　日曜

ユリウス・タンドラー（1869-1936）はウィーン大学解剖学教授で、1920年代には優れた進歩的政治家になった。厚生担当委員として1920年から34年まで、彼は「赤いウィーン」の社会保障制度を作り上げるのに貢献した。

公の場で少なくとも2回、タンドラーとフロイトの軌跡は交差した。まず、2人は著名な精神科医ユリウス・ワグナー・ヤウレッグと共に、1918年に作られた戦争神経症を調査する委員会の委員に任命された。この頃、戦争神経症は軍紀違反だと決めつけられていた。それから1925年には、医師の資格なしに精神分析を行なったテオドール・ライクへの訴訟をめぐり、タンドラーはフロイトとの論争に巻き込まれた。(1)

1931年10月にウィーン市当局は街にあふれていた失業者を支援する、非宗教・非党派の冬季キャンペーンを組織した。タンドラーはその議長を務めた。11月29日に『新自由新聞』は「ジグムント・フロイト教授」が書いたタンドラー宛ての手紙を掲載した。この手紙でフロイトは、最も効果的に支援金を集めるには、人々がまずある決まった金額を毎日寄付すると約束し、それから毎週その額を徴集すればよい、と提案した。フロイト自身は日曜を除く毎日、20シリングずつ寄付すると約束した。

この手紙には次のような編集者の寸評が続いていた。「この国際的に知られたウィーンの学者と同程度の、高度な社会的義務の意識を持つ人物が多数見つかることを期待したい」

イヴェット　　　　　　　　　　　　　　　　　　　　1931年11月30日　月曜

このコンサートは大成功だった。『新自由新聞』（1931-12-1）の批評家は「今なお同じだが、決して同じではない」と書いて、彼女を誉めたたえた。翌日花束を贈っているから、フロイトはこのコンサートに出かけたのだと思われる。同行したであろうマルタは「ロシアの」贈り物（説明なし）を送った。

イヴェットはホテル・ブリストルの便箋を使って2人に礼状を出したが、この礼状は下線や感嘆符を多用した、イヴェットならではのにぎやかな手紙である。

真珠をアンナ36歳の誕生日へ　　　　　　　　　　　　1931年12月3日　木曜

おそらくこれはフロイトが11月19日に買った真珠である。アンナは父親の古代遺物愛好癖を共有しなかったが、宝石類は好きで――友人たちにあげたりしながら――人生の最後まで集め続けた。アンナが受け取った他の贈答品の中には、兄マルティンからの恒例の詩があり、ホーホローテルドにようやく家を持てたことを祝福している。(1)

エルンストの子どもたちが猩紅（しょうこう）熱に　　　1931年12月3日　木曜

エルンストとルクスの3人の息子は全員猩紅熱に感染した。ルクス宛ての手紙でマルタは、感染するにしてもみんな一緒とは驚いた、と記している。それから、自分の子どもの中ではエルンストとアンナだけがこの病気にかかり、その後6週間隔離されたと付け加えた。症状は軽かったものの、エルンストの息子たちは6週間の「自宅拘禁」に耐えねばならなかった。1932年1月7日に解放された時、ルクスはこう書いている。「息子たちが部屋から飛び出し、階段を跳び降りていった様子にはびっくりしました」（ルーシー・フロイト-エルンスト・フロイト.1932-1-7）

ルー・ザロメの感謝　　　　　　　　　　　　　　　　1931年12月4日　金曜

これはルー・アンドレアス＝ザロメが出版した『フロイトへの感謝――75歳の誕生日に際してのジクムント・フロイト教授への公開状』（Mein Dank an Freud. Offener Brief an Professor Sigmund Freud zu Seinem 75 Geburtstag）（ウィーン、I.P.V.1931）のことである。フロイトに出した手紙で彼女はこの本を書いた理由を説明した。「1年前、病気で床に臥していた時に『フロイトへの感謝』という題名の本を書きたいと、心の底から思ったのです。本当に満足できる感謝の形ではありません。例えばあまりにも多くのことを一度にやろうとしましたし、また私があなたを通じて、人それぞれ物の感じ方が違う事柄を、いかにして初めて自由に考えられるようになったのか、を説明しようとしたのですから」（ルー・アンドレアス＝ザロメ-フロイト.1931-4-3直後）

表題を「フロイトへの」の代わりに、「精神分析への」と変えてはどうか、とフロイト

上：ウィーンで教会のスープ慈善配布で失業者に食事を分け与える聖職者。DOW。
下：ビーズのネックレスの一つをつけているアンナ・フロイト。

が提案すると、彼女は断った。彼女はこう書いている。このエッセーは「すべてがこの名前を持つ人物［フロイト］に由来するのです。仮にそれが事実だけに基づいた知識だったとしても、この人間的経験がなかったとは想像することさえできません（結局、私は女なのです）」（ルー・アンドレアス＝ザロメ-フロイト.1931年7月中旬）

ビシュヌ像　カルカッタから　　　　　　　　　　　　　　　1931年12月9日　水曜

この象牙の像は遅れて届いた誕生日の贈り物であり、インド精神分析学会を代表して、ギリンドシェカール・ボースから送られた。添えられた手紙で、これほど長く遅れたのはフロイト向けの特注品だったからだ、と説明していた。トラヴァンコールにある古い石像になぞらえて作った像である。

フロイトはこう返信した。「すてきな小像なので、机の上の特別な場所に置きました。私が人生を楽しめる限り、この像を見れば、精神分析の進歩、精神分析が誇らしくも諸外国を征服したこと、さらには精神分析が同時代人の少なくとも一部の人に私への優しい感情を呼びおこしてくれたこと、を思い出すでしょう」（フロイト-ボース.1931-12-13）(1)

インド精神分析学会は1922年にボース（1886-1953）が設立し、亡くなるまでボースが会長職に留まった。この学会が催したフロイトの誕生式典の式次第書に、この贈り物と英訳付きのサンスクリット語の詩が添えられていた。

蒐集家としてフロイトは何よりもまずギリシャ・ローマやエジプトの古代遺物に興味を示したが、中国の古代遺物も気に入っていた。しかしながら、インドの美術品は入手していなかった。10年前にはインドについてはほとんど無知だと認めている。「インドの事柄については、残念なことにインド哲学についてと同じ位何も知りませんが、今となってはもう直せないでしょう」（フロイト-H・ゴンペルツ.1921-1-21）

日本語の翻訳書　　　　　　　　　　　　　　　　　　　　　1931年12月22日　火曜

この日記の中では日本語の翻訳書への言及が他のどの言語よりも多い。出版社が競合したので、この時フロイトがどちらの出版社の翻訳書を受け取ったのかは不明である。(1) この年初めに『雑誌』は、矢部八重吉が創設した日本精神分析学会が国際精神分析協会への加入を暫定的に認められ、次回の国際大会での批准待ちだと発表している。

上：インド精神分析学会から贈られたヒンドゥー教の白いビシュヌ像。「カルカッタに慣れていた神様は、ウィーンでは気候に合わないのか？」木と象牙の割れ目が大きくなるのを見つめながらフロイトはつぶやいた。NB

下：日本の精神分析グループ、1930年11月。ジョーンズは、あまり人数を増やさずにレベルを高くすることと、分析を受けるために2人を渡欧させることを助言した。

夏の家におけるフロイト。この写真の下にアンナ・フロイトがこう書いている。「ま昼間からここに横たわっていると、犬たちが怪訝そうに見つめます」

1932

　ささやかな議論の集まり——「水曜心理学集会」——を1902年にフロイトが作り、精神分析を一つの運動として確立してから、今では30年が過ぎていた。1908年にはこの運動はすでに初の国際大会をザルツブルクで開く所まで大きくなり、翌年には初の雑誌が発行された。その後も新しい雑誌が次々に現われたが、この運動独自の出版所がようやくできたのは1919年のことであった。

　それ以来フロイトは国際精神分析出版所を、精神分析の考え方を広めるための、非常に貴重な財産で、なくてはならない手段だと考えてきた。けれども経営が適切でなく、1932年になると出版所は財政危機に陥った。この出版所を守るために立ち上がったフロイトは、国際的運動の参加者に資金援助を訴えた。フロイトが記録したこの年最初の支援金の金額は2500ポンドであるが、これは米国人外交官ウィリアム・ブリットから贈られた先渡しの印税だった。ブリットは翌年には米国の初代ソビエト大使に任命される。フロイトとブリットは力を合わせてウッドロー・ウィルソン大統領に関する研究書を書いていた。この本が売れれば出版所を救えるかもしれないとフロイトは期待したが、共同作業は様々な困難にぶつかり、出版の可能性は急速に弱まっていた。出版所に必要な資金を今すぐ集めねばならないと発奮したフロイトは、新しい本——『続精神分析入門』——の仕事に乗り出した。この本は夏の間に書かれて、年末にはもう印刷に回っていた。

　この新しい講義は、1915年から17年にかけてフロイトがウィーン大学で行なった『精神分析入門』の講義の続編である。『入門』講義の後で詳しく論じたテーマを、フロイトは新しい講義で再び取り上げた。例えば『自我とイド』（1923）で説明した、自我—イド—超自我から構成される心のモデルである。また、不安と神経症、治療法としての精神分析、さらには『女性の性愛について』（1931）の主題だった、女児の発達についての新しい解釈をも取り扱っている。それから夢解釈が引き続き重要なことを示すために、最初の章では夢に関する理論を修正した。

　精神分析に特定の世界観（Weltanschauung）はあるのか、と『続精神分析入門』は最終章で問いかける。精神分析は一個の科学で科学の方法に縛られるから、特定の世界観は存在しない、とフロイトは結論した。この点で、彼は精神分析をボルシェヴィズムと対照した。ボルシェヴィズムも錯覚に基づく信仰を作りあげ、科学的基盤を捨て去っていた。したがって、若手精神分析家の中で最も聡明だったヴィルヘルム・ライヒが精神分析とマルクス主義とを結びつけ出すと、この年の日記の冒頭に記した処置が必要だとフロイトは考えた（「ライヒへの措置」）。具体的に言えば、このイデオロギーから精神分析運動全体を引き離す処置である。

　精神分析運動はフロイトのライフワークであり、その一貫性と知的誠実さを守ることが彼の最関心事だった。これは簡単ではなかった。年月が経つ間に多くの著名な精神分析家が運動に背を向け、独自の考えを作り上げた。フロイトの最も親しい友人で同僚の一人だったハンガリーの分析医シャーンドル・フェレンツィも、徐々にこの運動に距離を置き、現在の立場がフロイトの立場とあまりにも違うことを理由に、1932年には国際協会の会長職を断った。出版所を救い、多種多様な運動をまとめようと奮闘して対価を払ったフロイトが、1932年6月17日付の手紙でアーネスト・ジョーンズにこう書いたのも驚くにはあたらない。「これほどばらばらで、なかなか言うことを聞かない人々をまとめようと骨を折るのが、次第にいやになってきました」(1)

---

1. フロイト-ジョーンズ.1932-6-17.

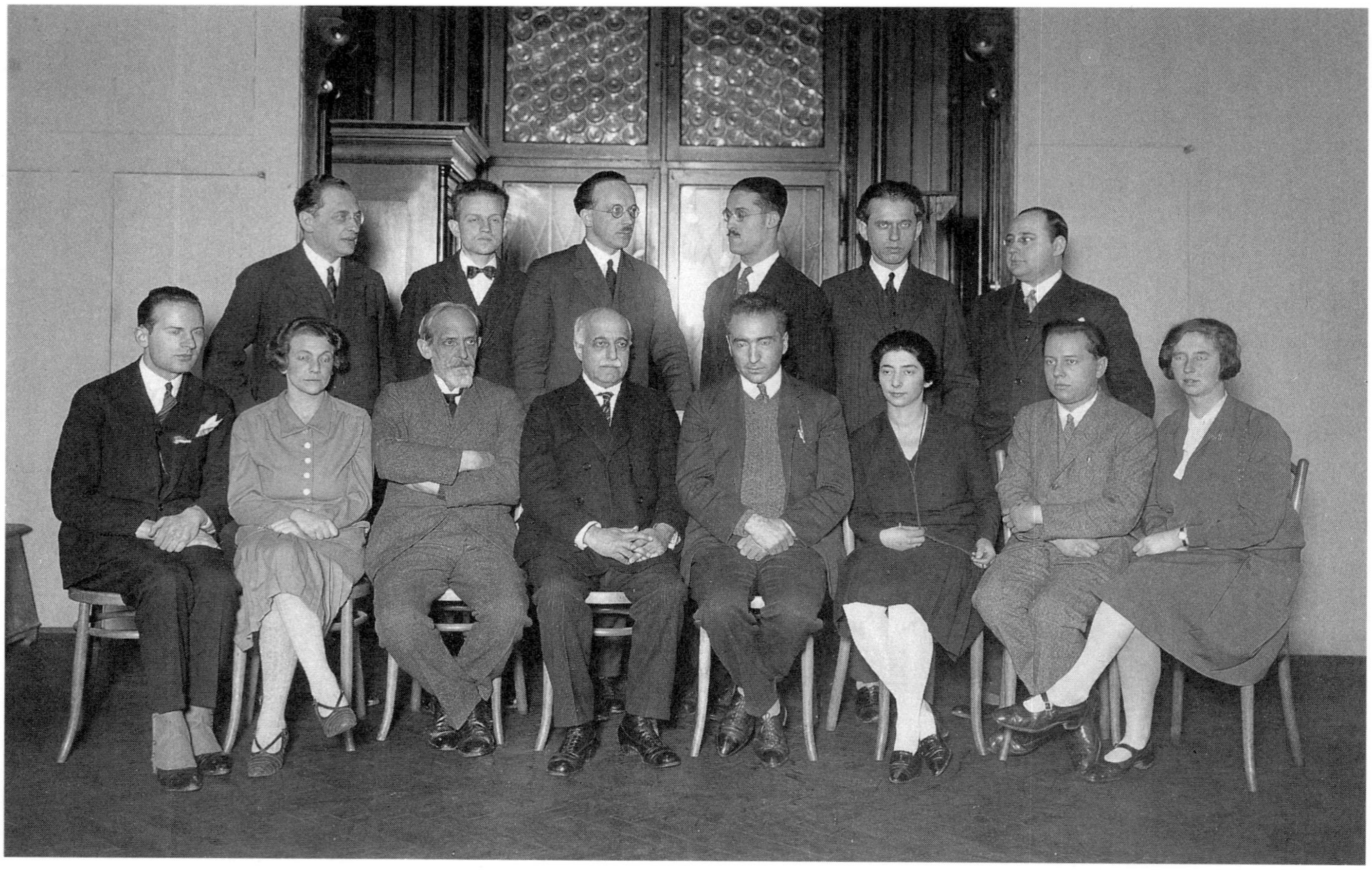

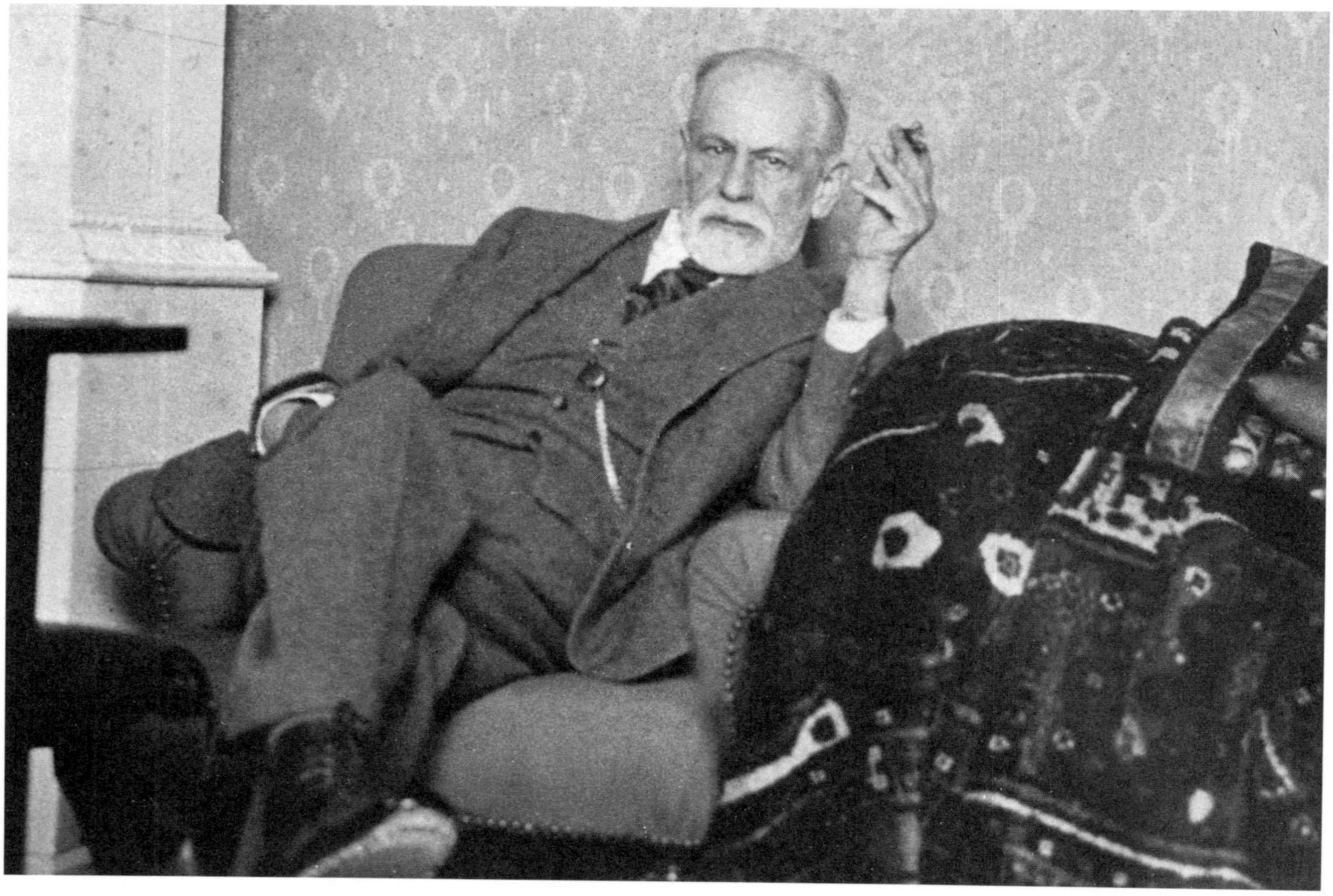

長い胃の発作　　　　　　　　　　　　　　　　　　　　　1932年1月1日　金曜

1931年11月に始まった胃の障害が再発したのは気が滅入る出来事だったが、人工口蓋の絶え間ない手直しと結びつくと特にそうだった。1月中旬になるとフロイトはこう書いている。「再び胃が働き出して、健康も回復しました。人工口蓋の方は進歩がありません」（フロイト-ジャンヌ・ランプル＝ド・フロート.1932-1-17）

ライヒへの措置　　　　　　　　　　　　　　　　　　　　1932年1月1日　金曜

ヴィルヘルム・ライヒ（1897-1957）はウィーン大学医学部を1922年に卒業する前に、すでに最年少の分析家になっていた。1920年にウィーン精神分析学会に加わった彼は、精神分析外来病棟（Ambulation）で働き、1924年から30年まで教育研究所でセミナーを主宰し、大きな影響を与えた。そして独創的な著書『性格分析』（1933）の中で後に提唱する分析技法を、このセミナーにおいて作り出した。1930年にはベルリンへ移り、ゼクスポール（プロレタリア性政治のためのドイツ国民協会）を設立した。

1931年にライヒは『マゾヒズム的性格』("Der Masochistische Character"）と題する論文を『国際精神分析雑誌』に提出し、精神分析にマルクス主義用語を組み入れるように提案した。この論文は（フロイトが不満を漏らしたように）、「資本主義制度がいわゆる死の本能を生み出す、などというばかげた結論に行き着く」（フロイト-フェレンツィ.1932-1-24）内容だった。

当初、フロイトはこの論文に編集部の但し書きを付け加えようと考えた。結局、但し書きなしに発表されたが、同じ『雑誌』には、ジークフリート・ベルンフェルトからの反論も掲載された。

ライヒは1920年代には最も聡明な若手分析家で、将来を約束されていた。30年代の変化を心配したフロイトは、この変化を不穏な社会‐政治状況が精神分析に及ぼした影響の一つの証拠で、精神分析運動の科学的中立性へのさらなる打撃だと考えた。(1)

フロイトはこう書いている。「閉口するのは、本当はもっと悪いのですが、多くの人々に対して、何もできないという経験が次第に蓄積することです。一人また一人と、使い物にならない、あるいは指導できないとわかります。フェレンツィは疑わしい技法に固執し、ライヒやフェニヘルは『雑誌』をボルシェビキの宣伝に悪用しようとします。［……］何もかもが、この苛烈な時代の影響下で、性格が急速に変質することを示しています」（フロイト-アイティンゴン.1932-1-9）

アイティンゴン　　　　　　　　　　　　　　　　　　　　1932年1月16日　土曜

1932年1月8日にフロイトはアイティンゴンに電報を打ち、出版所が危機的状況なので、いますぐ来てほしい、と訴えた。翌日の手紙ではこの状況を考えると眠れなかったと書いている（フロイトが普段は熟睡したことを考えると、状況の深刻さが推し測れる）。この時到着したアイティンゴンは、フロイトがジャンヌ・ランプル＝ド・フロート宛ての手紙で使った表現を使えば、「出版所の浄化作業」に加わった。

フロイトはこう付け加えている。「浄化作業はうまくいくと思います。多大な経済的犠牲を払いますが、シュトルフェルに個人的借金を支払い、現在の地位を手放させるためには、それが必要です。彼の間違った経営が全てを駄目にしてしまいました。編集者や知的指導者としては有能だったのですが、同じくらい愚かで、秩序がなく、名声を求めたために、おかしな商業的結果を招いたのです」（フロイト-ジャンヌ・ランプル＝ド・フロート.1932-1-17）

とはいうものの、アイティンゴン自身も経済的問題に苦しんでいた。一族の相当な財産は1929年の株価暴落で損なわれ、今ではさらに減少していた。それに加えて、分析の仕事もはやっていなかった。患者はもうベルリンに来ようとはしなかった。

マルティン　シュトルフェルを引き継ぐ　　　　　　　　　1932年1月16日　土曜

マルティン・フロイトは自伝でこう書いている。「誰かが何かをしなければならないのは明らかだったが、父親を説得して変化をおこし、私を経営者に任命させるまでにはだいぶ時間がかかった。経営面から見ると出版所は話にならない状態で、国際精神分析協会と会長アーネスト・ジョーンズ氏から貴重な協力が得られなければ、健全な経営状態にまで這い上がり、倒産を避けることができたかどうか、疑問に思う。結局は、やがてナチスが多少は実態と価値があるものを乗っ取り、完全にたたきつぶすという、怪しげな特権を手に入れたのだ」

アイティンゴンがウィーンを去ると、フロイトは最初の経過報告を送った。「私の気の毒な息子は悩み疲れた表情で歩き回っていますが、本気で仕事に取りかかりました。そ

上：ヴィルヘルム・ライヒの「ボルシェビキ」仲間であったオットー・フェニヘル。TG

左上：ウィーン精神分析外来患者診療所の職員たちと、ヴィルヘルム・ライヒ（中央）、所長エドゥアード・ヒッチマン（向かって左）。職員は上段左から、ホフマン、アイデルベルク、ビブリング、パーカー、ベルトハイム、バーグラー、下段左からクロネンゴールド、アンゲル、エケルス、二人おいて、ビブリング＝レーナー、ステルバ、ライヒ＝ピンク

左下：フロイト、1932年頃。

の日、打ち負かされた後のシュトルフェルは申し分なく素直だったという話です。どれ位続くでしょうか？ わざわざ礼儀正しく、彼のためにマルティンは所長室を残しておいたのです」（フロイト-アイティンゴン.1932-1-19）

アンナ流感　　　　　　　　　　　　　　　　　　　　　　1932年1月17日　日曜

これは重い流感で1週間続いた。その後アンナは療養のために田園地帯へ送られた。

最初のポルトガル語の翻訳書　　　　　　　　　　　　　　1932年1月17日　日曜

最初のポルトガル語の翻訳書——『精神分析5講』——がブラジルで出版された。訳者はドルヴァル・マルコンデスとバルボサ・コヘアで、サンパウロの国民出版会が発行した。この版には発行年月日は載っていないが、フロイトが翻訳者から受け取った献本には、翻訳者の手で1931年12月31日という日付が記してある。

2500ドル　ブリットから　　　　　　　　　　　　　　　　1932年1月18日　月曜

これは（表面的には）ウッドロー・ウィルソン大統領の共同研究書から米国で期待できる印税を先渡しした金額である。もっともこの本はまだ未完で、ブリットの死後の1967年まで出版されなかったから、事実上は贈与だった。（1）

アンナ　ゼマーリングに　　　　　　　　　　　　　　　　1932年1月26日　火曜

重い流感の後、アンナはゼマーリング保養所に送られた。ゼマーリングとはアルプス山麓の丘陵地帯の中にある林間の保養地で、ウィーンから最も近いアルプスの入り口になる。近くには登山できる2群の山々——シェネーベルク山塊とラックス山塊——がある。この魅力的な保養地でフロイトは1920年代に夏を5回過ごしている。

1000ドル　ジャクソンとブリルから　　　　　　　　　　　1932年1月30日　土曜

これらの寄付で出版所は存続が可能になった。フロイトは自分自身が行なった寄付とアイティンゴンから届いた金額とを追加した。彼がアイティンゴンに出した手紙に出版所の資産が列挙してあった。

「これまでに出版所は次のような寄付の約束を受け取りました。
　5000マルク——貴殿所有
　6000マルク——貴殿からの寄付
　約6000シリング——ウィーンで入手できた学会の金
　1000［ドル］——ブリルが集めた金額
　1000［ドル］——イーディス・ジャクソン博士からの贈与
　　200［ドル］——アレクサンダー、パトナム博士、ボストン
　2500［ポンド］——私から。ウィルソン本の共著者から受け取った、アメリカで期待できる印税の先渡し

必要経費を分割してマルティンに渡すために、さらに3000ドルほど手元においてあります」（フロイト-アイティンゴン.1932-2-12）

米国のイーディス・ジャクソン博士は1930年夏にベルリンまでフロイトに同行した被分析者の一人である。この年、彼女はウィーン精神分析研究所で教育分析を受け出した。

アブラハム・アーデン・ブリル（1874-1948）は精神分析を米国に紹介、定着させる先駆者として非常に重要な役割を演じた。オーストリアで生まれた彼は、青年時代に英語をまったく知らないまま米国へ移住し、やがて苦学しながら医学校を首尾よく卒業した。

彼は一時期、ブルクヘルツリ病院のブロイラーの下で研究した。1908年にはザルツブルグで開かれた第1回精神分析大会に出席し、その後アーネスト・ジョーンズと共にウィーンまで足を伸ばして、フロイトを訪問した。この時フロイトは自分の著作を英訳する初めての権利をブリルに与えている。

1911年にブリルはニューヨーク精神分析学会を設立した。翌年には米国で初めて精神分析を擁護した本である『精神分析：その理論と現実への応用』を出版した。

その後、ブリルはニューヨーク大学医学部の精神医学教授と、コロンビア大学の精神分析学講師に就任した。

アンナ戻る　　　　　　　　　　　　　　　　　　　　　　1932年2月1日　月曜

ジャンヌ・ランプル＝ド・フロートに宛てた手紙でフロイトはこう書いている。「アンナはゼマーリングでたちまち回復しました。実を言うとあまりにも速く回復したので、もう少し長くいてくれればよかったと思います。短い中休みの後、もう一度流感にかかるの

上：ゼマーリングのホテル群。
下：フロイトとブリル、米国のマサチューセッツ州ウォルセスター市にあるクラーク大学で。1909年。

が今の流行です」（フロイト-ランプル＝ド・フロート.1932-2-6）

中国の女性騎手　　　　　　　　　　　　　　　　　　　　1932年2月5日　金曜

これは跳ね馬にまたがる騎手の魅力的な像で、女性騎手が球技を楽しんでおり、おそらく唐の真正品である。この騎馬像をフロイトは診察室のガラスケースの上部、ローマの広場を描いた版画の前に置いた。現在はフロイト記念館の、フロイトの書斎の入り口の所にある、翡翠（ひすい）製品を収めたガラスケースの上に置いてある。

新しい講義への序文　　　　　　　　　　　　　　　　　　1932年2月10日　水曜

この頃、フロイトは『精神分析入門』（1916-17）の続編を書こうと思い立った──「内なる必要性」に迫られたからではなく、出版所を倒産から救う一つの方策としてであった。彼はまだ新しい講義を書き始めてさえいなかった。

1週間後にフロイトはこう書いている。「『精神分析入門』を補足する『新しい講義』を今年の夏に書こうと考えています。もちろん、運命が許せばですが。いくつかの章では、援助、文献、提案が必要になるかもしれません。あなたを頼りにできるでしょうか？ですが、他の人たちには言わないで下さい。こちらではマルティンとアンナだけがこの計画を知っています」（フロイト-ランプル＝ド・フロート.1932-2-18）

出版後の『続精神分析入門』の序文には「1932年夏」と記されているが、これは講義本体が完成した日付である。ここで言う序文とは、これからの進路を決めるために講義本体に先立って書かれた、初期の草稿のことかもしれない。原稿上部に記された日付を見ると、フロイトは2月7日にこの序文を書き始めたようである。

古沢から富士山の贈り物　　　　　　　　　　　　　　　　1932年2月18日　木曜

古沢平作博士も精神分析を学びにヨーロッパへ来た日本人である（博士は1925年にはフロイトの著作を知っており、この年に初めてフロイトと連絡を取っている）。今ではフェダーンが研究の進め方について博士に助言を与えていた。

この贈り物はヨシダ・キヨシ［吉田博か？］画伯（1876-1950）が製作した富士山の版画で、フロイトから分析を受けるのに先だって贈られた。フロイトは礼状でこう書いている。「この美しい絵を見ると、本当にいろいろ読んだものの、まだ実際に見ることを許されていない風景が、味わえます」（フロイト-古沢.1932-2-20）

この版画をフロイトは待合室に飾った（現在はフロイト記念館の食堂に掲げてある）。また3月16日には古沢に出した手紙で、規定の1時間25ドルではなく、10ドルで分析しようと提案している。

出版所へ支払猶予　　　　　　　　　　　　　　　　　　　1932年2月19日　金曜

出版所の経営を引き受けたマルティンが最初に挙げた業績は、債権者から夏までの借金の支払猶予を認めてもらうことだった。最終的な存続の成否は依然としてドイツの経済状況にかかっていたが、仮に倒産するにしても少なくとも──フロイトの言葉を借りれば──「名誉を保った形で」倒れる見通しが立った（フロイト-ランプル＝ド・フロート.1932-3-2）

すべての債権者の中でシュトルフェル一人がこの取り決めに問題をおこしていた。フロイトはカザニジャンにかけた費用を後悔していた。出版所をこれ以上救う手段を失ったからである。「ご存じのように私は金持ちではありません。失敗に終わった実験であのアルメニア人に7000ドル払ったりしたのですから」（フロイト-アイティンゴン.1932-2-12）。（この7000ドルという金額は、最初の6000ドルという見積もりか、カザニジャンへの謝礼金5000ドルが、さらに高騰したのかもしれない。あるいはフロイトがすべての支出を合計して、新しい人工口蓋にその後かかった費用を追加したとも考えられる）

アンナと私　風邪をひく　　　　　　　　　　　　　　　　1932年2月22日　月曜

風邪がはやっていた。この風邪で、予定されていたフロイトの新たな手術は多少遅れざるを得なくなった。(1)

ゲーテ・ハウスで胸像の計画　　　　　　　　　　　　　　1932年2月23日　火曜

ゲーテ賞受賞者の胸像をフランクフルトのゲーテ・ハウスに据えつける企画が話題に上っていたのだと思われる。(1)　けれども、1か月後に催されたゲーテ死後百年記念式典ではこの企画の話は出ておらず、3か月後にフロイトはこう書いている。「私の胸像がゲーテ・ハウスに設置された、あるいはこれから設置されるという話は、単なるうわさだ

唐の騎馬像。上はウィーン、下はロンドン。EE、NB。

ったようです」（フロイト-リリー・マーレ.1932-5-11）

手術をピヒラーの所で　　　　　　　　　　　　　　　　　　　1932年3月7日　月曜
　ピヒラー医師の名前が実際に出てくるのは今年はこれが最初だが、この手術に先立つ2か月間に、フロイトはすでに20回診察を受けていた。また、現在使っている3つの人工口蓋も絶えず手直しが必要だった。1931年4月以来となるこの手術は「予防のための」手術だった。
　手術後フロイトはこう書いている。「今回の手術とその後の1週間は本当にこれまでほどひどくはなかったのですが、2週目に入ると、それが終わろうとしている今、痛みはもっと激しくなりました。胃腸もおかしいので、本当に不愉快な状態です」（フロイト-ランプル＝ド・フロート.1932-3-19）
　アンナは父親の健康状態には楽観的だった。作家で心理療法家のゲオルグ・グロデックに宛てた手紙で彼女はこう記している。「次々に持ち上がる肉体的困難のすべてに、驚異的な気力と若々しさで、父は打ち勝っています」（アンナ・フロイト-グロデック.1932-3-25）

＋ブリアン　　　　　　　　　　　　　　　　　　　　　　　　　1932年3月8日　火曜
　高名なフランスの政治家アリスティド・ブリアン（1862-1932）が前日パリで亡くなった。彼はフランスの首相を11回、大臣を20回務めた。
　政治的重要性とは別にこの政治家の死には、フロイトが気づいたであろう個人的重要性があった——ブリアンはマリー・ボナパルトの愛人の一人だったのだから。1913年にラドヤード・キプリングのために催された昼食会の席上で、王女はこの政治家と知りあった。この時ブリアンは51歳で、フランスの首相をすでに4回務めていた。この出会いの直後にマリー・ボナパルトは「愛される喜び」と題するノートをつけ始めた。2人の愛人関係は1919年に終わっている。

フレーリヒから大きなケレベを買う　　　　　　　　　　　　　　1932年3月13日　日曜
　ケレベとは口が広く、取っ手が2つ付いたギリシャのクラテール器で、酒を混合する容器に使われた。
　この日記に名前が出てくる古物商はフレーリヒとレーデラーの2人だけだが、例えばロベルト・ルスティヒのような他の古物商ともフロイトが定期的に接触していたことがわかっている。

クリューゲル自殺する　　　　　　　　　　　　　　　　　　　　1932年3月13日　日曜
　「スウェーデンのマッチ王」アイバル・クリューゲル（1880-1932）は世界のマッチ生産の3／4を支配し、投資会社クリューゲル＆トル、オランダ・クリューゲル＆トル、スウェーデン・マッチ会社などの企業を通じて、数多くの子会社を統御した。ところがこれらの子会社の多くは架空の会社だった。詐欺的な取り引きが明るみに出て、クリューゲル帝国は崩壊し、クリューゲル本人も1932年3月12日にパリで自殺した。(1)

ドイツの選挙決まらず　　　　　　　　　　　　　　　　　　　　1932年3月14日　月曜
　この大統領選挙でパウル・フォン・ヒンデンブルク大統領は1850万票以上を獲得したが、必要な絶対多数にはわずか16万8千票ほど足りなかった。ヒトラーは1100万票以上取り、共産党党首テールマンは約500万票だった。
　ナチス党機関誌『民族の監視者』（"Völkischer Beobachter"）はこの選挙結果を、支配諸政党にとっての「ピュロスの勝利」だと呼んだ。リベラルな英国紙『ニュース・クロニクル』は、共産主義とナショナリズムという双子の愚行に常識が勝利したと報じた。
　この選挙結果を見てアイティンゴンは来たるべき国際精神分析大会をドイツで開けると安心し、ヴィースバーデンを開催地に推薦した。

トーマス・マンの訪問　　　　　　　　　　　　　　　　　　　　1932年3月17日　木曜
　トーマス・マンがウィーンで「ブルジョアの時代の代表者としてのゲーテ」（"Goethe als Repräsentant des bürgerlichen Zeitalters"）と題する講演を行なった。マンはこの時初めてフロイトを訪問したが、フロイトはこの作家に魅了された。5分も経たないうちに2人は親密な間柄になった。
　妻と義妹がマンの熱心な読者で、マンと同様にハンブルク出身だったから、自分たちもこの訪問客に会う権利がある、と2人は考えた。「トーマス・マンの訪問は非常に愉快

フロイトの書斎にある壺類。左端が3月13日に購入したケレベかもしれない。これはフロイトの遺灰を入れてある壺に似ている。WK

でした。振る舞いが誠実で無理がないので、すぐに打ち解けられますし、話す言葉からは深い確信があるという印象を受けます。当然ながら、女性たちは私たちを長い間放っておいてはくれませんでした。半ば同郷人なので、この作家のファンなのです」（フロイト-アイティンゴン.1932-3-20）

ゲーテの日　　　　　　　　　　　　　　　　　　　　　　　1932年3月22日　火曜

　ヨハン・ヴォルフガング・フォン・ゲーテ（1749-1832）——フロイトの文化的英雄の一人——は1832年3月22日にワイマールで亡くなったから、この日が死後百周年の記念日になった。(1)　ワイマールとフランクフルトで式典が開かれ、アルベルト・シュバイツァーが記念講演を行なった。ウィーンでも市立劇場で記念公演を催して、この日を祝福した。

フランスの幻想　　　　　　　　　　　　　　　　　　　　　1932年3月22日　火曜

　これはマリー・ボナパルトがフランス語に訳した『幻想の未来』("L'Avenir d'une Illusion")のことである。1932年にパリのデノエール&スティール社から出版された。

開業46周年　　　　　　　　　　　　　　　　　　　　　　　1932年3月27日　日曜

　1886年4月25日、感謝祭の日曜にフロイトは個人医院を開業した。それ以来、常にこの出来事を感謝祭の日に祝ったので、この記念日も感謝祭と同様に「移動祝祭日」になった。ウィーンで他のすべてが休みになる感謝祭の日曜に開業したのは「挑発行為」だと、ジョーンズは論評した。この日の象徴的意味については当然ながら様々な憶測が生まれた。

回状を出版所向けに　　　　　　　　　　　　　　　　　　　1932年3月27日　日曜

　直ちに倒産はしなかったものの、出版所の置かれた状況は依然として厳しかった。そこでフロイトはすべての精神分析学会と有力会員に、この回状を送ろうと思い立った。分析家共通の利害があるから、この出版所を国際精神分析協会の正式な一つの機関にすべきだと、フロイトはこの回状で訴えた。(1)
　この考え方はおおかたの賛同を得た。残る未解決の問題は出版所の経営形態だった。国際協会が設置する常任委員会が直接経営するのではなく、ある程度の独立を保った方がよいとフロイトは考えた。そこで、ジョーンズ、アイティンゴン、マリー・ボナパルト、ブリルからなる管理委員会を作るように提案した。

マイネルトの孫のシュトカート博士　　　　　　　　　　　　1932年3月28日　月曜

　この訪問客はおそらくフランツ・ギュンター・フォン・シュトカートだと思われる。テオドール・マイネルトの娘で作家だったフランツの母親ドラ・シュトカート＝マイネルトは、父親の伝記を書いて1929年に発表している。
　脳解剖学者テオドール・マイネルト（1833-92）は、フロイトの学生時代にウィーン大学で精神医学の教授を務めていた。フロイトにとって、この教授はエルンスト・ブリュッケの次に重要な教師になった。
　1883年、27歳の時に、フロイトはマイネルトの精神医学病棟で医師として働いた。この地位につく際に彼は病院内に住まいを与えられ、初めて家庭を離れた。マイネルトの下で働いたのはわずか5か月間だったが、1882年秋から85年秋にかけても、フロイトはマイネルトの脳解剖実験室で時々研究をしていた。

声明書できあがる　　　　　　　　　　　　　　　　　　　　1932年3月28日　月曜

　各地の学会会長や、マリー・ボナパルト、フランツ・アレクサンダー、ヘルマン・ヌンベルグ、米国の分析家スミス・イーライ・ジェリフといった代表的会員にこの声明書を発送するのは、通常ならアイティンゴンの責任だったに違いない。けれども彼が4月に病に倒れたので、代わりにフロイトとアンナがこの仕事を引き受けた。
　その間、ジョーンズ夫妻はこの声明書を英語に翻訳した。出版所を維持すべきだと私も考える、とジョーンズはフロイトに書き送った。しかしどのようにして？　世界中が不況だった。あるいはブリルが大富豪と知り合いだったのか？

マルタ　ベルリンへ　　　　　　　　　　　　　　　　　　　1932年4月4日　月曜

　このベルリン行きの主な目的はエルンストや孫たちに会うことだったが、ベルリン滞在中にマルタは他の友人たち、中でもアイティンゴン夫妻を訪問した。

上：フランクフルトのゲーテ・ハウスにあるゲーテが使った書物机。
下：フロイトの科学的研究の指導者の一人だったテオドール・マイネルト。

この訪問でマルタはマックス・アイティンゴンの病状がきわめて深刻なのを知った（フロイトには秘密にされていた）。軽い脳血栓症で、原因は喫煙（Nikotinvergeltung）のせいにされ、左腕が軽く麻痺していた。
　フロイトはこの診断を認めようとはせずに、何か他の原因が背後に潜んでいると信じたがった。とはいうもののアイティンゴンは禁煙し、3週間静養すると、毎日4時間分析できると思うまでに回復した。

4症例研究　　　　　　　　　　　　　　　　　　　　　　　　1932年4月4日　月曜
　初期の4症例研究を再録したこの本は国際精神分析出版所（IPV）から発行された。ドラ、少年ハンス、ねずみ男、シュレーバーの症例研究である。
　『ドラ（あるヒステリー患者の分析の断片）』は最初は1905年に発表されたが、症例自体は1900年におきていた。このドラという患者は18歳の少女で、分析を途中で取りやめた。後にフロイトは失敗の原因を転移を知らなかったからだと考えた。――転移という現象を初めて調べた症例である（転移がおきると、過去の（父母への）感情的関係が分析者と被分析者との間に再現する。分析を成功させるためには、この関係を認めて、正しく利用しなければならない）
　『少年ハンス（ある5歳男児の恐怖症分析）』は初の児童分析だが、実際には患者の少年ハンスとは距離を置き、父親マックス・グラーフを仲立ちにして行なわれた。グラーフは1906年から08年まで水曜心理学集会の会員だった。1909年に発表された症例である。
　『ねずみ男（強迫神経症の一症例に関する考察）』も1909年に発表された症例で、一人の若い男性の強迫神経症とねずみ刑で罰せられるという幻想の源が肛門性愛願望であることを明らかにした。
　『シュレーバー（自伝的に記述されたパラノイア（妄想性痴呆）の一症例に関する精神分析的考察）』ではドイツの裁判官が自らの狂気を記した本を分析する。神が自分を女性に変えようとしているとシュレーバー判事は思い込んだ。この妄想の同性愛的側面をフロイトは分析で、有名な教育者だった判事の父親と判事との関係にまでたどりつめた。そして、男性のパラノイアの根源には抑圧された同性愛的要素がある、と推論した。

ローハイムの訪問　　　　　　　　　　　　　　　　　　　　　1932年4月6日　水曜
　この年『イマーゴ』誌はローハイムが書いた「原始文化の諸類型における精神分析」("Die Psychoanalyse primitiver Kulturen")を掲載し、『国際精神分析雑誌』は「ローハイム・オーストラレーシア学術調査特別号」にその英訳を載せた。この論文やその後の出版物でローハイムは精神分析理論を人類学に取り入れる先駆者になった。

マルタ　エルンストの誕生日へ　　　　　　　　　　　　　　　1932年4月6日　水曜
　ベルリンでマルタはエルンストの所には泊まらなかった。もう年だから静かで一人きりになれる場所が必要だとフロイトが言い張ったからかもしれないが、エルンスト一家のアパートが5階だったからだとも考えられる。
　それまで手紙を出さなかったのにもかかわらず、フロイトは妻に宛てた最初の手紙で、連絡が良好だと述べている。マルタが手紙を出していたのかもしれないが、あるいはエルンスト40歳の誕生日を祝う電話がベルリンへつながり、この電話でマルタが息子を訪ねたのをすぐに知ったのかもしれない。

ヒンデンブルク当選する　　　　　　　　　　　　　　　　　　1932年4月10日＊　日曜
　パウル・フォン・ヒンデンブルク（1847-1934）は3月14日の投票では得られなかった絶対多数――53パーセントを、この選挙で獲得した。ヒトラーは36.8パーセントを得て、共産党党首テールマンは13.2パーセントだった。とはいえ、ヒンデンブルクはすでに84歳だったから、当選しても問題は何も解決しなかった。ヒンデンブルクが帝国大統領に再選されたので、6月1日にはフォン・パーペン首相の下、二番目の大統領内閣が組閣された。ブリューニング首相の下に作られた最初の大統領内閣は、議会には依拠せず、大統領緊急令を使って、1930年3月30日から9月14日まで国政を取り仕切った。この9月14日に行なわれた帝国議会選挙ではナチス党が650万票を獲得し（1928年に得た80万票からの躍進）、共産党は450万票、社会民主党は850万票を集めた。首相就任の2週間後にフォン・パーペンはナチス突撃隊（SA）と親衛隊（SS）への一時的禁止措置を解除し、1932年7月31日に

エルンスト・フロイト。

＊このドイツの選挙は実際には10日に行なわれた。その日のうちに結果が判明したはずがないから、後から書いたのだと思われる。

再び帝国議会選挙が行なわれた。今度はナチス党が1350万票取り、共産党は550万票、社会民主党は800万票であった。(1)

イタリア雑誌　エド・ヴァイス　　　　　　　　　　　　　　1932年4月16日　土曜
1931年にイタリアの精神分析医エドアルド・ヴァイスはトリエステからローマへ移り、同年『精神分析の基礎』を出版した。これはヴァイスがトリエステ医学会で行なった精神分析の基本原理についての5科目の講義を収録した本であった。

ローマへ移ると、ヴァイスは『イタリア精神分析雑誌』を創刊した。フロイトはヴァイスとこの新しい雑誌とを手放しで誉めたたえた。「指導者に個性があれば、集団は確実に発展します。ヴァイス一人に一集団の価値がありますし、『イタリア雑誌』ほどの出版物を発行する団体にこれ以上望むことはありません」(フロイト-アイティンゴン.1932-4-27)

フロイトはヴァイスに励ましの手紙を送った。「この雑誌、あなたの『イタリア雑誌』は、形式も内容も非常に立派だと思います。専門家以外の方々も当を得ているようですね。お仲間のペロッティはやがて頼もしい戦力になるでしょう。仲間たちに失望する日が必ず来るものですが、願わくはそれが遠からんことを」(フロイト-ヴァイス.1932-4-24)

この高い評価をフロイトは持ち続けた。1936年にはイタリアの運動について、「エドアルド・ヴァイスという名前が豊かな未来を保証する」と述べている。(1)

ホッホローテルド　　　　　　　　　　　　　　　　　　　　1932年4月17日　日曜
ようやく天気がよくなったので、フロイトは改装なったアンナの別荘に出かけることができた。5日前に彼はこう書いていた。「アンナはホッホローテルドにこの上なく満足しており、来客たちに褒められて得意になっています。ドイチュ伯父さん、マーレといった人たちです。日曜の天気のせいで、私はまだ出かけることが許されません」(フロイト-マルタ.1932-4-12)

マルタがベルリンから　　　　　　　　　　　　　　　　　　1932年4月19日　火曜
不況と政治的脅威がマルタの印象にいくつかの痕跡を残した。フロイトはこう書いている。「妻はベルリン滞在を大いに楽しみましたが、見るものすべてが快いわけではありませんでした。本当にひどく悪い時代で、我慢できる未来が来る保証はまったくありません」(フロイト-ジャンヌ・ランプル＝ド・フロート.1932-4-24)

マルタが出かけている間に、仕立て屋シュテファンから新しい上着が届いた。フロイトは妻にこう書き送った。「シュテファンの新しいスーツは今度もぴったりです。人工口蓋も作らないのかと聞いてみるつもりです」(フロイト-マルタ.1932-4-12)

マルティン　ライプツィヒへ　　　　　　　　　　　　　　　1932年4月19日　火曜
ベルリン滞在中のマルタに出した手紙でフロイトは、マルティンが出版所のために一生懸命働いている、と述べていた。このライプツィヒ行きも商用だった。この都市がドイツとオーストリアの書籍流通センターで、出版所の在庫本が保管されていたからである。

ビンスワンガー　　　　　　　　　　　　　　　　　　　　　1932年4月22日　金曜
ルートヴィヒ・ビンスワンガー(1881-1966)はチューリヒのブロイラーの下で精神医学を学び、ユングを通じて精神分析に出会った。1907年3月に彼はユングと共にウィーン精神分析学会の会合に来賓として出席した。同年チューリヒに新設された精神分析グループの会員になり、1910年にはスイス精神分析協会の会長に就任した。父親と伯父も精神科医だった彼は、クロイツリンゲンの父親が運営する精神病院で1911年に院長職を引き継ぎ、1956年までこの地位に留まった。

ビンスワンガーは医学的心理学のための学会で講演するためにウィーンへ来た。午後5時から6時までフロイトを訪問して、フロイトが「知的には非常に若々しく、全体的に見ればまったく変わらない」という印象を得た。フロイトはマリー・ボナパルトと彼女の仕事を大いに褒めあげた。

ビンスワンガーの考え方は、フッサールとハイデッガーの哲学に基づく精神分析の実践へと、発展した(現存在分析)。これは患者の全体的な「世界内存在」を、社会的、存在論的に理解しようとする企てで、愛する能力が治療の決め手だと考えた。だが、精神分析への取り組み方の意見が食い違った後も、フロイトとの間の個人的友情はずっと続いた。

上：エドアルド・ヴァイス(中央)と協働者ニコラ・ペロッティ(右)。TG
下：アンナ・フロイトとドロシーの別荘、背面の果樹園より撮影。

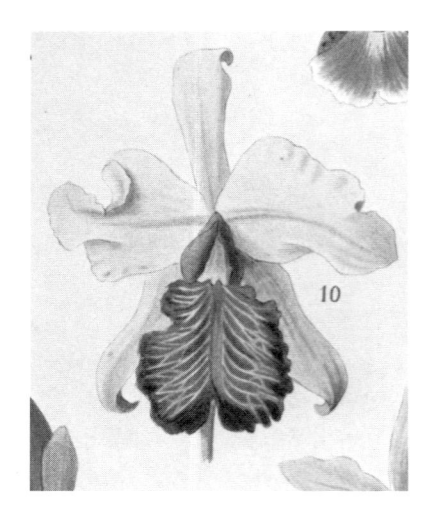

76歳の誕生日 　　　　　　　　　　　　　　　　　　　1932年5月6日　金曜

　この時ただ一度だけ、フロイトは誕生日のあらゆる行事を避けることができた。（1）ほぼ毎年必ず訪れていたアイティンゴンさえもが病気で来られなかったからである。フロイトはこう書いている。「今年の誕生日にあなたが来られなければ──理由は歓迎できませんが──少なくともずっと気ままに、その日を過ごせるでしょう。普通の平日です。午前中に犬たちを連れてカグランへ行き、午後には普段通りピヒラーを訪ね、分析の仕事を4時間して、夜には罪のないカードゲームを楽しむのです。この日を生き延びたからといって喜ぶべきかどうかは疑問ですが、やがて諦めがつきます」（フロイト-アイティンゴン.1932-5-4）

　とはいうものの、プレゼントやメッセージは舞い込み続けた。5月9日には「驚くほど美しい」ランをジャンヌ・ランプル＝ド・フロートから受け取っている。

1日をホッホローテルドで 　　　　　　　　　　　　　1932年5月8日　日曜

　今では家具も揃ったこの別荘は、フロイト一家がいない時には、近くに住むファーデンベルガー一家が管理を引き受けていた。本人の言葉によると「二重生活」を送るアンナは、ホッホローテルドが生活の半分を占めており、この喜びを家族や友人たちとも分かち合いたいと望んでいた。エヴァ・ローゼンフェルトに彼女はこう書いている。「あなたもホッホローテルドに根を下ろして、同じ土の中で育たねばなりません」（アンナ・フロイト-エヴァ・ローゼンフェルト。日付なし）

　だがこの年には4回この別荘を訪れたフロイトも、年末を過ぎると健康状態がますます悪くなり、田園地帯にこういう比較的短い遠出をする危険をすら冒せなくなった。

編集スタッフの会合 　　　　　　　　　　　　　　　　1932年5月11日　水曜

　シュトルフェルは4月24日に出版所の所長職を離れた。彼は『イマーゴ』誌の編集者も務めていたが、こちらはオットー・フェニヘルが一時的に引き受けた。

　これと同時に、もう一つの国際的雑誌──『精神分析雑誌』──が抱える問題も解決しなければならなかった。多くは、両方の雑誌の編集に関わっているラドがどう決めるかにかかっていたが、この時ラドは米国にいた。

　フロイトはラドにこう記している。「もちろん、こちらでは皆あなたを大いに懐かしがっています。これから言うことは、あなたがいないからおきた、と考えて下さって構いません。あなたの代役のフェニヘルには満足できなかったので、一箇所にまとめれば倹約できるし他の利点もあると考え、編集スタッフをウィーンへ移すことに決めました。フェダーンとハルトマンが『国際雑誌』を引き受け、クリスとウェルダー（両人とも非医師）が『イマーゴ』誌を担当します。もちろん、私たちはあなたが編集スタッフに加わるのを切望しています。あなたがそう望めばですが。さもないと、あなたもご存じのように、出版所がどうなるか心配です。息子のマルティンが運営を引き継ぎました。シュトルフェルの惨澹たる経営をこれ以上続けることはできません」（フロイト-ラド.1932-5-10）

　この間、マルティンはそれぞれの債権者に時間をくれるように交渉していた。募金運動が成功すれば、年末までには借金を返済できるという期待があったからである。

ペッツラインスドルフ 　　　　　　　　　　　　　　　1932年5月14日　土曜

　前年夏に借りたペッツラインスドルフ、クレーヴェンヒュラー通り6にある屋敷の印象が非常に良かったので、フロイト一家はこの年もこの屋敷に移り住んだ。

　一時転居した直後にフロイトはフェレンツィにこう書いている。「当地に来て、少しずつ体力を取り戻しているようです。ペッツラインスドルフの家は申し分のないほど美しくて、快適です。犬も人間もここなら幸福です。本当は大都市の第18区で暮らしていることを忘れてしまいます。5時間の分析をすべてこなし、未解決の問題と悪戦苦闘しているので、自分自身の仕事をする余裕はまだありません」（フロイト-フェレンツィ.1932-5／6月）

ハンガリー語の翻訳書 　　　　　　　　　　　　　　 1932年5月23日　月曜

　これはフェレンツィとシュトルフェルが編集した『ジグムント・フロイト論文集』第1巻（IVPとブダペストのソムロー社.1932）のことである。この巻ではイムレ・ヘルマン博士がハンガリー語に訳した『精神分析入門』（"Bevezetés a Pszichoanalizisbe"）を収録している。

上：カトレア（Cattleya labiatavar.Dowiana）、フロイトの蔵書の「ラン・アルバム」から。（ジュリアン・コンスタンティン『ラン栽培図鑑』パリ1911年）。

下：ファーデンベルガー一家、アンナの別荘を管理していた。アンナは記している。「わが別荘の大黒柱が座っている。夫妻、子ども、犬、それにウサちゃん」。

Psa四季報 1932年5月31日　火曜

『精神分析四季報』は米国で新たに創刊された雑誌だった。編集者は発刊の理由を創刊の辞でこう述べていた。「フロイト派の分析を他のどの国よりも好意的に受容したとはいえ、不確かな説明や希薄化の危険に曝されているこの国に存在する、精神分析に徹する機関誌の必要性を満たすこと……」。

編集者は一つの逸話を持ち出して創刊理由を補った。2年前にある医学雑誌の精神分析特集号に序文を書いた時、フロイトはその雑誌が月刊誌の創刊号だと思い込んでいた。そうではないと知ったときのフロイトの失望を、編集者は願望と受け取り、その願望を今満たしたのである。(1)

この創刊号には、フロイトの最新の著作が3編——「リビドー的類型について」「女性の性愛について」「火の支配について」——が掲載されていた。

ミツィ去る 1932年5月31日　火曜

フロイトの妹ミツィが再びウィーンに来て、この時出発したのは明らかだが、おそらくベルリンに帰ったのだと思われる。前年3月22日に70歳の誕生日を祝ったこの妹に、フロイトはこう書き送っていた。「今あなたも私たちの中で4番目に、軽率な若者と成熟した大人とを隔てる敷居をまたいだのです」（フロイト-ミツィ・フロイト.1931-3-20）

スウェーデン語の不安 1932年6月6日　月曜

この本は『文化への不安』のスウェーデン語版（"Vi Vantrivs i kulturen"）である。S.J.Sが訳して、ストックホルムのアルバート・ボニヤーズ社から発行された。

日本語の愛の心理学 1932年6月15日　水曜

こちらは『「愛情生活の心理学」への諸寄与』(1) の日本語版である。この本は次の3論文から構成されている。「男性にみられる愛人選択の特殊な一タイプについて」(1910)、「愛情生活の最も一般的な蔑視について」(1912)、「処女性のタブー」(1918)。日本語で発行された他のフロイトの著作と同様に、この本にも2種類の競合する訳書があった。一方は大槻憲二の翻訳で春陽堂から発行され、もう一方は東京の「アルス」社から出版された。フロイトの蔵書の中には春陽堂版だけが残っている（発行年は1933年）。(2)

提案　シュタイニヒ——アインシュタイン 1932年6月21日　火曜

1925年に国際連盟は「知的協力機関」を設立した。目的の一つは思想界の指導者間の文通を促進、発表することだった。最初の書簡集がすでに公刊されており、『精神の連盟』の表題で、M・アンリ・フォション、サルバドル・デ・マダリアーガ、ギルバート・マレー、ポール・ヴァレリーらの手紙を収めていた。

連盟職員レーオン・シュタイニヒは、アインシュタインから二番目の書簡集についての協力を取りつける役割を担当していた。もっとも戦争に関してフロイトと論じあうという着想は、アインシュタイン自身のものだった。2人が交わした手紙はやがて『戦争はなぜ？』という表題で発表された。

ルクスとガビー 1932年6月24日　金曜

三男エルンストの妻ルクスが11歳の長男シュテファン・ガブリエル（「ガビー」）を連れてフロイトを訪問した。ルクスの3人の息子にはそれぞれ大天使の名前が付いていた——シュテファン・ガブリエル、ルシアン・ミヒャエル、クレメンス・ラファエルである。(1) ルクスはジョーンズにこう書いている。「それはそうと、子どもたちに一揃いの名前を付けたのは、子どもを3人持とうと考えていて、しかも男の子しか生まれないと信じていたからです」（ルーシー・フロイト-ジョーンズ.1956-1-23）

大きな馬を買う 1932年6月28日　月曜

フロイトの蒐集品の中には大きな馬の像が2体あるが、どちらもヨーロッパ市場向けに中国で作られた唐の古代遺物の模造品である。そのうち1体は診察室のガラスケースの上部、エジプトのスフィンクスの絵の下の所に置いてあった。

2000ドル　ジャクソンから 1932年6月28日　月曜

出版所を救うための募金運動が成功のきざしを見せていた。これはイーディス・ジャクソンから届いた今年2回目の高額寄付であり、ブリルもニューヨーク学会を代表してさらに2500ドル送ってきた。その間、英国学会もウィーン側と同額の寄付を約束していた。

上：大槻憲二、『フロイト全集』の第10巻を日本語に翻訳中、1931-6。
下：フロイトが持っていた中国の馬像の一例。NB。

最初は資金集めに楽観的だったジョーンズは、その後マルティンから知らされた9月までに必要な金額の大きさに仰天した。「ですから我々は依然として見知らぬアメリカの伯父さんを頼りにしなければなりません」と彼は5月後半に書いている。とはいえ、6月までには出版所基金に500ポンドを約束することができた。

ヤーコプ・ベルナイス　フレンケルから　　　　　　　　　　　　1932年7月11日　月曜

ヤーコプ・ベルナイス（1824-81）はマルタの伯父で、ブレスラウとボンで古典言語学の教授を務めた。ミヒャエル・フレンケルが編集したこの教授の書簡集『ヤーコプ・ベルナイス：手紙による伝記』("Jacob Bernays:Ein Lebensbild in Briefen" ブレスラウ、マーカス社1932）がちょうどこの頃発行された。この本はフロイトに捧げられていた。

この本の編集者に家族基金の中から1000マルク支払うようにと、フロイトは1931年9月にエルンストに頼んでいた。「感謝のしるしです。というのは、彼の遺産でわれわれは家庭が持てたのですから」（フロイト-エルンスト・フロイト.1931-9-20）。この「遺産」にはマルタの持参金という文字通りの意味と、ヤーコプ・ベルナイスが象徴するユダヤ啓蒙運動という比喩的な意味の両方が読み取れる。反ユダヤ主義のために学究生活が妨げられたにもかかわらず、ベルナイスは厳格なユダヤ教信仰を保ち続けた。聖書とギリシャ・ローマ文化とを統合しようと努力するのが彼の使命だった、とフレンケルは述べている(1)。

＋マティルデ・ハルバーシュタット　　　　　　　　　　　　　　1932年7月13日　水曜

この人物はフロイトの義理の息子マックス・ハルバーシュタットの親戚だと思われる。これ以上の証拠はまだ見つかっていない。

エヴァ　モルニッツで猩紅（しょうこう）熱　　　　　　　　　　1932年7月16日　土曜

フロイトは次男オリヴァーの娘エヴァを非常に気に入っており、病気なのを心配していた。「私の小さなエヴァはモルニッツ（ケルンテン）へ行き、ごく軽い猩紅（しょうこう）熱にかかったようです。とはいえ、しっかり看病してもらっているのかどうか心配です。細々とした不満が大群に育ちます」（フロイト-アイティンゴン.1932-7-21）

ヨフィ戻る　　　　　　　　　　　　　　　　　　　　　　　　1932年7月16日　土曜

ヨフィが帰宅して2か月後にベルンフェルトが書いた手紙の中の一節が、当時のフロイトと犬たちとの関係を雄弁に語っている。「今日、アンナ・Fを訪ねた。教授は上機嫌で愛想が良かった。犬たちは見当たらず、話にも出なかったが、私には非常に優しくしてくれた」（ベルンフェルト-リーズル・ノイマン＝ベルンフェルト.1932-9-14）

誕生日をホッホローテルドで＊　　　　　　　　　　　　　　　1932年7月26日　土曜

妻マルタが71歳の誕生日を迎えた。彼女はこう書いている。「今度の誕生日も、沢山の花や心づかいに囲まれるうちに、だいたい一日が過ぎました」（マルタ・フロイト-エルンスト・フロイト.1932-7-30）

天気が快晴だったので、午後になると家族全員が車でホッホローテルドへ出かけた。ヨーゼファ嬢がこの別荘を花で満たし、玄関の上には花輪を飾った。仲間に加わるように誘われたマリー・ボナパルトはじゃがいもを掘り、豆を摘み採り、それからアンナが御自慢の料理――ふんわりしたパンケーキ（Salzburger Nockerln）――を作るのを手伝った。

週末になると、ジャンヌ・ランプル＝ド・フロートにフロイトはこう記している。「ささやかな不満や細かい治療は沢山ありますが、少なくとも一生懸命仕事をしています。天候はこちらの方がそちらよりずっと情け深いようですね。26日に皆でホッホローテルドへ行き、申し分なく美しい半日を過ごしました」（フロイト-ランプル＝ド・フロート.1932-7-30）

シュタイニヒがアインシュタインの手紙を　　　　　　　　　　1932年8月1日　月曜

戦争に関する手紙をアインシュタインと交わすという6月の提案をフロイトは受け入れた。この出版物を担当していたレーオン・シュタイニヒが、国際連盟を代表してアインシュタインの手紙を持ってきた。彼はアインシュタインからの私信も携えていた。「この

上：エルンストとルクス・フロイト夫妻の「大天使」の息子たち、シュテファン・ガブリエル、クレメンス・ラファエル、ルシアン・ミカエル。

下：モルニッツで猩紅熱にかかり、回復中のエヴァ。

＊珍しくフロイトは新正書法に従って、ここでは["Hochrotherd"ではなく] "Hochroterd"とつづっている。このようなちぐはぐさは時折手紙でも見られるが、一般的に言えば、フロイトは1902年以前に標準とされていたドイツ語のつづりの規則に忠実だった。

機会を利用して小生の心からの挨拶を送り、また貴殿の著作物を拝読して愉快な幾多の時を過ごせたことに御礼申し上げたいと存じます。それにつけても常々面白いと感じますのは、己を「不信心者」だと考える人々までもが、こと貴殿の学説に関する限り、さほど抵抗なく受け入れ——そのまま放っておくと——貴殿の諸概念を使って物を考えたり話したりすることであります」（アインシュタイン-フロイト．1932-7-30）

『戦争はなぜ？』が発表された時には、すでにアインシュタインは国際連盟との関係を絶っており、連盟の主催で1932-4年にジュネーブで開かれた軍縮会議を厳しく批判していた。

マルティン　腎臓に疝痛　　　　　　　　　　　　1932年8月10日　水曜

この腎臓の疝痛は非常に激しかったので、しばらくの間マルティンは入院しなければならなかった。すでに出版所の経営に欠かせない人物になっていたから、この長男の病気は個人的問題とは言えなかった。マルティンがすぐさま真価を発揮したので、やがてフロイトは「あまりにも長い間シュトルフェルを大目に見ていた」（フロイト-アイティンゴン．1932-6-5）と自分自身とアイティンゴンとを責めるようになった。

幾何学模様の小箱　　　　　　　　　　　　　　　1932年8月14日　日曜

これは陶磁器製の優美な円筒形の小箱で（古代ギリシャ）、幾何学模様の入った蓋がついている。

ジャンヌ　客に　　　　　　　　　　　　　　　　1932年8月15日　月曜

ジャンヌ・ランプル＝ド・フロートはフロイトからさらなる分析を受けることにしており、フロイトも2、3日間、彼女を来客用寝室に泊める手はずを整えていた。ところが、夫ハンス・ランプルがこの考えに抵抗したので、来るかどうか最後の瞬間まではっきりしなかった。

明らかに様々な問題があったのにもかかわらず、確かにジャンヌは到着し、その後ヴィースバーデン大会に出席して、論文を読み上げた。しかしながら、あまりにも声が小さかったので、聴衆から何度も抗議の声が上がった。

これをフロイトはジャンヌが自己破壊を企てた、つまり分析に抵抗したので自分を罰しようとした、と解釈した。

ブリル　　　　　　　　　　　　　　　　　　　　1932年8月22日　月曜

米国に新設された、ブリルの権威を認めようとしないグループの問題が、主な話題だったに違いない。「まとめたり、協力を得ようとして、これほどの抵抗に遭う国は——信じ難いことですが——アメリカしかありません。下部グループをブリルがなんとか一つにまとめられれば非常に良いのですが、傑出した人物は誰もいませんし、ニューヨーク精神分析学会も他のグループから尊敬されていません。表に出ない巨大なアメリカの反ユダヤ主義にブリルは直面しています。ですから、仮にブリルの思い通りにならないのなら、我々に関わりのあるものを取り上げて、あのインディアンたちが受けつけない形にこだわるべきではありません」（フロイト-アイティンゴン．1932-4-27）

フロイトはブリルを好きで、ブリルの難しい立場にも同情したが、にもかかわらず、ブリルが率いるニューヨークの団体に従っているか否かには関係なく、新設グループを国際協会へ受け入れるように提案した。(1)

フェレンツィの拒絶　　　　　　　　　　　　　　1932年8月23日　火曜

カール・アブラハムが亡くなると、1926年にマックス・アイティンゴンが国際精神分析協会の会長職を引き継いだ。もう一人の候補者だったフェレンツィは、1920年代には選ばれなかったことに気を悪くしていたが、1930年には彼を次期会長にすることでジョーンズとアイティンゴンの意見が一致した。ところが1932年5月になると、「現今の難しい時期に」会長職を引き受けることについて、フェレンツィはフロイトに疑いを表明するようになった。

会長になれば自ら陥った孤立からフェレンツィを救い出せると考えて、フロイトはこの職につくように言い張った。だが時すでに遅く、この時フロイトはフェレンツィから会長職を正式に辞退する手紙を受け取った。「長い間、悩み、ためらった後で、私は会長候補を辞退することに決めました。これまでにお伝えした理由に加えて、分析をより深く効果的に組み立てようと奮闘する中で、きわめて重要かつ自己を顧みる地点に私がたどり着いたという事情があります。これまで私たちが築きあげた実際的、さらには一部

上：アンナが犬のヨフィを支えているのを、後ろから見守るフロイトとミンナ・ベルナイス。

下：ギリシャの幾何学模様の小箱。NB。

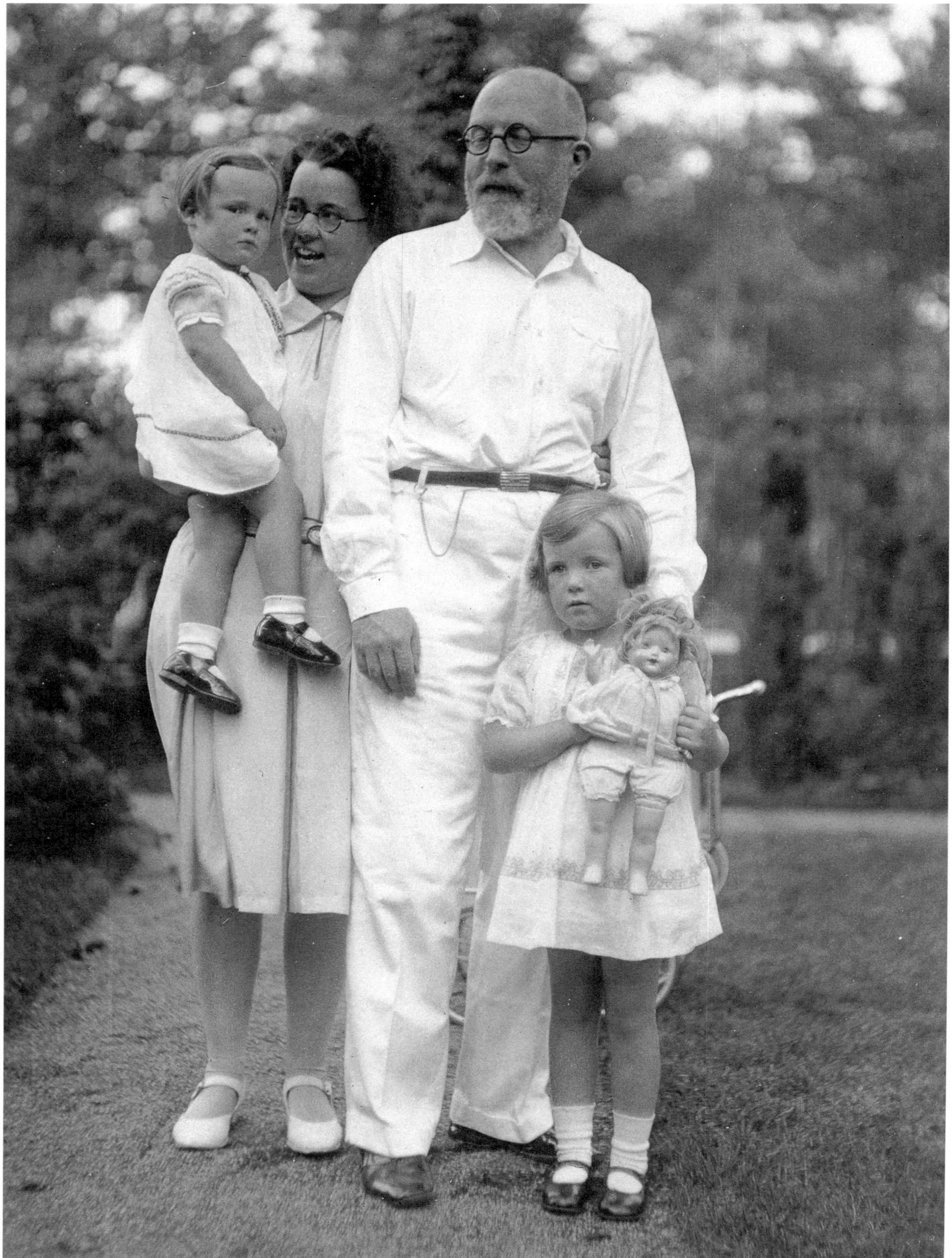

の理論的見解を補うだけでなく正すこともそれなりに必要だ、と私は考えます。そこで私はこのような知的立場は権威ある会長職にはまるでふさわしくないと思うのです。これまでに確立したものを守り、強めるのが会長の主な職務なのですから。この地位につくことは正直でさえないと内なる感覚が私に告げるのです」（フェレンツィ-フロイト.1932-8-21）

エルンストの訪問　　　　　　　　　　　　　　　　1932年8月27日　土曜
　平均するとエルンストは1年に1回父親を訪れていたが、この年と前年には2回ウィーンへ来た。あるいは、商用と社交を兼ねた訪問だったのかもしれない。ホッホローテルドの改築についてアンナに助言する以外にも、ウィーンでする仕事があったと考えられるからである。精神分析医の診察室の設計を専門にした最初の建築家だと彼は自分では主張していた（カール・アブラハム、フランツ・アレクサンダー、ルネ・シュピッツ、シャンドア・ラド、メラニー・クラインの診察室を彼は設計した）

ラド　　　　　　　　　　　　　　　　　　　　　　1932年8月27日　土曜
　ラドはブリルと共にブダペストのフェレンツィを訪問したところだった。フェレンツィの様子を2人から聞いて、フロイトは不安を抱いた。「フェレンツィはひどい状態で、顔面は蒼白、非常に落ち込んでいたそうです。理解力が非常に優れているラドは、側索硬化症による神経変性が進行中だとの意見です。ですが、私はこうした印象の多くは、フェレンツィを揺さぶっている葛藤のせいだと考えたいのです。この葛藤を解決しようとして、明らかに大きな問題がおきているのです」（フロイト-アイティンゴン.1932-8-29）

エルンスト出発する　　　　　　　　　　　　　　　1932年8月30日　火曜
　この訪問の目的ではなかっただろうが、マルティンだけではなくエルンストもこの時期には父親の財務に関わりを持っていた。つまり、ゲーテ賞の賞金で作られた基金を彼は管理していたのである。事あるごとにフロイトはこの基金からある金額を特定の人物へ渡すように息子に言いつけたが、おおかたはプレゼントか誕生日の贈り物だった——古物商レーデラー博士への支払いはまた別である。(1)

講義終わる　　　　　　　　　　　　　　　　　　　1932年8月31日　水曜
　この年を通じてフロイトは『続精神分析入門』を書くのは難しいと不満を漏らしていた。心の中からやる気が沸いてこないことが理由だった——出版所に必要な資金を捻出することだけが目的だったのだから。とはいえペッツラインスドルフに移ると、執筆はかなり急速に進んだ。
　だが、彼は依然として心の中にある障害物に愚痴をこぼしていた。「せっせと書いていますが、楽ではありません。この仕事への抑制には心理学的原因があるのだと思います。また言葉を抜かしたり、書き損じたりする度に腹が立ちます。こんなことも今までにはありませんでした」（フロイト-ランプル＝ド・フロート.1932-7-15）
　この7月中旬の時点でフロイトは最初の2章をだいたい書き終えており、第3章——「精神的人格の解明」——に取り組んでいた。第4章——「不安と欲動の動き」——はまだ計画段階で、最終章「世界観というものについて」は草稿だけが存在していた。残りの章は「まさに漠然として」("recht nebelhaft") おり、ペッツラインスドルフにいる間には完成しないだろうとフロイトは考えていた。
　ところが、8月中旬になるともう一章——「女性的ということ」——ができあがった。そして、8月末頃に最後の一章が加わった。フロイトはアイティンゴンにこう語っている。「とりわけ大衆的で饒舌な一章で、精神分析への非難、分派運動、治療法などを取り上げています。表題は『解明・応用・アプローチ』です」（フロイト-アイティンゴン.1932-8-24）

アンナ　ゲッティンゲンへ——大会　　　　　　　　1932年9月1日　木曜
　ヴィースバーデン大会へ行く途中に、アンナはルー・アンドレアス＝ザロメをゲッティンゲンの自宅に訪ねたのだと思われる。過去10年にわたって、ルーはアンナの優しい伯母あるいは母親役を演じ、またフロイト父娘のよき相談相手になっていた。
　5年前にフロイトはルーにアンナについての不安を打ち明けていた。「アンナは素晴らしく、善良で、知的にも独立しています。ですが性生活がありません。父親が死んだらどうするのでしょうか？」（フロイト-ルー・アンドレアス＝ザロメ.1927-12-11）

上：フロイトとの長い付き合いの初期に、クラーク大学におけるフェレンツィ、1909年。

左：ジャンヌ・ランプル＝ド・フロート、夫ハンス、娘ハリエットとエディス。フロイトから分析を受ける妻ジャンヌに対する夫ハンスの「妄想症」で、夫婦仲が緊張した。

フェレンツィとブリルも　　　　　　　　　　　　　　　1932年9月2日　金曜

8月23日にフェレンツィが会長職を断ったにもかかわらず、フロイトは引き受けるように説得し続けた。ヴィースバーデンへ向かうフェレンツィ夫妻がウィーンを通る時まで、最終決定は延期されていた。

この会見の翌日にフロイトはアンナにこう報告した。「4時前にフェレンツィ夫妻が来ました。夫人はいつものように愛想が良かったのですが、フェレンツィは氷のような冷たさでした。それ以上の質問やあいさつ抜きに、彼はこう切り出しました。『講義を読み上げたいのです』 そして読み上げましたが、それを聞いて私はびっくり仰天しました。私が35年前に信じて捨てた考え方、つまり幼児期の純然たる性的外傷が常に神経症の原因になるという病因論に完全に退行し、それを私がその頃使ったのとほとんど同じ言葉で話すのです。どういう方法で資料を手に入れたのか、全く説明がありませんし、講義の真っ只中で、両親の敵意について語り、患者の批判を受け入れて分析医が間違いを認めることが必要だと言うのです。この順序は混乱し、苦しく、不自然です。彼の言うことすべてが本当にばかげているか、さもなくば、あまりにも常軌を逸して、不完全なのでそう見えるのです」（フロイト-アンナ・フロイト.1932-9-3）

フェレンツィの講義の最中にブリルが到着した。このことにいらだったフェレンツィは、第三者が議論に立ち会うように、フロイトが故意にブリルを手配したのだと邪推した。

ヴィースバーデン大会　　　　　　　　　　　　　　　　1932年9月4日　日曜

フェレンツィの問題があったとはいえ、大会は順調に進んだ。ジョーンズはこう報告している。「私の印象では、あらゆる点で素晴らしい大会でした。これほど雰囲気（Stimmung）が良く、友好的で自信にあふれた大会はあまりなかったと思います」（ジョーンズ-フロイト.1932-9-9）

ジョーンズの報告に熱がこもっていたのは、一つには、アイティンゴンに代わって彼自身が国際精神分析協会の新しい会長にこの大会で選ばれたからであった。

アインシュタインとの議論終わる　　　　　　　　　　　1932年9月6日　火曜

アインシュタイン宛ての公開書簡について、フロイトは気難しくこう言っていた。「残念なことに、どうしたら戦争の破滅を避けられるのかが話題です。この手紙でノーベル平和賞を受け取るとは思えませんね」（フロイト-アインシュタイン.1932-8-18）。この公開書簡——『戦争はなぜ？』——でフロイトは死の欲動と人類の破壊的性質とを「いまだ手なずけられていない力だ」と説明した。従って永続的平和の見通しについて、結論は悲観的であった。

アンナ戻る　　　　　　　　　　　　　　　　　　　　　1932年9月8日　木曜

米国を訪れていたドロシー・バーリンガムと共に、アンナはウィーンへ帰還した。2人は大会中の9月3日に、参加者が泊まっていたヴィースバーデンのローゼ・ホテルで落ちあった。アンナが行なった講演——「教育の影響下での神経症のメカニズム」——をドロシーは聴講した。この講演でアンナは、児童神経症が発達する際に内界と外界との間でおきる相互作用について、いくつかの実例を紹介した。

9月6日には2人は大会参加者のために用意された、ライン川をマインツからローレライの岩まで下る船旅に参加している。

＋クリ・エーレンフェルス　　　　　　　　　　　　　　1932年9月9日　金曜

クリスティアン・フライヘア・フォン・エーレンフェルス（1859-1932）は、実際には前日にニーダーエーステライヒ州リヒテナウで亡くなった。彼の名前を聞くとゲシュタルト心理学を想起するが、早い時期に発表した「ゲシュタルト」に関する論文（"Über Gestaltqualitäten"1890）で、彼はこの学派の先駆者になった。1900年から1929年に引退するまで、彼はプラハで哲学の教授を務めている。

エーレンフェルスは一夫一婦制度が種の衰退につながるという理論を作り上げ、優生学と、女性集団が優れた男性の子どもを育てる社会という考え方に基づく、社会改革を主張した。

「『文化的』性道徳と現代人の神経過敏」（1908）でフロイトは、エーレンフェルスが『性道徳』（1907）で唱えた「自然な」性道徳と「文化的」性道徳という区別を議論の出発点にした。

エーレンフェルスは水曜心理学集会で2回来賓として講演し、1903年から15年までフロ

ベル・ビューにおけるフロイトとジョーンズ、1919年。ここで、1895年にフロイトは夢の秘密を発見した。

上：ヴィースバーデン大会（1932年）。アンナが前列右から3人めに坐っている。両隣りはマリー・ボナパルトとアーネスト・ジョーンズ。
下：ホッホローテルドの山荘。

イトと文通した。長い休止期間の後、2人の文通は1931年に再開していた。

全集XVとXVI　　　　　　　　　　　　　　　　　　　　1932年9月12日　月曜
スペイン語版全集のこれら2巻は症例研究の第1、2部である（Historiales Clinicos Ⅰ＆Ⅱ）。

ベルクガッセ　　　　　　　　　　　　　　　　　　　　1932年9月17日　土曜
フロイト一家は毎年だいたい9月終わりか10月初めにベルクガッセに戻っていた。この年は戻るのがこれまでになく早かった。

マティルデ病気に　　　　　　　　　　　　　　　　　　1932年9月20日　火曜
マティルデがどんな病気だったのかはわからない。しかし、一般的にこの長女は健康がすぐれなかった。フロイトは1927年にはこのようにさえ書いていた。「マティルデの具合が悪く、私たちは初めて本気で心配しています」（フロイト-エルンスト・フロイト.1927-10-7）

ミンナ　メラノへ　　　　　　　　　　　　　　　　　　1932年9月24日　土曜
3週間前にミンナはホッホローテルドで1日を過ごしたが、この時アンナはヴィースバーデンに出かけていた。メラノへ行ったのは前年と同じである。

マルティン戻る　　　　　　　　　　　　　　　　　　　1932年9月24日　土曜
8月に腎臓の激しい疝痛に襲われた後で、マルティンは静養に出かけていたのかもしれない。

ホッホローテルド　　　　　　　　　　　　　　　　　　1932年9月25日　日曜
フロイト一家にとってホッホローテルドはウィーンでの日常生活の喧騒から抜け出せる牧歌的な安息所だった。マルティンが妹アンナ宛てに書いた詩の中には『ホッホローテルド』と題するものがあり、次の一節で終わっている。
　「至福にあふれ、憎しみや恐怖でゆがまない世界。
　そんな土地がまだここにある。
　気品と、安息と、平和が宿る家。
　美しい緑の島、それがホッホローテルド」

インペリアルのアンナの所へ　　　　　　　　　　　　　1932年9月27日　火曜
フロイトの最年長の妹アンナ（1858-1955）は、妻マルタの最年長の兄エリ・ベルナイス（1860-1923）と1883年に結婚した。1892年に夫妻は米国へ移住したが、やがて夫エリは穀物取引人として成功し、ベルナイス一族の一大支流を米国に築いた。
以前この妹が来る前にフロイトはフリースにこう書いていた。「アンナとの間には、例えばローザとの間柄のような特別の関係はありませんでしたし、イーリー・Bと結婚してもそれほど事情は変わりませんでした」（フロイト-フリース.1900-3-23）
環状道路に面して建つインペリアル・ホテルは昔も今もウィーン最高級のホテルで、王族が来訪した際に使われる。アンナがこのホテルに泊まったのは、ちょうど40年前にウィーンを離れてから、社会的地位がどれほど上がったのかを際だたせる出来事だった。

ブリュッケのひ孫　　　　　　　　　　　　　　　　　　1932年9月27日　火曜
エルンスト・ブリュッケ（1819-92）は、ヘルマン・ヘルムホルツ（1821-94）も所属していた、決定論を信じる小科学者集団の一員だった。あらゆる現象を化学や物理の力で説明しようとしたこれらの科学者は、生気論や、科学の基礎に「生命力」を持ち出そうとするそれ以外の試みに、断固として反対した。この姿勢が存続して、精神分析が発展する際に言外の思想的背景になった。
ウィーン大学時代、1876年から82年まで、フロイトはエルンスト・ブリュッケの研究所の生理学実験室で研究を続けた。フロイトにとってブリュッケは科学の理想を体現する人物となったから、このかつての恩師のひ孫の訪問で、彼は科学を職業とする一歩を踏み出した50年前に立ち戻った。「私の人生を通じてこれほど重要だった人物は他にいない」と彼は述べている。ブリュッケの影響でフロイトは化学と動物学を棄てたが、これが神経学と心理学へ向かう一歩になった。
このひ孫というのは、ウィーンで薬理学の教授を務めていたフランツ・テオドール・

フロイトの一番上の妹アンナ・ベルナイス。

フォン・ブリュッケ（1908-1970）のことである。1928年にエルンスト・テオドール・ブリュッケがエルンスト・ブリュッケの伝記を出版していたが、この会見の際にフランツはフロイトにこの伝記の話をした。それから2、3日後にフランツから届いたこの伝記を、フロイトは興味を持ち、楽しみながら読んでいる。

ルースやマークとホッホローテルドへ　　　　　　　　　　1932年10月2日　土曜
　アンナの別荘をフロイトが訪れたのはこの年これが最後だが、ルース・マック・ブランズウィックと、夫で作曲家のマーク・ブランズウィック（1902-71）が同行した。(1) 改装が終わったこの家には、家具も運び込まれていた。
　11月にこの別荘を訪れたベルンフェルトはこう書いている。「アンナ・フロイトとドロシー・バーリンガムが手に入れた家は非常に清潔です。……第一級の農村風家具がそこかしこに置いてあり、カーテンは美しく、ストーブや戸棚、それに大広間があります。牛舎には乳牛がいて、沢山のめんどりが卵を産み、バターの攪乳器、それから菜園や園芸用温床が広がっています——非常に趣味が良く、金をかけた素朴さでしょう。とはいえ、居心地は最高です」（ベルンフェルト-ノイマン.1931-11-21）

アンナ　ベルリンへ飛ぶ　　　　　　　　　　　　　　　1932年10月4日　月曜
　講演かセミナーを開くために、アンナはベルリンへ飛んだ。初めて空を旅したわけではない。1929年に彼女とドロシーはウィーンとザルツブルクの間を飛行機で往復していた。フロイトはこう書いている。「素晴らしい体験だったようです」（フロイト-エルンスト・フロイト.1929-5-12）

フェティッシュ　ジャクソン　　　　　　　　　　　　　1932年10月4日　月曜
　米国人イーディス・ジャクソンはフロイトから分析を受けていた。この「フェティッシュ」とはフロイトへの贈答品だと思われるが、フェティシズムについての議論だとも考えられる。というのはフロイトが「原始的」芸術品を蒐集しなかったからであり、曲がりなりにも「呪物」と呼べる品物は1、2点しかない。
　もっとも、病的に執着する価値がある何かを表わすために、フロイトはこの言葉を使ったのかもしれない——例えば、フロイトからの分析に彼女が示した「病的執着」である。(1)

アンナ戻る　　　　　　　　　　　　　　　　　　　　1932年10月6日　水曜
　アイティンゴンは書いている。「アンナ嬢がベルリンに来て成功したことをお聞き及びでしょう。今度は本当に大勢集まりました」（アイティンゴン-フロイト.1932-10-19）(1)

ヘルシュベルグ　　　　　　　　　　　　　　　　　　1932年10月6日　水曜
　この訪問客はニューヨークに本部を置く、国際・スペイン語圏医師、歯科医、薬剤師協会会長J・M・ヘルシュベルグ博士なのかもしれない。1932年3月31日に博士はフロイトに手紙を書いて、協会の名誉副会長に選ばれたと知らせていた。

ピヒラーの所で徹底的な手術　　　　　　　　　　　　1932年10月6日　水曜
　これはこの年2回目の予防的手術である。フロイトはこう述べている。「再びピヒラーの所でいつもの口腔内の小手術を受けました。用心のために必要だとの意見ですが、これまでよりずっと力の入った手術でした。ですが、すべてが非常にうまく行き、手術後は3時間しか痛まず、注射も我慢できました。今日外出して、月曜には仕事を再開できると思います。もちろん、この種の手術がこれで最後になるという保証はまったくありません」（フロイト-ランプル＝ド・フロート.1932-10-8）
　とはいえ、この「小手術」では実際にはジアテルミー電気凝固法が相当使われて(1)、17日経っても手術跡の痛みは消えなかった。

ミンナがメラノから　　　　　　　　　　　　　　　　1932年10月14日　金曜
　ウィーンを訪れたフロイトの妹アンナは、その後しばらく経つとメラノへ行った。メラノではサヴォイ・ホテルに泊まり、このホテルから近著『マリー・アントワネット』を褒めそやす手紙を、11月25日付でシュテファン・ツヴァイクに送った（筆跡が読みにくいので、この11月25日という日付には疑問が残る）。だが、もっと早くメラノへ行き、義妹のミンナと会った可能性も考えられる。

ミンナ・ベルナイス、1930年代。

フロイトの科学的研究を指導した二人についてのフロイトが所有していた肖像。ヘルマン・ヘルムホルツとエルンスト・ブリュッケ。

＋アルフレッド・リー　事故と死　　　　　　　　　　　　　1932年10月29／30日　土／日曜
　フロイトがこの前アルフレッド・リーの名前を挙げたのは、亡くなった妻ヨハンナ・リーのおそらく弔問に訪れたときであった。アルフレッドは妻の死からわずか1年ほど後に亡くなったことになる。死の原因となった事故についての説明はない。
　弟オスカル・リーと同様にアルフレッドも、土曜夜にフロイトが楽しんでいたタロック・ゲームの常連だった。アルフレッドが亡くなったので、このゲームに空席が生じた。この点を問い合わせたアイティンゴンは、こういう答えを受け取った。「エケルスがアルフレッド・リーの代わりの候補者です」（フロイト-アイティンゴン.1932-11-20）

流感と耳の炎症　　　　　　　　　　　　　　　　　　　　　　1932年11月1日　火曜
　シュール医師はこう書いている。「1932年11月初めにフロイトは普段通り風邪を引いたが、今回は重症で、呼吸器上部の感染症に右耳の中耳炎が併発した」。雨がちの天気で、フロイトは陰気だった、とシュールは続けている。往診に訪れたシュールにフロイトはクレタ島とロードス島の写真を見せて、陽光あふれる地中海を夢見ている、と語った。
　11月半ばになると耳の炎症は治ったが、「陰惨な風邪」は12月まで長引き、「生活の質をまた少し引き下げ」た。（フロイト-アイティンゴン.1932-11-20）

穿刺術　　　　　　　　　　　　　　　　　　　　　　　　　　1932年11月3日　木曜
　エーリヒ・ルティン（1880-1940）はウィーンの優れた耳鼻咽喉科医で、耳の炎症に関する論文を書いていた。穿刺術とは腔に穴を開けて液体を取り除く治療法である。フロイトの耳の炎症をこの手術でルティンが直したのは明らかである。
　2、3日経つとフロイトの気分は良くなった。彼は書いている。「流感、発熱、耳炎、穿刺術と、快適とはまるで言えない1週間の後、2時から5時までの限られた形ですが、本日、再び仕事に取りかかりました。当然ながら、［まだ］それほど元気ではありません。ですが、再び人間に戻りました」（フロイト-ランプル＝ド・フロート.1932-11-7）

ルーズヴェルト米国で選ばれる　　　　　　　　　　　　　　　1932年11月8日　火曜
　フロイトにとって、この選挙の直接の影響は、ブリットが米国での政治的任務から解放されたことだった。ウィルソンについての本を完成させたくてフロイトはうずうずしていたものの、ブリット抜きではどうしようもなかった。
　彼はアイティンゴンにこう書いている。「12月1日頃、共作者が来ると思います。アメリカの選挙も終わりましたし、いつウィルソンについての本を出版のためにスタートできるか、話を聞けるでしょう」（フロイト-アイティンゴン.1932-11-20）
　12月に入ってから、ヨーロッパを回る外遊の際に、3日間、ようやくブリットはウィーンに現われた。フロイトはマリー・ボナパルトにこう記している。「重要な政治的地位を任せられる見込みだと言うのですが、見送られる可能性も大いにあると認めています。そうなれば、われわれのウィルソン本は遅れずに発行できるでしょう」（フロイト-マリー・ボナパルト.1932-12-21）
　ところが、米国の初代ソビエト大使という重要な地位をブリットは背負ってしまった。そのために、ウィルソン本の仕事はさらに遅れることになった。

イヴェットのホテルで　　　　　　　　　　　　　　　　　　　1932年11月30日　水曜
　恒例になった11月下旬のコンサートを開くために、イヴェット・ギルベールがウィーンへ来た。長年にわたってレパートリーを広げた彼女は、歴史的な歌もその中に組み入れていたが、イヴェット本人が紹介したので、彼女のコンサートは実例付き講義の様相を帯び始めた。
　あるウィーンの批評家はこの年のコンサートをこう論評した。「イヴェットはそれぞれの寸劇を機知に富む数語で前置きする。今回のコンサートではテーブルの前に座り、ユーモラスで賢く、学識に満ちた大学講師のように話している」
　1か月後にフランス語のコンサート・プログラムが発行された。その中にはイヴェットの風刺画が集められており、発行日は1932年12月24日であった。フロイトが所蔵するプログラムには献辞がなく、トゥールーズ－ロートレックが描いたものでさえ、イヴェットが風刺画を嫌っていたことを考えると、これはイヴェット本人からの贈答品ではないのかもしれない。

アンナ37歳　　　　　　　　　　　　　　　　　　　　　　　1932年12月3日　土曜
　本人が選んだ書き物机を買う費用として、アンナは父親から100ドル贈られた。初めて

新聞記事、1932-12-3.「ジグム・フロイト令嬢、高名な児童療法家への訪問記」

家具を贈られたわけではない。1925年には椅子を受け取ったが、「何時間も座るのに良い品物です」("Gut um viele Stunden darauf zu sitzen")（フロイト-アンナ・フロイト.1925-12-3）という注意書きが添えられていた。交換可能通貨も一時期は納得できるプレゼントだったが、金額は月日が経つ間にかなり上がったらしい。1924年にアンナが受け取ったのはたった1ポンドで、「1年に1ポンド」("Ein Jahr, ein Pfund")（フロイト-アンナ・フロイ.1924-12-3）という一筆が添えてあった。

アンナが独力でどれだけ有名になったかは、ウィーンのゴシップ新聞『時代（Die Stunde）』が第1面に次のような見出し入りの記事を載せたことを見ればわかる。「アンナ・フロイト——37歳。ジグム・フロイト令嬢、高名な児童療法家への訪問記」。(1)

新しい入門講義   1932年12月3日　土曜

フロイトは『続精神分析入門』の初版本をこの時受け取ったが、発行年は1933年となっていた。この点で、この本は『夢判断』の例に習っている。1899年末に出版された『夢判断』も発行年は1900年となっていた（著作権を延ばすために、出版社は年末に出す本の発行日を実際より遅らせることがよくある）

以前より物を書くのが難しくなったと、執筆の最中にフロイトは何度も不平を漏らしていた。とはいえ、少なくともできあがった本の外観や全体的印象には満足だった。「良く見えます」("Es sah gut aus")と、この新刊見本を評している。この本は3日後に出版された。

ピヒラーの所で手術   1932年12月8日　木曜

マックス・シュールの提案で、この手術は1週間延期されていたが、原因は鼻風邪と気管支炎だった。フロイトはこう書いている。「木曜日にピヒラーの所で再びジアテルミー電気凝固法を受けました。組織が落ち着かないのには閉口します。どの手術でも切除した物質は完全に無害ですが、もちろんご存じのようにそれ以上放っておくと、あるいは……です。その後の経過はいつもの通りで、最初は痛みや不満は少ししかありませんが、2、3日経つと反動の炎症に悩まされて、全然噛めなくなります。ほとんど話も、また奇妙なことに、書くこともできません」（フロイト-ランプル＝ド・フロート.1932-12-11）

愛犬ヨフィはフロイトが噛めなかったおかげで得をした。12月中旬にアンナは、まだ父親がなかなか噛めないので、ヨフィが父親の食事をあらかた食べている、と書いている。

ピヒラー医師がつけていた簡潔な診療記録のクリスマス・イヴの所を見ると、依然として後遺症が続いていた。「患者、まだ不満あり。客観的には満足できる。オルトフォルムが不可欠」

ホーエ・ヴァルテの夏の家のバルコニーにて。フロイト、1933年。

1933

「時々私が驚くのは、今のような時代になっても、春や夏がまるで何事もなかったかのように再びめぐってくることです」と、アンナ・フロイトは1933年4月27日にアーネスト・ジョーンズに書き送った。(1) この感想をもたらした恐ろしい政治的変化を、アンナの父親フロイトの日記は記録している。1933年1月29日の日記には単にこう書いてある。「ヒトラー　帝国首相」。1か月後の2月28日に、彼は「ベルリン国会議事堂　火災」と書き記した。このドイツ帝国国会議事堂炎上事件を受けて、基本的人権は停止され、ヒトラーに反対する政治勢力は大量に逮捕されて、ドイツ初の強制収容所に送られた。その後も厳しい惨事が続く。各地の大学では「非ドイツ的」書物を焚書にする儀式を行なうように奨励され、フロイトは5月11日の日記に、ただ「ベルリンの焼却」と書き留めた。このような儀式の中で、フロイト自身の著作が燃やされたのだ。ナチスの神話である反ユダヤ主義のアーリア「文化」が、ドイツの新しい国家政策になった。

　フロイトのような中欧ユダヤ人にとって、反ユダヤ主義は、もちろん新しい出来事ではなかった。モラヴィアに住んでいたユダヤ人の家庭に生まれた彼は、帝都ウィーンで育ち、教育を受けたが、ウィーンは多くのユダヤ人が住む街であり、そして反ユダヤ主義の伝統が強い都市でもあった。だが、この反ユダヤ主義は、広く行き渡っていたにしても、おおむね抑制が効いていた。フロイトがこの日記をつけ始めてから1週間ほどたったときに書き留めた最初の政治的記載「反ユダヤ人主義の騒ぎ」（1929年11月7日）が、この主義が取りつつあった暴力的で組織だった形態の先触れだったことは、意味深長である。

　無神論者だったフロイトは、ユダヤ教の宗教的伝統には忠実でなかった。けれども、彼は自分自身がユダヤ人であることを隠そうとはしなかった。フロイトが自ら行なった説明によれば、青年時代にウィーン大学で反ユダヤ主義を経験した時、彼は「ユダヤ人」という社会的身分を否応なしに受け入れざるをえなかった。(2)　その後1897年にフロイトはユダヤ人の弁論協会「ブナイ・ブリース」に加わった。この協会は倫理的、非暴力的手段で反ユダヤ主義と闘うと明言していた。

　一方、ドイツにナチズムをもたらしたのと同じ多くの経済問題によってオーストリアも苦しんでいた。3月25日の日記は印刷労働者のストライキを記録し、5月1日にはメイデー行進に備えて街が封鎖された。労働争議や不安定な政治情勢がエンゲルベルト・ドルフス率いる自家製の「オーストリア・ファシズム」を生み出した。オーストリアの反動勢力はドイツの同類ほど野蛮ではないし、ナチスからオーストリアを守ってくれるだろう、とフロイトは考えた。友人たちが粘り強く脱出を勧めたのにもかかわらず、彼はウィーンに留まるつもりだった。脱出を勧めた友人の一人であるハンガリーの分析医シャーンドル・フェレンツィは、かつてはフロイトの親友だった。5月22日の日記はこの友人の死を記録している。フロイトから離れて、以前の仲間から孤立する一時期を過ごした後で、彼は亡くなった。6月4日の日記は多くを物語っている。「フェレンツィの追悼文　終わる」。この追悼文を書くためにフロイトが悪戦苦闘するうちに、2人の友情が衰退する中で味わった喪失と失敗の実感がよみがえった。

　2人の友好関係は、ヒトラーの「アーリア文化」にまもなく飲み込まれようとしていた、滅びゆく「オーストリア－ハンガリー文化」をある意味で象徴していた。フロイトが住むウィーンとフェレンツィがいたブダペストは、旧帝国の車の両輪だった。2人の友情は共通の文化遺産の上に築かれていた。どちらも古典の素養があり、ヨーロッパ文学を広く読み、古代遺物を集めている。この趣味は、彼らの文化を物質的な形で表わしていた。各種の古代神話や宗教はまさに2人の書斎の調度品でもあったが、研究の中味にもなっていたのである。

　1933年4月にドイツではユダヤ人が公職から締め出された。ベルリンにいたフロイトの家族や友人は移住を始めた――息子オリヴァーはフランスへ、エルンストは英国へ行き、孫のエルンストルはオーストリアに来て、作家アルノルト・ツヴァイクと分析医マックス・アイティンゴンはパレスティナへ旅立った。9月にはナチスの「帝国文化院」（Reichskulturkammer）が作られて、ユダヤ人は法令によってジャーナリズムと芸術から追放された。「文化的退行」(3) の圧力の下で、ヨーロッパ文化は見る見るうちに崩れていった。

---

1. アンナ・フロイト－ジョーンズ.1933-4-27.[Inst.of PsA:CFA/FO1/30]
2. 「しかし私はこれ以前に、自分をユダヤ人だとすでに考えていました――大学時代に何度も繰り返された、ドイツの反ユダヤ主義の影響を受けたからです」（フロイト－ドゥオシス.1930-12-15:FM:ARC/40）
3. フロイト－ヘルマン.1936-2-1[Baeck]

マイ医師　　　　　　　　　　　　　　　　　　　　　　　　　　1933年1月4日　水曜

リヒャルト・マイ医師はウィーン北東30kmにある、グロース=シュヴァインバルト村の一般開業医だった。1932年の終わりに、彼はフロイトに、開業中に経験したある症例を書き送った。フロイトはこう返信した。「南アフリカのような所から精神分析の興味がつまった手紙を受け取っても格別驚きません。ですが、ニーダーエーステライヒ州グロース=シュヴァインバルト村から、分析の事実や理論をよく理解した、あなたのような手紙を受け取ると、確かに驚く理由があります」（フロイト-マイ.1933-1-1）

マイ医師は車でウィーンまでフロイトに会いに来て、『精神分析運動（Die psychoanalytische）』誌に（フロイトの勧めによって）掲載された論文について、話をしたのかもしれない。この論文は同誌1、2月号に『ある田舎医者からの手紙』という題名の下、匿名で発表された。この論文が扱ったのはある地方農民の症例だが、この男の父親は畜商家で、親子は共に肛門性格だった。この息子は木栓を肛門に差し込んで自分の体を傷つけた。開業医が毎日の診察に精神分析を応用した稀な実例なので、フロイトはこの症例に特別な興味を持った。

マルティン　ベルリンへ　　　　　　　　　　　　　　　　　　　　1933年1月4日　水曜

フロイトの長男マルティンが2人の弟、エルンストとオリヴァーに会いに、ベルリンへ出かけたのかもしれない。彼は旧友ランプルとその夫人には会っている。仮に仕事の用事を兼ねていたのだとしても、アイティンゴンを訪ねた記録はない。この頃、アイティンゴンは家族の相次ぐ死で心を痛めていた。

✝G・アントン　　　　　　　　　　　　　　　　　　　　　　　　　1933年1月5日　木曜

フロイトの非常に古い知人がまた一人亡くなった。ガブリエル・アントン博士（1858-1933）は、50年前フロイトと同様にテオドール・マイネルトの弟子であった。博士は1894年から1905年にかけてグラーツ病院長を、1906年以降はハレで精神医学の教授を務めていた。

✝L・ティファニー　ニューヨーク　　　　　　　　　　　　　　　1933年1月18日　水曜

ドロシー・バーリンガムの父親ルイス・コンフォート・ティファニー（1848-1933）が1月17日に肺炎で亡くなった。ニューヨークの有名な宝石・銀器店ティファニー商会を受け継いだルイスは、自らは米国第一の彩色ガラス工芸家として名をなし、このガラスは「ティファニー」ガラスとして高く評価されるようになった。前年夏に父親に会いに行ったドロシーは、葬儀のために米国へ戻ろうとはしなかった。

フロイトは（ドロシーがウィーンへ来るずいぶん前の）1909年に一度だけ米国を訪れた。その際にはティファニーの店へ行き、中国の翡翠（ひすい）の鉢と、青銅製の仏陀の胸像とを買い求めた。ローマのガラス器も集めてはいたものの、彼の蒐集品の中にティファニーのガラス工芸品は見当たらない。

アイティンゴン　　　　　　　　　　　　　　　　　　　　　　　　1933年1月27日　金曜

この頃、友人アイティンゴンの父親と、アイティンゴンの妻ミラの母親とが相次いで亡くなった。落ち着きを取り戻したらすぐに来るようにと、フロイトはこの友人に言っていた。ところが、訪れたアイティンゴンは、まだ完全に立ち直ってはいなかった。フロイトは書いている。「アイティンゴンは気分が悪そうでしたが、普段より社交的でよくしゃべりました」（フロイト-ランプル=ド・フロート.1933-2-1）

1907年から25年にかけて、ドイツ初の精神分析医カール・アブラハム（1877-1925）とフロイトとの間で交わされた手紙にアイティンゴンが目を通す手はずを、この会見の際にフロイトは整えている。

ルース流感　　　　　　　　　　　　　　　　　　　　　　　　　　1933年1月29日　日曜

ルース・マック・ブランズウィックはたびたび体調を崩して、フロイトの分析が妨げられた。「非常に気分がむらで、感情に波があるのでつかみづらい」とフロイトは不満を漏らしている（フロイト-ランプル=ド・フロート.1932-10-23）。

しかし、この時は他の誰もが体をこわしていた。気候が暖かくなり、流感が蔓延していたからである。マーク・ブランズウィックはコテーシュ療養所におり、マリアンネ・クリスは熱が出て、フロイト一家のアパートの階上では、バーリンガム家の子どもたち2人と米国人の来客が病床にあった。

ユダヤ人の商店にピケットを張るSS（ヒトラー親衛隊）。「ドイツ人よ！　反撃せよ！　ユダヤ人の店で買うな！」DOW

ヒトラー　帝国首相　　　　　　　　　　　　　　　　　　1933年1月29日　日曜

　これは翌日とすべき記載である（フロイトも最初は日付を30と書いて、それから29に変えたらしい）。1月30日の午前中にヒンデンブルク大統領は、ヒトラーと元ドイツ首相フォン・パーペンに謁見し、ヒトラーを正式に新しい首相に任命した。ヒトラーには首尾一貫した政治綱領がないので、すぐに失墜するだろうと、依然として多くの人々が考えていた。フロイトはベルリンにいるジャンヌにこう書き送っている。「帝国首相ヒトラーの綱領から何が生まれるのか、こちらではみなが興味津々です。唯一の政治テーマがポグロム（ユダヤ人大殺戮）なのですから」（フロイト-ランプル=ド・フロート.1933-2-1）

＋ゴールズワージー　　　　　　　　　　　　　　　　　　1933年1月31日　火曜

　英国の小説家ジョン・ゴールズワージー（1867-1933）が亡くなったのは、1932年のノーベル文学賞を受賞してから、わずか2か月後のことだった。
　『文化への不安』（1930）の中にゴールズワージーへの言及があるのを見ると、フロイトがこの作家の少なくとも一作品をすでに読み、感心していたことがわかる。「あの繊細な英国作家ジョン・ゴールズワージーは、今では広く認められているが、彼の作品の中に、私が早くから高く評価していた短編がある。それは『林檎の木』で、現代の文明人の生活の中に、2人の人間が素朴かつ自然に愛しあう余地がまるでないことを教えてくれるのだ」。また近著『続精神分析入門』には、英語の書物をふんだんに持つ患者が、これまであまり読んだことのなかった作家――ベネットやゴールズワージー――を貸してくれたという箇所がある。それらの小説の中にゴールズワージーの『財産家』があった。

ヨフィ　カグランへ　　　　　　　　　　　　　　　　　　1933年1月31日　火曜

　マルティンによると、カグラン犬舎は犬たちにとって「第二の我が家」だった。この時フロイトが愛犬ヨフィをこの犬舎へ送ったのは、発情期だったからかもしれない。(1)今回はお相手となるお似合いのチャウチャウ犬が見つかったらしい。チャウチャウ犬の懐胎期間は9週間だが、このときからちょうど9週間後にヨフィは子犬を産んでいる。

アルノルト・ツヴァイク　　　　　　　　　　　　　　　　1933年2月12日　日曜

　タートラ高原で休暇中に、作家アルノルト・ツヴァイクはフロイトの『夢理論のメタ心理学的補遺』（1917）と『悲哀とメランコリー』（1917）とを読み、自己分析に役立てていた。彼は書いている。「無意識の残りものは、たびたび再活性化して私を圧倒しますが、あなたの新しい論文を読むたびにこの混乱から抜け出して、前向きに歩みだす助けになります」（アルノルト・ツヴァイク-フロイト.1932-12-30）
　これに対してフロイトも、ツヴァイク最新の小説『ドゥ・フリエント帰る』（"De Vriendt kehrt heim"　ベルリン1932）を大急ぎで読んでいた。この本の初版本をツヴァイクがフロイトに送ったのは1932年11月24日だが、11月27日には、一気に読み終え、印象が強烈なので何と言ったらよいかわからないほどだ、と答えたのだから。この小説の主人公のモデルは、アラブの少年たちを愛して、1924年にエルサレムで殺されたオランダのジャーナリスト、ヤコブ・イスラエル・ドゥ・ハーンだった。これまでもよくそうだったように、フロイトはこの小説の基になった実話――夢解釈における「昼の残りもの」に相当する――に引きつけられた。

ブリル-夢判断　　　　　　　　　　　　　　　　　　　　1933年2月13日　月曜

　ブリルが英訳した『夢判断』は1913年に初版が出た。1932年には全面的に改訂された第3版がロンドンのジョージ・アレン&アンウィン社とニューヨークのマクミラン社から発行された。このときフロイトはこの改訂版を受け取ったのだと思われる。
　ドイツ語が母語のブリルは、英語を一言も話せぬまま、少年の時に米国へ移住した。彼の翻訳には多くの人々から批判が浴びせられたが、ブリルの個人的献身と先駆的仕事にフロイトは感謝していた。
　このブリルによる訳書について、フロイトはこう書いている。「仮に精神分析が米国人の知的生活の中で現在一つの役割を果たしているか、あるいは将来果たすのであれば、ブリル博士のこの本や他の活動のおかげでしょう」
　また、非常に簡潔な『夢判断』の序文（この第3版のために1931年3月15日に書かれた）を締めくくる際には、こう述べている。「現時点で判断しても、この本には私が幸運にもなしえたすべての発見の中で、最も大切なものが含まれている。このような洞察は、ある一人の人物の人生に一度しか訪れないものだ」

犬のヨフィと遊ぶフロイト。「このような動物を尊敬せずにはいられません」（フロイト-ルー・アンドレアス-ザロメ.1930-5-8）

上：フロイトの書斎の陳列棚にある鉄製仏陀像。
下：書斎の棚。右から3個目は鉄製の菩薩像。その左は白い釈迦の石像（頭部）。フロイトが1933-5-30に入手。左から4個目の「フォウの犬」については1934-5-7の日録に記述がある。NB

4冊の日本語翻訳書　　　　　　　　　　　　　　　　　　1933年2月14日　火曜

4冊のうち3冊は春陽堂版フロイト著作集の第7〜9巻だと思われる。(1)　いずれも1933年に出版されており、矢部八重吉と対馬完治が訳した『自我とイド』『トーテムとタブー』と、大槻憲二の訳になる『技法論文集』『「愛情生活の心理学」への諸寄与』とが収録されていた。

鉄の仏陀　　　　　　　　　　　　　　　　　　　　　　　1933年2月17日　金曜

東洋の鉄製の古代遺物をフロイトは2体持っていた。どちらも明朝（15-17世紀）のものだが、厳密に言えば両方とも仏陀ではない。(1)　1体は従者の立像で、もう1体は仏陀に仕える菩薩の胸像である。ここでフロイトが言っている「仏陀」は、実は菩薩の可能性が高い。

チェコ語のレオナルド　　　　　　　　　　　　　　　　　1933年2月21日　火曜

『レオナルド・ダ・ヴィンチの幼年期のある思い出』(1910) が、ラジスラフ・クラトフヴィール博士の訳で、"Vzpomínka z Détství Leonardo da Vinci" という表題の下、プラハのオルビス社から発行された。

ベルリン国会議事堂　火事に　　　　　　　　　　　　　　1933年2月28日　火曜

2月27日夜にベルリンでおきたドイツ帝国国会議事堂炎上事件は、ナチスが敵対勢力を直ちに一掃する口実にされた。その夜のうちに1万名にのぼる共産党員、社会民主党員と、他の民主主義者が逮捕された。続いて、共産党系出版物と一部の社会民主党系出版物が発禁になった。その後、この炎上事件を調査する国際委員会が作られた。委員長を務めたアルバート・アインシュタインは1933年4月1日にドイツ国籍をきっぱりと返上した。委員会が疑ったのはゲーリングで、議事堂から通りを隔てた議長公邸に住んでおり、この公邸は地下通路で議事堂とつながっていた。ところが、宣伝のために開かれた裁判では、オランダ人マリヌス・ファン・デル・ルッベが有罪とされ、1934年に斬首刑に処せられた。(1)

ドルの支払停止　　　　　　　　　　　　　　　　　　　　1933年3月4日　土曜

米国の銀行危機で18州に住む5000万人が影響を受けた。テキサス、ユタ、アイダホ、ケンタッキー、ワシントン、アリゾナ、ネヴァダの各州で銀行が閉鎖された。この金融の一時停止措置では3億ドルに上る預金が凍結された。この措置は、フロイトにとっての第一次大戦後の重要な収入源だった米国人の患者に、新たな打撃を与えたかもしれない。

ルーズヴェルト　　　　　　　　　　　　　　　　　　　　1933年3月4日　土曜

フランクリン・D・ルーズヴェルトがアメリカ合衆国大統領に就任した。実際に就任したのは3月3日である。(1)

ヒトラーの選挙　ドイツで　　　　　　　　　　　　　　　1933年3月5日　日曜

この選挙でナチス党は1730万票（43.9パーセント）を獲得し、政敵である第二党の社会民主党が得た720万票（18.3パーセント）を大きく引き離した。中央党とバイエルン人民党両党が併せて480万票（14パーセント）で、これに続き、共産党は480万票（12.3パーセント）だった。ところが帝国議会で2/3の多数を確保するために、3月9日にナチスは共産党議員の議席を剥奪した（共産党党首エルンスト・テールマンはすでに3月3日に逮捕されていた）。

ヒトラーが連立内閣の首相に任命され、ナチス党からは2名が入閣した――内相フリックと、航空総監・プロイセン州内相ゲーリングとである。

この選挙の後でフロイトはこう書いている。「何かおかしなことが、われわれの小さなオーストリア国家におきているようです。当然ながら、それが何かはわかりません」（フロイト-ランプル＝ド・フロート.1933-3-9）

ドイツの恐怖政治はどう見てもオーストリアを脅かしていたが、オーストリア在住の多くのユダヤ人と同様にフロイトも、オーストリア人はナチスほどには野蛮ではあるまいという愛国的幻想に、依然としてとらわれていた。「我々は次の2点にこだわっています。出て行かないという決意と、当地で何がおきるにしても、ドイツとは著しく違うだろうという予想とにです。この国は右翼諸政党による独裁政治へ向かっており、彼らはナチスと同盟を結ぶでしょう。これは決して良いことではありません。ですが、少数民族への差別的法律は平和宣言によってはっきりと禁止されていますし、［第一次世界大戦

レオナルド・ダヴィンチの子ども時代の思い出についてのフロイトの研究の基になったダヴィンチの絵画。

の]戦勝国もオーストリアをドイツが併合することを決して認めないでしょう。それから、オーストリアの烏合の衆はドイツの兄弟より、ほんの僅かですが野蛮ではないのです」（フロイト-ランプル＝ド・フロート.1933-4-8）

エジプトの織物の絵　　　　　　　　　　　　　　　　　　1933年3月13日　月曜

古代エジプトでミイラを包んだ亜麻布の包帯の断片2枚には、「死者の書」の挿話が描かれているが、これらの断片のことを日記は記しているのだと思われる。どちらもプトレマイオス-ローマ時代（100BC-200AD）のもので、一枚にはオシリス神、もう一枚には死者の墓へ向かう行列が描かれている。

またフロイトの蒐集物の中には、ミイラ棺の覆いもあるが、亜麻布製のこの覆いは彩色されており、板に似せてにかわで張りあわされている。

ハリー　博士号　　　　　　　　　　　　　　　　　　　　1933年3月15日　水曜

フロイトの甥、つまり弟アレクサンダーの息子ハリーが法学博士号（Dr.jur.）を取得した。この時ハリーは24歳だった。マンチェスターに住む甥のサムに出した手紙で、フロイトはハリーを「利発な少年で優しい息子」だと評していた。（フロイト-サム・フロイト.1931-12-1）

彩色のある中国人女性　　　　　　　　　　　　　　　　　1933年3月17日　金曜

跳ね馬にまたがる女性騎手像を除くと、フロイトの蒐集品の中には中国人女性像が4体ある。そのうち3体（唐2体、隋1体）は立像で、机の上に置いてあった。唐の立像1体だけに彩色の痕跡が見つかるが、これら3体には、1938年6月にマリー・ボナパルトから贈られたという、明確な証拠がある。そうなると、光沢がある陶磁器製の女性座像だけがこの記述に当てはまる。この座像を、フロイトは診察室にあるガラスケースの上、中国の馬像の隣、エジプトのスフィンクスの版画の下に置いていた。

Warum Krieg?　　　　　　　　　　　　　　　　　　　　1933年3月22日　水曜

これは国際連盟が発行した小冊子『戦争はなぜ？』のドイツ語版である。ひそかにフロイトはこの本をけなしていた。「アインシュタインと交わした議論（『戦争はなぜ？』）は校正がすべて終わり、2月にはもう出版できますが、これが人類を救いはしないでしょう。そうです。アインシュタインは、どうして愚かにも信仰を告白したり、他の無駄なことをしたりするのでしょう？　もしかしたら本当に人が良くて、浮き世離れしているのかもしれませんね」（フロイト-ランプル＝ド・フロート.1933-2-10）

印刷工のストライキ　　　　　　　　　　　　　　　　　　1933年3月25日　土曜

オーストリアでは出版物への検閲や当局からの圧力が高まっていた。最も打撃を受けたのはプロレタリア新聞で、外部からの統制や介入を受けていた。印刷労働者が呼びかけたこの24時間ストライキは、出版の自由への侵害と、労働者新聞の迫害に反対する自然発生的な抗議活動だった。

Pourquoi Guerre?　　　　　　　　　　　　　　　　　　　1933年3月27日　月曜

こちらは『戦争はなぜ？』のフランス語版である。ベルリンでドイツ語版を目にすることはないだろう、とフロイトはアイティンゴンに書き送った。その間、マルティンはオーストリア版の配布を担当していた。

フェレンツィの便り　　　　　　　　　　　　　　　　　　1933年3月27日　月曜

1932年9月2日の不幸なフロイト訪問からしばらく経った11月下旬になって、フェレンツィはこの会見への不満を並べ立てた。第一はフロイトが故意に外部の人間（ブリル）を「仲裁」のために立ち会わせたこと。第二はフロイトが話の内容を表に出さぬように求めたことであった。その後、フロイトはそっけない新年の祝辞だけしか受け取っていない。今回のこの便りも、フロイトやアイティンゴンにフェレンツィの健康状態を知らせていた医師ラヨス・レヴィイ博士を通じて届いたのだと思われる。

ところが、フロイトがこの便りを受け取ってからわずか2日後に、フェレンツィはフロイトとの直接の接触を再開した。「子どもっぽくすねるのをやめて、まるで何事もなかったかのように貴方との接触を今日ついに再開する直接の理由は2つあります。［……］この数週間、以前の病気（悪性貧血）の症状の再発に苦しんだことを、レヴィイ医師からお聞き及びかもしれません。とはいえ、今回は血球数が悪化したというよりは、むしろ

上：エジプトのミイラに巻いてあった包帯。NB
下：フロイトの甥ハリー。マックス・ハルバーシュタット撮影。MH

一種の神経衰弱で、少しずつですが立ち直っているのです」（フェレンツィ-フロイト.1933-3-29）
　フェレンツィは優れた助言でこの手紙を締めくくった——アンナや数人の患者と共に安全な国へ逃げるように、という緊急の訴えである。良い歯医者や外科医がいることを理由に彼は英国を勧めた。この手紙の調子に勇気づけられたフロイトは、フェレンツィが感情的には回復へ向かっていると考えた。

ヨフィ　怪我　　　　　　　　　　　　　　　　　　　1933年3月27日　月曜
　この怪我の証拠資料は見つからない。とはいえヨフィは妊娠していたから、1週間後の出産に影響したとも考えられる。

バリラリの訪問　　　　　　　　　　　　　　　　　　1933年3月29日　水曜
　潰瘍性大腸炎の心身症的側面に関する著作を出版していたマリアノ・バリラリ（1892-?）が訪問したのかもしれない。

ブライヤー　　　　　　　　　　　　　　　　　　　　1933年3月31日　金曜
　英国の作家ブライヤー（アニー・ウィニフレッド・エラーマン［1894-1983］の筆名）が初めてフロイトに会ったのは、空路ウィーンを訪れた1927年5月のことだった。友人ハヴロック・エリスが書いたフロイトへの紹介状を携えた彼女は、休暇を過ごしていたヴェニスから、後に結婚するケネス・マクファーソンと共に、飛行機でウィーンへ来た。(1)　1928年から32年まで、ブライヤーはハンス・ザックスから分析を受けていた。彼女の友人で話し相手だった詩人H.D.（ヒルダ・ドゥーリトル）は、ザックスに勧められて、1933年3月1日からフロイトの分析を受け始めた。
　この会見では、ブライヤーに任されていたこの分析の支払いや、具体的な各種の取り決めが話し合われたに違いない。それから、ブライヤーによる2週間前のウィーン精神分析学会への寄付金に対して、フロイトが礼を述べたのだと思われる。

エルンストルがベルリンから　　　　　　　　　　　　1933年4月2日　日曜
　フロイトの孫エルンストルはウィーンへ来る際に、ナチスから辛うじて逃れていた。フロイトはアイティンゴンにこう書いている。「われらがエルンストルは、『時ならぬ』感謝祭休日を過ごすために、本日到着しました。ドレスデンでは現代史との最初の接触を経験したようです」（フロイト-アイティンゴン.1933-4-3）
　W・エルネスト・フロイト（愛称エルンストル）はこの「現代史との接触」をこう説明している。「政治状況が不安定なので、感謝祭の休日を過ごすためにベルリンからウィーンへ帰るエヴァ・ローゼンフェルトと息子ヴィクターに、僕も同行することになった（ベルリンにはエヴァ・ローゼンフェルトの母親が住んでいた。この頃エヴァはジンメルの療養所で働いていたのかもしれない）。
　ところが、ユダヤ人はドレスデンで全員が列車から降ろされて、『褐色の家（ナチスの本部）』で一晩を過ごさねばならなかった。オーストリア大使がオーストリア人乗客のためにとりなしに入り、翌朝、オーストリアのユダヤ人は尋問の後にオーストリアへ行くことが許された。自分はオーストリア人の乗客だと考えた僕は、尋問官をなんとか説き伏せて、ローゼンフェルト親子と共にウィーンへ向かうことができた。僕は書類上はドイツ国籍だったのだが、あの列車に乗っていたドイツのユダヤ人で、ベルリンに送り返されなかったのは僕一人だったと思う」

アルノルト・ツヴァイク　　　　　　　　　　　　　　1933年4月2日　日曜
　ユダヤ人作家で政治的には左翼のアルノルト・ツヴァイクにはドイツを去る以外、選択肢がなかった。彼は最初に妻と子どもたちをパレスチナへ送り出して、後から追いかけるつもりだった。その一方で、ナチス政権下での窮状を広く訴えるために、ツヴァイクはドイツのユダヤ人に関する本を書き進めていた。

ヨフィの危険な出産　　　　　　　　　　　　　　　　1933年4月3日　月曜
　ヨフィは以前子犬を1匹産んだが、すでに亡くなっていた。フロイトはこう書いている「（今度のは）危険な出産でしたが、もう大丈夫で、ねずみのような2匹の小さな子犬を自慢しています」（フロイト-ランプル＝ド・フロート.1933-4-8）。この2匹はフォー、タトゥーンと名づけられた。7月になるとフロイトはこう記している。「（2匹は）母親と同じ位大きくなり、非常に元気が良くて、あらゆる種類のいたずらをしています」（フロイト-ラ

ヨフィの子犬フォーとタトゥーン、1933年夏。

ンプル＝ド・フロート.1933-7-14)

ノーマン・ダグラス　　　　　　　　　　　　　　　　　　　　　　1933年4月3日　月曜

スコットランドの作家ノーマン・ダグラス（1868-1952）はブライヤーの友人だった。2人は一緒にウィーンを訪れたが、フロイトに会うのも目的の一つであった。2月にブライヤーはフロイトの本を1冊ダグラスに送り、フロイトに興味を持つか、深めるように仕向けていた。

この会見の後でダグラスはフロイトに自著を数冊送った。フロイトはこう答えている。「お返しに、私も本を数冊お送りしたいと思います。あなたはご自分の思うままに表現しさえすればいいのでしょうが、私はそうはできません。私の本は読者を楽しませずに――怒らせたり、怖がらせたりするようです。この点で私は自分の運命を甘受していますが、あなたを羨ましく思わないわけではありません」（フロイト-ダグラス.1933-4-10）

フロイトはダグラスの『古いカラブリア』を読み、楽しんだ。いかにもフロイトらしく、この作品への感想の中で、フリードリヒ・バルバロッサと孫のフリードリヒ2世とを取り違えそうになった逸話を、彼は持ち出した。ヒトラーはフリードリヒ2世のグロテスクな再来と見なせるかもしれないと。「ですから、常に歴史の最も新しい瞬間に過去は繰り返されるのです。ドイツ人の救世主信仰がそれです」（フロイト-ダグラス.1933-4-10）

エルンストル、ボブ、マビー　シチリアへ　　　　　　　　　　　　1933年4月5日　水曜

W・エルンスト・フロイトはこう書いている。「このシチリア旅行の目的は僕たちに休みを与えることだったと思う。テークリヒト教授が、この人はウィーンに住む年輩のユダヤ人で、個人レッスンで生計を立てていたのだが、彼がバーリンガム家のボブ、マビーと僕とをシチリア島に連れて行ってくれた。僕たちは大きな町をいくつか訪れた。パレルモ、カタニア、それからタオルミーナへも行ったのかもしれない」

オリとヘニー　ベルリンから　　　　　　　　　　　　　　　　　　1933年4月8日　土曜

次男オリヴァーと妻ヘニー（旧姓フクス）のこの訪問は憂うつな出来事だった。2人が来る前にフロイトはこう書いていた。「この1年間、私が養ってやっていた、というのは失業中だからですが、息子オリヴァーが、明日ウィーンに来て、将来の話をすることになっています。ベルリンではもう決して仕事は見つからないでしょう（土木技師ですから）」（フロイト-ジョーンズ.1933-4-7）［ユダヤ人技術者は就職を禁じられていた］

この話しあいの後も見通しは暗かった。「オリヴァーの訪問が残した印象には気が滅入ります。行儀良く振る舞い、泣き言を言わずに、周りを見て、労苦をいとわないつもりのようです。ですが、見通しはひどく悪いのです。スペインかパレスチナかとためらっていますが、判断する基準は何もありません」（フロイト-ランプル＝ド・フロート.1933-4-15）

イタリア語のモーゼ　　　　　　　　　　　　　　　　　　　　　　1933年4月10日　月曜

エドアルド・ヴァイスが「ミケランジェロのモーゼ」（1914）をイタリア語に翻訳した。この本を受け取った2日後にフロイトはこう返信した。「このイタリア語の『モーゼ』はとりわけ愉快でした。この本と私との関係は、婚外児との関係に似ています。1913年9月(1)の孤独な3週間、毎日あの教会であの像の前に立ち、研究、測定、素描をするうちに、あの論文では匿名でしか表わせなかった理解が浮かび上がってきたのです。この分析外の子どもを私が認知したのは、ずっと後のことでした」（フロイト-ヴァイス.1933-4-12）

Why War?　　　　　　　　　　　　　　　　　　　　　　　　　　1933年4月10日　月曜

『戦争はなぜ？』の英語版が発行された。訳者はスチュアート・ギルバートであった。

感謝祭　開業47年　　　　　　　　　　　　　　　　　　　　　　　1933年4月16日　日曜

この日はフロイトにとって感謝祭休日の初日であり、また彼の言葉によれば、「それはそうと、47年間の開業の最終日」でもあった。（フロイト-ランプル＝ド・フロート.1933-4-15）

ベームとフェダーン　　　　　　　　　　　　　　　　　　　　　　1933年4月17日　月曜

フェーリクス・ベーム（1881-1958）は1913年に国際精神分析協会の会員になった。1920年から36年までベルリン精神分析研究所で働き、1931年にはドイツ精神分析学会の書記に就任した。

上：オリヴァーと妻ヘニー。マックス・ハルバーシュタット撮影、1920年代。MH
中：ミケランジェロのモーゼ（多分フロイト自身によるスケッチ）。
下：フェーリクス・ベームと話しているアンナ・フロイト、1937-5。
右：フロイト、ヘニー、フロイトの孫エヴァ、1927-7。

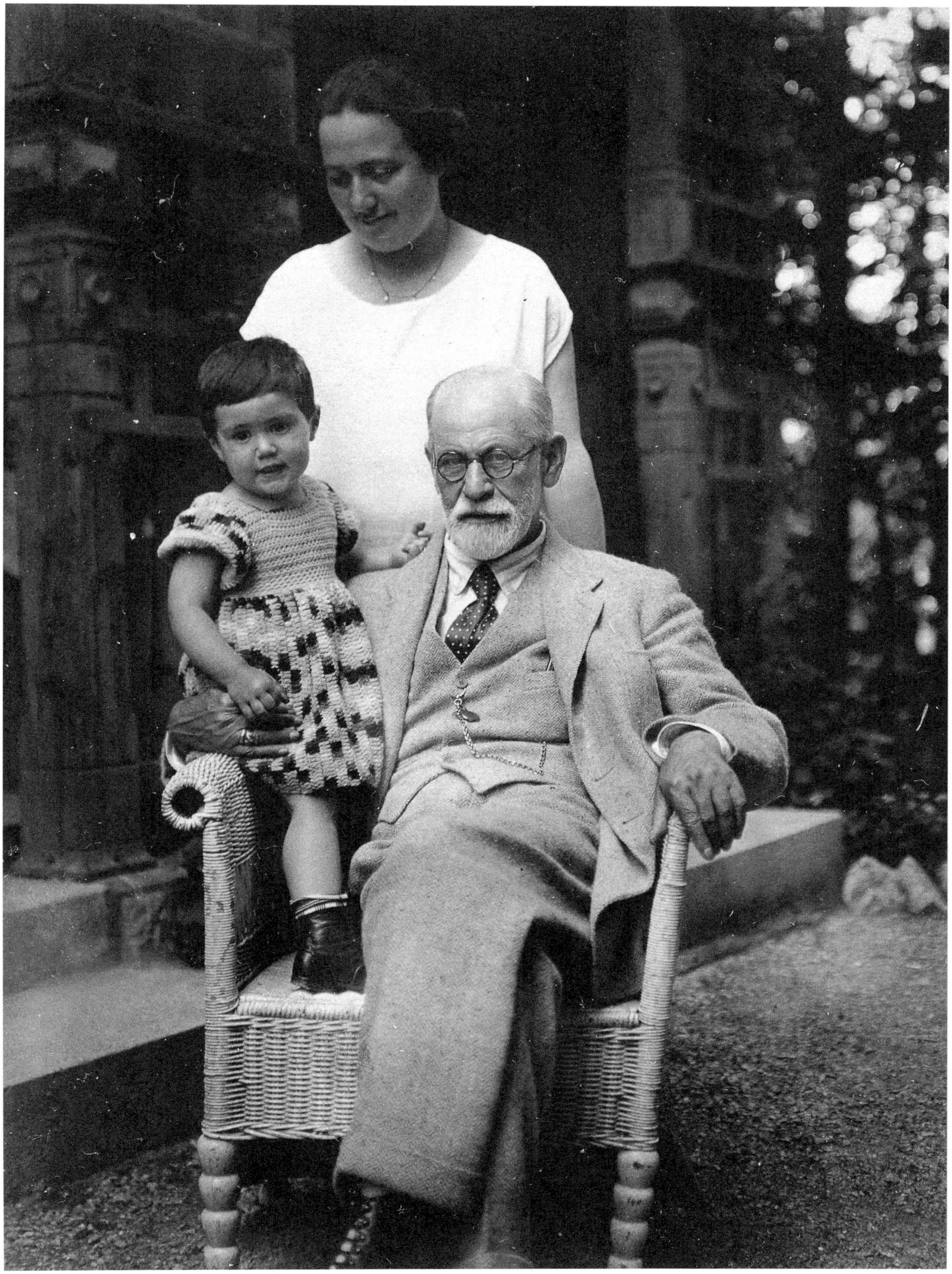

4月初めにナチスはユダヤ人を公務員から追放した。また、ユダヤ人は各種医学会の中心的役職に就くことも禁じられた。ベームが問い合わせると、この禁止措置は精神分析団体にも適用されると判明した。ベルリン精神分析学会を率いていたアイティンゴンは、国籍はポーランドだが、ロシア生まれのユダヤ人だった。次の地位にいたのがドイツ人で「アーリア人種」のベームであった。

この時ベームはドイツでの善後策を決めるためにフロイトを訪問した。アイティンゴンが辞職し、ユダヤ人がドイツ精神分析協会から自発的に脱退することを望んでいたベームは、この戦術への同意をフロイトから取りつけようとした。しかし、この戦術をとったとしても、ナチスが精神分析を禁止するのを防げないだろうと考えて、フロイトは賛成しようとはしなかった。けれども、当局に弾圧の口実をたやすく与えないために、(アイティンゴンに反対する過半数の投票の支持を受けて) ベームが会長職を引き継ぐことには同意した。

この譲歩は危険な橋を渡っていたので、フェダーンがその場にいて、この会見の内容が歪められて伝わるのを防ぐ証人になってくれたことに、フロイトは感謝した。(1)

クレンペラー　　　　　　　　　　　　　　　　　　　1933年4月22日　土曜

これはパウル・フェダーンの従兄弟で水曜心理学集会の初期会員だったパウル・クレンペラー博士ではないだろう。アドラーと共に協会を離れたこの博士は、後に病理学者になった。また、論理的に考えて、ドイツの指揮者オットー・クレンペラーでもありえない。もっとも、オットーはグスタフ・マーラーを知っており、1910年8月にライデンの町を4時間散歩した際に、フロイトはマーラーをごく手短に「分析」していた。1933年にドイツを去ったオットーは、ロサンゼルス・フィルハーモニー管弦楽団の指揮者に就任した。　クレンペラーという名前の有名人は他にも大勢いるが、ある特定の人物を指す決定的証拠はない。(1)

エド・ヴァイス博士－フォルツァーノ　　　　　　　　1933年4月25日＊　火曜

エドアルド・ヴァイスが知人ジョヴァキーノ・フォルツァーノを伴ってフロイトに会いに来たのは、ジョヴァキーノの娘コンチェッタの分析について相談するのが目的だった。この娘をうまく治療できなかったヴァイスは、彼女をフロイトに紹介したいと考えていた。当然ながら、この会見では別の話題が浮上した——ムッソリーニである。このファシスト独裁者の親友だったフォルツァーノは、共同で戯曲を3編 (『ヴィアフランカ』『シーザー』『五月の田園』) 書いていた。この会見中にフォルツァーノは献辞入りの『五月の田園』をフロイトに贈呈した。

それからフォルツァーノはフロイトに、献辞入りの本を1冊ムッソリーニに贈ってほしいと言いだして、ヴァイスを当惑させた。フロイトは最近発行されたアインシュタインとの対話集——『戦争はなぜ？』——を取り上げて、次のような献辞を書き入れた。「ベニート・ムッソリーニ殿。独裁権力者を文化英雄だと認める一人の老人から尊敬を込めて。ウィーン、1933.4.26.　フロイト」(1)

市の封鎖措置　行進に　　　　　　　　　　　　　　　1933年5月1日　月曜

オーストリア首相エンゲルベルト・ドルフスは独裁的権力を手中にしていたが、政治情勢は依然として安定しなかった。1か月前にフロイトはアイティンゴンにこう書いていた。「当地の政治情勢は誰にもわかりません。あなたの国 [ドイツ] のようにはならないだろうと皆が考えています。生活に滞りはありませんが、警察当局はメイデーのデモ行進の対策に追われています。恐怖心を植えつけようとする企てには事欠きません。ですが、あなたと同じように、私も最後の瞬間には荷造りをして逃げるつもりになるかもしれませんが、多分逃げ出さないと思っています」(フロイト-アイティンゴン.1933-4-3)

メイデー行進の禁止措置が発表されると、社会民主党とナチス党は行進計画を取りやめて、ただ窓にスローガンを掲げるようにと、支持者へ呼びかけた。ところが共産党は行進準備を続けた。市の中心部を封鎖し、居住者か用事だと証明できる人間だけが指定された七つの通りだけから中心部に入るのが許される、と警察当局はメイデー前日に発表した。また、交通手段を奪うために、環状道路では路面電車の運行が停止された。これらの措置がだいたい功を奏して、メイデーは平穏に終わった。政府系の『ウィーン新聞』は「政府の権威が勝利した1日」だ、と誇らしげに報じた。

上：階段を降りるパウル・フェダーン。
中：エドアルド・ヴァイス。TG
下：フロイトが1933年夏を過ごしたホーエ・ヴァルテの別荘。

＊2つの本の献辞の日付を見ると、この会見が本当は4月26日に行なわれたことがわかる。

移動　ホーエ・ヴァルテに　　　　　　　　　　　　　　　1933年5月4日　木曜

　この年、フロイト一家はウィーン郊外ホーエ・ヴァルテに夏の住まいを見つけた。毎年恒例の移動と、ドイツやオーストリアでの政治の激変とをひきくらべて、アンナはこう書き送った。「5月3日に私たちはウィーン19区ホーエ・ヴァルテ46へ引っ越します。時々私が驚くのは、今のような時代になっても、春や夏がまるで何事もなかったかのように再びめぐってくることです」（アンナ・フロイト-アーネスト・ジョーンズ.1933-4-27）

　フロイトのこの記載も、この時代への苦い寸評である——あるいは皮肉な挑戦の意味をこめたのかもしれない。なぜなら、「行進」つまり「示威行動」(Umzüge)に対する禁止措置を記録したすぐ後に、自分自身の「移動」つまり「引っ越し」(Umzug)を書き留めたのだから［禁止されたって移動するぞ、というわけだ］。単語の間隔から判断すると、フロイトがまず「ホーエ・ヴァルテ」と書いてしまって、そのあとで "Umzug"（移動）という単語を、愉快な連想として、前のほうへ追記した可能性さえある。

エルンストとクレメンス　　　　　　　　　　　　　　　1933年5月5日　金曜

　クレメンス・ラファエル（1924- ）はエルンストの3人の息子の末っ子である。現在はサー・クレメント・フロイトとなり、英国の政治家、作家で、ラジオにも出演している。イーリー州から自由党の下院議員に選出されたことがある。

　この時クレメンスは父親エルンストと共にウィーンに滞在していた。オリヴァーと同様にエルンストもドイツを離れるつもりで、移住先を探していた。パレスチナが候補地だった。

　7月9日に学校時代の旧友数人と会ったフロイトは、ベルリンにいる孫が学校で「ユダ公・フロイト」("Jud Freud")とさげすまれた、と述べている。あるいはクレメンスがこの出来事を、この時フロイトに話したのかもしれない。というのは、この訪問の際にフロイトの孫がフロイトに語ったという次のような感想を、ジョーンズが引用しているからである。「もし僕がイギリス人だったら、今、どんなに違う立場にいるのだろう」

77歳の誕生日　　　　　　　　　　　　　　　　　　　1933年5月6日　土曜

　この誕生日の翌日に、老化についての苦い論評を、フロイトはジョーンズに書き送った。「究極の安息にあこがれるのは、基本的で一義的な何かではなく、年を取るにつれて感じる無力さの感覚、中でも人生の全くの些事に関する無力さの感覚を取り除きたいという要求の表われであることがわかったと思います。

　おっしゃる通り、70歳の誕生日の時と較べると、私は精神分析の未来にもはや不安を感じません。地歩が固まり、良き担い手たちがいるのですから。ですが、私の子どもや孫たちの未来が危険に曝されており、どうすることもできないのには心が痛みます」（フロイト-ジョーンズ.1933-5-7）

　フロイトは大方の人間に誕生日プレゼントを寄こさないようにと言っていたが、マリー・ボナパルトは例外で、ラクダの小像を贈って来た。この年もアイティンゴンは来られないのを詫びなければならなかった。前年はアイティンゴンが病気だった。彼の言葉によると、今年はドイツが病気だった。［ドイツのユダヤ人は旅行が危険だった］

目まいの発作　　　　　　　　　　　　　　　　　　　1933年5月6日　土曜

　フロイトは友人マリー・ボナパルトにこう書いている。「あの日［フロイトの誕生日］の朝、急に目まいを感じて、倒れそうになったのですが、意識ははっきりしていました。たまたま、その直後に来たシュール医師は、危険だとは考えませんでした。前庭神経から来る目まいで、ニコチンのせいだと断言しています。そこで、葉巻を1日3本に制限されました」

ベルリンの焼却　　　　　　　　　　　　　　　　　　1933年5月11日　木曜

　5月10日にゲッペルスの命により、ベルリンで焚書の儀式が行なわれた。ベルリン大学が組織したこの儀式は、午後11時からオペラ広場で催され、オペラの様式で進行した。突撃隊と親衛隊の音楽隊が愛国歌を演奏する中を、ナチス学生と教職員とが行進し、手に掲げた松明を、かがり火の中に投げ込んだ。

　2万冊を越える書物が、学生の手から手へ渡されて、炎の中に投じられた。その間、学生の代表者は9つの範疇にわけられた「非ドイツ的な書きもの」(undeutsche Schriftmaterial)に反対するスローガンを次々に朗読した。最初は政治の本だった。「階級闘争や物質主義と闘い、民族の共同体や理想の生活様式［Volksgemeinschaft und idealistische Lebenshaltung!］を守るために！　我々はマルクスやカウツキーの著作を炎の中に投じ入

上：ウィーンの困難な時代。失業者は物乞いと大道芸人に変わった。DOW
下：クレメンス・フロイト（左端）と2人の兄ルシアンとシュテファン。

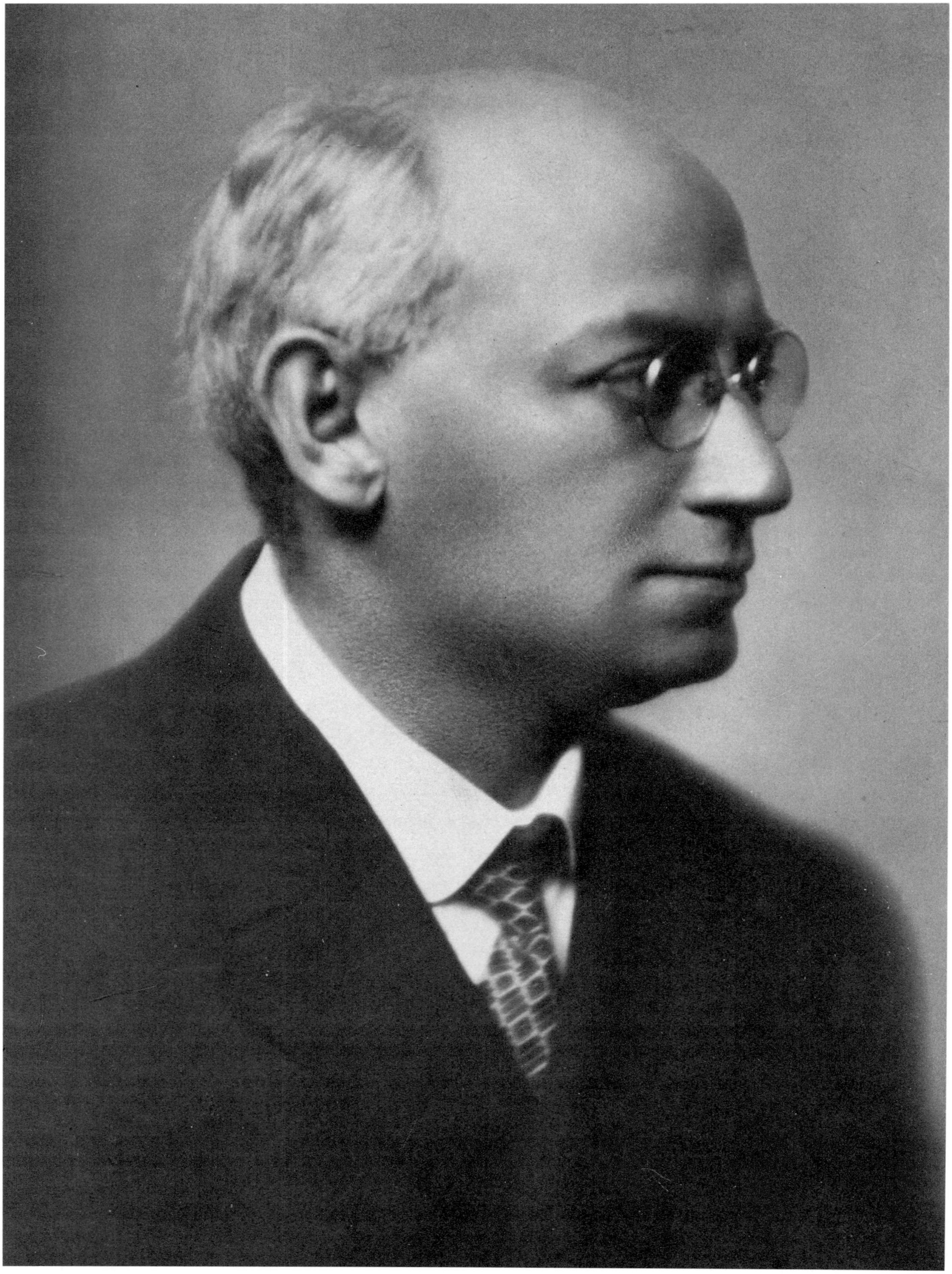

れるのだ」
　フロイトの本は4番目のグループに属した。「魂を崩壊させる本能生活の重視と対決し、高貴な人間精神を守るために！　我々はジグムント・フロイトの著作を炎の中に投げ入れるのだ」　同様の焚書儀式は他の大学町でも組織された。フロイトは皮肉を込めてこう評した。「何という進歩でしょう。中世なら彼らは私を燃やしたに違いありません。当節は本を燃やしただけで満足しているのです」

エルンスト出発する　　　　　　　　　　　　　1933年5月15日　火曜［月曜］
　次男オリヴァーがパリで新居を探している間に、三男エルンストは家族が住む家を用意するため、ロンドンへ旅立った。エルンストの家族はさしあたりベルリンに留まっていた。アーネスト・ジョーンズを初めとする知人たちの協力で、エルンストは、6月初めにはすでにロンドンで足がかりを手に入れていた。
　ジョーンズはフロイトにこう書いている。「私たちはエルンストに、いくつか良いところを紹介できました。さすがは幸運児（Glückskind）の名のとおりですね。成功できるか御心配は無用です。息子さんがイギリスで暮らすのをみな楽しみにしています。でも、あの快活な性格なら、フランス向きかもしれませんがね」（ジョーンズ-フロイト.1933-6-3）

手術　P　　　　　　　　　　　　　　　　　　1933年5月15日　火曜［月曜］
　この手術では酸素療法とペルヒドロール療法が使われて、激痛が伴った。そこでピヒラー医師は翌日、ノボカイン麻酔とオルトフォルムとを使って、ジアテルミー電気凝固法を追加した（この日と翌日の日付をフロイトが間違えたのは、2種類の治療が続いたからかもしれない）。
　ピヒラーのノートを見ると、これは年頭から数えて23回目の治療である。また、フロイト本人が求めての治療でもあった。「自分を粗末にしないように」もっと頻繁に受診したいと、2月28日にフロイトはピヒラーに語っていた。

アルノ・ツヴァイク　　　　　　　　　　　　　1933年5月15日　火曜［月曜］
　1933年12月に家族を追ってハイファへ行ったアルノルト・ツヴァイクにとって、これが出発前の最後の訪問になった。間違いなく強制収容所へ送られるだろうから、ベルリンには戻らないようにと、フロイトはツヴァイクを説き伏せた。ドイツにおけるユダヤ人に関する本をツヴァイクは書き進めていたが、この本――"Bilanz der deutschen Judenheit 1933. Ein Versuch"（アムステルダム1934）[『屈辱と亡命。ドイツ・ユダヤ人の真実』ロンドン1937]――の中で、彼はユダヤ人の栄光と業績とを列挙した。その中でフロイトは「現存する最も重要な科学者」だと記されていた。(1)

ジャンヌの家庭訪問　　　　　　　　　　　　　1933年5月16日　水曜［火曜］
　この訪問に先立つ数週の間ジャンヌ・ランプル＝ド・フロートは、どこに住み、ドイツにある資産をどうするのかという問題に頭を悩ませていた。彼女はユダヤ人ではなく、富裕なオランダ人一家の出身だったが、ベルリン研究所で働いており、フロイトの言葉によれば、「ユダヤ人と運命を共にする」つもりだった。夫ハンス・ランプルはウィーンの人で、フロイト一家の友人だった。1年以上にわたってジャンヌはフロイトに、不安定で「パラノイア（妄想症）」のような夫の精神状態を知らせていた。この年の4月にフロイトはジャンヌに、家族を連れてウィーンへ来るように勧めたが、あくまで一時的にの話だった。夫ハンスが故郷の町に戻ってどう反応するのかが、わからなかったからである。

大腸炎　　　　　　　　　　　　　　　　　　　1933年5月21日　日曜
　2か月前の「バリラリ」という記載は（1933年3月29日）、潰瘍性大腸炎の専門家のことだとも考えられる。この病気にかかって受診したのだろうか？

ジャンヌ出発する　　　　　　　　　　　　　　1933年5月21日　日曜
　この短い訪問は夫や子どもたちと共にウィーンへ来る下準備だった。ランプル一家は1933年8月末から38年5月までウィーンに住み、それからオランダへ引っ越している。

ファン・フリースラント　　　　　　　　　　　1933年5月21日　日曜
　これは作家ヴィクトル・エマニュエル・ファン・フリースラント（1892-1974）のこと

上：ジャンヌ・ランプル＝ド・フロートと娘たちエディスとハリエット、1933-4。フロイトは書いている。「写真を見てもエディスとジェティを見分けるのが難しくなった」（フロイト-ランプル＝ド・フロート.1933-5-29）

左：亡き友フェレンツィ。（1925年のクリスマスにアンナに送った肖像）

だと思われる。1936年にこの作家はフロイト80歳の誕生日の祝賀状に名を連ねている。

だが、あるいは、これはその兄ジークフリート・ファン・フリースラント（1886-1939）のことかもしれない。この兄は1919年以来パレスチナに住み、1930年までパレスチナ・シオニスト機構の財務を担当した。1933年にはパレスチナ在住のオランダ総領事に就任している。アイティンゴンはこちらのフリースラントについてこう書いていた。「ファン・フリースラントを精神分析に引き入れたのはエデル博士で、フリースラントはたちまち深く引きつけられた。鋭敏で、好奇心にあふれていた彼は、すぐに精神分析を広く理解した。最後の日まで、彼は精神分析の諸問題の研究や探索を続け、ヘブライ大学に精神分析の講座を設ける話が1933年に出た時には、全力を挙げてこの計画を応援してくれた」。フロイトがここに書き留めたこの訪問は、この計画について話しあうのが目的だった。

✝フェレンツィ　　　　　　　　　　　　　　　　　　　　1933年5月22日　月曜

これは予期せぬ知らせではなかったが、かつてフェレンツィはフロイトの最も親しい友人で、事実上の後継者になっていた。この友人の死に、フロイトは相反する感情を抱いた。「複雑な心境です。一方では彼が恐ろしい衰弱から免れたのでほっとしました——最後の数週間は立つことも歩くこともできず、妄想はこれまでになくひどかったのですから——しかし、他方では、今ようやく、私たちにとってかけがえのない古い友人を失った悲しみを感じます。数年前から交流が絶えてはいましたが。それにしても、この死という決定的に冷酷な事実には特別な厳しさがあります」（フロイト-ランプル＝ド・フロート.1933-5-26）

フェレンツィについての以前の診断を、フロイトはジョーンズに対して繰り返した——肉体の退化に妄想が伴い、それまでの親しい関係が崩れたのが、死を早める要因になった、という診断である。「私の心の中心にあるのは、彼を十分に愛さなかった、彼の仕事を認めようとしなかった、ひどく分析もした、という強い自責の念です。彼の新しい技法は私のこういう態度に関係がありました。患者を助けるためにはどれほど愛情を込めて扱わねばならぬのか、を彼は私に見せようとしたのです」（フロイト-ジョーンズ.1933-5-29）

セルビア語の講義　　　　　　　　　　　　　　　　　　1933年5月22日　月曜

これは『精神分析入門』のセルビア語版——"Uvod u Psihoanalizu"——を指している。B・ローレンツが訳して、1933年にベオグラードの「コスモス」社から発行された。

日本語の雑誌第1号　　　　　　　　　　　　　　　　　1933年5月23日　火曜

日本で発行が始まった新しい雑誌——日本人独自の『精神分析』誌——が、東京からフロイトに届き始めた。2年後、日本の翻訳家である大槻憲二宛てにフロイトはこう書いている。「確かにあなたがたの雑誌を定期的に受け取っています……［……］。あなたの手紙にあった、日本での精神分析に対する抵抗の話には全然驚きません。予想通りですから。しかし、精神分析は日本でもしっかりと根を下ろしたようですね。簡単には押し流されないと思います」（フロイト-大槻.1935-5-20）

ルースとマーク　パリから戻る　　　　　　　　　　　1933年5月24日　水曜

4月15日にマーク・ブランズウィックはウィーンを発ち、父親が危篤状態にあるニューヨークへ向かった。帰路に妻ルースとパリで落ち合う手はずをマークは整えていたのかもしれない。

1か月前にルースは今度も体調がおかしくなり、フロイトからの分析を中断しなければならなかった。ルースは「永遠に具合が悪く、咳が出て、熱があり……」と、フロイトはこぼしている（フロイト-ジャンヌ・ランプル＝ド・フロート.1933-5-26）

アンナとマルティンがブダペストから　　　　　　　　1933年5月25日　木曜

アンナとマルティンはフェレンツィを埋葬するためにブダペストへ出かけていた。ウィーンからはパウル・フェダーンとヘレーネ・ドイチュも葬儀に参列した。フロイトはこう書いている。「帰って来たアンナはひどく不安定です」（フロイト-ランプル＝ド・フロート.1933-5-26）

下顎のジアテルミー　　　　　　　　　　　　　　　　1933年5月26日　金曜

この前の手術の後、再び人工口蓋の下側に圧力がかかり始めたので、ピヒラー医師は

日本の精神分析グループ、1933-5。矢部（前列右から3人目）、大槻（前列左から3人目）

もう一度ジアテルミー（透熱療法）を使って死んだ皮膚を切除した。だが、1週間後には同じ場所で痛みがぶり返し、6月初めにピヒラーは今度はさらなる酸素療法で痛みを取り除こうとした。6月末になるとピヒラーは、すっかり良くなった、と記している。

オリーヘニー　パリへ　　　　　　　　　　　　　　　　　　　1933年5月28日　日曜

この日、フロイトは一家の友人オスカル・プフィスターにこう書いている。プフィスターはスイスのプロテスタントの牧師で、精神分析家だった。「家族の3人、息子2人と義理の息子1人＊が引越し先の国を探していますが、まだ見つかりません。スイスは入国を歓迎する国ではありませんね。人間の本質についての見方を私が変えるような出来事はほとんどおきません。キリスト教徒のアーリア人種［ナチスドイツ人］については、特にそうなのです」（フロイト-プフィスター.1933-5-28）

オリヴァー夫妻と娘エヴァは7月にはサン・マロ近くの海岸沿いの村サン・ブリアックに落ち着いた。ところが秋になるとパリに戻り、ジョルジュ・サンド通り36で暮らし始めた。パリのこの家を訪れたアルノルト・ツヴァイクは、その後フロイトにこう書き送った。「あなたの息子さんのことを、たいへん気にかけています。彼はあまりにも慎み深いので、簡単には人生に適応できないのです。戦争の時の軍務に話が及ぶと、彼も言葉が生き生きと熱っぽくなります。それを見るとたまりません。同じ年齢や境遇のすべての男たちと同様に、物の考え方や感じ方、生活習慣や将来の計画がしっかり固まったその時に、また一からすべてをやり直さねばならなくなったのですから」（アルノルト・ツヴァイク-フロイト.1934-1-21）

ポー　マリー・ボナパルトから　　　　　　　　　　　　　　　1933年5月29日　月曜

マリー・ボナパルトがエドガー・アラン・ポーを精神分析の方法で研究した本がパリで出版された。この本の序文でフロイトは、精神分析を文学に応用する際の限界を注意深く指摘した。「この種の研究は、創造的芸術家の天才を解明しようとするのではなくて、天才を呼び覚ました各種の要素と、運命が天才にどんな種類の素材を押しつけたのかを、明らかにするのである」

この本の見返しには、次のような王女自筆の献辞が記されている。「愛する巨匠へ。その研究と精神とに触発されたこれらのページの中で、かつてこの世に存在した最も暗い魂を洞察するために、初めて人間の無意識を洞察した人物が切り開いた道を、著者は一歩一歩たどったのです」

仏陀の頭部　　　　　　　　　　　　　　　　　　　　　　　　1933年5月30日　火曜

これは重量のある白い仏陀の石像（頭像）で、唐時代初期の作品か、あるいは後世の模造品である。フロイトはベルクガッセの自宅でこの頭像を、他の多くの頭像や仮面と共に、書斎の特別なテーブルの上に置いていた。現在はフロイト記念館の、フロイトの机の反対側にある棚に置いてある。

フェレンツィの追悼文　終わる　　　　　　　　　　　　　　　1933年6月4日　日曜

この簡潔な追悼文を『国際雑誌』とその英語版向けに書く際、フロイトはたいへん苦しんだ。（1）「聖霊降臨日［復活祭から50日目の日］はフェレンツィの追悼文にかかり切りでしたが、気やすい仕事ではありませんでした。この仕事がすべて終わった後で残ったのは空しさだけです」（フロイト-ランプル＝ド・フロート.1933-6-4）。数日後も、この追悼文はフロイトの心に重くのしかかっていた。「フェレンツィの追悼文を書き終えました。書くのに骨が折れ、心の中は混乱したままです」（フロイト-アイティンゴン.1933-6-7）

H・G・ウェルズの訪問　　　　　　　　　　　　　　　　　　1933年6月5日　月曜

その後フロイトは、この訪問を単に「興味深い」と記している。（1）だが、H・G・ウェルズの説明を読むと、話題の一つが死だったことが明らかになる。「今春、ウィーンでジグムント・フロイトと話をしたが、死に関する考え方が私とは違うようだった。彼は、私よりも年上で、体も悪いのに、生命や評判や学説にしがみついているように見えた。私よりもずっと若い人間のようにだ。しかし、もしかすると、彼は私から話を引き出そうとしていただけなのかもしれない」

アイティンゴン　　　　　　　　　　　　　　　　　　　　　　1933年6月16日　金曜

4月17日のベームの訪問後、フロイトは話の詳しい内容を、直ちにアイティンゴンへ書

＊オリヴァー・フロイト、エルンスト・フロイト、マックス・ハルバーシュタットの3人である。

ヴィッテルが1924年に書いた『フロイト伝』の余白にフロイトは沢山の書きこみをしている。青年研究者時代を語る一節に「間違いだ」「ナンセンス」「ノー」などの走り書きと、感嘆符がいくつか見える。

き送った。ベームは明らかに引き継ぎを急いでいた。少しでも遅れると会の存続が危うくなると考えた彼は、アイティンゴンの辞職をすぐにでも公表したいと望んでいたが、この時アイティンゴンはマントンで休暇を取っていた。

アイティンゴンが結局はやめざるを得ないという点では、フロイトの意見も同じだった。だが、少なくとも総会の投票でやめさせるまではこの措置をとらないようにと、フロイトは言い張った。アイティンゴンがベルリンに戻ると投票が行なわれた。

この会見は、「ドイツ精神分析学会とその研究所をウィーンへ移す」というアイティンゴンの考えを、フロイトと話しあう好機だった。会見前に出した手紙で、アイティンゴンはフェレンツィの死とその影響にも触れて、こう付け加えていた。「これらの問題をあなたと今すぐ話しあう必要が迫っています」（アイティンゴン-フロイト.1933-5-31）

＋パウル・ハマーシュラーク　　　　　　　　　　　　　　1933年6月26日　月曜

フロイトは学校時代にザムエル・ハマーシュラークから宗教教育を受けた。卒業後もこの先生はフロイトに非常に親しく協力的で、フロイトの研究生時代にはに何度も金を貸してくれた。息子パウルもフロイトの友人になった。パウルは1893年にヨーゼフ・ブロイエルの長女ベルテと結婚していた。

ヴィッテルスの後悔　　　　　　　　　　　　　　　　　　1933年6月26日　月曜

フリッツ・ヴィッテルス（1880-1950）は1907年に水曜心理学集会に加わった。1910年に退会したが、この年にカール・クラウスを風刺する小説（『よそ者エゼキエル』）を発表し、この作家を性的不能者だとほのめかした。これがフロイトと疎遠になった理由の一つだが、もう一つの理由はヴィッテルスがヴィルヘルム・シュテーケルと親しかったことだった。1924年にヴィッテルスはフロイト初の伝記を発表した。フロイトが持っていたこの本の余白に書き込みや感嘆詞が溢れているのを見ると、この伝記にフロイトが抱いた反感がよくわかる。(1)　反感を抱いた理由の一つは、フロイトが原則的に伝記というものに反対していたことであった。

『フリッツ・ヴィッテルスへの手紙』の中でフロイトはこう書いている。「一般大衆は私の性格には興味がないようですし、私の場合には（理由は色々ありますが）、不遠慮に書かない限り、私の性格についての説明を読んでも何も学ぶことはできません。ですが、あなたは別の考えのお持ちのようですね」

1925年にヴィッテルスは、フロイトの同意を得て、精神分析学会への再加入が認められた。とはいえ、この伝記は長い影を落とした。1928年からニューヨークに住んでいたヴィッテルスに対して、フロイトは1933年11月19日付けで次のような手紙を送っている。「10年前の悪事［『フロイト伝』の執筆］について、思い悩み、反省しているとのことですが、その点に関しては、完全に取り消すのは一般的に難しく、魔法にゆだねるのが最上だと言わせて頂きたく思います。また、もしあなたがこれまでとは別の私的関係をお望みなら、いまさら心を入れ替えてももはや私にとっては何も変わらないと申し上げたく存じます。この年では意味はないでしょう」（フロイト-ヴィッテルス.1933-11-19）

この手紙を読めば、自分が著した伝記に距離を置いて、不和を癒そうとしたヴィッテルスに、フロイトがどう応えたかがわかる。同じ目的でヴィッテルスは追加記事も発表した。その一つが、1933年7月初旬発行の『精神分析運動』誌第4号に掲載された「自著『ジグムント・フロイト』（1923）への補遺」と題する論文だった。フロイトはこの記事の原稿か雑誌かを7月26日に受け取り、そのことを「ヴィッテルスの後悔」と日記に記したのだと思われる。

エルンストルの扁桃腺手術　　　　　　　　　　　　　　　1933年6月30日　金曜

フロイトの孫エルンストル（W・エルンスト・フロイト）はこう書いている。「もし僕の記憶が正しければ、これは3回目（で最後の）扁桃腺手術だった。ほんの子どもの時に、もう2回も扁桃腺を手術していたのだが、あの頃は扁桃腺に覆いをかぶせるだけだったから、やがて組織がまた大きくなるのだった。アンナが病院まで連れて行ってくれたが、ある時、手術を終えた僕のベッドの端に座っていた彼女は、危うく死を免れた。というのは、天井のランプの高さを調節するための重りを結びつけていたコードが急に切れて、床の彼女からわずか数インチ離れた所に落下したのだ」

ルース　手術　　　　　　　　　　　　　　　　　　　　　1933年7月8日　土曜

ルース・マック・ブランズウィックは頸部の手術のために入院していた。悪性の腫瘍ではなく、月末には回復している。

ホッホローテルドで子牛やランプル夫妻の子どもたちと共に、アンナとドロシー。

マルティンのフルンケル症 ［腫れものの一種］　　　　　　　　　　1933年7月8日　土曜
　この不愉快な病気の原因は敗血症だったと思われるが、家庭医アーベルス医師が腫れ物をランセットで切開する程度では手に負えなくなり、とうとう、8月にマルティンは治療のために入院する羽目になった。

マトゥーラ60周年をクネプフマッハーやワーグナーと　　　　　　　1933年7月9日　日曜
　1933年5月28日にフロイトはマトゥーラ（オーストリアの高校卒業・大学入学資格取得試験）合格60周年を祝う手紙を母校から受け取った。現存する学友の短い名簿には次の名前があった。「ジグムント・フロイト、大学教授。クネプフマッハー・ヴォルフ、ウィーン在住の弁護士。ワーグナー・ユリウス、ウィーン在住の弁護士」(1)
　3人はホーエ・ヴァルテにいたフロイトの夏の住まいでこの出来事を祝った。フロイトが他の二人に机上の古代遺物を見せると、クネプフマッハーは、「それらの品を置いておくのは自分を若く見せるためだろう」と話しかけた。するとフロイトはこの友人を脇へ連れてゆき、ワーグナーを指して、こう答えた。「あいつは年寄りだが、君は若い。僕はその中間だ」
　1871年から73年まで、クネプフマッハーはフロイトと同じ学校に通っていた。ブラックコーヒーとブドウとで睡魔と闘いながら、あの恐ろしいマトゥーラの準備のために、幾晩もフロイトの家で一緒に勉強した、と彼は後年、息子に語っている。

休日をホッホローテルドで　　　　　　　　　　　　　　　　　　1933年8月1日　火曜
　この日はアンナ・フロイトにとって夏季休暇の初日だった。8月の大部分をこの別荘で過ごしたアンナは、ウィーンには2、3日に1度、顔を見せるだけだった。比較的長い間、仕事――と絶え間なく父親の世話をする義務――から解放されて休めてよかったと、月末にジョーンズ宛てに出した手紙でアンナは述べている。

ブリット　　　　　　　　　　　　　　　　　　　　　　　　　　　1933年8月2日　水曜
　この時、ウィリアム・ブリットはソビエト駐在の米国大使に任命されていたから、この訪問が短時間以上のものだったとは思えない。この前ブリットが来た時にも、「再び流星のように現われた」とフロイトは述べていた。ブリットによれば、ウィルソン大統領に関する共著の最終稿は1932年春には出来あがっていた。けれどもテキストについての意見が食い違ったので、この時点で2人は合意の上で原稿を一時棚上げにした。その後ブリットは、フランクリン・D・ルーズヴェルトの大統領選挙運動に加わるために米国へ戻ったから、この本の仕事にあてる時間は見つからなかったはずである。
　意見の違いが何であったにしても、フロイトはブリットの政治的判断には大きな信頼を寄せていた。彼はジャンヌにこう書いている。「Bは多少なりともヨーロッパがわかる唯一のアメリカ人で、ヨーロッパのために何かしたいと考えています。ですから、力を発揮できる地位を本当に与えられて、思い通りにやれるとは期待できませんね」（フロイト-ランプル＝ド・フロート.1933-2-16）
　いったんモスクワに着任すると、ウィルソン本に割くような時間がブリットにあったとは思われない。この年の12月にフロイトはこう記している。「ブリットから直接の連絡はありません。われわれの本は陽の目を見ないでしょう」（フロイト-マリー・ボナパルト.1933-12-7）

盲人の施設　　　　　　　　　　　　　　　　　　　　　　　　　1933年8月10日　木曜
　ホーエ・ヴァルテにあるユダヤ人盲人会館（Israelitische Blinden-Institut 1872年創立）館長のジークフリート・アルトマン博士と、ドロシー・バーリンガムは連絡を取っていた。この施設にいる盲人の子どもたちを3人、彼女は分析していたから、彼女がフロイトの訪問をお膳立てしたのだと思われる。(1)
　フロイトが署名した来客名簿には3千を超える、数多くの有名訪問客の名前が記してあった。芸術家、ユダヤ教指導者、政治家、科学者、さらに王族の名前も見られた。フロイトはこの施設に住む盲人の子どもたちにも面会した。庭に咲くバラやカーネーションを摘んできた子供たちにフロイトは、子供たちが後から使った表現によれば、「限りなく優しい声で」("mit einer unendlich liebevollen Stimme") 話しかけている。(2)

アイティンゴン　　　　　　　　　　　　　　　　　　　　　　　1933年8月11日　金曜
　8月17日から1週間の間にマリー・ボナパルトがウィーンまで会いに来る予定だと、フ

ホッホローテルドにてアンナ（左）、ドロシー（右）、アンナ・ファーデンベルガー。

ロイトは7月末にアイティンゴンに告げていた。また、王女がアイティンゴンと話をしたがっているとも知らせていた。ところが、この頃アイティンゴンはパレスチナへの移住のことで頭が一杯だったので、王女を待つことなく、一足先にフロイト一人だけに会いに来た。

ホッホローテルド　　　　　　　　　　　　　　　　　　　1933年8月12日　土曜

フロイトがホッホローテルドを訪れた記録はこれが最後である。健康への危険を考えると、これ以上の遠出はできなくなった（もっともアンナと友人ドロシーにとっては、その後もこの別荘は休日や週末を過ごす安息所になった）。これは短時間の外出だったはずである。なぜなら、同じ日にフロイトはグリンツィングからジャンヌに手紙を書いており、さらに、おそらくこの別荘ではなくて、ホーエ・ヴァルテの家で、米国から来たスティーヴン・ワイズ師と面会もしているからである。

スティーヴン・ワイズ　　　　　　　　　　　　　　　　　　1933年8月12日　土曜

ニューヨーク在住のスティーヴン・ワイズ師（1874-1949）はナチスの迫害で苦しむユダヤ人の実態を調べるためにヨーロッパを回っていた。

ハンガリーのラビ長の孫だったワイズは、ラビ長のイェリネクからウィーンでラビ（ユダヤ教指導者）に任命された。その後、彼はニューヨークに自由主義的な自由ユダヤ協会を設立している。

王女　　　　　　　　　　　　　　　　　　　　　　　　　　1933年8月17日　木曜

フロイトとマリー・ボナパルトがこの特別な時期にアイティンゴンに会いたがった理由の一つは、フェレンツィの死によって空席になったIPA（国際精神分析協会）副会長の座について話しあうことだった。この時フロイトは王女をこの地位に推していた。8月23日にジョーンズに出した手紙でフロイトは、王女が選ばれればどんな利点があるのか、概要をすべて並べた。

王女には鋭敏な知性と傑出した行動力があるだけではない。これらの特質を発揮して、精神分析へなお一層貢献できる年齢にも達している。また王女には印象的な業績があり、社会的地位も精神分析運動に有利に作用する。（1）それから、王女は非医師の分析家だ。（2）だから副会長に選ばれれば、精神分析運動内部で有力な地位をほぼ独占している医師たちにむかって一つの姿勢を示せるし、外部の人間にも精神分析が精神医学の単なる一部分ではないことを示すことができる、というのであった。

Essais de Psych.appliquée　　　　　　　　　　　　　　　1933年8月18日　金曜

この『応用精神分析に関する諸論文』("Essais de Psychanalyse appliquée") は1906年から23年にかけて発表された論文を収録している。マリー・ボナパルトがエドワール・マーティと共同でフランス語に訳して、1933年にパリのガリマール社から発行された。フロイトに贈呈するために、王女はこの本を自ら携えてきたのだと思われる。もっとも、フロイトの蔵書の中にあるこの本は献呈本ではなく、王女の名前も記されていなければ、封も切られていない。

ドロシー戻る　ランプル　　　　　　　　　　　　　　　　　1933年8月18日　金曜

ドロシーはシェルブールとコペンハーゲンへ行き、子どものボブとマビーを米国へ送り出した。それから18年間の母親生活で初めて、ただ一人でウィーンへ戻ってきた。

フロイトはジャンヌ・ランプル＝ド・フロートにウィーンへ来るように勧めていたが、夫ハンス・ランプルの「パラノイア」をも気にかけていた。この症状は春の間に良くなったらしく、この時ハンスは妻子と共に故郷ウィーンに舞い戻った。1938年までウィーンにとどまった一家は、その後オランダへ移り住んでいる。

フロイトが特に心配したのは、ハンスが娘アンナ・フロイトに感情転移するのではないかということだった（13年前にハンスはアンナに求愛したが、アンナ——とフロイト——に撥ねつけられていた）。7月にアンナが疲労困憊したので、フロイトは初めて娘のことを本気で心配した。そこで、ハンスがアンナに負担をかけないように注意してくれと、フロイトがジャンヌに頼んだのだった。

ジャンヌ手術する　　　　　　　　　　　　　　　　　　　　1933年8月24日　木曜

これも虫垂切除手術のようである（バーリンガム家の4人の子どもたち全員は、フロイトがこの日記を書いた時代に、この手術を順に受けている）。1か月前にフロイトはジャ

上：ルネ・ラフォルグ、1934年。TG
右：日曜に遠出したハンス・ランプル（立位）、ゾフィ、マルティン、エルンスト・フロイトと友人たち、1912年。

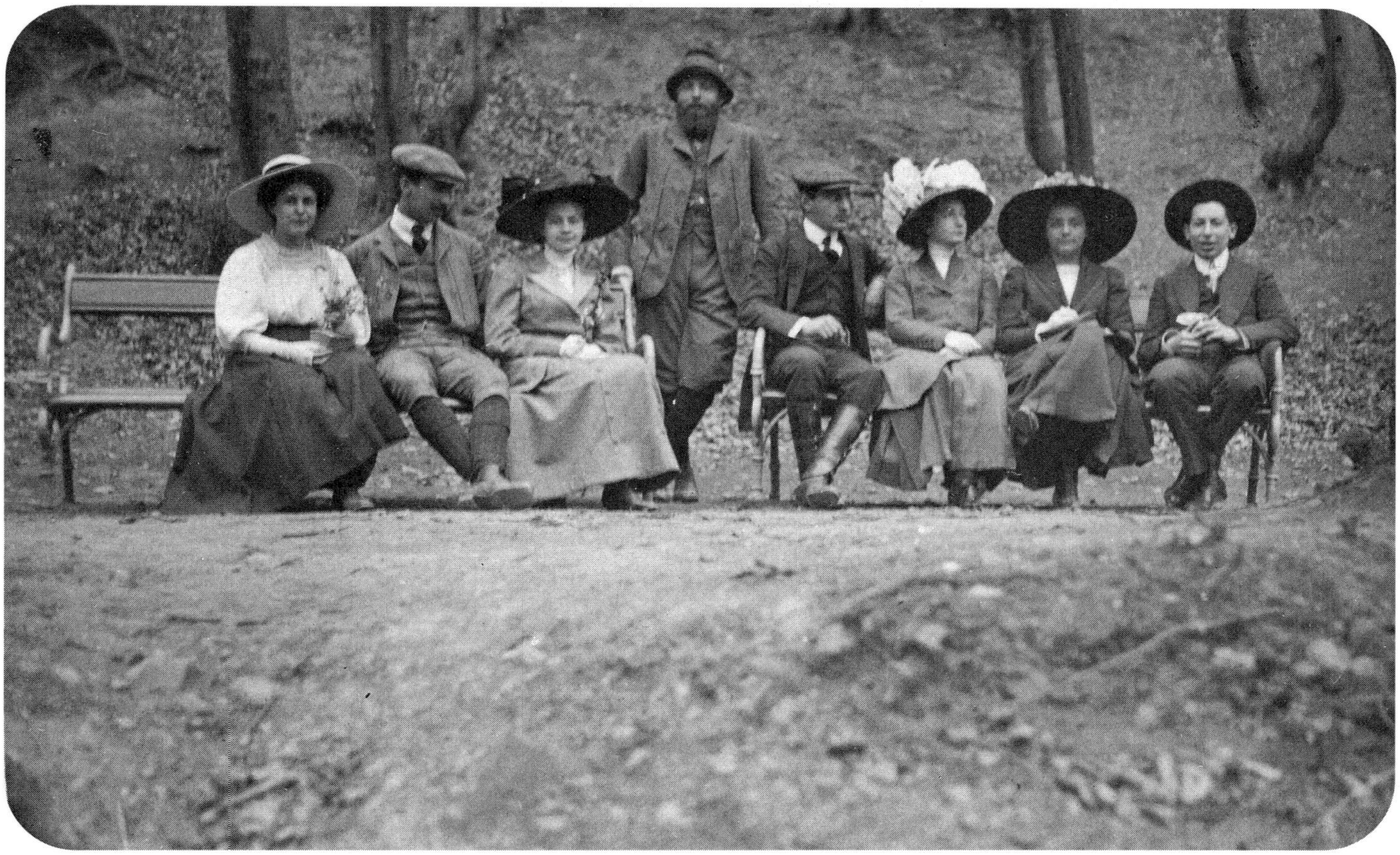

ヌにこう述べていた。「当地の病人数は好転していますが、あなたがその数を増やしたいというニュースには我慢がなりません。それほど医学的知識がなくても、お手紙を読めば、虫垂炎だとわかります」(フロイト-ジャンヌ・ランプル＝ド・フロート.1933-7-27)。8月に彼女はバートガスタインの鉱泉水を飲んで健康を回復したが、症状がぶり返したらしく、この手術となった。

ルース　アメリカへ　　　　　　　　　　　　　　　　　1933年8月25日　金曜

　ルース・マック・ブランズウィックは重病の父親に会いに米国へ行った。米国滞在中に、彼女はニューヨーク精神分析学会の会員と言葉を交わし、その内容をアンナに報告した。ジョーンズとアンナは米国の状況を大いに気にかけていたが、主たる理由はロシア生まれの若手精神分析家グレゴリー・ジルボーグとの間に問題を抱えているというブリルからの報告を通じてであった。ジョーンズによれば、ジルボーグはパラノイアで、我慢強いブリルを苦しめていた。

　ところが、ジョーンズとは対照的にルースはジルボーグを「才能があり、無害で、向こう見ず」だと報告し、ブリルを「学会組織のことを考えない独裁者」だと見た。この二つの意見が作り出す異なった絵柄に興味を持ったアンナは、そうジョーンズに書き送った。ルースは若い会員に好意的だから報告にも影響が見られる、というのがジョーンズの返答であった。

ラフォルグ　　　　　　　　　　　　　　　　　　　　　1933年9月3日　日曜

　フランスの精神分析医ルネ・ラフォルグ(1)との間に持ちあがった議論の一つは、フランス精神分析学会がドイツからの移住者を締め出している問題だったのかもしれない。この頃フランス精神分析学会は、フランスの医師免許を持たない外国人医師の入会を断っていた。規約上は、外国人の非医師分析家を入会させても問題はなかったはずだが、どう見てもこの学会は入会を認めるまでに時間を置きたがっていた。この態度は、1929年のオックスフォード大会で採択された決議に違反し、国際的運動を目指すIPA［国際精神分析協会］の方針とも相容れなかった。

　フランス精神分析学会のこの狭量な姿勢に対して、ジョーンズとアンナは腹を立てていた。移住者を締め出すフランス学会と、移住者を直ちに受け入れた英国学会の態度とを、アンナは対比した。(2)　さらにドイツとオーストリアの学会が、外国の免許しか持たない医師の入会を認めた実例を引きあいに出している（ラド、アレクサンダー、ハルニク、ランプル＝ド・フロート）。

ブライヤー基金　　　　　　　　　　　　　　　　　　　1933年9月3日　日曜

　作家ブライヤーの父親、非常に富裕な資本家で海運界の大立者だったサー・ジョン・エラーマンは、1933年7月16日に亡くなった。莫大な財産の一部を相続したブライヤーは、分析家教育を援助する基金をウィーンに設立することができた。

　ブライヤーはユダヤ人の移住にも資金を援助した。彼女の話し相手だった詩人H.D.はこの頃フロイトから分析を受けていたが、H.D.の手紙を見ると、フロイトはこの問題をH.D.と分析中に話しあっている。(1)

手術─心臓発作─病気の始まり　　　　　　　　　　　　1933年9月5日　火曜

　10日後にピヒラー医師が書いた記録が、この一連の出来事を手短に語っている。「9月15日。患者、小手術の後、気分非常にすぐれず。冠状動脈の梗塞と狭心症。その後、右肺下葉に肺炎。現在は正常に」

　アンナによると、手術2日後に発生した肺の炎症の原因は、ピヒラーがアドレナリンを注射したことだった。以前の何度もの注射では何も悪影響はなかったが、今回は熱が出て、1週間位、フロイトの体調は最悪だった。

　9月20日にフロイトは起きることを許された。「ベッドから出て、すでに1週間ほどささやかですが仕事を始めています。「そこそこ健康」＊なものの、血栓症の影響からはまだ立ち直れません。初めて階段に挑戦しましたが、なかなか登れませんでした」(フロイト-ジョーンズ.1930-10-15)

　2～3日後にアンナはジョーンズにこう書き記した。「最初にベッドから出た時には、父はうまく階段に立てませんでした。でも、もう大丈夫です。元気になって、患者を5人診ています。散歩に出られないのが唯一の問題ですね。我が家にはエレベーターが［……］ないのです」(アンナ・フロイト-ジョーンズ.1930-10-18)。10月24日付けの手紙で、父は

＊［原文は英語。'moderately' well］

ウィーン近郊のカーレンベルグに出かけたフロイト、1930年代初め。

元気だけれど、まだ階段を上がれない、とアンナはつけ加えた。

翌25日に、フロイトはアルノルト・ツヴァイクに、生きてはいるがタバコを吸えないので何も書けそうにない、とこぼしている。(1)

エルンストとルクス来る　　　　　　　　　　　　　　1933年9月16日　土曜

これは三男エルンスト一家にとって移住前の最後の訪問になった。一家が来る前に、オリヴァーとヘニー夫妻にフロイトはこう書いていた。「ルクスと3人の息子たちが来るので楽しみです。ロンドンへ発つ前の9月12‐18日です。ですから、私たちはホーエ・ヴァルテ滞在を延ばしているのです。あなた方も一緒ならと思うのですが、彼らは英国へ行くのですから、フランスにいるあなた方の方が近くなるのかもしれませんね」(フロイト-愛する子どもたち［オリヴァーとヘニー・フロイト］.1933-9-2)

ピヒラーの診察　　　　　　　　　　　　　　　　　　1933年9月19日　火曜

この診察を、ピヒラー医師はフロイトが何度も耳にした「歓迎できない忠告」で締めくくった。「洗浄とオルトフォルム。患者が喫煙をやめたので、鼻腔の炎症と鼻の分泌はこれまでになく良好。喫煙を完全にやめるように忠告する」。その後フロイトは再び心臓がおかしくなった。翌日往診に来たピヒラーは、オルトフォルム麻酔のせいだと考えた。彼はこう付け加えている。「患者は一定期間禁煙し、吸えないのでひどく苦しんでいる」

ルクス出発する　　　　　　　　　　　　　　　　　　1933年9月19日　火曜

エルンスト一家は英国に落ち着いた。ロンドンで最初に住んだのは、元執事ハンブル氏が経営するメイフェアの高い貸間だった。その後、一家はセント・ジョンズ・ウッドにある、もっと安い住まいに引っ越した。

今回のウィーン訪問の後、英国へ戻ったエルンストの妻ルクスは、子供たちの学校を見つけねばならなかった。そこで、デヴォン州にある進歩的な寄宿学校ダーティントン・ホール校へいれることに決めると、フロイトも賛成した。「第一級のオランダ人」(J・J・ファン・デル・レーウ？)の患者から、英国で食事も良いのはこの学校だけだ、と聞いていたからである。

エルンストはあとかたづけのためにベルリンに戻った後、11月にロンドンで家族と合流している。

ベルクガッセ　　　　　　　　　　　　　　　　　　　1933年9月30日　土曜

ベルクガッセに戻ってから1か月後に、フロイトの長女マティルデは弟エルンストにこう書いている。「あなたも知っていると思いますが、ホーエ・ヴァルテから帰ってきた後、パパはかなり重い風邪を引き、ママには心臓疲労の症状がはっきりと出ています。そこで、家族が1年を通じて住める家を見つけようと考えているのですが、見る家はどれもまるでお話になりません」(マティルデ・ホリチャー-エルンスト・フロイト.1933-11-1)

ドルフス暗殺の企て　　　　　　　　　　　　　　　　1933年10月3日　火曜

この日の午後、元兵士の青年ルドルフ・ドルティルはキリスト教社会党の委員会の会合に押し入り、オーストリア首相エンゲルベルト・ドルフス目がけて拳銃を発射した。だが、銃弾はかすり傷を負わせただけであった。1932年5月20日にオーストリア首相に就任したドルフス(1892-1934)は、1933年3月4日に議会を閉鎖し、3月7日に独裁政治――「緊急令に基づく統治」――を開始した。また共産党とナチス党を非合法化したが、この措置が暗殺未遂事件の原因だった。というのは、ドルティルがナチスの同調者だったからである。

ドルフスが目指したのは議会制民主主義を破棄して、1933年5月に設立された「祖国戦線」の下に、権威主義的共同体制度を作り上げることだった。この目標の主な障害となったのは、選挙民の42パーセントを代表する、議会最強の社会民主党だった。

この間、ドイツのナチスは明らかにオーストリアに目をつけていた。ナチスの勝利からオーストリアを守る最も確実な防壁だと考えて、ドルフスの右翼独裁政権をやむなく支持したオーストリアのユダヤ人は、フロイト一人ではなかった。7月に彼はこう書いている。「政治はあくまで犬たちの後です。目下の所は平穏です。この国は特異な自家製のファシズムに向かっているのでしょうが、ドイツほど野蛮にはならないと思います。ですが、ウィーンで暮らすのは楽しいでしょうか？」(フロイト-ランプル＝ド・フロート.1933-7-14)

上：スイスにおけるマルティン・フロイト、1934年。TG

下：フロイトのコレクションのうちのパタイコスの小立像。NB

テーゲル療養所におけるフロイトとエルンスト・ジンメル（右端）

ルートヴィヒ・バウアー博士　　1933年10月4日　水曜

　フロイトはルートヴィヒ・バウアー博士を、政治情勢に関する聡明な記事を書くジャーナリストだと考えていた。アルトール・シュニッツラーやリヒャルト・ベーア＝ホフマンの友人だと名乗ることで、彼はフロイトの信頼を得た。この訪問の際も、フロイトは彼を友人として扱い、オーストリアの情勢を話しあった。それから数週間後、いくつかの新聞にオーストリアに関する記事が掲載された。ところが、バウアーの作り話を読んでフロイトは仰天した。(1)「彼の言葉によると、良き老人で、大いに尊敬されながらも無力なこの私が、恐怖で体を震わせながら、彼の両手をつかんで、一つの質問だけを繰り返したと言うのです。『やつらは私を追い出すと思うかね。私の本が没収されると思うかね？』［……］。この会見を思い出すと、今でも後味が悪いのです。それに、バウアーはユダヤ人の味方だと思われているのです！」（フロイト-アルノルト・ツヴァイク.1934-1-28）

　1933年12月初めに、ザビエル・ブヴェダに出した手紙で、フロイトはバウアーのこの歪んだ記事を正そうとした。「実際問題として、ヒトラー主義がオーストリアで勢いを得れば、私（や他の人々）にどんな危害が及ぶのかを、見くびっているわけではありません。ですが、冷静にこの見通しに向かい合い、耐えるべきものには耐えて、できる限り長くここに留まるつもりです。ともあれ、目下の所は、私どもが『ドイツの面汚しだ』と言われずに済んでいます」（フロイト-ザビエル・ブヴェダ.1933-12-6）

マルティン、司法試験に合格する　　1933年10月5日　木曜

　フロイトの長男マルティンも今では44歳だった。彼の学術的才能は群を抜いており、1908年にマクシミリアン・ギムナジウムを卒業すると、優秀な成績でマトゥーラ（大学入学資格試験）に合格した。大学では法学博士号を取得したが、弁護士資格を得ようとはしなかった。必要な6年の見習期間（Conzipient）を弁護士事務所に勤めて、安給料で送ったのでは、妻と2人の子どもを養えなかったからである。そこで、彼は銀行と実業の世界に足を踏み入れた。

　ところが、現在の精神分析出版所の仕事には時間があったので、この時彼は最後の資格を得て、弁護士を開業することができた。回想録でこの新しい仕事を彼はこう書いている。「確かにこの仕事は非常に面白くて、張りあいがあった。また、私にとって大きな利点だったのは、法律の仕事にも時間をさけたことだった。私はウィーン弁護士協会への入会を認められ、出版所の事務室を弁護士の仕事にも使うのを、父も認めてくれた」

初の外出　　1933年10月9日　月曜

　この外出の後、フロイトは室内にとどまった。この年は初雪が早かった。11月中旬に妻マルタはこう書いている。「心配しているのですが、パパは全然、外へ出かけません。特製の車イスを用意してあるにもかかわらず。パパ本人も主治医たちも不安なのです。でも、不思議なことにそれほどくやしがってはいません」（マルタ・フロイト-ルーシー・フロイト.1933-11-13）。同様に病に倒れたマルタは、この頃には回復していた。「以前と同じように走ったり、体を曲げたりできるようになって、運転再開です。なんて嬉しいのでしょう！」と彼女は書いている。

小人の像と翡翠（ひすい）をドロシーへ　　1933年10月9日　月曜

　この記載はあいまいである。両方が娘アンナの友人ドロシー向けの品物なのか、それとも翡翠だけだったのか？　フロイトの蒐集品の中には小人の立像が1体あるから、これが問題の品物の一つなのかもしれない。古代エジプトのファヤンス焼き、メンフィスの創造神プタハの一つの化身であるパタイコス（プタハ＝ソカル）の立像である。もしそうなら、これはフロイト本人の蒐集品だったことになる。

　とはいえドロシーも古代遺物を集めて、診察室を飾っていた。ドロシーと彼女のアパートについて、詩人H.D.はこう書いている。「彼女は静かでほっそりとした可愛い人で、手工芸品が飾ってある簡素な診察室（居間）にいた。フロイトの建築家の息子が内装をした部屋だった。フロイト教授と同じように、彼女もギリシャの宝物をいくつか持っていた」

　これ（ら？）は10月11日のドロシー42歳の誕生日のための贈り物だった。

ドイツ国際連盟脱退を望む　　1933年10月14日　土曜

　第2次国際軍縮会議は2月2日にジュネーブで開幕した。3月27日には日本が国際連盟を

脱退した。進行状況が思わしくないのを口実に、この日ドイツはこの会議から退席し、5日後の10月19日には日本の例に従って、国際連盟から正式に脱退した。この問題に関する選挙を11月12日に行なうために、ドイツ議会は解散された。

マティルデ46歳　　　　　　　　　　　　　　　　　　　　　　1933年10月16日　月曜
　フロイトが誕生日のプレゼントを入れた封筒の表にはこう書いてあった。「パパから。愛を込めて。オーストリア貨幣の外国との換金率が悪くなってもいいように」（フロイト-マティルデ・ホリチャー.1933-10-16）。この封筒の中には、プレゼントの代わりによく贈っていた外国通貨が入っていたのだと思われる。金額は記されていない（以前の封筒には金額が記してあった——1924年10月16日にこの長女マティルデは15ポンド受け取っている）

マルティン　チューリヒへ　　　　　　　　　　　　　　　　　　1933年10月19日　木曜
　長男マルティンがチューリヒへ行ったのは、精神分析出版所の仕事をする拠点を作るのが目的だったらしい。また、父親の外国投資に関する交渉も行なったのかもしれない。

マルティン戻る　　　　　　　　　　　　　　　　　　　　　　　1933年11月4日　土曜
　翌月に三男エルンストへ出した手紙の中で、1934年1月からチューリヒにいるマルティンを通じて仕事をするつもりだ、とフロイトは述べている。2週間のチューリヒ滞在中にマルティンは、この新しい段階へ入る基盤を整えたのだと思われる。

胃炎　　　　　　　　　　　　　　　　　　　　　　　　　　　　1933年11月8［9］日　木曜
　火曜日に兄エルンストへ出した手紙で、アンナはフロイトの容体を手短に報告した。「パパの健康状態はおおむね良好です。毎日の小さな不満や苦痛はいくらでもありますが」（アンナ・フロイト-エルンスト・フロイト.1933-11-7）

ピヒラーの往診　　　　　　　　　　　　　　　　　　　　　　　1933年11月8［9］日　木曜
　9月の診察を最後に、ピヒラーはフロイトを2回しか往診していなかった。ピヒラーの記録によると、この往診に赴いたのは翌日だから、フロイトが書いた8日という日付は誤りである。「11月9日。ここ2〜3日間痛みあり。人工口蓋装着の有無にかかわらず、口腔粘膜全体が過敏。眠りが妨げられる」

手術から10年　　　　　　　　　　　　　　　　　　　　　　　　1933年11月12日　日曜
　1923年11月12日に徹底的な手術をしてから、この日で10年が経った。この手術でフロイトは上顎と軟口蓋の一部を切除された。(1)　最初の2度にわたる大手術の頃、フロイトが抱いた願望や恐怖が、ランク宛の手紙で使った次の言葉に表われている。「感情的には、本当にピヒラー教授に頼りきっています。ですが、2回目の手術が期待はずれだったので、同性愛的な絆は弱まりました。女性たちとの関係へ逆戻りです」（フロイト-ランク.1923-11-26）。当時、フロイトに与えられた余命は最大5年だったから (2)、フロイトとピヒラーにとって、この10周年記念日は成功の印だった。けれども、支払った肉体的苦痛は大きかった。ここでフロイトが大手術当時を振り返ったとしても驚くにはあたらない。妻マルタはこう書いている。「［フロイトは］初めて手術を受けた、あの最初の時期にしかなかったほど、人工口蓋で苦しんでいます」（マルタ・フロイト-エルンスト＆ルーシー・フロイト.1933-11-29）

ドイツの選挙　　　　　　　　　　　　　　　　　　　　　　　　1933年11月12日　日曜
　これは新帝国議会のために行なわれた、公正とは言えない選挙だった。政府への賛成票しか投じられない選挙は以前にはなかった、と『新自由新聞』は論評した。反対党の候補者はなく、ナチス党統一リストの候補者が96パーセントの支持を獲得した。反対の意思は投票用紙を使って表わすほかなく、300万票の無効票が投じられた。同時に行なわれた、ドイツの国際連盟脱退の賛否を問う国民投票では、95パーセントが賛成票だった。

ジンメル逮捕の知らせ　　　　　　　　　　　　　　　　　　　　1933年11月14日　火曜
　ユダヤ人の精神分析医で社会主義の活動家でもあったエルンスト・ジンメルは、明らかにナチスの迫害の標的だった。この逮捕の知らせを聞いたルース・マック・ブランズウィックは、ジンメルを国外に脱出させるために必要な千ドルの保証金を集める準備にすぐさま取りかかった。(1)　だが、ジンメルが実際に逮捕された証拠はないから、この

アンナ・フロイト、1930年代初頭。左肩の背後にフロイトの遺灰を入れることになる壺が見える。

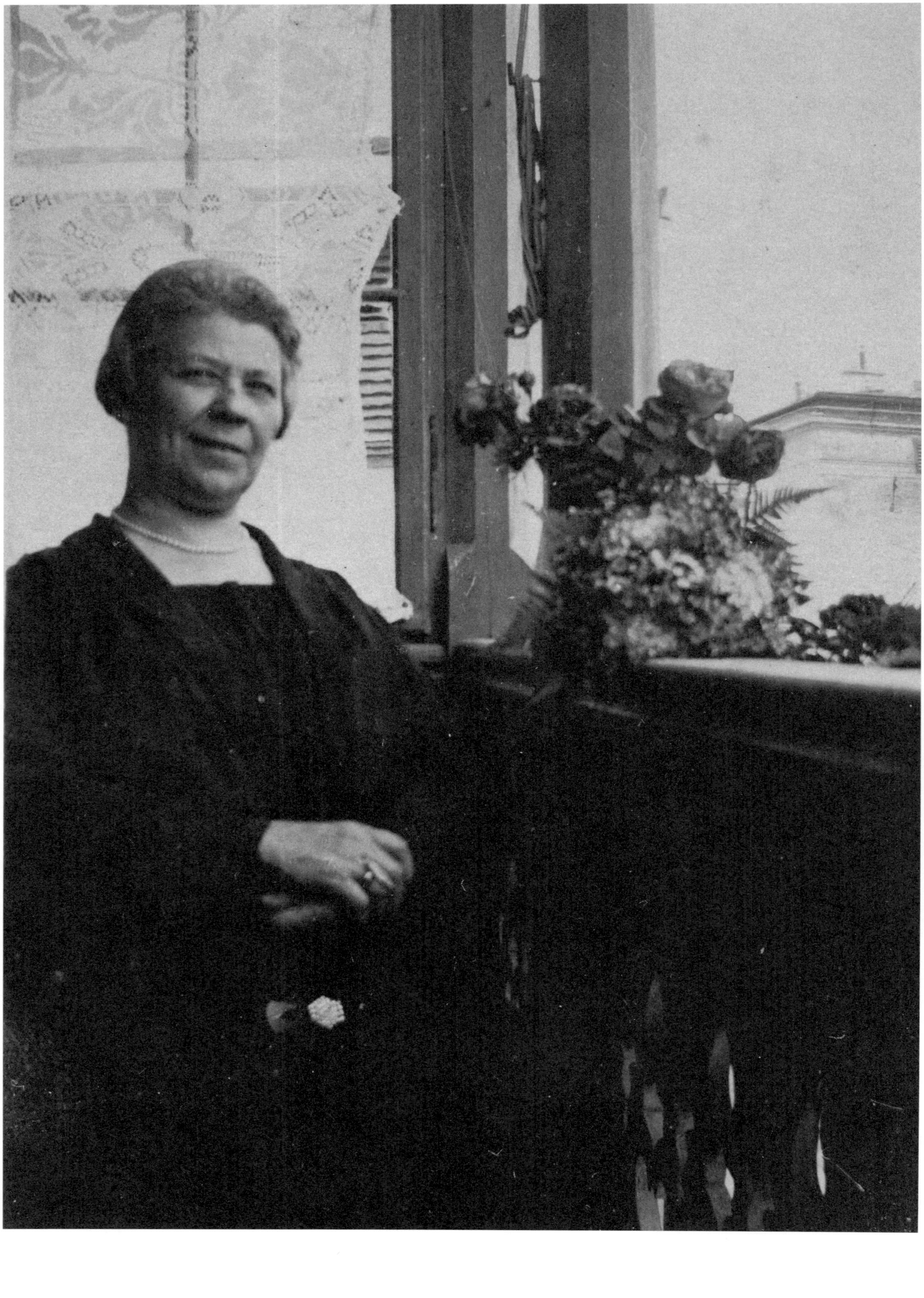

知らせには根拠がなかったらしい。とはいえ、彼は国外に脱出せざるを得なかった。
　その間、ベルリン－ブランデンブルク地区の突撃隊は、以前ジンメルの精神分析療養所があったテーゲル館を押収していた。

新しい講義（スプロット）　　　　　　　　　　　　　　　　1933年11月16日　木曜
　W・H・J・スプロット（1897-1971）はケンブリッジ大学で臨床心理学を学び、1926年にノッティンガム大学で心理学の講師に就任した。この講師が英訳した『続精神分析入門』を、この時フロイトは受け取った。出版前にジェイムズ・ストレイチーとアーネスト・ジョーンズが翻訳に手を入れた（その後、1964年にこの本はストレイチーの新版に取って代わられた）。
　フロイトはスプロットと面識がなく、リットン・ストレイチーの愛人だという知識しかなかったが、リットンとはバートガスタインで1度だけ会っていた（ブルームズベリー・グループの伝記では、スプロットはジョン・メイナード・ケインズの愛人でもあったとされている）。

キプロスの印章と出土品　　　　　　　　　　　　　　　　　1933年11月16日　木曜
　フロイトはコインも気の向くままに集めていたらしいが、1枚も残っていないのは、理想的な贈答品だったからだろう。この出土品とは、クレタ島とキプロス島で見つかった6枚の珍しい金貨のことかもしれない。1936年初めに、フロイトはこれらの金貨をアルノルト・ツヴァイクへ贈っている。

エルンスト　ベルリンを去る　　　　　　　　　　　　　　　1933年11月16日　木曜
　デヴォン州ダーティントン・ホールにある子どもたちの学校の近くに妻ルクスが滞在している間に、エルンストは必要な用事をベルリンで片づけた。残務整理が済んだエルンストは英国に戻ると、妻と共にメイフェアのクラーグズ通りにある貸間に引っ越した。ロンドンでは工事が盛んだとの記事を読んだフロイト夫妻は、エルンストも建築の仕事がすぐに見つかるだろう、と期待した。(1)

アイティンゴン　　　　　　　　　　　　　　　　　　　　　1933年11月25日　土曜
　アイティンゴン夫妻は9月中旬にパレスチナへ移住し、アイティンゴンはこの頃エルサレムに移った。フロイトはアイティンゴンからの要望に応えて、仮の住所であるキング・デイヴィッド・ホテル宛に、10月5日付けで人物証明書を郵送し、この友人を「現今の精神分析運動の中で、最も有名で、影響力があり、尊敬できる人物」だと推薦した。
　アルノルト・ツヴァイクよりもはるかにパレスチナに入れ上げていたアイティンゴンは、直ちに仕事に取りかかった。最初に取り組んだのはパレスチナ精神分析学会（Chewra Psychoanalytith b'Erez Israel）の設立だった。この学会は4人の元ドイツ学会会員——モシェ・ヴルフ、アンナ・スメリアンスキー、イルヤ・シャリト、とアイティンゴン自身——で成り立っていた。それからエルサレムに精神分析研究所を開く予定だと発表した。この頃パレスチナでおきたアラブ人の騒乱がどう発展するかを見るために、アイティンゴンはヨーロッパへ来るのを2、3日遅らせた。夫妻はイスタンブールから陸路ベルリンへ行き、帰路に3日間ウィーンに立ち寄った。フロイト夫妻にアイティンゴンはパレスチナと、建築中の石油暖房と浴室が付いた新居の話をした。エルサレムにいるミラ（アイティンゴン夫人）なんて想像できないとマルタが感想を漏らすと、この移住の推進力になったのは妻だった、とアイティンゴンは言い張った。

アンナ38歳　　　　　　　　　　　　　　　　　　　　　　　1933年12月3日　日曜
　ホッホローテルドで週末を目一杯過ごさないで、家族と共に誕生日を祝うために、アンナは日曜朝に帰宅した。フロイトからの贈り物は今度も宝飾品で、「真正品証明書」付きだった。「中国の宝飾品（前世紀）で、2枚の板は細い突起でつながっており、取り外して別々に使えます。装飾は純金です。1933年12月3日。愛するパパより」（フロイト-アンナ・フロイト．1933-12-3）。マルタは肘掛け椅子の隣に置く書見台をこの末娘に贈っている。

ミツィ　心臓発作　　　　　　　　　　　　　　　　　　　　1933年12月3日　日曜
　この出来事はアンナの誕生日に暗い影を投げた。フロイトの妹ミツィはこれまでベルリンに住んでいたが、ベルリンの家（大いに懐かしがっていた）を捨てて、ウィーンに来ざるをえなくなった。誕生日の集まりでマルタと話している最中に、彼女は狭心症で

左：バート・イシュルにてミツィ・フロイト、1930年。

倒れたが、運良く、ルース・ブランズウィックが居合わせたので、応急処置を行なうことができた。ようやく夜になってから、ミツィは滞在していたペンションに救急車で運ばれている。(1)

事故　ランプで　　　　　　　　　　　　　　　　　　　　　　　　**1933年12月11日　月曜**
　この「事故」を表わすためにフロイトが使った単語は「落下（Fall）」である。しかし、ここでは、文字通りに「転倒した」のかもしれない。この年の誕生日に経験したような腰痛の発作がまたおきたのか？　この頃フロイトはまったく外出しなかったから、問題のランプは室内にあったのだと思われる。1934年1月にドロシー・バーリンガムはこう書いている。「ずっと外出できないので、本当にお気の毒です」（ドロシー・バーリンガム-ルーシー・フロイト.1934-1-17）

「存在していることはもうあまり価値が無いが、稼ぐことはまだいいことです」（フロイト-エルンスト.1933-11-18）

1934

「新たな迫害に直面して再び自問するのは、いかにしてユダヤ人が今の姿になり、なぜこのような永遠の憎しみの的になるのかということです。ほどなく、私は理由を見つけました。モーゼがユダヤ人を作ったからなのです」。(1)　ドイツにおける反ユダヤ主義の急激な高まりに触発されて、フロイトはユダヤの民族性の起源を探らねばならないと考えた。この研究の最初の成果は1934年9月23日に現われ、彼はこの日記に「モーゼ　終わる」と記した。だが、実際にはこの研究は到底終わってはいなかった。その後4年間に3回ある記載が、どれもみな「モーゼが終わった」と言っているのだから。それほどに、晩年のフロイトはこのユダヤ教創設者に心を奪われていたのである。

この問題の研究論文である「人間モーゼ、ある歴史小説」は、結局フロイトが最後に完成した本である『モーゼと一神教』に組み込まれて、1939年にようやく公表された。ユダヤ教の起源が心的外傷で覆い隠されているという仮説を、この本は述べたてる。ユダヤ教を創始したエジプト人、イクナートン王の太陽崇拝の一変種をユダヤ人に押しつけた男モーゼの殺害。エジプトから脱出したユダヤ人と、ミディアン人の一集団との混合。2集団のそれぞれの宗教——エジプト側の知的な一神教と、ミディアン人固有の火山神ヤハウェ崇拝との衝突。要するにフロイトは『トーテムとタブー』(1912-13)と同様に、無意識の欲動の図式を、個々の人間だけではなくて、歴史や「前-歴史」にもあてはめて、フロイトの時代の文化が抑圧されたそもそもの源泉を突きとめようと試みた。したがってフロイトが考古学や古代遺物に魅せられたのは、脱線でもなければ、単なる趣味でもなかった。この年に入手したウーリー卿によるアブラハムの生地であったウルを発掘したときの報告書や、イクナートン王の都テル＝エル＝アマルナの発見が、ユダヤ人——と反ユダヤ主義の根源を探る研究の、決定的な手がかりになるかもしれなかった。着実に数を増す古代遺物の蒐集品も、単なる装飾品ではなくて、里程標あるいは道標の役割を果たしていたのである。被分析者の一人に彼はこう述べている。「小さな彫像や偶像は、はかない思いつきをつなぎ止めたり、完全に忘れてしまうのを防ぐのに役立ちます」(2)

この時フロイトが追いかけていたつかの間の着想は、古代の心的外傷と現代の惨事とのあいだを結ぶつながりだった。ドイツではヒンデンブルク大統領が亡くなり、ヒトラーは思うままに絶対的独裁制を作り上げた。次々に制定された新たな法令によって、ユダヤ人は専門職から追放された。一方、オーストリアにとっては、この年はきわめて危険な年であった。2月にはかねてから予想されていたように、右派のエンゲルベルト・ドルフス首相と、首相が押さえ込みを図っていた社会民主党とがついに衝突した。ゼネラル・ストライキと内戦は、政府側がウィーンの労働者団地を砲撃して終わった。夜間外出禁止令が布告されたので、フロイト一家も自宅に閉じ込められた。何がおきているのか正確にはわからなかったものの、こうした事件がおきれば容易にナチスの侵攻がおきるだろうこと、そうなれば逃げ出さねばならないこと、を一家は悟った。7月には、ナチスがドルフス首相を暗殺した。この時もドイツによる侵攻は危うく避けられたが、脅威は続き、侵略が食い止められているのは、反動的カトリック勢力がナチズムに敵意を抱いているからに過ぎない、とフロイトは考えた。

フロイトがその中で育ったヨーロッパ文化は崩壊していた。フロイト自身もこの破局に手を貸したと、フロイトへの反対者の目には映ったかもしれない。統一された全体としての人間という、宗教的（でヒューマニスト的な）概念を壊したのはフロイト自身だったのだから。けれども、このヨーロッパ文化最高の業績から自分の研究が生まれたと、フロイトは常に考えていた。その最高の業績が科学的視点であった。ところがモーゼの物語の研究にあたっては、この文化的高所から、証明不可能な推理に迷い込んだことを、フロイトは知っていた。この研究は「歴史小説」だったから、当然おきるキリスト教徒、ユダヤ人双方からの攻撃を防ぐのは難しかった。当面の間、フロイトはこの研究の発表を見あわせた。それはこのように政治情勢が不安定な時期に、この研究が自分の重要な人生の目的である、精神分析運動を傷つけるかもしれないと心配したからであった。

---

1. フロイトーアルノルト・ツヴァイク.1934-9-30.『ツヴァイク書簡集』
2. H・D. p.175.

ヘブライ語の講義 I　　　　　　　　　　　　　　　　　　　　　　　　1934年1月2日　火曜

　出版が予定されていたヘブライ語版『精神分析入門』への「冷静で率直な」序文を、フロイトは1930年12月14日に書き終えた。そして、この時ようやく第1巻を受け取った。Y・Devosis（J・ドゥオシス）が訳したこの本は、エルサレムのスタイベル社から2巻にわけて発行された。

マルティン　腎臓結石の手術　　　　　　　　　　　　　　　　　　　　1934年1月5日　金曜

　長男マルティンは以前にも腎臓を病んだことがあった。今回は無理がたたった。10日間の休暇を息子アントン・ヴァルターとスキーで楽しんだ後の大晦日に、自宅まで荷物を運んで体を壊したのだ。その後、彼は排尿ができなくなり、3日後にはエデルマン博士が経営するロートシルト［ロスチャイルド］病院で、結石を取り除く緊急手術を受けた。手術後は高熱が続き、危機が過ぎるまで、昼夜兼行の介護が必要だった。家族は好物を持って行き、母マルタによると、妻エスティも行儀よく振る舞った。「ただし、マルティンがエスティに我慢できなかったのです」（マルタ・フロイト-エルンスト／ルーシー・フロイト.1934-1-15）

王女　出発する　　　　　　　　　　　　　　　　　　　　　　　　　　1934年1月6日　土曜

　この日記では到着・出発の片方だけしか記してない場合がときどき見られるが、これもその例である。マリー・ボナパルト王女はこの日記に最も頻繁に登場する訪問客の一人だが、すべての訪問が記録されているわけではない。例えばこの年の9月28日から10月9日にかけても、王女はウィーンを訪れている。この（記録されなかった）訪問の際に、アンナ・フロイトは、各地の精神分析学会が抱える諸問題を王女と話しあいたいと望んでいた。だが、その後アンナはアーネスト・ジョーンズにこう書いている。「王女がウィーンへいらっしゃいました。でも、頭の中は科学、文学の問題や、執筆中の本のことで一杯でした。ですから、学会の問題には、全く関心がなかったのです」（アンナ・フロイト-ジョーンズ.1934-10-24）

オスカル・フィリップ　　　　　　　　　　　　　　　　　　　　　　　1934年1月6日　土曜

　オスカル・フィリップはマルタ、ミンナ姉妹の従兄弟で、オスカルの父親と姉妹の母親とが兄弟だった。1887年にヴァンツベクで生まれた彼は、マルタ姉妹と同じユダヤ人の小世界で育ったので、3人は年上の姉と弟のような間柄だった。1909年にオスカルは英国へ渡り、兄ユリウスと共に非鉄金属を扱うフィリップ兄弟会社を設立した。この時ウィーンには商用で来たのだと思われる。フロイト家を訪ねたのは、マルタ姉妹に会うのが主な目的で、ついでにフロイトにも面会したのだろう。

　三男エルンストが家族と共に英国へ移住した直後だったので、この頃フロイト一家は英国に深い関心を寄せていた。新聞でロンドンの霧の記事を読んだ時は悲しかった、と母マルタはオスカルに打ち明けた。それから、エルンストの息子たちに贈るスカーフを3枚、彼に託している。(1)

X線を自宅で　　　　　　　　　　　　　　　　　　　　　　　　　　　1934年1月24日　水曜

　この日記が最後に記録した昨年11月8［9］日の往診後、ピヒラー医師は12回もフロイトを診察している。1月の診察では、痛みが確実に増していた。1月23日にピヒラーはアイスラー、シュール両医師と相談し、痛みをX線で治療することにした。携帯用X線装置（この頃の優れた新発明）がミンナの部屋に運び込まれて、放射線医師のアイスラーが治療を担当した。

　数日後にアンナはこう書いている。「最近、父は口腔の痛みがひどくなったので、お医者様方がX線療法を試したら、もう痛みはいくらかやわらぎました」（アンナ・フロイト-アーネスト・ジョーンズ.1934-1-30）。（アンナ本人もこの頃健康がすぐれず、厄介な顔面の湿疹で苦しんでいた）。だが、2週間以上経った2月9日にピヒラーが記した記録を見ると、この治療でフロイトの症状は少ししか改善していなかった。「X線療法の効果は依然なし。今後に期待。痛み、圧迫感、開口障害、みな不変。人工口蓋を外しても続いていた痛みは好転」

銀婚式　マティルデ-ロベルト＆アレックス-ゾフィ　　　　　　　　　　1934年2月7日　水曜

　フロイトの弟アレクサンダー夫妻と長女マティルデ夫妻とが共に結婚25周年を祝った。マティルデはメラノでロベルト・ホリチャーと出会い、婚約した。この時彼女は、1905年の虫垂切除手術が失敗して必要になった囊腫の手術を終えて、静養中だった。2人が結婚

アドリア海でアレクサンダー・フロイト、1900年代初頭。結婚前にフロイトはこの弟とときどき休日旅行に出かけた。1904年にはアテネへ一緒に行った。

したのと同時期に、アレクサンダー・フロイトもゾフィ・シュライバーと結婚している。マルタ・フロイトは、両夫婦に祝賀状を送るようにと、ロンドンにいるエルンスト夫妻に書き送った。ホリチャー夫妻はこの記念日を積極的には知らせなかったが、当日の夜、家政婦は64回来客を迎え入れた。フロイト、アンナ、ドロシー、ルースは費用を出しあってホリチャー夫妻にラジオを購入し、ミンナはテーブルクロス、マルタは家庭用リネン類を贈った。その後、マルタはこう書いている。「手短に言えば、2人共輝いていました。みんなが知っているように、ロベルトが毎日そうだとはとても言えませんからね」（マルタ・フロイト-エルンスト／ルーシー・フロイト.1934-2-12）（家族内でロベルトは憂うつな外見で有名だった）

マルティン自宅へ　　　　　　　　　　　　　　　1934年2月10日　土曜

　腎臓結石手術後もマルティンの容態は重く、再手術が必要になる恐れもあった。1月末には病状は好転したが、傷はまだ癒えていなかった。そこで彼はバーデンのグーテンブルーン療養所で静養に専念し、3月に入ってもまだこの療養所にとどまっていた。
　出版所の仕事に加えて、マルティンはウィーン精神分析学会の経営も引き受けていた。したがって回復までの2週間、学会は会合や講座をすべて中止しなければならなかった。この時、彼はまだ足元がおぼつかなく、体重も約9キロ減少していたが、ちょうどいい体格になった、と母マルタは義娘に書き送った。けれども、彼女はこう付け加えている。「減った分を急いで埋めあわせるために何でもするだろうと、みんなが考えています」（マルタ・フロイト-ルーシー・フロイト.1934-2-12）

ゼネラル・ストライキ　　　　　　　　　　　　　1934年2月12日　月曜

　ドルフス首相が権力を握って以来、社会民主党はたえず攻撃を受けていた。首相が党や労働組合の解散を図ったり、ファシスト憲法を強要した場合はゼネストを発動すると、この党は決めていた。しかしドルフスはこれまで直接対決を避けながら、巧みにこの政党の立場を弱めていた。
　1934年2月11日に右翼の準軍事組織、護国団は、各地の社会民主党地方支部への攻撃を決めた。ウィーン指導部の指示に反して、リンツの社会民主党活動家は2月12日早朝に実力での抵抗を決意した。この抵抗をきっかけに4日間に及ぶゼネストと内戦が始まった。護国団、連邦軍、警察隊からなる圧倒的な力を前にして、社会民主党の抵抗は英雄的だったが、勝敗は初めから決まっていた。ウィーンでは抵抗の中心になった公営住宅、カール・マルクス・ホーフ団地を政府部隊が榴弾砲で攻撃した。
　この社会主義とファシズムとの最初の対決（スペイン市民戦争の序曲）の際、フロイトはどちらがわにも好感を持たなかった。「内戦の1週間が過ぎました。人命の被害はそれほど多くなく、停電も1日で済みました。ですが『雰囲気』は最悪で、地震に遭ったような気分です。(1)　反乱をおこしたのは、間違いなく、この国最良の人々です。とはいえ、彼らがもし勝利したとしても、ごく短期間しか続かずに、外国［ドイツ］からの軍事介入を招いていたでしょう。それに彼らはボルシェビキですから、共産主義では救いがないと私は思っています。こういうわけで、どちらの闘士にも共感できないのです」（フロイト-H・D.1934-3-5）
　だが、ナチスに本当に反対する唯一の勢力だった社会主義運動を破壊したことで、ドルフス首相は事実上オーストリアに対する死刑執行令状に署名したことになった。この時、フロイトも初めて真剣に移住を考えざるを得なくなった。けれども、今の年齢では自殺行為だというのが結論であった。

エーレンフェルス　Jr.　　　　　　　　　　　　　1934年2月17日　土曜

　これはロルフ・エーレンフェルスのことだと思われる。その後、彼はヒンズー教に改宗して、ロルフ・ウマル・エーレンフェルスと名乗った。フロイトの昔の知人、哲学者で、性の自由を唱えたクリスティアン・エーレンフェルスの息子である。
　翌1935年4月12日に、クリスティアンの未亡人はフロイトに手紙を書いて、夫がフロイトに出した手紙の返却を求めている。だから、今回の訪問は何らかの意味で、この求めに先立つ訪問だったのかもしれない。

バーリンガム一家イタリアへ　　　　　　　　　　1934年2月18日　日曜

　オーストリアで市街戦がおきたと聞いて、ドロシー・バーリンガムの疎遠になっていた夫は米国から電報を打ち、直ちに子どもたちを米国へ送り返すようにと言ってきた。しかしその代わりに、ドロシーは子どもたちを家庭教師マルゴット・ゴールドシュミッ

ウィーンで武装した社会主義者たちが内戦の後に捕らえられた、1934-2。DOW

トと共に、イタリア旅行へ送り出した。フィレンツェやベニスを訪れた一行は、最後には一文無しでパリへたどり着き、ティファニー商会パリ支店で、ウィーンまで戻る旅費を借りる羽目に陥った。

✝アルベール国王　　　　　　　　　　　　　　　　1934年2月19日　月曜

登山愛好家のベルギー国王アルベール1世（1875-1934）は、2月17日にムーズ川沿いのマルシュ・レ・ダームで岩壁登攀中に墜落死した。この国王は父レオポルド1世［2世？―訳者］の死を受けて1909年に王位に就いていた。

1900年にアルベール1世と結婚した王妃エリザベータは、科学者や芸術家に多くの知人がいたが、その中にはフロイトと親交のある人物も多数含まれていた。シュテファン・ツヴァイク、アインシュタイン、ロマン・ロランなどである。国王の死後ロランを訪ねた際、王妃は夫の伝記を書いてほしいと述べたと言われている――ロランは如才なくこの訴えを聞き流した。

ルクス　自動車事故に　　　　　　　　　　　　　　1934年3月3日　土曜

ルーシー・フロイト（ルクス）は1週間前に交通事故に遭い、最初は頭蓋骨骨折が危ぶまれていた。夫エルンストは、心配させまいとして、このニュースを両親には知らせなかった。

だが、この事故の後ヨーヴィルの病院にルーシーを見舞ったアーネスト・ジョーンズは、詳しい報告をフロイトに書き送った。この報告でジョーンズは、心理的要因が回復を妨げているのではないか、と力説した。彼の意見では、たいした怪我には見えないのに、治るのが遅かったからである。(1)　けれども、ジョーンズの心配とは裏腹にルーシーは完全に回復した。

G・アール　　　　　　　　　　　　　　　　　　　1934年3月8日　木曜

G・アールはオーストリア駐在米国大使だった。フロイトの身辺にナチスから危険が迫った場合には、米国大使館を避難所として提供せよとの指示を、アールはウィリアム・ブリットから受けていた（フロイトはナチス・リストの最上位にいると言われていた）。

この後まもなくアールは米国へ戻り、ペンシルヴァニア州知事に選ばれた。この時フロイトの自宅を訪ねたのは、若い頃からアールを知っていたドロシー・バーリンガムに会うためであり、ついでに彼はフロイトにも面会している。

ミイラの仮面　　　　　　　　　　　　　　　　　　1934年3月8日　木曜

3枚のミイラの仮面がフロイトの書斎の本棚に掛けてあった。このような仮面は、元来は古代エジプトの棺の蓋に釘で留められ、ミイラの代用品をつとめていたものである。古代エジプト新王国（第19王朝－1292-1190B.C.）時代の仮面である。

ミイラの容器　　　　　　　　　　　　　　　　　　1934年3月9日　金曜

古物商ロベルト・ルスティヒからフロイトはこの遺物を買い入れた。ルスティヒの説明によると、フロイトはその「見事なユダヤ人の顔」に引きつけられた。購入に必要な金を持ちあわせていなかった彼は、代わりに引き出し一杯のエトルリアの鏡をこの容器と交換した。

カタル　　　　　　　　　　　　　　　　　　　　　1934年3月12日　月曜

カタルとは粘膜の炎症のことを言い、多量の粘液が分泌される。フロイトは2種類のカタルに絶えず悩まされていた――鼻カタルと胃カタルである。1924年に発表された最初期の伝記で、著者ヴィッテルスは、1909年の米国旅行の際に胃をこわしたフロイトは、その後ずっと胃カタルにかかっていた、と記した。しかし、この伝記のこれを書いてあるページの余白に、フロイトは「否（nein）」とだけ書き入れている。

前年を通してフロイトは鼻カタルでひどく苦しんでいた。したがって、今回も鼻カタルにかかったのだと思われる――これをフロイトは「不滅の鼻カタル」と呼んでいた（フロイト-ランプル＝ド・フロート.1933-1-25）。

✝ロイファー　　　　　　　　　　　　　　　　　　1934年3月14日　水曜

誰のことなのか不明。

上：フロイトの書斎にあるエジプトのミイラの仮面。NB
下：ミイラの容器、棺材に金箔をかぶせてある（600BC頃）。神聖な秩序と宇宙の調和の女神であるマートゥのお守り。WK

ラジウム　　　　　　　　　　　　　　　1934年3月23日　金曜

X線治療がある程度成功したので、医師たちは、さらに強力な放射線療法を試みた。これはラジウム入りの容器を人工口蓋にとりつける方法だった。

ピヒラー医師の記録によると、前日に医師たちはこの方法を試した。「3月22日。ラジウムを抜いてある容器を取り付けて、1時間我慢できるかを調査した（患者は不快感なしに1.5時間装着）。3月23日。ラジウム50mgを1時間挿入。金属部分をすべてラッカーとロウで覆う」

国勢調査　　　　　　　　　　　　　　　1934年4月5日　木曜

3月22日に国勢調査が行なわれた。4月3日から25日まで、検査官400人がウィーン21地区の住居を一軒ずつ手分けして回り、調査用紙に書き入れられた回答を確認、訂正していった［これが、後年、ユダヤ人迫害に利用された］。

シュトラッサーガッセの家を見学し、借りる　　　　　　1934年4月13日　金曜

心臓の状態が悪いので、フロイトはもはや階段を登ることが出来なかった。そこで、夏の住まいは寝室、仕事場、トイレットが全て1階にないとだめであった。こういう家は、簡単には見つからない。

翌日にフロイトはこう書いている。「探すには長くかかり、大変でしたが、ようやく昨日夏の住まいを借りました。19区シュトラッサーガッセ47にある家で、『天国』という名の丘を半分ほど登った所です。コベンツルなどからそんなに遠くありません。快適そうな家で、古い庭は平らですが、勾配もあるので、地勢療法を試せると思います。今の所、歩けるのはほんのわずかで、筋肉を少し動かす度に、心臓に響きます」（フロイト-アイティンゴン.1934-4-14）

家主フォン・シェラー家は「窮乏ユダヤ人ではなく、正直な上流階級」で、10部屋あった。妻マルタは次のように記している。「旧式ですが、きわめて気持ちよく［behaglich］、庭は非常に見事です。もしかしたらペッツラインスドルフの家の庭よりも、きれいかもしれません」（マルタ・フロイト-ルーシー・フロイト.1934-5-8）

オリ　パリから　　　　　　　　　　　　1934年4月20日　金曜

次男オリヴァーは、パリでは何事もうまく行かなかった。フランス語を話せないから仕事が見つからないのではないか、とフロイトは心配した。1933年10月にフロイトはルクスにこう書いていた。「我が家のパリ支部からは、期待の持てる便りはありません」（フロイト-ルーシー・フロイト.1933-10-20）。1か月後にマルタもこう記している。「半年以上パリにいて、希望のかけらもないのです！」（マルタ・フロイト-ルーシー・フロイト.1933-11-13）

デイリー　　　　　　　　　　　　　　　1934年4月21日　土曜

クロード・ダグマー・デイリー（1884-1950）は陸軍少佐で、1905年頃からインド軍に配属されていた。第一次大戦中に彼は精神障害にかかり、ロンドンで短期間精神分析を受けた。1924年にはフロイトの所に分析を受けに来て、1928-9年にはフェレンツィから分析を受けている。この人物の人柄については、優越感からくる優しさが言葉の端に伺えた。例えば、フロイトはフェレンツィにこう書いている。「デイリーは素直な人柄で、考えることもまとも、いい人です」（フロイト-フェレンツィ.1925-4-14）

デイリーは「月経コンプレクス」という考えを着想し、『イマーゴ』誌1928年第14号に『月経コンプレクス』("Der Menstruationskomplex")と題する論文を発表した。1934年には、妻を亡くした。陸軍を除隊すると、彼はウィーンに来て、4年間暮らした。フロイトから分析を受け続けた他に、自らも精神分析を開業している。

2回目のラジウム　　　　　　　　　　　　1934年4月23日　月曜

最初のラジウム治療の結果が確定しなかったので、この2回目の治療は2週間延期されていた。ピヒラー医師はこう記している。「［1934年］4月7日。目に見える反応なし。（中略）。患者の主観的判断では、1週目は良好だが、2週目に悪化。用心のために2回目の治療を延期。（中略）。［1934年］4月23日。ラジウム50mgを1時間12分挿入」

ネストロイの全集　　　　　　　　　　　　1934年4月24日　火曜

この時フロイトは全15巻のネストロイ全集を入手した（"Sämtliche Werke:historisch-kritische Gesamtausgabe".フリッツ・ブルクナー／オットー・ロメル編。ウィーン1924-30）。

上：休日のオリヴァーとエヴァ、1930年代初め。

下：フロイトの書斎の書棚の上部に、ニーチェ全集、ゲーテ全集（126巻）があり、その上にネストロイの全集が収められている、ロンドン。NB

フロイトはたびたびネストロイを引用している。オーストリアの詩人リヒャルト・ベーア＝ホフマンがまとめたネストロイの特徴を読むと、なぜフロイトがこの作家を好んだのか、理由の一端がうかがえる。「ネストロイはいつも自分の知性と向き合い、一瞬たりとも知性に休みを与えない。常に知性、とりわけ言葉を意のままに扱う。言葉の仮面をはがすのが好きで、常に厳しい監視を怠らず、大小のごまかしを見破るのを好む。そして言葉を絶えず審問にかけ、言葉そのものを検察側の主要な証人として差し向けるのだ」

イェケルスの出発　　　　　　　　　　　　　　　　　　　　　　1934年4月25日　水曜

ルートヴィヒ・イェケルス（1867-1954）は第一世代の精神分析家の一人で、ポーランド生まれだった。1905年にウィーンへ来て、フロイトから分析を受け、水曜心理集会に加わった。1908年にはザルツブルクで開かれた初めての国際大会に出席した。精神分析をポーランドに紹介し、フロイトの著作をポーランド語に翻訳したのは、主に彼の功績である。この時イェケルスはフロイトに勧められて、新設されたフィンランド－スウェーデン精神分析学会をオットー・フェニヘルと共に支援するために、ストックホルムへ旅立った。(1)

ウルの発掘　　　　　　　　　　　　　　　　　　　　　　　　　1934年4月26日　木曜

一揃いの書物の購入は、この週これが2回目である。こちらはウル遺跡の発掘に関する豪華な2巻本で、大英博物館と米国のペンシルヴァニア大学が共同で発行した（「カルデア人のウル」はユダヤ人の先祖アブラハムの生地）。著者は考古学者サー・チャールズ・レナード・ウーリーで、『王墓：1926-31年に発掘された王朝期以前とサルゴン王朝期の墓の報告書』という題名だった。「大いなる死の穴」で見つかった素晴らしい埋蔵品の写真が、この本には多数収録されているが、その中には有名な「やぶに捕らわれた牡山羊」、金銀製の竪琴、そり形の二輪車、ハープ、王妃シュブ・アドの頭飾りなどが含まれている。

精神分析とは無関係の書物を、この日記はただ2回――この2巻本とネストロイ全集――しか記録していない。それがわずか3日間に記されているのは奇妙である。(1)

オリ　出発する　　　　　　　　　　　　　　　　　　　　　　　1934年4月26日　木曜

オリヴァーの状況は長い間フロイトの心配の種だった。1933年9月に、一家でサン・ブリアックからパリへ戻るつもりだと聞いたときには、あまりあせらずに、パリで仕事が見つかるかどうかを、まず調べた方がいい、と彼は助言した。

また、この息子が融通がきかない性格で、専門である土木工学以外の分野では働こうとしないことも、フロイトは気にかけていた。

v.d.レーウの夕べ　　　　　　　　　　　　　　　　　　　　　　1934年4月26日　木曜

J・J・ファン・デル・レーウ博士（1893-1934）はロッテルダム出身の富裕なオランダ人で、精神の法則を同時代の諸問題に応用しようと企てた。オランダ神智学会事務局長を務め、青年のための実践理想主義者協会を設立し、新教育友愛会の現場委員でもあった。多くの本も著わしたが、その中には『幻想の克服』『劇的なキリスト教信仰の歴史』などがある。兄弟の一人がルース・マック・ブランズウィックから分析を受けており、レーウ本人も分析を短期間受けるために、この時フロイトに会いに来た。

シュトラッサーガッセ 47　　　　　　　　　　　　　　　　　　　1934年4月28日　土曜

午前中にベルクガッセ19の自宅で分析の時間を過ごしたフロイトは、午後になるとグリンツィングに借りた夏の住まいへ引っ越し、机の前に座って、くつろいでいた。「絵は全部、古代遺物の大部分も、きちんといつもの位置に収めました！」（マルタ・フロイト-ルーシー・フロイト.1934-5-8）。フロイトは友人ルーにこう書き送った。「住所を忘れずに書き留めて下さい。これほどに美しい庭がある魅力的な家で夏の休暇を過ごしたことは、これまで一度もありません。（中略）5月になる前に当地へ来ました。不気味なほど美しいものの、残念ながら季節の気まぐれによって、いくぶん早すぎる春を楽しんでいます。少なくとも、ウィーンの人間にとっては――これが住むべき所です。『美の中で死す』というではありませんか」（フロイト-ルー・アンドレアス＝ザロメ.1934-5-16）

ようやくフロイトは「地勢療法」を始めることができた。徐々にではあるが、彼は庭の中の高い所へ歩き出した。ウィーン訪問を計画していたジョーンズに、アンナはこう書いている。「これまでの夏の住まいの中で、こんなに気持ちのよい所はありません。もうすぐご自分の目でご覧になれますわ！　父は再び庭をずいぶん歩くようになり、冬中

「やぶに捕らわれた牡山羊」。フロイト所蔵のウーリー著『王墓』から転載した。

新憲法 　　　　　　　　　　　　　　　　　　　　　　1934年5月1日　火曜

この日オーストリアでは新憲法が公布され、権威主義的政体の法的基盤が整った。前の憲法の第1条は、「主権は人民に存する」と言明していた。これが新しい憲法では「神の意思に」基づくと改められた。

同時に、1933年6月5日にヴァチカンとの間で調印された政教条約が批准され、新憲法を補強した。1920年憲法の一部も残されたが、連邦首相エンゲルベルト・ドルフスには独裁権力が与えられた。すでに左翼の反対勢力が壊滅していたので、この教会と国家との公認の結合が、ドイツによる侵略の脅威からオーストリアを守ってくれる最も確実な防壁だと人々は考えた。

78歳 　　　　　　　　　　　　　　　　　　　　　　　1934年5月6日　日曜

この年の誕生日にも、フロイトの根深い誕生日嫌いが、アイティンゴンに宛てた手紙の中に現われている。「今年、私の誕生日を祝った大多数の人々は、私からの感謝や返礼を空しく待つことになるでしょう。この作戦によって、次の『機会』には同じことをしないように、彼らを訓練したいのです」（フロイト-アイティンゴン.1934-5-27）

夫の安寧に気を配っていた妻マルタは義娘ルクスにこう書いていた。「今年の誕生日にも花束の山が届きましたが、みんな必死で来客を全部断りました。親族さえをもです」（マルタ・フロイト-ルーシー・フロイト.1934-5-8）

ゲシェラ・フェレンツィ 　　　　　　　　　　　　　　1934年5月6日　日曜

来客を完全に断ったというマルタの言葉とは、この記載が矛盾するように思われる（しかしながら、マルタはアイナ・ルイソーンが娘連れで来たのを唯一の例外として挙げてはいる）

だが、この断りにもう一つ例外があったとすれば、それは間違いなくフェレンツィの未亡人ゲシェラに対してであった。フロイト夫妻が彼女と仲が良かったからである。ゲシェラはいつも愛想が良い（夫フェレンツィの晩年のむら気とは対照的に）とフロイトは述べており、夫の病気と死に際してのゲシェラの精神力にも感銘を受けていた。

象牙の仏陀とフォウの犬の石像 　　　　　　　　　　　1934年5月7日　月曜

フロイトは象牙製の仏陀像を2体持っていた。どちらもタイのビルマ国境近くで見つかった非常に珍しい16-17世紀の仏像である。1体は悔悟し、歩く仏陀の立像で、もう1体は右手を地面に伸ばして足を組む仏陀の座像である。フォウは仏教を意味する中国語で、フォウの「犬」とは元来はライオンのことであり、紀元後3世紀にインドから中国に彫像が伝わった。時が経つにつれてこの恐ろしい守護像は、遊び戯れる犬へと変化した（北京犬はこの姿に似せて飼育された）。

ここでフロイトが言う「フォウの犬」とは重量のある石像で、ライオンあるいは犬が正座している。これらの像は遅れて届いた誕生日の贈り物だと思われる。

クチナシ 　　　　　　　　　　　　　　　　　　　　　1934年5月18日　金曜

フロイトがランを好んだことは有名だが、クチナシもお気に入りの花だった。(1) ローマと人生最良の一時代を思いおこさせる花だったからである。

1912年に彼はローマからこう書いている。「これほど自分の外見を飾り立てたことも、のんびりと気の向くままに過ごしたことも、これまでありません。今日はクチナシを見つけて、買いました。この花の香りを嗅ぐと最高の気分です。ミンナが知っている花ですが、チョウセンアサガオよりもっと高貴なのです」（フロイト-マルタ・フロイト.1912-9-20）

サラピスと泉の雄牛 　　　　　　　　　　　　　　　　1934年6月4日　月曜

紀元前600年頃からローマ時代までのエジプトでは、サラピスがオシリス神の最も重要な一つの形態になった。これは聖なる牡牛ヘプ（ギリシャ名アピス）とオシリスがギリシャ風に融合した神であり、雄牛の頭をもつ人間、あるいは角のあるゼウスなどの形姿をした神像が作られた。ここにフロイトが記したサラピスとは、多産を象徴する穀物計量用の升を頭に載せた、粘土製の男性神の小像だろう。(1)

「泉の雄牛」（Brunnenstier）が何かはわからない。一つの可能性は器か杯から水を飲む雄牛である。またフロイトの蒐集品の中には、少年を背中に乗せた水牛の小さな石像もあ

上：フロイト所蔵の象牙彫刻。手を地面に触れる仏陀。NB

下：象牙彫刻。悔悟する仏陀（次ページも参照）。NB

る。これは中国で好まれた題材で、17-20世紀に作られた像だと思われる。

＋グロデックおよび ＋ツヴァイク嬢　　　　　　　　　　　　1934年6月14日　木曜

　ゲオルク・グロデック（1866-1934）は1900年にバーデン・バーデンに療養所を開設し、ベルリンの師エルンスト・シュヴェニンガーから採り入れた一つの治療法を実施していた。これはマッサージ、食事、入浴、暗示、講義を組みあわせたものだった。1909年以降、彼の治療法には次第に精神分析の影響が増し、1917年には精神分析を志向する精神身体医学の先駆的著作となった『精神的依存性と、器質性疾患の精神分析的治療』（Psychische Bedingtheit und psychoanalytische Behandlung organischer Krankheiten, ヒルツェル社、ライプツィヒ1917）を発表した。

　精神分析を直観的に理解するグロデックを尊敬していたフロイトは、物議をかもした小説『イドの本。女性の友人の精神分析的手紙』("Buch vom Es. Psychoanalytische Briefe an eine Freundin" I.P.V.1923）でグロデックが唱えたイドの概念を借用した。

　共通の友人だったフェレンツィと同様に、グロデックが亡くなる前に精神障害になったという話をフロイトも否定はしなかった。(1)　彼はジョーンズにこう書いている。「うわさによると、最後にグロデックは精神に異常をおこして病院に収容されたそうです。死亡記事にはチューリヒで死亡とあります。チューリヒで何をしていたのでしょう？ そこにあるブルクヘルツリ精神病院に入院していたのでしょうか？　時代は犠牲を求めます。人々が亡くなります。もしかしたら普段より易々と」（フロイト-ジョーンズ.1934-6-16）　だが、グロデックは単に病に倒れて、病院で死亡しただけだった。

　シュテラ・ツヴァイク嬢は国際精神分析出版所の非常に有能で、人気のある助手だった。グロデックに加えて彼女も急死したことにフロイトはショックを受けた。「昨日知ったのですが、マルティンのかけがえのない助手だった、出版所のシュテラ・ツヴァイク嬢が、ランドリー型の灰白髄炎で急逝しました。出版所にとっては厳しい事態です。この［ウィーン郊外の］グリンツィングの天気は晴れですが、生きていても嬉しくありません。生きる土台が根底から揺らいでいます」（フロイト-ジョーンズ.1934-6-16）

ドイツで突撃隊の反乱　　　　　　　　　　　　　　　　　　　1934年6月30日　土曜

　これは「長いナイフの夜」である。ヒトラーの最初期からのナチス党の同志レームは突撃隊を率いていた。レームと配下の幹部たちは、第二の「国民」革命をおこし、突撃隊の各部隊からなる「国民軍」（Volksheer）を創設しようと画策した。そのために、大産業資本家が頼れる、安定した人物というヒトラーの人物像が脅かされていた。

　レームの処刑と突撃隊の粛清は、突撃隊に対抗する組織、ヒムラーが指揮を取る親衛隊を使って行なわれた。

　2週間後、フロイトはアルノルト・ツヴァイクにこう書いている。「6月30日のニュースの後、私が抱いた感情はただ一つでした——何だと。オードーブルの段階でもう食卓を離れろと言うのか！　続きは何もないのか？　まだ空腹なのだ」［もっと内部対立が続けばよいという意味］（フロイト-アルノルト・ツヴァイク.1934-7-15）

眼から来る偏頭痛と体調不良　　　　　　　　　　　　　　1934年7月4日水曜／5日　木曜

　この急激な発病をピヒラー医師は「閃輝性暗点の偏頭痛」と記録した。フロイトはラジウム療法が原因だと考えたが、ピヒラーはこの考えに同意せず、量を減らし、間隔をあけるから続けなさいと勧めた。

　シュール医師がラジウム専門家シュロース医師に副作用について相談すると、人工口蓋の金属部分から2次的放射がおこりうる、との返事がきた。その後、この治療の際には特製の人工口蓋が使われた。これが後に手直しされて、使用不能になったカザニジャン製の古い人工口蓋の代用品になった。副作用は続いたが、このラジウム療法はガンの進行を食い止めるのに役立った。

　1か月後にピヒラーはこう記している。「［1934年］8月9日。この日も体調最悪。偏頭痛、心臓障害、言語障害、局所に激しい不快感。客観的所見：以前の腫れ全体がおさまり、なめらかになった」。月末には疑わしい茶色の斑点は完全に消えていた。

隕石　　　　　　　　　　　　　　　　　　　　　　　　　　　　1934年7月9日　月曜

　現在、ロンドンにあるフロイトの蒐集品の中に隕石の破片は一つもない。ウィーンに置いてきたか、あるいは人に譲ったのかもしれない。

ロンドンのフロイト記念館の正面書斎にある蒐集品陳列棚。象牙彫刻の仏陀は一番上の棚に並べてある。NB

ハリー　カールスバード　　　　　　　　　　　　　　　　　　1934年7月9日　月曜

フロイトの甥ハリーがカールスバード（カルロヴィ・ヴァリ）を訪れた。ボヘミアにあるこの有名な温泉に、フロイトも第一次大戦前や戦中にはよく出かけていた。ハリーがフロイトを訪れたのは、カールスバードへの旅行の前か後であろう。

エルンストル　旅行へ　　　　　　　　　　　　　　　　　　1934年7月12日　木曜

20歳になる孫エルンストル［次女ゾフィの長男］が何らかの休暇か、旅行に出かけたのはこの記載から明らかであるが、残念なことに、W・エルネスト・フロイト［エルンストルが渡英後に、こう名乗った］はこの旅行を全く覚えていない。

ライオン―竜　　　　　　　　　　　　　　　　　　　　　　1934年7月12日　木曜

これは翡翠（ひすい）製の仏具、ライオンをかたどった文鎮（中国、清王朝）のことだろう。重量のあるライオンの石像だとも考えられるが、現在フロイト記念館でフロイトの机と向かいあう棚の上に置いてあるこの石像は、むしろフロイトが1934年5月7日に入手した「フォウの犬」のことだと思われる。

サラジン　　　　　　　　　　　　　　　　　　　　　　　　1934年7月13日　金曜

フィリップ・サラジン（1888-1968）は第一次大戦前にフロイトから精神分析を学び、その後、スイス精神分析学会の創立会員兼会長となった。1930年には『ゲーテのミニョン、ある精神分析的研究』を発表し、献辞入りのこの本をフロイトに贈呈した。

1928年からサラジンは『精神分析国際雑誌』の編集部に加わった。1932年に精神分析出版所が危機を迎えて、その業務を監督する国際管理委員会を設立するかどうかが問題になった時には、フロイトはジョーンズにサラジンを会員候補として推薦した。ただし、それにはこういう条件がついていた。「サラジンは、私の身近にいる私的な弟子ですから、どんなに内密の部署でも大丈夫です。もっとも、商才は望めませんけどね」（フロイト-ジョーンズ.1932-6-17）

中国語の講義　　　　　　　　　　　　　　　　　　　　　　1934年7月16日　月曜

フロイトが受け取った中国語の翻訳書はこの本1冊だけらしい。『精神分析入門』を Kao Chio-Fu［曹靖華？―訳者］が訳して、1933年に上海の商業出版社から発行された。

ザックス博士、ヨハネスバーグ　　　　　　　　　　　　　　1934年7月17日　火曜

ヴルフ・ザックス博士（1893-1949）はサンクト・ペテルブルグの生まれで、パヴロフとベフテレフの精神神経学研究所［高次神経系研究所？］で学んだ。その後、ロンドンで医学の学位を取り、1922年に南アフリカへ移住した。1934年には『精神分析――意味と実践的応用』を発表したが、この本にはフロイトの序文が載っていた。この頃、ザックスは南アフリカの小さな精神分析グループを率いていた。だが1933年の時点で、ヨーロッパに来て標準的と呼べる分析を受けたことのある会員は2人しかいなかった――1929-30年にベルリンでライクから半年間分析を受けたザックス本人と、ロンドンでエイドリアン・スティーヴン博士から分析を受けたマクローンである。

フロイト、アンナ、ジョーンズは南アフリカに分析団体ができると考えて興味をそそられたが、最初は用心して、独立した地位をすぐには認めなかった。そこで1935年にロンドンの精神分析学会に属する研究グループとして出発することになった。(1)

エルンスト　ベルリンから　　　　　　　　　　　　　　　　1934年7月21日　土曜

交通事故に遭ったルクスは依然静養中で、回復のためにグリンツィングまで来ることをマルタは望んでいた。クリの木の蔭になる庭に面した部屋を用意するし、庭をパパ［フロイト］と散歩して、夜にはカード・ゲームが楽しめる、とマルタは義娘ルクスに書き送った。けれども結局、妻ルクス抜きでエルンスト一人がベルリン経由でウィーンへ来た。

＋ドルフス：　バルハウスでクーデター　　　　　　　　　　1934年7月25日　水曜

年頭からドイツによる侵略の脅威がオーストリアを覆っていた。ドイツによる内政干渉に対してオーストリアが正式に抗議すると、イタリア、フランス、英国はオーストリアの独立を保証する3か国宣言に調印した。

にもかかわらず、フロイトはムッソリーニを信用していなかった。ヒトラーとムッソリーニが6月にヴェネスで初めて会談した際には、彼はジョーンズにこう書いていた。

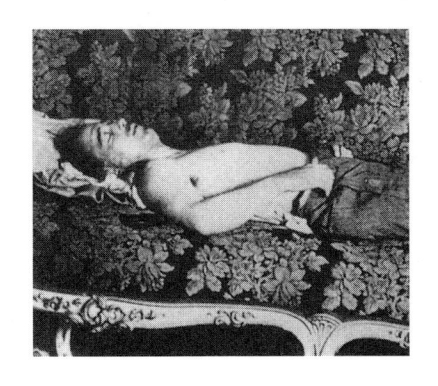

上：フロイトの蒐集品の中にある中国の翡翠（ひすい）製の「ライオン－竜」2体。NB

下：1934年のクーデター後のエンゲルベルト・ドルフスの屍。DOW

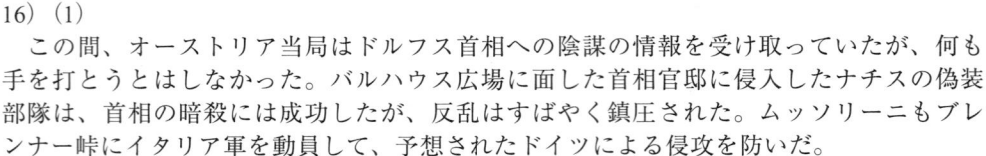

「もしかすると、まさにこの時ベニスで、策士M［ムッソリーニ］が強盗の首領H［ヒトラー］にわれわれを売り渡している最中かもしれません」（フロイト-ジョーンズ.1934-6-16）(1)

この間、オーストリア当局はドルフス首相への陰謀の情報を受け取っていたが、何も手を打とうとはしなかった。バルハウス広場に面した首相官邸に侵入したナチスの偽装部隊は、首相の暗殺には成功したが、反乱はすばやく鎮圧された。ムッソリーニもブレンナー峠にイタリア軍を動員して、予想されたドイツによる侵攻を防いだ。

ドルフスは英雄として葬られ、死後は個人崇拝の対象となった。もっとも、彼を歓迎したのは主に農民やブルジョアジーで、「赤いウィーン」ではなかった。(2)　ドルフスの後を継いで、インスブルック出身の若い弁護士、クルト・フォン・シューシュニクが首相に就任した。

マルタ73歳　　　　　　　　　　　　　　　　　　　　　1934年7月26日　木曜

フロイトは前年にはマルタの誕生日を書き留めてさえいない。けれども、この1年間に家族に宛てた手紙を見れば、妻の健康を心配していたことがわかる——例えば、マルタは両手足に湿疹が出た、あるいは体調がすぐれず、医者の忠告を聞かない、と書いてある。

マリアンネに男の子が　　　　　　　　　　　　　　　　1934年7月26日　木曜

マリアンネ・クリスに息子アントンが誕生した。彼女はエルンスト・クリスの妻で、フロイトのいわゆる「養女」(1)だった。

＋ヒンデンブルク　　　　　　　　　　　　　　　　　　1934年8月2日　火曜

ヒンデンブルク大統領が86歳で亡くなり、ヒトラーに対抗する唯一の人物が消え失せた。ドイツ国防軍は直ちにヒトラーへ忠誠を誓い、この日発効した法律でヒトラーは「総統兼ドイツ国首相」に就任した。

8月20日には、すべての兵士と公務員にヒトラー個人への忠誠を義務づける法律が施行された。

フロイトは、明らかにこの先行きの暗い政治状況を心配していた。米国の友人スミス・イーライ・ジェリフに彼はこう書いている。「政治状況が許せば、この快適なウィーン郊外で、美しい夏の平和を楽しめるでしょうに。ちょうどこの日、ドイツのヒンデンブルク大統領が亡くなったとのニュースが飛び込んで来ました。ドイツの事の推移で、この気の毒なオーストリアがどんな影響を受けるのか、誰にもわかりません」（フロイト-ジェリフ.1934-8-2）

アイティンゴン　　　　　　　　　　　　　　　　　　　1934年8月18日　土曜

パレスチナ移住直後の1933年11月に、長く情熱的な手紙をフロイトに書いた後、アイティンゴンはこの年の7月まで便りを寄こさなかった。この7月の手紙で彼は、ルツェルンの国際精神分析大会に出席し、ウィーンを訪れると言ってきた。また移住は容易でなく、落ち込むこともあった、と述べていた。しかし、今ではすっかり落ち着いて、被分析者を数人抱えていた。さらにエルサレム大学に精神分析の講座が設立されるかどうか、決定が下るのを待っていた。

ヌンベルグ　　　　　　　　　　　　　　　　　　　　　1934年8月20日　月曜

1931年から32年までフィラデルフィアで精神分析教育に携わった後、ヘルマン・ヌンベルグは家族と共にウィーンへ戻ってきた。(1)　だが、ヒトラーが権力を握ると、オーストリアの運命はもはや決したと悟り、恒久的に米国に住む手はずを整えた。

このウィーン訪問の際、ヌンベルグはフロイトに、オーストリアを出るようにすすめた。しかし政府がユダヤ人を守ってくれるだろうし、ナチスには屈しないだろうと考えていたフロイトは、ウィーンにとどまるようにヌンベルグを説得しようとさえ試みた（1936年にヌンベルグが再び訪問した時には、フロイトも考えを変えており、ウィーンへ来ないように忠告している）。米国へ戻ると、ヌンベルグはニューヨークへ移ったが、しばらくの間フィラデルフィアで講義を続けた。

ジョーンズ　　　　　　　　　　　　　　　　　　　　　1934年8月22日　水曜

アーネスト・ジョーンズとアンナ・フロイトは、ルツェルンでまもなく開かれる国際精神分析大会の準備に数か月を費やした。この訪問の直前にアンナはジョーンズにこう

上：マリアンネ・クリス、1930年代中頃。後姿は、彼女の夫、エルンスト・クリス。
中：トーマス・フレンチと話しているマックス・アイティンゴン、ルツェルンにて。1934年。TG
下：アンナ・フロイトとヘルマン・ヌンベルグ、パリにて。1938年。

書いていた。「大会の後ではなく前にウィーンへ来るというお考えは、すばらしいと思います。(1)　ルツェルンへ行く前に主な課題を解決できるでしょう。いくつか例を挙げると、諮問［委員］会の問題、ブリルがいない中で米国の非医師分析家の問題をどう処理するか、元ドイツ会員の処遇などです」（アンナ・フロイト-ジョーンズ.1934-8-18）

1年以上のあいだ毎日手紙を交わし、何度もウィーンとロンドンで面会したので、2人はこれまで以上に親しくなった。アンナはこの大会前には常に「親愛なるジョーンズ博士」と手紙を書き出していた。これが、大会後は「親愛なるアーネスト」に変わった（年長のジョーンズは常に「親愛なるアンナ」で手紙を書き始めていた）。

2人は贈り物を交わして感謝の気持ちを表わした。ジョーンズは書いている。「あなたから頂いた美しいマッペ［ブリーフケース］を抱えて、毎日ハーリー街へ通っています。雨の日はそうしないので、そのとき用に古い鞄を残してあります。あなた向けにと、万年筆を手に入れました。私が使っているのと同じか、ややましなペン先です。今度持って行くつもりです」（ジョーンズ-アンナ・フロイト.1935-4-2）

アレクサンダー　　　　　　　　　　　　　　　　　1934年8月25日　土曜

フロイトが会ったのは弟アレクサンダーではなく、フランツ・アレクサンダー博士である。この訪問の際に、アレクサンダー博士は分析中の米国人カール・A・メニンガー博士を同伴してきたのかもしれない。こちらの博士もルツェルン大会に出席するために渡欧中だった。

フロイトがアレクサンダーから受けた印象は、フロイトが米国に対して抱いている敵意によってひどく歪んでいた。1932年7月20日の、この日記には記されていない会見の後で、フロイトはこう書いている。「アレクサンダーをとまどうことなしに信頼したいのですが、どうしてもできません。真偽は別として、あの単純素朴さに距離を置きたくなってしまうのです。あるいは、米国への不信感を、私がまだ克服できていないのかもしれません」（フロイト-アイティンゴン.1932-7-21）

アンナ　ルツェルンへ　　　　　　　　　　　　　　1934年8月25日　土曜

アーネスト・ジョーンズとアンナ・フロイトがその大部分を担当した、数か月に及ぶ準備作業の総仕上げとして、ルツェルン大会は明日始まる予定だった。準備作業の際に持ち上がった問題の一つは、論文が多数提出されたことだった——6月までに62通届き、1／3は断らねばならなかった。表題だけが提出されたので、断れば人物に基づく判断だと受け取られかねなかった。そう取られるのを嫌ったアンナは準備担当者ではなく、各支部が論文数を制限して欲しいと希望した。

この感情を彼女はジョーンズに打ち明けた。「おわかり頂けると思うのですが、全員を喜ばせて感情を傷つけたくないと、心配しているわけではありません。もちろん、一部の人の感情を傷つけるのは避けられない、とわかっています。私が本当に嫌なのは、応募者に『小物』を差別してしまい、選考の際に、本当は『興味深い』論文と『退屈』な論文とに分類して択ぶように努めても、人物で選んだと思われることなのです。これが私が本当に心配していることです」（アンナ・フロイト-ジョーンズ.1934-6-15）

+v・d・レーウ　　　　　　　　　　　　　　　　　1934年8月29日　水曜

フロイトはJ・J・ファン・デル・レーウを「空飛ぶオランダ人」とあだ名した。南アフリカ連邦のヨハネスバーグから自家用機で大会に飛来したレーウは、帰路タンガニーカ湖に墜落して、亡くなった。

この年の春にレーウはフロイトから分析を受けており、「あまりにも高く、早く飛ぼうと」彼を駆り立てる願望が、この分析で明るみに出た。詩人H・D（ヒルダ・ドゥリトル）に語った所によると、レーウが帰った後、フロイトは解決策を発見したと考えた。しかし、それはすでに手遅れだった。

アンナ　ルツェルンから　　　　　　　　　　　　　1934年9月1日　土曜

ルツェルン国際精神分析大会は成功した。大会後、アンナはジョーンズにこう書き送った。「ルツェルンの後、本当に後味がよくなかったのは、アメリカの出席者から受けた印象だけでした」（アンナ・フロイト-ジョーンズ.1934-9-20）

またアイティンゴンもフロイトに、アンナ嬢が巧みに、効率よく難問を解決した、と報告した。前日にアンナは「思春期の問題について」という論文を発表し、幼児期早期の欲動と思春期の欲動とを比較した。

長期間の準備作業と本大会の後で、ホッホローテルドの別荘で静養したのを、彼女は

1：ルツェルン大会での演壇で、アーネスト・ジョーンズとアンナ・フロイト。講演者はエルンスト・クリス。演壇の右端はJ.W.ファン・オフイセン。TG
2：ルツェルンの会議場の外でフランツ・アレクサンダーとマリー・ボナパルト。TG
3：ルツェルンで講演するアンナ・フロイト。TG
4：ルツェルン大会、1934年。右端からパウル・フェダーン、ルートヴィヒ・イェケルス、カール・ミューラー－ブランシュヴァイク。TG

喜んだ。「クローバーが咲く野原で、両腕が耐えられる限り1日中でも、草を刈り取ると、その後はすこぶるいい気持ちです。大会後、ありとあらゆる疲れが出ましたが、今ではもう克服できたと思います」(アンナ・フロイト-ジョーンズ.1934-9-20)

　幸いにもこの大会で（ジョーンズの提案により）アンナに代わってグラヴァーが中央書記に就任した。これで負担が一つ減り、さらに彼女はウィーン教育研究所の書記職も解かれた。彼女はジョーンズにこう書いている。「自由時間が沢山できたと思われるかもしれませんが、他の仕事を代わりに入れるつもりでいます」(アンナ・フロイト-ジョーンズ.1934-10-24)

ラド　　　　　　　　　　　　　　　　　　　　1934年9月3日　火［月］曜

　1931年にニューヨークに移り住むと、ラドは精神分析教育研究所の初代代表に就任した。この研究所は、1930年にベルリンから来たベルトラム・レウィン、アブラム・カーディナー、モンロー・A・マイヤーの手によって設立された。今では「米国人」になったラドのことを、アンナはこう書いている。「ラドがウィーンで途中下車し、我が家を訪ねて、何時間も私と言葉を交わしました。でも、彼といると心が休まりません。『本物の』アメリカ人よりはずっとレベルが高いのですが」(アンナ・フロイト-ジョーンズ.1934-9-20)

　この年の終わりにラドはアンナに『国際雑誌』向けの研究報告を送った。ところがアンナは大幅に変更しない限り、受け入れようとはしなかった。これに抗議して1935年にラドは、1927年以来務めてきた国際教育委員会の書記職を辞任し、精神分析運動のすべての仕事から退いた。

　ラドがランクの道を行き、次には米国で新しい運動を始めるのではないかとジョーンズは心配した。1935年3月にラドは、分析界を牛耳ろうとしているとして、アンナとアイティンゴンを非難した。(1)

エロス　ミリナ　　　　　　　　　　　　　　　　1934年9月6日　水曜

　この印象的なテラコッタの小像は、フロイトの蒐集品の中に数体あるエロス像中、最大のものである。当初は両腕に竪琴のような物体を抱えていた。ミリナで出土。紀元前150-100年頃の作品。

全集第12巻　　　　　　　　　　　　　　　　　1934年9月14日　金曜

　これはフロイトの著作を収めた最初の『全集（Gesammelte Schriften）』の最終巻、第12巻である。この巻には1928年から33年までのフロイトの著作が入っており、『文化への不安』『続精神分析入門』と小論文数編を収めていた。時おり、フロイトはこの時期の著作の一部を否定的に評価した。それでも、全集が出るのは嬉しい出来事だった。『自己を語る』に1935年になって追加した補遺では、この第12巻を最初のガンの手術後10年間にわたって分析の仕事と執筆を続けた証拠として、誇らしげに挙げている。

モーゼ　終わる　　　　　　　　　　　　　　　　1934年9月23日　日曜

　「人間モーゼ：ある歴史小説（Der Mann Moses:Ein historischer Roman）」(1)の原稿の第1頁には1934年8月9日という日付が記してある。おそらくこれは執筆を始めた日付だろう。だが、前年に作家アルノルト・ツヴァイクに出した手紙を見ると、その頃すでにフロイトがこの主題に心を奪われていたことがわかる。「我々はあらゆる方法を使って去勢から我が身を守ります。ここに我々自身が抱いているユダヤ民族性に対する敵意の一端が潜んでいるのかもしれません。なぜなら、我々の偉大な師モーゼは強烈な反ユダヤ主義者で、そのことを隠そうとはしていません。彼は、実はエジプト人だったのかもしれません」(フロイト-アルノルト・ツヴァイク.1933-8-18)

　この原稿を書き終えて1週間後に、フロイトはツヴァイクにこう書き送った。「私の方もあるものを書いていたのですが、最初の予定とは裏腹に、多くの時間を費やしたので、他のことはみなおろそかになりました。（中略）この仕事の出発点はあなたにもお馴染みです。（中略）。新たな迫害に直面して再び自問するのは、いかにしてユダヤ人が今の姿になり、なぜこのような永遠の憎しみを集めるのか、ということです。ほどなく、私は理由を見つけました。モーゼがユダヤ人を作ったからなのです。そこで、私はこの研究論文に『人間モーゼ、ある歴史小説』という題名をつけました」(フロイト-アルノルト・ツヴァイク.1934-9-30)

　カトリック当局が精神分析を禁止するだろうから、この研究は発表できない、とフロイトは考えていた。「ナチスからわれわれを守ってくれるのは、このカトリシズムだけな

上：ルツェルンにおけるアンナ・フロイトとエドアルド・ヴァイス。TG
下：ミリナのエロス像。NB

のです」（フロイト-ルー・アンドレアス＝ザロメ．1935-1-6）

マルセイユでの暗殺　　　　　　　　　　　　　　　　1934年10月9日　火曜

　1934年10月9日にユーゴスラヴィア国王アレクサンダー1世とフランス外相ジャン・バルトゥーが、マルセイユで暗殺された。アレクサンダー1世は1918年にセルビア-クロアチア-スロヴェニア王国（ユーゴスラヴィア）の君主となり、1929年に国王独裁を開始していた。マケドニアとクロアチアとがこの国王による統治に反対しており、両国のテロリスト集団がこの暗殺の背後にいた。(1)

ベルクガッセに　　　　　　　　　　　　　　　　　　1934年10月13日　土曜

　アンナはジョーンズにこう書いている。「引っ越しは私たちにとっていつも長期にわたる骨が折れる作業です」（アンナ・フロイト-アーネスト・ジョーンズ.1934-10-24）。ルクスに宛てた手紙で、マルタも同じ感想をもらしている。「今年はちょうど5か月半、家を離れていたので、その間にいろんなものがたまりました！　冬の交通規制が始まるのが本当に待ち遠しいです」（マルタ・フロイト-ルーシー・フロイト.1934-10-12）

　しかしながら、転居に際して、この面には積極的に関わらなかったフロイトは、単にこう述べていた。「ベルクガッセはグリンツィングほど美しくはありません。ベルクガッセが美しければ、本物の健康をもっと楽しめるのですが」（フロイト-アイティンゴン.1934-10-27）

マティルデ47歳　　　　　　　　　　　　　　　　　　1934年10月16日　火曜

　長女マティルデとロベルトの、ホリッチャー夫妻は近くに住んでいたから、フロイト家を訪れて、あるいは食事を共にしたとも考えられる。けれども、この年には、そうしたことを証拠立てる発言や文書はない。

ルクス　　　　　　　　　　　　　　　　　　　　　　1934年11月3日　土曜

　フロイト夫妻は三男エルンストの妻ルクスを非常に気に入っていた。そのルクスが滞在客として英国から来た。ところが、滞在がわずか4日間の予定だと知ると、フロイトの妻マルタは、エルンストに「落胆した」と書き送った。少なくとも2週間は留まるだろうと楽しみにしていたからである。

講師の地位を剥奪される　　　　　　　　　　　　　　1934年11月26日　月曜

　1885年9月からフロイトはウィーン大学でドツェント（講師）に任命されていた。教える権利を正式に認めたこの職は、収入よりはむしろ、社会的地位を保証した。ところがドルフス首相が権力を握ると、極右勢力がウィーン大学を支配した。フロイトの敵は、年齢と義務不履行を口実に使って、大学の名簿からフロイトの名前を合法的に除名できるようになった。

　この決定をフロイトに通告した手紙は1934年11月23日付けで、1934年5月23日に施行された法令を決定の根拠に挙げていた。この法令では、所有者が70歳の誕生日を過ぎた後なら、理由なしにドツェントの職を取り消せる、と定めていた。

ホルモン注射　　　　　　　　　　　　　　　　　　　1934年11月26日　月曜

　シュール医師の所見がこの記載を説明している。「フロイトの体調も全般的に回復した。同化作用の促進を主な目的として、定期的に男性ホルモン注射を受けていたのだ（この頃にはアンドロゲン抽出物も使われて、すでに多少効果を挙げていたが、現在ほど一般的ではなかった）。薬理学上の効果があろうとなかろうと、フロイトにはよく効いた。(1)　今年［1934年］は手術を必要としない唯一の年になるだろう！」

アンナ39歳　　　　　　　　　　　　　　　　　　　　1934年12月3日　月曜

　兄マルティンの贈り物には誕生日を祝う詩が添えられるのが慣例だった。今回の詩は、アンナの別荘の「忠実な召使」（妻と共にこの別荘を管理していたファーデンベルガー氏のことか？）が着る、古い上着に捧げられていた。

　　「田舎に落ち着いた古びた上着は
　　　乳牛やニワトリに囲まれて
　　　ようやく手にした引退生活を楽しんでいる」

ホッホローテルドの山小屋で飼った最初のめん鳥と卵の傍らで、ファーデンベルガー夫人。

マルティン45歳　　　　　　　　　　　　　　　　　　　1934年12月7日　金曜

　フロイトの長男マルティンと妻エスティとは完全に別々の社会生活を送っていたから、マルティンはフロイト一家と共にこの誕生日を祝った可能性が高い。

心室細動　　　　　　　　　　　　　　　　　　　　　　1934年12月14日　金曜

　1889年に流感にかかった後、フロイトは心臓の不規則な鼓動——不整脈——を経験するようになった。1929年11月14日にそういう「心臓発作」がおきた時には、以下の症状を並べ立てていた。「期外収縮、不整脈、心室細動発作」（フロイト-フェレンツィ.1929-12-13）。だが、今回の発作に関しての言及は、この日記以外には、シュール、ピヒラー両医師の記録にも全く残っていない。

フライシャー博士　　　　　　　　　　　　　　　　　　1934年12月14日　金曜

　フロイトは最初にこの名前を「フィッシャー」と書き、その後にその名前を横線で消しているから、この訪問客は見知らぬ人物だったのかもしれない。それとも、心臓の不調で急に呼ばれた医者なのか？

迷走神経の発作　　　　　　　　　　　　　　　　　　　1934年12月16日　日曜

　シュール医師によれば、フロイトは「血管迷走神経反射」に陥りやすく、循環器や心臓の障害など、様々な症状に苦しんでいた（迷走神経とは第10脳神経で、副交感神経系の主要神経である）

書斎におけるフロイト、1930年代中ごろ。

1935

「気分は悪く、楽しみはあまりなく、自己批評はいよいよ辛辣になってきました」と1935年2月にフロイトは友人に書き送った。(1)　これが他の人間の場合ならば「老人性抑うつ状態」と診断されるだろうと、彼は付け加えている。この「うつ」の一因は彼の体調だったのかもしれない。心臓に問題を抱え、健康状態もすぐれなかったので、冬の間、彼は家に閉じこもった。もう一つの要因として考えられるのはモーゼについての研究である。この主題の研究と関連資料の調査とをフロイトは続けていたが、進展は全く見られなかった。もちろん、そのほかに暗雲たちこめる政治状況がある。1月にザールで行なわれた住民投票でドイツは失った領土を取り戻し、ヒトラーは宣伝となる大勝利をかちとった。今ではこの独裁者は間違いなく戦争準備を進めていた。それからほどなくドイツでは空軍が創設されて、一般徴兵制度が施行された。そのために、オーストリアのはかない独立も危険に曝されることになった。7月には、暗殺されたドルフスに代わってオーストリア首相に就任したシューシュニクが交通事故に遭い、負傷した。仮に死亡していたら、その後に生まれた政治的空白で、オーストリアはたちまち最期を迎えていたかもしれない。「災厄の雲が世界を覆っています。この私自身の小世界の上空さえもです」(1) とフロイトが考えたのも当然である。この予感は、知性の曇りではなくて、その明晰さのしるしだった。

　1934年にはX線療法とラジウム療法がガンの進行を食い止めてくれたので、フロイトは手術なしの一年を過ごすことができた。しかし、今では再び手術が必要になった。1935年には彼は4回も手術を受けている。さらに、使用中の人工口蓋の苦痛がひどくなったので、新品に替えねばならなかった。それに加えて、この夏も心臓の調子がよくなかった。だが、健康状態や手術でたびたび中断したとはいえ、彼は仕事を続けた。しかしながら、夏には被分析者を2人に減らさねばならなかった。老齢は、彼が前に記したような、最も幸運な衰退の型をたどっていた。「精神生活は生き残るが、肉体は朽ち果てる……」(2)

　これまでの4年間と同様に、フロイト一家はウィーン郊外に借りた屋敷で夏を過ごした。暗いベルクガッセのアパートから解放されたチャウチャウ犬ヨフィは自由を楽しみ、フロイトも庭を散歩し、あるいは寝そべってくつろいだ。通例通り、蒐集した古代遺物も夏の住まいへ人間と一緒に引っ越したので、慣れ親しんだ彫像に囲まれてフロイトは仕事をできた。けれども、家庭内の日課も、世の中の変化を締め出すことはできなかった。秋になるとドイツでは「ニュールンベルク法」が通過して、すべてのユダヤ人は法の外に置かれることになった。「時代は暗く……」(3)

---

1. フロイト-アルノルト・ツヴァイク.1935-2-13.『ツヴァイク書簡集』
2. フロイト-プフィスター.1930-2-7『プフィスター書簡集』
3. フロイト-アルノルト・ツヴァイク.1935-5-2.『ツヴァイク書簡集』

胃の発作——嘔吐　　　　　　　　　　　　　　　　　1935年1月1日　火曜

フロイトは長年にわたり胃腸障害に苦しんできた。1910年から17年にかけては慢性の便秘を治療するために、定期的にカールスバードを訪れて、鉱泉水を飲んでいた。1930年代にフロイトを悩ませた症状を、シュール医師は結腸の過敏なけいれんと診断し、迷走神経反射とも何か関連があるらしい、と考えた。今回、胃を壊したのは単に食べ物のせいだったのかもしれないが、最近の迷走神経の発作が一つの兆候だった、胃の症状が出たのだとも考えられる。

マルティン　ニースから戻る　　　　　　　　　　　　1935年1月9日　水曜

短期間パリとサン・ブリアックで暮らした後、次男オリヴァー・フロイト一家はニースに落ち着いた。兄マルティンはニースに弟一家を訪ねたのであろう。

ザールの住民投票　　　　　　　　　　　　　　　　　1935年1月13日　日曜

豊かな工業地帯だったザール地方はヴェルサイユ条約でドイツから切り離され、国際連盟の委員会が統治を続けてきた。そのために戦後のドイツ経済は壊滅的打撃を受け、戦勝国から課された巨額の賠償金を支払うことができなかった。

当然ながら、ドイツ国内とザール地方の大衆感情は、この地域のドイツへの返還を求めていた。この投票ではザール住民の90パーセント以上がドイツとの統合に賛成した。

ザールを回復したことはヒトラーにとって外交上初の大成功だった。その後の数々の勝利と同様に、この勝利も瀬戸際外交の成果であった。前年12月にアーネスト・ジョーンズはパウル・フェダーンにこう書いていた。「ザールの投票が終われば、1935年が平和、戦争どちらの年になるか、少しは見通しがつくでしょう」（ジョーンズ-フェダーン.1934-12-4）

＋アンナ v. ヴェスト　　　　　　　　　　　　　　　　1935年1月23日　水曜

アンナ・フォン・ヴェスト（1861-1935）が3日前の1月20日に、クラーゲンフルト近くのエベンタルで亡くなった。彼女はこの町で一生を送った。フロイト初期の患者だったヴェストは両足がヒステリー性麻痺になり、1903年に治療のためにフロイトを訪れた。分析は約1年続いた。症状はだいたい治ったが、フロイトへの転移性の愛情を、彼女は克服できなかったらしい。そのために完治はせず、1925年に再び短期間分析を受けることになる。この時フロイトはほかの人の分析のために1日に6時間をあてており、もう1時間増やす余裕はなかった。けれどもそのうちの1時間は娘アンナの教育分析だったので、アンナは1回おきに自分の教育分析を犠牲にすることに同意した。フロイトはヴェストにこう書いた。「一人のアンナの代わりに、もう一人のアンナを診ることにします」（フロイト-アンナ・フォン・ヴェスト.1925-3-26）

アンナの講義　　　　　　　　　　　　　　　　　　　1935年1月23日　水曜

クリスマス休暇の間、アンナ・フロイトは自著の原稿と、ウィーン精神分析学会で行なう2回の講義の原稿の仕事を続けていた。学会は3晩を「精神機構の研究に対する精神分析技法の有効性」についての議論にあてる予定だった。「精神機構」とは、自我、イド、超自我など、心的装置の下部構造のことである。この講義でアンナは、現在取り組んでいる自我と防衛機制に関する研究の背後にある理論を述べた。

フロイトはこの娘の進歩に喜んだ。「私の満足の一つの源泉はアンナです。一般の分析者の間で影響力と権威をどれほど手に入れたのか——彼らの多くは自からの性格に関する限り、分析からほとんど何も得ていないのですから。それから驚くのは、彼女が鋭敏で、はっきりとかつ憶することなく、主題をつかんでいることです。それに加えて、私からも完全に独立しています。私はせいぜい触媒にしかすぎません」（フロイト-ルー・アンドレアス＝ザロメ.1935-1-6）（1）

補遺を自己を語るへ　　　　　　　　　　　　　　　　1935年1月27日　日曜

フロイトの『自己を語る』（Selbstdarstellung）は、最初は1925年に『現代医学の自画像』（Die Medizin der Gegenwart in Selbstdarstellungen）と題する叢書の一巻として発表された。最重要な人物による説明を通じて医学の歴史を紹介することが、この叢書の目的だった。この補遺は『自己を語る』がニューヨークのW・W・ノートンの手で再刊されるのを機に執筆された。

この本の英訳名——"An Autobiographical Study"——はいささか誤解を招く。私的な秘密が明かされると期待すべきではないとして、フロイトは補遺の中で次のように述べている。

ニースのオリヴァーの写真店前の階段におけるエヴァ。「お祖父さまへ」と記されている。

(1)　「『自己を語る』が明かすのは、いかにして精神分析が私の人生の全てになったかということであって、精神分析との関係に比べれば、私個人の経験など取るに足らないことは、言うまでもない」

レヴィ＝ブリュール　　　　　　　　　　　　　　　　　　　　　1935年2月6日　水曜
　フランスの民族学者リュシアン・レヴィ＝ブリュール（1857-1939）は「原始的」思考過程に関する数々の著作を著わした。(1)　この訪問の際、彼はフロイトに献辞入りの自著『原始神話学：オーストラリア原住民とパプア原住民の神話世界』（パリ1935）を贈った。翌日、フロイトは友人マリー・ボナパルトにこう書いている。「彼は本当の碩学です。とりわけ、私自身と比べると」。これは、文化の起源に関するフロイト自身の最新の研究への、悔恨のコメントなのかもしれない。とはいえ、敬意を払ったにしてもフロイトはレヴィ＝ブリュールから贈られた本を研究しようとはしなかった——封が切られていない。

アンナの2回目の講義　　　　　　　　　　　　　　　　　　　　　1935年2月6日　水曜
　この日、アンナはウィーン精神分析学会で2回予定していた講義の2回目を行なった。その後で彼女はジョーンズにこう書いている。「ウィーンの講義が終わりました。最近はこの仕事にかなり時間をとられました。テーマは自我あるいは防衛機構の無意識的活動です。実を言うと、このテーマが、あの時大会で読み上げた思春期に関する論文の理論的背景だったのです」（アンナ・フロイト-ジョーンズ.1935-2-25）
　他の面では機嫌が悪かったフロイトにとって、この娘の活躍は、変わらぬ喜びの源だった。「これが他の人間の場合ならば『老人性うつ状態』と診断されるでしょう。災厄の雲が世界を覆っています。この私自身の小世界の上空さえもです。ですから、輝かしい一点に目を向けねばなりません。それは娘のアンナがちょうど今、素晴らしい分析上の発見をして——皆がそう言ってくれるのですが——それを堂々と講義していることです。精神分析が私の死で終わる、と信じなくてもよいというしるしなのでしょうか」（フロイト-アルノルト・ツヴァイク.1935-2-13）

ジェラード博士　　　　　　　　　　　　　　　　　　　　　　　1935年2月18日　火曜
　米国のラルフ・W・ジェラード博士は後にミシガン大学精神医学科、精神衛生調査研究所の研究室長に就任した。当時は、ロックフェラー財団の後援を受けて、神経学、生理学、精神医学を研究するために、各地の実験室や研究センターを訪問中だった。
　博士はレニングラードでパヴロフを訪ねて、条件反射の研究について話し合った。難題を与えて犬に神経症をおこさせる実験について語る際に、「フロイトの研究を読んでこの実験を思いついた」とパヴロフは説明した。さらに、「フロイトの考えが研究の刺激になった」と述べて、「精神分析と条件反射の研究が融合すれば、人間の行動をより深く理解できるのではないか」とも付け加えた。
　その後フロイトを訪問したジェラード博士は、このやり取りをフロイトに伝えた。フロイトはこう答えている。「もしパヴロフが20〜30年前にそのことを公表してくれていたら、私にも役に立っていたでしょうに」

オリ44歳　　　　　　　　　　　　　　　　　　　　　　　　　1935年2月19日　水曜
　オリヴァー・フロイトはこの誕生日をフランスで祝ったのだと思われる。彼がウィーンへ来たことを示す証拠はない。専門である土木技師の仕事が見つからなかったこの次男は、フロイトの提案に応じて、別の分野の仕事を探し、代わりに写真の仕事を始めた。フロイトはこう評している。「ともあれ、これで彼も生活を立てうる仕事を見つけたわけです」（フロイト-アルノルト・ツヴァイク.1935-6-13）

ミンナ　メラノへ　　　　　　　　　　　　　　　　　　　　　　1935年2月22日　金曜
　妻マルタの妹ミンナが、毎年定期的に訪れていたこの保養地に今年も出発した。もっとも1931、2年には彼女は秋に出かけていた。今回メラノへ行ったのは、一つには目を病んでいたからかもしれない。翌年、彼女は緑内障を手術しなければならなかった。

✝オットー・フライシュル（ニュース）　　　　　　　　　　　　　1935年2月28日　木曜
　1931年6月に2回彼の訪問があったことを記録した後、この日記はオットー・フライシュルには触れていない。その後まもなくルツェルンへ行ったからかもしれないが、この市で彼は亡くなった。この知らせがいかにしてフロイトに届いたのかは不明。

ミンナが好んだリゾート地、ドロミテ山脈。メラノから遠くない。1913年にサン・マルティノ・ディ・カストロッツァでフロイトが過ごした休日を記念する写真。

エルンストル、1930年代中頃。（第二次世界大戦前は、オーストリアの自動車は右ハンドルだった。）

エルンストル　成年に　　　　　　　　　　　　　　　　　　1935年3月11日　月曜

孫エルンストル21歳の誕生日は、フロイトの自宅で祝われたのかもしれない。残念ながら、W・エルネスト・フロイトはそのような出来事を全く記憶していない。

グリンツィングに家を借りる　　　　　　　　　　　　　　　　1935年3月16日　土曜

昨年借りたのと同じ美しい屋敷に、フロイト一家は今年も転居した――シュトラッサーガッセ47の家である。再び借りられたのは幸運だった。わずか2日前にフロイトは「今年は無理だろう」と書いていた。

一般徴兵制　ドイツで　　　　　　　　　　　　　　　　　　1935年3月17日　日曜

先週、ドイツでは再軍備に向けて決定的な2つの措置が取られた。まず、3月9日にゲーリングが新ドイツ空軍の創設を発表した。それから16日には陸軍再建に関する新法が公布され、一般徴兵制度の必要性を訴えた。

戦争準備はその後も数週間続いた。3月19日には初の大規模な空襲訓練がベルリンで行なわれた。4月21日には最初の「空軍の日」が祝われて、5月21日には18歳から45歳までのすべての男性を対象とする一般徴兵制が施行された。

手術をピヒラーの所で　　　　　　　　　　　　　　　　　　1935年3月23日　土曜

これは比較的簡単な手術で、ノボカインとオルトフォルムが使われ、お馴染みの電気凝固法で組織を切除した。その後、アンナはジョーンズにこう書いている。「このウィーンではまたもや世情が多少不穏ですが、新聞で予想なさるほど深刻には誰も考えておりません。それに、たいがい個人的関心事が手前にきてしまい、全般的な問題はうしろにかすんでしまいます。先週、父は口腔内の小手術を受けねばなりませんでした。以前は2、3週間ごとだったのですが、昨年は代わりにラジウム療法を試したのです。まあ、今回はたいした手術でなく、父もよく我慢して、仕事を中断したのも半日だけで済みました。それでも、毎度のことですが、本当に心配です」（アンナ・フロイト-ジョーンズ.1935-3-29）

電気時計　　　　　　　　　　　　　　　　　　　　　　　　1935年3月29日　金曜

この日、父親が亡くなったので訪れていたオランダから、ジャンヌ・ランプル＝ド・フロートはウィーンへ戻った。彼女はフロイトから分析を受けていたから、時計は分析医への格好の贈り物になったかもしれない。

もっとも、フロイトはぜんまい時計を使い続けていた。シュール医師はこう書いている。「彼は依然として一定の日課に従い、懐中時計や卓上時計のぜんまいを、死の前日まで決して巻き忘れなかった。1週間に1度、巻かねばならなかったのだ！　ある意味で、このささやかな行為は規律正しく、組織立った彼の精神を象徴していた」

その後マルタ・フロイトは夫の時計を一つ、シュール医師に贈呈している。

ミンナ　帰る　　　　　　　　　　　　　　　　　　　　　　1935年4月6日　土曜

北イタリア（あるいは南チロル）の保養地メラノで6週間を過ごした後、ミンナ・ベルナイスはベルクガッセ19のフロイト家に帰宅した。

エルンスト43歳　　　　　　　　　　　　　　　　　　　　　1935年4月6日　土曜

三男エルンストは家族と共に1933年から英国に住んでおり、今では建築家として地歩を固めていた。中でも、アーネスト・ジョーンズは仕事を色々斡旋、紹介してくれた。この頃、サセックス州ミドハースト近くのエルステッドにある別荘「プラット荘」に増築する翼部の設計を、ジョーンズはエルンストに依頼した。

彼はフロイトに書いている。「取るに足らぬ仕事ですが、驚くほど込み入っているので、息子さんの並外れた技量や優れた能率を高く評価できるいい機会になります。どんな仕事でも、これほど高水準の才能に出会うのはめったにない喜びです」（ジョーンズ-フロイト.1935-6-27）

これは驚くほどのことではないが、このように褒められてフロイトは喜んだ。「エルンストの仕事の才能をそこまで認めて頂くと、父親の心もなごみます。ニースにいるもう一人の息子にも新しい国籍と生計の途が見つかればよいのですが」（フロイト-ジョーンズ．1935-7-7）

新しいアメリカの講義　　　　　　　　　　　　　　　1935年4月11日　木曜
『精神分析入門』初の英訳書はニューヨークのボニ＆ライブライト社から『一般精神分析入門』の表題で既に1920年に発行されていた。この時、ライブライト出版会から再刊されている。

マルティン　チューリヒから　　　　　　　　　　　　1935年4月13日　土曜
フロイトがこの日記をつけていた時期にマルティンは何度もチューリヒへ出かけたが、すべてが記録されているわけではない（例えば、彼は1936年2月にも再び訪れている）。父親の外国資産をたびたび動かして、財産の大部分をこの長男は巧みに保全した。

また、後期のチューリヒ行きでは、現金や資産を密かに持ち出したとも考えられる。この時代のオーストリアにはこういう格言があった。「金があるだけでは幸せになれない。スイスに蓄えなければ」

シュトラッサーガッセ　　　　　　　　　　　　　　　1935年4月18日　木曜
この年、フロイト一家は4月下旬ではなくて、中旬に夏の住まいへ引っ越した。だが、気候は冬のままだった。1か月後にフロイトはこう書いている。「外の庭と室内の花はきれいですが、ウィーンの言葉を使えば、春は『冷えびえ』（Fopperei）です。寒さとは何かを、ようやく学んでいます。体温が低いから砂糖水を飲めと主治医が命じるので、みじめな気分です」（フロイト-ルー・アンドレアス＝ザロメ.1935-5-16）

ライクとランダウアー　　　　　　　　　　　　　　　1935年4月20日　土曜
テオドール・ライクとカール・ランダウアーは今ではオランダで働いていた。ライクは前年にベルリンからハーグへ移った。ランダウアーも1933年にナチスが権力を握ると、家族と共にフランクフルトを去らねばならなくなり、一家でオランダへ移住した。（1）2人はオランダでも精神分析医として開業を続けたが、この時はオランダにおける精神分析の現状を報告するためにウィーンを訪れた。オランダの精神分析協会はこの頃2つの派閥に分かれており、（ジャンヌ・ランプル＝ド・フロートから聞いて）フロイトも承知していたように、両派は互いに反目していた。（2）

テオドール・ライク（1888-1969）は他の多くの開拓期の分析家より、さらにフロイトの恩恵に浴していた。ウィーン大学時代に彼は精神分析の方法を使ってフローベールを研究する論文（「フローベールと『聖アントワーヌの誘惑』」1912年発表）を著わした。これはこの新しい心理学を用いた初の博士論文であった。1910年にライクはウィーン精神分析学会に加わった。彼の経歴に興味を持ったフロイトは、医学を学ぶのではなく、ベルリンでカール・アブラハムから教育分析を受けるように勧めた。フロイトは分析の費用を出しただけでなく、ライク夫妻に毎月仕送りもした。オットー・ランクの後を継いでライクはウィーン精神分析学会書記に就任した。

1926年にライクは医師資格なしに分析家として開業したかどで訴えられた。この訴訟を見て、フロイトは小冊子『非医師による精神分析の問題』を書き、ライクを弁護した。訴えは通らなかったものの、ライクはウィーンで生計を立てるのが難しくなり、1928年にベルリンへ引っ越している。

感謝祭　開業49年　　　　　　　　　　　　　　　　　1935年4月21日　日曜
フロイトにとって医院の開業は結婚の前提条件の一つだったが、開業も結婚も1886年に行なわれている。もっとも、この日記には、開業記念日が6回記されているのに、結婚記念日は2回しか触れられていない。

ジョーンズと家族　　　　　　　　　　　　　　　　　1935年4月21日　日曜
この訪問の前に、フロイトはアーネスト・ジョーンズにこう書いていた。「感謝祭にあなたがウィーンにいらっしゃるので、嬉しくもあり、憂うつでもあります。年齢から来る制約で、来客を歓待する責任をあまり果たせないとわかっているからです。我が家のヴォルフも、昔はあなたに吠えついたものですが、今では年を重ねたのでおとなしくなり、犬としては私と同じくらいの老人です。11歳を過ぎているのですから」（フロイト-ジョーンズ.1935-2-24）

この時、ジョーンズは初めて家族同伴でフロイトを訪れた。（1）　フロイトの健康状態は良好だった。「フロイトは私の5歳になる娘の鼻を自分の2本の指の間にはさんで、娘を驚かせた。しかし娘は去勢を象徴するこの仕草には気をとめないで、すぐに人形を差し出して、彼の心を捕らえた。当時13歳だった息子には、フロイトが蒐集していた古代

カール・ランダウアーと妻「リンツ」（リナ）、1930年代。

遺物を数点渡して、考古学を職業に選ぶのも興味深いと勧めたが、文学好きの息子は応えようとしなかった。あんなに愉快な子どもたちには滅多に会ったことがないと、フロイトが次の手紙で書いて来たことを、父親としては誇らしげに記さねばなるまい。その後、彼はいつも子どもたちのことを尋ねてきた。あれほど子ども好きな人物はそんなにいないだろう」

フェダーンとメング　　　　　　　　　　　　　　　　1935年4月22日　月曜

　この頃、パウル・フェダーンは1926年から続けてきた『国際精神分析雑誌』（精神分析運動のドイツ語雑誌）の編集の仕事を退こうと決めた。エドワード・ビブリングがこの仕事を引き継いだ。フェダーンはもう十分に働いたことだけを辞職の理由に挙げ、満足してこの仕事を退いた。

　ハインリヒ・メングはフェダーンの友人で、以前に分析を受けており、現在はバーゼルで暮らしていた。フランクフルト精神分析研究所をカール・ランダウアーと共に率いていたメングは、1933年にこの研究所がナチスの手で閉鎖された後、バーゼルに移り住んでいる。

シュミットバーグ　　　　　　　　　　　　　　　　　1935年4月23日　火曜

　第一次大戦中にはオーストリア軍で将校の地位にあったヴァルター・シュミットバーグ（1890-1954）をフロイトに紹介したのはマックス・アイティンゴンだった。彼は1920年代にはアイティンゴン同様にベルリンに住み、共に働いていた。1932年にはメラニー・クラインの娘である妻メリッタと共にロンドンへ移り住み、英国精神分析学会に加わり、活発に活動した。この頃、ドイツでは精神分析が事実上消滅していたので、英国、ウィーン両学会の協働が、精神分析運動の未来を決めるだろうとフロイトは考えた。彼はジョーンズにこう書いている。「忍耐強く取り組めば、現在の理論上の違いは当然克服できます。我々——ウィーンとロンドン——は団結しなければなりません。他のヨーロッパの諸団体は実質的に何の役割も演じていませんし、目下国際的会合ではウィーン以外の力が強まっているのです。［この運動が］私個人よりも早くにウィーンで消滅するのは、不名誉なことですから」（フロイト-ジョーンズ.1935-5-26）

　2つの団体をまとめる一つの方策として、ウィーン学会で来賓講演を行なうために、シュミットバーグとジョーンズが英国精神分析学会を代表してウィーンを訪れた。この日シュミットバーグが臨床セミナーで最初の講演を行なった。返礼として、「ウィーン出身の俊敏な批評家」ロベルト・ウェルダーがロンドンに招かれ、1935年11月に英国精神分析学会で講演している。（1）

ジョーンズ　夜に　　　　　　　　　　　　　　　　　1935年4月25日　木曜

　前日夜にはジョーンズがウィーン精神分析学会で講演した。この夜は理論的見解を論じあうために、彼はフロイト宅を訪れた。

　彼はフロイト伝でこう書いている。「この頃ロンドンの分析家の一部と、私もその中の一人だが、ウィーン学会との間にいくつか食い違いが持ちあがった。ウィーン側はフロイトの学説にきわめて忠実で、フロイトと緊密に会ったり話したりできるという利点があった。フロイトとの個人的接触を増やして、この違いを正すのが望ましいと考えたのが、私のウィーン訪問の目的の一つだった。私が意見を異にしたのは、フロイトの『死の欲動』理論への疑問や、発達における男根期の概念、中でも女児に関する概念がいくぶん違うことなどであった。そこで私は2番目の主題に関する論文を1935年4月24日にウィーン学会で読み上げた。（中略）フロイトと長時間にわたって交わした議論の中で、私はメラニー・クラインの研究を弁護した。だが、アンナ嬢の介護や愛情にフロイトがあれほど依存していた時期に、この問題について心を開いてくれると期待することは無理だった」

鉢をマコードから　　　　　　　　　　　　　　　　　1935年4月26日　金曜

　クリントン・プレストン・マコード（1881-1953）は心理学者から分析家に転じた米国人で、ニューヨーク精神分析学会会員だった。フロイトとは1929年夏にベルヒテスガーデンで初めて会っている。この贈り物が何かは不明。

メアリ・スチュアートをツヴァイクから　　　　　　　1935年4月26日　金曜

　シュテファン・ツヴァイクが最後にフロイトと会ったのは1933年だが、その後彼はロンドンに移り住んだ。到着3日後に、彼は大英博物館でメアリ・スチュアートの処刑を記

パウル・フェダーン。フロイトの「使徒パウロ」。

録した文書にぶつかった。マリー・アントワネットについての研究書を書き終えたばかりで、新しい伝記を書く予定はなかったが、好奇心を刺激されたツヴァイクは、この女王の生涯に関する伝記を著わして、この時にその伝記をフロイトに贈呈した。(1)

黄色の竜の片割れ　　　　　　　　　　　　　　　　　1935年4月26日　金曜

　フロイトの蒐集物の中に2体1組の竜の像は2組しかない。どちらも彫刻を施した翡翠（ひすい）製の小像で、一組は青白色、もう一組は暗緑色である。大きな黄色の竜の像もあるが、対になる像はない。仮にあったとすれば、フロイトが手放したとは考えにくい。
(1)　中国の民間伝承では、竜は慈悲深い生き物で、天国や海に住み、男性の精力や活力を象徴している。

トーマス・マンへの手紙　　　　　　　　　　　　　　1935年4月28日　日曜

　この手紙――『トーマス・マン60歳の誕生日に寄せて』――は、ドイツの出版社フィッシャー社の求めに応じて、マン60歳の誕生日を祝う記念論文集に載せるために書かれた。(1)　敬意を表わす短い手紙だが、その中でフロイトは誕生日を祝う習慣をからかわずにはいられなかった。
　彼は次の言葉で手紙を結んでいる。「貴殿は卑怯、卑劣なことをしたり、言ったり決してなさらない方であり、作家の言葉は結局行ないですから、判断力が曇る時節でさえも、正しい方法を選び、他の人々にそれを示す方であろうという信頼の念を、ここに表明したいと存じます」

ルース　手術を受ける　　　　　　　　　　　　　　　1935年4月29日　月曜

　この手術の証拠となる文書は見つからない。以前に受けた頸部の手術の続きなのか？もっともルース・マック・ブランズウィックは常に体調が悪くて、フロイトの不満の種になっていた。

手術　ピヒラー　　　　　　　　　　　　　　　　　　1935年4月30日　火曜

　3月の手術後もこれまで同様にピヒラー医師は監視を怠らず、疑わしい小結節を2箇所見つけて、電気凝固法で処置をした。
　アンナはジョーンズに書いている。「私が疑っていたとおり、あなたが帰られてから3日後に、父はまた小手術を受けました。たいした手術ではありませんが、後遺症はむしろ機械的性質で、人工口蓋に細かな問題が色々とおきたので、新しいものを作らせねばなりません。不自由や嫌なことが沢山あってたいへんです。ご存じのように」（アンナ・フロイト-アーネスト・ジョーンズ.1935-5-9）

人工口蓋の苦痛の始まり　　　　　　　　　　　　　　1935年5月5日　土曜

　4月30日の手術がもたらしたこの痛みは、人工口蓋がひきおこした長年にわたる苦しみのうちの一つの発作に過ぎなかった。3年前に書いた手紙でフロイトは「人工口蓋の不断の決して終わらぬ災い」と述べており（フロイト-アイティンゴン.1932-6-5）、同様の発言は、1923年以降にはいくらでもある。
　ピヒラー医師は簡潔に記している。「［1935年］5月5日。患者、人工口蓋挿入時に突如激痛、さらなる調整。2箇所。1箇所は以前記した小乳頭腫の残余物、もう1箇所は上部の乾いた茶色のかさぶたの固着」

79歳　　　　　　　　　　　　　　　　　　　　　　　1935年5月6日　日曜

　人工口蓋の苦しみはフロイトの誕生日に頂点に達した。シュール医師はこういう逸話を書き留めている。「79歳の誕生日にフロイトは［人工口蓋を］全く挿入できなくなった。アンナ嬢と私が力を貸して、彼は疲労困憊するまでやってみた。ついに、私たちは彼をピヒラーの所へ連れて行った。この日、すぐに新しい人工口蓋を作り始めなければならなかった。フロイトが自暴自棄になったと感じられたことはめったにないが、この時だけはそうだった。とはいえ、まもなく自制心を取り戻して、ピヒラーの診察室では、再びあの落ち着いて、忍耐強く、礼儀正しいいつもの姿に戻った」
　1週間後にフロイトはあきらめて、こう記している。「ためらいがちに、美しい春が今年も私たちの前に姿を現わし始めています。運命が5月6日にとんでもない誕生祝いを送りつけて、人工口蓋を作り直す必要がおきさえしなければ、それほど不満はなかったでしょう。当然のことながら、大変な苦痛が伴います。そのために、分析にあてる時間も制限しなければなりません」（フロイト-アイティンゴン.1935-5-12）

フロイトが蒐集した翡翠（ひすい）製品。
WK

ミンナ・ベルナイス。

ブリット   1935年5月20日　月曜

　米国人外交官ウィリアム・ブリットが再び現われて——今度も「流星のように」か？——1932年以降棚上げにされていた、ウィルソン大統領についての研究書の問題が再び持ち上がった。この頃、フロイトは手紙の中でこの共著に触れなくなっていたから、自分が納得できる原稿を二人で作り出す望みを捨てていたのかもしれない。

王立医学会名誉会員＊   1935年5月24日　月曜

　翌日出した礼状にフロイトはこう書いている。「長年にわたり、私の科学的研究は医者の間では認められませんでした。王立医学会から頂戴したこの栄誉の中に、私が実践、推奨してきた精神分析が、もはや医学界からも承認をされないことはありえないという、そのしるしを認めるものであります」（フロイト-王立医学会.1935-5-25）

　作家アルノルト・ツヴァイクに、彼はこう書き送った。「このことは、世界全体に良い印象を与えるでしょう」（フロイト-アルノルト・ツヴァイク.1935-6-13）。英国の分析医アーネスト・ジョーンズにはこう記している。「これは、『私の目がきれいだから』などという理由でおきる事件ではありませんから、英国の公的社会で精神分析が大いに尊敬を集めつつあることの証拠だといえましょう」（フロイト-ジョーンズ.1935-5-26）。王立医学会の行動は自発的なものであって、分析家が仲介したり、裏工作をしたわけではないから、確かにおっしゃる通りです、とジョーンズはフロイトに同意している。(1)

4か国会議　ウィーンで   1935年6月9日　日曜

　前日始まったこの会議ではオーストリア、チェコスロヴァキア、ハンガリー、イタリアの分析家が一堂に集まった。これらの孤立している諸国の団体に考えを分かち合う機会を提供するのがこの会議の目的だった。あらかじめ用意された議題はなくて、特に関心を集めた主題に関する4つの基調講演だけが例外だった。転移の問題、性格分析、自我心理学、と死の欲動、である。4か国の団体が各々一つの主題を取り上げて、その後討論が続いた。夜には、分析の訓練、監督下の統制分析など、組織上の問題を論じる会合も開かれた。ロベルト・ウェルダーがウィーン学会を代表して、自我心理学に関する講演を行なっている。

ホロス   1935年6月10日　月曜

　フェレンツィが亡くなると、イシュトヴァン・ホロスが1933年にハンガリー精神分析協会の会長職を引き継いだ。このフロイトとの会見の記録は見つからない。(1)

エド・ヴァイス   1935年6月10日　月曜

　後に、フロイトはアルノルト・ツヴァイクにこう書いている。「聖霊降誕日に我らが勇敢なイタリアの仲間エドアルド・ヴァイスがローマから拙宅を訪れました。ムッソリーニが精神分析文献について難題を持ち出しています。ボルシェヴィズムや国家社会主義の下と同様にファシズムの下でも、分析は繁栄できないのです」（フロイト-アルノルト・ツヴァイク.1935-6-13）(1)

チャタルジー   1935年6月11日　火曜

　カルカッタ大学比較言語学名誉教授スニティ・クマル・チャタルジーは現在訪欧中で、友人のインドの分析家ギリンドシェカール・ボースが書いたフロイト宛ての紹介状を携えていた。この教授はフロイトにクリシュナ神に関する詩を贈り（サンスクリット語で読み上げた）、インドにあるスマーラという考え方、つまりあらゆる生き物に現われる性的衝動の話をした。その後、2人は不死について語りあった。

　　「存在の中で何が本物で、未来永劫に一定不変なのでしょうか」
　　私の言葉を聞いてフロイトは笑いだした。
　　「（中略）人間に関連する物事には全て終わりがあります」
　　「墓の向こう側には何もないのですか」
　　「ありません。この世で全てが終わるのです」

ミンナ70歳   1935年6月18日　火曜

　ミンナ・ベルナイスがフロイトの生活に占めた位置は、彼女の出発や到着がたびたび記されているのを見ればわかる（実際問題として、彼女の名前は姉マルタの名前より頻

＊フロイトは最初に「ロンドン医学会」と書き、その後横線で消している。

繁に登場する）。とはいえ、60歳,70歳といったような、ゼロで終わる誕生日だけを祝うべきだからこれは難問だと言った1930年の誕生日以来、彼女の誕生日は全く記されていなかった。今回の重要な誕生日がどのように祝われたのかは不明である。

アンナ　プラハへ　　　　　　　　　　　　　　　　　　1935年6月22日　土曜
アンナ・フロイトはプラハへ行き、同地の精神分析研究会（Arbeitsgemeinschaft）で2回講演を行なった。

新しい人工口蓋　　　　　　　　　　　　　　　　　　　1935年6月22日　土曜
これはピヒラー医師にとって5月の「人工口蓋の苦痛の始まり」以来、17回目の往診だった。新しい人工口蓋は使い心地が悪く、言葉もうまく話せなかった。使えるまでに後5回修正が必要だった。

エルンストル　マトゥーラ　　　　　　　　　　　　　　1935年6月27日　木曜
フロイトの孫エルンストルは21歳になった。彼はこう回想している。「1933年の感謝祭休暇の後、シェルヘンベルク校に戻り、ヒトラー政権の影の下でアビトゥーア＊に向けて勉強を続けるか、それともウィーンで勉強するのかを、決めねばならなかった。ウィーンに決めた僕はRG第8学校（ウィーン第8区の実科中高等学校）の生徒となり、マトゥーラ試験を受けてこの学校を終えたのだ」

＋アルベルト・ハマーシュラーク　　　　　　　　　　　1935年7月8日　月曜
アルベルト・ハマーシュラーク（1863-1935）は、フロイトが敬愛した師ザムエル・ハマーシュラークの息子である。内科の専門家で、1893年以来私講師の職にあった。1901年にミンナ・ベルナイスの健康状態を診察した医師の一人だった。

シューシュニクの事故　　　　　　　　　　　　　　　　1935年7月13日　土曜
オーストリアの新首相クルト・フォン・シューシュニクは休暇を過ごすため、家族と共にサンクト・ギルゲンへ車で向かっている途中、リンツ近くで車が道路からはずれて衝突事故をおこし、夫人が亡くなった。首相と年少の息子は軽症で助かった。シューシュニクは冷たくよそよそしい性格だと見られており、前首相ドルフスとは違って、大衆受けはしなかった。とはいえ、この事故の際には、多少同情を集めたかもしれない。フロイトがこの首相を気にかけた理由は明らかである——シューシュニクは依然としてオーストリアをナチスから守る防壁だったからだ。

テオ・ライク　　　　　　　　　　　　　　　　　　　　1935年7月14日　日曜
ライクの経歴にフロイトはいくぶん個人的興味を持ち、助言した。このことに特別な責任を感じていたからか、ライクとの交友には時おりいらだちが混ざった。(1)　ライクが同僚とうまく行かない一つの理由は名高い傲慢さで、非医師の分析家という立場にも敏感だった。

新年の挨拶状でフロイトは、ライクがオランダに落ち着いたらしいことに、満足感を表わした。けれどもこの頃長い間病気だった妻が亡くなり、ライクは再婚している。(2)

心臓発作、期外収縮　　　　　　　　　　　　　　　　　1935年7月17日　水曜
期外収縮はこの頃フロイトが何度も経験した心臓の症状だった。米国の分析医スミス・イーライ・ジェリフ（1866-1945）に、前年フロイトはこう書いていた。「キニジンに関する記事には特に興味を持ちました。というのも、あのやっかいな期外収縮がおきるので、私自身がこの薬を使っているからです。ちなみに、後遺症は何もありません」（フロイト-ジェリフ.1934-8-2）(1)

この発作から3日後に、アンナはジョーンズにこう記している。「不整脈が出たりして、父はここ数日間、具合が悪かったのです。でも、今日は良くなったので、すっかり治ったような気がします」（アンナ・フロイト-ジョーンズ.1935-7-20）。とはいえ、スマイリー・ブラントンが分析を受けるために8月3日に来訪した際には、フロイトに仕事をする体力はなく、8月5日まで分析を始められなかった。

王女　　　　　　　　　　　　　　　　　　　　　　　　1935年7月22日　月曜
感謝祭をサン・トロペの屋敷で過ごした後、パリに戻ったマリー・ボナパルトは、愛

＊アビトゥーア——ドイツにおける高校卒業・大学入学資格試験。オーストリアのマトゥーラに相当する。

18歳のエルンストル、祖母マルタとペッツラインスドルフで。

犬のチャウチャウ犬トプシーが唇にリンパ肉腫を発症していることに気づいた。そこで、王女は（有力な後援者を務めていた）キュリー研究所でX線治療に取りかかり、この犬に関する本も書き始めた。この時、王女は1週間しかウィーンに滞在していない。当然ながらガンのX線治療についても、フロイトと話しあったのだと思われる。

マルタ74歳　　　　　　　　　　　　　　　　　　1935年7月26日　金曜

長男マルティンが母マルタの誕生日を祝って書いた恒例の詩が、母親が受け取った祝福の手紙を簡潔にまとめている。

> 本当に大切で、いとおしく思うのは
> 遠方から便りをくれた家族や友人たち
> 16頁にわたる
> 長く、立派な手紙には
> 今何をしていて、これからどうするのか
> 最高に素晴らしい知らせが見つかる。
> 一匹の犬が、誰かの子猫に吠えかかり
> ジョーンズは新しい家を注文し
> レヴィソン夫妻がお茶とケーキを食べに来て
> ロベルトは胃が痛み
> エーフヒェンはエミール・ゾラのように書き
> ヘニーの体はいよいよ丸くなり
> ルクスヒェンは乗馬が大得意
> なつかしい知らせはまだまだ続く

ロックフェラーJr.　　　　　　　　　　　　　　　1935年8月2日　金曜

フロイトとジョン・デイヴィソン・ロックフェラー・Jr.（1874-1960）との間に、何かつながりがあったかどうかは、確認できない。仮にこのJr.がフロイトを本当に訪問したにしても、何が目的で、どんな会話が交わされたのかを想像するのは難しい。(1)　もっとも、2人には共通する興味が一つだけあった——古代遺物である。中国磁器の蒐集がロックフェラーJrの唯一の趣味であった。(2)　あまりありそうもないもう一つの可能性は、ロックフェラー・Sr.（シニア）の結婚した娘ハロルド・マコーミック夫人である。彼女は精神分析と関わりがあったが、親しく付きあっていたのはユングやチューリヒの団体とだった。

イシスとホルス　　　　　　　　　　　　　　　　1935年8月2日　金曜

女神イシスが幼児ホルスに授乳するこの金属製の小像は、フロイトお気に入りの像の一つで、机上の特別な場所に置かれていた。

エジプト学者ウォリス・バッジはこの種の像についてこう書いている。「そしてキリスト教を信じたエジプトやヌビアの一般庶民の大半は、永遠の母イシスの属性を聖母マリアに、またホルスの属性を幼子イエスに移したのだ」

これは末期王朝時代（紀元前600年頃）の小像で、イシス神は三つ又のハゲワシの頭飾りをつけ、その上に太陽円盤をはさんだ牛角を載せている。この像をフロイトに売った古物商ロベルト・ルスティヒは、金属の目方の値段で売りつけてきた田舎の商店主から、がらくたとしてこの像を買い入れた。

なぜ、このような異国の品物が田舎の商店に現われたのか。十中八九までは、1920年代初頭に発生した戦後インフレの結果である。現金にはほとんど価値がなくなり、それまで裕福だった都市住民は、貴重品を農産物と交換しなければならなかった。シュテファン・ツヴァイクはこう書いている。「ザルツブルクの農家に入った時に、インドの仏陀像に見つめられていることに気づいて、驚くこともあったのだ」

ロベルト60歳　　　　　　　　　　　　　　　　　1935年8月4日　日曜

ロベルト・ホリチャー（1875-1959）は長女マティルデの夫である。母親の誕生日を祝うマルティンの詩の中で「胃が痛んでいるロベルト」が、このロベルトである。彼の誕生日をフロイトが記録したのはこの年だけだが、数字がゼロで終わっているからなのは明らか。

上：フロイトの机上にあったホルスに授乳するイシス像。NB
下：フロイトの孫たちが逃れたナチスによる教育。黒板にこう書いてある。「ユダヤ人は最大の敵だ！　ユダヤ人に気をつけろ！」DOW

アイティンゴン　　　　　　　　　　　　　　　　　　　1935年8月6日　火曜

この訪問後、アンナはこう書いている。「アイティンゴンが2日前にまた帰っていきました。今回の訪問は嬉しい驚きでした。彼はたいへん機嫌が良く、ここ何年になく健康そうで、何よりも仕事の問題について話ができて、物わかりもよかったのですから」（アンナ・フロイト-ジョーンズ.1935-8-12）

だが、この機嫌は長続きしなかった。10月下旬にアイティンゴンは再びウィーンを通りかかったが、人が変わり、頑固（starrsinnig）だったので、アンナは落胆している。

エルンストがルシアンと　　　　　　　　　　　　　　　1935年8月14日　水曜

年に一度のウィーン訪問の際にエルンストは、今では13歳になった次男ルシアンを連れて来た（他の2人の息子はすでにフロイトと別々に会っていた。シュテファンは1932年、クレメンスは33年にである）

ベルリンでの最後の日々に、ルシアンは次第に強まる反ユダヤ主義に大きな影響を受けていた。自分がユダヤ人だと気づいたのは1929年頃だったと、彼は後に語っている。「急に僕はよそ者、追われる人間になった。むろん反抗したし、本当に腹が立った。よく家から姿を消して、誰にも居場所を知らせなかったものだ。色々隠し立てをして、両親を大いに困らせもした」

けれども、ルシアンは愛情を込めて祖父フロイトをこう回想している。「いつも非常に善良、親切で、謙虚な人だった」(1)

母　生きておれば100歳！　　　　　　　　　　　　　　1935年8月18日　日曜

母アマリアの長寿は、彼女の存命中からフロイトにとって驚嘆、感心する出来事だった。例えば1932年に彼はこう書いている。「母は奇跡で93歳です！」（フロイト-サム・フロイト.1928-12-6）。死後も彼は母親の誕生日を心に留めていた。1932年にはアイティンゴンにこう書き送った。「母が生きていれば今日で97歳です」（フロイト-アイティンゴン.1932-8-18）

この「若々しい母親」の正確な年齢は常に興味の的だった。1936年に姪リリー・マーレが誤って、フロイトが生まれた時に母親は18歳だったと書いた時には、フロイトはこう答えている。「どうしても些事にこだわる性格ですので、一点だけ訂正しなければなりません。初子を生んだ時、あなたのお祖母さんは18歳ではなくて21歳でした。今生きていれば101歳です！」（フロイト-リリー・マーレ.1936-6-1）

かさぶたの手術　　　　　　　　　　　　　　　　　　1935年8月19日　日曜

ピヒラー医師が執刀したこの手術にはポパー医師が立ち会った。人工口蓋の不快感の元を断つのがこの手術の一つの目的だったが、疑わしいいぼも、電気凝固法で処置をした。アドレナリン抜きでノボカインを使った。切除した組織を病理学者ヤーコプ・エアトハイムが検査し、悪性ではないと断言したが、前ガン段階の腫瘍の前兆が見つかった。

手術後最初の数日は痛みはなかったが、その後影響が現われた。ピヒラーは記している。「［1935年9月4日］通常通り、手術から時が経つにつれ悪化。客観的には全て正常。開口障害はひどくなったが、［人工口蓋は］どうにか挿入できる」

サラジン――ケンプナー　　　　　　　　　　　　　　1935年9月1日　日曜

友人でかつての弟子でもあるスイス精神分析学会会員フィリップ・サラジンと、精神分析家ザロメア・ケンプナーがフロイトを訪問した。ケンプナーは遅くとも1920年からドイツ精神分析学会の会員だった。けれども彼女は「外国ユダヤ人」だったので、ドイツを離れねばならなかった（とはいうものの、彼女は1938年までベルリンで統制分析［精神分析教育のために訓練分析家が行なうスーパーヴィジョン（指導）］を続けて、最後はワルシャワ・ゲットーで［ナチスによる迫害により］亡くなっている）。おそらく2人は恋人同士で、一緒にフロイトを訪問したのだと思われる。

祝辞をウィーンB．B．40周年式典に　　　　　　　　　1935年9月3日　火曜

「B．B」はブナイ・ブリース――「聖約の息子たち」――の略称で、ドイツ系ユダヤ人移民が1843年にニューヨークで設立した国際的組織を指す。ウィーン支部は反ユダヤ主義が猛威を振るっていた1895年に結成され、1897年9月23日にフロイトはこの結社に加わった。(1)

これは倫理的、教育的な団体で、政治的に働きかけるのではなく、実例を挙げて偏見と戦うことを目指していた。この組織のこういう人間主義的な主張がフロイトを引きつ

上：亡くなる1か月前のフロイトの母、1930年。
下：机上にある翡翠の皿、ロンドン。NB

けた。1926年の『ブナイ・ブリース月報』に、彼はこう書いている。「我々の支部は国家ごとに1つという基準で設けられ、主に倫理的目標に向けて奮闘しています。私が道徳に対して取る態度は、会員諸氏に常に正しく理解して頂けたわけではありませんでした。道徳の根源を探り、道徳を守ろうという動機を明らかにしても、人間倫理の尊厳や価値を傷つけることはない、と私は考えているのです」(フロイト.1926.1.27)

翡翠（ひすい）の皿とラクダ　　　　　　　　　　　　　　1935年9月5日　木曜

フロイトは一定期間翡翠製の皿を蒐集していた。20世紀初頭には、これらの皿の一部は水曜心理学集会の会合の際に灰皿として使われた。日記に書き留めたぐらいだから、この皿は標準以上の品物か、あるいは机上にある皿のどれかだろう。可能性があるのは、ホウレン草色で杯の形をした3枚の皿か（彫られたのは中国だが、バイカル湖の産物である）、光沢のある翡翠の鉢（インド市場向けに中国で特別にムガール様式で造られた）、あるいは桃の形をした軟玉製の19世紀のワインカップである。

このラクダは、蒐集物の中での2頭目である。最初のラクダは1933年にマリー・ボナパルトからもらった誕生日の贈り物だった。2体とも初期唐様式（紀元後 7-8世紀）に似せて20世紀に作られた模造品である。どちらも巧みに作られているが、一体は簡単にはがれ落ちる上塗りで偽物だとわかるし、もう一体は様式が疑わしい。

エムデン　　　　　　　　　　　　　　　　　　　　　　　1935年9月15日　日曜

ヤン・ファン・エムデン（1868-1950）はフロイトの弟子で、フロイト一家の友人だった。フロイトは休暇を過ごしていたオランダで1910年にエムデンと初めて知りあったが、その後エムデン夫妻はフロイト一家の私的な友人になった。

医学を学ぶ間にエムデンはウィーン精神分析学会に入会した。それと同時に、ウィーン大学医学部精神医学病棟のライマン教授の講義にも出席したが、この教授はフロイトに公然と反対していた。この経験は、オランダに帰ったのちに予想される反対に立ち向かうために役立つだろう、と1912年に彼はフロイトに語っている。

1917年にオランダ精神分析協会が創設された際には、エムデンは創立会員の一人となった。1935年にはJ・H・W・フォン・オフイセンに代わって同協会会長に就任した。

シュテファン・ツヴァイク　　　　　　　　　　　　　　　1935年9月15日　日曜

ザルツブルクの住人で、ヒトラーのベルヒテスガーデン山荘を国境越しに見る場所に住んでいたシュテファン・ツヴァイクは、オーストリアに対するナチスの脅威について、大方の人間よりも早くに現実を察知した。彼は1933年10月にはすでにオーストリアを離れて英国へ行き、その後1940年までロンドンで自発的亡命生活を送った。彼の作品は、他のすべてのユダヤ人の作品と同様に、ヒトラーの命令で禁止されていた。

この会見で目下の最関心事を並べ立てたフロイトは、後でツヴァイクに謝罪している。「9月15日にあなたがいらした後、本当に申し訳なかったと自責の念に駆られました。あなたのお仕事や計画を伺わずに、『モーゼ』の内容ばかりをあなたの前でくり広げてしまったのですから。モーゼは決して日の目を見ないでしょう」（フロイト-シュテファン・ツヴァイク.1935-11-5）(1)

ロンドンに戻ると、ツヴァイクはフロイトの『自己を語る』の英語版が発表された際に、『サンデー・タイムズ』紙に書いた記事を送った。この記事がノーベル賞受賞をほのめかしていたので、すぐにフロイトはそのうわさを打ち消した。

ヴィリー・ハース　　　　　　　　　　　　　　　　　　　1935年9月15日　日曜

ヴィリー・ハース（1891-1973）は批評家、随筆家、映画脚本家で、カフカのサークルの一員だった（1952年にカフカの『ミレナへの手紙』を編集したのがハースである）。1925年から33年まで、ハースはベルリンのローヴォルト社が創刊した『文学世界』誌の編集を担当した。しかしながら、33年にはプラハへ移住した。

ジーンズ　　　　　　　　　　　　　　　　　　　　　　　1935年9月29日　日曜

英国の物理学者、天文学者サー・ジェームズ・ジーンズ（1877-1946）がフロイトを訪問したのだろうか？　ジーンズは王立協会会員で、1919年から29年まで書記を務めた。1936年にはフロイト自身が同協会の外国会員に選ばれている。(1)

大きな観音　　　　　　　　　　　　　　　　　　　　　　1935年10月1日　月曜［火曜］

これはフロイトが手に入れた2番目の観音（阿弥陀仏の脇侍である観世音菩薩）像で、

フロイトが二体持っていた唐様式のラクダ像のうちの一体。NB

なかなか印象的である。宋時代（979-1279 AD）の小仏像の複製だと思われるが、観音はライオンの上に座っている。この像をフロイトは他の大きめの胸像と共に書斎のテーブルの上に置いた。現在はフロイト記念館の書斎のテーブルの上、微笑みを浮かべるミイラの容器の背後に置いてある。

アビシニアで戦争始まる　　　　　　　　　　　　　　1935年10月2日　火曜［水曜］

　長い間ムッソリーニはローマ帝国の再生を訴えていたが、この主張を裏づけるには外国を征服することが必要だった。アビシニア（現在のエチオピア）への侵攻の準備は少なくとも1年間続いていた。1934年12月5日にイタリア軍はエチオピアのワルワル・オアシスを攻撃した。1935年1月7日にムッソリーニ-ラヴァル協定が結ばれ、エチオピアに関するイタリアの主張をフランスは承諾した。実際の攻撃は10月3日に始まった。10月7日に国際連盟はイタリアを侵略者と断定した。けれども、オーストリアとスイスが同調しなかったので、連盟による経済制裁は効果を挙げなかった。12月7日に明るみに出たホーア-ラヴァル案で、英仏両国はイタリアへのエチオピア割譲に同意した。

ある微妙な失錯行為　　　　　　　　　　　　　　　　1935年10月10日　木曜

　この小論文「ある微妙な失錯行為」でフロイトは、ドロシー・バーリンガムへ贈る誕生日プレゼントに添える短文を書く際に犯した小さな失錯について考えをめぐらしている。プレゼントは指輪にはめる宝石だった。添付した手紙でフロイトは、ある宝石商がこの宝石を指輪にはめてくれる、と書こうとした。ところが、誤って不要な単語「まで」（ドイツ語のbis）を文章の中に入れてしまったのだ。

　結局、彼はこの間違いに潜む2つの理由を突きとめた。第一に、同一文章で同じ単語を繰り返す不手際を彼は気にした。第二に挿入されたbisはフランス語のbis［アンコール］や、「2回目」を意味するラテン語のbisを連想させる。この単語を加え、そのあとで消すことで、彼は不愉快な繰り返しをいわば削除したのである。ところが、この時点でアンナ・フロイトが、さらなる隠れた理由を指摘した。「フロイトがドロシーに指輪用の宝石を贈ったのは、これが初めてではない。bisはこの贈り物の繰り返しを批判している」それに加えて、「この失錯はプレゼントを贈りたくないことの言い訳ではないか、フロイトは本当はこれを自分用にとっておきたかったのだ」とアンナは言うのであった。(1)

ピヒラーの手術　　　　　　　　　　　　　　　　　　1935年10月11日　金曜

　今では標準的なこの手術では、ノボカイン麻酔の下、ジオミトリー針を使って、乳頭腫を切除した。目立つ副作用はなく、ピヒラー医師は6週間後に次の検査を行なったが、フロイトが再び悪性のカゼをひいたことを除けば、万事順調であった。

ソーントン・ワイルダー　　　　　　　　　　　　　　1935年10月13日　日曜

「あの愉快な本『サン・ルイス・レイ橋』の著者が来訪した」と、翌日、フロイトはアルノルト・ツヴァイクに書き送った。1928年には「並外れて美しい」と言って、息子エルンストにもこの本を薦めていた。

　米国の作家ソーントン・ワイルダー（1897-1975）とフロイトとのこの会見は1時間半続いた。(1)　最新の小説（『わが行く先は天国』）は途中で投げ出した、とワイルダーに語ったフロイトは、詩的に扱えるテーマではないのに、なぜ米国の狂信者のことを書くのか、と彼に問いかけた。もっとも、ミンナ・ベルナイスは以前に発表された小説『キャバラ』を気に入っていたようである（フロイトはそうではなかった——登場人物の一人がフロイトを悪く言うからではないか、とワイルダーは考えた）

　また、文学作品一般については、アルノルト・ツヴァイク、シュテファン・ツヴァイク、フランツ・ヴェルフェルなどの友人が精神分析を小説に使っているが、その使い方は臨床的あるいは図式的だ。作家が精神分析を深く理解したうえで、「純粋に小説の形」にして書くまでには数世紀かかるのではないか、とフロイトは自説を述べた。それに対して、そういう「純粋小説」はすでに存在する——ジェームズ・ジョイスの『ユリシーズ』がそれだ、とワイルダーは反論した。

　ワイルダーの記録によれば、その後フロイトは宗教や最近の仕事について次のように話している。「『私は神が好きです。……この数週間で私は宗教の定式化（Formulierung）を見つけました。……これまで私は宗教は幻想だと言ってきました。しかし今では宗教には真実があると考えます——歴史的真実です。人生最初の4年間に経験した、忘却に覆われている諸問題を、宗教は要約して、解決するのです」

大きな観音（慈悲の菩薩）像。WK

マティルデ48歳　　　　　　　　　　　　　　　　　　　　1935年10月16日　月曜

マティルデ・フロイトは今年体調が悪かった。バート・アウスゼーの気候が良くなかったので、フロイトは長女夫妻に、グレーフェンベルクにあるラインホルトが運営する療養所で夏を過ごすように勧めた。ラインホルトの評判がきわめて良く（フェーリクスとヘレーネ・ドイチュが彼を尊敬していた）、フロイトは費用を払おうとマティルデに提案している。

ベルクガッセ　　　　　　　　　　　　　　　　　　　　　1935年10月18日　金曜

フロイト一家は正確に6か月間グリンツィングに居たことになる。この日記が記録した年月の中では、最長の夏季滞在である。

＋リヒャルト・ワーレ　　　　　　　　　　　　　　　　　1935年10月22日　火曜

哲学者でチェルノヴィッツ大学の教授だったリヒャルト・ワーレ（1857-1935）が亡くなった。『知恵の悲喜劇：哲学行為の影響と歴史』("Die Tragikomödie der Weisheit:Die Ergebnisse und die Geschichte des Philosophierens".ウィーン＆ライプツィヒ、1915）の著者である。

1880年代初頭に、リヒャルトと2人の兄弟エミール、フリッツは、フロイトと仲間づきあいをしていた。この「一党」は毎週「カフェ・クルツヴァイル」で落ちあっていた。フリッツはマルタ・ベルナイスの友人で、フロイトの婚約期間中、短期間だがフロイトと彼女の愛情をめぐって張りあっていた。

自己を語る　　　　　　　　　　　　　　　　　　　　　　1935年10月28日　月曜

1935年6月にアーネスト・ジョーンズはフロイトに手紙を送り、国際精神分析叢書の一部として出版するために、『自己を語る』（1925）と『制止、症状、不安』("Hemmung,Symptom und Angst"1926）との権利をホガース社に売る気はないか、と尋ねた。ジェームズ・ストレイチーが『自己を語る』への「優れた補遺」の翻訳にあたるとのことであった。

フロイトは直ちにこの計画に賛成して、ストレイチーを「いちばん望ましい翻訳家」だと付け加えた。この英訳書を受け取った翌日に、彼はジョーンズとストレイチーに礼状を出している。

＋ヴィクトル・ダースツァイ　　　　　　　　　　　　　　1935年11月6日　水曜

オーストリアの作家、小説家ヴィクトル・ダースツァイ（1884-1935）が亡くなった。フロイトがこの作家の死を書き留めたのは、分析をしたことがあったからかもしれない。

イヴェット・ギルベールの訪問　　　　　　　　　　　　　1935年11月10日　日曜

イヴェット・ギルベールがこの年初めてウィーンで開いたコンサートは「歌うフランス」と名づけられており、15世紀から現在までのフランスの歌を組み合わせてあった。「ウィーン新聞」の批評家はこう論評した。「彼女のシャンソンは各々が小演劇を成している」

この記載で明らかなように、今回はイヴェットがフロイトを訪ねているから、フロイトはコンサートに行けなかったのであろう。

イヴェット・ギルベールがこの日記に登場するのはこれが最後だが、そうだとしてもこれは彼女の最後のフロイト訪問ではない。1939年5月にロンドンのウィグモア・ホールで公演を3回行なった際にも、彼女はフロイトを訪ねている（1938-9年にフロイトが来客を書き留めた暗緑色のノートには彼女の名前が記されている。また、彼女から贈られた献辞入りの写真には1939年5月6日とある）

年鑑1936　　　　　　　　　　　　　　　　　　　　　　1935年11月21日　木曜

『精神分析年鑑』1936年版にはフロイトが寄稿した小論文が3編収録されていた。『自己を語る』への補遺、「ある微妙な失錯行為」、それからマン60歳の誕生日に寄せた「トーマス・マンへの手紙」である。シカゴのフランツ・アレクサンダーからイッティゲン（スイス）のハンス・ツリガーまで、この年の年鑑には他に18名の寄稿者が世界各地から名を連ねていた。論文の主題は多岐にわたっていた。症例記録や一般理論だけではなしに、精神分析の方法を応用してポー、シラー、キルケゴールを研究した論文も載っていた。

「巨匠ジグムント・フロイトへ、アーティストの挨拶を、イヴェット・ギルベール」

オリ　ニースから　　　　　　　　　　　　　　　　　　1935年11月23日　土曜

オリヴァー・フロイトはニースで写真の仕事を始めていた。この時、彼は同地の写真店を買い取りたがっていたが、そのためには父親から資金を借りねばならなかった。フロイトはこの次男をウィーンに呼び、この問題を話しあった。

翌週、一家の商取引の代理人として、長男マルティンが写真店の所有者に話を持ちかけたが、破談になった。10万フラン以上は出せないとフロイトが決めていたからである。

アンナ40歳　　　　　　　　　　　　　　　　　　　　　1935年12月3日　火曜

この年、マルティンは妹アンナの誕生日を祝って、詩を2つ作った。長い方の詩はホッホローテルドのひよこになり代わって書いてあり、この地をほめ称えていた。もう一編は、アンナが現在執筆中の本（『自我と防衛機制』）のノートが書いたという形であった。

　　僕は原稿用紙
　　選ばれ、捧げられ、清められるのは
　　アンナ・フロイトの新しい本のためなのさ

大きな漢の箱　　　　　　　　　　　　　　　　　　　　1935年12月3日　火曜

アンナの誕生日の記載だから、彼女の誕生日の贈り物だったのかもしれない——漢王朝（206BC-220AD）、儒教の時代に作られた中国の箱である（翌年の誕生日にフロイトは漢の小立像をこの末娘に贈っている）

マルティン46歳　　　　　　　　　　　　　　　　　　　1935年12月7日　土曜

この誕生日を記録してはいるものの、マルティンの往来をこの日記がすべて書き留めているわけではない。例えば、1936年初頭にマルティンが商用で再びチューリヒに出かけたことは、この日記には記されていない。

エルンストル　パレスチナへ　　　　　　　　　　　　　1935年12月10日　火曜

この年、フロイトの孫エルンストルは成人となり、大学入学資格も取得した。だが、まだ将来のことを決めてはいなかった。このパレスチナ旅行について、彼はこう書いている。「学校の成績は研究者になれるほどには良くなかったし、どんな職業につきたいのかも、わからなかった。パレスチナやロシアのような国を訪ねて、見物して回れば、何かいい考えが浮かぶかもしれないと思ったのだが、これらの国に本当に興味があるわけではなかった。ともかく僕はパレスチナへ行き——6か月だったと思う——ある時はエルサレムのアイティンゴン夫妻の家に泊めてもらった。夫妻には色々とコネがあったので、僕は短期間田舎で働き、キブツで1か月を過ごすことができた。この国をあまり好きにはなれなかったし、この頃多くの熱心な人々がそうしていたように、非合法的に居続けたいとも思わなかった。そこで、正式の滞在許可期間が切れると僕はウィーンへ戻ったのだ」

3年前にフロイトはパレスチナへの関心をあらわにして、こう書いていた。「ぜひとも行ってみたいと思う国は、パレスチナをおいて他にありません。ですが、私は病人で……」（フロイト-ヴェリコフスキー.1932-2-26）

マサリク　辞任する　　　　　　　　　　　　　　　　　1935年12月14日　土曜

トマーシュ・ガリッグ・マサリク（1850-1937）はチェコスロヴァキア共和国を建国し、4期にわたって大統領を務めた。（フロイト同様に）モラヴィアで生まれたマサリクは、ウィーン大学で哲学博士号をとると、1881年までこの大学で私講師を務めた。1882年には（プラハの）カレル大学で哲学の員外教授に就任した。

第一次大戦中に、マサリクは哲学者からオーストリア-ハンガリー帝国に反対する愛国的指導者に変身した。そして、中欧、バルカン諸国民の民族自決という考え方に、ウィルソン大統領や連合国の主要政治家の目を向けさせるのに成功した。彼の指導の下でチェコスロヴァキア共和国は理想的な民主主義国になったが、周囲を独裁国に囲まれていた。

1935年になるとマサリクは高齢［85歳］のため、職務を続けられなくなった。12月14日に大統領府長官がマサリクの辞任声明書を読み上げて、エドヴァルト・ベネシュ博士を後継者に指名した。

漢の箱。NB

＋パウル・ホリチャー **1935年12月23日　月曜**
　パウル・ホリチャーは、フロイトの長女マティルデの夫ロベルト・ホリチャーの兄弟である。この兄弟の死にロベルトはひどく動揺した、とアンナは記している。

フロイトをスケッチしているオスカル・ネモン。仲間たちの圧力に負けて、フロイトは1936年に再びオスカルのためにモデルになった。

1936

「我々の誰が家族から平和な時を得られるのでしょうか？全く得られません。永遠の平和を見いだすまでは」と、かつてフロイトは米国の友人に書き送った。(1) 1936年におきたいくつかの出来事、中でも2つの記念日が、フロイトの人生と仕事の中で家族が果たした役割を浮かびあがらせる。フロイトは生涯のほとんどを大家族の中で送り、そのうち大方の時期はフロイトが一家の大黒柱、あるいはフロイト自身が使った表現を借りれば「金を稼ぐ機械」であった。(2) 彼はこの役割を嫌ったのではなく、反対に大いに楽しんだ。彼は一人でいるのを嫌った。フロイトが単独で暮らしたのは、初めて家庭を離れた27歳の時から、30歳で結婚するまでである。しかし、この時期を通じて彼は婚約しており、求愛の手紙も彼が感じた孤独を証明している。その後、結婚生活に入ってから、彼は一人で休暇を過ごそうとして、結局とりやめた。1908年に単独で英国旅行をした際には、家族にこう書き送っている。「一人で自由を楽しもうとするのはこれが最後です。昨年のローマでも、とても耐えられませんでした」(3)

1936年の互いに関連する2つの記念日で、フロイトは長年にわたる結婚と仕事とを祝った。第一に、4月の感謝祭は診療所開業50周年記念日だった。開業は経済的独立の始まりで、それが結婚の前提条件でもあった。第二に、9月には妻マルタと共に結婚50周年記念日を祝っている。これらの日付にはさまれた5月にフロイトは80歳の誕生日を迎えたが、この時には誕生祝いが洪水のように押し寄せて、その後には最高の科学的栄誉を授与された。英国王立協会外国人会員の称号である。

字義的にも比喩的にも、フロイトは大家族の父親だった。精神分析では父親像が中心的役割を演じる。親になることは「人生で最も興味深い事柄」(4) だと、彼は自らの経験で考えた。しかしながら、1936年の日記には一つの重要な日付が抜けている──10月の父ヤーコプ・フロイト死後40周年記念日である。けれども、この年に初めて発表された著作は、父親の記憶に密接に結びついていた。1月に著わした『アクロポリスでのある記憶障害』で彼は、1904年に弟アレクサンダーとアテネを訪れた際に経験した出来事を語っている。この時、アクロポリスを見て非現実感を味わったフロイトは、後にこの感覚を、父親を超えたことへの罪の意識のせいだと考えた。そして1936年の今、父親が亡くなった年齢まで後1年に迫ったフロイトは、これは自らの死の予兆ではないか、と思いをめぐらせていた。

ガンと診断され、何度も受けることになる手術を初めて経験してからも、すでに13年が経っていた。病人が生き続けることが特別な祝福の理由にはならないと、フロイトは考えたかもしれない。とはいえ、これは少なくとも印象的な出来事だった。自分自身の家族だけでなく、大家族第一の稼ぎ手だったのだから、なおさらである。自分の家族を扶養するのが難しかった、フロイトの息子たちは、たびたび父親の援助に頼っていた。しかし、世界的名声もそれに見合う財産をもたらさなかった。それに加えて、フロイトは稼いだ金を精神分析運動に注ぎ込んでおり、例えば、著書から得た印税の大部分を精神分析出版所に投資した。この日記に書き留められた各種の金額は、寄付であれ印税であれ、精神分析運動の財政状態にフロイトが抱き続けた不安を現わしている。フロイト家の財政に関する限り、フロイトとアンナが数多くの外国人患者を抱えていたので、一家は貴重な外国通貨を入手できた。これによって、オーストリア通貨の価値が暴落しても、一家の生活水準をかなり高いままにとどめることができた。とはいえ、家族への責任、困窮する知人や同僚への気前良さ、高価な習慣（葉巻と古代遺物）──これでは、フロイトが富を蓄えることは到底できなかった。代わりに、大家族の大黒柱が誰でもそうであるように、彼は「生涯を通じて心配事や関心事にまといつかれ」たのであった。(5)

---

1. フロイト-レーマン.1930-1-27［ブリル蔵書］
2. フロイト-リリー・フロイト.1911-3-14［LoC］
3. フロイト-愛するものたち.1908-9-12［FM］
4. フロイト-ビンスワンガー.1911-1-30.L・ビンスワンガー『ジグムント・フロイトの思い出』ベルン,1956,p.39,
5. フロイト-レーマン.1929-3-21［ブリル蔵書］

エルンスト　　　　　　　　　　　　　　　　　　　　　　　1936年1月2日　木曜

　1935年12月にウィーン精神分析学会はフロイトの自宅から丘を少し上がった所にあるアパートを確保した。初の自前の施設として使うためであり、研究室、図書室に加えて、国際精神分析出版所と共有する事務室を備えていた。
　アンナ・フロイトはアーネスト・ジョーンズにこう書いている。「ちょっと良いお知らせです。マルティンがお話ししたベルクガッセ7のアパートを本当に手に入れました。新年の後、エルンストが来て、色々な部屋の配置と内装について、教えてくれる予定です。できるだけ簡素にしなければなりませんが、私どもにとっては嬉しい出来事ですし、学会にとってもそうなのです」（アンナ・フロイト-ジョーンズ.1935-12-28）

エルンスト　出発する　　　　　　　　　　　　　　　　　　1936年1月13日　月曜

　ロンドンに戻る際に、三男エルンストは、ベルクガッセ7の各部屋の設計図を残していった。アンナはジョーンズにこう記している。「エルンストが素晴らしい設計図を書きました。これで後の手間が省けるとよいのですが。もしうまくいけばたいへん便利です。あなたが春にこちらへいらして、開所式に講演して下さると、学会はあてにしております」（アンナ・フロイト-ジョーンズ.1936-1-22）

「アクロポリスでの不信」終わる　　　　　　　　　　　　　1936年1月14日　火曜

　ロマン・ロラン70歳の誕生日を祝う記念論文集を準備していた詩人ヴィクトル・ヴィトコウスキー（1909-1960）がフロイトに論文を書くように求めた。最初、フロイトはお役に立てないと言って謝った。「求めや機会に応えて何か新しいものを作ろうとしても、人生のこの時期には何も浮かびません。少なくとも私の場合には」（フロイト-ヴィトコウスキー.1936-1-6）
　とはいえ、この日記を書くまでの8日間に、こうして断ったのにもかかわらず、小論文ができあがった。この日記では『アクロポリスでの不信［Unglaube］』と呼んでいるが、最終的表題は『アクロポリスでのある記憶障害［Eine Erinnerungstörung］』となった。この論文でフロイトは1904年に初めてアテネを見た際に感じた非現実感を分析した。そして、父親よりも先へ進んだことについての、子どもっぽい罪の意識がこの旅を楽しめないものにした、と結論した。

王女　出発する　　　　　　　　　　　　　　　　　　　　　1936年1月16日　木曜

　マリー・ボナパルト王女はクリスマスと新年をサン・トロペの屋敷で過ごしたから、このウィーン訪問は比較的短期間だったに違いない。いつ到着したのかは記されておらず、この年の日記に王女の名前はここ以外には記されていない。だが、王女は10月最終週にもウィーンを訪れて、フロイトから6時間の分析を受けている［6回通ったのであろう］。

手術　ピヒラーが　　　　　　　　　　　　　　　　　　　　1936年1月16日　木曜

　この手術は局部麻酔で行なわれ、アドレナリン抜きでノボカインが使われた。手術後、アンナはジョーンズにこう書き送った。「2、3日、難しい日々が続きました。今日から1週間前に、父が非常な痛みを伴う手術を受けたのです。かなり大きな腫瘍を切除しなければなりませんでした。でも、昨日からはもう大丈夫ですし、痛みも減ったようです」（アンナ・フロイト-ジョーンズ.1936-1-22）

✝ジョージ5世　　　　　　　　　　　　　　　　　　　　　1936年1月20日　月曜

　ジョージ5世（1865-1936）が亡くなった際の英国王位継承者は長男ウィンザー公エドワードであった。
　常に英国びいきだったフロイトは、息子エルンスト一家が移り住んだので、当然ながらこれまでにもまして英国の出来事に興味を持つようになった。一家がサウスウォルドへ行ったと聞いた時には、地図で場所を調べた、と書き送った。
　それからこう付け加えている。「いつも寝る前に1時間ほど英国の小説を読んでいます。こうして英国の風景の魅力の秘密を学んでいるのです」（フロイト-エルンスト・フロイト.1934-6-6）

ネモンとケーニヒスベルガー　　　　　　　　　　　　　　　1936年1月21日　火曜

　これらの芸術家、オスカル・ネモンとダヴィット・パウル・ケーニヒスベルガーは、共に以前、フロイトの胸像を製作していた。ネモンは1931年にフロイト75歳の誕生日向けの胸像を作製し、ケーニヒスベルガーは1921年に65歳の誕生日向けの胸像を造った。これら

上：アクロポリスの景色。ジョージ・ネステルの絵に基づく、アルベルト・リンケによるエッチング（19世紀）。フロイトのコレクションより。

下：アンナが1914年にロンドンを訪ねたときの記念品。ロンドン橋。フロイトの写真アルバムより。

の彫刻はやがて改作されて、どちらも公共の記念碑になった。ケーニヒスベルガーが作った胸像の複製をアーネスト・ジョーンズはウィーン大学へ寄贈した（1955年2月4日に、この胸像の除幕式がウィーン大学のアーケードで行なわれた）。ネモンが作製した等身大のフロイト像はニューヨーク精神分析研究所に据えられた。また、別の座像が現在ロンドンのフロイト記念館近くにあるスイス・コテージ図書館の脇に置かれている。

ファン・ヴルフテン　　　　　　　　　　　　　　1936年1月22日　水曜
　オランダの精神科医P・M・ファン・ヴルフテン＝パルテが来訪したのかもしれない。1935年に彼はバタヴィアの中国人の間に見られる「ペニス消失」不安に関する研究論文を発表した（「コロ。奇妙な不安ヒステリー」『国際精神分析雑誌』21巻2号、1935年）。その後、彼は『神経学と精神医学』（アムステルダム1948）を著わしている。

1週間　ネモン　　　　　　　　　　　　　　　　　1936年2月1日　土曜
　フロイト80歳の誕生日に弟子たちは胸像を贈ることに決め、5年前にフロイトの胸像を3体作った彫刻家オスカル・ネモンに制作を依頼した。このために、フロイトは12回モデルを務めた。ネモンによると、最初フロイトは機嫌が悪く、弟子たちからのこの贈り物が本当に必要なのか、と問い質した。その後、この仕事に興味を持ち出して、ネモンの芸術について質問している。(1)

マックス　　　　　　　　　　　　　　　　　　　1936年2月1日　土曜
　フロイトの義理の息子、亡くなった次女ゾフィの夫で写真家のマックス・ハルバーシュタットが、南アフリカへ移住する直前に、最後の別れを告げにフロイトを訪れた。

マックスの出発　　　　　　　　　　　　　　　　1935年2月4日　火曜
　マックス・ハルバーシュタットにフロイトは現地に住む知人を紹介することができた。南アフリカ在住の精神分析家ヴルフ・ザックスは色々と手助けをしてくれた。ハルバーシュタットが2番目の妻や2人の間に生まれた娘と共に南アフリカに落ち着くと、ザックスはできるだけ早く長男エルンストルを呼び寄せるように、と彼らを促した。他の地域と同様に南アフリカでも、時が経つにつれて、いよいよ移住が難しくなってきていたからである。

ロブ・ブロイエル　　　　　　　　　　　　　　　1936年2月9日　日曜
　レオポルド・ロベルト・ブロイエル（1869-1936）は、フロイト初期の指導者で、一緒に『ヒステリー研究』を著わしたヨーゼフ・ブロイエルの長男である。この人も医者で、ウィーンにあるユダヤ人社会の病院で働いていた。奇妙な偶然の一致だが、ロベルトの死を記したこの日は、母親マティルデ・ブロイエルの死後50周年記念日であった。
　ロベルトの死でフロイトはヨーゼフ・ブロイエルとの交友を回想したのかもしれない。2人の友人関係は最後には苦いものに変わったが、その後もヨーゼフはフロイトの活躍を共感を込めて見守り続けた——フロイトは11年前にこの話をロベルトから聞いていた。(1)

ビホヴスキー　　　　　　　　　　　　　　　　　1936年2月20日　木曜
　このポーランドの精神分析医の名前を書く際、フロイトはドイツ語表記（Bischowski）を使っている。グスタフ・ビホヴスキー（Bychowski.1895-1972）は第一次大戦後にスイスのブルクヘルツリ病院のオイゲン・ブロイラーの下で学んだ。1921年から23年にかけてはウィーンに滞在し、ジークフリート・ベルンフェルトから分析を受けて、フロイトの講義にも出席した。1923年にポーランドへ戻ると、同国の精神分析を発展させる先駆者になった。1933年から39年まで、ワルシャワ大学で精神医学と神経学の教授を務めている。この年後半に開かれたマリエンバード大会で、彼は「低血糖のときに行なわれた精神分析」に関する論文を発表した。また、統合失調症者や精神病者の治療にも興味を示していた。1939年に第二次世界大戦が勃発すると、彼は米国へ移住した。

手術　ピヒラー　　　　　　　　　　　　　　　　1936年2月20日　木曜
　これも口内を清掃する手術である。茶色のかさぶたが出来ていた2箇所を、ピヒラー医師は酸で焼灼した。人工口蓋調節の妨げになる白斑症も気にしていたが、当分のあいだ切除を見あわせた。

上：専門の写真家マックス・ハルバースタットをアマチュアが撮ったスナップ。
下：息子のロベルトと一緒のヨーゼフ・ブロイエル。「話による治療」の発見者。

＋ピネレス　　　　　　　　　　　　　　　　　　　　　　　　　　　1936年3月3日　火曜

ウィーンの内科医で、フロイト初期の知人だった、フリードリヒ・ピネレス（1868-1936）が亡くなった。1899年にフロイトは彼のことを「陽気で、洗練された、博識な人物」だと書いていた（フロイト-フリース.1899-8-1）

1892年夏にピネレスは児童精神病に関するフロイトの講義（「幼児期の精神病について」）に出席した。その後、彼はウィーン大学医学部教授と、フランツ・ヨーゼフ皇帝外来病棟の主任医師に就任し、神経学や内分泌学に関する本も著わした。ルー・アンドレアス＝ザロメの友人でもあり、少なくとも1895年から彼女と面識があった。

オシリスの一団をアレックスから　　　　　　　　　　　　　　　　　1936年3月3日　火曜

弟アレクサンダーから贈られたこの小像は、他の気に入った古代遺物と共に、フロイトの机の上に置かれていた。贈呈者がオシリス像を差し出している小像である。もっとも、真正品かどうかは疑わしい。オシリスと贈呈者をモチーフにした小像で、背後にいる贈呈者をオシリスが実際に圧倒している像の現存例が他にないからである。

1990年にこの像は大英博物館で開かれた贋作展に出品された。黒凍石製のこの像は手が加えられてないように見える。ところがX線で撮影すると、オシリス像の頭部が別に作られ、前方の胴体に金属製の針で固定されていることが明らかになった。背もたれには贈呈者の名前——パディウェサール——と、この時代の国王プサメティコス1世（第26王朝、紀元前600年頃）の名前とが刻まれている。

手術　ピヒラー　　　　　　　　　　　　　　　　　　　　　　　　　1936年3月10日　火曜

1か月間に2度目の手術である。今回の手術でピヒラー医師は残るいぼを酸で焼灼し、ノボカイン注射後、白斑症を電気凝固した。

ミンナの緑内障　　　　　　　　　　　　　　　　　　　　　　　　　1936年3月25日　水曜

ミンナ・ベルナイスは次第に目が悪化して、緑内障を手術した。翌日、フロイトはマリー・ボナパルトにこう書いた。「昨日、ミンナが両眼の緑内障手術を受けました。最後の瞬間まで秘密にしていたのです。誰もが良い結果を望んでいます」（フロイト-マリー・ボナパルト.1936-3-26）

また、フロイトがルー・アンドレアス＝ザロメから受け取った手紙を見ると、この手術の予後とフロイトの心配とが読み取れる。「義理の妹さんの目の病気と手術後苦しまれた痛みについて、予想もしていなかったので本当に心配したと、アンナ嬢が書いていらっしゃいました」（ルー・アンドレアス＝ザロメ-フロイト.1936-5-6）

アンジェラ　　　　　　　　　　　　　　　　　　　　　　　　　　　1936年3月25日　水曜

アンジェラ・セドマンはフロイトの姪トム・セドマン・フロイトの娘で、幼くして孤児になったが、俳優どうしである伯父と伯母のアルノルト／リリー・マーレ夫妻が、養子として引き取った。1933年に一家はドイツを脱出し、現在はプラハで暮らしていた。一家は毎年フロイトを訪ねていたが、この時初めてアンジェラが一人でウィーンへ旅して来た。

本の押収　ライプツィヒで　　　　　　　　　　　　　　　　　　　　1936年3月25日　水曜

ライプツィヒに保管していた国際精神分析出版所の書籍が押収されたのは、3年前にベルリンで行なわれた焚書より、実際に受けた被害が甚大だった。「ライプツィヒから、フォルクマルの所に預けておいた精神分析関連書を大部分ゲシュタポが押収したという知らせが届きました。哀れな出版所にとって大災害も同然です」（フロイト-マリー・ボナパルト.1936-3-26）

偏頭痛　　　　　　　　　　　　　　　　　　　　　　　　　　　　　1936年3月25日　水曜

翌日、マリー・ボナパルトに出した手紙でフロイトはこう付け加えた。「昨日、激しい偏頭痛がありました。めったにないことなので、今日もまだおかしな間違いばかりしています。この手紙と宛名でおわかり頂けるように」（フロイト-マリー・ボナパルト.1936-3-26）

シュール医師によると、フロイトは最初宛名を「アドルフ-イヴォン通り」と書き間違え、それから「イヴォン-アドルフ通り」に訂正している。さらに、1890年代——フリース時代——の人生で偏頭痛が果たした役割も忘れていた（フリース宛ての手紙の中には偏頭痛に関する日付なしの草稿がある）。1925年に発表した論文『否定』の脚注で取りあげ

上：アレクサンダー・フロイトの贈り物。オシリスと贈呈者の混合小像。NB
中：アルノルトとリリー・マーレ、息子のオムリ、養女アンジェラ・セドマン。
下：1936年4月3日に購入したエジプトの葬送の平底船。W.K.

た、あの患者と同様に、まるで迷信家が否定したかのようにである。

大きな葬送の平底船　　　　　　　　　　　　　　　1936年4月3日　金曜
　この大きな葬送の平底船はかなり壮観な出土品で、書斎の陳列棚の中の目立つ場所に置かれていた。エジプトの墓の中には、死者のミイラをアビドスへ運ぶこのような模型船がよく納められていた。
　しかしながら、この平底船は偽物かもしれない。舳先やともの形が普通ではなく、船体を構成する木材も3つの部分にわかれている。もっとも、天蓋の上部は本物だとも考えられる。偽作者の多くは本物の古代遺物の断片や古い木材を使って、贋作を製作した。9日後の4月12日に購入した農耕像と同様に、定期的に取引していた古物商ロベルト・ルスティヒがこの像をフロイトに売り込んでいる。

ヘニーがエヴァと　　　　　　　　　　　　　　　　1936年4月5日　日曜
　次男オリヴァーと妻ヘニーに会うのはベルリンへ行った時か、あるいは夫妻が短期間ウィーンへ来た時だったので、フロイトが夫妻の娘エヴァに特別な愛着を抱くことはなかった。とはいえ、彼は明らかにこの孫娘を非常に気に入っていた。ある意味で、エヴァは次女ゾフィの次男ハイネルレの身代わりであり、ハイネルレの死にフロイトが感じた悲しみは強烈だった。
　10年前（ハイネルレの死の3年後）に書いた手紙で、彼は2人の孫を較べている。「小さなエーフヘンはハイネルレにそっくりだと、ベルリンで強く感じました。四角い顔に漆黒の目、気性も同じで、よくしゃべります。頭が良く、さいわいハイネルレよりは頑丈のようですが、体の具合が悪くて、最初は優しくしてくれませんでした」（フロイト-アンナ・フロイト.1926-12-27）

エルンスト44歳　　　　　　　　　　　　　　　　　1936年4月6日　月曜
　この誕生日に三男エルンストはウィーンにはいなかった。

感謝祭　開業50年　　　　　　　　　　　　　　　　1936年4月12日　日曜
　開業記念日は結婚記念日と密接に結びついている。医院の開業はフロイトにとって経済的独立、したがって4年におよぶ長い婚約期間を経た後でマルタ・ベルナイスとの結婚へと向かう、最初の一歩になった。これはフロイトにとっては一種の再生だったから、この「再生」という感謝祭の要素が、開業の日付を決める動機になったのかもしれない。

エジプトの農耕風景　　　　　　　　　　　　　　　1936年4月12日　日曜
　エジプトの墓で発見されるこの種の像には魔術的役割があり、死者が死後の世界で日常生活を続けて営むのを保証していた。開業50周年記念日に入手した像だから、この記念日にふさわしい贈り物だったと言えるかもしれない。
　9日前に手に入れた別の大きなエジプトの古代遺物（葬送の平底船）と同様に、この像も本物かどうかは疑わしい。偽作者がたびたび古い木材や人為的に古く見せかけた塗料を使ったので、木材の年代では木製像の制作時期を推定できない。それに加えて、スキの形も疑わしく、牡牛の斑紋も同様である。

ミンナ依然不調　　　　　　　　　　　　　　　　　1936年4月12日　日曜
　ミンナ・ベルナイスは手術の後遺症に苦しんでいた。アンナはジョーンズにこう書いている。「この家には、病気や心配事が付きまとっています。目下の所、父は万事順調ですが、叔母が緑内障の手術を受けて、まだかなり具合が悪いのです」（アンナ・フロイト-ジョーンズ.1936-4-3）

ヘニー　エヴァ　出発する　　　　　　　　　　　　1936年4月14日　水曜［火曜］
　この母娘は9日間フロイト家に滞在した。エヴァはニースの学校へ戻らねばならなかった。フロイトとエヴァの間に交わされた手紙は現存しないようだが、フロイトの写真アルバムの中にはフランスで撮影したこの孫娘や学友の写真があり、そのうち数枚はフロイトに捧げられている。その中には、「アンナ叔母さん」から譲られたコートを着たエヴァの写真がある。

ミンナ　療養所へ　　　　　　　　　　　　　　　　1936年4月15日　水曜
　ミンナ・ベルナイスは緑内障手術から回復しなかったので、療養所へ行くように勧め

上：フロイトの書斎、農耕像の前に林立する
　　エジプトの彫像。N.B.
中：おばアンナのコートを着たエヴァ。
下：友人と一緒のエヴァ（左）、ニースで。
　　1936年頃。

られたのだと思われる。

シュトラッサーガッセ　　　　　　　　　　　　　　　　　　　　　1936年4月18日　土曜

　フロイト一家は夏を過ごすために3年連続で、ウィーン郊外グリンツィングのシュトラッサーガッセ47にある美しい屋敷に移り住んだ。

＃5000　ブリルから　　　　　　　　　　　　　　　　　　　　　　1936年4月23日　木曜

　これはニューヨーク精神分析学会が集めた精神分析出版所へのさらなる寄付だと思われる。「＃」マークはドルを意味するのであろう〔ナチスに収入があったことを知られたくなかったのであろう〕。

ミンナ　療養所から　　　　　　　　　　　　　　　　　　　　　　1936年4月29日　水曜

　レーヴ療養所かコテーシュ療養所で、ミンナは2週間静養した。5月中旬になると、激痛の時期は去り、彼女は完全に回復した。

挨拶状をマン　ウェルズ　ロランらから　　　　　　　　　　　　　　1936年5月4日　月曜

　フロイトの誕生日を祝う祝賀状を委員会がまとめ上げた。トーマス・マン、ロマン・ロラン、ジュール・ロマン、H・G・ウェルズ、ヴァージニア・ウルフ、シュテファン・ツヴァイクがこの祝賀委員会の委員だった。委員たちは祝賀状に共同で名を連ね、さらに350名に上る著名な作家、芸術家、科学者の署名を集めた。委員自筆、手製の贈呈用祝賀状と、書類ケースに入れた著名人の署名とをフロイトは受け取った。

　ロマン・ロランはフロイトが最も敬愛した同時代人で、その芸術だけでなく道義的態度をも、彼は大いに尊敬していた。この年初めに、非政治的という条件でロラン70歳の誕生日を祝う一文を寄稿するように求められた時には、非政治的という条件では「ロランの断固たる勇気、真理への愛、寛大さ」を称えられない、と彼は答えている（フロイト-ヴィトコウスキー.1936-1-6）。1933年、ヒトラーが権力を掌握したわずか1か月後に、ゲーテ賞を授与するとの通告をロランは受け取った。ところがヒンデンブルク大統領に宛てた返信で、反ユダヤ主義と反対派の圧殺とを政治綱領に掲げる政府からは、いかなる栄誉をも受けることはできないと言って、彼はこの賞を辞退した。そのような政策は「人道への犯罪」だと彼は述べていた。

80歳の誕生日　　　　　　　　　　　　　　　　　　　　　　　　　1936年5月6日　水曜

　早くも1935年7月からフロイトは、この逃れられない行事をやめさせるか、少なくとも控え目なものにしようと試みていた。英国精神分析学会がこの誕生日を祝う式典を計画中だと聞いた時には、最初にゼロで終わる誕生日を祝うという考えを冷笑し、そのような儀式は生のはかなさへのささやかな勝利を意味するのだから、意味があるのは、当人が多かれ少なかれ無傷のまま生きている場合に限られる、と言い張った。

　自分の場合、病んで命がどうにかつながっているのを祝ってもらっても全く意味がない、と彼は論じ立て、代わりに会員の写真アルバムだけを編集するように提案した。（1）しかしながら、誕生日に先立つ数か月間に準備作業はいよいよ盛んになった。ジョーンズはアンナにこう書き送った。「御父上が元気なのは良い便りです。80歳の誕生日のニュースが世界中に広がっていて、どのように祝えばよいのかに数多くの提案があるのを知ったら、さぞかし恐れおののかれるに違いありません。最近持ち上がったのは、アメリカの、それもこともあろうにセント・ルイスを中心においている、ノーベル医学賞を授与するように働きかける幅広い運動と、それから世界中の文学者が署名した祝賀状を送ろうとする運動との2つです」（ジョーンズ-アンナ・フロイト.1936-3-13）

　誕生日の祝賀行事とノーベル賞に対するフロイトの態度は揺るがなかった。「私の誕生日を祝う準備が進んでいるという噂を聞くと閉口しますし、ノーベル賞に関する新聞の風説に対しても同じです」（フロイト-マリー・ボナパルト.1936-3-22）

　フロイトの反対にもかかわらず、栄誉やメッセージは洪水のように押し寄せて、その中にはトーマス・マン、H・G・ウェルズ、ロマン・ロランらが名を連ねた祝賀状があった。アルバート・アインシュタインからは祝福の手紙が、アルベルト・シュバイツァーからはランバレネの絵葉書が届いた。

　アンナは新著『自我と防衛機制』("Das Ich und die Abwehrmechanismen")を父親に贈った。昨年を通じてこの本を書いていた彼女は、父親の誕生日に間にあうように急いでまとめ上げた。

　フロイトの姪リリー・マーレは特製のエッセーを3編贈ったが、後にフロイトは、すべ

上：ランバレネにあるアルベルト・シュバイツァーの病院の絵葉書。「あなたが健康を祝っているのを、あなたの友人すべてと共に、嬉しく思います」と書かれている。

右：フロイト宛てのアインシュタインの手紙「プリンストン、1936年4月21日、親愛なるフロイトさま。80歳の誕生日にあたり、偉大な教師の一人としてのあなたに尊敬とお喜びを申し上げる機会を得たことを私たちの世代は喜んでいます。あなたの最も重要な思想を正しく評価出来るように懐疑的な素人を導くのは大変でしょう。つい最近まで、あなたの思想の力や、現代の世界観に及ぼす強力な影響力に気付きませんでした。そしてあなたの学説の本質的な真実に目を覚ますことが出来ずにいました。しかしながら、最近になって、あるつまらぬ実例で、（抑圧学説以外の）別の説明ではうまくいかない場合があることを悟りました。これは非常に嬉しいことでした。偉大な美しい思想が現実の事実によって正しいということが証明されるのは喜びのもとになるからです。敬具。アインシュタイン．ご返事不要です。この手紙を書く契機となった慶事の喜びで十分ですから」

Princeton. 21. IV. 36

Verehrter Herr Freud!

Ich freue mich, dass dieser Generation das Glück zuteil wird, Ihnen als einem ihrer grössten Lehrer bei Gelegenheit Ihres 80. Geburtstages ihre Verehrung und Dankbarkeit ausdrücken zu können. Dem skeptischen Laien haben Sie es wahrlich nicht bequem gemacht, sich ein selbständiges Urteil über das Zutreffen Ihrer wichtigsten Lehren zu bilden. Bis vor Kurzem war mir nur die spekulative Kraft Ihrer Gedankengänge sowie der gewaltige Einfluss auf die Weltanschauung der Gegenwart klar geworden, ohne mir über den Wahrheitswert Ihrer Theorien klar werden zu können. In letzter Zeit aber hatte ich Gelegenheit, von einigen an sich geringfügigen Fällen zu hören, die jegliche abweichende Auslegung (von der Verdrängungs-Lehre abweichend) nach meiner Überzeugung ausschliessen. Dies empfand ich als beglückend; denn es ist stets beglückend, wenn eine grosse und schöne Idee sich als in der Wirklichkeit zutreffend erweist.

Mit den herzlichsten Wünschen in hoher Verehrung

Ihr
A. Einstein.

Bitte nicht antworten. Die Freude über die Gelegenheit zu diesem Briefe genügt völlig.

ての贈り物の中でこれらのエッセーが「一番優しく、芸術的で、感情がこもっていたので、最高に美しかった」と書き送った（フロイト-リリー・マーレ.1936-6-1）(2)

誕生日後アンナは、祝賀行事がフロイトにとって害になることは全くなく、反対に、全体的に見て色々とためになったので安心した、と記している。

アビシニアの征服　　　　　　　　　　　　　　　　　　　　1936年5月6日　水曜

5月5日にイタリア軍はアディスアベバを攻略し、ハイレ・セラシエ皇帝は逃亡した。予想より長くかかったものの、アビシニア［エチオピアの旧称］の征服によって、長い間抱いてきた野心をムッソリーニはついに実現させ、5月9日に新イタリア帝国の成立を宣言した。

この日の日記にトーマス・マンはこう書いている。「イタリア軍アディスアベバ入城。ローマでは勝利式典の熱狂。時代遅れの幼稚さ——やがてわかるだろう」

トーマス・マン　　　　　　　　　　　　　　　　　　　　　1936年5月7日　木曜

トーマス・マンが明8日に行なう講演の自筆原稿を、フロイトは前日6日に受け取った。シュール医師がその場に居あわせた。彼は書いている。「フロイトはいそいそと封筒を開けたが、我々にわかったのは、マンの筆跡が読めないことだった。最初の数行を解読しようとしたが、あきらめざるを得なかった」　この日、マンは儀礼的にフロイトを訪問したのだと思われる。(1)　もっとも、アーネスト・ジョーンズはこの日ルートヴィヒ・ビンスワンガーが夫人同伴で来訪したと書いているが、マンには触れていない。

講演　Th・マン　　　　　　　　　　　　　　　　　　　　　1936年5月8日　金曜

フロイトはこの講演に出かけられる体調ではなかったが、シュール医師が出席した。彼は書いている。「フロイトを称える講演を2つ、医学心理学のための大学協会が準備した。この会は、若手医師、主に精神科医の一団が組織した団体だった。最初の講演者はフロイトの旧友ルートヴィヒ・ビンスワンガーだったが、圧巻はトーマス・マンの講演だった。（中略）。朗読や講演の際、いつもは超然としてよそよそしいマンだが、この講演は内容も話し振りも、この場にふさわしかった。その場にいたすべての人々にとって、実に感動的な経験だった。この時代には稀なことに、まだすべてが失われたわけではない、と感じさせてくれたのだ」

講演後シュール医師はフロイト個人のためにもう一度、講演して頂けないかと願い出た。マンは快く承諾している。

＋L・ブラウン　　　　　　　　　　　　　　　　　　　　　1936年5月8日　金曜

ルートヴィヒ・ブラウンへの追悼文でフロイトはこう書いている。「この高潔な人物は、色々な面で秀でており、私の最も身近で親しい友人の一人だった。我々の友情にはあらかじめ運命づけられた何かがあった。実は、彼の年上の従兄弟ハインリヒ・ブラウン (1) が私の学校時代の親友だったのだ。（中略）。その後、この2、30年間、ルートヴィヒが私の親友で、一時期は主治医にもなったのだが、私は両ブラウンの関係を知らずにいた」

1887-8年の冬にルートヴィヒは、フロイトがウィーン大学で行なった延髄に関する講義を聴講した。その後は、ウィーンのロートシルド［ロスチャイルド］病院の医長に就任した。［フロイトと同じく］ブナイ・ブリース協会の会員でもあり、1933年以来オーストリアにおけるこの運動の総責任者を務めていた。

ベルクガッセ7の新施設を訪問　　　　　　　　　　　　　　1936年6月5日　金曜

エルンスト・フロイトが書いた設計図を使って、ベルクガッセ7の建物は、ウィーン精神分析学会と国際精神分析出版所の本部へと改装された。研究室と図書室も備わっていた。両団体にとって初の安定した根拠地であった。(1)

1か月前に行なわれた開所式では、国際精神分析協会会長であるアーネスト・ジョーンズが精神分析の未来について講演した。(2)　フロイトはこの式典を自分の誕生日の前後に開かれるもう一つの式典と対照した。彼はビンスワンガーにこう書いている。「ウィーン学会新本部の開所式は最高に価値のある式典で、誕生日祝賀式典の代わりになるでしょう。我々は誕生式典を冷たい目で見ています」

フロイトは開所式には出席しなかったから、この日初めてこの施設を見学したのだと思われる。

ヴィルヘルム・クラウスが1936年に描いたフロイトの肖像画。

トーマス・マン　講演を我が家で　　　　　　　　　　1936年6月14日　日曜

マンを招待したシュール医師は、この出来事をこう記録した。「それとわかる感情を込めてマンは原稿を読み上げた。これまで他の数か所で行なった講演だったが、むろん、どれもがドイツ国外での演説だった。称賛の言葉を聞くのを好まないフロイトも、この時は深く感動した（中略）。彼にとってこの講演は、生涯の仕事をまとめ上げ、長年耐えてきた中傷や誤解を拭い去り、これほど長生きしたかいが本当にあったと実感させてくれるものだったのだ。

お茶の時間からその後にかけて、2人は長く、魅力的な会話を交わした。話題は主にヨゼフとモーゼであった（この頃マンは『ヨゼフ四部作』を書いており、フロイトはもちろん『モーゼ』に心を奪われていた）」

この訪問は自分と家族にとって「大きな喜び」("eine grosse Freude")だった、とフロイトは後に語った。そして、ヨゼフの主題についての議論を（特にナポレオンの生涯に触れながら）この年11月にマンに出した長文の手紙で、さらに続けている。(1)

ミンナ71歳　　　　　　　　　　　　　　　　　　1936年6月18日　木曜

ゼロで終わらないこの誕生日をフロイトが書き留めたのは、長期にわたるフロイト自身の誕生祝賀行事の後だったからか、あるいはこの頃ミンナの健康状態を特に気にかけていたからだと考えられる。しかしながら、彼は翌月26日の妻マルタ75歳の誕生日は記録していない。

画家クラウス　　　　　　　　　　　　　　　　　　1936年6月29日　月曜

ウィーンの画家、彫刻家ヴィルヘルム・クラウス（1878-?）はウィーン在住の多くの著名人の肖像画を描いており、この時フロイトの弟アレクサンダーが兄の肖像画を依頼した。もう一度肖像画のモデルを務める気がまるでしなかったフロイトは、日課である5時間の分析の邪魔になっては困る、とこの画家に申し渡した。それから、こう付け加えている。「依然として残っている過去数十年間の虚栄心が、この提案を受け入れるのを渋らせて、同時に、現在の衰えてしまった、見るも無残な姿を記録にとどめたくないと思わせるのです」（フロイト-クラウス.1936-5-22）

（ジョーンズによると、この肖像画は第二次大戦中に行方がわからなくなったが、その後ウィーンの美術館で発見された。「無名紳士の肖像」という表題がついており、画家の署名は記されていなかった。これはおそらく複製画で、実物は現在米国国会図書館に展示されている）

エラ・ブラウン　　　　　　　　　　　　　　　　　1936年6月29日　月曜

ルートヴィヒ・ブラウンの身内の人間、ことによると未亡人が来訪したのだと思われる。

王立学会外国人会員　　　　　　　　　　　　　　　1936年6月30日　火曜

王立学会外国人会員の肩書きはフロイトがこれまでで最も愛着を感じた称号だった。ジョーンズはこう書き送った。「あなたは英国最高、そしておそらく世界最高の科学的栄誉を手になさったのです」。この称号にはジョーンズ本人も一枚噛んでいた。というのは、王立学会でこの称号を提案したケンブリッジ大学の天文学者、地球物理学者ハロルド・ジェフリーズ（1891年生まれ）がジョーンズの分析を受けていたからである。さらに、学会評議員の一人だった外科医ウィルフレッド・トロッターもジョーンズの友人で、義兄でもあった。ジョーンズによると、他の評議員は誰一人としてフロイトの研究を詳しくは知らなかった。だが、「トロッターにはどんな委員会をも説得する手腕があったのだ」

ドイツとの協定　　　　　　　　　　　　　　　　　1936年7月11日　土曜

1936年3月にドイツ軍はラインラント地方に進駐してヨーロッパにおける覇権を確立し、ヴェルサイユ条約の条項がまた一つ無力化した。次に目指したのは、オーストリアの政治を徐々に支配することであった。

この「ドイツとの協定」でシューシュニク首相はドイツに同調する閣僚2人を入閣させ、さらにドイツの利益に合わせて外交政策を行なわざるをえなくなった。ドルフス首相が暗殺された前年のクーデター未遂事件に関わったすべてのナチス党員には、大赦が認められ、これまで禁止されていたナチス党機関紙も、オーストリア国内で自由に販売できるようになった。

上：ミンナ・ベルナイス、フロイトの家族の生涯の友（妻マルタの妹）。
下：ミンナによるレース細工。彼女が作った沢山の複雑な図案のうちの一つ。

手術　ピヒラー　　　　　　　　　　　　　　　　　　　　　　　　1936年7月14日　金曜

　父親の健康状態を常に知らせていたジョーンズ宛てにアンナはこう書いている。「昨日の手術は簡単なものではありませんでした。1時間かかり、たいへんな痛みでした。ピヒラー医師が口蓋上部後方にある小腫瘍を切除したのです。これでしばらく無事ならいいのですが。手術後には痛みがなく、昨日休んだ父も、今日はまた仕事をできるでしょう。新しい腫瘍ができなくなることを、私たちは3か月間期待していたのですが、そうではなかったようです」（アンナ・フロイト-ジョーンズ.1936-7-15）
　手術後、ピヒラー医師は組織標本を病理学者エアトハイムに渡した。

療養所で手術　　　　　　　　　　　　　　　　　　　　　　　　　　1936年7月18日　土曜

　7月16日にエアトハイム教授はピヒラー医師にガン性組織（上皮ガン腫）を発見したと報告した。スライドを診たピヒラー医師は再手術が必要だと判断し、より良い麻酔設備が備わっていたアウアースペルグ療養所でこの手術を行なった。臨床記録を見ると、これも非常につらい手術だったことがわかる。「以前、高周波治療した軟組織を骨が露出するまで分離。その後底部を電気凝固。痛みのため何度も中断。（中略）さらに、周囲に徹底的に高周波。興奮状態に陥り、激痛の訴え」

目に包帯をして戻る　　　　　　　　　　　　　　　　　　　　　　　1936年7月19日　日曜

　手術後、フロイトは複視（両眼の視野が互いにずれること）の発症に苦しんだが、痛みは感じなかった。包帯はこの一時的副作用に対処する処置であった。翌日、フロイトは話すのが不快そうで、数回「一種の虚脱状態」に陥った、とピヒラー医師は記した。痛みはなかったものの、フロイトは「不機嫌」だった。2日間休むようにとピヒラーは勧めている。

重病を脱する　　　　　　　　　　　　　　　　　　　　　　　　　　1936年7月23日　木曜

　ここにフロイトが脱したと書いている病気とは、今回の手術の後遺症のことだが、心身の疲労のせいで、さらに悪化した。アンナがジョーンズに出した手紙を読むと、このことがよくわかる。「今週は良い一週間ではありませんでした。2回目の手術はきわめてきつく、後遺症もいつもとは全然違いました。帰宅後、今度は父も疲労困憊しています。ピヒラー教授は手術の範囲に満足しています。でも、こんな手術に何度も耐えられるものなのかどうか、私にはわかりません」（アンナ・フロイト-ジョーンズ.1936-7-23）
　フロイト親娘にとっては今までとは質が違った今回の手術への反応を、ピヒラー医師は2回「不機嫌」とだけ記している。フロイトがこの医師による治療を重んじた一つの理由は、病気や痛みに直面した際の、この揺るぎない客観的観察だった。この時期にピヒラーがつけていた記録がこの特質の好例であり、今回の症状を「重病」だとは認めようとしないほどである。フロイトの健康状態が悪化して、7月24日には偏頭痛があった、とだけ彼は記している。

アンナ　マリエンバード大会　　　　　　　　　　　　　　　　　　　1936年7月31日　金曜

　第14回国際精神分析大会は8月2日から7日まで開催されたが、国際精神分析協会副会長で、準備作業を担当していたアンナは一足早く現地に到着した。チェコスロヴァキアのマリエンバード（マリアンスケ・ラズネ）が開催地に選ばれたのは、中欧の便利な場所にあるからだけでなく、緊急事態に備えて父親に手が届く場所にアンナが留まるためでもあった。

アンナ　大会から戻る　　　　　　　　　　　　　　　　　　　　　　1936年8月6日　木曜

　当初の予定では、アンナは8月6日に会議の議長役を務めて、7日に論文──『幼児期の性的幻想の特有な運命について』("Über ein bestimmtes Schicksal infantiler Sexualphantasien")──を読み上げることに決まっていた。けれども、早めに帰宅するために両役割とも日程が繰り上げられた。大会論文の要旨を集めた小冊子で、彼女は実に簡潔にこの論文を要約している。「この論文は、ある種のサド-マゾヒズム的幻想と、原光景の経験、マスターベイションをやめるために取る方法、さらに人生に向ける固有の態度とを結ぶ環を確立しようとするものである」

アルノ．ツヴァイクとH・シュトルク　　　　　　　　　　　　　　　1936年8月14日　金曜

　作家アルノルト・ツヴァイクは最初は8月下旬にパレスチナを旅立つ予定だったが、友人ヘルマン・シュトルクとその妻に同行するため、少し早めに出発した。健康状態と視

上：マリエンバード景観。フロイトのアルバムから。1913年に訪れた時の記録。
下：「カールスバード種のラン（Orchibestia karlsbadiensis）……ユダヤ人とランとの混合像」1914年にシュトルクがカールスバードで作ったリトグラフを、フロイトはこう評した。

力が良くなく、列車の旅には危険があると医師からも忠告されていたので、友人夫婦との同行は二重の意味で歓迎できた。必要な時に助けが得られるからである。

画家、エッチング画家ヘルマン・シュトルク（1876-1944）はツヴァイクより前にパレスチナへ移り住んだ。移住1年前の1932年に短期間パレスチナを訪れた際、ツヴァイクはハイファにあるシュトルクの自宅に泊めてもらっていた。

シュトルクは長年フロイトと面識があった。1914年8月にはカールスバードで、一緒に見た蘭のスケッチを贈っている。彼が彫ったエッチングをフロイトは気に入ったが、リトグラフはお気に召さなかった。「ユダヤ人的な容貌はまことに結構」と記したものの、まだ何かしっくりしない点があったのだ。そこで「『夢判断』で述べたユダヤ人と蘭のような混合像［Mischfigur］」だからだとわかった、と書き添えて、シュトルク宛ての手紙を結んでいる（フロイト-シュトルク.1914-11-7）

モーゼをアルノルト・ツヴァイクと   1936年8月18日　火曜

『モーゼ』原稿の質にフロイトは失望していた。ツヴァイクの判断を重んじていた彼は、少なくとも1年半の間、この友人に原稿を見せたいと考えていた——建前上は、価値がないと自分を納得させるためである。1935年5月には、ツヴァイクに宛ててこう書いている。「『モーゼ』が頭から離れません。ウィーンへ来たあなたに向かって、大声で原稿を読み上げる自分の姿を思い浮かべています。言葉は不明瞭ですが」（フロイト-アルノルト・ツヴァイク.1935-5-2）。10日後にはアイティンゴンにこう書き送った。「『モーゼ』は私に固着してしまいました。逃げることも、うまく付きあうこともできません。もしテル＝エル＝アマルナで新たに見つかった発掘物が役に立たなければ、永久にしまっておくつもりです」（フロイト-アイティンゴン.1935-5-12）

ツヴァイクは『モーゼ』の進行状況を逐一知らされていただけでなく、着想や提案をフロイト宛てに送って、その創造にも一枚加わった。6月にはユダヤ教の歴史家である隣人に、これまでモーゼをエジプト人だと書いた著述家についての、調査を頼んでいる。けれども、彼はまだ原稿を見ていなかった。

ウィーン行きの予定を知らせた7月の手紙で、彼はフロイトに原稿を読んでくれるように求めていた。だから、これが約束済みの朗読だったことになる。さらに、フロイトはツヴァイクに認印のついた指輪を贈っている。（1）

アンナ　ラックスへ   1936年8月20日　木曜

再びアンナは静養のためにゼマーリング地方へ出かけた（ラックスとはゼマーリング峠近くにある山の名前である）。5月から発熱が続いていたアンナは、マリエンバード大会から戻ると、気管支炎で2週間ほど床についた。2か月後には仕事に戻ったものの、まだいつもの活気を欠いていた。

「精神的にも肉体的にもアンナの健康が心配だ」と、ジョーンズはアイティンゴンに記している（ジョーンズ-アイティンゴン.1936-10-2）

小銘板をヴィリー・レヴィイが   1936年8月20日　木曜

ラヨス・レヴィイ医師と精神分析家カター・レヴィイとの間に生まれた息子ヴィリー・レヴィイは彫刻家になった（移住後はピーター・ラムダの名前で働いた）。今回、フロイトの小銘板を製作した彼は、後に等身大のフロイトの胸像をこしらえている。（1）

＋タンドラー   1936年8月25日　火曜

ユリウス・タンドラーの初期の経歴はフロイトの経歴に似通っている。フロイト同様にモラヴィアで生まれたタンドラーは、幼少時にウィーンに出て、その後医学を学び、大学で解剖学を教えた。けれども、その後は社会民主党の政治家として活躍した。市会議員になった彼は市独自の非中央集権的医療制度を作り上げ、健康管理と社会保障に基本的人権という考えをもちこんだ。

ドルフス・クーデターがおきた時、タンドラーは中国にいた。オーストリアに戻ると逮捕され、大学教授の地位を剥奪された。釈放後は米国、中国を経て、最後はモスクワへ行き、到着直後に同地で亡くなっている。

ブリット　パリへ   1936年8月25日　火曜

ソビエト駐在米国大使を3年間務めたウィリアム・ブリットは、ソビエトへの幻想を失った。（1）　そして、この時フランス大使に任命された。この頃までにフロイトはウィルソン大統領についての共同研究書を世に出す望みを捨てていたのではないか。ブリッ

上：アルノルト・ツヴァイクとディタ夫人。夫妻は1936年にはイスラエル北西部のハイファに住んでいた。［1948年にドイツに戻り、その後は東ドイツで暮らした］

下：メラニー・クラインとアーネスト・ジョーンズの間に座っているアンナ・フロイト（パリ1938年？）。

ジョーンズと家族　　　　　　　　　　　　　　1936年8月28日　金曜

　前年の妻子を連れたアーネスト・ジョーンズの訪問は好印象を残した。フロイトもアンナもジョーンズの子供たちのことを手紙の中で問い質し、ジョーンズの娘が病に倒れた時には大変心配した。アンナは書いている。「ネスタ・メイは現実世界では稀な、完璧に良い子のように思えます。あの子が病気で苦しむなんて。あなたと奥様に特別な同情をお伝えして、ネスタ・メイが良くなればどんなに嬉しいかをお知らせするようにと、父も申しております」（アンナ・フロイト-ジョーンズ.1935-12-28）

　ここ数年間仕事で協力したので、アンナとジョーンズは以前にもまして親しくなった。このことが手紙でわかるのは、アンナが書き出しを「親愛なるジョーンズ博士」から「親愛なるアーネスト」に切り換えたことだけではない。1935年後半からジョーンズ宛ての手紙をほぼ一貫してドイツ語で書き始めたことにも、それは現われている。以前、彼女はだいたい英語で書いていた。

　アンナは英語が堪能だったが（もっとも、なまりはぬけなかった）、そうだとしてもやはり英語は多少の距離や壁になった。その一方で、英語には相手を親愛形、丁寧形のどちらで呼びかけるかを、選ばなくてもすむという大きな利点があった。しかし、今では、アンナは時折親しみを込めてジョーンズに"Du"［ドイツ語の、相手に対する親愛形、日本語の「おまえ」に当たる単語］を使っていた。この年初めに普段より長く文通が途絶えた時には、不安になり、次のようにしたためている。「あなたが病気かと思うと、不思議な別世界に隔離されて住んでいるような気もちです」（アンナ・フロイト-ジョーンズ.1936-2-21）

エルンストル　ロシアへ　　　　　　　　　　　　1936年8月28日　金曜

　このロシア行きもフロイトの孫エルンストルが計画した周遊旅行の一部だった。パレスチナから戻ったエルンストルは、もっと世界を見たいと望んでいた。彼は書いている。「まだどんな職業につけばいいのかわからなかったけれど、ともかくロシアを見ておくことにした。そこで月並みにソビエトの旅行社『インツーリスト』が世話する旅行客になり、1週間ほどモスクワへ出かけた。出迎えてくれるはずの女性分析家、ヴェラ・シュミットという名前だったと思う、が休暇でモスクワを離れていたし、この市の雰囲気も重苦しかった。もっとも、当時は、スターリン裁判については全く知らなかったのだが。ウィーンに戻ると、父がハンブルクからヨハネスバーグへ移住していたので、フロイト、ハルバーシュタット両家の人たちは、僕も南アフリカの父の一家に合流すれば良いのでは、と考えた。ヨハネスバーグの自分の会社で僕を働かせようと父も考えて、そこで準備のために、ウィーンの有名な肖像写真家トルーデ・フライシュマンの所へ僕を修業に出したのだ」

カーディーム　　　　　　　　　　　　　　　　　1936年9月6日　日曜

　カーディームは1883年にウィーン大学で結成されたユダヤ人の民族主義団体である（「カーディーム」とは「前進」や「東進」を意味する）。当初、この団体はユダヤ人の決闘クラブで、反ユダヤ主義者からユダヤ人の名誉を擁護した。1892年にはこの団体の同窓生（Alte Herren）がシオニズム組織を創設し、1896年にはテオドール・ヘルツルがその指導者に選ばれた。

　フロイト80歳の誕生日にカーディームが祝辞を送ると、フロイトは同窓生の一人になりたいものだと答えた。そこでこの団体はフロイトを名誉会員に選出し、この日代表者が肩章を贈呈しに訪れた。

　この団体に属するユダヤ人だけが反ユダヤ主義者の攻撃に反撃するのを見たマルティン・フロイトは、学生時代にこの組織に加わった。父親がどう反応するのかについてマルティンは、確信が持てずにいたが、息子のこの決断をフロイトは喜んだのであった。

エルンストとルクス　　　　　　　　　　　　　　1936年9月12日　土曜

　フロイト夫妻の結婚50周年を祝う集まりに加わるために、三男夫婦が英国から来訪した（エルンスト、ルクス夫妻の仲むつまじい結婚生活も、1970年にエルンストが亡くなるまで正確に50年間続いている）。(1)

上：エルンストとルクス、1920年代。
下：アンナとヴォルフ、1931年。1927年にこの犬はジョーンズに噛みついた。フロイトは記している。「叱らねばなりませんでしたが、いやいやでした。彼（ジョーンズ）は噛みつかれて当然だったのです」（フロイト-アイティンゴン.1927-9-13）

ヴォルフ 再び　　　　　　　　　　　　　　　　　　　1936年9月12日　土曜

ヴォルフはフロイトが初めて手に入れた犬である。ドイツ・シェパード犬で、アンナが一人でウィーンを歩けるようにと、1925年に購入した。1935年になるとフロイトはこの犬を「老紳士」("ein alte Herr")と呼んだ。すでに11歳で、人間に換算すれば、自分自身とだいたい同じ年齢だったからである。

この記載は、カグラン犬舎に預けられていたヴォルフが帰宅したという意味かもしれない。体調を崩してウィーンを離れていたアンナに、ヴォルフの世話はできなかった。しかしその一方でアンナは、ヴォルフが「10年以上の間」家族と生活を共にした、と語っている。ということは、この頃ヴォルフが死亡したことになるのだが、アンナもその後この犬には触れていない。したがってこの記載は、ヴォルフに安楽死措置が取られて、この時最後の別れを告げたという意味なのかもしれない。

結婚50年　　　　　　　　　　　　　　　　　　　　1936年9月14日　月曜

フロイトは1886年にマルタ・ベルナイスと結婚した。新郎は30歳、新婦は25歳。2人は4年の婚約期間を送っていた。(1)　マルタはハンブルクに住む高名なユダヤ人一家の出身であり、母親はフロイトが社会的地位を築くまで娘の結婚を認めようとしなかった。フロイト一家の友人ルース・マック・ブランズウィックがこの金婚式をフィルムに収めている。晴れた日で、フロイト夫妻は庭に座り、花束や贈り物を手にした来客が列をなしている。大勢のフロイト一族の他に、外部の人間も挨拶に訪れた。例えば、ホッホローテルドにあるアンナと友人ドロシーの別荘を管理していたファーデンベルガー一家である。

この日は1886年9月13日にバンズベクで行なわれた民事結婚ではなく、翌日、催された宗教的儀式の記念日である。フロイトが賛成していなかったとしても、オーストリアの法律ではこの儀式が必要だった（マルタがこの儀式の日取りを列席者が少なくなる平日にして、場所も正式な夜会服を着なくてすむ母親の自宅と決めたので、おおげさな式ではなくなった。マルタの叔父エリアス・フィリップが、必要なヘブライ語の応答文をフロイトに教える役目を引き受けている）。

ベルクガッセ　　　　　　　　　　　　　　　　　　　1936年10月17日　土曜

これまで同様に、引っ越しは平日に行なわれた。あと1日いればフロイト一家はグリンツィングで半年を過ごしていたことになる。

ベーア＝ホフマン　　　　　　　　　　　　　　　　　1936年10月18日　日曜

詩人、劇作家リヒャルト・ベーア＝ホフマン（1866-1945）は世紀の変わり目頃にきら星のように登場して名声を博したウィーンの作家連の一人である。このような作家には、他にアルトール・シュニッツラー、ペーター・アルテンベルク、フーゴー・フォン・フォフマンスタール、ヘルマン・バール、カール・クラウスがいる。

ベーア＝ホフマンはマックス・シュール医師の患者だった。フロイトがこの詩人を賛美しているのを知っていたシュール医師が1930年に初めて2人を引きあわせたらしい。もっとも2人には他にも共通の知人がおり、ルー・アンドレアス＝ザロメもその一人だった。彼女は1895年からベーア＝ホフマンと面識があり、1913年2月8日にはこの詩人と共に、「幼児期の心的外傷」に関するフロイトの講演を聴講している。

フロイト80歳の誕生日にベーア＝ホフマンは沈み彫り入りの鋳物を贈った。フロイトは7月に70歳の誕生日を祝う手紙をベーア＝ホフマンに送り、もっと深く知りあう機会がなかったことを残念がった。「このことから、あなたの作品の荘厳な美しさに私が無関心だったと、思わないで下さい。それどころかあなたについてお伺いしたことから、あなたと私の間には多くの重要な共通点があるはずだと感じておりました。ですが、人生は刺激的な厳しい仕事のうちに息つくまもなく過ぎ去り、ようやくできた暇を楽しんでいる今では、余生幾ばくもないのです」（フロイト-ベーア＝ホフマン.1936-7-10）　9月にベーア＝ホフマンは献辞入りの最新作『ダビデ王の劇への序章』("Vorspiel auf dem Theater zu König David")をフロイトに贈っている。

アルノルト・ツヴァイク　　　　　　　　　　　　　　1936年10月22日　木曜

この年初め頃、ツヴァイクは「フロイト伝」を書きたいという考えにとらわれていた。フロイトは不安を感じてこう書き送った。「伝記を書く人間は誰でも嘘をつき、隠し事をし、偽善的になり、こびへつらい、何も理解していないことを隠しさえするものです。なぜなら伝記的真実など存在しませんし、仮に存在しても使えないのですから」（フロイ

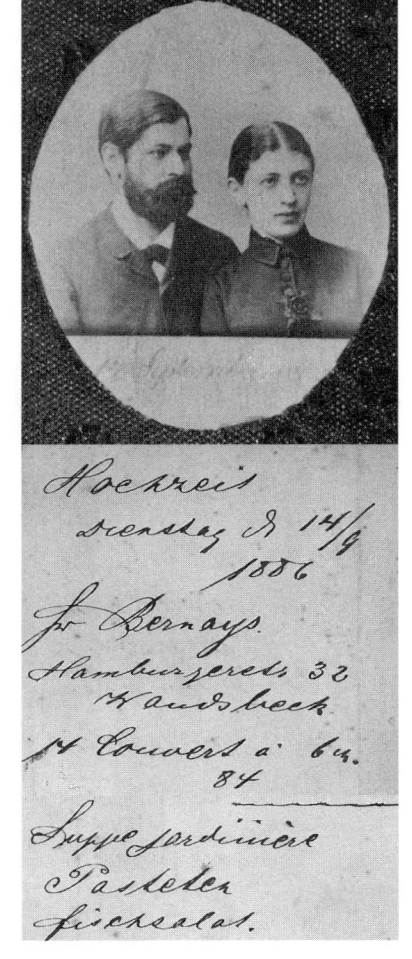

上：ジグムント・フロイトとマルタ、1886年。1886年9月14日（火曜日）の結婚ディナーに添えてあった写真。

下：ハンブルク市ヒルシェル・ホテルで近く行なわれるフロイトの結婚式のメニュー案。

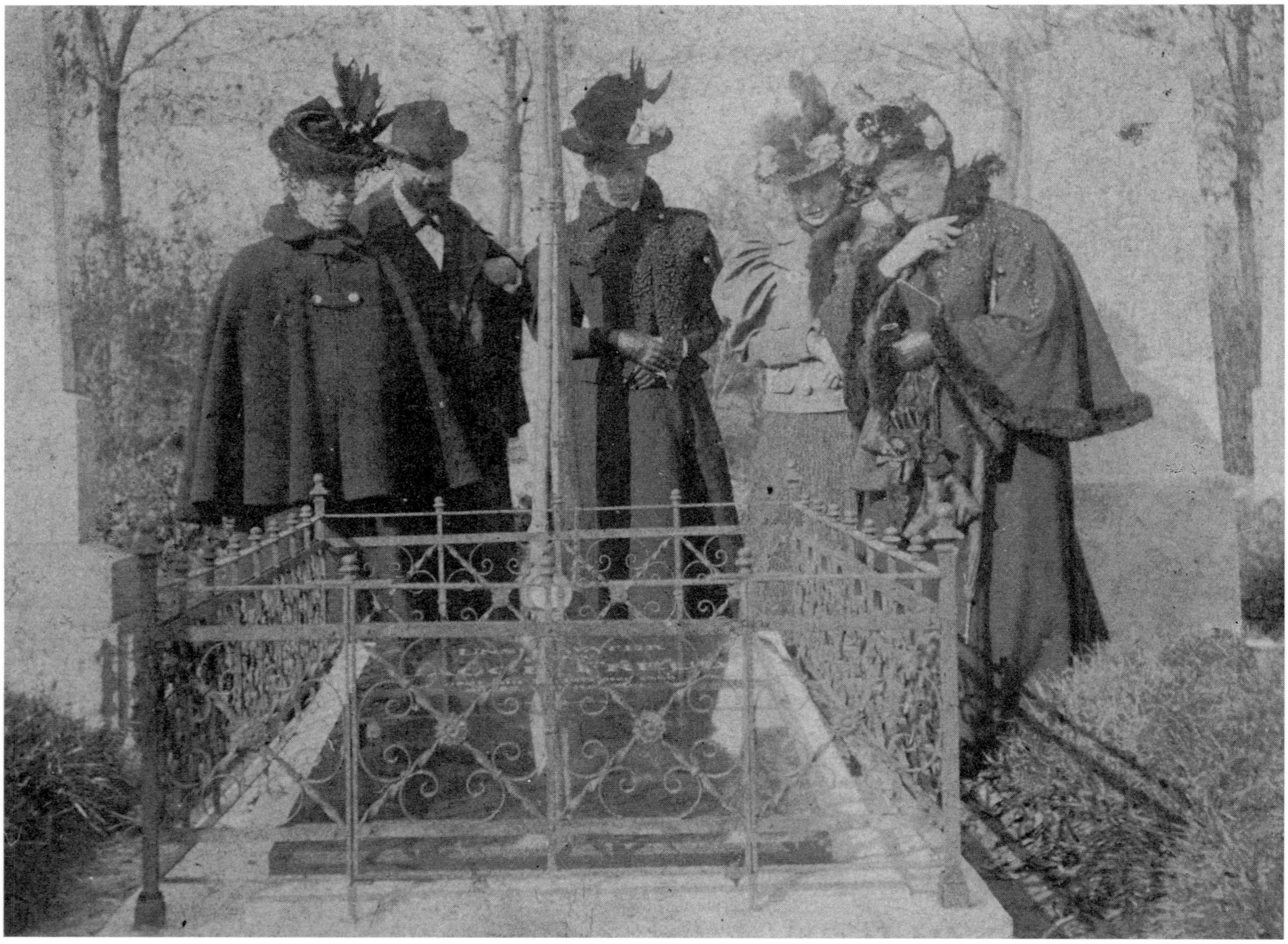

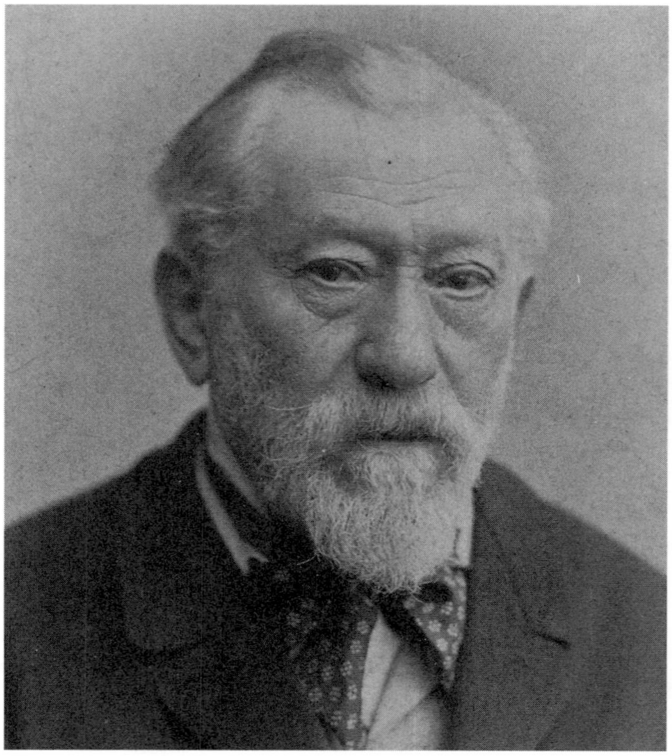

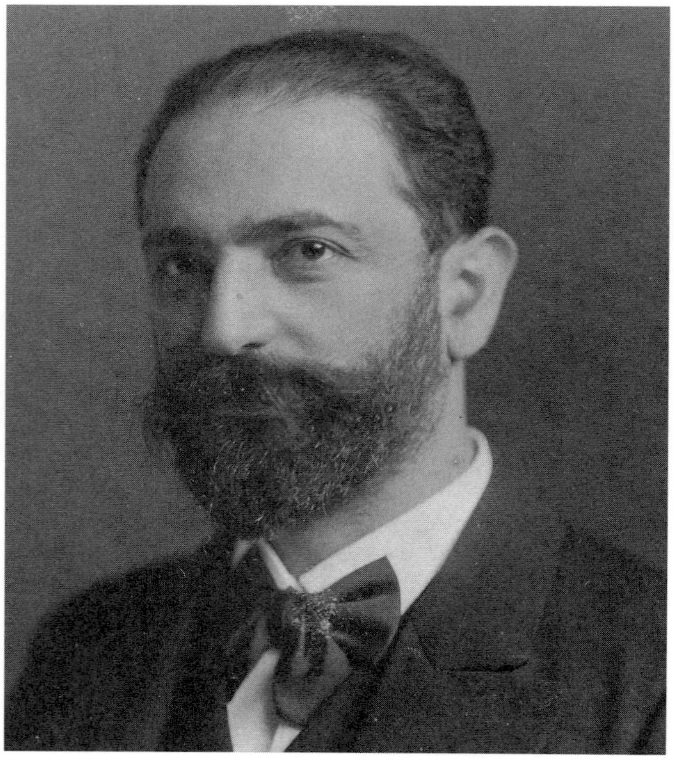

ト-アルノルト・ツヴァイク.1936-5-31)

その一方で、フロイトはツヴァイクとモーゼの正体を論じあうだけでなく、シェイクスピアの正体はエドワード・ド・ベールであると言って、この友人を説得しようともしていた――これはトーマス・ルーニーが『シェイクスピアの正体：エドワード・ド・ベール、第17代オックスフォード伯』（ロンドン1921）で唱えた説である。だが、ツヴァイクは納得しなかった。

アイティンゴン＆フリースの誕生日の日付　　　　　　1936年10月24日　土曜

7月から8月にかけて、アイティンゴンは妻ミラと共に、マリエンバードで開かれた国際精神分析大会に出席するためにヨーロッパを訪れた。

フロイトがこの日記の中で旧友ヴィルヘルム・フリースの誕生日に言及したのは、この時だけである。(1)　昨晩の父ヤーコプ・フロイト死後40周年記念日には触れていない。2つの日付が非常に接近しているので、一方が他方を思いつかせたのではないか。実際問題として、フロイトは父親の死を知らせた手紙の中で、初めてこの友人の誕生日を話題にしたが、これはその頃になってようやく知った日付だった。

81歳のフロイトは、間違いなく、数字に関する迷信と、父親の死とを気にかけていた。5週間後に彼はこう書いている。「81歳半の時に、父も兄も人生を閉じました。そこまでに、私にはまだ1年残っています」（フロイト-マリー・ボナパルト.1936-12-1）

鼻血　　　　　　1936年10月27日　火曜

この激しい鼻血では、24時間鼻に詰め物が必要だった、とシュール医師は述べている。1923年に初めてガンの手術を受けた後、フロイトは長い間鼻の病気に苦しんだ。この前は1931年に発病している。

とはいうものの、フロイトはもっと以前から鼻に問題を抱えていた。1890年代に耳鼻科専門医ヴィルヘルム・フリースは、フロイトの心臓病の原因さえもが鼻にあると考えていた（フリースの誕生日に触れた直後にこの鼻血があったのだから、2つの記載の関連については、いろいろ憶測を働かせる余地がある）

新しい馬　　　　　　1936年10月30日　金曜

これは、1932年6月28日に購入したものとよく似た、中国製の大きな馬の像だと思われる。どちらも古代遺物の模造品である。もっとも、縞のある古風で小さめのギリシャの馬の像のことかもしれない。

ベームとの会見　　　　　　1936年11月1日　日曜

1936年3月8日にアンナ・フロイトはドイツにおける精神分析の未来についてフェーリクス・ベームと緊急の話しあいを持つためにブルーノへ出かけた。ベームは精神分析を救おうとしながら、同時に当局の要求にも同意するという、不可能な立場に身を置いていた。当局はドイツに精神分析団体や研究所があることに異議を唱えており、これらの団体を（非精神分析の）ドイツ精神療法学会の傘下に入れるようにと、ベームは指示されていた。

この時ベームは、当局との合意条件を報告するためにフロイトを訪問した。同席した一人であるリヒャルト・ステルバはこう書いている。「フロイトはベームに忠告を与えて会見を切り上げたが、これは本当は外交的な間接的非難だったのだと思う。『どんな犠牲を払ってもいいですが、譲歩してはいけませんよ』とフロイトは言った。だが、ベームがすでに数多くの譲歩をしてしまったことは、誰の目にもものは明らかだったのだ」

1930年代のドイツで当局に妥協して精神分析を守ろうとすることの難しさを、ベームはアンナ・フロイトにこう説明している。「向こう［ドイツ］の生活で最も難しいのは、昨年なら逆上したであろうことを、今ではもう当然のように受け入れねばならぬことなのです」(1)　（アンナ・フロイト-ジョーンズ.1936-3-10）

主任　v.デメル＊　　　　　　1936年11月15日　日曜

ハンス・A・リッター・フォン・デメル（1886-1951）は、エジプト学者である。1923年から51年まで、彼はウィーン美術史美術館でエジプト・東洋コレクションの主任を務めた。また、ドロテウムの鑑定家で、古物商でもあった。この日記に彼の名前が明記されたのはこの時だけだが、古代遺物についてフロイトはたびたび彼の意見を聞いていた。

フロイトの蒐集物の目録には、1933年から38年までの間にデメルが署名した証明書が

＊フロイトは最初Demelではなく Dehmelと書いている。

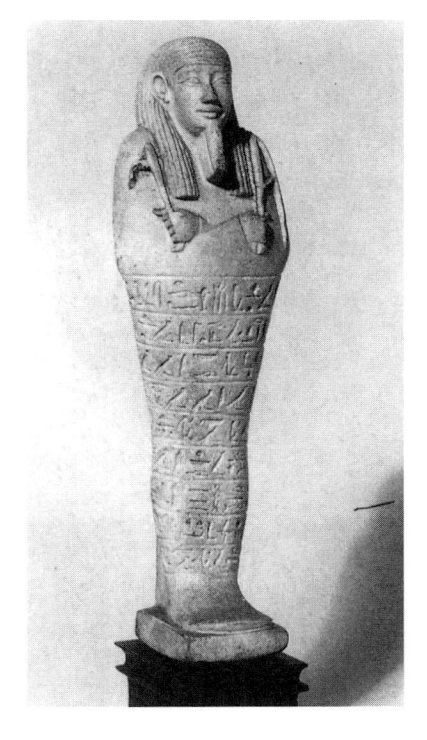

上：1936年10月21日付けのデメルの証明書。イムホテプのエジプト墳墓用小立像を真正品と認めている。
下：イムホテプのエジプト墳墓用小立像。NB
左上：母、妹たちと一緒にいるフロイト。1897年、埋葬された父の墓にて。
左左下：フロイトの父ヤーコプ、75歳、1890年。
左右下：1890年代のフロイトの親友だったヴィルヘルム・フリース。ヤーコプ・フロイトの死の翌日が誕生日だった。

18枚ある（フロイトは証明書の一部あるいはすべてを、この美術館で働いていたエルンスト・クリスを通じて入手したのかもしれない）。デメルが1936年以降に発行した証明書は4枚あるが、2枚は10月、ほかの2枚は12月付けである。11月15日付けの証明書は1枚もなく、この記載も古代遺物には触れていない。したがってこれは儀礼上の訪問か、あるいは別の目的の会見だったのかもしれない。

オリヴァー　　　　　　　　　　　　　　　　　　1936年11月21日　土曜

なぜフロイトはこの日記でただ一度だけ、ここでこの次男のフルネームを書いたのか？　フルネームは冷たさやよそよそしさの表われのように思われる。この前来訪してから後2日で1年経とうとしていたからか？　5日後、この次男が出発した時には、彼はもう一度普段どおりに「オリ」と記している。

✝エトカ・ヘルツィヒ　　　　　　　　　　　　　　1936年11月22日　日曜

エトカ・ヘルツィヒはフロイトの学校時代の友人ヨーゼフ・ヘルツィヒ（1853-1924）の姉である。ヨーゼフはウィーン大学で薬理化学の教授になった人であり、また1880年代初期に毎週一度カフェ・クルトヴァイルに集まっていたフロイトの友人仲間の一人でもあった。（1）

オリ　出発する　　　　　　　　　　　　　　　　1936年11月26日　木曜

オリヴァー・フロイトはフランスへ帰宅した。このとき、彼は写真店を始めていた。ニース市、ガルニエ通りの「パリ写真店」である。

アンナ41歳　　　　　　　　　　　　　　　　　　1936年12月3日　木曜

フロイトは誕生日の添え書きにこう記している。「漢（200BC-200AD）嬢が、心からの挨拶を送ります。1936.12.3。この女性もまた年齢以上に見せたがる一人なのかもしれませんね」　これは明らかに、アンナに贈った中国人女性の小像に付けた添え書きだった。「もまた」とあるから、アンナも中年を歓迎していたようである。ともあれ、アンナの職業生活は充実しており、フロイトはこう書いていた。「私の周囲で一番嬉しい出来事は、アンナが仕事好きで、自由に成果を挙げていることです」（フロイト-アイティンゴン.1937-2-5）。また別の文通相手には、「父親にとって必要なことを、めったに見られないほどにすべて満足させてくれる娘」だと述べていた（フロイト-シュテファン・ツヴァイク.1936-5-18）

この時期にフロイトが必要としたことの一つは人口口蓋の着脱だった。ちょうどこの頃アンナはフロイトの口内に疑わしいくぼみが2箇所あるのに気づいて、直ちにピヒラー医師に報告した。ピヒラーは12月7日に診察したが、危険は見つからなかった。

マルティン47歳　　　　　　　　　　　　　　　　1936年12月7日　月曜

マルティン・フロイトは父親の自宅で夜を過ごすことが多く、毎土曜晩にはカード・ゲームに加わっていた。だから、この誕生日もベルクガッセ19で両親と祝った可能性が高い。この月の終わりに彼は息子アントン・ヴァルターを連れてウィーンを発ち、スキーを楽しみに出かけている。

エドワード8世退位する　　　　　　　　　　　　1936年12月10日　木曜

エドワード8世（1894-1972）が英国王位に就いたのは、この年の1月20日であった。ところが、離婚歴のある米国人女性ウォリス・シンプソン夫人との結婚に英国支配層が反対したので、早くも国王は退位を迫られた（1）（夫人は1936年10月27日に前夫と離婚している）。この国王が自分たちの体制に好意的な意見を抱いていると考えていたナチスにとって、その退位は失望させる出来事だった。

フロイトはこの国王に良い印象を持っていなかった。マリー・ボナパルトに宛てた手紙で、彼はこう書いている。「あの国王は一体どうしたのでしょうか。知性もなければ、あまり聡明でもない、気の毒な人間だと思います。おそらく潜在的同性愛者で、この女性と友人になり、思い通りになるとわかったので、彼女なしではいられなくなったのでしょう」（フロイト-マリー・ボナパルト.1936-12-17）

手術　ピヒラーが　　　　　　　　　　　　　　　1936年12月12日　土曜

この手術ではノボカイン麻酔の下、潰瘍を電気凝固した。ピヒラー医師のきわめて客観的な記録を見ても、これもまた非常につらい手術だったことがわかる。「患者、最初は

上：フランスのニースで暮らしていたオリヴァー・フロイト。MH
下：息子アントン・ヴァルターとスキーに来ているマルティン。スイスのダヴォスで出した、1936年12月30日付けの新年祝賀状。

痛みを感じず。しかし終了近くにもう我慢できぬと発言。そんなはずはないのだが」

オットー・ローイ教授 　　　　　　　　　　　　　　　　　　1936年12月20日　日曜

　オットー・ローイ（1873-1961）はグラーツ大学で生理化学の教授を務めていた。神経刺激の化学的伝達に関する研究で、英国の科学者ヘンリー・ハレット・デールと共に、ローイはこの年のノーベル生理学・医学賞を受賞した（この年にはもう一人のオーストリア人もノーベル賞を受賞した。ヴィクトル・フランツ・ヘスが宇宙線の研究で米国人カール・デイヴィッド・アンダーソンと物理学賞を分けあったのである）。ローイはフロイトに共感を抱いており、フロイトをノーベル賞候補に推していた。この会見では最近ストックホルムで行なわれた授賞式のことをフロイトに語っている。

クリスマス　痛みの中で 　　　　　　　　　　　　　　　　　1936年12月24日　木曜

　1週間前にマリー・ボナパルトに出した手紙がフロイトの苦しみを物語っている。「体の具合が悪く、本当に苦しみました。くわしく説明しましょう。17日［12日］土曜日＊にピヒラーが、疑わしく見える新しい箇所を焼かねばならない、と言い出しました。今回は顕微鏡検査で無害な組織だとわかったのですが、反応はひどいものでした。最初は痛みが激しく、その後数日はきつい開口障害で、何も食べられなくなって、飲むのがやっとの有様、お湯を入れた瓶を半時間ごとに取り換えながら、なんとか分析を続けたのです。短波照射だけが本当に驚くような効果を挙げて、一息つけましたが、これも長くは続きません。あと1週間、こういう存在様式に耐えねばならないそうです」（フロイト-マリー・ボナパルト.1936-12-17）

シュテファン・ツヴァイク 　　　　　　　　　　　　　　　　1936年12月27日　日曜

　フロイトとシュテファン・ツヴァイクは再び親しくつきあい出した。双方に誤解があったにしても、ツヴァイクがフロイトへ寄せる尊敬や称讃の念は決して揺るがなかった。『精神による治療』("Die Heilung durch den Geist"1931）でツヴァイクが描いたフロイト像について、「自分はこの本が取りあげた最も興味深い人物ではありませんが、唯一の生きている人物です」とフロイトは書き送った。「もしかすると、あなたが示してくれた暖かい共感に感謝せねばならぬのかもしれません。分析家に対してだけではなくて、伝記作家に対しても、『転移』と言える現象がおきるのですから」（フロイト-シュテファン・ツヴァイク.1936-5-18）

＊［マリー・ボナパルトが自らの手で書き写したフロイトの手紙から引用した。手術の日付「17日土曜日」は明らかに「12日土曜日」の誤りである。王女、フロイトどちらの誤りかは、手紙の実物を見なければ決められない］

フロイトとヨフィ。「7年もの親密な関係から人間は簡単には立ち直れないのです」

1937

　1937年の日記の最初の記載——「**王女　フリースへの手紙を買う**」——は非常に重要な二つの友人関係をつないでいる。王女とはフランスの精神分析家マリー・ボナパルト王女のことであり、1930年代のフロイトにとっての最も親しい友人で、相談相手でもあった。ナポレオン家の末裔であるこの女性は、ギリシャ王室の一員だった。社会的地位や富の魅力も多少はあったにせよ、フロイトがマリーを好み、尊敬したのは、王女が「貴族の淑女らしいもったいぶったところが全くない、ありのままの人間」（1）だったからであった。2番目の友人は、10年前に亡くなった、ベルリンの耳鼻咽喉科医ヴィルヘルム・フリースである。

　フロイトが精神分析の基本となる考えを発展させた1890年代に、フロイトを知的に支えてくれた数少ない拠り所が、フリースと交わした議論や手紙だった。これらの手紙は、フロイトが精神分析を発見した背景を理解するためには、きわめて重要な資料である。また、フロイトがフリースに強く惹かれていたこともこれらの手紙で明らかになる。世紀の変わり目頃になって友人関係が終わると、2人は二度と会わなかった。2人の手紙が再登場したと聞いた時、フロイトはできる限りの手を尽くして、手紙を破棄させようと、マリー・ボナパルトを説得した。フロイトの知的発展は感情的生活と密接に結びついていたのだから、なぜ破棄すべきだったのか、その理由を解き明かすのは難しい。初期の失敗や思いつきの記録を消したかったのか。それとも私的生活を隠そうとしたのだろうか。

　この日記の一つの重要な特徴は、フロイトと同僚、友人、家族との関係を記録していることである。その中味を読むと、フロイトの家庭生活と職業生活とが大いに重なりあっていたことが明らかになる。6人の子どもの中で精神分析家になったのは娘アンナ一人だが、息子マルティンは1937年には精神分析出版所の運営を引き受けており、別の息子、建築家エルンストも分析家たちの家屋だけでなしに、1936年6月に開館したウィーン精神分析学会の新しい施設も設計した。さらに、多くの被分析者が私的な友人になり、その中には家族の一員として受け入れられた者もいた。米国人の精神分析家ドロシー・バーリンガムはフロイト家の階上にあったアパートに住み、アンナとずっと行動を共にした。もう一人の友人、オランダの若い女性精神分析家ジャンヌ・ランプル＝ド・フロートも、フロイトの養女役に収まった。

　自分の私的生活が一般大衆の興味の対象になるとは思わない、とフロイトは『自己を語る』に追加した補遺で力説した。しかしながら、この控え目な主張は、伝記を研究しても余り意味がないと言っているのではなくて、むしろ自分の感情をあらわにしないという傾向が出てしまったものであろう。

　親しい人々の間ではフロイトは社交を好み、友人関係が生涯を通じて重要な役割を演じた。フリースと熱心に文通していた1890年代には、たとえ、専門分野での意見が孤立していることを、どれほど強く感じていたにしても、社会的に誰とも付き合わなかったわけではない。家族の他に、フロイトには友人や知人がたくさんおり、彼らの多くは1930年代に入っても健在だった。けれども、1923年以降はフロイトの健康が悪化したので、彼の社会生活は思うにまかせなくなり、1937年になると、身近な家族や友人以外との接触はかなり減っている。友人たちの死も、社会との接触を狭めた。懐かしい名前の左に書かれている「＋印」を見ると、ヴィリー・クネブフマッハーや考古学者エマヌエル・レービといった学生時代からの旧友が、次第に消えていったことがわかる。初期の精神分析仲間も徐々に姿を消していった。この年の日記が記録したのは、良き友人ルー・アンドレアス＝ザロメの死だけではない。フロイトの意見に反対して、早い時期に精神分析運動から離反したアルフレッド・アドラーも、この年に亡くなっている。

　それに加えて、息子2人が家族と共に外国に移住したので、家族の来訪もさらに少なくなった。その埋めあわせとして、晩年のフロイトは愛犬家になった。犬の魅力をフロイトは幼い子どもの魅力になぞらえた。最愛の孫が死亡した後には、アンナのドイツ・シェパード犬ヴォルフは「亡くなったハイネルレの身代わりになるほどだ」（2）とさえ、彼は書き記している。この年、最初に記録した死は愛犬ヨフィの死であるが、このチャウチャウ犬は1930年からフロイトのかたわらで暮らしていた。直ちにもう一頭のチャウチャウ犬リュンがヨフィに取って代わった。幼い子どもとであろうと、犬とであろうと、彼らの無邪気な愛情は、社会生活のわずらわしさや、精神分析の実践や理論の複雑な重荷から逃れて安らぎを得るために、のぞましく、また、必要なものであった。

---

1. フロイト-フェレンツィ.1925-10-18［FM］
2. フロイト-ランプル＝ド・フロート.1927-2-22［FM］

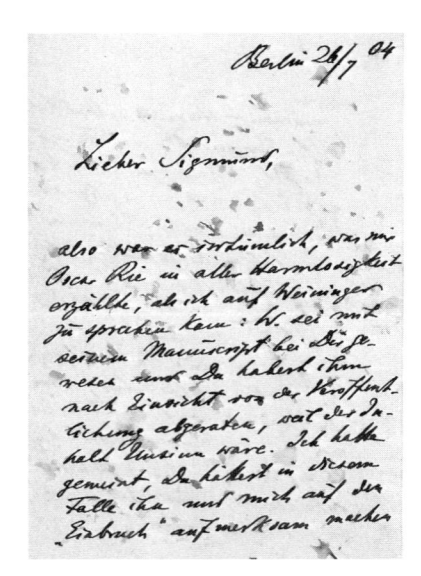

王女　フリースへの手紙を買う　　　　　　　　　　　　　　　　1937年1月2日　土曜

　1887年から1904年にわたるこれらの手紙は、フロイトと1890年代の親友ヴィルヘルム・フリースとの強烈な知的、感情的関係を跡づけて、フロイトの成長を最も赤裸々に語る自伝的資料になっている。

　1936年12月30日にマリー・ボナパルト王女は、ベルリンのシュタール氏という人物から「フロイトがフリースに出した手紙を12000フランの低価格で売りたい」と持ちかけられた、とフロイトに書き送った。フリースの未亡人はこれらの手紙を当初はプロシア国立図書館へ寄贈しようと考えたが、フロイトの著作をナチスが焚書にしたのを見て、それを取りやめた。売却には、手紙をフロイトの手に渡してはならぬ、との条件がついていた。

　この逸話をまとめた手記の中で王女はこう書いている。「手紙を買ったと私はフロイトに言った。彼はフリース夫人が手紙を売ったことに腹を立てた。フロイトが手紙を破棄するだろうと考えたので、私は手紙を渡さなかった。フロイトに手紙を読み聞かせる許可をもらった。分析時間中に、最も重要な数枚だけを読み聞かせたが、彼に渡しはしなかった。

　手紙を渡したらどうなるのか、フロイトは私に『オオライチョウ』[Auerhahn―狩猟用の鳥]の物語を話してくれた。(この鳥の料理法を尋ねた人物はこう聞かされた。『最初は土の中に埋めて、1週間経ったらまた取り出すんだ』『それから？』『それから、投げ捨てるのさ！』)」

　2か月後、ギリシャへ行く途中にフロイトを訪ねた際にも、王女はこれらの手紙について話しあった。「それから、その後1937年の2月末か3月初めにウィーンで会った時にも、フロイトは、あの手紙を燃やしてほしい、と言った。私は断った。(中略) ある日彼はこう漏らした。『手紙を破棄するようにあなたを説得できればよいのですが』」

ヨフィ　手術で病院へ　　　　　　　　　　　　　　　　　　　　1937年1月11日　月曜

　1936年12月12日にフロイトが受けた苦しい手術の後で、ヨフィがフロイトの苦痛に示してくれた同情について、フロイトはこう書き送った。「あの悲惨な日々にヨフィがどれほど同情してくれたか、あなたもご覧になれればよかったのですが。まるで、すべてをわかっているかのようでした」(フロイト-マリー・ボナパルト.1936-12-17)。ヨフィは卵巣にできた2つの嚢胞を手術した。最初は成功したかに見えた。

✝ヨフィ　心臓麻痺で　　　　　　　　　　　　　　　　　　　　1937年1月14日　木曜

　この記載と日付とを結ぶ点線が、この出来事が特別に重要だったことを示している。フロイトはアルノルト・ツヴァイクにこう打ち明けた。「実に不思議な気分です。犬が傍にいるのがいつでも当たり前だったのに、急にいなくなったのですから。弔う気持ちは別にして、犬が居ないという現実感がまるでなく、いつこの感覚に慣れるのかわかりません。(中略)。ですがもちろん、7年もの親密な関係から人間は簡単には立ち直れないのです」(フロイト-アルノルト・ツヴァイク.1937-2-10)

　フロイトは犬を熱愛したが、それはヨフィに限られたことではなくて、子どもに向ける愛情にも似通っていた。10年前に彼はこう書いた。「なぜ、これらの小さな存在[子どもたち]はこれほど可愛いのでしょうか。子どもについてわかることは、すべてが我々の理想とはまるで一致せず、まるで小さな動物のようなものだということです。ですが、もちろん動物も可愛く思えますし、複雑で裏表がある大人よりも動物のほうがずっと好ましいのです。今、私は我が家のヴォルフを見て、そう思います。ヴォルフは亡くなったハイネルレの身代わりになるほどなのです」(フロイト-ランプル＝ド・フロート.1927-2-22)

トーマス・マン　　　　　　　　　　　　　　　　　　　　　　　1937年1月15日　金曜

　トーマス・マンはブダペストを出て午後4時にウィーンのインペリアル・ホテルに到着し、翌日夜にキュスナハトの自宅へ向けて出発した。出版された日記の1月15日の所を見ると、フロイトには全く触れていない。だが、多くの電話があったとは書いてある。それでもなお2人が会った可能性も考えられるが、この記載は電話があったことであろう。

　トーマス・マンの小説『ヨゼフとその兄弟たち』を読んだときにフロイトは、ナポレオンにとってのヨゼフ神話の意味について、1936年11月29日に出した有名な手紙の中で思いをめぐらせた。

　1936年12月13日に出した返信でマンは、1937年1月にウィーンを再訪すると述べ、さらにヨゼフがナポレオンの化身だというフロイトの意見には、こう返答した。「ですから、私にとってはかくべつ新しい意見ではなかったのですが、それでも驚かされる、非常に真実味のあるお話でした。そうなると、それが当たっているかどうかという問題は私にとっ

上：フロイト宛てのヴィルヘルム・フリースの最後の手紙。1904年7月26日。フロイト経由で両性性(バイセクシュアリティ)の考え方をオットー・ヴァイニンガーが「盗んだ」、と言っている。

下：フロイトのチャウチャウ犬「ヨフィ」。

て重要ではなくなってしまいます。このお手紙は、心の無意識的活動やその深層から生じる影響の問題について、あなたがお持ちの天賦の才を鮮やかに示しています。このようなお手紙を頂くことができて、私は大いに喜んでおります」（マン-フロイト.1936-12-13）

この頃、マンはスイスで亡命生活を送っていた。最初の沈黙の時期が過ぎると、ナチスとの戦いに乗り出し、1936年2月3日に彼は亡命文学宣言を『新チューリヒ新聞』への公開書簡という形で発表した。7月5日にはヨーロッパ・アムネスティ会議に声明書を送り、第三帝国で自由のために戦った犠牲者への連帯を表明した。1937年4月にはブレヒト、アルノルト・ツヴァイクと共に、スペインのドイツ自由ラジオ局（Deutscher Freiheitssender）に出演。9月にはファルクと共にチューリヒで隔月刊誌『尺度と価値』を創刊している。

リュンを引き取る　　　　　　　　　　　　　　1937年1月15日　金曜

リュンはヨフィの遠縁だった（「ある種の非血縁関係」）。ヨフィよりかなり若い雌犬で、最初はヨフィと同時に手に入れた。ところがヨフィが「リュンにひどい意地悪をしたので」手放さざるを得なくなり、最初はヘレーネ・ドイチュ夫妻に預けられた。その後夫妻がボストンに移住したので、バーリンガム一家に引き取られ、この時フロイトの手元に戻ってきた。

フロイトはこの犬の特徴を、「非常に頭が良く、ヨフィより（中略）はるかに信頼できて、おだやかです。たいへん可愛いのですが、ヨフィのような獅子頭の風格はありません」と記している（フロイト-アルノルト・ツヴァイク.1937-2-10）

心臓の異常　　　　　　　　　　　　　　　　　1937年1月18日　月曜

1月4日に、この年初めてフロイトを診察したピヒラー医師は、客観的にも主観的にも患者は快復した、と書き記した。とはいうものの、この心臓異常は2月まで続いた。シュール医師は「狭心症の痛み」だと言い、ピヒラー医師は「心臓発作」と記録した。その後フロイトは激しい鼻カタルと、続いて気管支炎にかかった。3月になると、これは「持続的風邪」に変わった（"Dauererkältung":4月にアルノルト・ツヴァイクに出した手紙でフロイトは、この言葉を発明した人物は偉大な詩人だったに違いない、と語っている）

小さなモーゼ　終わる　　　　　　　　　　　　1937年2月3日　水曜

これは小論文「エジプト人モーゼ」のことである。この論文はこの年後半に『イマーゴ』誌に発表され、やがて『モーゼと一神教』の第1章として収録された。

2日後、フロイトはアイティンゴンにこう書いている。「最近の心臓発作からやっと立ち直って、またタバコを少しは楽しめるようになり、文章も書き始めました。ささやかなものですが。（あなたやA・ツヴァイクがご存じの）モーゼの仕事から切り離せる断片が完成したのです。ですが、最も重要な事柄は伏せておかねばなりません」（フロイト-アイティンゴン.1937-2-5）

†ルー・ザロメ死去 5／2？　　　　　　　　　　　1937年2月11日　木曜

フロイト一家はルー・アンドレアス＝ザロメの死を、彼女の友人エルンスト・プファイファー（後にルーの日記や手紙を編集する）から知らされた。日付に疑問符があるのはそのためである。この日付は正しかった。長い間健康がすぐれず、フロイト一家と会えなかった彼女は、76歳に迫った頃、ゲッティンゲンの自宅で亡くなった。

フロイトもアンナもルーを愛し、尊敬していた。（1）　『国際雑誌』に発表した短い追悼文で、フロイトはこう述べている。「この非凡な女性は人生最後の25年間を精神分析運動に参加して、貴重な労作を寄稿し、精神分析を実施した。彼女が共に戦う同志の隊列に加わった時、我々の誰もが光栄に思い、分析理論の正しさの新しい保証にもなると考えたことを認めても、決して言い過ぎにはならないだろう」

ヴォルフ・ザックスがヨハネスバーグから　　　　1937年2月28日　日曜

南アフリカの精神分析団体を率いていたヴォルフ・ザックス（1）は、ロンドンで3か月過ごした後、ウィーンに滞在していた。非常に愛想の良い男だ、とフロイトはジョーンズに書いている。またザックスは、今では南アフリカに住んでいるマックス・ハルバーシュタットを支援していた。

この訪欧の頃に、ザックスは南アフリカの団体、中でもフリッツ・パールズとの間に問題を抱えていた。パールズは後に心理療法「ゲシュタルト療法」とエサレン研究所と

ルー・アンドレアス＝ザロメ、1930年代半ば。一時は、リルケのミューズ（詩の女神）であり、庇護してくれる母親であった。フロイトは、「ルーの一生を支配した父親のようなもの」だった。（ルー・アンドレアス＝ザロメ-フロイト、1935-5-4）

を創設した。ジョーンズはアイティンゴンにこう記している。「目下、彼［パールズ］は、ザックスを無視して、分析にはまるで不適当な多くの候補者を公然と訓練している。第三帝国の方向への退行も著しい。それで、ザックスは我々の学会に助けを求めたのだ」（ジョーンズ-アイティンゴン.1937-2-24）

ユリ・ワグナー　80歳　　　　　　　　　　　　　　　　　　　1937年3月7日　日曜

　ユリウス・ワグナー・リッター・フォン・ヤウレッグ（1857-1940）とフロイトは大学で研究を共にして、若手医師時代にはどちらもザロモン・シュトリッカーの研究室で動物実験を行なった。その後2人の経歴は別れた。ワグナー・ヤウレッグはクラフト・エビングの後を継いでウィーン総合病院精神医学病棟の主任医師になり、やがて進行性麻痺のマラリア療法を発見してノーベル賞を受賞した。もっとも、2人の人生は第一次大戦後に交差した。1919年にワグナー・ヤウレッグはウィーン大学医学部宛てに推薦状を書き、正教授の肩書きをフロイトに与えるように働きかけた。また、心的外傷を負いながら仮病だと疑われた兵士をワグナー・ヤウレッグが治療した方法を調査する委員会を1920年にオーストリア軍当局が創設した際には、この治療法への調査報告書を提出するようにと、委員会がフロイトに求めている（この報告書は『戦争神経症の電気療法への覚書』という表題で発表された）

　ワグナー・ヤウレッグは精神分析には懐疑的だったが、公には非難せず、フロイトとの関係は良好であり続けた。1936年のフロイト80歳の誕生日には祝賀状を送っている。この時、フロイトはこの祝賀状に返礼したのだと思われる。

日本のメダル　　　　　　　　　　　　　　　　　　　　　　　1937年3月23日　火曜

　日本のメダルが1枚見つかっているが、このメダルは以前エルンストが所有していた。もっとも、製造年は1938年である（前もって鋳造された可能性はあるが）。フロイトの肖像が描かれており、TIPA［東京精神分析研究所の略称か？］フロイト賞のメダルである。

モンテッソーリ保育所　　　　　　　　　　　　　　　　　　　1937年3月23日　火曜

　早期発達に関する自らの指導原理を試し、研究するために、アンナ・フロイトは2歳以下の子ども向けの保育所を開くことにした。そこで、米国人イーディス・ジャクソンから贈られた資金を使って、既存の「モンテッソーリ子どもの家」に部屋を借りた。ジャクソンはウィーン研究所で児童分析の訓練を受けていた。（1）　「子どもの家」の教師ヒルデ・フィッシャーもアンナを手伝った。工業街ファヴォリテン地区のルドルフ広場に開かれたこの保育所は、労働者階級の家庭への便宜を図ることを目ざしていた。「モンテッソーリ子どもの家」はアンナにも向いた施設だった。創立者マリア・モンテッソーリ（1870-1952）の教育法に共感を抱いていたからである。後にアンナはこう書いている。「（ウィーンにもあったような）『モンテッソーリ子どもの家』では、子どもたちが家の主だった。子どもたちは、通常の幼稚園のようにあらかじめ決められた集団行動に従うのではなく、手近にある素材への興味を初めて自由に延ばすことができた。また、大人の称賛や否認ではなく、自らの作業に成功する喜びそれ自体が、初めて好ましい刺激になった。何といっても、権威的なしつけではなくて、慎重に限界を定めた範囲内での自由が、教育原理になったのだ」

ベーア＝ホフマンの訪問　　　　　　　　　　　　　　　　　　1937年4月4日　日曜

　フロイトとリヒャルト・ベーア＝ホフマンは前年に会って、贈り物を交換していた。ベーア＝ホフマンはシオニスト団体に招かれてパレスチナをも訪れたが、これはこの団体が彼を、ユダヤ文化の本質に興味を持つ作家だと考えたからであった。この頃フロイトはモーゼに関心を持っていたから、話題にならなかったはずはない。

　フロイトおよびベーア＝ホフマンの両方の主治医だったシュール医師は、1918年にこの作家が発表した演劇『ヤコブの夢』についてこう書いている。「フロイトがこの劇を特に気に入っていることは承知していた。しかし、まさか、フロイトが己を『天使と戦う』人間だと考えているとは気づかなかったし、また、己を新発見へ駆り立てる力を表わすために、内なる独裁者とガンのたとえと並んで、ヤコブのたとえをフロイトが使っていたことも知らなかった。それは、フロイトが『ヤコブの夢』を読んだり、（中略）あるいはその作者と知りあったりしたよりも数十年前のことだった」

エルンスト45歳　　　　　　　　　　　　　　　　　　　　　　1937年4月6日　火曜

　エルンストの3人の息子、シュテファン、ルシアン、クレメンスは、感謝祭の休日でダ

上：ジャクソン保育所でお互いに食物を食べさせあっている子どもたち。ウィーン、1937年。精神分析家ヴィリー・ホファーの詳細な写真記録の一部。WH
下：ジャクソン保育所で遊ぶ子どもたち、ヴィリー・ホファー撮影。WH

ーリントン校から帰宅していた。息子エルンストの誕生日を祝う手紙の中で「暇をもてあましている3人の野生児」と、マルタ・フロイトはこの孫たちを呼んでいた。さらにエルンストの「幸運と喜び」("Glück und Freude")を祈りながら、せめて誕生日くらいには子どもたちがエルンストに安らぎを与えてくれればいいと思っている、と付け加えている。

エヴィパンで手術　　　　　　　　　　　　　　　　　　　　1937年4月22日　木曜

この月初めにシュール医師は急速に大きくなっている腫瘍を発見した。切除すると決めたピヒラー医師は病理学者から報告書を手に入れた。前回手術の際に痛みが激しかったので、今回は全身麻酔——エヴィパン注射——が使われた。（ピヒラー医師の表現によれば）手術は成功し、腫瘍も悪性ではないとわかったが、口がほとんど開かなくなり、痛みも数週間続いた。

この手術の前日、つまり4月21日に、フロイトはスイスの分析家アルトール・キールホルツと1時間を共に過ごしている。最初の手術以来15年間（実際は14年間）生きたことはそれだけでも一つの仕事をしたことになる、とこの時彼は述べていた。

療養所からグリンツィングへ　　　　　　　　　　　　　　　　1937年4月24日　土曜

夏に、シュトラッサーガッセ47にある美しい屋敷に移るのは4回目で、これが最後である。フロイトは手術の厳しい後遺症に苦しんでおり、2日過ぎてもまだ気分が悪くて、口をあけることがほとんどできなかった。転居が遅れたのは、復活祭の頃が寒く、雨も降ったからであった。4月初めに妻マルタはこう書いている。「ちょうどこの頃が過ぎ越し[Pessach]の祭りだったのですが、祭りだからといっても天気は回復しませんでした」（マルタ・フロイト-エルンスト・フロイト.1937-4-4）

1937年の復活祭の日曜日は3月28日であった。開業51周年記念日であるこの日を、この年フロイトは記録していない。

†ハルバン　　　　　　　　　　　　　　　　　　　　　　　1937年4月24日　土曜

ヨーゼフ・ハルバン（1870-1937）はウィーンの外科医、婦人科医で、マリー・ボナパルトを数回手術していた。

『終わりなき分析』終わる　　　　　　　　　　　　　　　　　1937年4月30日　金曜

ドイツ語の記載（"Unendliche Analyse beendigt"）は、「終わる」という言葉をわざと重複させて、もて遊んでいる。フロイトの最新論文の表題にからめてのこの矛盾した表現は、重要な論点の強調である。というのは、「終わりある分析と、終わりなき分析」と題するこの論文が、精神分析の目的や限界と、分析家に必要な条件とを扱っているからである。どちらの論題にもフロイトはそれほど楽観的でなかった。「分析の仕事というものは、不満足な結果しか得られないとあらかじめわかっている、3番目の『不可能な』職業だと思われる。他の2つの職業は、かなり以前から知られているが、教育と政治である」

フロイトはこの論文を書くのに数か月を費やした。原稿には1月18日と記されており、校正刷り訂正の日付は5月21日になっている。この論文が取りあげた、治療と理論の分裂という問題には、この頃フロイト本人が置かれていた状況が反映していた。分析の仕事量が減少して、初めてこの論文を書いたのだから。

2月初旬にアイティンゴンに出した手紙の中で、彼はこの論文について、こう書いている。「私の手の中で徐々に育ちつつあるささやかな技法論文には、分析の実践が減ったおかげで増えた自由時間を、つぶす目的があるのです」（フロイト-アイティンゴン.1937-2-5）

81歳！　　　　　　　　　　　　　　　　　　　　　　　　1937年5月6日　木曜

1890年代に初めて心臓をわずらって以来、様々な時期にフロイトは、自分はもっと早くに死ぬだろう、と考えていた。『夢判断』では51歳で死ぬ不安に触れ、1909年4月16日にユングに出した手紙では（フロイト52歳）、61歳で死ぬという確信を述べていた。

しかしながら、この数字の後ろについた感嘆符には、もっと個人的な意味がある。81は運命的な数字だった。父ヤーコプは1896年、異母兄エマヌエルは1914年に、81歳で亡くなったのだから。

1936年12月の間にマリー・ボナパルトと交わした手紙の中でフロイトは、81歳半が父と異母兄の人生の限界だったから、おそらく自分自身の限界もそうだろう、と2回も書いている。また、アルノルト・ツヴァイクにはこう明言していた。「私が生きることのでき

1900年のグリンツィング、フロイトのアルバムから。1930年代には、まだウィーン市街からの避難先だった。

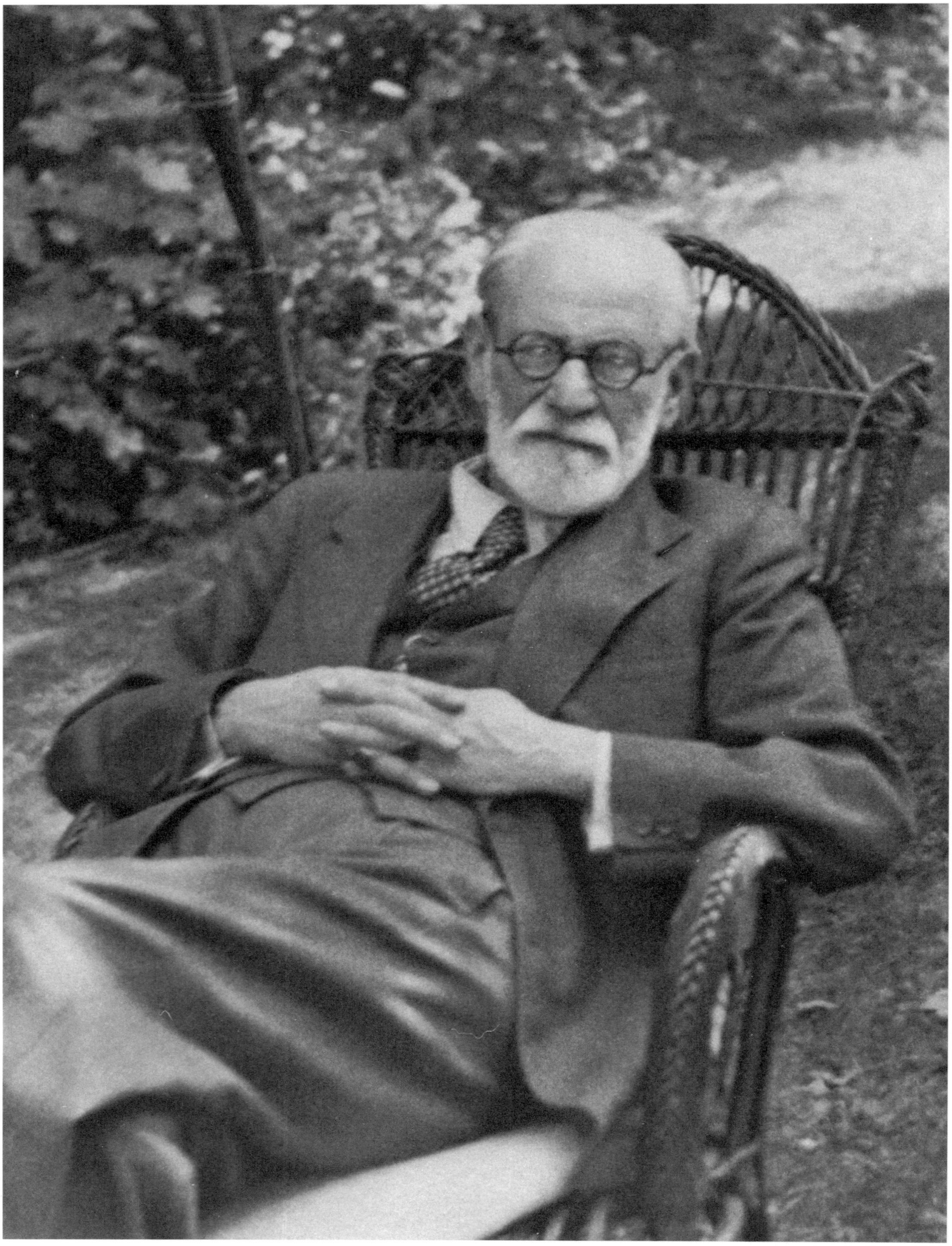

る遺伝的権利は、ご存じのように、11月で切れるのです」（フロイト-アルノルト・ツヴァイク.1937-4-2）

とはいうものの、フロイトはこの誕生日を祝わないことに決め、もはや祝賀状への返礼を出そうともしなかった。(1)

戴冠式　　　　　　　　　　　　　　　　　　　　　　　　　1937年5月12日　水曜

兄エドワード8世が退位したので、ヨーク公（1895-1952）がこの日、英国国王ジョージ6世として王位に就いた。

エルンスト　出発する　　　　　　　　　　　　　　　　　　1937年5月12日　水曜

この三男がウィーンへ来る前に母マルタはこう書いている。「5月始めにウィーンへ来ると計画したのは、戴冠式の騒ぎを避けるためだと考えてもいいのかしら」（マルタ・フロイト-エルンスト・フロイト.1937-4-4）。エルンストがいつウィーンへ来たのかは記されていない。だが訪問時期を決める際には父親の誕生日も、戴冠式と同程度には、考慮に入っていたのであろう。

古代遺物　アテネから　　　　　　　　　　　　　　　　　　1937年5月13日　木曜

この記載では省略形 Antiquit. が使われているので、単数なのか複数なのかわからない。高品質の2個のギリシャの壺を指すのだと思われるが、おそらくこれらの壺はマリー・ボナパルトから遅れて届いた誕生日の贈り物だろう。4月に王女は家族と共にクレタ島を旅行していた。フロイトが3日後に出した王女への礼状は、自分自身の体調についての悲しい解説である。「素晴らしい春が訪れました。庭がこれほど美しかったことはありません。ですが残念なことに、しつこい痛みが楽しみを妨げるのです」（フロイト-マリー・ボナパルト.1937-5-16）

聖霊降臨祭　アンナ　ブダペストへ　　　　　　　　　　　　1937年5月16日　日曜

2回目の「4か国会議」がこの週末にブダペストで開催された——1935年6月に開かれた初回の会議と同様に、オーストリア、ハンガリー、チェコスロヴァキア、イタリアの分析家が集まった。

初日の日曜日に行なわれた討議ではアンナ・フロイトが議長を務めた。討議の主題は、「自我発達の初期段階：一次対象愛」であった。2日目に開かれた精神分析教育法の修正に関するシンポジウムでは、アンナ、ドロシー・バーリンガムの双方が論文を提出した。アンナの論文には症例記録と、児童の自我発達についての見解が盛り込まれていた。

✝A・アドラー　アバディーンで　　　　　　　　　　　　　1937年5月28日　金曜

アルフレッド・アドラー（1870-1937）は1902年に水曜心理集会の創設に加わったが、著名な分析家の中で最初にフロイトとたもとを分かった。もっともアドラー本人の言うところによれば、フロイトの弟子だったことは一度もなく、フロイトに招かれて仲間に加わったものの、自分自身の異なる意見をいつも表明していた。

1911年にアドラーは『精神分析中央誌』の編集の仕事を辞して、「自由精神分析学会」を設立し、1912年には名称を「個人心理学会」に改めて、精神分析とのつながりを断ち切った。

アドラーは自分の人気が高すぎたことの犠牲になってしまった。1か月間に56回という強行日程の国際講演旅行のさなかに、英国のアバディーンで倒れて、心臓麻痺により亡くなったのだ。またこの人気があったために、フロイトも彼を無視できぬ相手と見なしていた。アドラーの研究に対して、フロイトは反駁を続けた。1936年にアドラーの著作がドイツ精神療法研究所で教えられていると聞いた時には、皮肉を込めてこう言い放っている。「精神分析をというならば2年、3年、4年でも教えられます。ですが、どうして2年間もアドラーを教えられるのでしょうか。アドラーの考えや技法なら、2週間もあれば容易にものにできます。学ぶことがほとんどないのですから」

また、1か月ほど前に完成した「終わりある分析と、終わりなき分析」の最終章では、アドラー心理学の重要用語——男性的抗議——は「女性性を拒否すること」と表現した方が良かったのではないか、と書いていた。

オーバーホルツァー-ヴァイル　　　　　　　　　　　　　　1937年6月5日　土曜

2人の児童分析家ミラ・オーバーホルツァー博士とアンネマリー・ヴァイルが来訪したのだと思われる。(1)　ミラはポーランド出身だが、スイスで暮らしていた。以前ミラ

上：庭にいるエルンスト、1937年。
下：ブダペストにおける「4か国会議」。1937年5月。壇上のオットー・フェニヘルとパウル・フェダーンの間にいるアンナ・フロイト。
左：グリンツィングの庭にいるフロイト、1937年。

はフロイトから分析を受けており、その後オットー・ランクの最初の妻トラを分析し、友人になった。

ミラ、夫エミール・オーバーホルツァー博士、とオスカル・プフィスターは、ユングが率いていた戦前の学会に代わって1919年3月に再編成された、新しいスイス精神分析学会の設立メンバーであった。

アンナの事故　　　　　　　　　　　　　　　　　　　　　　　1937年6月11日　金曜

他に記録が見つからないから、どんな事故だったにしても、深刻なものではなかったはずである。アンナはドロシーの車で事故に遭ったのかもしれない（ホッホローテルドへ行く途中でか？）

しかしながらこの記載で際立つのは、フロイトが常にアンナを気づかい、頼りにしていたことである。2か月前にアルノルト・ツヴァイクに出した手紙を見ると、この頃フロイトが抱いていた葛藤がわかる。アンナが必要な一方では、父親への依存からアンナを解放してやりたいと望む、葛藤である。もっとも、重大な問題——アンナの結婚——には触れていない。「あの子［das Kind］は有能で自立した人間になり、他の人間なら面食らうだけの知識にも恵まれています。もちろん、アンナのためにいいと私も思うのは、——アンナが私抜きで生きることを学ぶべきだということです」（フロイト-アルノルト・ツヴァイク.1937-4-2）

痛み　　　　　　　　　　　　　　　　　　　　　　　　　　　1937年6月11日　金曜

耳炎による痛みだと思われる。（下2個目の項参照）

高温　　　　　　　　　　　　　　　　　　　　　　　　　　　1937年6月11日　金曜

フロイト一家が滞在している夏の住まいは、市中よりもいくらか涼しかった。とはいえ、2日前にはあまりの暑さで、フロイトはピヒラー医師の診察を受けには出かけられなかった。この日は南風が吹き続けて、ウィーン市の気温は摂氏30度に達した。

耳炎＊　　　　　　　　　　　　　　　　　　　　　　　　　［1937年6月11日　金曜］

耳炎は長年の持病だった。この年には2回しか発症しなかったが、1回目は手術後の4月30日におきていた。今回の症状をシュール医師はこう説明している。「前回手術した場所に極めて近い咽頭開口部、エウスタキー管付近から、炎症が直接広がっている」

胸像をマコードから　　　　　　　　　　　　　　　　　　　　1937年6月26日　土曜

クリントン・マコード博士はこのフロイトの青銅像の複製品を、ニューヨーク、ロンドン、パリ、ウィーンの精神分析研究所にも寄贈した。原型を制作したのはマリアン・マーヴィンだが、おそらくこれはフロイト存命中に米国人が作成した、唯一のフロイト像である。

モーゼⅡ　　　　　　　　　　　　　　　　　　　　　　　　　　　　　　　1937年7月

この小論文「モーゼがエジプト人であったとすれば…」は、後に『モーゼと一神教』の第2章になった。「7月」の下にあるこの記載には正確な日付が抜けている。米国国会図書館が所蔵するこの論文の原稿を見ると、1937年5月24日と記されており、通常フロイトは原稿に執筆を始めた日付を書き込んでいた。したがって、この記載はフロイトが7月いっぱい、この論文を書き続けていたことを、意味するのであろう。

モーゼという人物に取りつかれたことは、フロイトの人生最後の10年を支配する一つの主題であった。この年ハンス・エーレンヴァルト博士は自著『いわゆるユダヤ精神について』("Über den sogenannten Jüdischen Geist")をフロイトに贈ったが、フロイトは礼状の中で、モーゼにこだわる理由の一端を説明している。「私は数年前に、ユダヤ人はユダヤ人特有の性格をなぜ身につけたのか、という問題を考え始めました。いつもの習慣で、そもそもの起源から出発しました。ところが先へは進めません。驚いたことに、出発点にあるユダヤ人のいわゆる胎児期での経験、モーゼという人物の影響とエジプトからの脱出が、現在に至るまでのその後の展開のすべてを、すでに決めていたのです——神経症者の発達史において、幼年時代初期に実際に経験した心的外傷が、一生続くのと同じようにです」（フロイト-エーレンヴァルト.1937-12-14）

十戒を記した版を振り上げたモーゼ。1659年にレンブラントが創ったオリジナルに基づいてクリューゲルが彫ったエッチング、1770年。現在は、ロンドンのフロイト記念館のホールに掛けてある。

＊この記載がある行には日付が記されていない。6月11日の出来事なのかもしれないが、「耳炎」が「痛み」の次に来ないのは、別の病気から来た痛みでない限り、奇妙である。耳炎が6月中旬の数日間続いたことを意味するとも考えられる。

アイティンゴン　　　　　　　　　　　　　　　　　　1937年7月27日　火曜

　この年の初めにアイティンゴンは、お互いが知りあってから今年で30年になる、とフロイトに書き送った。フロイトはこう返信した。「我々の運動の中で、あなたは最高に賞賛されるべき役割を演じて来られました。色々な多くの機会、様々な面で、あなたほど個人的に親しい方も本当に限られていました。私自身の指に何年もはめていた指輪をお贈りした以外には、感謝の気持ちを表わす機会がなかったのです」（フロイト-アイティンゴン.1937-2-5）。この手紙に感動したアイティンゴンは、委員会の指輪を再び受け取ったような気がした、と答えている。

アルノ・ツヴァイク　　　　　　　　　　　　　　　　1937年7月28日　水曜

　アルノルト・ツヴァイクが息子アダムを連れて来訪した。アイティンゴンも再訪した。マリー・ボナパルトがこの時の来客たちを映像に収めている。この訪問に先立つ手紙でツヴァイクは、モーゼと、この頃フロイトが心を奪われていたもう一つの主題、つまりシェイクスピア劇の作者の問題に触れていた。だから、この会見ではこの二つが話題に出たと思われる。フロイトは金の指輪を贈って、ツヴァイクへの愛情を表わした。

　2か月後に、ツヴァイクはこう書いている。「言葉通りに信じて頂きたいのですが、あなたから頂いた素晴らしい指輪をはめている時はもちろんのこと、はずしている時も、いつでもあなたのことを考えています。今回は多くのことを口に出しませんでした。あなたが非常にお元気で、家族の皆様も満足そうなのを拝見してどれほど嬉しかったか。それから私のアダムをあなたに紹介できたこと。私の心はこの息子から離れません。ヤコブがヨセフに対してそうだったように」（アルノルト・ツヴァイク-フロイト.1937-9-6）

王女　出発する　　　　　　　　　　　　　　　　　　1937年7月28日　水曜

　マリー・ボナパルト王女が3月初め頃、ギリシャへ行く途中に来訪した際、フロイトはフリースに宛てた手紙を燃やしてくれと説得したが、うまく行かなかった（王女はこの手紙を1937-8年冬の間に、ウィーン・ロートシルド銀行の金庫に収めている）。ウィーンに立ち寄った際に、王女はフロイトからの分析を受け続けていたのだと思われる。

　その後、王女はギリシャのサン・トロペで夏を過ごした。この地からフロイトに出した手紙の中で、王女はこう述べている。「私の人生で最高に幸せだったのは、あなたに出会ったこと、あなたと同時代に生きたことなのです」（マリー・ボナパルト-フロイト.1937-9-6）

モーゼⅡ　終わる　　　　　　　　　　　　　　　　　1937年8月8日　日曜

　この小論文は『イマーゴ』誌23号（1937）に発表された。校正刷りに1937年10月21日と書き入れたフロイトは、植字工に宛てて、余白にこう付け加えた。「固有名詞のスペリングが統一されているように気をつけて下さい！」

　完成直後にマリー・ボナパルトに出した手紙を読む限り、フロイトはこの仕事に満足していなかったようである。「することがあまりないので、遅れずに返信できます。昨日モーゼⅡが終わりました。つまらぬ心労を忘れるには、親しい友人と意見を交わすのが一番です」（マリー・ボナパルト-フロイト.1937-8-13）（1）

血尿　　　　　　　　　　　　　　　　　　　　　　　1937年8月18日　水曜

　血尿の原因には腎臓、尿道、膀胱、前立腺の病気が考えられる。（1）　この症状はちょうど1年後の1938年8月に再発した。マリー・ボナパルトに出した手紙の中で、フロイトはこう書いている。「筆跡が元通りになりました。ここ数週間乱れていたのは、最近排尿に問題がおきたせいですが、もう収まりました。排尿と筆跡とはどこかでつながっているのです」（フロイト-マリー・ボナパルト.1938-8-20）

　とはいうものの、フロイトの体調は他の面では良好だった。7月初旬以来ピヒラー医師の診察を受けることがなく、次に診察した9月20日にピヒラーはこう記していた。「数か月間痛みなし。患者健康な様子」

＋カリッヒ　　　　　　　　　　　　　　　　　　　　1937年8月24日　火曜

　誰か不明。

エマヌエル・レーピ　80歳　　　　　　　　　　　　　1937年9月1日　水曜

　ローマとその後ウィーンで教授を務めた考古学者エマヌエル・レーピ（1857-1938）は、フロイトの最も古く、親しい友人だった。40年前にフロイトはこの友人を「堅実で正直

一神教を発見したとされているエジプトのファラオ、イクナートン。（フロイトが所有していた、ウォリス・バッジ著『初心者向けエジプト読本』の中に挟まっていた写真）

な心を持つ、立派な人物」だと言っていた。（フロイト-フリース.1897-11-5）（1）

この暖かい友情はその後も続いた。グリンツィングの仮住まいの庭で1930年代に撮られた映像の中で2人が交わす会話に、その一端が現われている。この場面につけた解説でアンナ・フロイトはこう述べている。「父は非常に古い友人と一緒です。ウィーンで一緒に学校へ通っていた頃からのつきあいです。その後、この方は考古学者になりました。ローマの考古学の教授です。毎年1回、秋になるとウィーンへ来られて、父が蒐集品に加えた新しい古代遺物をご覧になりました。生涯を通じて2人は良き友人でした。素敵な――愛すべき方でした」

フロイト80歳の誕生日にレービがデューラーのエッチング（2）を贈ったので、返礼には何が良いか、フロイトは空しく探し回っていた。自分の著作集はどうかと考えたが、レービの視力はすでにものを読めないほどに弱っていたのだった。

＋マサリク　　　　　　　　　　　　　　　　　　　　　　　1937年9月14日　火曜

チェコスロヴァキア共和国を建国したトマーシュ・マサリクは、病気のせいで1935年に大統領職を辞した後、ラーニで引退生活を送っていた。1936年にはフロイト80歳の誕生日を祝う挨拶状への署名を求められたが、応じなかった（健康状態が悪かったせいだとも考えられる）。

チェコスロヴァキアは依然として中欧における戦略上の要衝だった。強固な軍需産業と有能な軍隊を持つ民主主義国で、ナチズムに敵対する人たちが避難する場所だったこの国を、ナチスの高官ゲーリングは「ドイツの心臓に突きつけられた短剣」だと繰り返し呼んでいた。

51年　結婚から　　　　　　　　　　　　　　　　　　　　　　1937年9月14日　火曜

この記念日を祝った記録は、仮に祝ったのだとしても、見当たらない。自分自身の結婚を、巧くいった具合の良い組み合わせだった、とフロイトは考えていたようである。とはいえ結婚一般について、1930年に彼が友人と交わした会話を見ると、結婚制度に抱いていた、より大きな懸念の一部が明らかになる。女の子は、実物であれ想像上であれ、母親と自分とを大体常に同一視するので（仮に嫌っていても）、その後の性格を予想するのが難しいと、米国の分析家スマイリー・ブラントンに述べたフロイトは、さらにこう続けた。「娘が処女の場合、通常は結婚後に性格が著しく変化します」。そして一息入れた後で、このように結んでいる。「妻を選ぶのはこの文明の世の中で最も難しいことの一つなのです」

ルー・ジョーンズ　　　　　　　　　　　　　　　　　　　　　1937年9月15日　水曜

オランダ人女性ルー・カーンは1912-13年にフロイトから分析を受けた。その後数年間アーネスト・ジョーンズの愛人（とモルヒネ依存者）になった後、1914年に彼女は米国人ハーバート・「デイヴィー」・ジョーンズと結婚した。(1)

1913年から15年にかけてルー・カーン・ジョーンズとフロイトは、かなり定期的に親しく手紙を交わしていた。フロイトもアンナも陽気な性格の彼女を魅力的だと考えていた。1920年9月からこの年まで長い中断があった文通は、フロイトがしてくれたことに感謝する彼女の短い手紙で終わった。この会見の6日後、依然ウィーンに滞在していた彼女は、ベルクガッセの角を曲がった所にある、レギーナ・ホテルの便箋に書いた短信でこう叫んでいる。「私ったらなんて変わり者で、気まぐれなんでしょう！　20年も手紙を出さずにおいて、ウィーンにいる時に、また出し始めるなんて！」（ルー・ジョーンズ-フロイト.1937-9-21）

妄想と構成の着想　　　　　　　　　　　　　　　　　　　　　1937年9月23日　木曜

この論文は、最初は『国際精神分析雑誌』1937年12月号に「分析技法における構成の仕事」（"Konstruktionenen in der Analyse"）の表題で発表された（1938年には『精神分析国際雑誌』にジェームズ・ストレイチーの英訳が掲載された）。米国国会図書館が所蔵する原稿には1937年10月19日と記されている。フロイトは執筆を始めた日付を原稿に書き入れたらしい。この原稿に書かれた日付は例外なのか、あるいは、この日記に記された日付が初期段階の草稿を指しているのか。

フロイトが日記に記した当初の表題は、最終的表題よりも、この論文の性格をよく表わしている。というのは、分析が進む中で患者と分析家が共同で作り出す過去の出来事をこの論文が扱っているからである。過去を再構成しようとする考古学者のように、分析家は堆積物を掘り下げ、振るい分ける。被分析者の語る記憶が妄想だと判明するにし

フロイトの友人であった考古学者エマヌエル・レービを、シュムッツァーが描いた肖像画。

ても、実際はそれもまた、心的外傷となった出来事に対する一つの対処法なのである。
「患者の妄想は、分析治療の際に分析家が組み立てる構成——つまり、説明し、治そうとする試み、と同じもののように私には思えるのだ。」

新しい歯　　　　　　　　　　　　　　　　　　　　　　1937年10月15日　金曜
　9月から10月にかけてフロイトは歯を治療した。1本の歯に金冠をかぶせて、別の前歯にはブリッジを装着した。

マティルデ50歳　　　　　　　　　　　　　　　　　　　1937年10月16日　土曜
　50年前、長女マティルデが生まれた直後に、ミンナ・ベルナイスと義母に宛てた手紙の中で、フロイトはこの初子についてこう述べていた。「3400g、ほどよい体重で、ひどく不器量、生まれた瞬間から右手をしゃぶっています。他の面では非常に気だてが良く、本当にくつろいでいるように見えます」（フロイト-ママとミンナ.1887-10-16）

ベルクガッセに戻る　　　　　　　　　　　　　　　　　1937年10月16日　土曜
　ベルクガッセに戻るのはこれが最後。(1)

ベルギーのエリザベータ王妃　　　　　　　　　　　　　1937年10月19日　火曜
　ベルギーのエリザベータ王妃（1876-1965）、元バヴァリア公女エリザベータは、ヴィテルスバッハ家の一員であって、ワグナーの後援者、「狂王」と呼ばれたバヴァリア王ルートヴィヒⅡ世の孫娘であった。1900年に彼女はベルギー皇太子アルベルトと結婚した。即位後、アルベルトⅠ世は進歩的な立憲君主となったが、1934年に登山事故で死亡した。芸術家肌で因襲にとらわれないエリザベータは、ヴァイオリンを弾き、彫刻にも手を染めた。後にマリー・ボナパルトと親しくなり、1952年には彼女の胸像を製作している。
　このフロイトとの会見はマリー・ボナパルトか、あるいは同じく共通の友人だったアインシュタインの仲介で実現したのかもしれない。1929年以来、アインシュタインは彼女の友人であって、ラーケンの宮殿で開かれた音楽の夕べにたびたび招かれたが、弦楽四重奏では彼女が第二ヴァイオリンを弾いていた。
　他にロマン・ロランやシュテファン・ツヴァイクもエリザベータをめぐっての共通の友人だった。ツヴァイクはフロイトのために数回、文化人の仲介役を演じている（H・G・ウェルズやサルヴァドール・ダリを紹介した）

＋ヴィル・クネプフマッハー　　　　　　　　　　　　　1937年10月21日　木曜
　フロイトとウィーンの弁護士ヴィルヘルム・クネプフマッハー（183-1937）とは学校時代からの友人だった。1933年には卒業60周年記念日を共に祝っている。
　クネプフマッハーはフロイトも属していたブナイ・ブリース、ウィーン支部の創立会員で、1935年にはこの団体の沿革を説明する記事を発表した。その中では、反ユダヤ主義が持ち上がったためにこのような団体が必要になった、と述べていた。
　9月下旬にブナイ・ブリースから入会40周年を記念する挨拶状を受け取った際には、私はもはや「過去の遺物」（"ein Derelikt alter Zeiten"）だから、会合に出てもヴィルヘルム・クネプフマッハー以外は誰もわからないだろう、とフロイトは返答した。けれども、この頃クネプフマッハーはすでに体調を崩していた。10月6日に息子がフロイトの手紙の写しを彼に読み聞かせたが、完全に意識があったのはこの日が最後であった。

ドロシー　病に倒れる　　　　　　　　　　　　　　　　1937年10月22日　金曜
　ドロシー・バーリンガムはジャクソン保育所でアンナの仕事を手伝っていた。ところが、この頃に肺結核だと診断された。これは、この一家の持病であり、X線撮影をすると、子どもの頃かかった肺結核の跡が見つかった。コテーシュ療養所に送られた彼女は、ヒトラー侵攻後の1938年4月1日までこの療養所にとどまり、その日スイスへ向かっている。

アイティンゴン　　　　　　　　　　　　　　　　　　　1937年10月22日　金曜
　アイティンゴンは遅くとも7月27日からヨーロッパに滞在していたようである。この訪問後、彼はアルノルト・ツヴァイクに、フロイトは健康そうだった、と語っている。1933年後半にパレスチナへ移住した後、アイティンゴンはわずか3回しかフロイトを訪れておらず、手紙もあまり交わしていない。もっとも、精神分析出版所や国際精神分析協会の業務を相談する必要はもはやなかったし、アイティンゴンも新しい国で巧く暮らしていくのに懸命だった。

ジャクソン保育所におけるドロシー・バーリンガム、1937年。WH

気管支炎で床に　　　　　　　　　　　　　　　　　　　1937年11月5日　金曜

健康状態が非常に良かったフロイトも、シュール医師によれば「通例の11月の風邪」をひいた。この風邪は実際には10月に始まっていた。11日前に詩人ヴィクトル・ヴィトコウスキーに出した短信で、フロイトはすでにこの風邪に触れている。またこの手紙は、この時期のフロイトが叙情詩に抱いていた見解にも光を投げかける。「詩をお贈り頂き、ありがとうございます。たいへん美しい詩なのでしょうが、ここ何年もの間、叙情詩を楽しめずにいます。現在ひどい『風邪』をひいているので、残念ながら、あなたにおいで下さいとお招きすることができません」（フロイト-ヴィトコウスキー.1937-10-25）

✝ゲルトナー　　　　　　　　　　　　　　　　　　　　1937年11月5日　金曜

グスタフ・ゲルトナー（1855-1937）はザロモン・シュトリッカー（1834-1898）の実験室で助手として働き、1890年にはシュトリッカー同様、実験病理学の教授に就任した。フロイトも1884年にはこの教授の実験室で研究していた。その年に、ゲルトナーはこの実験室で、コラーが初めてコカインを目の麻酔に使うのを目撃したのだった。

オリ　　　　　　　　　　　　　　　　　　　　　　　1937年11月11日　木曜

ここ2年間と同様にこの年も、次男オリヴァーは、年に一度のニースからの訪問を11月中旬に設定した。あるいはこの頃が写真業が暇になり、休みを取る余裕ができたのかもしれない。

王女　映写会　　　　　　　　　　　　　　　　　　　1937年11月14日　日曜

夏に来訪した際、マリー・ボナパルト王女はマックス・アイティンゴンとアルノルト・ツヴァイクとを映像に収めていた。この映像の一部を、この時に王女はフロイトに見せたのかもしれない。

12月にマリー・ボナパルトはフロイトから分析を受けるために、娘ユージェニーを連れて、ウィーンを訪れた。その際、フロイトの待合室で分析時間を緊張しながら待つ自分自身の姿を、王女は撮影した。壁を飾る絵、写真、賞状を順番にたどったカメラは、それからフロイトの机と古代遺物とを写し出す。1938年5月にエンゲルマンが撮った写真と並んで、この映像はベルクガッセ19の内部の最も重要な記録となっている。(1)

講演　ビーネンフェルト博士　　　　　　　　　　　　1937年11月23日　火曜

フランツ・ルドルフ・ビーネンフェルト（1886-1961）はウィーンの高名な弁護士であった。そこまでは成功しなかった弁護士であるマルティン・フロイトはこう書いている。「彼の鋭く、明晰な声と個性が法廷を満たし、圧倒したのだ」。フロイトやウィーン精神分析学会と親しかったこの博士は、学会員ではなかった（1910年に入会を申し込んだが、会員数名が反対して、不首尾に終わった）

もっとも、彼はフロイトのカード・ゲーム仲間には加わった。マルティンは記している。「思慮深く、機転がきく彼を父は気に入り、カード仲間として好まれていた」。11月10日にビーネンフェルトはフリードリヒ・シラーの誕生日を記念して、『非宗教的ユダヤ人の宗教』という表題で講演した。「ウィーンのユダヤ人社会学・人類学会」で行なわれたこの講演は、後に活字になった。この記録をビーネンフェルトは1938年のクリスマスに「ウィーンの思い出」(1) として、フロイトに送っている。この日、フロイトは再演されたこの講演に出かけたのかもしれない。

シュテファン・ツヴァイク　　　　　　　　　　　　　1937年11月28日　日曜

シュテファン・ツヴァイクは1934年以来英国で自発的亡命生活を送っていた。「イブニング・スタンダード」誌でハリファックス卿－ヒトラー会談の記事を偶然に読んだツヴァイクは、これがオーストリアをナチスに譲り渡す会談でしかありえない、と確信した。そこで母親、家族、故郷に最後の別れを告げるために、次の飛行機でオーストリアへ向かった。この時オーストリアの友人たちは、まだ昔の「エレミヤ」なのかと言って、ツヴァイクをからかった。この訪問の2週間前に彼は書いている。「当地［ロンドン］に住んでいなければ、仕事ができなかったでしょう──『幻想』に恵まれた人々は幸いです！（中略）本当はユダヤ人の悲劇に関する本を書くべきなのでしょうが、極限まで高まった現実が、どれほど突飛な想像さえをも超えてしまうのではないかと心配です」（シュテファン・ツヴァイク-フロイト.1937-11-15）

フロイトの返答も同じ気分を伝えている。「私の精神分析にとって眼前の未来は同様に厳しそうです。いずれにしても、私の人生に残されている数週間あるいは数か月の間に、

ホッホローテルドにおけるドロシー、1937年。

楽しいことは何も経験しないでしょう」（フロイト-シュテファン・ツヴァイク.1937-11-17）

これはツヴァイク最後の訪問ではないが、この日記に彼の名前が登場するのは、これが最後である（1938年と39年とに、彼はロンドンで数回フロイトを訪問している）。

人工口蓋　壊れる　　　　　　　　　　　　　　　　1937年11月30日　火曜

シュール医師はこの出来事を特別なことのように記している。「この日（12月1日）前後に、これが最初で最後だったが、フロイトは人口口蓋を落として、傷つけたのだ！この『失策』を彼が決まり悪がったので、なぜもっとしばしば落とさずにいるのか、いつも不思議に思っていた、と言っておいた」。翌日、この事故でできた割れ目をピヒラー医師が修理した。

これに先立つ11月26日にピヒラー医師は、「今月で最初の手術から14年経つ」と書いている（フロイトと同様にこの医師も、1923年の早い段階にフロイトが数回受けた小手術を数に入れていない）。これは、これほど長い間ガンの進行を食い止めるのに成功したことの記録である。

アンナ　42歳　　　　　　　　　　　　　　　　　　1937年12月3日　金曜

この年の誕生日には庭仕事に履く古いズボンが欲しいと、アンナはマルティンに頼んでいた。詩を2編書いて兄は妹に応えたが、1編はホッホローテルドを称える詩で、もう1編は詩を書くことの空しさと、よりふさわしいプレゼントを贈れないことを嘆く詩であった。

> 他の御婦人方にライラックやバラを贈っても
> あなたは古ズボンしか望まない（中略）
> しかし、その望みを奇妙に思ってはいけないのだろう
> 僕の贈り物をもう準備したよ
> 5分間だけしか楽しみを与えることができない詩1編と
> いつまでも履ける古いズボンとを

マルティン　48歳　　　　　　　　　　　　　　　　1937年12月7日　火曜

日付が非常に近いので、マルティンの誕生日は、アンナの誕生日の付録として自動的に記されたようである。

上：ホッホローテルドにおけるアンナ・フロイトとアンナ・ファーデンベルガー、1937年。
下：フロイトを映像に収めているマリー・ボナパルト。

1938年のフロイト。(マリー・ボナパルト撮影)

1938

1937年夏にフロイトはモーゼ研究の第2の部分を書き終えた。1938年初頭には第3の部分に取りかかり、その序文に、カトリック教会の敵意をひきおこす恐れがあるからこの部分は発表できない、と書き添えた。この頃カトリック教会は、「先史時代同然に野蛮な」(1) ナチスからオーストリアを守る唯一の防壁だと考えられていた。3か月後、フロイトはこの作品に新しい序文を作った。しかし、その序文を書いたのは「美しく自由で寛大な英国」(2) においてであった。最初は1938年3月、2回目は6月に書かれたこれら2種類の序文の間に、フロイトの生涯で最も劇的かつ危険な時期が横たわっていた。

この年に至るまで、この日記の記載には、それほどまとまりがあるわけではない。ところが今では出来事のドラマが、時々刻々とそれぞれの素材を一つに結びつけている。まず、2月24日の「シューシュニクの演説」が政治的危機の最初の兆しになる。3月にはドイツによるオーストリア侵攻、併合があり、オーストリアが消えた——"Finis Austriae"。この時から6月まで、すべての興味は切迫した脱出の必要性に集中する。フロイト一家をナチスから守り、出国させるための外交工作。各種の必要な書類、パスポート、税金証書を得るための一家の奮闘。家族や親族の出発。突撃隊と親衛隊による捜索。そして、何より恐ろしかったのは、ゲシュタポによるアンナの一時的連行。併合後、直ちにウィーンのカフェ、小売店、商店は「入場はアーリア人に限る」というビラを貼り出し、街頭ではユダヤ人が無慈悲に襲撃され、ナチスによる大量逮捕が始まった。

3か月近くの間、フロイト一家は敵意に満ちた街で官僚制度にとらえられた。逮捕の脅威の下、長男マルティンはオーストリアを離れざるを得なくなり、最終的手続きは末娘アンナに任された。最後の瞬間まで何ひとつ確実ではなかった。さらに必要な書類を手にしても、所有物をオーストリアから持ち出せる保証はなかった——積もり積もった本、文書、家具、それから古代遺物などである。5月下旬にフロイトは義理の妹宛てにこう書き送った。「わなに足を取られた狐はその足を噛み切り、三本足を引きずりながら逃げると言います。我々もこの例に習うつもりです」(3)

出国に気もそぞろなフロイトは、待機の間、仕事に身が入らなかった。けれども、6月2日に、当局は出国に欠かせない税金証明書をようやく交付して、2日後ついに一家はロンドンに向けて出発できた。フロイトはロンドンで人生最後の年を、亡命生活ながらも自由の中で送ることになる。

ロンドンの新居で安らぐうちにフロイトは想像力を取り戻した。『モーゼと一神教』第3の部分を仕上げた彼は、続いて新著『精神分析概説』の概略に取りかかった。広範な文化の問題に人生終盤の関心を向けたにしても、恒久的関心事、つまり精神分析の技法と実践から、フロイトは完全に目をそらしはしなかった。『続精神分析入門』発表後も、1930年代を通じて、彼は散発的に技法論文の発表を続けている。精神分析を概説するこの最新作では、数々の発見をさらに確固としたものにしようと試みた。

けれども、この仕事は完成しないまま、終わらざるを得なかった。再びガンがその力をあらわにしたのだ。9月に受けた、最後で最も深刻であった手術の後、フロイトの体力は低下し、痛みが続いた。また、安全な英国でも国際政治は彼の生活をかき乱した。最後の住まいとなるロンドン郊外ハムステッドにあったメアスフィールド・ガーデンズ 20 の家にフロイト一家が転居したのは、ミュンヘン危機が重く垂れこめる日々であった。自らの親族を初めとする他の難民の問題をフロイトは気にかけていた。多くの難民が仕事を見つける、あるいは必要な書類を手に入れる援助を求めて、フロイトを訪れた。フロイトとアンナは推薦状や要望書を書いた。限られた協力しかできないことをフロイトは思い悩んだほかに、後に残した人々の運命も心に深くのしかかっていた。11月に「水晶の夜」の殺戮がおきると、ウィーンに残っている妹たちのために何らかの手を早急に打たねばならない、と彼は気がついた。だが、マリー・ボナパルト王女の影響力を使っても、4人を脱出させることはできなかった。

これまでにも増して、フロイトの運命はユダヤ人全体の運命と結びついた。迫害に直面して、知的価値を守るのがユダヤ人の使命だ、とフロイトは書き送った。(4) とはいえ、自分自身については、残されている時間は限られており、新しい故郷ロンドンを長くは楽しめないだろう、と彼は悟っていた。

---

1. S.E.,XXⅢ.p.54.
2. Ibid,p.57.
3. フロイト-ミンナ・ベルナイス.1938-5-20［FM］
4. フロイト-マイトリス.1938-11-30.ヤーコブ・J・マイトリス・「ジグムント・フロイトとの遅い出会い」『新チューリヒ新聞』1964-12-12.（「我々ユダヤ人は常に知的価値を重んじてきました。我々は思想で結びついているのです」）

✝ アンナ・リヒトハイム　　　　　　　　　　　　　　　1938年1月9日　［日曜］

アンナ・リヒトハイム（旧姓ハマーシュラーク）は、フロイトの学校時代の教師で恩人でもあったザムエル・ハマーシュラークの娘である。父親同様、教職についた彼女は短期間の結婚後、未亡人になった。フロイトの末娘アンナは、彼女の名前をとってアンナと名づけられたのであった。

この女性は、フロイトが『夢判断』で分析した重要な夢に登場する「イルマ」という人物のモデルの一人である。フロイトがこの本を書いている頃、彼女はお気に入りの患者であった。

手術　アウアースペルグ――アテローマ、エヴィパン　　　1938年1月22日　土曜

この年は痛みと限定的開口障害で開けた。元日にフロイトを診察したシュール医師は、疑わしい部分を発見した。注意を促されたピヒラー医師はこれを手術すると決め、再び全身麻酔薬［睡眠薬］エヴィパンが使われた。この手術はアウアースペルグ療養所で行なわれた。

この腫瘍に到達するのが難しく、危険なほど眼窩に近かった。病理学報告書はガン性だと告げていた。アテローマとは、あごにできた見苦しい皮脂の嚢腫のことであり、フロイトは同時に切除するように求めた。2日間、この療養所で過ごし、通常の痛みが出た後で、彼は帰宅した。

2週間後、彼はアイティンゴンにこう書いている。「今回のピヒラーの手術では、反応はこれまでと同じでしたが、私はすでに1週間ほど働いており――噛み始めてもいます。今回は切除した部分の組織学的所見が怪しいので、ピヒラーは近い将来再手術すると脅かしますが、まだ決めてはいません。もちろん、気分が良くはありませんが、エヴィパン麻酔のおかげで、手術そのものは理想的なほど痛みがなく、安全ですから、次の手術より先のことは考えずに済むのです」（フロイト-アイティンゴン.1938-2-6）

✝ エマヌエル・レービ　　　　　　　　　　　　　　　1938年2月11日　金曜

考古学者エマヌエル・レービが亡くなり、フロイトは生涯の友で、自分と学生時代とをつなぐ最後の人物を、また一人失った。

手術　アウアースペルグ　　　　　　　　　　　　　　1938年2月19日　土曜

1月の手術後、ピヒラー医師は歯を1本抜き、別の歯を削った上に金冠をかぶせた。人工口蓋も調整した。そこへ、疑わしい組織が見つかったので、追加手術が必要になった。この手術もアウアースペルグ療養所で行なわれたが、前回の手術ほど厳しくはなかった。手術後、娘アンナはアーネスト・ジョーンズにこう報告した。「最初はずいぶん痛みましたが、その後回復が速かったので、たぶん今日はもうベルクガッセに戻れるでしょう。もう少しましな2、3週間が来るかもしれません」（アンナ・フロイト-ジョーンズ.1938-2-20）

シューシュニクの演説　　　　　　　　　　　　　　1938年2月24日　木曜

2月12日、ヒトラーはオーストリア首相シューシュニクをベルヒテスガーデンに呼びつけて、最後通牒を突きつけた――オーストリアは政治的にドイツに従属しなければならない。オーストリア政府にナチスが加わらねばならない。2月15日にオーストリアはこの要求を受け入れ、翌16日にナチス党員ザイス＝インクヴァルトが内相に任命された。その翌日には投獄されていたナチス党員に恩赦が与えられ、ザイス＝インクヴァルトはヒトラーとクーデターを計画した。2月20日にヒトラーはドイツ帝国議会でオーストリアを威嚇する演説を行なった。

多くのユダヤ人がオーストリアを脱出しようと懸命だった。この週の初めにアンナはジョーンズにこう書いている。「ウィーンの雰囲気は恐慌状態でしたが、ようやく少し収まりました。私たちはこの騒ぎには加わりませんでした。まだ早すぎますし、何がおきたのか、結果を十分には見きわめられないのです。今のところ何も昔と変わりません。もっと身軽な人たちより、私たちの方が気楽なのかもしれません。考慮すべき事がほとんど何もないので、決めるべきことも多くはないのです」（アンナ・フロイト-アーネスト・ジョーンズ.1938-2-20）

2月24日午後7時にシューシュニク首相は、オーストリア議会でヒトラーの威嚇に回答した。愛国的諸団体がデモ行進し、国民がラジオ放送にあわせて帰宅できるように、職場は早めに終業となった。演説は長く（翌日の『新自由新聞』では7面にわたった）、オーストリアの経済的業績を詳述した。オーストリア独立を維持すると約束した首相は、左翼や労働組合と統一戦線を作る用意があると言明した。そして、このスローガンで演説を終えた。

祖国戦線党のT字形十字架のもとで反ヒトラーの演説を放送するシューシュニク首相。
DOW

「死ぬまで赤・白・赤を！　オーストリア！」("Bis in den Tod Rot-Weiss-Rot! Österreich!")．これは、ついに行なったヒトラーとオーストリア・ナチスへのあからさまな挑戦であった。

悪い日々　　　　　　　　　　　　　　　　　　　　1938年2月［24日木曜－］28日［月曜］

この記載は2月24日の記載と短い線でつながっているから、「悪い日々」とは24日木曜から28日月曜まで、この時期全体を指すのだと思われる。悪いというのは政治状況ではなく、フロイトの体調のことだろう。最近受けた手術の後遺症であった。

手術後の状態を彼はこう書いている。「痛みがいつになく激しかったので、12日間仕事を取りやめねばなりませんでした。痛みとお湯を入れた瓶とを抱えながら、患者向けの長椅子に横になっています」（フロイト-アルノルト・ツヴァイク．1938-3-21）

ミンナ　手術　　　　　　　　　　　　　　　　　　　　　　　　1938年3月2日　水曜

これは9日後のものと同様に白内障の手術だった。どちらの手術も成功したが、義妹ミンナ・ベルナイスの健康状態は依然として悪かった。

シューシュニク　インスブルックに　　　　　　　　　　　　　　1938年3月9日　水曜

この日夕刻、シューシュニク首相は故郷インスブルックで、オーストリアの独立を問う国民投票を3月13日日曜に実施する、と発表した。24歳以下の国民が投票できないので、勝利は確実だと思われた。ナチス支持者の多くが若者だったからである。約1か月前の2月12日に、ベルヒテスガーデンでヒトラーはシューシュニクに対して、国民投票に訴えるつもりか、と挑戦していた。

この演説によって、首相はついに挑戦に応じた。チロルの郷土英雄アンドレアス・ホーファーが、ナポレオンに対して武器を取るように配下の部隊に呼びかけた、次の言葉を引用して、首相は演説を終えた。「者ども、時は到れり！」

ワイリーがアメリカ大使館から　　　　　　　　　　　　　　　　1938年3月10日　木曜

ウィーンの米国大使館代理大使ジョン・ワイリーがフロイトを訪問したのは、フロイトのために精力的に行なわれた外交活動の最初のあかしである。政治状況は危機を迎えていた。ヒトラーは、国民投票の延期とシューシュニクの辞職とを求める、最後通牒を発した。翌11日、ナチス・ドイツはオーストリアに侵攻した。フロイト一家は、すべてのオーストリア・ユダヤ人と共に、即座にきわめて危険な状態に陥った。

3月15日に駐仏米国大使ウィリアム・ブリット宛てに打った電報で、ワイリーはフロイトの窮状を米国当局に警告した。ブリットがルーズヴェルト大統領の友人だったから、その後数日の間に、問題は最上層部に伝わった。大統領は国務長官コーデル・ハルに指示を出し、この問題を監督させた。ベルリンとウィーンに向けて発せられた多くの電報が、これから3か月間フロイトの安全を保証し、最終的に彼と家族とを出国させた、米国の外交的介入と保護とを物語っている。

ミンナ　2回目の手術　　　　　　　　　　　　　　　　　　　　1938年3月11日　金曜

さらなる白内障の手術である。（この記載は前日10日の出来事だとも考えられる。この部分の日記は錯綜しているので、区別が難しい）

エルンストル　24歳　　　　　　　　　　　　　　　　　　　　1938年3月11日　金曜

この誕生日におきた出来事で、フロイトの孫エルンストルは、できる限り早くオーストリアを離れねばならない、と納得した。今なおドイツのパスポートを所持していたので、彼は他の家族よりも前に出発することができた。

シューシュニクの辞職　　　　　　　　　　　　　　　　　　　1938年3月11日　金曜

国民投票は午前中に中止されたが、ヒトラーはそれだけでは満足しなかった。午後8時前後に行なったラジオ放送で、シューシュニク首相はついに辞職を発表した。この放送をフロイトは聞いていた（長男マルティンの記憶では、父親がラジオを聴いたのはこの時だけである）

流血を避けるために、シューシュニクはオーストリア軍に、間近に迫るドイツ軍の侵攻には抵抗しないようにと命じた。そして、この言葉で演説を終えた。「神よ、オーストリアを守りたまえ！」("Gott schütze Österreich!")。演説が終わると、歓喜するナチス党員が直ちに街頭に繰り出して、「一つの民族、一つの帝国、一人の総統を！」「ユダ公に死

「高齢と病気にもかかわらずフロイトが危ない」。米国国務長官ハルに宛てたワイリーの電文。1938-3-15．

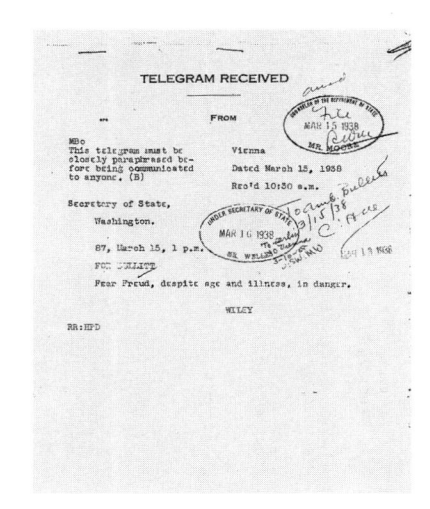

を」("Juda verrecke!")と叫び出した。

Finis Austriae [1938年3月12日　土曜]

　Finis Austriae（オーストリアの終焉）——このラテン語の墓碑銘が表わすのは、きわめて独特な一つの文化の終焉である。ハプスブルク帝国は第一次世界大戦と共に滅びたが、その後もウィーンは文化の中心として繁栄した。「オーストリアの終焉」が意味するのは、この国が政治的にドイツ帝国に吸収されたことだけではない。ウィーンの知的生活が破壊されたことをも意味している。(1)　この文化は、主にユダヤ人による、コスモポリタン的な現象であった。

　この記載はそれ自体で1行をなしており、シューシュニク首相の辞職を記した直後に書かれたとも考えられる。しかし、翌12日に記された可能性の方がずっと高い。この日ドイツ軍が侵入し、夕刻にはヒトラーがリンツ市に入って、オーストリアは事実上終焉した。

『新自由新聞』は土曜朝刊では単にザイス＝インクヴァルト内閣の組閣を報じたが、夕刊には次の見出しを掲げた。「帝国首相ヒトラーの宣言：歴史的な一日」。ドイツによる侵攻宣言をヒトラーは次の言葉で結んだ。「国家社会主義ドイツ・オーストリアよ永遠なれ」。マルティン・フロイトの回想録にある、フロイトが投げ捨てた新聞とは、この新聞だったに違いない。「父は机上にある、綴じていない大版の白紙に日記をつけており、大事だと思った、日々の出来事をごく短く記録していた。1938年3月12日には『オーストリアの終焉』と書き入れた。これはある土曜日の午後、普段は静かなベルクガッセに新聞売りの切迫した叫び声が響いた時に、高まり始めた悲劇のクライマックスだった（中略）。パウラの手から優しく新聞を取り上げた父は、見出しに目を通すと、それから新聞を握りつぶして、部屋の隅に投げつけた。政治の激動に耐えなくても済む幸せな国なら、こんな光景は珍しくないかもしれない。けれども完璧な自制心を持つ父は滅多に、というより決して感情を表に出さなかった。そこで居間にいた誰もがおし黙ってしまった。あの父が嫌悪、失望して新聞を投げ捨てるなどという事態の展開には恐ろしい意味があるに違いない、とみんなが悟ったからである」

「オーストリアの終焉」はほぼ間違いなく12日土曜のことだから、そうなるとこの記載に日付が記されていないことは、意図的な抑圧という意味を帯びてくる——つまり、この呪われた日［など思い出したくもない、の］である。

ドイツとの合邦 1938年3月13日　日曜

　1918年に設立された際に、オーストリア第一共和国は「独立国家ドイツ−オーストリア」、「ドイツ共和国の一構成要素」である、と宣言した。しかしながらサン・ジェルマン条約とヴェルサイユ条約とは、国際連盟理事会の許可なしに、ドイツとオーストリアという2つのドイツ国家が統合することを禁じていた。

　3月12日にリンツに入った時、ヒトラーはかいらい政権をオーストリアに押しつけるつもりだったようである。ところが住民が熱烈に歓迎したので、代わりに併合を決意した。この戦術があらかじめ練られた計画だったことを示す証拠はない。もっとも、併合はヒトラーが長い間抱いてきた野心であり、『わが闘争』の冒頭部にも明記されていた。「ドイツ・オーストリアは偉大なる祖国ドイツに復帰しなければならない。（中略）一つの血は一つの帝国を求めているのだ」

　実際の「合邦」（アンシュルス：オーストリアとドイツとの統合）は、公式には3月13日夕刻にベルリンで発表された。新聞紙上には翌日まで現われなかったから、フロイトはこのラジオ放送を聞いたのかもしれない。

　この間、ベルクガッセ19のフロイトの自宅では、ウィーン精神分析学会の会合が開かれた。すべての会員と握手を交わしたフロイトは、こう言った。「できることは何もありません」。学会をすぐに解散し、どこであれフロイトが落ち着く先で、それを再結成することが決まった。

ヒトラー　ウィーンに 1938年3月14日　月曜

　リンツと同様に、ウィーンもヒトラーを熱狂的に歓迎した。歓迎準備のために、現地のナチス党はユダヤ人を狩り集め、壁や舗道に書いてある敵対的スローガンをこすって消すように命じた。オーストリア大統領ミクラスから職務を引き継いだナチス党員ザイス＝インクヴァルトは、「オーストリアと第三帝国との再統合」に関する法令の条文を閣僚会議に提出した。この間、ドイツ大使フォン・パーペンは、ヒトラーとオーストリアのインニッツァー枢機卿との会談を設定した。この枢機卿はこの国の多数派であるカト

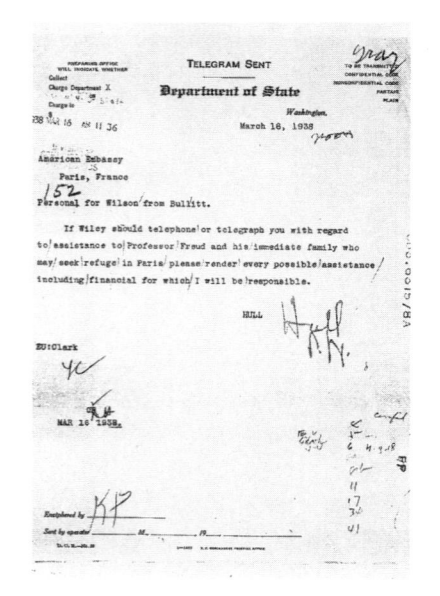

上：ヒトラーの来訪に備えてウィーンの道路をユダヤ人に命じてこすらせているナチス。DOW

下：「フロイト教授と近親者がパリに亡命するための援助を求めてワイリーが電話か電報をよこしたら、経済的な面をも含めて出来る限りの援助を与えてやってください。経済面を私が負担します。」在ベルリン米国大使ウィルソン宛てのブリットの電文。1938-3-16.

リック教徒の意見を左右する力を持っていた。

3月15日、ヒトラーは王宮から英雄広場を埋める大群衆に向けて、「わが故国のドイツ帝国への帰還」に関する演説を行なった。(1) オーストリアはドイツの大管区制度に組み込まれることになったが、当面は独自の州政府が残る予定だった。

ところが、この見通しは急速に消え失せた。4月23日に、ザール＝プファルツ大管区指導者ヨーゼフ・ビュルケルが、オーストリア——呼称は「オストマルク」となった——と第三帝国とを再統合する任務を帯びて、帝国特別委員に就任したのである。

この間、フロイトを守るための外交努力が続いていたが、1933年にフロイトを訪問したジョバンキーノ・フォルツァーノも、この日ムッソリーニに宛てて書簡を送っている。「閣下を大いに尊敬しております82歳の名声高き老人、つまりフロイト、ユダヤ人を、閣下に推薦致します」（「尊敬して」が、1933年4月26日にフロイトがムッソリーニへ贈呈した本の献辞を指していることは明らかだが、この時、フロイトはムッソリーニを「文化英雄」と呼んだのであった。ムッソリーニが実際にフロイトのことでヒトラーに働きかけたのかどうかはわからない）

出版所と我が家の捜索　　　　　　　　　　　　　　　　1938年3月15日　火曜

突撃隊の不揃いな一団が精神分析出版所を捜索した時、マルティン・フロイトは施設内にいた。「奇妙でみすぼらしい種々雑多な服を着た一団で、中には14歳位の太った少年の姿も見えた」。「凶暴そうな男」が、協力しなければいつでも射殺する、とマルティンを脅迫した。

捜索の最中に英国から飛来したばかりのアーネスト・ジョーンズが現われた。彼も一団に威嚇され、身柄を拘束されたが、ようやく解放されると、高位の当局者に訴えるために、その場を離れた。

マルティンは守衛に金を渡して、有罪の証拠になるいくつかの文書を密かに処分した。「こうして一日が過ぎる頃、息を呑む状況で、ついに突撃隊本部の地区司令官（Bezirksleiter）ご本人が到着した。この司令官は礼儀正しい、上品とも言える男で、本当に悪夢から醒めたように感じたが、この時、妹アンナが部屋に入って来たのだ」

この間、突撃隊のもう少し組織だった一隊が、ベルクガッセ 19 のフロイト宅を捜索していた。その後に聞き書きした話でマルティンは（身柄を拘束されていた）、母親の冷静沈着さが侵入者に与えた効果を力説した。「母はこの一隊を通常の来客として扱い、玄関の傘をしまう場所にライフル銃を置くように話しかけ、腰を下ろすようにとまで促した。彼らは応じなかったが、この礼儀正しさと勇気が良い効果を挙げた。父も何事にも動じない平静さを保ちながら、体を休めていたソファを離れて居間にいる母の所へ行き、捜索の間じゅう、肘かけ椅子に穏やかに座っていた」

突撃隊の一隊は家族全員のパスポートと6000シリング（約300ドル）とを押収し、現金の領収書を置いていった。フロイトはこのような感想を漏らしたと言われている。「1回の往診にこれほどかかったことはなかったね」(1)

ジョーンズ　　　　　　　　　　　　　　　　　　　　　1938年3月16日　水曜

ウィーンにいたドロシー・バーリンガムから3月14日に受けた電話で、アーネスト・ジョーンズは危機的状況を知らされた。早速、彼はマリー・ボナパルトに電話して、直ちに2人はウィーンへ行く手はずを調えた。ジョーンズは日記にこう記している。「［1938-3-15］ウィーンへ飛ぶ。ヒトラーの行進。バウアーの所へ。アンナと共にマルティンに会いに出版所へ。3〜4時間拘束。バウアーの所。ドロシー。フロイト家。アンナ絶望的」

国を去るようにフロイトを説得するのが自分の使命だ、とジョーンズは考えていた。前日のフロイトとの会見について彼はこう書いている。「フロイトは依然頑固で、こう言った。『ここが私の部署だから、離れるわけにはいかぬのだ』。船を離れようとしない船長という印象を持った私は、タイタニック号が沈没した際に、ボイラーが爆発して海面に放り出された士官の話をしよう、と思い立った。『どの時点で船を離れたのだ』と厳しく尋問されたこの士官は、誇らしげにこう答えたのだ。『私は船を離れませんでした。ええ、船が私を離れたのであります』。この話が自分にもあてはまり、オーストリアはもう存在しないと了解したフロイトは、英国への脱出に同意した。若い頃の夢の国へである」

いったんフロイトが同意した後は、ウィーンの分析家を何人英国に連れて行けるかという問題が残っていた。あるいはこの日から、この週の残りの日々は確実に、フロイトはアンナとこの問題を話しあった。アンナはウィーンの集団を一緒に連れて行きたがったが、ジョーンズは人数を制限するように言い張った。ようやく折り合いがつき、ジョーンズは3月20日にウィーンを去った。(1)

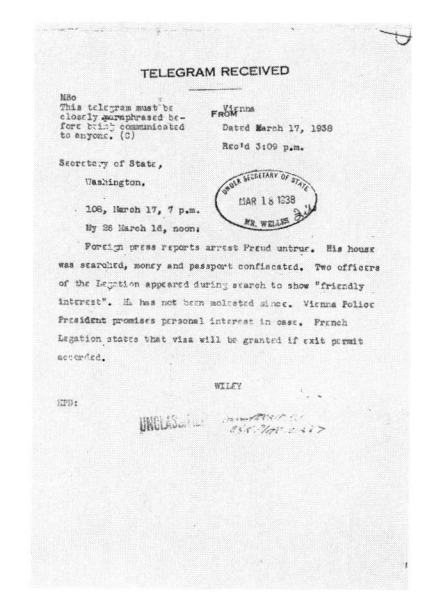

上：「外国の新聞はフロイトが逮捕されたと誤報した。フロイトの家は家宅捜査され、現金とパスポートが押収された。捜査中に公使館の二人の館員が顔を出し、『友好的関心』を示した後では、フロイトは嫌がらせを受けなくなった。ウィーン警視総監はこの事案に個人的関心を約束している。出国が認められれば、フランスの公使館では、ヴィザを出すと言っている」。米国国務長官のコーデル・ハル宛てにワイリーが1938年3月17日に打った電報。

下：アーネスト・ジョーンズ、1938年夏。

王女　　　　　　　　　　　　　　　　　　　　　1938年3月17日　木曜

　マリー・ボナパルト王女は4月10日までウィーンにとどまった。ギリシャ公使館に宿泊したものの、食事はフロイト一家と共にした。彼女の存在も一家をさらに保護する役割を果たした。この時、王女はフロイトや家族から史的、伝記的回想を聞き集めた。

　また、アンナと協力してフロイトの書類や手紙に目を通し、ロンドンに持ち出す価値のないものを焼却し、フロイトが破棄しそうなものを救い出した。

　マルティン・フロイトは書いている。「もし王女がおられなかったら、3月11日から5月末まで、最後の悲しい数週間はとても耐えられなかっただろう」

アンナ　ゲシュタポへ　　　　　　　　　　　　　1938年3月22日　火曜

　3月15日の捜索に続いて、この日ゲシュタポ［ドイツ秘密国家警察］がベルクガッセ19を捜索し、尋問のためにアンナを本部まで連行した。ナチスに敵対する危険な運動体だとの嫌疑が国際精神分析協会にかけられたからであった。(1)　その場に居合わせたマリー・ボナパルトが共に連行するように求めたが、さすがの親衛隊も王族のパスポートを見て怖じけづいた。(2)

　シュール医師が、フロイト最悪のこの日を、ベルクガッセで過ごしている。「時間は遅々として進まず、無限だった。あれほど深く心配するフロイトを見たのは、この時だけであった。床を歩き回りながら、彼はタバコを吸い続けた」

　この間、アンナはゲシュタポ本部の廊下で待機させられていた。しかしこんなところにいたのでは、国外追放か、殺されるかもしれない、と気がついた。そこで部屋の中へ入り込んで (3)、すすんで尋問を受け、国際精神分析協会は非政治的団体で、国際的テロリスト組織ではないと、尋問官をどうにか説得した。

　午後7時にアンナは帰宅した。拷問を受けるのに備えて、アンナ（とマルティン）にシュール医師が「十分な量のヴェロナール［睡眠薬］を渡していたことを、フロイトは聞かされていなかった。

英国への入国　保証さる　　　　　　　　　　　　1938年3月28日　月曜

　大方の国々がこの頃にユダヤ人難民に取る態度は、ジョーンズの言葉によれば、「残忍なほど不親切」であった。これほど短期間でフロイト一家に入国許可が下りたのは、ひとえにジョーンズの尽力のおかげである。

　フロイトの家族や親族だけでなく、ウィーンにいた多くの同僚（合計で成人18名、子ども6名）の入国許可を得るために、「アーネスト・ジョーンズは不可能同然なことを成し遂げた」とアンナは書いている。ジョーンズはまず手始めに、王立学会理事である義弟ウィルフレッド・トロッターの影響力を利用した。この方法で、彼は学会会長である物理学者サー・ウィリアム・ブラッグ宛ての紹介状を手に入れた。すると、ブラッグは内相サー・サミュエル・ホーア宛ての手紙を書いてくれた。（同じ民間スケート・クラブの会員だったので、すでにジョーンズはホーアと多少面識があった）

　こうして、ジョーンズは3月25日の日記にこう記すことができた。「ホーアの秘書、入国管理局のA・S・ハッチンソンと会う。成功！　24日ぶりの雨。何という3月」

エルンストル　パリに　　　　　　　　　　　　　1938年3月28日　月曜

　アーネスト・ジョーンズの協力を得て、エルンストルは、南アフリカに住む父親に合流する前に、一時的に英国へ立ち寄る許可を得た。彼は書いている。

「マリー・ボナパルト王女のご尽力で、ロンドンへ行く途中にパリで一息入れることができ、僕はサン・クルーの王女邸に5日ほどお世話になった。王女自身はこの時サン・トロペにおられたが、令嬢がパリにいて、彼女の執事が滞在中にパリの名所を案内してくれたのだ」

移住　できそうに　　　　　　　　　　　　　　　1938年3月28日　月曜

「できそう」("ermöglicht":文字通りには「可能になる」）という言葉は、英国が出した入国許可と、それに加えて、フロイトのために展開中の外交工作を承知している、とナチス当局が示唆したこととに基づく不確実な希望に過ぎなかった。

　乗り越えねばならない重要な手続きがまだ残っていた――具体的に言えば、財務上の未払いがこれ以上残っていないことを国家が所有者に証明する審査不問証明書（Unbedenklichkeitserklärung）と、亡命税（Reichsfluchtsteuer）である。どちらも出版所の資産を申告し、業務を清算しなければ、取得できなかった。

2人のエルンスト　ロンドンに　　　　　　　　　　　　1938年4月1日　金曜

パリを出発したエルンストル（W・エルンスト・ハルバーシュタット）は、この日無事ロンドンに到着した。1933年以来、ロンドンには叔父エルンストが住んでいた。エルンストルは続いて南アフリカに向かうことになっていたのだが、彼は書いている。「僕の記憶が正しければ、南アフリカでの労働許可がおりなかったし、どのみち僕はロンドンに居る方がずっと良かったのだ」(1)

エルンスト46歳　　　　　　　　　　　　　　　　　　　　1938年4月6日　水曜

三男エルンストは今では建築家としての地位を確立していた。『スター』誌の記事が、この頃彼が請け負っていた仕事の一つを記録している。「ジグムント・フロイト教授令息エルンスト・フロイト氏が設計した型破りの6棟の家が、この度ハムステッドに完成した。フィンチリー・ロードから遠くないフログナルにある家で、淡褐色の煉瓦造り、現代オランダ様式が使われている。大陸で人気の省力設備をフロイト氏は数箇所に取り入れており、居間が全てつながっているので、大人数のパーティー向きである」

エルンスト一家には1939年秋に英国国籍が認められたので、「敵性外国人」に分類されて、場合によれば抑留されるのを、危うく免れた。

トプシーの翻訳　終わる　　　　　　　　　　　　　　　1938年4月9日　土曜

1937年にマリー・ボナパルトは愛犬のチャウチャウ犬に関する本──『トプシー、金毛のチャウチャウ犬』を出版した。すでに原稿を読んでいたフロイトはこう論評した。「素晴らしい本です。本当のありのままの内容に心が打たれます。もちろん分析の仕事ではありませんが、この創作の背後には、真実と知識を追求する分析家の姿が読み取れます。また、人間がトプシー（やヨフィ）のような動物を、不思議なくらい深く愛せる理由を教えてくれます。混じり気のない愛情、文明の耐え難いほどの葛藤から免れている生活の単純さ、それ自体で完全な存在の美しさ。そして、有機体としての発展の性格が異なるにもかかわらず、親近感──否定できない同類の感覚──が、犬と人間との間には存在するのです」（フロイト-マリー・ボナパルト.1938-12-6）

フロイトは彼女の原稿を使って、3年前にこの本の翻訳に取りかかった──部分訳の草稿には「1935年5月─1936年6月」と記されている。また、1937年8月には王女にこう尋ねていた。「トプシーは翻訳されていると気づいていますかね」（フロイト-マリー・ボナパルト.1937-8-13）

出国ビザを待つ間の緊張や不安を紛らわせるために、フロイトとアンナは、ウィーン最後の数か月をこの翻訳に熱中した。翌年、この翻訳は『金毛のチャウチャウ犬』という表題で出版された。(1)

国民投票　　　　　　　　　　　　　　　　　　　　　　1938年4月10日　日曜

3月13日（シューシュニク首相が中止した国民投票予定日）の合邦後、ドイツ帝国の法律がオーストリアに導入され、反ユダヤ主義の法律も全てが自動的に適用された。ウィーン大司教インニッツァー枢機卿は、オーストリアの他の司教と共に、ヒトラーへの忠誠を誓った。英国は4月2日に併合を承認し、フランスと米国がこれに続いた（チリ、中国、メキシコ、とソ連だけがこの「オーストリアの屈辱」に抗議した）。

4月9日に再びウィーンに戻ったヒトラーは、統合を既成事実化するために熱狂を盛り上げた。この国民投票はドイツ帝国議会の新選挙と連動していた。投票結果は99.72％が合邦に賛成し、反対はわずか11281票、そのうち4939票はウィーンで投じられた。

オーストリアと第三帝国との再統合をつかさどる帝国特別委員にまもなく任命されたビュルケルは、勝ち誇ってこう発言した。「我々はドイツ人であり、未来永劫ドイツと総統に属するのだ」

ミンナ　療養所から戻る　　　　　　　　　　　　　　　1938年4月12日　火曜＊

6週間フロイト家を離れていたミンナ・ベルナイスは、3月初旬に2回、両眼の手術を受けた。病身のままこの日帰宅したので、そうでなくても難しいこの時期に、耐えねばならないさらなる責任がフロイト一家に加わった。

感謝祭の日曜日　開業52周年　　　　　　　　　　　　1938年4月17日　日曜

開業への言及はこれが最後で、1939年夏に終わりを迎える（翌39年はこの記念日には

＊「11日　月曜」が横線で消されている。

マリー・ボナパルトと彼女のチャウチャウ犬トプシー。

触れていない)。もっとも合邦後、フロイトは分析を続けることができなかった。スマイリー・ブラントンに彼はこう語っている。「『患者が2人いたのですが、おしまいにして、立ち去るように言いました。意識的な心が乱れると、無意識の心には興味をが持てないのです。
『書き続けられましたか』と［ブライトン］は尋ねた。
『ええ、それはできました』とフロイトは答えた。『当時のオーストリアの状況と、書いているものとの間に、幾分関連があったのです』」
　この頃、フロイトは1日1時間『モーゼと一神教』第3の部分を執筆していた。ユダヤ人の独自性と、選民だとの主張の特質とを扱う部分である。

アレックス　72歳　　　　　　　　　　　　　　　　　　　1938年4月19日　火曜

　誕生日の贈り物として、フロイトは弟アレクサンダーに最も大切な所有物の一つ、溜め置いた葉巻を「遺贈」した。「あなたが72歳の誕生日を迎えるこの時、長い間一緒に暮らしてきた我々は、別れの縁にいます。永久の別れでないことを望みますが、未来は──常に定かではないものの──目下著しく予見が困難です。そこで、長年溜めてきたこの上質の葉巻を受け取ってほしいのです。あなたは今なおこの楽しみを味わえますが、私はもう出来ませんから」（フロイト-アレクサンダー・フロイト.1938-4-19）。完全に禁煙したわけではないが、フロイトはもはやタバコを「楽しむ」ことはできなかった。

王女　出発する　　　　　　　　　　　　　　　　　　　1938年4月19日　火曜

　フロイトはこの時期のマリー・ボナパルトの往来をすべて記録したわけではない。最初、3月17日にウィーンを訪れた王女は、4月10日まで留まり、それからパリへ戻った。4月17日には再びウィーンに来て、この日クラクフに向けて出発した。やがて義理の息子になるドミニク・ラジヴィルの姉妹の結婚式に出席するためであった。
　王女はフロイトの書類をくずかごから救っただけでなく、国外へ持ち出せなくなるのに備えて、フロイトが気に入っていた古代遺物も数点、密かにパリへ運び出している。

婚約中のラジヴィルの2人と食事　　　　　　　　　　　　　　1938年4月18日＊　月曜

　マリー・ボナパルトの娘ユージェニーは1938年2月18日にドミニク・ラジヴィル王子と婚約した。王子の姉妹の結婚式に出席するため、マリー・ボナパルトと共にクラクフへ行く途中に、2人の婚約者はウィーンに立ち寄ったのだと思われる。こちらの2人は5月30日にパリのアンヴァリッド教会で結婚した。

聴力を失う　　　　　　　　　　　　　　　　　　　　1938年4月26日　火曜

　1934年に米国人スミス・イーライ・ジェリフが耳の障害について尋ねた際、フロイトはこう答えていた。「聴覚も昔と同じではありませんが、何とかしのいでいます。いずれにしても78歳ですから、聞こえなくても言いわけができるでしょうが、あなたの年齢ならそうはいかないでしょう。（中略）私の人生のこの最終段階は安楽にはできておりません」（フロイト-ジェリフ.1934-8-2）。手術後の感染症で右側の聴力が大幅に損なわれたので、フロイトは患者の話を聞くために、自分が座る椅子の位置を長椅子の右から左に置き替えねばならなかった。
　耳の専門医シュニーエラー博士もフロイトの医学面での相談相手の一人だった。とはいえ、この重要な時期に健康状態がこれほど危うくなるのは不安であった。
　彼はジョーンズにこう書いている。「もっと良い状態で英国に行ければと思います。かかりつけの医師と一緒に旅するつもりですが、何人もの医者が必要なので、到着したらすぐに耳の専門家を探し出し、ピヒラーが教えてくれたあごの専門家も見つけねばなりません。『このゲームは（もはや）割に合わない』と独白するときもありますが、仮にそうだとしても、それを認めるわけにはいきません」（フロイト-ジョーンズ.1938-5-13）

王女　戻る　　　　　　　　　　　　　　　　　　　　1938年4月29日　金曜

　今回、マリー・ボナパルトは5月4日までウィーンにとどまり、その後、娘ユージェニーの結婚式準備のために、パリへ戻った。

ベーア＝ホフマンが王女と　　　　　　　　　　　　　　　1938年5月1日　日曜

　この訪問の前後にマリー・ボナパルトはカメラを手にして街へ出て、メイデーの祭典

マリー・ボナパルト、1938年夏。

＊この記載は4月19日に続いており、余白に「X」印がつけてある。重要だからではなくて、場所が間違っているからだと思われる。

を記録した。従来の祝賀行事とはうって代わり、自らの目的のためにナチスはメイデーを利用した。王女が撮影した映像を見ると、かぎ十字旗がベルクガッセ 19 沿いに掲げられ、横断幕にはこう記してある。「今回の5月1日には、我々が破壊ではなく建設を求めることを示そうではないか」。それから大群衆がヒトラーに喝采し、最後に呆然とした見知らぬ人物が偶然、カメラの枠内に迷い込む。

フロイト同様、ベーア＝ホフマンも出国を遅らせていた。1939年まで彼はオーストリアにとどまった。それからまもなく妻パウラがチューリヒで亡くなった。その後ニューヨークへ渡った彼は、死亡した1945年に米国市民権を取得した。亡くなる直前には米国芸術文芸協会賞を贈られている。

ミンナ 出国する　　　　　　　　　　　　　　　　　1938年5月5日　木曜

ミンナ・ベルナイスはウィーンの人間の中で最初に出国ビザを受け取ったが、依然、一人で旅行できる体調ではなかった。そこで、ドロシー・バーリンガムがスイスまで付き添った。

合邦後の新法で、外国人には交換可能通貨資産の両替が義務づけられたので、ドロシーはオーストリアを離れざるを得なくなった。フロイト一家を助けるには国外にいるのが最善だと考えた彼女は、娘マビーと共にスイスへ旅立った。マビーはジーモン・シュミデラーと共にロンドンへ行き、2人は同地で5月8日に結婚した。だが、できる限りの方法でフロイト一家を助けるために、ドロシーはスイスのルガーノにとどまった。(1)

交渉をゲシュタポと　　　　　　　　　　　　　　　　1938年5月5日　木曜

合邦後、直ちにゲシュタポによる恐怖支配が始まった。4月中旬までに7500名以上が逮捕された。4月1日には政治犯を乗せた最初の列車がダッハウ［強制収容所］に向けて出発し、ゲシュタポの監獄では数千名のユダヤ人が国外追放を待っていた。

出国の可否は、ゲシュタポと税務当局との同意にかかっていた――何よりも、出版所の業務の明確化が必要だった。所長のマルティンが事務所から締め出され、交渉に加われなかったので、代わりにアンナが折衝の大部分を引き受けた。(1)

フロイト一家を担当したナチス特務委員アントン・ザウアーヴァルト博士は、出版所の清算と一家の財政事務を監督した。ところが、この博士はフロイトの旧友ヘルツィヒ博士の下で化学を学んでいた。そこで、フロイトを敬い、誠実に振る舞うようになったが、来たる数週間には、このことがきわめて重要だった。

とはいえ、交渉は長引いた。遅れた一つの理由は、合邦で生じた単なる官僚制度の混乱であった。4月末にフロイトはジョーンズにこう書いている。「遅れているのは、本当に我々のせいではありません。財産や資産の処理と、この移行期ならではの混乱が関連しているのです。新旧どちらの規則に従って働けば良いのか、当局者も、もはやわからないのですから」（フロイト-ジョーンズ.1938-4-28）

82歳　　　　　　　　　　　　　　　　　　　　　　1938年5月6日　金曜

この年、ついにフロイトは誕生日を祝わずに済ませる反駁できない口実を手に入れた。出国問題が明らかに他のすべてに優先していたので、仮に祝うにしても英国まで先送りするのが最善だと決まった。「今年の誕生日は数に入れないことにしました。6月6日、7月6日、8月6日……。ようするにここからの解放後まで延期です。実を言うと、受け取った手紙や電報などにも、まだ一通も応えておりません」（フロイト-ジョーンズ.1938-5-13）

出国 2週間以内に？　　　　　　　　　　　　　　　1938年5月10日　火曜

実際には、現実の出国に向けての最初の重要な一歩を踏み出したのは5月25日だった――亡命税［Reichsfluchtsteuer］の支払いである。これは出国者が所有する評価資産に課される税金であった。

この間、フロイトは他の人々の出国問題にも手を貸していた。例えば、友人の分析家で（ウィーン精神分析学会の最古参会員）、皮膚科の家庭医でもあったマキシミリアン・シュタイナー博士である。この博士がオーストリアを出国できるように協力してほしい、と彼はジョーンズに訴えた。

アンナもフロイト一家だけでなく、他の多くの人々のために、当局と精力的に交渉していた。英国を見据えたフロイトは、アンナの存在自体がクライン派の分析家には脅威になりうると気づいており、従って娘の能率や活力をジョーンズに推薦する方法も如才なかった。「アンナは我々のためばかりでなく、数えきれぬほど多くの人々のためにも、疲れを知らずに動き回っています。英国でも、分析のために多くをできることを望みま

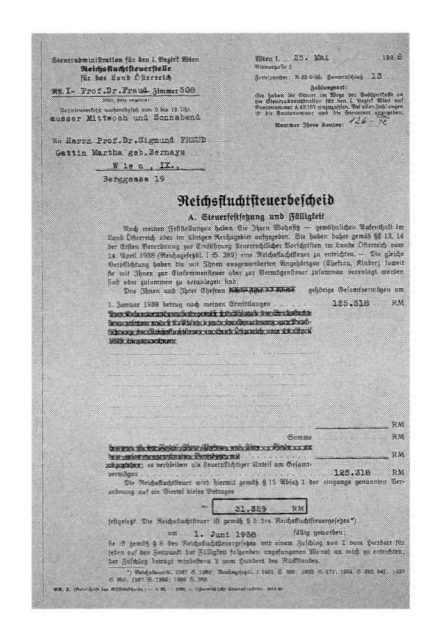

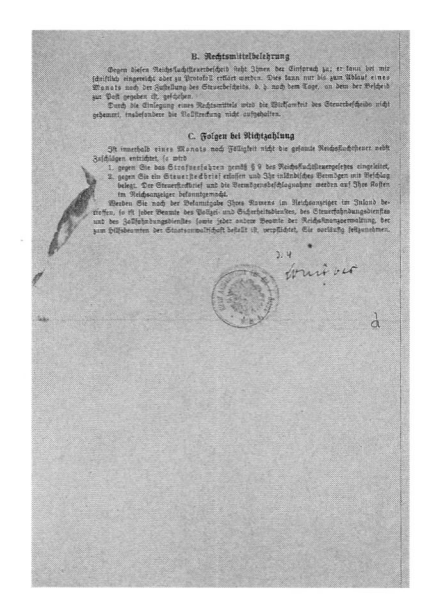

すが、あまりでしゃばってはいけないでしょう」(フロイト-ジョーンズ.1938-5-13)

パスポートを受け取る　　　　　　　　　　　　　　　　　　　　　1938年5月12日　木曜

3月15日の家宅捜索の際に突撃隊はフロイト一家のパスポートを押収した。もっとも、これらは旧オーストリアのパスポートだったから、いずれにしても交換が必要だった。(1) 若手写真家エトムント・エンゲルマンがベルクガッセ19の建物内部の写真を撮りに来た際に (2)、フロイトは同時にパスポート用の写真も撮るように、頼んでいる。オーストリアがもはや主権国家ではなかったので、新パスポートはドイツのものとなり、ワシとかぎ十字の記章が印されていた。

マルティン　去る　　　　　　　　　　　　　　　　　　　　　　　1938年5月14日　土曜

マルティンは回想録で出国の怪しげな背景を述べている。「他の家族の出立準備が整う2週間前に、私はウィーンを去らねばならなかった。だらしのない一団が私の事務所を初めて捜索したあの日曜日に、(ナチスの目から見ると)有罪の証拠になる文書が多数見つかったので、私は確実に強制収容所送りの候補者になった。一番の可能性はブーヘンヴァルト強制収容所であったが、多くの友人が実際にこの収容所で亡くなっていた。だが、警察の副主任が前科のある男で、幸運にも私の料理人の親友だった。このコネを使って、これらの文書を非常に安く買い戻せたのだが、交渉の最中に、逮捕が迫っている、と時宜よく警告された。こういう状況だったので、出発を遅らせると面倒がおきるだけだろうと考えた私は、パリへ行き、数日前に送り出していた妻や2人の子どもと合流することに決めた」(1)

蒐集品の査定　　　　　　　　　　　　　　　　　　　　　　　　　1938年5月21日　土曜

4月、フロイトは書物や蒐集品を整理して暇をつぶしたが、所有物を英国に持ち出せるのかどうかは、まだはっきりしなかった。4月下旬に彼はジョーンズにこう書いている。「することがないので、本や蒐集品を整理して多少気を紛らせています」(フロイト-ジョーンズ.1938-4-28)

高度なレベルの外交交渉で、フロイトには優遇措置が保証された。この時期の難民の大多数が一銭も持たずにオーストリアを離れたのとは異なり、フロイトは身の回りの品物だけでなく、家具、蔵書と、中でも古代遺物の蒐集品さえも持ち出すことができた。

とはいえ、これが可能かどうかは最後の瞬間まで判明しなかった。フロイトが気に入っていた小像のアテナ像を、最近来訪した際に、マリー・ボナパルトが密かに持ち出したのも、そのためであった。

すでにフロイトと面識があったウィーン美術史美術館館長ハンス・フォン・デメルが、彼の蒐集品を査定した、というよりおそらくあえて過小評価した。2日後、フロイトはミンナにこう書いている。「一つのよいお知らせは、蒐集品が解放されたことです。一点の押収もなく、わずか400ライヒスマルクの少額を払っただけです。美術館館長のデメルが非常に寛大で、全部あわせてわずか30000RM（ライヒスマルク）に見積もってくれました。亡命者が払う税金の枠内にすっかり収まるのです。運送業者も遅れずに荷造りを始められます」(フロイト-ミンナ・ベルナイス.1938-5-23)

これで亡命税（Reichsfluchtsteuer）の計算が可能になった。5月25日にフロイトの課税資産は125318RMと算定され、25％、31329RMの税金を出国許可がおりる前に支払うことになった。

マティルデとロベルト　出発する　　　　　　　　　　　　　　　　1938年5月24日　火曜

4日前にフロイトは義妹ミンナにこう書いていた。「我々は戸口に突っ立っています。部屋を立ち去りたいのに上着がはさまっていると気づいた人物のように。マティルデとロベルトはもう自由です。(中略) 我々はまだ税金に引っ掛かっています。脱出のために、アンナが素晴らしい手腕を発揮し、上機嫌で奮闘しています」(フロイト-ミンナ・ベルナイス.1938-5-20)

出発の様子を後にマティルデはアーネスト・ジョーンズにこう述べている。「隣人、友人、それから小売商人が皆でさよならを言いに来てくれました。家政婦、雑役婦と、テュルケン通りにあった我が家の管理人が歩道で泣いていました。ロベルトが最後の年月に働いていた会社の同僚や、私の学校の校長先生も西駅まで来て下さいました――そして、私たちはイギリスの新生活へと旅立ったのです」(マティルデ・ホリチャー-ジョーンズ、日付なし)

翌日、ホリチャー夫妻はパリからフロイトに電話した。ロンドンへ行く途中でマリー・

フロイトに移民の道を開いた1938年5月25日付けの亡命税支払い証明書。31329マルクを6月1日までに支払うこと。

ボナパルト宅に一時立ち寄ったのである。一家が分散するのを見て、フロイトはこう書き記した。「ある意味で、すべてが現実のこととも思えません。私たちの一家はこの地にも、まだあの地にも、いないのですから」(フロイト-ミンナ・ベルナイス.1938-5-26)

✝ エミリエ・カソヴィッツ　　　　　　　　　　　　　　1938年5月30日　月曜

エミリエはマックス・カソヴィッツ博士(1842-1913)の妻である。この博士が院長を務めていた小児病院で、1886年から96年まで、フロイトは神経科を担当した。84歳のエミリエは肺炎で亡くなったが、この肺炎はミルウォーキーから来訪したカール・カソヴィッツから感染した流感が原因であった。フロイトはカールを「もっとも興味深い送別客」と呼んでいた。

審査不問証明書　　　　　　　　　　　　　　　　　　1938年6月2日　木曜

「審査不問証明書」("Unbedenklichkeitserklärung")は、これ以上請求する金額がないことを、当局が所有者に証明する書類である。これは主として借金や税金をすべて支払ったことを意味している。フロイトの銀行口座や出版所の資産が差し押さえられていたので、マリー・ボナパルトが必要な金額を貸してくれなければ、フロイトはこの税金を支払うことができなかった。(出国後、外国口座から返済した)

5月中旬に、フロイトはミンナにこう書いていた。「依然として、すべては、いつ税務当局から審査不問証明書を受け取るかにかかっています。この書類がなければ、国境を越えられるかどうか、確実ではありません。そこでこの書類を首を長くして待っているのです。それまでは切符も買えません」(フロイト-ミンナ・ベルナイス.1938-5-14)

この肝心な書類が届いたので、78年間住み慣れたウィーンを、ついにフロイトはたち去ることができるようになった。直ちにアンナはトマス・クック社へ切符を買いに行き、眠る場所を予約して、外国通貨を手に入れた。フロイトはミンナにこう書き送った。「どの種の些事がいまや重要になったのか、それから、本当に大事なことばかりでなく、どうでもいいことまで、アンナ一人が全部引き受けねばならなかったのか、をあなたには到底想像できないでしょう」(フロイト-ミンナ・ベルナイス.1938-6-2)

出発 3.25 オリエント急行　　　　　　　　　　　　　1938年6月3［4］日＊　土曜

ウィーンを出発した一行は、フロイト、妻マルタ、末娘アンナ、ヨゼフィーネ・シュトロス医師、家政婦パウラ・フィヒトルと、愛犬リュンであった。この脱出行の後、フロイトはマックス・アイティンゴンにこう報告した。「主治医のシュール医師が彼の家族と共に同行する予定でしたが、なんともはや、土壇場になって盲腸を切らねばならなくなったので、アンナが連れてきた素敵な小児科医シュトロス博士の保証で間に合わせねばなりませんでした。この女医は私の面倒を良く見てくれましたが、実を言うと、旅の難しさに痛みを伴う心臓疲労が出たので、ニトログリセリンとストリキニーネとをたくさん服用したのです」(フロイト-アイティンゴン.1938-6-6［7］) (1)

33／4 am ケール橋　　　　　　　　　　　　　　　　1938年6月3［4］日＊＊　土曜

国境でのトラブルをフロイトは予想していた。彼はアイティンゴンに書いている。「何かの奇跡がおきて、ケールでは退屈な通関検査を受けずに済みました。ライン川の鉄橋を渡ると、我々は自由だったのです！」(フロイト-アイティンゴン.1938-6-6［7］)

ウィーンの米国公使館館員が指示を受けて一行に同行していたことが、税関職員の扱いに影響を与えたのかもしれない。フロイトの後を追いかけて、その後ロンドンへ行ったシュール医師も、ライン川を越えてフランスに入った時の「圧倒的な安堵感」を語っている。パウラ・フィヒトルはフロイトが一言「これで自由だ」("Jetzt sind wir frei.")と言ったのを覚えていた。

パリ10時　マリー　エルンスト　ブリットの出迎え　1938年6月4［5］日　日曜［土曜］

マリー・ボナパルト王女、息子エルンストと、今では駐仏米国大使になった友人ウィリアム・ブリット(1)が、大勢のジャーナリストと共に、パリ東駅でフロイト一行の到

＊実際には、この土曜日は6月3日ではなく4日であった。したがって、続く2日間の記載の日付も(5日ではなく)4日と、(6日ではなく)5日である。ところが、9日木曜日になると、再び日付が正しくなる。日付が間違っているこれら3日間の記載は、おそらく、脱出行後に英国で書かれたのだろう。なぜなら、直前の6月2日の記載の曜日を見て、ここに土曜と書いたにもかかわらず、その記載の曜日が金曜ではなくて、木曜日なのに気づいていないからである。その後、フロイトはこれらの日付を鉛筆で軽く訂正した。この誤りは早くオーストリアを離れたいという感情の表われだと解釈できるかもしれない。(1)

＊＊すでに6月5日日曜の朝だったのだから、この日付は二重に間違っている。

マリー・ボナパルトとパリの米国大使ウィリアム・ブリットが、パリの東駅でフロイトを出迎えた。

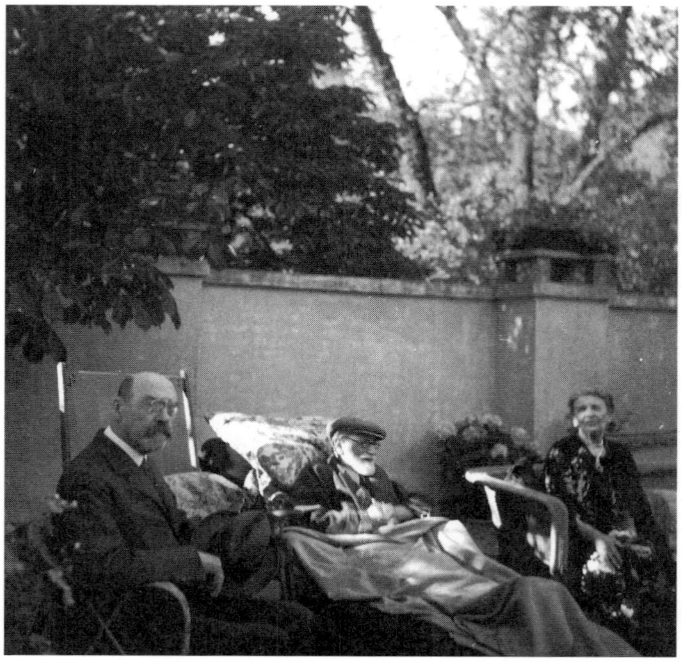

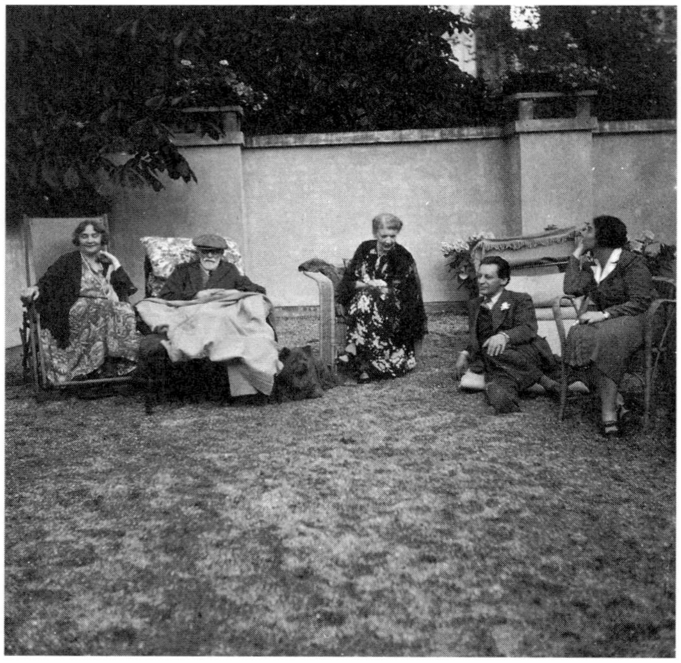

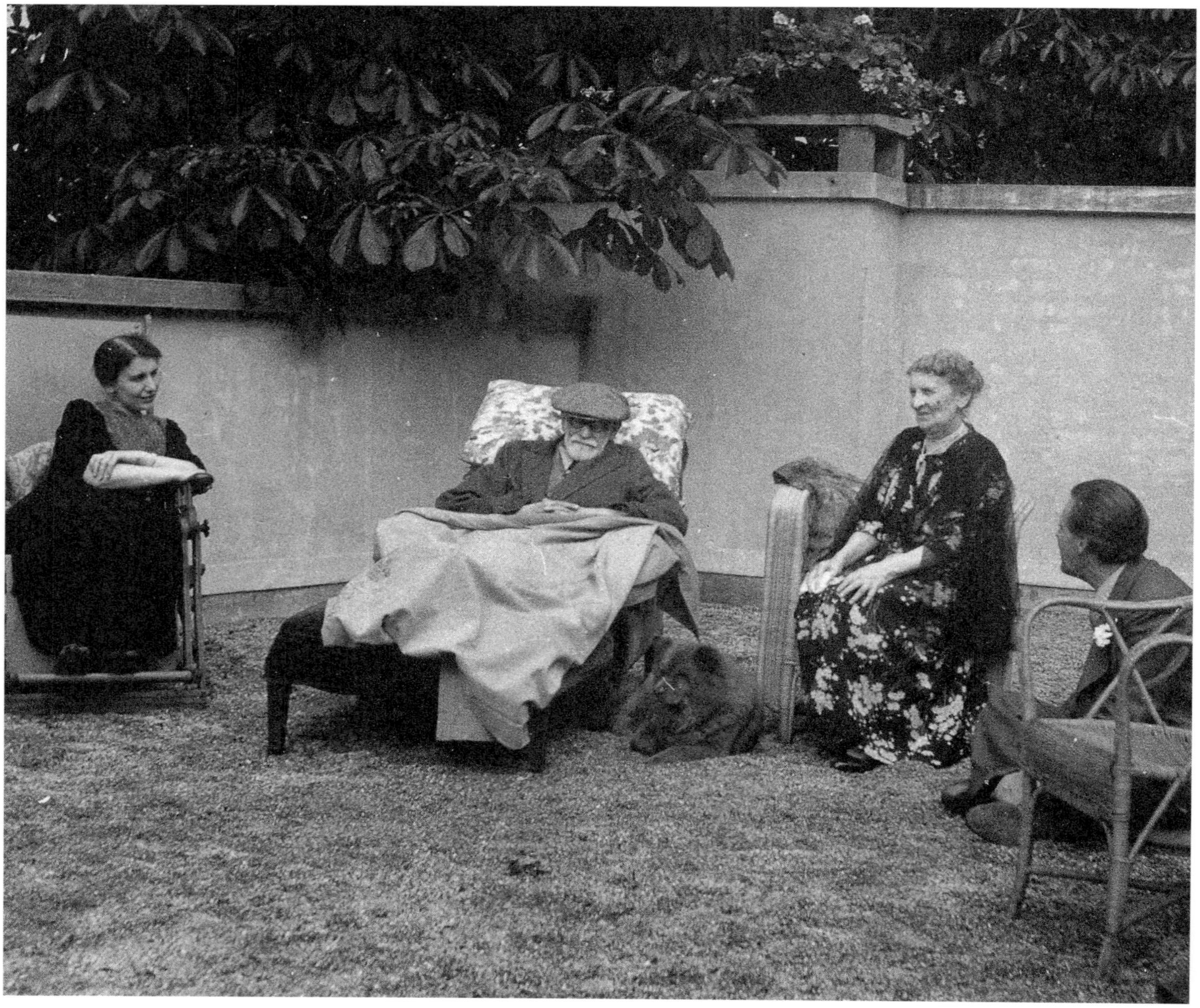

着を待ち受けていた。

脱出行後、最初にフロイトが出した手紙が、この日のパリの印象を伝えている。「パリ——東駅——での出迎えは暖かく、新聞記者や写真家やらで騒がしいほどでした。午前10時から午後10時まで、我々はマリーと彼女の家で過ごしました。マリーはこれまでにもまして優しく、思いやりがあり、我々の財産の一部を返還してくれ、ギリシャのテラコッタ像抜きでは旅を続けさせてくれませんでした」（フロイト-アイティンゴン.1938-6-6 [7]）

これらの新しいテラコッタ像は、古代遺物が英国に届くまでの2か月間、索莫としているフロイトの机を飾ってくれることになった。「我々の財産の一部」とは、フロイトがインフレに備えて貯めておいた金貨のことである。ギリシャ公使館の外交官用郵袋を使ってオーストリアから持ち出した、とこの時王女はフロイトに説明した。

友人、来客、犬たちに囲まれて自宅テラスでくつろぐフロイト一家を、マリー・ボナパルトが映像に収めた。後にフロイトは王女にこう書いている。「パリのあなたのお宅で1日過ごしたおかげで、我々は再び気分がよくなり、品位を取り戻せました。半日間、愛情に包まれた我々は、誇り高く心豊かになり、アテナ神に守られながら出発したのです」(2)（フロイト-マリー・ボナパルト.1938-6-8）

夕方　ロンドンへ＊　　　　　　　　　　　　1938年6月4 [5] 日　日曜 [土曜]

フロイト一家は夜のパリをカレーへ向けて出発し、夜行フェリーでドーヴァー海峡を渡った。1936年以来、鉄道車両が直接海峡フェリーに乗り入れていたので、一行は列車から降りる必要がなくなり、穏やかな海峡を横断し、英国のドーヴァー港に到着するまで、フロイトは海を目にしなかった。

9am　ドーヴァー―ロンドン　　　　　　　　1938年6月5 [6] 日　月曜 [日曜]

ドーヴァーでは、必要な6か月の検疫を受けさせるため、「優しい獣医」がリュンを連れ去った。けれども、ロンドンのヴィクトリア駅に到着した際には、王璽尚書デ・ラ・ウォール伯爵が、通関検査を免除する外交特権をフロイト一家に与えていた。また新聞記者を避けるために、一行を乗せた列車は別のプラットフォームに乗り入れた。長女マティルデと長男マルティンがジョーンズ夫妻と共に一行を出迎えた。

新居　　　　　　　　　　　　　　　　　　　1938年6月5 [6] 日　月曜

フロイト夫妻を乗せたアーネスト・ジョーンズの車は、ヴィクトリア駅を出発するとロンドン中心部を横切った。車はバッキンガム宮殿を通過し、ピカデリー・サーカスを抜けて、リージェント通りを北上し、リージェント公園を通り抜けた。2台のタクシーに分乗したアンナ、パウラ、エルンストが一杯の荷物と共に、その後に続いた。

プリムローズ・ヒルの端の所で、一行はエルンストが借りておいた家に到着した——エルズワージー・ロード 39 の家である。フロイトは書いている。「エルンストが素敵な家を借りておいてくれました。私の部屋からはベランダに出られて、花壇に囲まれた自宅の庭を見下ろせますが、向こうには樹木が点在する大公園が見えるのです。当然ながら、ここは、たった3か月間の仮住まいで、これからエルンストは、あらゆる条件を満たす抜本的解決になる家を見つけねばなりません。当地ではこれがなかなか難しいのです。水平ではなく垂直に住むのは大変です」（フロイト-ランプル＝ド・フロート.1938-6-13）

寝室が階上だったので、アンナ、パウラと、近くの自宅から定期的に通ったエルンストが、毎日フロイトを運び上げたり、下ろしたりしなければならなかった。

ミンナ　重病　　　　　　　　　　　　　　　1938年6月5 [6] 日　月曜

ミンナ・ベルナイスは肺炎で階上に臥しており、この健康状態では、新たに到着した一行を出迎えられなかった。ミンナ叔母さんが重病で階上に寝ていなければ本当によかっただろう、と1週間後、フロイトはジャンヌ・ランプル＝ド・フロートに書き送った。もっとも、危機は脱した、と付け加えている。

花と新聞　　　　　　　　　　　　　　　　　1938年6月5 [6] 日　月曜

新聞各紙がフロイトの到着を報じたのは、実際は翌日——6月7日、火曜——である。もっとも、新聞だけがフロイトを歓待したわけではない。花、歓迎の手紙や電報、それから古代遺物を初めとする贈り物が新居に殺到した。フロイトはマックス・アイティンゴンにこう書いている。「我々は一夜にしてロンドンの人気者になりました。銀行の支配人

＊「ロンドン」は余白に書かれて下線が引いてあり、太インクの線が、この単語とこの記載とを結んでいる。

上：「我々は誇り高く心豊かになり、アテナ神に守られながら出発したのです」。フロイトが気に入っていた古代遺物、ローマのアテナ神のブロンズ像。マリー・ボナパルトがウィーンから密かに持ち出し、フロイトはパリでそれを再び手にした。NB

下：ロンドンの国会議事堂。フロイトのアルバムから。彼にとって1908年以来のイングランド再訪だった。

左左上：マリー・ボナパルトの夫君だった、ギリシャのジョルジュ大公の伯父にあたる、デンマークのヴァルデマール殿下と一緒のフロイトとマルタ。

左右上：マリー・ボナパルト、マルタ、エルンスト、とヨゼフィーネ・シュトロス医師。

左下：1938年6月5日、マリー・ボナパルトのパリの自宅で、アンナ、フロイト、リュン、マルタ、とエルンスト。

は『皆様のことは承知しております』と話しかけ、アンナを乗せた車の運転手も『ああ、フロイト先生の所ですね』と答えたのです。たくさんの花で息が詰まりそうです」
　さらに、フロイトはこのようにも書き送った。「そういうわけで、我々は本当に英国に着きました。たいへん心地よく大勢の人々が、友人も見知らぬ人々も、暖かい歓迎を準備してくれました（気候はそれほど暖かくありませんが）。（中略）もちろん、何事もまだなじみがなく、まるで非現実の世界にいるようで、明らかによそ者の違和感です」（フロイト-ランプル＝ド・フロート.1938-6-13）

サム　マンチェスターから　　　　　　　　　　　　　　1938年6月9日　木曜

　オーストリアを立つ直前に、フロイトは甥サム・フロイトに短信を送った（おそらくウィーンで最後に出した手紙である）。「今日、永久にウィーンを離れます。次の住所：エルズワージー・ロード 39、ロンドン、NW3。これほど長い年月の後であなたと再び会う機会があるでしょうか？」（フロイト-サム・フロイト.1938-6-4）（1）
　フロイトが最後にサムと会ったのはマンチェスターで、30年前のことであった。英国好きだったのにもかかわらず、生涯3回しかフロイトは英国に足を踏み入れていない。最初は1875年で19歳の時、2回目は1908年、そして最後はこの1938年に「自由の中で死ぬ」ためであった。

リュンを訪ねる　　　　　　　　　　　　　　　　　　　1938年6月10日　金曜

　リュンはドーヴァーからロンドン、ラドブルック・グローヴにある検疫犬舎に運ばれた。フロイトにとって新居からの初の外出となったこの訪問は、オーストラリアのスポーツ新聞『レフェリー』紙で詳細に報じられた。「ロンドンの横断はフロイトには大仕事だった。令嬢アンナ・フロイト博士に支えられ、正面玄関に通じる小道を歩くのも容易ではないようであった。しかしながら、何事もこの偉大な科学者を友人の愛犬から引き離してはおけなかったであろう。昨日、検疫犬舎所長ケヴィン・F・クウィン氏は、フロイト教授が近づくのを見たこの雌犬が、体全体に喜びを表わしながら教授を出迎えに駆けつけた様子を、記者に語ってくれた。『どちらの方が大喜びしたのか、言うのは難しいですな。動物の目があんなに幸せにあふれて、すべてを承知しているのを見たのは、これが初めてです。（中略）リュンと戯れる教授は、ありとあらゆる愛らしい言葉を使って、リュンに話しかけていました。たっぷり1時間ほどね。あの年齢のおかたにとっては遠出なのでしょうが、できる限り何度も会いに来るつもりだ、とおっしゃっていましたよ』。日中リュンは、クウィン氏の家の裏手にある広大な美しい庭で、他の犬たちと遊ぶことができる。この犬舎でリュンは幸せである」

ヤフダの訪問　　　　　　　　　　　　　　　　　　　　1938年6月11日　土曜

　アブラハム・シャロム・ヤフダ（1877-1951）はユダヤ人の聖書学者である。フロイトが英国で記していた来客名簿の筆頭にも彼の名前が見られるが、この日記のJahudaとは異なって、名簿には、Yahudaと名前が正しく綴られている。
　フロイトが初めてこの人物の名前を知ったのは前年で、モーゼ研究に関連してであった。彼はアルノルト・ツヴァイクにこう書いている。「エジプト人が旧約聖書に与えた影響に関する自著を送るとヤフダ教授が約束してくれました」（アルノルト・ツヴァイク-フロイト.1937-9-6）（1）
　偶然にもこの学者は同じエルズワージー・ロードに住んでいた。とはいえ、単に新たな隣人を表敬訪問したのではない。明らかに彼はフロイトとモーゼの本について話しあい、とりわけ出版をやめさせたいと望んでいた。ヤフダの一つの論拠は、モーゼ殺しについてのエルンスト・ゼリンの仮説——フロイト理論の一つの重要な環——をゼリン本人が否定し、取り消したことであった。

ミンナ　誕生日に初めて会う　　　　　　　　　　　　　1938年6月18日　土曜

　73歳の誕生日のこの日、ミンナ・ベルナイスは気管支肺炎から回復して、階下に降りて来られたようである——あるいはミンナと会わせるために、家族がフロイトを階上に運び上げたのかもしれない。（1）

G・H・ウェルズ　　　　　　　　　　　　　　　　　　1938年6月19日　日曜

　H・G・ウェルズは1933年にフロイトを訪問し、1936年にはフロイト80歳の誕生日を祝う挨拶状に名を連ねた。フロイトにとってはすでに個人的に面識がある数少ない英国作家であった（ジョーンズによると、フロイトを名字だけで呼んだ数少ない人物でもある。

上：「退散しない幽霊」　1938年を通じて、モーゼはフロイトの頭をずっと占めていた。（ローマのサン・ピエトロ・イン・ヴィンコリ教会にあるミケランジェロ作のモーゼ像）フロイトのコレクションにある写真。

右：1938年6月、ロンドンでフロイトは再びモーゼの著述に取り掛かったが、机の上はからだった。しかし、パリからの新しいテラコッタ（赤土の素焼きの焼き物）が数点あった。

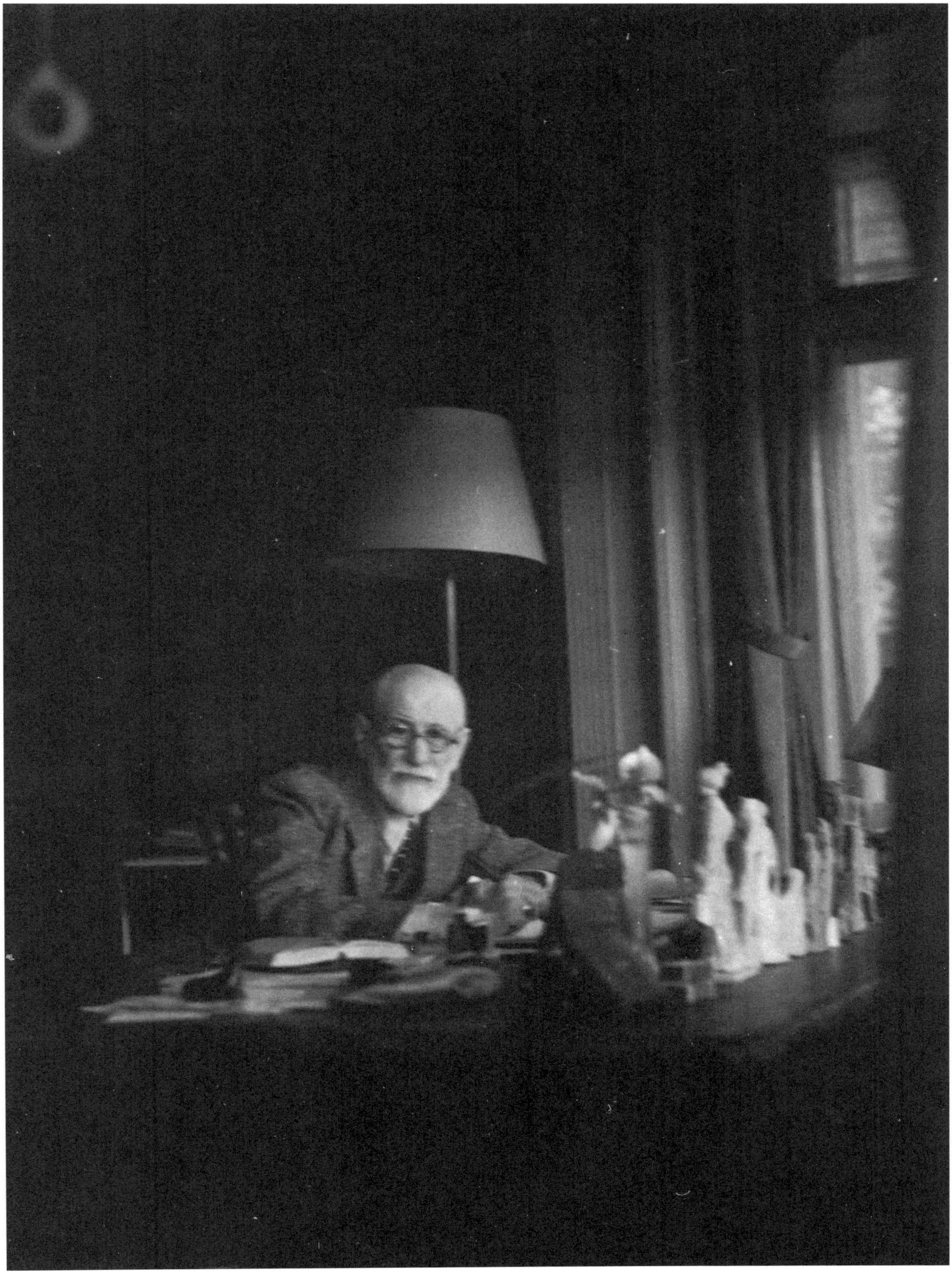

他にはウィリアム・ブリットとイヴェット・ギルベールがそうしていた)。

モーゼⅢ　再び始める　　　　　　　　　　　　　　　　　　　1938年6月21日　火曜

出国前の4月に取り組んでいた仕事をフロイトは再開した。4月に彼はジョーンズにこう書いていた。「1日1時間、モーゼも書いています。『退散しない幽霊』*のようにモーゼは私を苦しめます。これほどの内的、外的困難があるのに、第3の部分を仕上げられるでしょうか。目下の所では完成できるとは思えません」(フロイト-ジョーンズ.1938-4-28)

王女－キプロス人の頭部　　　　　　　　　　　　　　　　　　1938年6月23日　木曜

初めてフロイトをロンドンに訪問したこの時、マリー・ボナパルト王女はまず間違いなく古代遺物を携えてきた。この大きなキプロス人の胸像は、蒐集物が依然ウィーンに留め置かれている今、その不在の一部を埋めあわせるに足る、大きくて印象的な一品であった。もっとも前日、王女の到着を姪リリーに報告した妻マルタは、3日間滞在するだろうと記した上で、こう付け加えていた。「ですから、夏の平和が来る兆候はあまりないのです!」(マルタ・フロイト-リリー・マーレ.1938-6-22)

R. S. の訪問　　　　　　　　　　　　　　　　　　　　　　1938年6月23日　木曜

『タイムズ』紙はこの出来事を次のように報じた。「フロイト教授への栄誉：王立学会憲章書がバーリントン・ハウスにある学会本部から取り出されるのは稀である。一つの機会は、後援者である国王陛下の署名を戴くために、バッキンガム宮殿に持ち出される場合である。最近、この特権がロンドンで亡命生活を送るジグムント・フロイト教授に付与された。1936年以来学会の外国人会員であるフロイト教授は、健康状態がすぐれず、記帳のために学会本部まで足を運べなかった。そこで、セント・ジョンズ・ウッドにある自宅まで憲章書が持ち出されたのである」

王立学会の『記録』誌もこの出来事を報告している。「6月23日、当学会役員である外国人書記、生物学書記の2名と、憲章書を担当するグリフィス・デイヴィーズ氏は、フロイト教授に暖かく迎えられた。マリー・ボナパルト夫人(ギリシャのジョルジュ大公令夫人)(中略)とアンナ・フロイト博士も代表団を出迎えた。(中略)簡素で家庭的なこの儀式に、心から感謝する亡命中の心理学者は、当学会から与えられたこの栄誉に、威厳と哀愁を示しながら、応えた」

映像　　　　　　　　　　　　　　　　　　　　　　　　　　　1938年6月23日　木曜

憲章書を手にフロイト宅を訪れた王立学会の役員をマリー・ボナパルトが映像に収めた。後にアンナがこの映像に解説を加えたが、この場面ではこう述べている。「そして、この時王立学会から3人の方がお見えになりました。学会の憲章書に父の署名を求めるためにです。健康がすぐれなかった父は学会まで出かけられなかったのです。(中略)非常に素敵な瞬間でした」

憲章書の同ページにあるチャールズ・ダーウィンの署名に、アンナは注意を促した——ダーウィンはフロイトの英雄の一人だったから、この事実をフロイトは喜んだに違いない。

ガン夫人がエジプトの古代遺物を　　　　　　　　　　　　　　1938年6月25日　土曜

ニケナ・ガン夫人は1920年代にウィーン精神分析外来患者病棟(Ambulatorium)で教育を受けたが、英国精神分析学会には加わらなかった。彼女は高名なエジプト学者バティスコム・ジョージ・ガン(1883-1950)と結婚した。この学者は1920年代にアマルナとサッカラで発掘に加わり、1924年には最重要な著作となった『エジプト語の統語法の研究』を発表した。

このような訪問や贈答品も、この時期のフロイトの幸福感をなお一層増大させた。(1)　ナチ・オーストリアから抜け出し、他の家族と再合流して安堵したこと。英国国民に歓迎されたこと。それからエルズワージー・ロード 39 の仮住まいの居心地が良かったことも、さらなる喜びの源だった。

彼は書いている。「当地での我々の境遇は良好です。ウィーンから恐ろしい知らせが届き、つらい日々を送る多くの人々の運命に当然ながら同情して、我々の幸福に暗い影が落ちることさえなければ、本当に良いと言えるのですが。イギリスでの歓迎は非常に好意的で、アメリカへ引っ越そうとは思わないほどです」(フロイト-ジンメル.1938-6-26)

*［原文は英語 ('a ghost not laid')］

「モーゼの同時代人」。伝説的な立法者ヘルメス・トゥリスメギストゥスの版画。フロイト・コレクションより。

モーゼをアメリカに売る　　　　　　　　　　　　　　　　1938年7月15日　　金曜

精神分析文献のドイツ市場は存在しないも同然だったので、今では英語版、中でも米国での売れ行きが重要になった。この時フロイトは新しい家も購入しようとしていた。したがって、英訳版が出るのを切望し、遅延にはなお一層敏感であった。

11月にアイティンゴンに出した手紙の中で、彼はジョーンズへの不満を漏らさざるを得なかった。「ドイツ語版はオランダのアレルト・デ・ランゲ書店から出ます。英語版（と米国版）はジョーンズ次第ですが、残念ながら訳すのが遅く、時にはこの英訳本の出版を邪魔しているとさえ思えるのです。我々を出迎えてくれた時の友情は涸れてしまったようです」（フロイト-アイティンゴン.1938-11-3）

ケント氏？　　　　　　　　　　　　　　　　　　　　　1938年7月15日　　金曜

ケント氏の名前の後ろにある疑問符は、本当に来訪したのか、疑いを表わすのかもしれない。この人物についての記載が3日後にあるから、その日に約束通り訪問したのだとも考えられる。ケント氏が誰かはわからない。

1910年に心理学者G・H・ケントはA・J・ロザノフと共に、正気を失った状態での言語連想に関する研究を発表した。この心理学者が問題の人物だとは考えにくいが、可能性がないわけではない。

エクスナー博士　　　　　　　　　　　　　　　　　　　1938年7月15日　　金曜

ジョージ・G・エクスナー（1902-1965）は南アフリカ出身だが、現在はロンドンに住んでおり、著名な口腔外科医であった。ベルリンでは形成外科医ジャック・ヨーゼフ、ウィーンではピヒラー医師と共に学んだが、ピヒラーがエクスナーをフロイトに紹介した。フロイトが英国でつけていた緑色の住所録には、王立学会の後、2番目にこの医師のハーリー街の住所が記されている。

翌2週の間にシュール医師は疑わしい腫れ物をフロイトの口内に発見した。その重要性をエクスナーがなかなか納得しなかったので、シュール医師は大急ぎでピヒラーに手紙を出し、ロンドンへ来るように求めた。

フィンチレイ・ロードの家を見る　　　　　　　　　　　1938年7月16日　　土曜

フロイトがやがて購入する新居はフィンチレイ・ロードではなく、この通りの近くにある静かな街路、メアスフィールド・ガーデンズに面していた。フロイトが場所を間違えたか、あるいはフィンチレイ・ロードを地区名だと誤解したのかもしれない。購入の際、フロイトは新居を見学に出かけなかった。周旋業者の助けを借りてその家を見つけたのは、息子エルンストである。

とはいえ、これは満足できなかった別の家のことらしい。なぜなら、翌日フロイトは弟にこう書いている。「次の一番難しい問題は、我々の複雑な要求と乏しい資力とに、同時に見あう家を見つけることなのです」（フロイト-アレクサンダー・フロイト.1938-7-17）

モーゼ　完成する　　　　　　　　　　　　　　　　　　1938年7月17日　　日曜

『モーゼと一神教』が完成しても、この主題はフロイトの念頭を去らなかった。2日後、フロイトを訪問したサルヴァドール・ダリは、フロイトの謎めいた言葉を引用している。「モーゼは昇華の肉体です」

また、この訪問の翌日にフロイトはこう記していた。「個人は内的葛藤によって滅びます。種は適応できなくなった外界と争って、滅亡します――これも『モーゼ』に取り入れる価値があるでしょう」

遺言書　　　　　　　　　　　　　　　　　　　　　　　1938年7月17日　　日曜

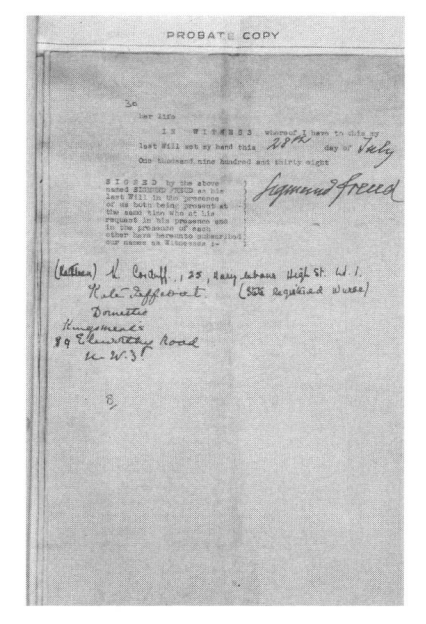

この遺言書の受託者兼執行者は娘アンナと、2人の息子エルンスト、マルティンであった。アンナは古代遺物の蒐集品と心理学、精神分析に関連する書物を相続した。ところが1943年4月5日に、エルンストとマルティンはメアスフィールド・ガーデンズ 20 の家の自由保有権を譲渡して、アンナの名義に変更した。フロイトの不動産と残る動産で作られた残余信託財産が、妻マルタの収入を保証した。フロイトの著作物の著作権は孫たちの信託財産になった。義妹ミンナ・ベルナイスは300ポンドの年金を受け取った。

これが最後の遺言書であるが、初めてのものではない。あごの最初の大手術から帰宅した直後に、1923年10月30日付の長男マルティンへの手紙という形で、遺言書の草稿をフロイトは書いている。また、その後に記した遺言書は3月15日の家宅捜索の際、ナチスの手に落ちた。その中にはフロイトの外国資産に触れた箇所があったが、これは当時非

上：1923年10月30日の手術前に、マルティン宛ての形で書かれたフロイトの遺言書。
下：イングランドでは新しい遺言書が必要だった。それは、看護婦と家政婦の立会いのもとで、1938年7月28日に署名された。

合法な資産であった。仮にナチス特務委員ザウアーヴァルト博士がこの事実を、フロイトがオーストリアを離れる後まで伏せておかなかったら、おそらく出国は危うくなっていたものと思われる。

ケント氏　　　　　　　　　　　　　　　　　　　　　　　1938年7月18日　月曜

「ケント」という名前は、この時期のフロイトの来客名簿では、「メル・クライン」（この日記には登場しない）と、「サルヴァドール・ダリ」（日記に登場する）の間に記されている。

1200オランダ・ギルダー要求さる　　　　　　　　　　　　1938年7月18日　月曜

　このオランダ貨幣はチューリヒの口座に保管されていた。この金を外国通貨当局が要求していると、ウィーン在住のフロイトの弁護士アルフレッド・インドラ博士が、手紙で知らせてきた。「外国で新しい生活」を築くために留め置いても良いと、以前ゲシュタポが約束したにもかかわらずである。

　家財も古代遺物も今なおウィーンから届いていなかったので、この金を渡さなければ、代わりにそれらの品物が差し押さえられる恐れがあった。そこでフロイトは、家財が届いたら直ちに問題のギルダーを送金するようにと、インドラ博士に委任した。しかしながら本当に望んでいたのは、このギルダーをマリー・ボナパルトの口座に移して、立て替えてくれた亡命税を返済することであった。

聴力を失う　　　　　　　　　　　　　　　　　　　　　　1938年7月19日　火曜

　英国の住所録に初めて記された名前の中には、ウィンポール・ストリート8に住んでいた耳の専門医F・W・ワトキン＝トーマスの名前がある。フロイトの耳の病気は何度も再発したが、他の感染症が引き金になった。

　2週間後、彼は書いている。「一昨日からカタルが続き、再び聴覚に影響が出ています」（フロイト-アンナ・フロイト.1938-8-3）

サルヴァドール・ダリ　　　　　　　　　　　　　　　　　1938年7月19日　火曜

　サルヴァドール・ダリの人生と芸術に、フロイトはきわめて大きな影響を及ぼした。シュテファン・ツヴァイクがこの会見を整えた。夫人ガラ（ダリの「グラディーヴァ」）と、「ナルシスの変貌」を所有する百万長者エドワード・ジェームズとがダリに同行していたが、フロイトに見せるために3人はこの絵を持ってきた。

「どのようにしてあの絵を作り出したのか、分析的に研究するのは、非常に面白いでしょう」と翌日フロイトはツヴァイクに書き送った。もっとも、ダリにはこう述べている。「私は古典絵画には無意識を探します――シュールレアリスム絵画に探すのは意識です」――この発言はダリにとって、シュールレアリスムへの死刑宣告であった。

　この会見中にダリはフロイトを素描する許可を得て、その後吸い取り紙に描いたスケッチの習作を生み出した。(1)　ダリはこの会見を記した文章で、フロイトは私を凝視し、私の言葉には無関心に見えた、と述べている――聴力を一時的に失ったせいだったのかもしれない。

オランダの出版社　　　　　　　　　　　　　　　　　　　1938年7月23日　土曜

　これはドイツ亡命文学を出版していたアムステルダムのアレルト・デ・ランゲ書店のことだと思われる。『トプシー』のフロイトによるドイツ語訳を発行したこの書店は、『モーゼと一神教』の初のドイツ語版をも出版した。

マルタ77歳　　　　　　　　　　　　　　　　　　　　　　1938年7月26日　火曜

　ロンドン到着3週間後に妻マルタはこう書き送った。「これまで商店2軒と公園3箇所にしか行ったことがないので、生まれて初めて街に出て来た文字通りの田舎者です。何もかもが信じられないほど大きく、堂々としているのです」（マルタ・フロイト-リリー・マーレ.1938-6-22）

　フロイトによれば、英国の生活に最も素早く適応したのはマルタだった。ジョーンズもこう書いている。「［マルタは］決してウィーンを振り返らず、77歳ではなく27歳であるかのように、ただ新しい生活様式に目を向けた。ウィーンでそうしていたように、買い物は全て自分ですると言い張り、長い人生の本当の最後まで、この習慣を続けた」

1938年7月19日の会見の後で、サルヴァドール・ダリが描いたフロイトの肖像。これは、たくさんあるスケッチのうちの1枚で、幾つかは、まだ会見前の1938年前半に載った新聞写真を見て描かれた。

A Record of the Final Decade

遺言書に署名する　　　　　　　　　　　　　　　1938年7月28日　木曜

　この時一度だけフロイトは「ジグムント・フロイト」とフル・ネームで署名した。英国へ来る前の単なる「フロイト」でもなければ、英国到着時に使い始めた「ジグム・フロイト」でもない。フロイトが遺言書に署名する際、立会人となった2人は、看護婦と家事使用人だった。遺言書の検認が申請された際、総資産価値は 22850ポンド3シリング2ペンス、純動産価値は 15979ポンド6シリング4ペンスであった。

家の購入　終わる　　　　　　　　　　　　　　　1938年7月28日　木曜

　ロンドン、メアスフィールド・ガーデンズ20、NW3の新居の価格は6500ポンドであった。バークレーズ銀行から4000ポンドを借り入れねばならなかった。借入金を返済し終わったのは1943年である。
　フロイトは依然としてこの家を見学していなかった。3日後、彼はアンナにこう書いている。「新しい家を買ったと新聞で知りました。まだ見ていないのです」（フロイト-アンナ・フロイト.1938-8-1）
　一方、英国の人々は相変わらずフロイトの動静に興味を示していた。2日後、彼はアンナに今度はこう記している。「まだ私の宮殿を訪れておりません。私の床屋はもう新聞で、家を買ったことを知っていました」（フロイト-アンナ・フロイト.1938-8-3）

アンナ　パリ大会へ　　　　　　　　　　　　　　1938年7月29日　金曜

　アンナは（外国人だったので非常な困難が伴ったが）、パリで開かれる第15回国際精神分析大会へ渡航する許可を得た。
　フロイトは書いている。「この大会で、我々の重荷であるアメリカ人から最終的に解放されて、明瞭な関係を築けるでしょう。今回、私は講演を委託して、代理出席させます」（フロイト-ランプル＝ド・フロート.1938-7-26）
　米国側との争点は非医師による分析の問題だった。「精神分析を精神医学の単なる侍女に変えようとする傾向がアメリカでは明白なことからかんがみて」医業からの独立が必要だ、とフロイトは言い続けていた。（フロイト-シュニーアー.1938-7-5）
　フロイトの「代理」参加を務めた講演とは、『モーゼと一神教』から抜粋した「知性の進歩」のことだと思われる。

パリ大会から挨拶状　　　　　　　　　　　　　　1938年8月1日　月曜

　この日アンナ宛てに出した手紙によると、フロイトが受け取ったのは、パリ大会からの挨拶状だけではなかった。「あなたがこちらにいないのですから、当然いつもと同じようにはいきませんが、電話を使えばだいぶ補うことが出来ます。まるで［ロンドンの］ハーリー街にあなたが自分の事務所を持っていて、夜になって、疲れ果てて帰宅するような感じです。（中略）ユングが会長を務めるオックスフォード精神療法会議からも、儀礼的な電報が届きました。この電報にはベネット博士が用意した返事で、冷たく答えておきました。ある時点で私が名誉会長に選ばれたのですが、どの時点だったのかはもう思い出せません」（フロイト-アンナ・フロイト.1938-8-1）

新出版所の発起書　　　　　　　　　　　　　　　1938年8月4日　木曜

　3月にナチスは国際精神分析出版所を壊滅させた。フロイトは再建を望んでいたが、このとき詩人、小説家、翻訳家ジョン・ロドカー（1894-1955）の手でそれが可能になった。この人物を、アーネスト・ジョーンズは「人なつっこく、知的で、意欲的な出版人」だと評している（フロイトの他に、ジェームズ・ジョイス、T・S・エリオットを出版している）。彼はイマーゴ出版社を設立した。この出版社は『米国版イマーゴ』の新版を発行し、新しいドイツ語版『フロイト全集』にも取りかかった。マリー・ボナパルトが資金を提供したが、亡命税を払うためにフロイトに前貸しし、フロイトが返すと言い張った4824ドルがこの資金にあてられた。ドイツ語の発起書には全16巻の全集の広告が載っており、ペーパーバック版は6ポンド18シリング、ハードカバー版は9ポンド5シリングであった。

ボイムラーから物品発送の知らせ　　　　　　　　1938年8月5日　金曜

　フロイトの蒐集品と家財の梱包、発送を引き受けたウィーンのE・ボイムラー社は、美術品や古器物の輸送が専門だった。「経験豊富な係員が必要な注意を払い、第一級の方法で」梱包を行なったと、届いた書簡は自負していた（ボイムラー-フロイト.1938-8-4）。フロイト家を担当したナチス特務委員ザウアーヴァルト博士が梱包を監督した。この件

上：1938年8月パリ大会で、マリー・ボナパルトとアンナ。
中：パリ大会で聴衆席にいるアンナ。
下：パリでのマリー・ボナパルト、アンナ・フロイト、マックス・アイティンゴンとアーネスト・ジョーンズ。珍しくにこやかな写真。

NEUE AUSGABE

SIGMUND FREUD
GESAMMELTE SCHRIFTEN

IN CHRONOLOGISCHER FOLGE

16 BÄNDE

BROSCHIERT £ 6.18.0 : LEINEN £ 9.5.0

IMAGO PUBLISHING CO. LTD, 6 FITZROY SQUARE, LONDON W 1

に示した配慮も彼の協力の実例であった。(1)

アンナ　パリから戻る　　　　　　　　　　　　　　1938年8月5日　金曜

　アンナはパリからの飛行機で夜に帰宅した。しかしながら、8月3日にフロイトは手紙をもう一通、娘宛てに出している。この手紙のフロイトは意気軒昂であった。猛暑によく耐えられたことに驚き、患者から受け取った小切手でシュール医師の請求書を支払えたと述べ（銀行には金が残っていなかった）、預けてきた金を妹たちが入手できたと語り、ウィーンの物品が発送された、と記している。

　それより何より、7月22日に始めた原稿をフロイトは依然として書き続けていた。「休日の暇つぶしが面白い仕事に変わりました。すでに26ページにまで育ったので、3部に分かれるでしょう。総論［das Allgemeine］——実践上の課題——と理論的収穫です。出版する必要はないという物語に私は今なお固執しています」（フロイト-アンナ・フロイト.1938-8-3）。これは未完に終わった『精神分析概説』を指している。原稿は略式の電報風文体で書いてあり、死後の1940年に初めて発表された。米国国会図書館が所有する原稿は流暢に書かれたフォリオ版用紙66ページから成っており、表題の隣に記された日付は"7／22"である。訂正や抹消は数少なく、筆跡も一様である。

王女　　　　　　　　　　　　　　　　　　　　　　1938年8月6日　土曜

　マリー・ボナパルトが設立したフランス精神分析学会は今回パリ大会を主催したが、この大会で彼女は『生、夢、死の時間』と題する論文を読み上げた。フロイトは時間の観念を知覚器官と関連づけるように提案した。しかし、後にこう認めている。「『時間と空間』についてのあなたの論考は、私がするのより、うまく行ったようですね」（フロイト-マリー・ボナパルト.1938-11-12）

物品　到着する　　　　　　　　　　　　　　　　　1938年8月7日　日曜－8日　月曜

　古代遺物の蒐集品や家財を再び目にできるか、当然のことながら、この瞬間までフロイトは懐疑的だった。彼はアイティンゴンに書いている。「ギャングたちは、あてになりませんからね」（フロイト-アイティンゴン.1938-6-15）。物品が梱包されたとの報告を受けた後でさえ、「百里を行く者は九十里を半ばとす」ということわざを、彼は引用している。これらの品物が到着した時、初めて「ナチスから解放された」("Nazifrei")と感じるだろう、と彼は記していた。

ヴィリー・レヴィイ　始める　　　　　　　　　　　1938年8月7日　日曜－8日　月曜

　彫刻家ヴィリー・レヴィイは、フロイトの友人ラヨス／カター・レヴィイの息子で、1936年にはすでにフロイトの銘板を製造していた。今回は胸像の製作を始めた。

　2週間後にフロイトはこう書いている。「ヴィリー・レヴィイが私の型をだいたい作り終えました。昨日は写真家のモデルを務めましたが、フォリオ版から判断すると、素晴らしい傑作が撮れそうです。成功したら、あなたにもお送りします」（フロイト-ランプル＝ド・フロート.1938-8-22）

　この胸像は10月には出来あがり、マリー・ボナパルト王女が来訪したら見せよう、とフロイトは熱望していた。フロイトが言う写真家とは、シュテファン・ツヴァイクの求めで訪れたオーストリア人、マルセル・シュテルンベルガーのことである。確かに、彼は印象的なフロイトの肖像写真を製作した。

我が家を見る。メアスフィールド・ガーデンズ 20　　1938年8月13日　土曜

　この記載で使った「我が家」("eigenes Haus")という言葉を、フロイトはジャンヌ・ランプル＝ド・フロートに書いた手紙でも繰り返した。「そうです。メアスフィールド・ガーデンズ20。これが、この惑星上での我々の最後の住所になるように願っております＊。ですが、9月末以前には使えません。我が家＊＊です！　我々の少なくなった貯金ではどれ程買うのが大変だったか、想像してご覧なさい。我々には美しすぎます。今いる仮住まいからも、エルンストの所からも、そんなに遠くありません。もっと我々向きの状態に改装するために、エルンストがこの家を廃墟にしてしまいました。昇降機を組み込み、2部屋を1部屋か、あるいはその逆にしています。全くの魔法が建築用語に変わるのです」（フロイト-ランプル＝ド・フロート.1938-8-22）

＊「願っております」——'hoffentlich'：この単語は余白に書き加えられた。
＊＊「我が家」'Ein eigenes Haus'.フロイトは最初に'einiges'と（2語をつなげて）書き違え、その後、横線で消している。

上：マルセル・シュテルンベルガーが撮ったフロイト。「素晴らしい傑作が撮れそうです」MS
下：ロンドンの自宅の庭で、フロイトとアンナ。MS
左：ロドカーのドイツ語版フロイト全集発起書の表紙、1938年（1938-8-4の日記参照のこと）

この新居があるハムステッドは、ロンドンの中でも、精神分析との関わりが深い場所だった。選ぶ際にエルンストが考慮したのは、一つはこの点である。(1) もう一つは部屋が広く、数が多すぎないことであった。この時エルンストは、階下の2部屋を1部屋につなげてフロイトの書斎兼診察室を作り出し、裏手には回廊を建築中だった。

ルース　去る　　　　　　　　　　　　　　　　　　　　1938年8月24日　水曜

この月初めにフロイトはこう書いている。「ルース［・マック・ブランズウィック］は……抑うつ状態だと言っています。本当はくすくす笑い続けているのですが」（フロイト-アンナ・フロイト.1938-8-1）。また、彼女が出発する2日前にはこう書き記した。「ルースはまだ当地におり（今月24日までです）、事後分析をもう少し受けていますが、おそらく本当に彼女のためになるでしょう。私のこれまでの分析は、全く不完全だったのです」（フロイト-ランプル＝ド・フロート.1938-8-22）

ミンナ　老人ホームへ　　　　　　　　　　　　　　　　1938年8月29日　月曜

義妹ミンナの健康状態は依然として注意が必要だった。月末にはフロイト一家が仮住まいを明け渡さねばならなかったので、ミンナは老人ホームに送られた。改築中の新居に入居できるまでの間、家族の他のメンバーはホテルに逗留することになった。

1週間前にフロイトはこう書いている。「あれ程美しい建物を待つ楽しみも、残念なことに、幾つかの影で隠されています。何といってもミンナ叔母さんの病気が暗うつです。(中略) 我々は数週間ホテル住まいです。叔母さんは入院というか、療養所に入るのですが、これが当地では信じられぬ程、お粗末なのです。矛盾だらけのこの国は、多くの点で非常に遅れています」（フロイト-ランプル＝ド・フロート.1938-8-22）

ホテル・エスプラネード―ウォリントン・クレセント　　1938年9月2日　金曜

エスプラネード・ホテル (1) はロンドン北部メイダ・ヴェイルにあった。このホテルに滞在中のフロイトを、米国人スマイリー・ブラントンが分析を受けるために訪れた。英国料理をフロイトが我慢することになるだろう、と自分の妻が心配していると述べたブラントンは、続いてこう記している。「このホテルにはフランス人の料理人がいるし、食事も良いだろうから、マーガレットさんも心配する必要はない、と彼［フロイト］は返答した。『イギリスの料理はひどいですからね』と私が言うと、彼も同意した」

アレックス　ゾフィ　ハリー　到着する　　　　　　　1938年9月4日　土曜［日曜］

フロイトの弟アレクサンダーは妻ゾフィ、息子ハリーと共に、3月にオーストリアを脱出した。その後、一家はスイスで暮らしていた。もっとも、ハリーはすでに6月にはロンドンに来ていたので、滞在許可が得られるように、フロイトは協力を試みていた。しかしながら、ハリーが甥で信用できる性格であるとしか、内務省に証明できないことを、彼は残念がった。フロイト自身には個人的影響力がなく、これまでジョーンズが援助できたのも精神分析家の範囲にとどまっていた。

サナトリウム・ロンドン診療所　　　　　　　　　　　　1938年9月7日　水曜

8月末にマックス・シュール医師は初期段階の乳頭腫を発見した。そこでアンナと共にピヒラー医師に、ロンドンに来て手術してほしいと訴えた。ピヒラー医師は9月7日に到着した。今回の手術を行なうロンドン診療所は、デヴォンシャー・プレース 20 にあった。

手術　ピヒラー　　　　　　　　　　　　　　　　　　1938年9月8日　木曜＊

これもかなり徹底的な手術だった。（エヴィパン［睡眠薬］を使っての）全身麻酔の下で、確実に患部に到達するために、ピヒラー医師は唇から鼻に沿ってメスを入れた。切除した組織の一部を手術中に顕微鏡で検査したが、前ガン状態以上の組織は見つからなかった。

患者の回復が順調だと確認すると、ピヒラー医師は翌日飛行機でウィーンに戻った。この医師がフロイトに行なった手術はこれが最後である。費用は、旅費25ポンドを含めて、325ポンドであった（交換価値――4420ライヒスマルク）

ちょうど1か月後にフロイトはこう書き記している。「どうしているのかですって？ 1923年以来最悪の手術から徐々に回復しています。外側から切開したのです。食べるのも、タバコを吸うのも、まだうまくできません。話すのも大変です。痛みは減ってきて

上：「この惑星上での我々の最後の住所」ロンドン市メアスフィールド・ガーデンズ 20。
下：「明るくて、居心地が良く、広々として……」メアスフィールド・ガーデンズの書斎。NB

＊日付と記載とが線でつながれている――重要なことを表わす印である。

おり、一日3時間、再び働いています」（フロイト-ランプル＝ド・フロート.1938-10-8）
この手術を報じた新聞の数を見れば、一般の人々のフロイトへの関心の高さが伺える——少なくとも英国とアイルランドの新聞20紙が、この手術に関する記事を掲載した。

メアスフィールド・ガーデンズ 20 ＊＊　　　　　　　　　　　　　1938年9月27日　火曜

9月3日にフロイトはこの家の所有者として登録した。9月16日には妻マルタと家政婦パウラが入居した（フロイトが転居した時には、ミュンヘン危機が頂点に達しており、戦争準備が大あわてで進んでいた）

様々な手紙に、この家を喜ぶ言葉が記されている。「私たちの家です。非常に美しいうえに（中略）明るくて、居心地が良く、広々としています」（フロイト-ランプル＝ド・フロート.1938-10-8）。「最初から美しく建てられた我々の新居を、エルンストが見事に改築しました。ベルクガッセとは比較になりませんし、グリンツィングと比べても、こちらの方がずっといいのです。『一文無しから白パンへ』[Aus Dalles Weissbrot]という、ことわざそのままです」（フロイト-アイティンゴン.1938-11-3）

第一次世界大戦後に建てられた家だったが（1920年頃）、建築家アルバート・G・ヘイスティローは、すこし古くて落ち着いた時代を設計に反映させた（エルンストは「新ジョージ王朝様式」と呼んだ）

だが、冬になると数々の欠点が明らかになった。上下開閉式窓からは光だけでなく、すきま風も入り込んだのである。「当地は初雪です。身を切るような寒さで、配管が凍りつきました。暖房の問題を克服できないのが英国の欠点なのは、明らかです」（フロイト-アイティンゴン.1938-12-19）

平和　　　　　　　　　　　　　1938年9月30日　金曜

フロイトが新居に引っ越した9月27日に、ネヴィル・チェンバレン首相は悪名高い放送を行なった。「何も知らない遠くの国の人々の争いのために、我々が塹壕を掘り、ガスマスクを試着せねばならぬとは、なんとも恐ろしく、非現実的で、信じ難いことである」。この日、チェンバレンはミュンヘンから「名誉ある平和」を持ち帰り、戦争恐慌を終わらせた。この日録のページの中程に、このあいまいな「平和」という一語をフロイトも走り書きした。(1)

その後、新居から最初に出した手紙で、彼はこう書いている。「平和に酔うのも収まり、国民も議会も正気に戻って、痛ましい真実に直面しています。もちろん我々も束の間の平和を歓迎はしますが、だからと言って、喜ぶことはできないのです」（フロイト-マリー・ボナパルト.1938-10-4）

ミンナ　家に　　　　　　　　　　　　　1938年10月2日　日曜

病院から家に戻っても、ミンナ・ベルナイスの健康状態は相変わらず悪かった。ランプル＝ド・フロートにフロイトはこう不満を漏らしている。「ミンナ叔母さん、悲しい1章です。まだ心臓の状態は重く、膀胱炎にも苦しんでいます。看護婦が2人かかりきりで、あの階の居間と浴室とを占領しているので、妻は不機嫌です。窓、ドア、セントラル・ヒーティング、昇降機に始終職人が必要なのに、なかなか見つからない、ということがなければ、美しい新居に主婦は満足するでしょう。亡命者の悲惨は色々ありますが、要するに、これはそのささやかな実例です。栄光ある英国も、お金のある健康な人々にとっての国です。それから、あまり年を取った人にもよくありませんね」（フロイト-ランプル＝ド・フロート.1938-10-8）

ミンナの回復は遅く、ようやく11月19日になって、エルンストが備えつけた昇降機の助けを借りて、家族の食事に階下で加わることができた。

マルティン　入院　　　　　　　　　　　　　1938年10月2日　日曜

マリー・ボナパルトにフロイトはこう書き送った。「これは本当に余計なことですが、目下マルティンも体の具合が悪く、大腸菌の感染症に高熱が加わり、ミンナが退院したばかりの病院に入院中です」（フロイト-マリー・ボナパルト.1938-10-4）。マルティンは週末には回復して、退院している。

ザウアーヴァルト博士　　　　　　　　　　　　　1938年10月11日　火曜

フロイト一家を担当したナチス特務委員ザウアーヴァルト博士が、一家の外国資産の

＊＊8月13日にフロイトはこの通りの名称を"Maresfield Gardens"と正しく綴っていた。今回は最初"Maresfield Garden"と書き、その後"Maresfields Gardens"と訂正し過ぎたようである。

上：「平和」。ミュンヘン会談の後でムッソリーニに別れの挨拶をするヒトラー。DOW

下：一足先にロンドンに到着し、父フロイトを出迎えた長女マティルデ。

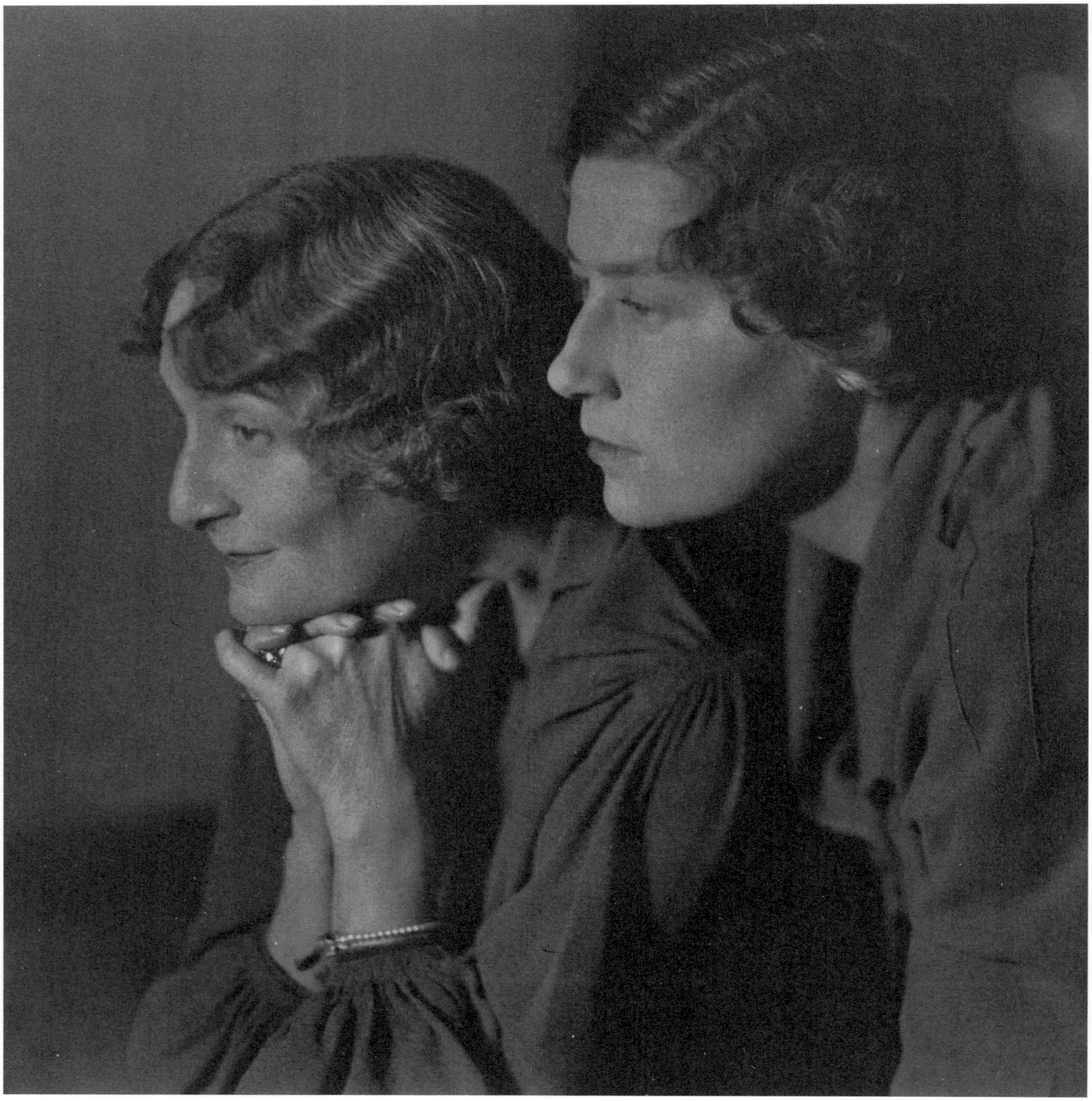

存在を知りながら、出国するまでゲシュタポに伏せておいたことが、オーストリア脱出後明らかになった。博士は「とても礼儀正しく振る舞った」だけでなく、「この人物のおかげで私たちは生きて出国できた」と、アンナは語っている。(1)　なぜこの時、博士が英国に現われたのかはわからない。政府のスパイ活動ではないか、とシュール医師は疑った。(2)

アルノルト・ツヴァイク　辞去する　　　　　　　　　　　　1938年10月12日　水曜

9月7日からロンドンに滞在していたアルノルト・ツヴァイクは、フロイトがロンドン診療所へ出かける直前に彼と面会した。その後、2人は数回会った。議論は活発だったが、フロイトは時折疲労困ぱいした。

パレスチナへ戻る途中、ツヴァイクはパリからフロイトにこう書いている。「あなたが仮住まいに落ち着かれ、周りが何もかも明るく緑におおわれているのを拝見して、本当に幸せです。ご自身の机で、小さな美しい神々に囲まれて、仕事を続けておられることもです」（アルノルト・ツヴァイク-フロイト.1938-10-16）

それからツヴァイクは、自分自身の問題でフロイトを疲れさせたことを詫びている。問題の一つはパレスチナを離れて、米国へ向かう計画だった（ツヴァイクは戦後の1948年に（東）ベルリンへ戻り、1950年から53年まで、東ドイツ芸術アカデミー会長を務めた）。

マティルデ51歳　　　　　　　　　　　　　　　　　　　　　1938年10月16日　日曜

ウィーンで服飾デザイナーとして働いていた長女マティルデは、この頃ロンドンで仕事を再開した。彼女がベイカー街に開いた店の特集記事が『ユダヤ人クロニクル』紙（1939-1-6）に掲載されている。以前インスブルック［オーストリアのチロル地方の観光・保養都市］に住んでいた服飾デザイナー、シュティアスナー夫妻と共同で始めた仕事で、店の名前は『ロベル』であった。店舗と内装の設計はマティルデの弟エルンストが担当した。

王女とユージェニー——青銅のヴィーナス　　　　　　　　　1938年10月29日　土曜

マリー・ボナパルト王女はロンドンのフロイトを9回訪れた。娘ユージェニーを伴った今回の訪問は、メアスフィールド・ガーデンズ20の新居への初訪問だった。

フロイトはアイティンゴンにこう書いている。「いつも活力にあふれたマリー王女が、我が家に数日間滞在して、昨日出立しました。若い娘さんも花のように今が盛りで、お目にかかるのが楽しみです。残念なことに、娘さんの夫君ラジヴィルの印象はかんばしくありません。我々の家、ケント公ご夫妻、メアリ女王、ご自身の国王の所と、お二方は時間を配分されました。最も頻繁に我が家を訪れ、滞在時間も一番長かったので、我が家の娘たちは皆鼻高々です」（フロイト-アイティンゴン.1938-11-3）

フロイトが蒐集している古代遺物を、マリー・ボナパルトは——常にではないにしても——たびたび、贈り物として持参した。今回の遺物は、鏡を手にした魅力的なヴィーナスの小像だった。パリのサン=トノレ通りに店を構える古物商、セグレダキスから買い入れた小像だが、王女はよくこの店で古代遺物を購入していた。(1)

反ユダヤ主義への論評　　　　　　　　　　　　　　　　　1938年10月31日　月曜

アーサー・ケストラーの名前は、フロイトの来客名簿の、この日の欄に記されている。パリで発行されていたドイツ人亡命者向け週刊誌の記者をしていたケストラーは、反ユダヤ主義に関する評論をフロイトに依頼した。求めに応じて書いた評論で、フロイトはある非ユダヤ人著述家が行なったユダヤ人弁護をまとめ上げた。この作家が誰であるかを覚えていないとフロイトは書いているが、フロイト本人ではないかとジョーンズは考えた。

この評論は1938年11月にケストラーの雑誌『未来』に掲載された。編集者はこう記している。「この評論はウィーンからの亡命後、ジグムント・フロイトのペンから発表される最初の作品である」

「チュートン民族［ドイツ人］の熱狂から嬉しくも逃れて、相対的な安全の中に落ち着いた」とはいうものの（フロイト-ジェリフ.1938-10-18）、ドイツやオーストリアでおきている出来事を見れば、フロイトはこの問題を忘れるわけにはいかなかった。7月にドイツのユダヤ人は身分証明書の携帯が義務づけられて、8月にはイスラエルかサラを全員が名前に付け加えねばならなくなった。またオーストリア在住のユダヤ人192000人は、合邦後、ドイツのユダヤ人が過去5年間に受けた以上の迫害にさらされた。国際的にもユダヤ

上：鏡をかざすローマのヴィーナスのブロンズ像。1938年10月16日の訪問時にマリー・ボナパルトから贈られた。NB

下：中世への回帰。ユダヤ人の男性と関係したと疑われたドイツ人ないしはオーストリア人女性が、頭髪を剃られて、公衆の面前で嘲笑されている。DOW

左：「二人の熱烈な女性の弟子たち」マリー・ボナパルトと娘のユージェニー。

人は見捨てられた。7月に開かれたエヴィアン会議で、外国からの援助は期待できないとわかったのである。

ポグロム　ドイツで ［Pogroms in Germany］　　　　　　1938年11月10日　木曜［？］

この記載は英語で書かれており、フロイトがドイツ語にさえも距離を置かざるを得なかったという印象を受ける。(1)

これは、あの忌まわしい「水晶の夜」(「砕け散ったガラスの夜」)である。11月7日、17歳のポーランド系ユダヤ人ヘルシェル・グリュンシュパンは、家族が国外に追放されたことへの報復として、パリのドイツ大使館三等書記官エルンスト・フォン・ラートを狙撃した。フォン・ラートは2日後に死亡し、その夜、ナチス指導部は親衛隊と突撃隊を市街地に放った。267のユダヤ教会や集会所の建物が破壊され、7500のユダヤ人店舗が被害を受け、35人のユダヤ人が犠牲になった。最終的にこのポグロム（ユダヤ人殺戮）では2000-2500名の人命が失われたと言われている。続く数日間に29000人のユダヤ人がダッハウ、ブーヘンヴァルト、ザクセンハウゼンの各強制収容所に送られた。

その後、アイティンゴンはフロイトにこう書き送った。「我々にもドイツから恐ろしい知らせが届いています。私の父が1920年に創設したユダヤ教会は灰燼に帰し、ユダヤ病院とアイティンゴン財団も閉鎖せざるを得ません。両施設とも主任医師が逮捕されてしまいました」（アイティンゴン-フロイト.1938-12-12）

フロイトはオランダにいるジャンヌ・ランプル＝ド・フロートにこう書き記した。「＋＋＋ドイツ＊から届いたニュース、この国の海岸で砕ける波のような出国者、近い将来おきることへの不安、これらの出来事がある以上、本当の安らぎはあり得ません」（フロイト-ランプル＝ド・フロート.1938-11-20）

禁書　フランコのスペインで　　　　　　　　　　　　　　　　　1938年11月10日　木曜

フランコ将軍は依然としてスペイン全土を掌握してはいなかった。スペイン市民戦争はこの後も1939年3月28日にマドリードが陥落するまで終わらず、それから長い独裁政治が始まった。

この日、フランコ将軍は111名の作家への禁書措置を発表し、これらの作家の本を図書館から撤去するように命令した。禁書名簿にはフロイトの他、H・G・ウェルズ、カーライル、ゲーテ、イプセン、トルストイ、ヴィクトル・ユゴーらの名前があった。

H・G・ウェルズ　　　　　　　　　　　　　　　　　　　　　　　1938年11月29日　火曜

フロイトと同程度にウェルズも、文化や宗教の起源の問題に心を奪われていた。したがって、2人はこのとき『モーゼと一神教』について論じあったのではないか？　もっとも、この本の英訳書をウェルズが手にしたのは翌年3月であった。その時、ウェルズはこの本の主張を「大いにあり得る」と考えた。（ウェルズ-フロイト.1939-3）

アンナ43歳　　　　　　　　　　　　　　　　　　　　　　　　　1938年12月3日　土曜

これはアンナが出国後初めて迎えた誕生日だが、この末娘が素早く英国に適応するのを見て、フロイトは喜んだ。3週間前に彼はマリー・ボナパルトにこう書いていた。「アンナは3回公開講義をして、高く評価されました。英語を使ってもです」(1)（フロイト-マリー・ボナパルト.1938-11-12）

アンナも将来には楽観的だったが、不安がないわけではなかった。数か月前に、米国のクリントン・マコードに、彼女はこう記している。「英国は本当に文明国ですし、この地に来て当然嬉しく思っております。どのような圧力や指図をも受けることがありませんし、前方には広大な空間と自由が広がっています。むろん、まだ不慣れですし、イギリスで移民が移民以上の何かになれるかどうかはわかりません。でもこれは将来の問題ですし、今の所、あまり重要だとは思えないのです」（アンナ・フロイト-マコード.1938-8-28）

王女　我が家を訪問　　　　　　　　　　　　　　　　　　　　　1938年12月4日　日曜

マリー・ボナパルトはこれで英国到着後のフロイトをすでに4回訪問した。今回の訪問で話しあったのは、ウィーンにいるフロイトの年老いた4人の妹の問題であった。

王女が訪れる前に、フロイトはこう記していた。「近頃ドイツでおきた恐ろしい出来事で、75歳から80歳の間の老女4人をどうすべきかという問題が、一層深刻になりました。

アンナとリュン。1938年12月6日。リュンが検疫隔離から解放されたことを報じる『デイリー・ヘラルド』紙より。

＊"＋＋＋"――悪魔除けのおまじないに、農民が戸口に三つの十字をチョークで記した。ここでは、この印は表現不可能な特質を表わしている。

我々の力では4人をイギリスでは養えません。出国の際、妹たちのことを考えて160000オーストリア・シリングほどの財産を残してきました。ですが、もう没収されたかもしれませんし、出国するとなれば間違いなく無に帰すでしょう。フランスのリヴィエラ地方、ニースかその近辺に住まわせようと我々は考えています。でも、できるでしょうか」(フロイト-マリー・ボナパルト.1938-11-12)

リュン　戻る　　　　　　　　　　　　　　　　　　　　1938年12月6日　火曜

　犬好きの英国紙はこの出来事を大々的に報じた。6か月間の検疫を終えたリュンをアンナが引き取りに出かけた。(1) 翌日の『デイリー・ヘラルド』はアンナとリュンの写真を載せ、『デイリー・メール』はマリー・ボナパルトがアンナとリュンを撮影している写真を掲載した。また、『イブニング・スタンダード』(1938-12-6) は犬舎の係員のこのような発言を報じている。「あの雌犬はご主人を見つけると、大喜びで跳ね回りました。(中略) 犬があんなに興奮するのを見たのは初めてですな」

独唱会　エンゲル・ランド　　　　　　　　　　　　　　1938年12月6日　火曜

　アイスランドの俗謡歌手エンゲル・ランド (1900年生まれ) は、『エンゲル・ランドの民俗歌謡の本』(1936ロンドン) の著者である。すでに面識があったアンナに招かれ、アイスランドやユダヤ人の民俗音楽の私的な独唱会を開くために、ランドはフロイト宅を訪れた。マリー・ボナパルトとドロシー・バーリンガムもこの独唱会に出席した。リュンが隔離から解放された、とフロイトはランドに語っている。

放送　　　　　　　　　　　　　　　　　　　　　　　　1938年12月7日　水曜

　この日、BBC放送のスタッフがフロイト宅を訪れて、フロイトの短い肉声を録音した。フロイトが自らの手で書き記したこの録音の台本は、次の指示で終わっている。「短文をドイツ語で」。実際の録音は次の言葉で終了した。「82歳の時、ドイツが侵攻したので、私はウィーンの家を去り、イギリスへ来ました。自由の中で生涯を終えたいと願っております」("Im Alter von 82 Jahren verliess ich in Folge der deutschen Invasion mein Heim in Wien und kam nach England, wo ich mein Leben in Freiheit zu enden hoffe")〔この放送をドイツ人に聞かせたいという、せめてもの彼の抵抗の姿勢がみられる〕

　録音されたフロイトのくぐもった声を聞くと、人工口蓋を装着したために、話すのがどれほど難しく、苦痛になったのかがわかる。12月6日付のBBCの書簡を見ると、放送局側はフロイトが提案したのよりずっと長い談話を望んでおり、フロイトが自著の序文の一節を読み上げるのを録音したかったようである。

マルティン49歳　　　　　　　　　　　　　　　　　　1938年12月7日　水曜

　長男マルティンは英国で、いかに生計を立てるか、という問題に直面した。精神分析出版所やウィーン精神分析学会で発揮した事務や法律の技能を活かす機会は、もはや存在しなかった。しかしながら1920年代には商売も経験していたので、マルティンは洗面用品や「マルティンA」と名づけた練歯磨きを造る仕事に取りかかった。(1)

王女　出発する　　　　　　　　　　　　　　　　　　1938年12月8日　木曜

　ウィーンにいる妹たちを救出したいというフロイトの訴えに応えて、帰国後マリー・ボナパルトは、フランスの当局者から4人をフランスへ呼ぶ許可を取りつけようと試みた。ユダヤ人を保護するために彼女が取った行動は、これだけには到底収まらない。ユダヤ人の科学者や医師を救おうとする各種団体に資金を出した他、英国から帰国した4日後には、ルーズヴェルト大統領に手紙を出し、メキシコから下カリフォルニア半島南部を購入して、米国の保護下にユダヤ人国家を作る計画の概略を説明している。

ウィル・ブラウン　　　　　　　　　　　　　　　　　　1938年12月8日　木曜

　英国の心理学者ウィリアム・ブラウン (1881-1952) は、オックスフォード大学、キングズ・カレッジ病院と、1910年には数学者カール・ピアソンの下で学んだ。第一次大戦中には、エディンバラとモーズレー病院で神経ショックの症例を扱った。1921年から46年まで、オックスフォード大学で精神哲学のワイルド記念講師を務めている。

　ジョーンズはこう書いている。「心理学者、精神療法家ウィリアム・ブラウンがフロイトを訪問したが、私が助言したので、この学者を分析する仕事をフロイトは断った」

解放されたチャウチャウ犬とアンナを撮影するマリー・ボナパルト。(『デイリー・メール』紙より)

1938年12月7日にBBC（英国国営放送）に録音させるフロイト。「精神生活で無意識が演じている新しく重要な事実をいくつか私は発見しました」

1939年、ロンドンにおけるフロイト。

1939

　『モーゼと一神教』は1939年春にようやく出版された。「まことに価値ある花道です」とフロイトは書き記した。(1)　これが最後の本になる、と彼は悟っていた。もはやガンも手術できなくなり、ラジウムや放射線で治療しても、治ることはないとわかった。痛みは絶え間なく続き、人生そのものであった仕事からも、彼は徐々に退却せざるを得なかった。その間、アンナによる世話と看護が欠かせなくなった。フロイト最後の10年間に、アンナはフロイトの人生の中で、唯一無二の重要人物になった。——彼女の数多くの出発や到着、病気や仕事は、すべてこの日記に記されている。ところがこの最終年の日記には、彼女の名前は（短期休暇でアムステルダムへ出かけた時の）一度しか現われない。残る時間、彼女は常に父親のかたわらにいたからであった。

　過去16年にわたり、父親の世話をしたことは、アンナが精神分析家として独り立ちする妨げにはならなかった。彼女自身も精神分析家として開業し、講演や講義を行ない、児童分析を切り開き、幼稚園を経営して、論文や本を書き、国際精神分析大会を準備して、それに参加した。この娘の「仕事の才能と着実な業績」(2)をフロイトは喜んだ。出国後、アンナは英国でゼロから再出発しなければならなかった。臆することなく新たな活動に身を投じた彼女は、心機一転して開業し、物を書き、講演を行ない、要するに「どれ程多くの人生を同時に生きることができるのかを、元気一杯試して」いた。(3)

　フロイトがウィーンを去ることに最終的に同意したのは、主にアンナのためであった。病気で老齢でもあったフロイトは局外者にとどまる以外なく、「約束の地」にアンナが入るのを遠くから眺めて、満足せざるを得なかった。今なお訪問客は時折訪れたが、1938年に比べるとその数ははるかに少なくなった。1939年3月に英国精神分析学会は25周年記念日を祝った。中欧の精神分析諸学会が壊滅状態に追い込まれたので、当面は英国が精神分析運動の中心になり、フロイトの未来への希望の中心ともなった。とはいえ、フロイトは祝賀晩餐会には出席できなかった。もっとも、アンナは父親の代理人としてだけではなく、彼女本人が名誉ある来賓として式典に加わった。

　急激に減少したこの年の日記の記載は、フロイトの生活が狭まったことを表わしている。多くは単なる誕生日の記録であり、6月の記載は英国到着記念日ただ一つしかない。この月の終わりに、フロイトはマリー・ボナパルトに、自分の世界は今では「無関心の大洋に浮かぶ苦痛の小島」(4)に過ぎないと書き送った。けれども万難を排して、4人の患者を彼は診続けた。ようやく正式に開業を打ち切ったのは、この日録の最終月である8月の初旬であった。この日、突然の来客が大挙して別れを告げに訪れた。最後の記載は、離散を記録にとどめている。お気に入りの孫娘エヴァはフランスに戻り、アンナの同居人ドロシーは米国へ旅立った。さらに最後の記載——「戦争恐怖」——は、間近に迫った第二次世界大戦の勃発をも予告する。この危機的な転換点でこの日録は終了した。

　1939年8か月間の記載は最終ページの大部分を占めてはいるが、最下段に残されている空欄は、フロイトが最後の月に疲労困ぱいしたことを表わしているかのようである。最後の日々にフロイトのベッドは階下の書斎に据えられた。最愛の古代遺物に囲まれたこのベッドからは、庭を見渡せた。彼はもう書くことはできなかったが、それから2週間、アンナは受け取った手紙の記録を更新し続けた。また、いつでも手が届くように、彼女は書斎で眠った。

　マックス・シュール医師が11年前にフロイトの主治医になった時、不必要に苦しめないように、フロイトは約束させていた。9月21日、これ以上の痛みには意味がないとフロイトは判断し、苦悶を終わらせることに同意するよう、アンナとシュールに訴えた。シュール医師は定量を越えるモルヒネを処方した。昏睡状態が1日半続いた後、9月23日早朝にフロイトは亡くなった。

---

1. フロイト-ザックス.1939-3-12[/14]
2. フロイト-アイティンゴン.1937-2-5.『書簡集』
3. アンナ・フロイト-アルノルト・ツヴァイク.1939-5-11 [SFC]
4. フロイト-マリー・ボナパルト.1939-6-15."Schur"p.524.

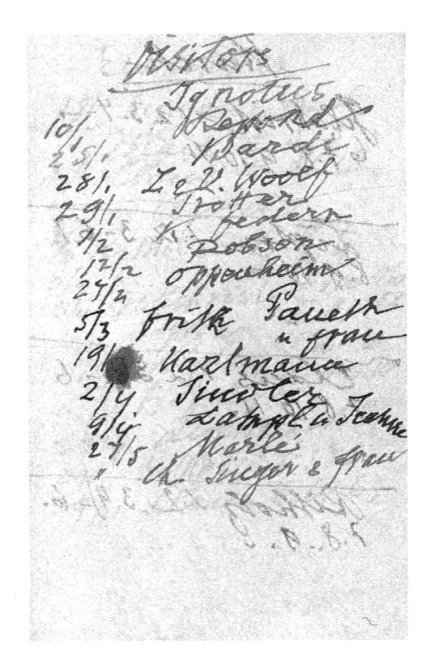

腰痛―骨の痛み　　　　　　　　　　　　　　　1939年1月2日［月曜］―31日［火曜］

　フロイトは英語で「Lumbago（腰痛）」と記している。これは、この症状を英国の天候や、すでに不満を漏らしていた暖房の欠陥のせいにしている証拠かもしれない。12月は9年ぶりの寒さで、何度も強風に見舞われ、その後にホワイト・クリスマス［雪が積もったクリスマス］が訪れた。この腰痛が1月のどれ位の期間、どの程度に続いたのかは、わからない。シュール医師は、この腰痛に触れてさえいない。フロイトの他の病気に比べれば、重要ではないと考えたに違いない。

　これに対して「骨の痛み」は深刻であったが、これは新しい症状でもなければ、一時的なものでもなかった。前年9月に受けた手術の際の骨片で、フロイトは激しい痛みに苦しんだが、この骨片をシュール医師が取り除けたのは12月28日だった。けれども骨の壊死はその後も残り、1939年1月中旬に、シュールはフロイトの口内後方に新たな腫れ物を見つけた。ガンが再発したのかもしれない、とシュールは疑ったが、この不安をエクスナー医師はそれほど深刻には受け止めなかった。

　この年3月、フロイトはアイティンゴンにこう書き送った。「私の命の救い主、ピヒラーに強い反感を覚えています。この前の手術後、恐ろしい骨の痛みが6か月間も続いているからです。あるいは誤解かもしれないのですが」（フロイト-アイティンゴン.1939-3-5）

　痛みは続き、この月の少し後に彼はこう記している。「3／14.状況を報告しますと、9月の手術後あごの痛みが続いて、骨の破片を取り除いても軽くなりません」（フロイト-ハンス・ザックス.1939-3-12）

モーゼ　印刷さる　　　　　　　　　　　　　　　　　　　1939年2月2日　木曜

　『モーゼと一神教』のドイツ語版が、初めて完全な形で、アムステルダムのアレルト・デ・ランゲ書店から出版された。前年11月にフロイトは依然として草稿を訂正していた。12月29日になると、訂正が終わったとアイティンゴンに書いている。とはいえ、彼はこの本に満足せず、弱点に気づいていた。

　マルティン・ブーバーの精神分析批判についてアイティンゴンが書いてよこした際に、彼はこう答えている。「マルティン・ブーバーの敬虔な言い回しは、それほど大きな打撃を『夢判断』に与えないでしょう。『モーゼ』は弱点がはるかに多いので、私はいまやユダヤ人からの攻撃に備えているのです」（フロイト-アイティンゴン.1939-4-5）

王女　　　　　　　　　　　　　　　　　　　　　　　　1939年2月5日　日曜

　マリー・ボナパルト王女は1月を夫と近東を旅して過ごした。パレスチナにアイティンゴンを訪れ、その後エジプトまで足を延ばした。それから2週間ロンドンに滞在し、書類や原稿を安全のためにロスチャイルド銀行に保管して、フロイトと共に時を過ごした。

　アーネスト・ジョーンズもこの日の夜、フロイトを訪問した。

✞ピウス11世　　　　　　　　　　　　　　　　　　　　　1939年2月10日　金曜

　ミラノ大司教アッキレ・ラッティ枢機卿（1857-1939）は、1922年にローマ法王ピウス11世に選出された。1929年にこの法王はムッソリーニとラテラノ条約を締結し、ヴァチカン市国を独立中立国として確立した。1931年にはムッソリーニとファシスト党を非難したが、翌年両者は会談し、関係を修復した。1936年にはスペインのフランコ将軍を支持している。1933年に11世はナチス・ドイツと政教条約に調印した。だが、1937年になると条約違反を批判して、ナチズムを反キリスト教的だと決めつけた。

　1930年代に、フロイトは主に2つの面でローマ教会に関心を持った。第一に、カトリシズムはイデオロギー的には精神分析、科学、理性の大敵だった。しかし第二に、政治的には、1938年3月の合邦後直ちにオーストリア教会がヒトラーの軍門に降るまでは、ナチズムからオーストリアを守ってくれる、と考えていた。(1)

トロッター　　　　　　　　　　　　　　　　　　　　　　1939年2月10日　金曜

　王立医学会会員ウィルフレッド・トロッターは、アーネスト・ジョーンズの義弟である。1905年に2人は短期間ハーリー街で顧問医師として開業した。ジョーンズによると、フロイトの研究を2人は同時に発見した。「我々が発見したいと思っていた秘密は、心の中でも、意識以外の領域にあると、トロッターも私も十分に気づいていた――無意識という概念と、その生物学的性質を納得させてくれたのはフロイトだった。ダーウィンが進化の概念について教えてくれたようにである」。1908年にザルツブルクで初の精神分析大会が開かれた際、出席した英国人はこの2人だけだった。けれども、その後トロッターは高名な外科医になり、精神分析とは距離ができた。

上：1939年1月～5月のフロイトの来客名簿。外科医トロッターの名前だけが日記にも記されている。
下：メアスフィールド・ガーデンズの玄関を入ってすぐの部屋。NB

1月にシュール医師はフロイトの口内に新たな腫瘍を見つけた。エクスナー医師は問題はないと考えたが、シュールは助言を求めるように言い張った。ところが、トロッター医師もさらなる観察を勧めるだけであり、高名な医師——1928年以来、王室の外科医を務めていた——なので、その意見には重みがあった。だが、フロイトのガンについて10年の経験があったシュールは、悪性腫瘍が新たに現われたと確信して、ピヒラー医師に判断を求めた。

オリ　48歳　　　　　　　　　　　　　　　　　　　　　　1939年2月19日　日曜
次男オリヴァーは1938年後半にフランス国籍を取得し、最近親者の中では初めて移住先に帰化をした。これはフロイトが述べたように「我々の国際化へ向けての第一歩」であった。(フロイト-アイティンゴン.1938-12-19)

英国は暖かく、オリヴァーの誕生日のこの日は、屋外で過ごすことができた。厳しい冬の後、2月は記録的な好天に恵まれた。翌日、(アンナ・フロイト同様、庭仕事に興味を持っていた) アーネスト・ジョーンズは、早咲きのクロッカスを見つけている。

王女　ラカサーニュと　　　　　　　　　　　　　　　　　1939年2月26日　日曜
2月10日にトロッター医師の助言を求めた後、シュール医師は、今回の腫瘍は悪性だと確信した。エクスナー、トロッター両医師に相談しても結論が出なかったので、シュールは別の意見を求めることにして、マリー・ボナパルトの助言に従い、パリのキュリー研究所でリゴー教授の後を継いだ、ラカサーニュ博士を呼び寄せた (王女の父親を治療し、チャウチャウ犬トプシーを治したのは、この博士である)。博士は疑わしい腫瘍の生体組織の検査を求めた。

後にマリー・ボナパルトは、ラカサーニュと共に夜行列車でロンドンに着いた、と書いている。2月27日に2人はフロイトと食事を共にし、その後王女とアンナはこの博士を案内して、ハムステッド・ヒース、ケンウッド・ハウスの美術収集品を見に出かけた。

試験切除とX線　　　　　　　　　　　　　　　　　　　　1939年2月28日　火曜
フロイト頭部のレントゲン写真を、真横と正面から、人工口蓋を着けたままと、はずした時との両方を撮影した。これらの写真を見ると、ガンと、その後の手術で受けた損傷の程度を目で確かめることができる。

この試験切除の後で行なった生体組織検査の結果は明快だった——「典型的な悪性上皮腫」。患部が眼窩と密着しているので、仮にフロイトが同意しても、これ以上の手術は不可能であった。

パリからの指示　　　　　　　　　　　　　　　　　　　　1939年3月3日　金曜
フロイトのガンがもはや手術できなくなったので、組織を傷つける可能性が高いラジウムではなく、最初は放射線で集中的に治療するようにと、ラカサーニュ医師は勧めた。フロイトはこの提案を受け入れた。「試験切除の結果、本当にガン腫が、再びその存在を思い知らせようとしているとわかりました。考え得る色々な防御法の間で、かなりためらいました。(中略) やがて外側からX線を使うことで皆の意見が一致したのです」(フロイト-アイティンゴン.1939-3-5)

また、アルノルト・ツヴァイクにはこう書き送った。「(16年間存在を分かち合ってきたあのなつかしいガンが、新たに再発したことは、もはや何の疑いもありません。当然ながらあの頃には、どちらが勝つか、誰にも予言できなかったのです)」(1)

ピウス12世　　　　　　　　　　　　　　　　　　　　　　1939年3月3日　金曜
エウジェニオ・パチェリ枢機卿 (1876-1958) は、63歳の誕生日である3月2日に、ローマ法王ピウス12世に選任された。彼は外交活動で知られていた——例えば、ナチスが人種間結婚を禁止したことを非難するピウス11世の声明の発表を、彼は差し止めた。

また1933年7月20日にはピウス11世の代理人として、ヴァチカンとヒトラーの第三帝国との間の政教条約に調印した (遺伝病の場合に強制的不妊手術を導入した優生法が、ドイツで制定されたわずか1週間後である)。この条約は、ナチスの宣伝にとって格好の勝利になった。ヒトラーが3月に行なった選挙後、初の国際協定であり、ドイツや世界一般のカトリック教徒の目から見れば、ナチス政権に合法性を与える結果になった。この条約から6か月後の1934年1月27日、ドイツの司教はヒトラーへの忠誠を誓った。

第二次大戦中、ピウス12世は中立を守った。

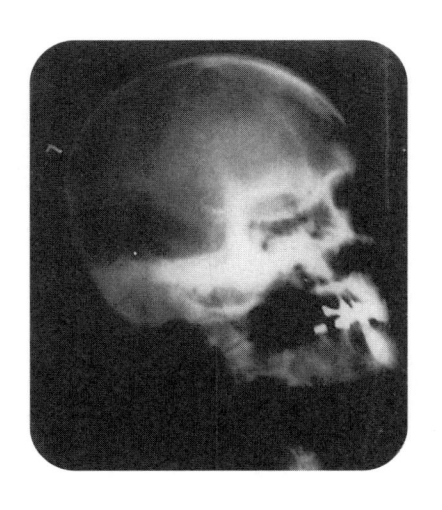

上：妻ヘニーと共にドイツ占領下のフランスから脱出したあと、米国ペンシルヴァニア州チェスターにあるペンシルヴァニア軍事大学校におけるオリヴァー・フロイト。写真には「エヴァに」と書かれている。

中：メアスフィールド・ガーデンズにおける、フロイト、ラカサーニュ(?)、マルタ、マリー・ボナパルト、とアンナ。

下：1939年2月28日撮影のフロイトの頭部レントゲン写真。16年にわたる上顎部ガンと絶えざる手術による破壊の跡が見える。

英国精神分析学会創立25周年祝賀会で、アーネスト・ジョーンズとデ・ラ・ウォール伯爵の間に座っているアンナ・フロイト。

フィンツィ博士　　　　　　　　　　　　　　　　　　　1939年3月6日　月曜

　ネヴィル・サミュエル・フィンツィ博士（1881-1968）は、ロンドンの聖バーソロミュー病院の顧問放射線医師であり、フロイトの放射線療法を担当するように勧められた英国の専門家であった。初回の診察でこの博士が患者を検査したときに、この博士も治療を断るのではないかとフロイトは疑った。最初はトロッター医師が手術を断り、その後ラカサーニュ医師もラジウム療法を使わないように助言したからである。

　けれども、フロイトはこう述べている。「結局、X線の方が私を助けてくれて、数週間のいわば生命保険になりました。おそらくその間、分析の仕事が続けられると思います」（フロイト-アイティンゴン.1939-3-5）

英国学会25周年　　　　　　　　　　　　　　　　　　　1939年3月8日　水曜

　アーネスト・ジョーンズに送った、英国精神分析学会のこの記念日を祝福する手紙の中で、先のことは人間にわからない、とフロイトは述べている。この学会を創ると第一次大戦直前にジョーンズが知らせてきた時、フロイトはこれ程近くに住むことになるとは考えもせず、また（健康状態が悪化して）祝賀行事に出席できないとは思ってもみなかったのであった。

　さらに、彼はこう付け加えた。「ここ数年の出来事で、ロンドンが精神分析運動の主要な中心地になりました。この役割を受け持つ貴学会が、その務めを見事に果たされることを望みます」（フロイト-ジョーンズ.1939-3-7）

　ジョーンズ本人の日記のこの日の記載は短く、昂揚している――「これぞわが人生の最高の時！　サヴォイで晩餐会。25年」。記念晩餐会はサヴォイ・ホテルで催された。アンナ・フロイトには名誉ある席が与えられ、ジョーンズと、（教育院総裁）枢密顧問官デ・ラ・ウォール伯爵閣下との間に着席した。マルティンとエルンストも出席した。精神分析家以外の賓客の中には、ヘンリー・ムーア、ヴァージニア・ウルフ、H・G・ウェルズ、レベッカ・ウェスト、ジュリアン・ハクスリー教授らの名前があった。

初のX線－フィンツィ　　　　　　　　　　　　　　　　1939年3月9日　木曜

　この時から、ハーリー街の外科医フィンツィ博士の所に通うのがフロイトの日課になった。医院への往復と放射線療法でフロイトは疲れ果てた、とシュール医師は記している。副作用には、頭痛、めまい、ひげの喪失、口内からの出血などがあった。

　しかしながら、アスピリン以上に強力な鎮痛剤をフロイトは受け容れようとしなかった。このことを批判して、ラカサーニュ博士に宛てた7月の経過報告書で、フィンツィ医師はこう述べている。「本当にフロイトに必要なのは、何らかの心理療法を用いて、アスピリンに類似する何か他の薬を、彼がアスピリンと同じように受け容れてくれるようにすることです。もっとも、そう切り出す勇気はないのですが」（フィンツィ-ラカサーニュ.1939-7-5）

ナチス侵攻記念日　　　　　　　　　　　　　　　　　　1939年3月11日　土曜

　オーストリアの終焉を思い出させるこの苦い記念日は、ヒトラーがチェコスロヴァキアを解体すると決めた日でもあった。ケプラー、ザイス＝インクヴァルト、ビュルケルと、他の多くの将軍がブラスチラヴァに集合し、プラハを落とす計画を立案した。この計画は4日後に実行された。翌16日にボヘミアとモラヴィア――フロイト誕生の地と少年時代の故郷――は、ドイツ帝国の保護領であると宣言された。

モーゼとランゲ　　　　　　　　　　　　　　　　　　　1939年3月13日　月曜

　フロイトは『モーゼと一神教』の新ドイツ語版を2冊、アムステルダムの出版社、アレルト・デ・ランゲ書店から受け取った。「まことに価値ある花道です」と、ハンス・ザックス宛ての手紙に彼は書き記した（1939-3-12）。受け取った本の1冊を、彼はこの時自宅に滞在していたマリー・ボナパルトに贈っている。

王女とラカサーニュ　　　　　　　　　　　　　　　　　1939年3月13日　月曜

　翌日のラジウム療法を手伝うために、ラカサーニュ医師は再びロンドンに来訪した。エクスナー医師が特製の人工口蓋を用意して、実際の治療はフィンツィ医師が担当した。シュール医師と耳鼻咽喉科専門医ハーマー医師も、その場に立ち会った。

＊〔原文は英語（"To cut a long story short"）〕

ラジウム   1939年3月15日　水曜

フロイトの手紙には諦観と消耗とが現われている。「手短に記しますと＊、何回も検査した後で、古くからの病気が再発したとわかりました。決定した治療法は、外部からのX線と内部からのラジウムとを組み合わせたものですが、首を切るよりはずっと良いですし、これが別の可能性だったと思います。（中略）他の治療法と同様に、この治療法も避けられない終末へ向かう一つの道です。好き好んで選ぶ道ではないかもしれませんが」（フロイト-ザックス.1939-3-12-14）（1）

この治療法で消耗したのにもかかわらず、4人の患者の分析をフロイトは中断しなかった。

プラハ　占領さる   1939年3月15日　水曜

ミュンヘン協定締結後、エドヴァルト・ベネシュ博士はチェコスロヴァキア大統領を辞任した。それからまもなく、スロヴァキアとカルパト＝ウクライナ地方に自治政府が作られた。ズデーテン地方の友党ズデーテン＝ドイツ党を吸収したナチス党は、1938年11月21日にこの地方をドイツ帝国に併合した。1939年3月10日にチェコ政府がスロヴァキアの親ドイツ政権に圧力をかけると、ヒトラーはチェコスロヴァキアの解体を決定した。3月14日にスロヴァキアは独立を宣言し、ハンガリーはカルパト＝ウクライナ地方を占領した。翌15日、ドイツ国防軍がプラハに侵攻、制圧した。

エルンスト47歳   1939年4月6日　木曜

三男エルンストが英国にいたことは、フロイト一家にとって大いに役立った。一家の落ち着き先を用意したエルンストは、新居を見つけると、メアスフィールド・ガーデンズ 20 に「再建されたベルクガッセ」を設計した。（「　」内はエルンストが使った表現である。アーネスト・ジョーンズもフロイトの新居を日記の中で「ベルクガッセ」と記している）

エルンストは常に幸運児だった。30歳の誕生日に父フロイトはこう書いている。「本当は、あなたの30歳の誕生日にわたしが幸運を祈る必要はありません。息子たちの中であなた一人が、あなたの人生の段階で手に入れ得るものを、もう全部持っているのですから。愛らしい妻、素晴らしい子ども、仕事、暮らしと友人たち。あなたもその幸運にふさわしい息子ですが、人生すべてがそれ相応には行かないものなのですから、その幸運が本物であり続けることを祈る、と言っておきましょう」（フロイト-エルンスト・フロイト.1922-4-3）

夏時間   1939年4月16日　日曜

毎年行なっていた夏時間と冬時間への時計を早めたり遅くしたりするという切り替えを、1916、1917年にもフロイトは日記に記録した。とはいえ、先週、日曜日の感謝祭や開業53周年記念日を無視したのにもかかわらず、この切り替えをここに書き留めたのは奇妙である。もっとも、これが最後の夏時間になるとフロイトが知っていたことを考えると、この平凡な事実も心を打つものとなる。

アレクサンダー73歳   1939年4月19日　水曜

アレクサンダー・フロイトの息子ハリーは米国へ行き、両親が合流できるように、彼らのビザを取得しようと手を尽くしていた。（1）その間、アレクサンダー夫妻は英国に身を落ち着けたが、来たる数か月の間アレクサンダーは、毎日のように兄フロイトを訪れている。

シュール　ニューヨークへ   1939年4月20日　木曜

シュール医師が申請していた米国への移住は、4月末が期限であった。フロイトの体調がわずかばかりでも回復するまで、彼は出発を遅らせていた。フロイトがどれ程自分を頼るようになったのかを知っていたこの医師は、患者を見捨てることに、今なお罪の意識を感じていた。けれども、もはや彼には他に取れる途はなく、そこで家族を連れて米国へ行き、必要な最初の書類とニューヨークの医師資格を申請し、それからできる限り早くフロイトの下へ戻ることにした。

83歳の誕生日   1939年5月6日　土曜

天気が良かったので、この誕生日は庭で祝われた。その様子をユージェニー王女が映

上：ドイツの海岸を歩く「幸運児」エルンストと妻ルクス、この海岸の近くに別荘があった。

下：米国に渡ったハリー・フロイト。

像に収めている。食堂の外側にある回廊に、贈り物を載せるテーブルが置かれた。贈り物の中にはギリシャの金の指輪があった（後に盗まれる）。長男マルティン、三男エルンスト、長女マティルデ、三女アンナが勢揃いして、家政婦パウラがフロイトに渡す祝辞を犬の首に巻きつけた。家族や来客の間をゆっくりと進んだフロイトは、それから書斎の平和の中に退いた。

この頃、フロイトは庭を楽しみ出した。グリンツィングから持って来たつり下げ式長椅子が庭に備えつけられて、天候が許す限りフロイトはその中に体を横たえた。

挨拶状の中には、以前フロイトから分析を受けた詩人H・D（ヒルダ・ドゥリトル）からの手紙があった。彼女は戦争の脅威をこう語っている。「戦争は私たちの人生に数世紀を加えますが、個人を25年前に引き戻します。おかしな『相対性理論』ですね。貴方が何の心配もなさらずに、永遠の真理に保護されて、この真理を時代を超えて象徴するエジプト人やギリシャ人（の神あるいは「神々」）が、しっかりと見張り役を務めることをお祈りするばかりです」（H・D-フロイト.1939-5-6）

トプシー　出版さる　　　　　　　　　　　　　　　　1939年5月12日　金曜

ジグムントとアンナというフロイト親子がドイツ語に翻訳したマリー・ボナパルトの著作『トプシー　金毛のチャウチャウ犬』が、アムステルダムのアレルト・デ・ランゲ書店から出版された。後に、アンナはこの本に序文を書いて、父親と犬との関係を説明した。「フロイトが犬の世界に興味を持ったのは、晩年であった。それは1920年代に、大柄で、危険が無いわけでもなかったジャーマン・シェパード犬との相互の尊敬に基づく関係で始まった。この犬は10年以上にわたって、私たち一家と生活を共にした。次第に深まったこの興味は、やがてフロイトのためにわざわざパリから入手した動物への優しい心遣いに変わった。（中略）フロイトが犬を高く評価したのは、その気品、献身と、忠誠だった。また、人間と比較した際の著しい長所として、たびたび賞賛したのは、曖昧さのなさであった。彼はよくこう言ったものだ。『犬は味方を愛し、敵に噛みつく。人間が、純粋な愛情を持てずに、対象関係で、常に愛と憎しみとを混ぜあわせるのとは、まるで違うのだよ』」

モーゼ　英語で　　　　　　　　　　　　　　　　　　1939年5月19日　金曜

フロイトと、米国の出版社クノップ社との双方が、この翻訳書を待ち望んでいた。訳者はアーネスト・ジョーンズの妻キャサリン・ジョーンズだった。ジョーンズ夫妻は1938年8月末にようやく原本を受け取った。出版社の最初の期限である10月末に翻訳を間に合わせるのは不可能で、1939年2月が次の期限だったから、それ以前に提出しても無駄であった。

この事情を知らなかったフロイトは、ジョーンズが翻訳に手間取っていると思い込み、この仕事を他の人間に回そうかと考えた。ジョーンズが指摘したように、数少ない適格な翻訳家は（ジェームズ・ストレイチーとジョーン・リビエール）、実際問題としておそらくジョーンズ夫妻より仕事が遅かったにもかかわらずである。

出版前に英国の編集者レナード・ウルフは（ホガース社を代表して）、本の表題を『モーゼ』に変えるよう、フロイトに求めた。「出版社の立場から申しますと、長い題名を付けるのは間違いなく大きな誤りです。英国の読者の多くは『一神教』という単語に恐れをなしてしまうでしょう。ですから、もっと短い題名で発行したいのですが、同意して頂けるでしょうか」（ウルフ-フロイト.1939-3-15）

フロイトはこの変更を断っただけでなく、（おそらくウルフの提案に不安を感じて）、米国の編集者ブランチ・クノップに手紙を送り、『モーゼと一神教』という題名を変更しないように保証を求めている。

アンナ　アムステルダムへ　　　　　　　　　　　　　1939年5月20日　土曜

短期休暇を取ったアンナは、友人ハンス・ランプル／ジャンヌ・ランプル＝ド・フロート夫妻を、アムステルダムに訪れた。これまでと同様にアンナは、教育分析家としての職業生活と、父親を看護する義務とを結びつけた。と同時に、夏に催す児童分析の講義と、6月30日に英国精神分析学会で行なう「昇華と性的特色の発現」に関する入門講演との準備をも進めていた。

アルノルト・ツヴァイクにアンナはこう書いている。「どれ程多くの人生を同時に生きることが出来るのか、また、同時に何種類の正規の仕事をこなせるのかを、元気一杯試しているのです」（アンナ・フロイト-アルノルト・ツヴァイク.1939-5-11）

メアスフィールド・ガーデンズの庭を歩くフロイト。1939年。

英国に一年　　　　　　　　　　　　　　　　　　　　　1939年6月6日　火曜＊

　これは正しい記念日だが、フロイトは英国に着いた日付を、最初は誤って1938年6月5日と記していた。

王女　誕生日を我々と　　　　　　　　　　　　　　　　1939年7月2日　火曜

　マリー・ボナパルト王女が生まれたのは1882年7月2日だが、57歳の誕生日をフロイト一家と祝うために、この時彼女はロンドンを訪れた。フロイトの誕生日にも王女はロンドンを訪問したが、この誕生日を彼女と娘ユージェニーが映像に収めている。その後、王女は6月の一時期をサン・トロペの自宅で過ごした。彼女のチャウチャウ犬タトゥンが亡くなったので、フロイトは慰めの手紙を書き始めたが、これはフロイト自身の苦悶を説明する手紙に変わった。

　王女が英国を再訪したのは、フロイトの死が間近に迫ったと気づいたからであろう。フロイトはこう書いている。「再びラジウムが何かを浸食し始め、痛みと中毒症状が出て、私の世界は以前と同じになりました。無関心の大洋に浮かぶ苦痛の小島です」（フロイト-マリー・ボナパルト.1939-6-10）

✝ハヴロック・エリス　　　　　　　　　　　　　　　　1939年7月10日　月曜

　性科学者ヘンリー・ハヴロック・エリス（1859-1939）は英語圏で最初にフロイトの研究を歓迎した学者の一人であった。1898年に彼は論文を発表し、『ヒステリー研究』（1895）でフロイトが唱えたヒステリーの性的原因論を受け容れた。とはいえ、自分自身の立場と精神分析の立場との間に、彼は一定の距離を置いた。1913年にロンドン精神分析学会が結成された際には、入会を断っている。

　かつてエリスはフロイトを「芸術家」と評したが、これをフロイト理論が持つ科学的な力に対する抵抗の証拠だとフロイトは考えた。もっとも、彼はエリスの意見を評価し、この学者を尊敬していた。（1）

　この頃、詩人H・Dは、この2人の会見をお膳立てしようと試みた。けれどもエリスは、実際には病気でなかったものの、疲労を感じており、フロイトと会うために自宅を離れようとはしなかった。

シュール　戻る　　　　　　　　　　　　　　　　　　　1939年7月12日　水曜

　フロイトの状態から受けた印象をシュール医師はこう記している。「私は6月最終週にニューヨーク州の医師資格試験を受けると、イギリスへ向かう最初の船に乗り、1939年7月8日にロンドンに着いた。フロイトはずっと悪く見えた。体重が減り、いくぶん無感情だった。少なくとも平素の溌剌とした精神に比べればである。右側の頬骨を覆う皮膚がわずかに変色していた。右側のひげも大方なくなっていたが、これはX線療法の結果であった。以前の病巣付近では、壊死した組織が悪臭を放っていた」

✝ブロイラー　　　　　　　　　　　　　　　　　　　　1939年7月15日　土曜

　ハヴロック・エリス同様、オイゲン・ブロイラーも重要な立場にある外国人の中で、非常に早い時期から精神分析を受け容れた。チューリヒの精神医学教授で、ブルクヘルツリ精神病院の院長でもあったブロイラーは、1904年秋にフロイトと連絡をとり、自分も部下（ユングもその一人）もすでに2年間、精神分析を研究、応用していると知らせてきた。（1）

　意見の相違にもかかわらず、2人は散発的に接触を続けた。10年前、ブロイラーはフロイトに老化についての手紙を送り、私はあなたよりも年上だが、米国へ旅する危険を冒すつもりだ、と述べていた（もっとも、実際には彼はフロイトより1年年下だった）。

エーフヒェン　　　　　　　　　　　　　　　　　　　　1939年7月24日　月曜

　フロイトお気に入りの孫であった、次男オリヴァーの娘エヴァの、これが最後の訪問になった。エヴァが5歳だった1929年に、フロイトはこの孫娘を「紛れもない喜び」（"ein ungestörtes Vergnügen"）と呼んでいた。それから10年間に、彼はエヴァがフランスで撮った写真のささやかなコレクションを作り上げた。本人の写真や友人たちと撮った写真だが、中には「お祖父さま」（Grosspapa）に捧げられたものもある。この時、エヴァはニー

＊この時初めて曜日に英語の簡略形が使われた——Tueである。この記載の後、さらに3回、曜日が英語で記されている——Tueがもう一回と、We（水曜）が2回である。もっとも1939年の日記では、2月を除くと、月の名前はすべて英語で書かれている。

1938年8月に祖父宛てに贈ったエヴァ・フロイトの写真。

13, HANOVER TERRACE, REGENT'S PARK, N.W.1.
TELEPHONE, PADDINGTON 6204.

July 14. 39

Dear Doctor Freud,

How are you? Would it be possible for the Baroness Budberg and myself to call one afternoon & see you? Any afternoon next week (except the 18th) or the week after is free for us.

Since I saw you last I have been making enquiries & stirring up people about your becoming naturalized as a British citizen. I believe you had a wish for

---

13, HANOVER TERRACE, REGENT'S PARK, N.W.1.
TELEPHONE, PADDINGTON 6204.

that and anyhow a number of us want you to do us that honour. The normal method of naturalization is too slow; it takes five years or more. But it is possible with the consent of the Government to pass a special act of parliament setting aside the customary delays (in your favour) & I have every reason now to hope that this will shortly be done.

My salutations to your family.

Yours
H. G. Wells

スのカルメテ国立高等中学校の生徒であった。

ウェルズ　市民権で　　　　　　　　　　　　　　　　　　　　1939年7月24日　月曜

10日前にH・G・ウェルズはフロイトにこう書いている。「我々の多くがあの［英国市民になる］栄誉を貴殿に授けさせて頂きたいと望んでおります」（ウェルズ-フロイト.1939-7-14）。この手紙に答えてフロイトも、英国人になるという考えは、自分にとって19歳の時に初めて英国を訪れて以来育んできた「強烈な希望的空想」だ、と述べていた。(1)

ちょうどこの頃、英国下院議員オリヴァー・ロッカー＝ランプソン中佐は、フロイトに英国国籍を授与する新たな法案を提出した。(2)　けれども、危険な先例を作るのを恐れた議会が、フロイトの事例で居住期間に関する規定を棚上げにしなかったので、この試みは廃案に終わった。(3)

市民権について話しあう以外に、ウェルズは小冊子『ホモ・サピエンスの運命』をフロイトに贈っている。

マルタ78歳　　　　　　　　　　　　　　　　　　　　　　　　　1939年7月26日　水曜

この年初頭に友人に出した手紙で、フロイトの妻マルタは、徐々に老いを感じ始めた、と述べている。とはいえ、（昨年の数か月に及ぶ病気からようやく回復しつつあった妹ミンナとは異なり）、彼女は今なお健康で、活動的であった。

フロイトの死後、オスカル・プフィスターは、フロイトの人生と仕事に対してマルタが果たした役割にこう敬意を表わした。「あなたが、優しく思いやりのあるその性格で、厳しい人生の戦いを遂行するご主人の手に、新しい武器を手渡し続けたのです。多くの人間がご主人を人間のくず（ご主人がかつて手紙の中で使われた表現です）だとみなし、いよいよ『冷厳、神聖な運命（アナンケ）と言葉（ロゴス）の組み合わせ』（これもご主人の言い回しです）を使わざるを得なくなったとき、これまでにもましてご主人はあなたを必要としたのです。もしあなたがおられなかったら、あれほどの巨人だったご主人でも、その生涯の仕事が象徴するろくでもない人類のために、あの途方もない仕事を成し遂げることはできなかったでありましょう」（プフィスター-マルタ・フロイト.1939-12-12）

開業の終了　　　　　　　　　　　　　　　　　　　　　　　　　1939年8月1日　火曜

英国に到着した頃、年老いて、もうすぐに死にそうなので新しい患者が来ようとしない、とフロイトは不満を漏らしていた。とはいえ、彼は限定的ではあるが規則正しい診察を続けた。1938年6月から1939年7月まで、フロイトは4人の患者を定期的に分析し、支払いや分析時間を紺色の手帳に書き留めた。(1)

しかしながら、夏の間に体力はますます低下した。7月には「心臓喘息」に加えて、左心室がおかしくなり、この緊急事態からフロイトを救ったのはシュール医師であった。もはや熟睡できなくなったフロイトは、食欲も減退し、口から発生する悪臭も耐えられないものになった――骨の壊死のためである。そこで「あらゆる決定の中で最も痛ましい」とシュール医師が呼んだ開業の停止以外、取る途がなくなり、こうして53年間の仕事は終わりを迎えた。

訪問客、ルース、ジョルジュ大公とマリー、セグレダキス、ザックス　　1939年8月1日　火曜

これらの来客の中には、1920年代と30年代に最もフロイトに忠実だった2人の友人――ルース・マック・ブランズウィックとマリー・ボナパルト――と、早い時期からフロイトを支持したハンス・ザックスとが含まれている。マリー・ボナパルトと夫であるギリシャのジョルジュ大公は、7月30日にロンドンに来て、8月6日まで留まった。

セグレダキスは古物商で、パリのサン・トノレ通りに店を構えており、マリー・ボナパルトが古代遺物を購入する店の一つであった。1938年10月10日にフロイトに贈ったヴィーナスの青銅像と、紀元前5世紀ギリシャの女性頭部の形状をした一対の杯を、この古物商は王女に提供した。この日に、この杯の片割れを彼は携えてきたのかもしれない。

フロイトはつり下げ式長椅子の中に横たわり、庭に椅子を並べた来客たちは、フロイトを取り巻くように座った。

ルース　辞去する　　　　　　　　　　　　　　　　　　　　　　1939年8月23日　水曜

ルース・マック・ブランズウィックは米国へ帰国した。1946年に彼女はニューヨークで亡くなった。

上：1939年夏、庭でのフロイト。
下：マリー・ボナパルト、ギリシャのジョルジュ大公、とハンス・ザックス。1939年8月、最後の訪問。
左上：1939年7月14日、英国市民権獲得について、フロイト宛てのH.G.ウェルズの手紙。「親愛なるフロイト博士。お元気ですか？　ブッドバーグ男爵夫人と私がいつかの午後にお訪ねしても宜しいでしょうか？　来週ならば18日を除けばいつでも結構です。その次の週も空いています。前にあなたとお会いしてからあなたが英国市民になることができるように調査したり他の人に依頼したりいたしました。あなたはそう望んでおられると確信していますし、私どもにとってもそれは名誉なことです。市民権をとる正規の方法は著しく遅くて、5年以上もかかります。しかし、あなたのために英国政府の同意をとって、この遅延を避ける議会の特別法を通過させることが出来そうです。まもなくこれがうまくいくはずです。ご家族によろしくお伝え下さい。H.G.ウェルズ」
左下：フロイトの書斎のガラス戸棚にある、対になった女性の頭部の形をしたギリシャの杯（リュトン）WK

金を銀行から　　　　　　　　　　　　　　　　　　　　　　　　　1939年8月24日　木曜

フロイトのロンドンでの取り引き銀行はバークレーズ銀行であるが、この銀行はフロイトの自宅の抵当権も扱った。ところが、フロイトが書き留めていた手紙のリストには、この頃この銀行と交わした手紙は見当たらず、この銀行にもフロイトに関する記録は残っていない。あるいは、これはスイスの口座からの送金に関連する記載なのかもしれない。

エヴァ　ニースへ　　　　　　　　　　　　　　　　　　　　　　　　1939年8月25日　金曜

フロイトとこの孫娘との別れをシュール医師はこう書いている。「1939年8月に孫娘エヴァと別れの挨拶を交わした際の、フロイトの完全な優しさを私は覚えている。再び会うことはないだろうと十分に承知していたのだ」

1944年にエヴァはフランスで、妊娠中絶に起因する敗血症で亡くなった。彼女の死後、祖母マルタは友人にこう書き記した。「エーフヒェンのことをあなたに書こうとするとき、私のペンはためらいます。愛らしい子ども、孫の中で一番私の心に近かったあの子が、恐ろしい病気（脳腫瘍）にかかった後、私たちや気の毒な両親から引き離されてしまったのですから。エヴァはニースで亡くなりました。オリが以前住んでいた家でです。この町に残した娘が、友人たちの手厚い看護を受けている間、息子夫婦は命懸けでピレネー山脈を越えていたのです」（マルタ・フロイト-エルザ・ライス.1945-12-2）

ドロシー　N. ヨーク　　　　　　　　　　　　　　　　　　　　　　1939年8月25日　金曜

ドロシー・バーリンガムは、娘マビーと夫ジーモン・シュミデラーとの間に初孫が誕生するのに備えて、米国へ向かった。サウサンプトンで蒸気船「ニュー・アムステルダム」号の出航を待つ間に、彼女はアンナ・フロイトに手紙を書き送った。この手紙はドロシー個人だけでなく、この時代の気分をも伝えている。「戦争がおきなければどんなにいいでしょう。あの緑の草原を疾走する列車に乗っている間は落ち着いた気分でしたが、今夜は気が滅入り、恐ろしいのです。あなたのお父様のためにも、毎日が少しずつ良くなればと思います。心の底からです」（ドロシー・バーリンガム-アンナ・フロイト.1939-8-25）

戦争が勃発する前か、あるいはフロイトが亡くなる前に英国に戻れる、とドロシーは考えていた。しかしそれは誤りだった。

戦争恐怖　　　　　　　　　　　　　　　　　　　　　　　　　　　1939年8月25日　金曜

ミュンヘン協定以来、ドイツはポーランドへの圧力を次第に強めていた。主な要求は、東プロイセンに通じるポーランド回廊の通過権、ダンツィヒの割譲と、ポーランドが防共協定に参加することであった。これらの要求にポーランドは抵抗し、フランスと英国も援助を約束した。1939年を通じて戦争準備は着実に続いた。ハンガリーとスペインを防共協定に引き入れたヒトラーは、5月にイタリアとの軍事同盟「鋼鉄条約」に調印し、8月には日本と軍事条約を締結した。最後に、フォン・リッベントロップ外相がスターリンと8月23日に独ソ不可侵条約を調印し、これが戦争を不可避なことを示す信号になった。

8月25日、英国はポーランドへの支持を表明した。土壇場での融和を試みたチェンバレン首相は、ドイツとポーランドとの直接会談を提案した。これにドイツは一連の新たな要求で応えたが、その中にはポーランド回廊と上シレジアの割譲と、外国籍ドイツ人（Volksdeutsche）への特権の付与の要求が含まれていた。9月1日、ドイツはポーランドに侵攻した。英国は最後通牒を送ったが、返答はなく、9月3日、ドイツへの宣戦を布告した。

追記：フロイトの死　　　　　　　　　　　　　　　　　　　　　　1939年9月23日　土曜

9月に入ると、フロイトの健康状態は急速に悪化した。二次感染による腐敗で頬には穴が開き、その悪臭に最愛のチャウチャウ犬リュンも逃げ出した。だが、疲労困ぱいしたのにもかかわらず、最後の数日までフロイトは鎮静剤を断った。

9月21日、フロイトはシュール医師に約束を思い出してくれと言い、こう告げた。「もはや苦痛しかなく、生きていても何の意味もないのです」。フロイトの求めに応じて、シュール医師はアンナと、この暗黙の決定について話しあった。ついにアンナも、死を引き延ばしても何もならない、とシュールに同意した。シュールはフロイトにモルヒネを注射し、翌日も2回投与が繰り返された。9月23日午前3時にフロイトは昏睡状態のまま亡

上：1942年、フランスにいたエヴァ・フロイト。彼女は、この後まもなく亡くなった。
下：メアスフィールド・ガーデンズのフロイトの書物机。NB

メアスフィールド・ガーデンズ 20 の門に立っているマルタ。

くなった。

　葬儀と火葬は9月26日にゴルダーズ・グリーン葬儀場で行なわれた。アーネスト・ジョーンズが英語で追悼文を読み上げ、シュテファン・ツヴァイクによるドイツ語の弔辞がこれに続いた。(1)

　1か月後アンナはアルノルト・ツヴァイクにこう書き送った。「不思議なことですが、別の人の場合や、人々が考えるようには、父をうまく弔えないのです。父が亡くなったという事実に対して、弔うという感情はなぜか十分ではありません。もしかしたら、父との絆の方が別離よりも大きいのかもしれません。とにかく、父から受け取ったものは、他の人たちが持っているものと比べてさえ、いつでもはるかに大きいのです。だから、私は生き続けます。以前には想像もできなかったことですが。父はこうなると想像していたのではないでしょうか。この点については何も心配していなかったのですから」(アンナ・フロイト-アルノルト・ツヴァイク.1939-10-28)

　その後出した手紙で、宗教的感情は何もないと述べた上で、アンナはこう付け加えた。「でもわたしの感情に関する限り、この別離全体が何か一時的なもの、すべてを整理整頓しておかねばならない、何かかりそめなことに思えます。というより、子どもの頃、父が旅行に出かけたあとのような感じなのです」(アンナ・フロイト-アルノルト・ツヴァイク.1940-2-13)

　むろん、妻マルタがこの喪失から受けた影響は異なっていた。彼女はパウル・フェダーンにこう書いている。「私は不満を口にすることさえできません。なぜなら一生分以上、あの人の面倒を見て、日常生活の色々な心配事からあの人を守ってあげられたのですから。私の人生にはもう意味が無いのですし、ですから満足するのは当たり前ですわ」(マルタ・フロイト-フェダーン.1939-11-5)

あとがき

日本語版によせて

　この『フロイト最後の日記 1929～1939』（*The Diary of Sigmund Freud 1929-1939*）は、最初は1992年に英国で発行されました。その翌年にロンドンのフロイト記念館を小林　司さんが訪問されて、この本の日本語訳を出してはどうかとすすめてくださいました。その後私は、この計画は実を結ぶのだろうかと思っていましたが、出版の仕事には独自のペースがあるものです。フロイトがこの日録を書き続けた期間である11年という年月よりもさらに長い時間があれから過ぎ去った今になって、小林さんの忍耐とこだわりが遂に報われることになったのを嬉しく思います。

　時が経つことの速さは、人それぞれで感じ方が違いますし、この日録はフロイトの生活時間の流れのペースメーカーの役をしていました。読者の大多数は、この日録を伝記を読むように連続的に一貫して読むことを、なさらないでしょう。たとえば、ある時期に何がおきていたのかと好奇心に駆られるとき、あるいは、特定の人や出来事がフロイトとどういう関係があるのかと疑問に思ったとき、私はこの日録のページをめくります。その中では、たくさんのことが語られていますから、私たちは各自の読み方を選べます。ドイツ人が読めば、ハンガリー人とは違った話を見つけるでしょうし、歴史家と精神分析家とでは読み方が異なるでしょう。もちろん、この日本語版で日本人読者の皆様は、独自のフロイトを発見なさるはずです。

　1930年代には日本からの訪問客とフロイトとのいろいろな出会いがありました。この接触をフロイトが執拗に記録したことは、精神分析が日本にひろまっていくことが彼にとって非常に重要だったということと、当時日本で精神分析が重視されつつあったこととを示しています。

　なによりもまず、フロイトが自分の著作の日本語訳について、他の言語への翻訳よりも一番多く言及していることを日本の読者は決して見逃さないでしょう。私たち人間はすべて、意識するとしないとにかかわらず、衝動と知覚との間の、また、個人的体験と社会的側面との間の、現在の状況と過去に関する記憶との間の、多重翻訳機ともいうべき存在です。それにもかかわらず、（あるいは、この技術の各種側面がどこにでもあるように見えるので）文化的な事柄に関しては、翻訳者は黒衣役に徹しています。ですから、そういう目に見えない人たちの名前の一部――大槻憲二、丸井清泰、矢部八重吉――を記録に残したのは、この日記にふさわしいことでしたし、私も喜んでその例にならって、この本の翻訳者である小林　司さんへの感謝をここに記したいと思います。

　小林さんはエスペランティストとして全世界を一つにまとめるという理想に燃えておられますし、日本シャーロック・ホームズ・クラブの創設者の一人としては、隠された意味やメッセージを明らかにすることに力を注いでおられます。そういう小林さんが、この本というより、むしろ様々なテキストの解読に情熱を傾けて下さったおかげで、フロイトの生涯を新しく洞察する本書が、これまで日本語に訳されたフロイトの著作のあとを追い、その仲間入りをすることができたのです。

2004年3月9日　　　　　　マイクル・モルナール

*　　　　　*

訳者あとがき

　フロイトが1938年にかろうじて亡命したときのロンドンの住居が、現在ではフロイト記念館として公開されている。そこに展示中の皮表紙の薄いノートに、フロイト特有のゴティック体で書かれている最後の10年間の日記は、まるで判じ物で、何が記されているのか、読み取ることが著しく困難だった。それを記念館のモルナールさんが、その博識と手近にある資料とを駆使して解読したのが本書である。

　解読には、精神分析運動の歴史とヨーロッパ現代史、フロイト家の人間関係を熟知していなければならない上に、英独仏その他の言語を使いこなせることが必須である。モルナールさんは、この難しい仕事を見事になしとげて、フロイトと精神分析運動の知られざる側面を明らかにしたばかりでなく、ウィーンにおけるユダヤ人差別や、ナチスによる弾圧の実態、フロイトの亡命の実情を初めて世界に伝えることに成功した。

　思想界の巨人によるこの日記は、私たちがほとんど知らなかった現代史と思想史に新たな展望を与えるものであり、ガンと闘いながら偉大な業績を残したフロイトの晩年の姿は私たちに勇気と希望とを与えてくれる。

　アメリカ版は、1931年当時のフロイトの写真を表紙に大きく扱い、352ページという大型本で、日本語版も同様に作られている。だが、肝腎のフロイトが残した日記（1929～39）は、ドイツ語の単語を2、3、メモ的に並べただけの極めて短いもので、その写真版の対称ページの英訳と併せても40ページほどにしかすぎない。

　たとえば1933年5月11日には「ベルリンの焼却」とある。これだけでは暗号のようで、何も分からないので、ロンドン・フロイト記念館館長代行のマイクル・モルナールさんがいたれり尽くせりの解説を15行加えて、フロイト

の本がナチスの大学生により焚書にされ、「中世なら私が火あぶりになったのに著書だけで済んだ。何と進歩したことか」とフロイトが皮肉を言った、とコメントしている。

他の項目は、「人工口蓋の苦痛の始まり」（35年5月5日）「クリスマス　痛みの中で」（36年12月24日）「聴力を失う」（38年4月26日）「パリからの指示」（39年3月3日）など。手書きされたそれぞれの記入について、解説は全体で235ページに及び、さらに文献リストなどがつづく。この解説部分には350枚ほどの貴重な写真が含まれ、初公開のものも多い（著作権の問題で日本語版では写真の一部を割愛した）。

ロンドン・フロイト記念館はフロイトの旧宅を使って1986年7月に公開された。そこに秘蔵されている資料が惜しげもなくこの本の解説に使われている。ウィーンのフロイト博物館が資料を返してくれとかつて要求したときに娘のアンナが拒絶して保存した資料である。ウィーンでユダヤ人が迫害された苦い思い出がアンナにはあったのだろう。それらの思い出は、すべてこの日記に刻まれているのだ。

1938年3月13日、ヒトラーはオーストリアを併合した。何の罪もない人々が街頭で捕らえられてナチスの突撃隊の便所掃除をさせられ、大学教授たちは素手でヒトラーが通る道路を磨かされた。住宅に侵入したドイツ兵たちは女性の首飾りを引きちぎり、「ユダヤ人はベンチに座るべからず」という命令が公布された。工場や住宅や家具を没収し、すべてのユダヤ人をせん滅しようとしたナチスは、同年10月にまず5万人をオーストリアからポーランドの強制収容所へ移した。

1932年にフロイト伝を書いた友人シュテファン・ツヴァイクはすでに33年10月に身の危険を感じて英国に亡命し、フロイトの弟子だったブルーノ・ベッテルハイムはユダヤ人だというだけで38年に突然逮捕されてダッハウとブーヘンヴァルトの強制収容所に15か月間入れられた。ナチスによる、オーストリアにおけるユダヤ人迫害を被害者の立場で記録した点でも、この日録は貴重な文献といえよう。

こんなウィーンに踏みとどまっていた82歳のユダヤ人フロイトは、弟子の一人だったマリー・ボナパルト王女らに助けられて、38年6月4日にウィーンを脱出し、二日後に奇跡的にロンドンへ亡命することができた。船が沈没したのに助かったなどという「奇跡」は体験しなかったかもしれないが、この時期に、ユダヤ人がウィーンを出ることができたというだけで「奇跡」だったのである。米国政府の圧力や友人・弟子たちの支援があったからこそできた稀有な亡命であった。それにもかかわらず、かねてから手術を繰り返していた上顎ガンが次第に悪化し、最後の著作『モーゼと一神教』を残して、フロイトは1939年9月23日に亡命先で他界した。

いま、私たちはこの偉大な人物のこのように波乱に富んだ最後の10年を、とりまく環境の激変と共に手にとるように見ることができるようになった。

「人生とは死の欲動に対する長期戦であり、私たちはこのような破壊的衝動を限界内に抑えるすべを学ばねばならぬ」とフロイトは書いたが、彼自身はどう闘ったのだろうか。この日記は、多数の人の公開日記のうちでも最も重要な、人類への遺産となるに違いない。

本書を日本で最初に紹介した（1992年6月16日産経新聞書評欄）のは私であるが、日本の精神分析の権威者である小此木啓吾さんが翻訳をなさるはずであった。しかし、さまざまな経緯があって、1年前に出版社からあらためて私に翻訳を依頼された。いまや、原書の発行（1992年）から12年が経過しているが、一次資料とその解読という本書の価値は、いささかも変わることはない。

邦訳の文中に［　］で示したのは、訳者による注である。手紙を出典とする場合、「AからBへの手紙」と記すべきところを、「A-B」という省略形で示した。巻末にある原注のうちのドイツ語部分と、索引を翻訳しなかった。代わりに簡潔な索引と、登場人物に限ってのフロイト家の家系図を添えた。また、日記原文の部分は、「解説」と一致した訳をつけて、「解説」の目次の役割を持たせた。

フロイトの名前は、これまでジークムントと表記されることが多かったが、本書ではジグムントとした。これは英国に亡命して英国市民権をとろうとさえしたフロイトの名を英国式に発音したものである。

この翻訳は、普通の小説などと違って、各国にわたる固有名詞の発音表記や精神分析運動の詳細など、いろいろな点で難しかった。万一間違いを発見された場合にはご教示をお願いしたい。翻訳に当たっては、フロイトの著書の邦訳書を初め、多くの資料のお世話になった。いちいち名を挙げないが、各著者・訳者の方々に感謝したい。

なお、訳文を作るにあたって、古くからの友人である熊谷　彰さんには全面的なご支援をいただいた。モルナールさんにも不明箇所の問い合わせなどにご協力をいただいた。日本教文社第2編集部の渡辺浩充さんには制作面でお世話になった。この3人の方に厚くお礼を申し上げたい。

2004年3月10日　　　　　小林　司

本書の出典に用いた略号一覧

([ ] 内の年号は初版発行年)

1. Archives:

[Baeck]-Leo Baeck Institute, New York.

[Brill Library]-Abraham A. Brill Library, New York Psychoanalytic Institute, New York.

[FM]-Freud Museum, London.
(File details given only for out of series material.)

[IN]-Freud Museum Photograph Catalogue Reference.

[Inst of PsA]-Archives of the British Psycho-Analytical Society, Institute of Psycho-Analysis, London.

[LDFRD]-Freud Museum Collection Catalogue Reference.

[LoC]-Sigmund Freud Archive, Manuscript Division, Library of Congress, Washington.
(Container details given only for out of series material.)

Pichler Notes-English transcription of original notes kept by Professor Hans Pichler. Copy in Freud Museum, London.

[SFC]-Archive of Sigmund Freud Copyrights, Wivenhoe, Colchester, England.

2. Books & Journals:

Bergschicker—Heinz Bergschicker, Deutsche Chronik 1933-1945: Ein Zeitbild der faschistischen Diktatur, Verlag der Nation, Berlin, 1985[1981].

Bertin—Celia Bertin, Marie Bonaparte: A Life, (Translator: not credited), Quartet Books, London Melbourne New York, 1983[1982].

Bonin—Werner F. Bonin, Die grossen Psychologen, Hermes Handlexicon, ECON Taschenbuch Verlag, Düsseldorf, 1983.

Burlingham—Michael John Burlingham, The Last Tiffany: A Biography of Dorothy Tiffany Burlingham, Atheneum, New York, 1989.

Clark—Ronald W. Clark, Freud: The Man and The Cause, Granada, London Toronto Sydney New York, 1982[1980].

Engelman—Edmund Engelman, Berggasse 19: Sigmund Freud's Home and Offices, Vienna 1938, Basic Books Inc., New York, 1976.

Freud & Art—Lynn Gamwell and Richard Wells(Eds.), Sigmund Freud and Art, State University of New York and Freud Museum London, Binghampton, 1989.

Gay—Peter Gay, Freud: A Life for Our Time, Dent, London Melbourne, 1988.

Grinstein—Alexander Grinstein, M.D., Sigmund Freud's Writings: A Comprehensive Bibliography, International Universities Press Inc., New York, 1977.

Jones—Ernest Jones, Sigmund Freud: Life and Work, (Three Volumes) Hogarth, London, Vol. I -1980[1953]: Vol. II -1955: Vol. III -1980[1957].

Hier geht...—Karen Brecht, Volker Friedrich, Ludger M. Hermanns, Isidor J. Kaminer, Dierk H. Juelich (Hrsg.), Hier geht das Leben auf eine sehr merkwürdige Weise weiter...":Zur Geschichte der Psychoanalyse in Deutschland, Verlag Michael Kellner, Hamburg, 1985.

Int. J. PsA—International Journal of Psycho-Analysis.

Int. Z. Psa—Internationale Zeitschrift für Psychoanalyse.

Letters—Ernst L. Freud(Ed.), Letters of Sigmund Freud, (Translators: Tania & James Stern), Basic Books, New York, 1960.

Martin Freud—Martin Freud, Glory Reflected, Angus&Robertson, London, 1957.

Masson—Jeffrey Moussaieff Masson (Ed.), The Complete Letters of Sigmund Freud to Wilhelm Fliess 1887-1904, (Translator: Jeffrey Moussaieff Masson), Belknap Harvard, Cambridge(Mass.) & London, 1985.

Peters—Uwe Henrik Peters, Anna Freud: Ein Leben für das Kind, Kindler, München, 1979.

Pfeiffer—Ernst Pfeiffer (Ed.), Sigmund Freud and Lou Andreas—Salomé: Letters. The Hogarth Press & the Institute of Psycho-Analysis, London, 1972[1966].

Pfister Letters—Heinrich Meng & Ernst Freud (Eds.), Psychoanalysis and Faith: The Letters of Sigmund Freud and Oskar Pfister, (translator Eric Mosbacher), Hogarth and Institute of Psycho-Analysis, London, 1963.

Pictures & Words—Ernst Freud, Lucie Freud and Ilse Grubrich-Simitis (Eds.). Sigmund Freud: His Life in Pictures and Words, (Translator: Christine Trollope), W.W.Norton & Co., New York London, 1985[1978].

Psychoanalytic Pioneers—Franz Alexander, Samuel Eisenstein & Martin Grotjahn (Eds.), Basic Books, New York & London, 1966.

Romm—Sharon Romm, The Unwelcome Intruder: Freud's Struggle with Cancer, Praeger, New York, 1983.

Schur—Max Schur, Freud: Living and Dying, The Hogarth Press and the Institute of Psycho-Analysis, London, 1972.

Schröter—Jeffrey Moussaieff Masson(Hrsg.), Sigmund Freud: Briefe an Wilhelm Fliess 1887-1904, (Deutsche Fassung: Michael Schröter), Fischer, Frankfurt/Main,1986.

S.E.—James Strachey(Ed.), Standard Edition of the Complete Psychological Works of Sigmund Freud, Vols. I -XXIV The Hogarth Press and the Institute of Psycho-Analysis, London, 1953-74.

Stefan Zweig—Stefan Zweig, Ueber Sigmund Freud (Hrsg), Lindken, Hans-Ulrich, Fischer, Frankfurt/Main, 1989.

Sterba—Richard Sterba, Reminiscences of a Viennese Psychoanalyst, Wayne State University Press, Detroit, 1982.

Young—Bruehl-Elisabeth Young-Bruehl, Anna Freud: A Biography, Summit Books New York, 1988.

Zweig Letters—Ernst L. Freud(Ed.), The Letters of Sigmund Freud and Arnold Zweig, (Translators: Professor and Mrs. W.D. Robson-Scott), The Hogarth Press and the Institute of Psycho-Analysis, London, 1970[1968].

◇ 注 ◇

1929

1929年10月31日

1. ノーベル賞を貰えば、明らかに精神分析に対する国際的な「公式の」市民権を得ることになっただろう。しかし、フロイトの友人達が、フロイトに賞を与えるようにと何回も努力したことは実際には、彼を当惑させた。こうした努力が無駄らしいことがわかると、精神分析に対して持続的に強力な反対があったことについてのフロイトの嫌悪感は増すだけであった。

他の問題もあった。ノーベル賞のどのカテゴリーでフロイトが受賞するかという点である。物理学賞には当てはまらないし、化学にも、平和にも、医学・生理学賞にも当てはまらない。この最後の賞への反対は極めて強かった。残っているのは文学賞だけだった。けれども、オーストリアの小説家シュテファン・ツヴァイクがハインリッヒ・マンに対して、フロイトへの授賞申請運動に署名を求めた時、マンは、「故意ではないにしても、唯一の大賞を文学から奪うことになる行為を、思いとどまるようにあなたに申し上げたい」と述べている。(ハインリッヒ・マン-シュテファン・ツヴァイク.1930-1-30)

Freud-Ferenczi 31.10.1915 in Jones, Ⅱ.213.
Freud-Lou Andreas-Salomé 13.7.1917 in Pfeiffer.
Heinrich Mann-Stefan Zweig 30.1.1930 in Freudiana (Exhibition Catalogue), Jerusalem, 1973, p.x.

1929年11月2日　(タロック)

1. フロイトの友人の眼科医、レオポルド・ケーニヒシュタイン(1850-1924)は1890年頃にタロックの集まりを始めた。アルトール・シュメルツ医師が加われば常連が揃うだろう、とフロイトが1891年に書いたときには、この集まりはもう定例化していた。他の初期のカード仲間は小児科医のルートヴィヒ・ローゼンバーグ(1927死亡)、外科医のユリウス・シュニッツラー(1865-1939)だった。古い仲間が次々に死亡し始めると、フロイトの息子マルティンや娘のアンナが時折その集まりに加わった。マルティンは「私はだめだが、アンナは上手なカード・プレーヤーだった」と記し、さらに「少数の新参者はみんなユダヤ人であった」と追記している。

2. フロイトが1938年に英国へ亡命した時に、何組かのタロック・カードも持ち出された。ウィーンでの荷造りの間、フロイトがそれらのカードをのけて置くと、家政婦のパウラ・フィヒトルがこっそり救い出したと言われている。

Freud-Minna Bernays 11.8.1891 [LoC].
Masson, p.55 n.1.
Freud, Anton Walter, Telephone communication, 29.7.1989.
Freud, Martin, "Who was Freud" in Fraenkel, Josef (ed.), The Jews of Austria, London,1970 (1967), p.205.
Berthelsen D., Alltag bei der Familie Freud. Hamburg, 1987, p.81.

1929年11月2日　(リックマン)

Jones-Freud 14.10.1929 [Inst. of PsA].
Freud-Ferenczi 13.12.1929 [FM].
Freud-Ferenczi 11.1.1930 [FM].

1929年11月4日　(シュニッツラーへ)

1. 1923年4月にハイエク医師は、フロイトの口蓋内腫瘍の第1回手術を行なった。外来患者診療所で、無頓着に行なわれ、手術後にフロイトは付き添いなしで放置されたので、大量出血のためにもう少しで死ぬところだった。

Romm, p.5.
Schur, p.337, 351.
Jones, Ⅲ.95.

1929年11月5日　(年鑑)

Storfer, A.J. (Ed.), Almanach der Psychoanalyse 1930, I.P.V., Wien, 1930 [FM].

1929年11月5日　(前書き)

1. 第一次世界大戦前の数年間に、精神分析運動の優秀なメンバーが数人、運動から離れた。アルフレッド・アドラー、ヴィルヘルム・シュテーケル、カール・グスタフ・ユングなどのメンバーで、彼らはそれぞれの学派を創った。自分が死ねば精神分析運動は崩壊するかもしれない、という危機感をフロイトは抱いた。それで、「精神分析を存続させるために委員会を設けるべきである」という、一番身近な弟子たちの提案を彼は受け入れた。この委員会を極秘にすべきだという点にフロイトはこだわったが、この考えには「若気の至り的な、また、ロマンチックな要素」が含まれていることをも認めていた。

Jones, Ⅱ.172-4.
S.E., XXI.257.
Freud-Radó 7.11.1929 [FM].
Hier geht... p.70, 74.
Eitingon-Freud 22.10.1929 [FM].
Freud-Jones 1.8.1912 in Jones, Ⅱ.172.

1929年11月6日　(クリス)

1. 1927年に、クリスはフロイトに、ウィーン美術史美術館に収蔵されているカメオ細工のカタログを贈った。彼とフリッツ・アイヒラーが作ったカタログである。

Psychoanalytic Pioneers passim.
Kris, Anton O.-Molnar 1.6.1990 [FM].
Eichler, Fritz, & Kris, Ernst, Die Kameen im Kunsthistorischen Museum, Wien, 1927 [FM].

1929年11月6日　(フルルノア)

"Obituary", Int. J. PsA, 1956.

1929年11月7日　(反ユダヤ主義)

Freud-Dwossis 15.12.1930 [FM: ARC/40].
Carsten, F.L., The First Austrian Republic 1918-1938, Aldershot, 1986.
Neue Freie Presse (Abendblatt), 7.11.1929.

1929年11月7日　(指輪)

Jones, Ⅱ.174-5.

1929年11月11日　(神経痛)

Sterba, p.105.

1929年11月11日　(アダ)

Anna Freud-Jones 19.9.1929 [Inst. of PsA CFA/FO1/14].

1929年11月14日　(心臓と腸)

Ferenczi-Freud 21 & 26.2.1926 [FM].
Freud-Ferenczi 3.3.1926 [FM].
Freud-Fliess 19.4.1894 in Masson.
Schur, Max, Interview R.S.Stewart, 28.5.1966.

1929年11月14日　(アルトマン博士)

1. 歴史家で哲学博士だったアドルフ・アルトマン(1879-1944)を指すとは思えない。この博士は、1907年から1915年の間ザルツブルクでラビを務め、1920年からドイツ南西部にあるトリーア市のラビ長になった。フロイトは、アルトマンが蒐集したフィリプソン版聖書3巻を所有していた。おそらく本屋か仲介人を通して手に入れたのであろう。

Encyclopaedia Judaica Year Book 1983/5.
Altman, Dr. Manfred, Telephone communication, 11.5.1990.
Burlingham, pp.297-8.

1929年11月16日　(ロートシルト)

"Wer ist's" (Hrg.) Degener, (10 Ausg.) 1935.
Fichtner-Molnar 21.5.1990 [FM].

1929年11月16日　(アンナ)

1. アンナ・フロイトによる別の本『児童分析技法入門 ("Einführung in die Technik der Kinderanalyse")』(I.P.V.1929)が1929年に出版されている。しかし、これは第2版で、初版は1927年に出て、1928年にはすでに同名の英語版 (Nervous and Mental Disease Publishing Co. New York & Washington D.C.)が出版されていた。

Young-Bruehl, pp.197-8.
Peters, P.178.
Ferenczi-Freud 5.1.1930 [FM].
Peltzman, Barbara R., Anna Freud: a Guide to Research, New York & London, 1990.

1929年11月20日
Macinnes, Colin, "Yvette," New Statesman, 22.4.1966.
Brécourt-Villars, Claudine, Yvette Guilbert l'Irrespectueuse, Paris, 1988.
Knapp, Bettina, & Chipman, Myra, That was Yvette, London, 1966 [1964], p.263.
Freud-Ferenczi 13.12.29 [FM].

1929年11月21日
1. この招待状には日時が書いてないから、イヴェットがウィーンを再訪した翌年のものだとも考えられる。とにかく、ホテル・ブリストルでの彼女のティー・パーティーは恒例のものだった。
Brécourt-Villars, Claudine, Yvette Guilbert l'Irrespectueuse, Paris, 1988.

1929年11月22日（トーマス・マン）
Freud-Andreas-Salomé 28.7.1929 in Pfeiffer.
Mann, Thomas, Die Forderung des Tages: Reden und Aufsätze aus den Jahren 1925-1929, Fischer, Berlin, 1930. [FM: LDFRD 2534]
Mann, Thomas, "Die Stellung Freuds in der modernen Geistesgeschichte" Die Forderung des Tages: Reden und Aufsätze aus den Jahren 1925-1929, Berlin, 1930, p.224.

1929年11月22日（イヴェット）
Wiener Zeitung, 22.11.1929.

1929年11月23日（ゴットリーブ）
1. もう一つの可能性は、フロイト家のすぐ近くのテュルケン通りに住んでいたベルンハルト・ゴットリーブ（1885-？）である。彼は口腔内腫瘍を専門にしていた歯科医だった。もしこれが彼の診察を指すとすれば、「非公式」なものだったと思われる。ピヒラーの記録には載っていない。
Photo album [FM: LDFRD 3148].
"University Papers," (Beilage Ⅱ), [LoC].
Fichtner-Molnar 21.5.1990 [FM].

1929年11月23日（ピヒラー）
Romm, p.14.
Pichler Notes, 1929-39, passim [FM].
Jones, Ⅲ.507.
Young-Bruehl, p.480 n.18.

1929年11月30日（王女）
1. 王女の到着は記録されていないが、彼女は11月6日にウィーン精神分析学会の集会に出席し、このときヴィルヘルム・ライヒがソビエト連邦における精神分析についての論文を発表した。
Martin Freud, p.202.
Bonaparte, Marie, Journal d'analyse 7.10.1925 in Bertin, p.155 & 179.
Int. Z. Psa. ("Jahresberichte 1929").

1929年11月30日（アイティンゴン）
Freud-Eitingon 1.12.1929, [FM & Letters].

1929年12月3日
Freud-Arnold Zweig 25.2.1934 in Zweig Letters.

1929年12月7日
1. 正式には、ジャン・マルティン・フロイト。この名前は、フロイトが若い時に教えを受けたパリの有名な神経科医のジャン・マルタン・シャルコー（1825-1893）の名にあやかったものである。
Freud, Anton Walter, Telephone communication, 30.8.1989.

1929年12月7-10日
Freud-Ferenczi 13.12.1929 [FM].

1929年12月11日
1. フロイト最後の誕生日となった、ロンドンでの83回目の誕生日には、フロイト自身にギリシャの金の指輪が贈られた。アンナの説明によるとこの指輪は、その後自宅に強盗が押し入った際に盗まれた。もしかしたら、このエメラルドの指輪も同じ運命をたどったのかもしれない。
Freud-Simmel 11.11.1928 [FM].
Burn, Lucilla, in Freud and Art, p.123.
Anna Freud, (Commentary to "Home Movies") [FM].

1929年12月12日
1. これらの集会の参加者の一人リヒャルト・ステルバは、これらの集会の比較的くつろいだ雰囲気と、公開された議事録に記されているようなウィーン精神分析学会のもっと形式ばった空気とを比較している。フロイトはこれらの集会では冗談や逸話の形で自分の考えをコメントしたがった。ステルバが推定したその理由は、精神分析がもはや外に向かって構えなくてもよくなったことと、議事録を取らなかったことである。
Waelder, Robert, Interview R.S. Stewart, 29.7.1966.
Sterba, pp.106-7.

1929年12月17日
Pfeiffer, p.211.
Lou Andreas-Salomé-Anna Freud 1.12.1929 [FM: LS206]

1929年12月21日
Anna Freud-Freud 18.12.1929 & 19.12.1929 (Telegrams) [FM].

1929年12月24日（クリスマス）
Freud, Martin, "Who was Freud?" in Fraenkel, Josef (ed), The Jews of Austria: Essays on their Life, History and Destruction (1967), p.203.
Martha Freud-Lucie Freud 7.12.1934 [FM: Lucie Freud Papers].

1929年12月24日（アイティンゴン）
Freud-Eitingon 8.7.1929 [FM].
Grubrich-simitis, Iles, Zuruck zu Freuds Texten, Frankfurt/Main, 1993, p.121.
Freud.-Eitingon 13.12.1929 [FM].
Jones-Eitingon 18.11.1929 [Inst. of PsA CEC/FO1/41].
Eitingon-Freud 10.3.1930 [FM].

1929年12月27日
Freud-Mathilde Freud 26.3.1908 [LoC & Letters].

1929年12月30日
1. フィヒトナー教授は、この「アダ」とはヒルシュ生まれのアダ・エリアス（1885年頃）ではないか、と考えている。この女性はエンマ・エクシュタインの姪であり、フロイトの初期の患者であった。また、フロイトの講義にも出席している。一方、フロイトの孫息子W・エルネスト・フロイトはこう書いている。「僕が知っているアダと言えば、マティルデ・ホリチャーの友人だけである。昔、ホリチャー家のパーティーに出席したとき、このアダが得意そうに自分の耳を動かした。ところが、彼女には驚きだったのだが、僕も耳をいろいろ動かして相手を仰天させることができたのだ。こうして僕は彼女の鼻をへし折ってやった」。とはいえ、2人の考えに従ったのでは、11月11日の「アダ、逃げ出す」という記載の意味が説明できないし、この記載に死亡を意味する「＋」印が付いていない理由もわからなくなる。
Fichtner-Molnar 21.5.1990 [FM].
Freud, W. Ernest-Molnar 17.5.1990 [FM].

1930

1930年1月3日
Hier geht... p.56.
Freud-Eitingon 3.2.1930 & 15.2.1930 [FM].

1930年1月6日
1. マルティン・フロイトの妻エスティはウィーン総合病院のノイマン・クリニックで働く言語療法士で、声帯に受傷した兵士を再訓練をしていた。彼女は言語治療科のフロッシェルス教授のもとで勉強をした。後年、彼女は、パリとニューヨークで専門家として成功し、多くの専門論文を発表した。
Freud, Anton Walter, Telephone conversations, 30.7.1989, 30.8.1989.
Freud-Sam Freud 27.10.1919 & 31.12.1930 [FM].
Freud, Esti D., Vignettes of my Life, 1979 (Typescript) [Baeck].

1930年1月9日

1. フロイトに制止されるまで、ライヒが頑くなに自分の主張をやめなかった討論会のことを、リヒャルト・ステルバは回想録に記している。これが、権威主義的な姿勢をとるフロイトを彼が見た唯一の機会だった。ライヒが精神分析から遠かったのは、ライヒの社会・政治的な見解を皆が受け入れなかったからだ、とステルバは推定している。
Waelder, Robert, Interview R.S. Stewart, 29.7.1966.
Sterba, pp.110-12.

1930年1月15日
"Authentication slips" [FM].
Jones, II.195.
Kris, Marianne, Oral communication to R.S. Stewart.

1930年1月18日
1. フロイトが米国を訪れたのは、1909年、マサチューセッツ州ウースターにあるクラーク大学で一連の講義をするために渡航した時の1度限りだが、その際、彼は親戚を訪問した。もっとも、フェーリクス・ウィーナーにはあまり好印象を持たなかったらしく、新婚の長女マティルデに彼は［マティルデをほめて］こう書き送っている。「あの姪と比べると、私の義理の息子［ロベルト・ホリチャー］はずいぶん得をしています」（フロイト-マティルデ・フロイト.1909-9-23）
Lange, Hanns-Walter, Family Tree [FM].
Freud-Mathilde Freud 23.9.1909 [LoC].

1930年1月16日
Rolland, Romain, Les Léonides, Paris, 1928 [FM: LDFRD 2324].
Rolland, Romain, Liluli, Paris, n.d. [FM: LDFRD 2325].
Freud-Rolland 20.7.1929 [FM].
Freud-Ernst Freud 14.3.1923 [LoC].

1930年1月21日
Schur, 409-410 & passim.
Freud-Schur 19.9.1929 [FM: MISC (Typescript)].

1930年1月24日 （シュール）
1. 真実を隠さないようにと約束させた時のフロイトを、シュール医師はこう語っている。「探るように私を見つめて、フロイトはこうつけ加えた、『もう一つ約束してください。その時が来たら、不必要に私を苦しませないことを』と。哀感を含めることなく、極めて簡潔に、完全な決断をもって彼は依頼した。この時に、握手を交わした」。その他の条件として、フロイトは、医者の間の儀礼的割引料金ではなく、普通の料金を請求してほしい、と言った。この会合の頃、フロイトはすでにシュールの第1回請求書を受け取っていた。1月10日付けの手紙で、フロイトは請求書が専門家らしくなく低額だった、と苦情を言っている。それから、シュールに二人の間の契約を思い出させて、もっと現実にみあっている請求書をくれるようにと述べている。
Schur, 407-9.
"University Papers," (Beilage III) [LoC].
Freud-Schur 10.1.1930 in Schur 557-8.

1930年1月24日 （曲芸師）
Bernhard-Walcher-Neufeld 17.12.1987 [FM].

1930年2月3日
Gran Enciclopedia Argentina, Buenos-Aires, 1961.
Fichtner-Molnar 21.5.1990 [FM].（この注釈への協力について、フィヒトナー教授に感謝する）

1930年2月6／7日
1. 7日の朝、この夢を見た後、雨が降っていたので、フロイトはドイツ・シェパード犬ヴォルフをいつもの散歩に連れて行くことができなかった（犬がぬれた時湿疹ができやすかったため）。散歩する代わりに、彼は旧友、スイスの牧師オスカル・プフィスターへ手紙を書いた。この牧師は、死の欲動についてのフロイトの悲観的な仮説に賛成していた。この手紙の中でフロイトが使ったメタファーの一つは、ネストロイの戯曲の中で用いられても場違いではないだろう。「私はこの陰気な理論と政略結婚し、他の人々は愛で結婚すると言えるかもしれません。ですが、彼らの方が私よりも幸福であることを、私は望んでおります」（フロイト-プフィスター.1930-2-7）
Freud-Pfister 20.8.1930 in Pfister Letters.
Jones, II.57.
Janik, Allan, & Toulmin, Stephen, Wittgenstein's Vienna, N.Y., 1973, pp.86-7.
Freud-Pfister 7.2.1930 [FM: Typescript copy 1-F8-16].

1930年2月8日
1. トムが1920年代に書いた挿絵付きの子供向けの本は、英語を初めとして、ドイツ語以外の言語にも翻訳された。彼女の最後の本の1冊、"Buch der erfüllten Wünsche"（『願いがかなう本』）は、『ブロックハウス百科事典』（1967）において、子供たちの文学の中へ「精神分析の考えかたが取り入れられた」初めての本だ、と紹介されている。
Young-Bruehl, p.193.
Freud-Sam Freud 6.12.1929 [FM].
Freud, Anna: Quoted in Murken, Barbara "Tom Seidmann-Freud" Die Schiefertafel. Zeitschrift für historische Kinderbuchforschung IV, Heft 3, Dezember 1981, pp.163-202.

1930年2月9日
1. しかし、アルノルト・ツヴァイクは1927年よりずっと前に、先進的精神分析家オットー・グロス（1877-1920）を通じて、フロイトの思想と出会っていた。彼がグロスと初めて会ったのは第一次大戦前、ベルリンのカフェ「西風」においてである。アーネスト・ジョーンズを精神分析の実践に導いたのもグロスだった。グロスはベルリンとミュンヘンの芸術家や急進的政治家と交流があった。ユングと同様に、フロイトもグロスの仕事を高く評価した。ユングはグロスの薬物依存を治そうとしたが、巧くいかず、この依存症でグロスは亡くなった。
Arnold Zweig-Jones 22.2.1956 [SFC].
Zweig, Arnold, "Freud und der Mensch" in Die psychoanalytische Bewegung, Juli-August 1929, p.102.
Jones, II.33.

1930年2月13日
1. ヒトラーが政権を握ると、シュタウブはドイツからパリに去った。1935年には英国に渡り、反対はあったものの、英国精神分析学会に受け入れられた。1940年には「敵性外国人」として勾留されかけたが、何とか米国に亡命することができた。
2. アレクサンダーとシュタウブの近著が議論の材料になった、と考えて間違いない。1929年に、二人は精神分析に基づいた犯罪学の研究書『犯人と裁判官』（"Der Verbrecher und seine Richter"）を出版した。フロイトは、若干の留保をつけながらも、この本の内容に賛成していた。彼は書いている。「私は今アレクサンダーとシュタウブが著わした本を読み終えました。長い間計画されていた犯罪学の中への精神分析の浸透が成功したように思われます。心理学的な解明と公式化はほとんど例外なしに適切です。この本は大きな興味をひきおこすでしょう。ただし、私はいくつかの疑問点を著者たちに伝えました。司法制度に対する中傷的なまでの勝ち誇った調子は、私にとって事実に照らすと的はずれで不当なように思われます。すべてを説明することのできない精神分析は、その説明によってすべてに影響を与えることは出来ないし、実際的な方策にも結びつかないのですから、もっと控え目な態度をとってほしかったと思います」（フロイト-アイティンゴン.1928-12-14）
Freud-Eitingon 15.2.1930 [FM].
Freud-Eitingon 14.12.1928 [FM].
Eitingon-Jones 12.3.1935 [Inst. of PsA CEC/FO2/42].
Jones-Eitingon 17.11.[1940?] [Inst. of PsA CEC/FO2/69].

1930年2月14日 （翡翠）
1. アンナの誕生日を祝って1932年に行なわれたゴシップ紙によるインタビューが、冗談半分ではあるが、彼女の服装に関する「説明」を提供した。このインタビューでアンナはこう述べている。「児童分析には二つの鋭く対立する運動があります。一方はロンドンのメラニー・クラインに代表されるもので、他方はウィーンの私のです。クライン夫人は——よろしいですか——お孫さんがおられるのに、おめかしをし、足首まで届く絹の洋服を着て、あ

ちこち出歩いておられるのです。そこで私は、あなたもお気づきのように、簡素な服装を選びました。もちろん、このことで個人的な対立感情を表わそうと思っているわけではありませんが」。どこまで正確かは疑わしいが、児童精神分析についてのウィーンとロンドンの研究法の間に、現実的で重要な対立がすでにあったことを、このインタヴューは浮き彫りにしている。
Die Stunde, 3.12.1932.

1930年2月14日 （催眠分析）
Freud-Eitingon 15.2.1930 [FM].
Eitingon-Freud 19.2.1930 [FM].

1930年2月15日
Engelman, Plate 35.
Reeves, Dr. C.N., in Freud and Art, p.62.

1930年2月16日
1. ルースは1926年10月から1927年2月までの5か月間「狼男」を分析し、その結果を1928年に「国際精神分析学雑誌」第9巻、439ページに、「フロイトの『ある幼児期神経症の病歴』への補足」という表題で公表した。
Freud-Ernst Freud 28.4.1927 [SFC].
Gardiner, Muriel (Ed.), The Wolf-Man and Sigmund Freud, Hogarth Press, London, 1973, pp.263-307.
Bertin, p.159.
Jones, Ⅲ.148, 153, 173.

1930年2月17日 （マーガレトル）
Young-Bruehl, p.52.
Nunberg, Herman, Memoirs N.Y., 1969, p.20 & 55.

1930年2月17日 （ローハイム）
Psychoanalytic Pioneers, p.274.

1930年2月26日
1. ベルマン教授と会った同じ日に、フロイトはパレスチナ問題についての重要な手紙も書いている（ちなみに、この「ベルマン」という名前はフロイトにとって、次の二人の重要なユダヤ人に結びつく名前であった。妻マルタの父ベルマン・ベルナイスと、エルサレムのユダヤ民族大学初代学長フーゴー・ベルマン博士である）。この頃、パレスチナの状況は危機的だった。1929年8月に、嘆きの壁でユダヤ人が礼拝する権利をめぐっておきたアラブ人の暴動で、160人のユダヤ人が死亡していたのである。英国首相は調査委員会を設立したが、この委員会はユダヤ人移民の制限に傾いていた。そこでユダヤ機関は、フロイトを初めとする有名ユダヤ人に、この問題への支援を訴えた。しかしながら、この要請にフロイトは慎重に返答した。「大衆に影響を与えようと望む人間は誰でも、堂々と熱狂的な調子で大衆に話しかけねばなりません。けれども、シオニズムをさめた目で見る私にはそう出来ないのです。もちろん私はシオニズムの目的に共感していますし、エルサレムの我々の大学を誇りに思い、ユダヤ人入植地の繁栄を喜んでいます。ですが他方では、パレスチナがユダヤ人国家になりうるとは思えませんし、さらにキリスト教とイスラム教の世界が、彼らの聖地をユダヤ人の手にゆだねるとも思えないのです。歴史的な軋轢がない土地にユダヤ人国家を築いた方が、ずっと賢明ではないでしょうか。〔……〕アラブ人の不信を呼び覚ました責任の一端は、ユダヤ人の極端な熱狂にある、と残念ながら認めざるを得ません」（フロイト-コフラー.1930-2-26）
Garcia, Germàn, Oscar Masotta y el psicoanálisis del castellano, Editorial Argonauta, Barcelona, 1980.
Fichtner-Molnar 21.5.1990 [FM].
Freud-Chaim Koffler 26.2.1930 [FM].

1930年2月28日 （トレビチュ）
Freud-Eitingon 6.3.1930 [FM].

1930年2月28日 （アイジンガー）
1. 母親のトムが亡くなる3週間前から、アンジェラの世話が必要になっていた。彼女の父ヤーコプが1929年10月に自殺した後のアンジェラの状況を、アンナは友人エヴァ・ローゼンフェルトにこう説明している。「昨日、ヤーコプが縊死しました。彼は生涯で初めて悪いことをした、確かに好ましくないことをしたのだ、と思います。彼は若い東方ユダヤ人で、非常に人なつっこく、兄弟のような、完全にロシア的な人物でした。その妻であるトムは、憂うつで、いつも自殺を考えている、想像もできないほど扱いにくい人です。この両親の間に、小さな妖精のように見える7歳の少女がいます。父が亡くなったので、彼女は養育施設に入れられましたが、現在は、ランプル夫妻の所にいます。この破局の廃墟から何が生き残るかです。
一夜のうちに、この子をおばあちゃん*の所へ連れて行ければ、と思います。でも、アンジェラはランプル夫妻を知っていますし、これ以上彼女を不要なショックにさらしたくないのです。
なぜこんな不幸がおきるのか、私には理由がわかりません」（アンナ・フロイト-エヴァ・ローゼンフェルト.1929-10-20）
*エヴァ・ローゼンフェルトの母親のこと。（この情報を提供してくれたW・エルネスト・フロイトに感謝する）
2. フロイトによると、アンジェラがウィーンに来るべきではないもう一つの理由は、病身の子供にウィーンの気候がそぐわないことであった（実際にはアンジェラは病気ではなかった）。次女ゾフィの2人の子供、ハイネルレとエルンストルが、ウィーンで結核にかかった事実を指摘したフロイトは、アンジェラには「信頼できるいなかでの養育」がよいのではないか、と助言した。ところが、その際に文法にはずれている 'verlässliches〔原文のママ〕Landerziehung' という表現を使ってしまった（フロイト-ミツィ・フロイト.1930-2-15）。この手紙を筆写したH・ロブナー博士は（1973-6-30 LoC）、この文法にはずれている間違いでフロイトは 'ein verlässliches Landerziehungsheim' （信頼できるいなかの児童施設）と書くつもりだったのではないか、と考えた。アンジェラを「児童施設」に送るという考えにフロイトは躊躇したのかもしれない。また、仮にフロイトがトムの決断をすでに承知していたなら、トムがアンナの下にアンジェラを住まわせようとしなかったことに怒りを感じていて、このことを隠そうとしたのだとも考えられる。
Harari, Mrs. Aviva, Interview, 10.7.1991.
Anna Freud-Eva Rosenfeld 20.10.1929 [FM: Transcript P. Heller].
Freud-Mitzi Freud 15.2.1930 [LoC].
Lobner, Dr. Hans, 30.6.1973, [Transcript of above: LoC].
Young-Bruehl, pp.193-4.

1930年3月2日
Jones, Ⅱ.66, 436-7.
Schur, 58.

1930年3月4日
Bernfeld, Suzanne Cassirer, "Freud and Archaeology," The American Imago 8, June 1951.
Clark, p.217.
Pope Hennessy, Una, Early Chinese Jades, London, 1923 [FM].

1930年3月5日
Hier geht . . . pp.46-9.
Freud-Hermann 28.2.1936 [Baeck (Typescript)].

1930年3月9日
Freud-Martha Freud 1.4.1930 [FM].
Freud-Ferenczi 12.9.1929 [FM].
Freud-Martha Freud 9.4.1930 [FM].
Freud-Meine Lieben 9.5.1930 [FM].
Anna Freud-Eva Rosenfeld 2.8.1929 [FM: Typescript P. Heller].
Anna Freud-Jones 19.9.1929 [Inst. of PsA.CFA/FO1/14].

1930年3月11日
1. 祖父フロイトに関するエルンストル最初の思い出は、誕生日に関連する、次のようなものだった。「祖父は浴槽に座って、ブリキの太鼓を片手に持って、バチでそれを叩いてくれた。それが私への誕生祝いの太鼓だったのだ」
S.E., XVⅢ.14-15.
Freud, W. Ernest, "Brief Biography" (ms.), 1989, [FM].
Freud, W. Ernest-Molnar 6.8.1989 [FM].
Freud-Max Halberstadt 9.8.1928 [LoC].
Freud, W. Ernest, "Die Freuds und die Burlinghams in der Berggasse: Persönliche Erinnerungen" (Sigmund Freud-Vorlesung, gehalten an der

1930年3月16／17日

1. イヴェット・ギルベールのコンサートに現われたフロイトは、彼を崇拝する人達からかなり注目の的となった。米国の精神分析家、スマイリー・ブラントンの妻、マーガレット・ブラントンは書いている。「面白いことに、ギルベールはまったく教授のために歌っていたし、聴衆は教授ばかりを見ていて、ほとんどギルベールを見なかった。でも、フロイトは、自分が引きおこした興奮に気づいていないようで、態度はまったく変わらなかった」

Neue Freie Press, 17.3.1930.
Margaret Blanton in Blanton, Smiley, Diary of my Analysis with Sigmund Freud, N.Y., p.49 n.

1930年3月19日

1. アイティンゴン宛てフロイトの手紙のタイプコピーでは、金額はこの日記に書かれた1000ドルではなくて、10000ドルになっている。手紙の原文を参照しないかぎり、この「誇大妄想」が転記者の失錯行為から生じたのか、フロイトのそれなのかを判断することは不可能である。

Freud-Eitingon 25.3.1930 [FM].

1930年3月20日

1. この会議では議事録は取られなかったが、リヒャルト・ステルバは、内密にノートを取っており、回想録の中で一部を公開している。フロイト自身は、この週の議論には非常に不満だった。後でフロイトはアイティンゴン宛てに書いている。「先週の木曜日、彼らは私の家で『文化への不安』について討議しました。実際にはフェダーンだけが意見を述べたのですが、ぱっとしないので、また私が一人で話し続けることになりました」（フロイト-アイティンゴン.1930-3-25）

Waelder, Robert, Interview R.S.Stewart, 29.7.1966.
Sterba, pp.113-7.
Freud-Eitingon 25.3.1930 [FM].

1930年3月25日

Freud, Forelaesninger Til Indførelse I Psykoanalyse, (transl. Kristian Schjelderup), Gyldendal Norsk Forlag, Oslo, 1929, (Hardback edition with translator's dedication) [FM].

Freud, Forelaesninger Til Indførelse I Psykoanalyse (transl. Kristian Schjelderup), Gyldendal Norsk Forlag, Oslo, 1930, (Paperback) [FM].

1930年3月26日 （アンナ）

Frankwood E. Williams-Freud 3.12.1929 [FM: Filed in Eitingon letters].
Peters, p.183.

1930年3月26日 （エルクス）

Eitingon-Freud 22.10.1929 [SFC].

1930年3月27日

Freud-Ferenczi 30.3.1930 [FM].

1930年3月27日

Eitingon-Freud 19.3.1930 [FM].
Eitingon-Freud 7.4.1930 [FM].

1930年3月28日

Freud-Martha Freud 1.4.1930 & 9.4.1930 [FM].

1930年3月29日

Freud-Eitingon 25.3.1930 [FM].
Freud-Martha Freud 1.4.1930 [FM].

1930年3月30日

Schur, 358 n.
Young-Bruehl, p.79.

1930年3月30日

Freud-Martha Freud 1.4.1930 [FM].

1930年4月2日

1. この金は米国の後援者の寄付であろうか。2月に米国人のかつての患者の一人が、フロイトの関心事の一つが危機にあると聞いて500ドルを送ってきた。（数字は時々転記の際に不正確になる——これは5000ドルだったかもしれない。）問題の関心事とは、ベルリン・テーゲル療養所だった。しかし、フロイトは、その金を同じく危機にあった精神分析出版所に充当することに決めた。おもしろいことに、1929年にエドヴァルト・ベルナイスは、米国の出版社、ライブライト社にフロイトの自伝を出版することを提案し、出版社は、5000ドルの申し出をしている。フロイトはこの提案にこう答えた。「あなたのいう出版社はアメリカ人らしいナイーブさで、きちんとした人間が5000ドルでそんな安っぽい行為を承諾すると期待しているのですね」（フロイト-エトヴァルト・ベルナイス.1930-4-2）

Freud-Eitingon 24.2.1930 [FM].
Freud-Edward Bernays 10.8.1929 in Letters.
Bernays, Edward L., "Uncle Sigi," Journal of Hist. of Med., April 1980, p.219.

1930年4月3日

1. アントン・ヴァルターと父マルティンは、共に1938年英国に移住したが、1940年6月敵性外国人として抑留された。マルティンはマン島へ送られ、アントンは、デュネイラ号でオーストラリアへ送られた。彼は1941年10月に解放され、英国に戻って工兵隊に入隊した。2年後、SOE（特殊作戦部隊、任務は敵の戦線の後背地でレジスタンス運動と連携する）に加わった。1945年初頭、オーストリアのユーデンブルクの近辺にパラシュート降下し、他部隊の応援なしにゼルトヴェーク飛行場を占領した。戦後、彼は戦争犯罪委員会に関係したが、1946年9月少佐で除隊した。

Freud, Anton Walter, Telephone conversations 29 July 1989 & 19 November 1990.

1930年4月5／6日

Jones, Ⅲ.127.
Freud-Martha Freud 9.4.1930 [FM].

1930年4月7日 （ボブ）

1. その後、バーリンガム家の他の子ども達は皆、虫垂炎に罹り、次々に手術を受けた。一番下の娘カトリーナ（ティンキー）は腹部疾患の専門医、ユリウス・シュニッツラー博士の診察を受けるまで、1931年の夏じゅう病んでいたことを覚えている。この医師は即座に正しい診断を下して彼女を手術し、おそらく他の子ども達にも手術を行なった。

Young-Bruehl, p.132.
Burlingham, pp.151-2.
Freud-Martha Freud 9.4.1930 [FM].
Freud-Martha Freud 26.6.1930 [FM].
Valenstein, Mrs K., Interview, 14.5.1990.

1930年4月7日 （ツヴァイク）

Fichtner-Molnar 21.5.1990 [FM].

1930年4月10日 （ロブ）

Freud, Anna, "Obituary" Sigmund Freud House Bulletin, Vol.2, 1. 1978 p.2.
Freud-Sam Freud 26.6.1923 & 6.12.1929 [FM].

1930年4月10日 （ツヴァイク）

1. フロイトの抗議を受けてシュテファン・ツヴァイクは、「メイランの本を一瞥しただけで著者に一般的な激励の言葉を書き送ったのに、それをメイランが宣伝に悪用したのだ」と弁解した。しかし、ツヴァイクが信頼を悪用されるような事態を自分で招いたことにフロイトが怒ったのは無理もない。メイランの本にざっと目を通しただけでも、その敵意は容易に感じられたはずである。この事件は長い間わだかまりとなった。1930年の9月にフロイトは、事件に触れてそれが過去半年の間におきたように語っているが、実際は、1929年の12月におきたのであった。

Janik, Allan, & Toulmin, Stephen, Wittgenstein's Vienna, N.Y., 1973, p.45.
Zohn, Harry, "Three Austrian Jews in German Literature: Schnitzler, Zweig, Herzl" in Fraenkel, Joseph, The Jews of Austria, London, 1970, [1967], p.74.
Freud-Arnold Zweig 21.8.1930 & 10.9.1930 in Zweig Letters.
Freud-Stefan Zweig 4.12.1929 in Stefan Zweig.
Stefan Zweig, p.206, N.146.（ルドガー・ヘルマン博士の協力に感謝する）

1930年4月10日 （機知）

1. この本のドイツ語原題は次のとおり。"Der Witz und seine Beziehung zum Unbewussten". 仏訳タイトルの 'Mot d'Esprit' はドイツ語 'Der

Witz'のうち「当意即妙の言葉」という意味しか伝えていないが、A・A・ブリルによる最初の英訳書のタイトル "Wit and its Relation to the Unconscious" (N.Y.1916) も同じだった。もっとも現在使われている 'joke' では「機知」にある知的精妙さという一般的意味が失われている。
Freud, Sigmund, Le Mot d'Esprit et ses Rapports avec l'Inconscient, Gallimard, Paris, 1930 [FM: LDFRD 2972].
Translation list [FM: I-F8-17-26].

1930年4月12日
Freud-Ferenczi 7.2.1909 in Jones, Ⅱ.61.
Psychoanalytic Pioneers.

1930年4月13日 (マルタ)
Freud-Martha Freud 9.4.1930 [FM].
Freud-Ernst Freud 13.4.1930 [LoC].

1930年4月13日 (フェレンツィ)
Ferenczi-Freud 30.4.1930 [FM].

1930年4月13日 (王女)
Bertin, pp.140-1, 173.

1930年4月14日
1. 人工口蓋に頼ることを強調してフロイトは、5月にベルリンへ発つ直前にアイティンゴン宛てに皮肉っぽくこう書いている。「もちろん、この人工口蓋も緊急に転地療養が必要なのです」(フロイト-アイティンゴン.1930-5-1)
Pichler Notes, 1927-8.
Freud-Eitingon 1.5.1930 [FM].

1930年4月14日 (ロシアの幻想)
Translation list, [FM: I-F8-17-30].
Jones, Ⅲ.102.

1930年4月15日
Burlingham, passim.
Berthelsen, Detlef, Alltag bei der Familie Freud, Hamburg, 1987, pp.24-6.

1930年4月17日
Valenstein, Mrs K., Interview, 14.4.1990.

1930年4月18日
Jones, Ⅱ.39.
Freud-Sachs 22.1.1933 [FM].

1930年4月22日
1. 同じ年、ウルバンチッチは水曜心理学集会に参加する。しかし、彼がフロイトを公けに支持したことでコテーシュ療養所の存続が危うくなったので、彼は会を離れることを余儀なくされた。だが、1920年代半ば、彼は療養所を去り、フロイトやウィーン精神分析学会のメンバーが彼の適性を危ぶんだにもかかわらず、精神分析家としての訓練を受け始めた。

Freud-Ernst Freud 19.4.1930 [LoC].
Nunberg, Herman and Federn, Ernst (Eds.), Minutes of the Vienna Psychoanalytic Society Vol.1, xxxvii & 204.
Urbantschitsch, Rudolf, Wiener Cottage-Sanatorium, Wien o.J. [1910?].

1930年4月25日
1. 「自己切断の行為 [autotomy]」とは、字義通りには「自分を切る」ことを意味し、アイティンゴンとフェレンツィへの手紙に繰り返されている。この表現は、『夢判断』の「ブリュッケの自己解剖の夢」の中でフロイトが自分自身に施した手術を思い出させる。彼が狐になって自分の尾を食いちぎる凄絶なイメージは、ミンナ・ベルナイス宛ての手紙(1938-5-20)に記した、1938年のナチスが支配するウィーンからの亡命に関連して再現される。祖国からの亡命と禁煙が同様のイメージを生じさせたというこの事実も――もっと実例が必要というなら――フロイトのたばこ依存症の重大さを示すささやかなしるしであろう。全面的禁煙は続かなかった。8月フロイトは弟に書いている。「葉巻を1日1本だけにし、それ以上吸うと自分を罪人のように苦しめています」(フロイト-アレクサンダー・フロイト.1930-8-8) また後から彼はこぼしている。「もはや喫煙が許されないので、仕事をするのが大変です」(フロイト-ラド.1930-9-26) 喫煙と仕事は不可分のもので、この問題は、フロイトの手紙に繰り返し現われている。「たばこを吸ってないので、ほとんど何も書けないのです」(フロイト-アルノルト・ツヴァイク.1933-10-25)
Freud-Ferenczi 7.5.1930 [FM].
Freud-Radó 26.9.1930 [FM].
Freud-Alexander Freud 8.8.1930 [LoC].
Freud-Arnold Zweig 25.10.1933 in Zweig Letters.

1930年5月2日
1. 矢部八重吉は日本鉄道省所属の心理学者で精神分析の調査のために3か月間ヨーロッパに派遣されていた。ロンドンで彼は英国の精神分析家、エドワード・グラヴァーのもとで短期の研修を行なった。ジョーンズは彼の知性に強い感銘を受け、矢部が組織した小さな日本のグループを国際精神分析協会が受け入れるよう推薦した。
2. 日本の状況は混乱していた。1930年代、東京の二つの出版社がフロイトの著作集を同時に別々に発行していたのである。――春陽堂とアルス社で、それぞれが対立する二つの精神分析団体を代表していた。
Eitingon-Freud 30.4.1930 [FM].
Translation list [FM: I-F8-17-29].

1930年5月3日
Freud-Jones 12.5.1930 [Typescript Inst. of PsA.]
Freud-Jones 19.5.1930 [Typescript Inst. of PsA.]

1930年5月5日

Schultz, U., Hermanns, L.M.
Psychotherapie. Psychosomatik Medizinische Psychologie. 2. Feb. 1987, pp.37-82.
Freud-Meine Lieben 6.5.1930 [FM].

1930年5月6日
Freud-Meine Lieben 6.5.1930 [FM].
Jofi, Jo Fie, die Hüpfende [FM: SOH9-3 (HG 2)].

1930年5月7日 (矢部)
1. この会見の翌日、矢部は精神分析を実施する資格を与えられた。彼はヨーロッパに来た唯一の日本人心理学者ではない。1933年には丸井清泰教授がフロイトを訪れ、フェダーンと協働している。アンナ・フロイトもジョーンズ同様日本人に好意的な印象を持った。1934年、彼らを他の団体、特に悶着を起こしている米国やオランダ(ドイツは言うに及ばず)の団体と対比して、彼女は書いている。「日本、ここは理想的なおつき合いをできる人々の国のようです。心から行ってみたいと思います」(アンナ・フロイト-ジョーンズ.1934-1-30) 矢部八重吉「フロイド先生会見記」[LoC:英語訳、原典日本語は、フロイド精神分析学全集、第5巻の付録、春陽堂、東京、1931年、pp.1-19]
Anna Freud-Jones 30.1.1934 [Inst. of PsA: CFA/FO1/66].

1930年5月7日 (レーデラー)
Adressbuch, Berlin, 1936.
(エバーハルト・シュタインとブリジット・モルナールとに感謝する)
Freud-Meine Lieben 18.9.1929 [FM].
Freud-Meine Lieben 9.5.1930 [FM].

1930年5月11日
Freud-Meine Lieben 12.5.1930 [FM].

1930年5月14日 (手術)
Bertin, p.140, 180-1.

1930年5月14日 (マルタ)
Freud-Martha Freud 19.5.1930 [FM].

1930年5月17日 (カプート)
Freud-Meine Lieben 12.5.1930 [FM].
Freud-Anna Freud 29.12.1926 [FM].
Freud-Eitingon 22.12.1930 [FM].
Jones, Ⅲ.164.
Clark, Ronald W., Einstein: The Life and Times, London, 1973, p.389.

1930年5月17日 (ブリット)
Freud, Sigmund & Bullitt, William C. Thomas Woodrow Wilson, Twenty-eighth President of the United states: a Psychological Study, London, 1967, pp.vii-viii. "Obituary," New York Times, 15.2.1967.

1930年5月25日

Freud-Marie Freud 20.7.1912 [LoC].

1930年5月26日
Freud-Jones 19.5.1930 [Typescript Inst. of PsA].

1930年5月29-31日
Anna Freud-Eva Rosenfeld 3.6.1930 [FM: Typescript P. Heller].
Freud-Meine Lieben 1-6.1930 [FM].
Freud-Martha Freud 4-6.1930 [FM].

1930年6月4日
1. 後にこのことを回想してフロイトは、「クップファー市場」（クップファーグラーベン）にあるレーデラーの店にはっきり言及している。しかし、誤記以外の可能性もあり、レーデラーがウィーンの商人のようにフロイトのところへしばしば来たのかもしれない。しかしながら、レーデラーへの訪問が3回、レーデラーからの訪問が3回あったのならば、後者の訪問のほとんどが記録されていないことになるが、事柄が重要なのと、店への訪問の方は一貫して数えられているのを見ると、それはありそうにない。
Freud-Hermann 28.2.1936 [Baeck].

1930年6月8日
Sulloway, Frank J., Freud: Biologist of the Mind, Fontana Paperbacks, 1980, [1979] pp.190-1.
S.E., V.643-4
Robert Fliess-Bernfeld 28.8.1944 in Masson, p.3.

1930年6月13日（グルンドル湖）
Freud-Meine Lieben 14.6.1930 [FM].

1930年6月13日（トゥルーデ）
Freud-Meine Lieben 14.6.1930 [FM].
Swales-Molnar 21.4.1990 [FM].
Fichtner-Molnar 21.5.1990 [FM].
Stross, Dr. J., Interview, 13.6.1990.

1930年6月17日
1. もともとフロイトは、アレクサンダーの任命に心から賛同していたわけではなかった。というのは、彼がもっと適任だと考えていた、アイティンゴン、ザックス、ラド、ヌンベルグやフェダーンなどの分析家に、この客員教授職が提供されなかったからである。しかし、1930年の秋には、米国における精神分析は、より良い時代を迎えており、アレクサンダーの影響力に期待が持てると彼は言うようになった。
Freud- Jelliffe 12.10.1929 [FM: 1-F8-74-1]
Freud-Lehrmann 5.10.1930 [Brill Library]
Alexander-Freud 1.2.1930 [FM: SOH9-17].

1930年6月18日（ヴァインマン）
Romm, p.92.
Freud-Meine Lieben 19.6.1930 [FM].

1930年6月18日（ミンナ）
Freud-Meine Lieben 14.6.1930 [FM].
Freud-Meine Lieben 19.6.1930 [FM].

1930年6月20日
1. 1935年に英国へ移住したとき、シュタウプは犯罪事件の研究を続けたがったが、英国精神分析学会が認めてくれなかったので当惑した。それというのも、個人開業せずに研究に従事するという条件でようやく英国に受け入れられていたからである。
Berliner Tageblatt 23.5.1930.
Eitingon-Jones 12.3.1935 [Inst. of PsA: CEC/FO2/42].
Jones-Eitingon 21.3.1935 [Inst. of PsA: CEC/FO2/43].

1930年6月21日（ルーシー）
Lange, H.W., Freud Family Tree [FM].
Jones, Ⅰ.132.
Freud-Meine Lieben 22.6.1930 [FM].

1930年6月21日（ジャクソン）
Freud-Meine Lieben 22.6.1930 [FM].
Roazen, Paul, Freud and his Followers, New York 1984 [1971] pp.423-5.
Wessel, Morris A., "Edith B. Jackson, M.D.," in The Journal of Pediatrics, July 1978 pp.165-6.

1930年6月21日（ツェッペリン）
1. フロイトの飛行は、ベルリンの新聞「テンポ」（1928年10月29日）に報じられているが、その日の主要な記事は、飛行船ツェッペリン伯爵号の大西洋横断飛行だった。『続精神分析入門』（1933年）の最終部分に低空を飛ぶ飛行船の不吉な含意が現われる。「ドイツのツェッペリンがロンドン上空を平時の訓練飛行に飛来した夜に、対ドイツ戦争は不可避になっていたようである」
Freud-Meine Lieben 22.6.1930 [FM].
Freud-Sam Freud 6.12.1928 [FM].
Bryher, The Heart to Artemis, London, 1963, p.245.
Tempo, 29.10.1928.
S.E., XXⅡ.178.

1930年6月24日
Anna Freud-Eva Rosenfeld 25.6.1930 [FM: Transcript P. Heller].
Burlingham, p.211.
Freud-Meine Lieben 26.6.1930 [FM].

1930年6月25日
1. フロイトは『夢判断』の改訂作業には飽き飽きしていたが、この本を自分の最も大事な著作で、精神分析の土台であるとみなしていた。この本は、1899年11月4日に最初に出版され（しかし出版社は、発行日を1900年と印刷していた）、以後1909年、1911年、1914年、1919年と4回改訂版が出た。1921年と1922年の6版、7版は、5版と同一である。
Freud-Ferenczi 13.12.1929 [FM].
Jones, Ⅰ.395.

1930年6月30日
Freud-Meine Lieben 14.6.1930 & 30.6.1930 [FM].

1930年7月1日（レーデラー）
Freud-Ernst Freud 20.9.1931 [LoC]
Freud-Hermann 28.2.1936 in Mattenklott, Gert "'. . . dass wir nicht auch gestorben sind'" Neue Rundschau, 1987, 3, p.18.

1930年7月1日（印税）
Freud-Meine Lieben 26.6.1930-2.7.1930 [FM].

1930年7月3日（ツヴァイク）
Freud-Meine Lieben 5.7.1930 [FM].
Arnold Zweig-Jones 3.2.1956 [SFC].
Freud-Ernst Freud 19.4.1930 [LoC].

1930年7月3日（ゲーテ賞）
Kuratorium des Goethe-Preises-Freud 26.7.1930 [FM: VAR SF 109].
Berliner Tageblatt, 9.7.1930.
Freud-Martha Freud 10.7.1930 [FM: Postcard].

1930年7月11日（リーブマン）
1. リーブマンについては、現在のところこれ以上は不明。しかし、米国議会図書館にはジュリアス・リーブマンとの会見記録があり、2007年には閲覧可能になる。
Freud-Meine Lieben 26.6.1930 [FM].
Eissler-Molnar 20.5.1990 [FM].

1930年7月11日（ホガース社）
Woolf, Leonard, Downhill all the way: An Autobiography of the Years 1919-1939 Hogarth, London, 1967, pp.64-5, 163-8.
Meynell, G.G., "Freud translated: an historical and bibliographical note," Journ. of R. Soc. Med. 74, April 1981.

1930年7月14日（ノイレンダー）
Fichtner-Molnar 21.5.1990 [FM].

1930年7月14日（ホガース社）
Woolf, Leonard, Downhill all the way: An Autobiography of the Years 1919-1939, Hogarth, London, 1967 p.167.

1930年7月23日
Freud-Martha Freud 4.6.1930 [FM].
Freud-Meine Lieben 7.6.1930, 30.6.1930, 11.7.1930 [FM].

1930年7月25日
Freud-Meine Lieben 11.7.1930 [FM].

1930年7月27日
Freud-Eitingon 31.7.1930 [FM].
Freud-Ernst Freud 31.7.1930 [SFC].
Freud-Jones 13.8.1930 [Typescript Inst. of PsA].

1930年7月29日
Freud-Eitingon 31.7.1930 [FM].
Kuratorium des Goethe-Preises-Freud 26.7.1930 [FM: VAR SF 109].
Freud-Arnold Zweig 21.8.1930 in Zweig Letters.

1930年8月2日
1. 精神病に関するホロスの著作はフロイトに奇妙な嫌悪感を呼びおこした。これについて彼は手紙で説明している。「最終的に自分自身で理由として認めざるを得ないのは、これらの病んだ人々が嫌いであり、彼らが私自身とすべての人間的なものからはるかに離れていることがわかって、彼らに怒りを感じていることです。奇妙なタイプの不寛容があって、もちろんそれが私を精神科医として不適格にしているのです」。「やがて私は私自身を興味深いと思わなくなりましたが、それは、もちろん分析学的に言えば間違っています。これであなたに私をすこしはよく理解していただけるでしょうか。以前の医者達がヒステリー患者にしたように、私もここで振舞っているのでしょうか。あるいは、いよいよ知性が優越すると考えるようになったからか、それともイドに対する敵意の表われでしょうか」（フロイト-ホロス.1928-4-10）

Leupold-Loewenthal, Harald, Handbuch der Psychoanalyse, Wien, 1986.
Psychoanalytic Pioneers.
Hier geht . . . p.52.
Meng, Heinrich: "Sigmund Freud in Brief, Gespräch, Begegnung und Werk." Psyche Heft 9, December 1956 p.525.
Freud-Hollós 10.4.1928 [FM: 1-F8-18-3 (Copy)].

1930年8月6日
Freud, Anna, "Mathilde Hollitscher-Freud. 1887-1978," Sigmund Freud House Bulletin, Vol.2, 1. 1978 pp.2-3.
Augenfeld-Lobner 8.2.1974 [FM: Copy].

1930年8月8日
1. しかし、恩義というものは、感謝であれなんであれ、返さなければならない。生涯を通じてフロイトは、ギムナジウムスガッセの母の家を日曜ごとに訪ねていた。それ以上に、母に対する恩義の念は、アイティンゴンへの手紙の中で奇妙なコメントとして示されている。「あなたも知っているように、いつか人は、求めずして得て享受したものを返し、償わなければならないのですから、母の愛についても同様です」（フロイト-アイティンゴン.1929-11-8）
2. 1930年8月の時点でフロイトはゲーテ賞の受賞演説を書いていて、それはゲーテの生家で朗読されることになっていたが、象徴的な意味で、この時フロイトの運命はゲーテのそれと交錯していた。

Freud-Ernst Freud 23.8.1930 [LoC].
Freud-Eitingon 8.11.1929 [FM].
S.E., XVII.156.

1930年8月16日（ザルテン）
1. ザルテンに対する実際の祝辞は次のようであった。「親愛なるザルテンさん！ あなたの60歳の誕生日を祝う計画を聞いて私は参加することに決めました。あなたの文学への貢献を讃えるためでも、文壇と公衆に高く評価されているあなたに敬意を表するためでもなく、——そして何か他のおおげさな賞讃のためでもなく——この日にあたり、誕生日自体はつまらないことなのですが、ただ友情の一言を述べたいのです。すなわち、それは、作家の一つの作品を好きになるとすぐに、その作家に個人的な親しみを感じてしまうような、そんな作家の一人があなたなのだということです。そして、そのような作家はほんの少ししかいませんから、それは大変貴重なことなのです」

Freud, "Felix Salten zum 60. Geburtstag" Cited in: Hemecker, W.W., Ein Geburtstagsgruss an Felix Salten, (ms.).（この著作に注意を向けさせてくれたW・ヘメッカー博士に感謝する）

1930年8月16日（アレックス）
1. もう一人の弟、ユリウスは、フロイトが1歳の時生まれたが、翌年亡くなった。ヴィルヘルム・フリースへの手紙（1897-10-3）でフロイトは、この弟が死ねばいいという願望——それは、まるで魔法のように成就したが——があったことを認めている。1917年に発表した『「詩と真実」にみられる幼年時代の一記憶』の中で、幼年時代のゲーテは競争相手の弟が生まれたので、母親に腹を立てたのではないか、とフロイトは推論した。この分析によれば、『詩と真実』における語りの論理的連関の中に、ライバルだった弟の死に関するゲーテの一連の幼児的思考が現われている。「運命が弟を葬ってくれたのだから、母親の愛情を弟と分かちあわなくてよいのだ」
2. 成人時代に、フロイト兄弟はたびたび連れ立って休暇に出かけた。『アクロポリスでのある記憶障害』（1936）は1904年に2人で行ったアテネ旅行の記録で、家族内の競争意識の一例を記録しているが、むろんこれは父親への競争意識である。

S.E., XVII.156.
Lange, Hanns W. Family Tree [FM].
Freud-Alexander Freud 8.8.1930 [LoC].

1930年8月17日
Freud-Ernst Freud 23.8.1930 [LoC].
Freud-Sam Freud 21.8.1925 [FM].

1930年8月24日（ミヒェル博士）
Freud-Eitingon 26.8.1930 [FM].

1930年8月24日（母と別れる）
Freud-Eitingon 26.8.1930 [FM].

1930年8月25日
Nunberg, Herman, Memoirs: Recollections, Ideas, Reflections, New York, 1969, p.55.
Swales-Molnar 21.4.1990 [FM].
Fichtner-Molnar 21.5.1990 [FM].

1930年8月28日
1. 『ウィーン新聞』の報道は不正確だが、「フロイトが18歳の青年の時にある講義で拝聴して、人生の仕事を決めた」のは、この「詩」であった。この記事は、ゲーテのある（典拠が怪しい）エッセーを読んでフロイトは人生の仕事を決めたという伝説の、興味深い変形である。

Wiener Zeitung, 28.8.1930.
Jones, I.31.

1930年8月29日（マルティン）
Freud-Eitingon 30.8.1930 [FM].

1930年8月29日（アンナ）
Freud-Eitingon 30.8.1930 [FM].
Freud-Jones 15.9.1930 [Typescript: Inst. of PsA].

1930年8月31日
1. 1928年、ジンメルの個人的な親切と精神分析に対する貢献とに感謝して、フロイトは彼に沈み彫りの指輪を贈った。これはフロイトが委員会の他のメンバーに贈ったものと同じである。（この指輪は、のちにK.R.アイスラー博士のご好意でフロイト記念館に寄贈された）

Hier geht . . . pp.46-8.
Girard, Claude, "Histoire de la formation dans la Société psychanalytique de Paris," Revue Internationale d'Histoire de la Psychanalyse 2, 1989, pp.303-342.
Mijolla, Alain de, Psychoanalysis in France, I.A.H.P., 1986.
Bertin, pp.139-40.
Freud-Simmel 11.11.1928 [FM].
Freud and Art, p.123.

1930年9月2日
1. 米国とその地における精神分析の現状に反感を持ったのは、フロイトばかりではなかった。エルンスト・ジンメルも移住後、「人を無気力にするアメリカの特異な影響のおかげで、少し退行した」ようだ、とジョーンズは述べていた。（ジョーンズ-アイティンゴン.1937-2-24）

Freud-Lampl-de Groot 8.6.1933 [FM].
Jones-Eitingon 24.2.1937 [Inst. of PsA CEC.FO2/61].

1930年9月3日
1. フロイトの蔵書の中にあるパケの唯一の本（旅行書、Städte, Landschaften und ewige Bewegung、『都市、風景、永遠の運動』）には、1930年8月21日付の著者の献辞がある。ミヒェル博士がパケの代わりに8月24日に訪問した際、フロイトに贈ったものだろう。
Freud-Eitingon 27.5.1920 [FM].
Paquet-Anna Freud 26.7.1930 [FM: VAR SF].
Paquet-Freud 5.8.1930 [FM: VAR SF 110].

1930年9月7日
Eitingon-Freud 8.8.1930 [SFC].
Romm, p.92.
Freud-Lampl-de Groot 14.3.1931 [FM].
Schur, p.414.
Freud-Schur 9.9.1930 [FM].

1930年9月12日
1. フロイトの母に対する報恩の念は、周囲の人々から彼の性格の基本的な特徴と見られていた。1923年に彼が最初のガンの手術に直面していたとき、どうしたら手術を受け入れるようにフロイトを説得できるか、ジョーンズは同僚と議論していた。「誰か、確かアイティンゴンだったとおもいますが、フロイトに対する最後のそして最も強力な訴えは、『あなたのお母さんのためなんですよ』ということだと断言したのです」（ジョーンズ-フロイト.1930-9-10）
Freud-Sam Freud 12.9.1930 [FM].
Freud-Abraham 29.5.1918 [FM: Typescript].
Freud-Jones 15.9.1930 in Jones, III.162.
Jones-Freud 10.9.1930 [Inst. of PsA].

1930年9月14日
1. フロイトの姪トムの夫、ヤーコプ・セドマンがベルリンで埋葬されたとき、フロイトは家族へこう書き送った。「でも、私は葬儀には行きません。ウィーンでもそのような儀礼には失礼しています」（フロイト-愛するものたちへ.1929-10-21）
Freud-Ferenczi 16.9.1930 [FM].
Freud-Meine Lieben 21.10.1929 [FM].

1930年9月15日
Anna Freud-Sigmund Freud 15.9.1930 [FM].

1930年9月16日
Freud-Eitingon 18.9.1930 [FM].

1930年9月17日
1. 1883年、フロイトはマルタへ書いている。「彼女（ドルフィ）は、私の姉妹の中で一番可愛く優れていて、感受性も鋭いのですが、悲しいことに、あまりに繊細すぎるのです」（フロイト-マルタ・ベルナイス、1883-9-9）
2. 専断的な気性だったフロイトの母親は、家族の中でドルフィを従わせ辱めるようなことがあり、生涯彼女を子供扱いしたようである。フロイトは、ドルフィが母の犠牲になったことをよく理解していた。この年、彼女への誕生祝い（現金）に添えた手紙にフロイトは書いている。「長年にわたるあなたの測り知れない働きに対する深い感謝として」（フロイト-アドルフィーネ・フロイト.1930-7-22）。ドルフィは、ときどき保母のような役割を続けていた。例えば、1933年、マーレ夫妻が海外旅行している間、プラハの留守宅で夫妻の子どもたちの世話を引き受けている。
Freud-Eitingon 18.9.1930 [FM].
Freud-Martha Bernays 9.9.1883 in Letters.
Waldinger, Ernst M. Über die Familie Freud, pp.10-11 [Typescript: Inst of PsA].
Freud-Adolfine Freud 22.7.1930 in Letters.
Martha Freud-Lucie Freud 7.12.1933 [FM].

1930年9月18日（エルンスト）
Gardner, Muriel (Ed.), The Wolf Man and Sigmund Freud, Hogarth, London, 1973, p.144.
Freud-Anna Freud 19.9.1930 [FM].

1930年9月18日（エヴァ）
Young-Bruehl, pp.135-6.
Freud-Anna Freud 19.9.1930 [FM].

1930年9月28日
1. フロイトは、ウィーン市とのなれあい結婚のような関係を諦めきっており、もはや30年前の次のような強い言葉は口にしなくなった。「私は、ウィーンに対して個人的な憎しみのようなものを抱いており、巨人アンタイオスとは違って、父なる都市［von vaterstädten Boden］を一歩でも離れると力が湧いてくるのです」（フロイト-フリース.1900-3-11）
Freud-Alexander Freud 8.8.1930 [LoC].
Freud-Viereck 20.8.1930 [Brill Library].
Freud-Fliess 11.3.1900 in Schröter.

1930年9月29日（アンナ）
Anna Freud-Eva Rosenfeld 18.9.1930 [FM: Transcript P. Heller].

1930年9月29日（ボンディ）
Freud-Mitzi Freud 15.2.1930 [LoC].

1930年9月30日
Freud-Ernst Freud 30.9.1930 [LoC].
Urbantschitsch, Rudolf von, Wiener Cottage-Sanatorium, Wien, o.J.

1930年10月3日（ピヒラー）
Schur, 424.
Pichler Notes, 3.10.1930 [FM].

1930年10月14日
Pichler Notes, 14.10.1930 [FM].
Freud-Eitingon 15.10.1930 [FM].

1930年10月17日（病気）
Freud-Ferenczi 5.11.1930 [FM].

1930年10月17日（ブリット）
Stewart R.S., "Posthumous Analysis" N.Y. Times Book Review, 29.1.1967.
Freud-Eitingon 15.11.1931 [FM].

1930年10月29日
Freud-Arnold Zweig 7.12.1930 in Zweig Letters.

1930年11月2日
Freud-Eitingon 3.11.1930 [FM].
Freud-Meine Lieben 26.6.1930 [FM].
Freud-Radó 26.9.1930 [FM].
Freud-Schur 9.9.1930 in Schur, 558.
Freud-Eitingon 16.11.1930 [FM].
Freud-Eitingon 22.11.1930 [FM].

1930年11月5日
1. このレリーフはホメロスの『イーリアス』の一挿話を描いている。アキレスが盟友パトロクロスの仇討ちにトロイの英雄ヘクトルを倒し、遺体を墓の周りで引き回した後、ヘクトルの父トロイ王プリアモスは、償金を払い遺体を引取って埋葬した。（アンナによれば、フロイトは、この彫刻をヘクトルの購いではなく「パトロクロスの死」と考えていたという。フロイトが蒐集した古代遺物をフロイト記念館は徹底的にカタログ化したが、その副産物がこのレリーフの「再発見」だった。ローマの棺石に関する最近の刊行物によればこのレリーフは「失われた」とある。以前はよく文献に記載されていて、事実、フロイトの所有に帰する前の1926年にこの石棺のレリーフについての説明がすでに印刷物になっていた。（『ウィーン・オーストリア考古学研究所年報』第33巻, 1926）（この件についての断片情報をつなぎ合わせてくれたウィーン美術史美術館のA.ベルンハルト＝ヴァルヒャー博士に感謝する）
Ransohoff, R., in Engelman, p.61.
Jahresheft des Oesterreichen Archaeologischen Institutes in Wien, Band XXIII, 1926.
Archaeologischer Anzeiger, Berlin, 1976: Römische Sarcophage, G. Koch und H. Sichtermann, München, 1982.
Burn, Lucilla in Freud and Art pp.114-5.
Bernhard-Walcher-Neufeld 6.2.1987 [FM].

1930年11月6日
Jones-Eitingon 26.7.1930 [Inst. of Psa. CEC/FO1/49].
Freud-Einstein 10.5.1931 in Freudiana, Jerusalem, 1973, p.x.

1930年11月9日（選挙）
Kitchen, Martin, The Coming of Austrian Fascism, Montreal, 1980, p.32.

Bergschicker, p.12.
Wiener Zeitung, 11.11.1930.

1930年11月9日（フェレンツィ）
Ferenczi-Freud 23.11.1930 [FM].

1930年11月20日
Engelman, Plate 17.
Burn, Lucilla, in Freud and Art pp.114-5.

1930年11月25日
Wiener Zeitung, 29.11.1930.
Guilbert-Freud n.d. [FM: GUIL 19].

1930年11月29日
1. フロイトが前年ベルリンから家へ出した手紙のコメントからも判るように、彼はベルリン学会が抱える難題をよく認識していた。「今日、アンナ、ルーとジンメルがベルリン学会の会合へ行くことになっています。思うに午前中動物園の猿を見に行ったのは、その準備だったのでしょう」（フロイト-愛するものたちへ.1930-3-19）
Freud-Meine Lieben 19.3.1929 [FM].
Eitingon-Freud 19.11.1930 [SFC].

1930年11月30日
1. マックス・シラーはフロイト宛ての返信の最後の部分に、「不確かな分析」が2人の友情を傷つけると考えるのは間違っている、と書き記した。そして、妻も分析を切望しており、翌年夏にはフロイトと会って分析を受けることを望んでいる、と念を押している。
Freud-Guilbert 8.3.1931 [FM].
Freud-Max Schiller 26.3.1931 in Letters.
Schiller-Freud 3.4.1931 [FM: SOH9-17 "S"].

1930年12月3日
Freud-Jones 15.9.1930 [Typescript Inst. of PsA].

1930年12月4日
1. 実際問題として、ウィルソン大統領研究書の完成をブリットが発表したのは1932年4月のことであり、その時でさえ、この本は編集と短縮作業を必要としていた。彼は結局、ウッドロー・ウィルソンの未亡人の死後まで本の出版を控えることにして、この本は最終的に1967年まで出版されなかった。こうして、ウィルソンについての本もまた、この大統領自身が1919年にそうしたように期待を裏切った。この年、フロイトはこう書いている。「我々敗戦国民にとって、ウィルソン大統領は失望であり、そうたやすく忘れられるものではありません」（フロイト-フィーレック.1919-8-28）
Freud, Sigmund & Bullitt, William C. Thomas Woodrow Wilson, Twenty-eighth President of the United States: a Psychological Study, London, 1967, p.ix.
Freud-Arnold Zweig 7.12.1930 in Zweig Letters.
Freud-Eitingon 16.4.1931 [FM].

Gay, p.557.
Freud-Viereck 28.8.1919 [FM: MISC]

1930年12月11日（ヴァイス）
Ernst Federn-Molnar 2.2.1993 [FM].
Freud-Weiss 29.6.1919 [FM].
Freud-Weiss 28.11.1930 [FM].

1930年12月11日（会議）
Waelder, Robert, Interview, R.S. Stewart, 29.7.1966.

1930年12月13日
Int. J. PsA, Vol.12, 1931 (Reports), p.255.
Freud-Eitingon 22.12.1930 [FM].

1930年12月14日（ハルスマン）
1. 『新自由新聞』はフロイトが定期購読していた新聞で、ウィーンで唯一の国際的な評価を持った日刊紙だった。編集主幹であるモーリッツ・ベネディクトは、オーストリアで最も影響力のある人物の一人と見なされ、彼の存在が文化および文芸の分野でのこの新聞の卓越性を保証していた。
"The Expert Opinion in the Halsmann Case" S.E., XXI.251-3.
Spiel, Hilde, Vienna's Golden Autumn: 1866-1938, London, 1987, p.109.
Zweig, Stefan, The World of Yesterday, London, 1944 [1943], p.84.

1930年12月14日（ヘブライ語）
1. フロイトは『トーテムとタブー』のヘブライ語版序文において、自らのユダヤ性の問題をさらにこう問いかけた。「もし、『同胞と共通する特徴をすべて捨ててしまったあなたに、ユダヤ人のどの部分が残っていると言うのです』と尋ねられたら、こう答えるだろう。『非常に多くの部分が残っています。それも本質的部分が』。もっとも、その本質をもはや言葉では明瞭に語れないのだが」
この序文にはヘブライ語翻訳者J・ドゥオシス[Y.Dvosis]への手紙が添えられているが、この手紙は、ユダヤ教一般へのフロイトの態度という魅惑的な問題を掘り下げていて、非常に興味深い。「いくつかの私の本がヘブライ語で出版されるのは、私にとって非常な喜びと満足の源泉であります。私の父は、この聖なる言葉をドイツ語と同じくらいか、よりよく話しました。しかし父は、私がユダヤ教についてなんの知識もないままに育つに任せました。大人になって初めて、私はこのことで父を責め始めました。しかし、それよりも前に私の大学時代に繰り返しおきたドイツでの反ユダヤ主義の影響で、自分がユダヤ人であると感じたのです。シオニズムは私の中に大きな共感を呼びさまし、それは、今日に至るまで続いています。ずっと最初から私は、シオニズムを現在の状況によって正当化されると思われる不安と結びつけていました。私が間

違っていればよいのですが」（フロイト-ドゥオシス.1930-12-15）
S.E., XV.11.
S.E., XIII.xv.
Freud-Dwossis 15.12.1930 [FM: ARC/40].

1930年12月17日
1914年にポラックが制作したフロイトの肖像画は、書籍販売者・出版者フーゴー・ヘラーの画廊で展示された。この版画を受け取った際、フロイトはカール・アブラハムにこう書いている。「ポラックのエッチングが数日前に届きました。ポーズが非常に気に入っています。顔の表情に慣れるのに時間がかかりますが、やがて好きになるでしょう」（フロイト-アブラハム.1914-4-2）
Freud-Eitingon 5.10.1930 [FM].
Reik, Theodor, From Thirty Years with Freud Hogarth, London, 1942, pp.9-10.
Freud-Abraham 2.4.1914 [FM].

1930年12月30日
Translation list [FM: I-F8-17-29].
Freud-Jones 4.1.1931 [Typescript Inst. of PsA].
Jones-Freud 15.1.1931 [Inst. of PsA].

1931

1931年1月8日
Freud-Eitingon 14.6.1920 [FM].
Pictures and Words, p.216.
Freud-Ernst Freud 18.3.1931 [LoC].

1931年1月10日
1. 犬に関する記録は錯綜している。というのは、チャウチャウ犬達の名前はいろいろに綴られ、前の犬と同じ名前が新しい犬にもつけられて、何度も使い廻されたからである。フロイトが1938年6月の亡命でパリを通過する際、愛犬リュン（最初のチャウチャウ犬の名前を取った）は、マリー・ボナパルトのずっと大きいタトゥーンに会うと、隠れてしまった。その後、ハムステッドのチャウチャウ犬は数世代にわたりヨフィと名づけられた。
H.D., p.166
Freud-Eitingon 3.8.1931[FM].
Bertin pp.174, 192.

1931年1月12日
1. ハクスリー記念講演へフロイトが招待されたと聞いてジョーンズは書いた。「いつかそのような招待を受けることが、私の残されたささやかな野望の一つです。なにしろ、ハクスリーといえば、私の若いときの一番のヒーローだったのですから。あなたも疑いもなくご存知のように、彼は『ダーウィンのブルドック』と綽名をつけられていました。そして、私が自分を彼と同一視したことはまったく無

Forsyth-Freud 7.1.1931 [FM: SOH9-17].
Freud-Eitingon 18.1.1931 [FM].
Jones-Freud 15.1.1931 [Inst. of PsA].

1931年1月14／15日
Freud-Eitingon 22.12.1930 [FM].
Freud-Jones 4.1.1931 [Typescript Inst. of PsA].

1931年1月17日
Freud-Ernst Freud 1.2.1930 [LoC].

1931年1月19日
1. マリー・ボナパルトの娘ユージェニー王女は、相変わらず心配の種だった。彼女は冬の間の2か月をベッドで過ごし、2月20日になってようやくウィーンの母に合流した。二人はコテーシュ療養所に滞在してユージェニーはX線の治療を受け、3月の終わりまで留まって、カンヌへと去った。
Freud-Eitingon 8.2.1931 [FM].
Bertin, p.182.

1931年1月21日
Freud-Eitingon 27.1.1931 [FM].

1931年2月4日
1. 「Fröehlich」は幸福を意味する。フロイトのこの時期の取引相手の他の二人はLustig（陽気）とGlückselig（至福の）であった。フロイトがこれらの名前と自分自身の名前（喜び）や蒐集の楽しさとの関係に気付かないはずがない。これは、偶然の一致だったが、より意図的に彼の名前で遊んだ例がフロイト記念館の家具のコレクションに見られる。英国に運ばれた家具の中に1850年代のオーストリアの農民スタイルの婚礼箪笥がある。そのドアには職人が題字をフロイトの名前に関連がある単語を入れて書いており、買手を喜ばせて惹きつけたことだろう。例えば、「最初の喜び（Freude）は、結婚相手を迎えたときに始まった」
Burn, Lucilla, in Freud and Art, p.83.
Wardrobe inscription [FM].

1931年2月7日
Pichler Notes, 7.2.1931 [FM].
Freud-Eitingon 8.2.1931 [FM].

1931年2月9日
1. ブロイエルによる父親のような庇護に依存することに、やがてフロイトは耐えられなくなる。そして、ブロイエルを離れ、より平等な関係を求めて、新しい友人ヴィルヘルム・フリースに近づく。1893年のフリースとその妻への訪問の後、彼はミンナ・ベルナイスに書いている。「人には、共感と愛情とをブロイエルのように混同しすぎない友人が必要です」（フロイト-ミンナ・ベルナイス.1893-4-17）
Jones, I.183.
Hirschmüller, Albrecht, The Life and Work of Josef Breuer, New York University Press, 1989 [1978], p.189.
Freud-Minna Bernays 17.4.1893 in Schröter, p.33 n.3.

1931年2月11日（開口障害）
Pichler Notes, 13.2.1931 [FM].

1931年2月11日（ツヴァイク）
Freud-Stefan Zweig 17.2.1931 in Stefan Zweig p.154.

1931年2月16日
Freud-Ferenczi 22.2.1931 [FM].

1931年2月17日［19日］
1. その後2年間のオリヴァーの誕生日は記録されていないが、エルンストは二回ともオリヴァー夫妻宛てに口座から金を送るようにフロイトの指示を受けている。
Freud-Sam Freud 21.8.1925 [FM].
Freud-Ernst Freud 9.2.1931, 6.2.1932, 10.2.1932 [LoC].

1931年2月20日
1. しかしその後2年間、ベルンフェルトは、妻リーズル・ノイマンとの離別から生じた感情障害に陥った。このことが明るみに出たのは、フロイトがベルンフェルトの次の妻スザンヌ・カッシラー・パレートを分析してからであり、これで、フロイトは彼に対する評価をがらりと変えた。「私は、ベルンフェルトに対するより明確な判断をしています。というのは、かつて彼は私のところにいたから、当時の振る舞いと、彼と恋に落ちているP（パレート）から彼が何をし何を言っているかを聞いて発見したこととを比べることができるからです。これは彼の名誉にならないことですが、彼は、精神病を患っているかのように喋り、行動し、私に対するひどく矛盾する、まったく不誠実な態度をとっています。Pは、彼が徐々に正気を取り戻し、異常だったことを認めていると請け合っています。Pや分析について彼が言うことを、一言たりとも信じることはできません」（フロイト-ランプル＝ド・フロート.1933-2-10）
Zentrales Staatsarchiv Merseburg. （この注釈の元になった情報に関してヨハネス・ライヒメイヤー博士に感謝する）
Freud-Lampl-de Groot 10.2.1933 [FM].

1931年2月28日
Eitingon-Storfer 4.3.1931 [Transcript: SFC].
Eitingon-Freud 8.4.1931 [SFC].
Eitingon-Freud 13.4.1931 [SFC].

1931年2月27日
Freud-Eitingon 20.2.1931 [FM].

1931年3月21日
1. フロイトはウィーン医師会を離れたいと早くも1888年に口にしていた。（フロイト-フリース、1888-2-4）フロイトは『精神分析入門』の冒頭で聴衆のなかで精神分析を取上げたいと望む医師に警告を鳴らしていた。「医師会の中でわかることは、会があなたの努力を理解せず、あなたが不信と敵意の目で見られていること、会の中に漂うありとあらゆる悪意があなたの上に降り注がれることである」。しかし、彼はウィーン医師会に会員として留まり、同会の図書係の複数の手紙は、『夢判断』と『日常生活の精神病理』の贈呈を感謝している。
Freud-Eitingon 20.3.1930 in Jones, III.185.
S.E., XV.16.
Letters from Librarian of Ges. Aerzte to Freud [FM: SOH9-17 (Filed under "K")].

1931年3月27日
1. ラドの選任に付随する結果は、フェレンツィが運動の中で孤立感を深めたことである。ラドはニューヨークに行くことを告げずに、フェレンツィから薦めめられたフィラデルフィアのポストを断っていた。（このポストはもともとフェレンツィに対して提供されたものだった）フロイトがフェレンツィに、ラドが他へ選任されたと話したとき、フェレンツィは動転した。彼は、国際協会の会長候補として、知らされてしかるべきだったと感じた。同時に、彼は、このような状況になったことで自らを責めた。
Bonin, p.258.
Freud-Radó 20.3.1931 [FM].
Freud-Eitingon 3.4.1931 [FM].
Freud-Radó 11.5.1927 [FM].

1931年4月12日（タンズリー）
Freud-Jones 6.4.1922 [Inst. of PsA: CEG/F03/06].

1931年4月12日（エルンストル）
Freud-Ernst Freud 21.4.1931 [LoC].
W. Ernest Freud-Molnar 6.8.1989 [FM].

1931年4月14日
Pichler Notes, 14.4.1931 [FM].
Schur, 424-5.

1931年4月15日
Thomas, Hugh, The Spanish Civil War, Penguin, 1986 [1961], p.32.
Freud, S., [ed. Walter Boehlich], Jugendbriefe an Eduard Silberstein 1871-1881, Fischer, Frankfurt/Main, 1989, pp.231-2.

1931年4月22日［20日］
Romm, pp.49-52.
Freud-Eitingon 21.4.1931 [FM].
Sterba, pp.104-5.

1931年4月24日［23日］
1. ピヒラーは手術後こう記録している。「夕刻、手術中と同様に眠気。一時的な意識障害、脈拍良好、液体を困難なしに飲むことができる。4月24日、患者は気分良好。もちろん痛みはあり、人工口蓋を外そうとして引っかかる。それでも痛みは耐え難いほどとは思えない」
Cathrin Pichler-Molnar 22.8.1988 [FM].
Schur, 428.
Freud-Eitingon 7.5.1931 [FM].
Pichler Notes, 23-24.4.1931 [FM].

1931年5月5日
Freud-Eitingon 7.5.1931 [FM].
Freud-Jones 2.6.1931 [Typescript Inst. of PsA].
Schur, 428.

1931年5月6日
1. フロイトの誕生祝いに初めて欠席したアイティンゴンは、シュトルフェルへの借金を返すために20,000マルクの小切手を送った。彼は同時に15,000マルクと20,000スイスフランの小切手をフロイト本人に送った。出版所の負債のおよそ半分を彼が引き受けていたからである。これで出版事業を救う一助として50,000マルク以上が集められて、フロイトに誕生祝いとして贈呈された。
Freud-Eitingon 7.5.1931 [FM].
Wolf-Jofie-Tattoun "Als Überraschung . . ." 6.5.1931 [FM: SOH9-3].
Freud-Marie Bonaparte 6.5.1931 in Jones, Ⅲ.169.
Eitingon-Freud 9.5.1931 [SFC].
Int. J. PsA, Vol. XII. Part 4, 1931, p.508.

1931年5月9日
1. 『夢判断』の1919年版は、夢のイメージの喚起実験についてのペッツルの論文に言及している。1920年代ペッツルはプラハ大学で教え、1926年には既視感についての精神分析的研究を発表していた。ペッツルはワグナー・フォン・ヤウレッグの助手を務め、その後、ウィーン大学精神医学部の主任教授としてヤウレッグの後継者になった。彼は、後に神経病理学に力を注いだが、決して精神分析に対する情熱を失うことはなく、ウィーン精神分析学会のメンバーであり続けた。1937年に彼はフロイトに語っている。「私自身の研究は、脳の病理学的データを真面目に調べただけで、その成果は、おそらくその努力にも見合わないようなものですが、その研究によって自分はつねに精神分析との境界域に導かれてきました。しかし、私の教育は、精神分析なしには考えられません。私と聴講者たちは熱烈な支持者なのです！」（ペッツル-フロイト、1937-11-15）ドイツへの併合後、フロイトがナチスからの迫害を受けていたとき、ペッツルは彼を援助するために影響力を行使しようとした人物の一人だった。
2. テオドール・ゴンペルツは、ジョン・スチュアート・ミルの著作集をドイツ語で編さんしたが、1879年にフロイトを翻訳者の一人として雇った。当時フロイトはひどく金に困っていた。1892年ゴンペルツの妻、エリーゼはフロイトから催眠療法を受けた。1902年彼女は、フロイトを助教授に昇進させようと尽力した。
Pötzl, Otto, "Experimentell erregte Traumbilder in ihren Beziehungen zum indirekten Sehen," Z. ges. Neurol. Psychiat. 37, 278.
S.E., IV.181-2.
Schur, 497.
Wortis, Joseph, "Fragments of an Analysis" in Ruitenbeek, H.M., Freud as we knew him, Detroit, 1973, p.286.
Eissler, Kurt, Freud und Wagner-Jauregg vor der Kommission zur Erhebung militärischer Pflichtverletzungen, Vienna, 1979, p.299 note 71.
Masson, p.388 n.3.
Pötzl-Freud 15.11.1937 in Jones, Ⅲ.229-30.

1931年6月1日
Freud-Eitingon 1.6.1931 [FM].

1931年6月3日
Freud-Meine Lieben 18.9.1929 [FM].
Young-Bruehl, p.193.

1931年6月6日
Translation list [FM: I-F8-17-29].

1931年6月6日
Swales-Molnar 21.4.1990 [FM].
Fichtner-Molnar 21.5.1990 [FM].
Jones, Ⅰ.99-101.

1931年6月13－15日
1. アイティンゴン宛てのこの手紙は、長文だが引用する意義がある。「私もそんなにしばしば口にはしませんが、けっして忘れられないことは、あなたが、穏やかな、しかも反対できないやり方でこれらの年月の間に達成したこと、中でもあの模範的なベルリン研究所の設立の後に成し遂げたことです。われわれの理想は、無条件にあなたの理想でもあったのです。私を除いて誰もこのことを知りませんし、おそらく誰も感謝していないでしょう。なんといっても、あなたにとって、会長を引き受け、時間を費やし効果的に運営していくことほど、困難でしかも感謝されない仕事はなかったのですから。私の心からの望みは、あなたが生涯会長として留まり、私が苦労して生んだ子どもや、国際協会、出版所の将来を安泰なものにしてくださることです。ある意味で、私はあなたがこれらのことをみな私のためにして下さったのではないかと想像し、何ものにもかえ難く大事に思いたくなるのです。合理的に考えればそんなことはないのですが。私たちの心からの協調が一度も乱れたことはないというのが事実ですね」（フロイト-アイティンゴン.1931-6）
Freud-Eitingon 12.5.1931 [FM].
Freud-Eitingon June 1931 [FM].

1931年6月20／23日
1. エルンストの三番目の息子が誕生した後、フロイトは彼に書いた。「これでお前も三人の息子を持ったのだから、やがて、息子のだれかれが手紙をさっぱり寄越さないことに失望するでしょう」（フロイト-エルンスト・フロイト.1924-5-11）
Freud-Ernst Freud 11.5.1924 [LoC].

1931年6月28日（シュトルフェル）
1. マルティン・フロイトは自伝の中で事態を要約し、出版所の所長シュトルフェルについての自らの意見を述べている。「1933年の世界恐慌の時期は、父の出版事業が大変な困難に陥った。この出版所は1918年に気前のいい寄付を基にして設立されたが、赤字が続き、父の著作からの収入を食いつぶしたのみならず、蓄えまで飲み込もうとしていた。世間の目から見ると、出版所の経営危機によって精神分析の信用までが危うくなろうとしていた」。「シュトルフェルは大変な芸術的才能を持ち、雇い主に対する深い献身によって友人達から好感を持たれたが、経営能力は信頼できなかった。財政的配慮というものは、彼には無縁だった。金が必要になると借りて、返済期限が来ると引き伸ばすか、別のところから借りて払おうとした。父はこれらすべてを承知していたが、シュトルフェルは父に頼りきっており、父はいつも『彼のやりたいようにやらせなさい』と言っていた」
Ferenczi-Eitingon 31.5.1931 [FM: Copy in "Freud-Ferenczi Correspondence"].
Freud-Eitingon 20.3.1931 & 16.4.1931 [FM].
Ferenczi-Freud/Eitingon/Anna Freud 30.11.1930 [FM].
Martin Freud, pp.199-200.

1931年6月28日（タロック）
1. フロイトのタロックゲームの仲間であるユリウス・シュニッツラーのものとされる次の警句が、このカード・ゲームの楽しみを表わしている。（『文化への不安』［原題は『文化における不満』］に対比される）「非文明における満足」）
Eissler, K.R., quoted in Romm, p.5.
Leupold-Loewenthal, Harald: "Das Behagen in der Unkultur (1930:1984)," Sigmund Freud House Bulletin, Vol.8/No.2 Winter, 1984, p.2.

1931年7月14日
Anna Freud-Eva Rosenfeld n.d. [FM: Typescript P. Heller].

1931年7月19日
Swales-Molnar 21.4.19 [FM]（ピーター・スウェールズに感謝する）

1931年7月23日（リー）
Swales-Molnar 21.4.1990 [FM].

1931年7月23日（ホープ）
1. ジョーンズによれば、ヴァン・デル・ホープの精神分析研究は、不完全であるか、あるいは個人分析を欠いていた。ジョーンズは、1934年にアンナ・フロイトに不満を漏らしている。「ヴァン・デル・ホープはまったく非分析的ですし、ユング以上にユング主義者です」（ジョーンズ-アンナ・フロイト.1934-11-25）
Lindebroom (ED); Dutch Medical Biography
Jones-Anna Freud 25.11.1934 [Inst. of PsA: CFA/FO2/18].

1931年7月24日（ノイマン）
1. ノイマンによれば、最初フロイトはこの彫刻に乗り気でなかった。彼が発した最初の言葉は次のようなものだった。「あなたの職業が世界で一番古いものだと知っているだろうね」。ノイマンが驚くと、フロイトは重ねて言った。「神は粘土から人間を作ったのじゃなかったかね」
Ernst Federn-Molnar 2.2.1993 [FM].
Freud-Eitingon 3.8.1931 [FM].
Meng, H. "Freud and the Sculptor" in Ruitenbeek, H.M., Freud as we knew him, Detroit, 1973, p.351.

1931年7月24日（グラーフ）
1. もう一つの肖像画は髭を生やした老人のもので、1922年以前に600フローリンで購入した。どちらもビュベールのグラーフ・コレクションの標準カタログによく記録されており、フロイトはこのカタログを持っていた。
Reeves, C.N. in Freud and Art, p.78.
Buberl, P., Die griechisch-aegyptischen Mumienbildnisse der Sammlung Th. Graf, Vienna, 1922.
Parlasca, K., Repertorio d'arte dell'Egitto greco-romano.
Serie B-Vol. II. Ritratti di mummie, Rome 1977.

1931年7月24日（アレックス）
Lange, H-W, Family Tree [FM].
Freud-Ernst Freud 24.8.1930 [LoC].

1931年7月24日（大会中止に）
Int. J. PsA, Vol. XII. Part 4, 1931, p.508.
Jones, III.171.
Freud-Eitingon 3.8.1931 [FM].

1931年7月26日
Freud-Martha Bernays 21.10.1885 & 19.6.1884 in Letters.

1931年7月28日
1. 1911年にフォレルはフロイトに自著『催眠術』の第6版を送った。フロイトはフォレルを尊敬していただけに、彼の精神分析批判が「幼稚」なのにはイライラさせられた。彼は、フェレンツィにこう書いている。「彼の議論、つまり、セクシュアリティに対する反対は、性の問題に対してぶ厚い本を書いた人間であることを思うと、本当にがっかりしてしまいます」（フロイト-フェレンツィ.1911-5-21）
Bonin, pp.97-8.
Freud-Ferenczi 21.5.1911 [FM].

1931年7月31日
Romm, pp.100-1.
Freud-Eitingon 3.8.1931 [FM].

1931年8月1日（アンナ）
Anna Freud-Ferenczi 29.7.1931 [FM: in "Freud-Ferenczi Correspondence"].

1931年8月1日（人工口蓋）
Freud-Eitingon 3.8.1931 [FM].
Freud-Eitingon 3.8.1931 [FM].
Eitingon-Freud 5.8.1931 [Telegram: SFC].

1931年8月7日
Freud-Abraham 21.7.1925 in Letters, p.362.
Freud-Ferenczi 16.7.1924 & 6.8.1924 [FM].
Freud-Fliess 20.6.1898 in Masson.

1931年8月10日
1. ルースは確かに治療費を払うと申し出たが、フロイトは断って自分自身で支払った（フロイト-エルンスト・フロイト.1931-8-30）。しかし、彼らは旅費と付随費用を分担して払ったのかもしれない。
ピヒラーのノートには、「米国の友人達」が治療費を払ったと記されている。アンナ・フロイトが書き入れた脚注では、フロイト自身が払ったことになっているが、アンナの脚注にシュール医師が注釈をつけており、ブランズウィック博士が「主に」支払ったと主張している（ピヒラー・ノート、1931-9-8）。もっとも、カザニジャンは1958年のアイスラー博士とのインタビューの中で、ルース・ブランズウィックが費用を支出したと述べている。
Freud-Ernst Freud 30.8.1931 [LoC].
Freud-Lampl-de Groot 11.8.1931 [FM].
Pichler Notes, 8.9.1931 [FM].
Kasanjian [sic]: Interview Dr. K. Eissler 26.10.1958 [Transcript LoC].

1931年8月13日
W. Ernest Freud-Molnar 6.8.1989 [FM].

1931年8月25日
1. アイティンゴンの手紙の日付は8月26日となっている。フロイトは、テーゲル療養所の閉鎖のことを、その決定がなされて日記のこの部分が書かれた8月25日に、会合の出席者の一人であるエルンスト・ジンメルかエヴァ・ローゼンフェルトから、電話で教えられたのだろう。そうでなければ、この記載は、後から思い出して書いたということになる。
Eitingon-Freud 26.8.1931 [SFC].
Hier geht... pp.46-9.

1931年8月27日
Freud-Eitingon 8.8.1931 [FM].
Neue Freie Presse, 27.8.1931.
Anna Freud-Eva Rosenfeld n.d. [FM: Typescript P. Heller].

1931年8月28日
1. 2年後、プロイセン芸術協会会長のフォン・シリングが、どのような反政府的な政治活動であれ、公然と参加することはやめるよう協会員に求めると、フーフは脱会することで自分の意志を表明した。彼女は、やめた理由を、ドイツ国内で急激に高まりつつあるナショナリズムに対してというより、むしろ自由な言論の抑圧に対して抗議するためだ、と説明した。
Bergschicker, p.100.

1931年8月29日
1. 後にカザニジャンは、人工口蓋を取り替えたのだから修正が必要だったと主張して、こう述べている。「ウィーンの医師たちが、装置の改良を適切に行なったとは思えないのです」
Freud-Eitingon 30.8.1931 [FM].
Freud-Marie Bonaparte 18.9.1931 in Schur, 560.
Freud-Eitingon 27.10.1931 in Schur, 560.
Pichler Notes, Sept.-Dec. 1931 [FM].
Kasanjian [sic]: Interview Dr. K. Eissler, 26.10.1958 [Transcript LoC].

1931年9月1日
Freud-Marie Bonaparte 18.9.1931 in Schur, 430.
Freud-Ernst Freud 20.9.1931 [LoC].

1931年9月2日
1. ユングに宛てた手紙からわかるのは、自分がナルシシズム・強迫型に属すると、フロイトが考えていたらしいということである。「あなたのような健康な方が、自分をヒステリー型だと考えておられるのなら、私を『強迫』型だと考えるしかありません。自分の世界に閉じこもって無為に暮らす人間の、それぞれの実例というわけです」（フロイト-ユング.1907-9-2）
S.E., XXI.217-220.
Freud-Jung 2.9.1907 in McGuire, William (Ed.) The Freud/Jung Letters, London, 1979 [1974].

1931年9月7日
Alexander-Freud 6.7.1931 [FM: SOH9-17].
Embree, Edwin J., & Waxman, Julia, Investment in People: The Story of the Julius Rosenwald Fund, New York, 1949.
Alexander-Freud 18.1.1931 [FM: SOH9-17].

1931年9月11日
Freud-Eitingon 27.1.1931 [FM].
Eitingon-Freud 29.5.1931, 26.8.1931, 14.10.1931 [SFC].

1931年9月12日
Bertin, p.183.

1931年9月13日 （ヌンベルグ）
Nunberg, Herman, Memoirs: Recollections, Ideas, Reflections, N.Y., 1969, p.57.
Young-Bruehl, pp.193, 200.

1931年9月13日 （クーデター）
Stadler, Karl R., Austria, London, 1971, pp.132-3.
Schuschnigg, Kurt v., The Brutal Takeover, London, 1971, pp.55-6.

1931年9月13日 （アイティンゴン）
Eitingon-Storfer 26.10.1931 [SFC].

1931年9月17日 （リー）
1. 3週間後、姪のリリー・マーレが、家族の写真のアルバムをフロイトに送った。その中に、オスカル・リーといっしょに写った自分の写真を2枚見つけて、フロイトは喜んだ。2人が写っている写真で彼が持っているのは、この2枚しかない。
Freud-Marie Bonaparte 18.9.1931 in Schur, 430.
Freud-Ernst Freud 20.9.1931 [LoC].
Freud-Lilly Marlé 12.10.1931 [LoC].

1931年9月17日 （エムデン）
1. 友人であるとはいえ、このときエムデンは好意に甘えて少し長居しすぎたのかもしれない。フロイトはエルンストに書き送っている。「ここしばらく［1週間］エムデンがわが家に滞在していまして、家族はみな、いささか負担に感じています」（フロイト-エルンスト・フロイト.1929-8-10）
Jones, II.89, 95.
Freud-Ernst Freud 10.8.1929 [LoC].

1931年9月18日
Nunberg, Herman, Memoirs: Recollections, Ideas, Reflections, N.Y., 1969, p.57.

1931年9月26日
1. 第9区ベルクガッセ19への居住者登録をフロイトが正式に行なったのは、1891年9月23日である。しかし彼は、少なくともそれより11日前からこの住所に住んでいた。というのも、義妹にあてた9月12日付の手紙で、こう書いているからだ。「いろいろと苦労しましたが、私たちはいま、ベルクガッセ19に住んでいます」（フロイト-ミンナ・ベルナイス.1891-9-12）
Freud-Eitingon 3.8.1931 [FM].
Freud-Eitingon 3.8.1931 [FM].
Freud-Fliess 17.8.1891 & 11.9.1891 in Masson.
Berggasse 19, Visiting card: 1891 [FM: I/F8-73]
Freud-Minna Bernays 12.9.1891 [LoC].

1931年9月30日 （女性の性愛）
1. フロイトは、少なくとも1年間このテーマに取り組んでいた。フィーレックに宛てた1930年9月の手紙で、フロイトは、いま取り組んでいる女性らしさの解釈は、「ヒルシュフェルトのえせ科学とは似ても似つかないのと同様、詩的なものにもなりません」と述べている。この小論は、1931年後半に（『国際精神分析雑誌』に）ドイツ語で、そして翌年には英語で発表された。
2. アンナ・フロイトとメラニー・クラインの（あるいは一般に、ウィーンと英国の精神分析学会のあいだの）研究方法の違いは、『女性の性愛について』の裏にひそむ関心事の一つである。1928年に、フロイトはジョーンズに書き送った。「これらのことがわかってくるにつれて、私には、メラニー・クラインの取り組み方が誤りで、アンナの方法が正しいと思う気持ちがますます強まってくるのです。「女児の発達初期段階に関する我々の知識は、私にはすべて不充分で不確実なものに思えます」『女性の性愛について』の出版後に交わされた手紙でも、これらの相違点が並べられている。フロイトは以前は母親の役割を過小評価していたが、こんどはそれと同様に父親の役割を過小評価するおそれがあるとジョーンズが示唆すると、フロイトは、その危険はあると答えている――彼が関心を向けたのは、父親が何らかの役割を果たすようになる前の成長段階であった。彼は、クライン学派が発達段階を無視していると批判し、ジョーンズが「クリトリス」期と「男根」期とを区別していると批判した。この二つは、フロイトにとってはまったく同じものであった。
"Some Psychical Consequences of the Anatomical Distinction between the Sexes" S.E., XIX.243.
"Female Sexuality" S.E., XXI.221.
Freud-Viereck 21.9.1930 [Brill Library].
Freud-Jones 22.2.1928 [Typescript Inst. of PsA].
Jones-Freud 10.1.1932 [Inst. of PsA].
Freud-Jones 23.1.1932 [Typescript Inst. of PsA].
Jones-Freud 12.2.1932 [Inst. of PsA].

1931年9月30日 （リックマン）
Jones-Freud 15.11.1931 & 2.6.1932 [Inst. of PsA].

1931年10月4日 （ランプル）
"Obituary," Int. J. PsA, 1960.
Young-Bruehl, PP.95-6.

1931年10月4日 （フリートユンク）
Ernst Federn-Molnar 2.2.1993 [FM].

1931年10月5日
1. オーストリアの犬の頭数を10パーセントほど減少させた病気のせいで、フロイトが飼っていた小犬の1匹が死んだと、マルティン・フロイトは書いている。「いかなる費用をも惜しまず、可能な限りの手をつくして、父は自分のペットたちを救おうとした。ペットが死んだときの彼の悲しみようは、大変なものであった」
Martin Freud, p.191.

1931年10月6日
Hansford, S.H., A Glossary of Chinese Art and Archaeology, London, 1961.
Reischauer, Edwin O., & Fairbank, John K., East Asia: The Great Tradition, Boston, 1958 & 1960, pp.144-5.
Spinks' evaluation [FM].
Engelman, Plate 25.

1931年10月8日
Psychoanalytic Pioneers, p.150.

1931年10月9日
1. この金融制限は、経済危機の解消にはほとんど効果がなかった。1931年の終わりまでには、国立銀行は流通通貨の25パーセントしか掌握できなくなっていた。外国資本は引上げ、産業生産高は減少しつづけた。その間、国際精神分析出版所の業務も、通貨規制に苦しめられていた。その上、外国人の精神分析を行なって得られる収入も、フロイトの重要な収入源であるにもかかわらず、不利な為替レートのおかげで減少していった。
Wiener Zeitung, 10.10.1931.
Kitchen, Martin, The Coming of Austrian Fascism, Montreal, 1980, pp.92-3.

1931年10月12日
Leaflet of Freud House [FM: AF I/F8-58].

1931年10月15日 （ミンナ）
Freud-Ernst Freud 20.9.1931 [LoC].

1931年10月15日 （騎手と衛兵）
Portal, Jane, in Freud and Art, p.126.

1931年10月17日
Anna Freud-Ernst Freud 22.11.1931 [FM: Lucie Freud Papers].
Anna Freud-Lou Andreas-Salomé 22.10.1930 in Pfeiffer, p.236.
Young-Bruehl, p.191.
gestanden-und hat mich auch in dieses Land her begleitet.").
Letters, p.460.
Letter list 1938-9 [FM].

1931年10月22日
1. 1939年に、シェッファーは米国に移住した。そしてこの贈り物にはげまされた彼は、長年連絡を断っていたフロイトに連絡してみようという気になった。「最後にあなたを訪ねたときに私に贈っていただいたタナグラ小像と、

それに添えてくださったお言葉をまだ覚えておられますか？『蒐集家は自分の最高の品を与えはしないが、最低のものを与えることも恥ずかしくてできないのです』というお言葉を？　私はそのお言葉を心にとどめ、それ以来、小像は自分の書き物机の前に飾ってありました。そしてこの国へも携えてきたというわけです」

　これに対するフロイトの返事は、彼が書いた最後の手紙のうちの1通となった。しかしこの手紙は、『ジグムント・フロイト書簡集』（エルンスト・フロイト編）に誤って記されているような最後の手紙ではない。この書簡集では、1939年8月19日という日付が、誤って1939年9月19日となっている。

Schaeffer, A., Die Ilias, Berlin,1929 [FM].
Schaeffer-Freud 20.10.1931 [FM].
Schaeffer-Freud 21.6.1939 [FM].
Letters, p.460.
Letter list 1938-9 [FM].

1931年10月25日
1. 英国に住む甥のサム・フロイト――最初の遊び友だちであるジョンの弟――にあてた手紙で、フロイトはこの栄誉について、さらに熱をこめて書いている。

「考えてみて下さい。この式典の場に居合わせることができたなら、あなたのおじいさんとお父さんがどれほど喜んだだろうかと。しかし、もちろん、そうなると、おじいさんは116歳です！　私は老いをありがたく思いはしません。ありがたがる理由などないのです！」（フロイト-サム・フロイト.1931-12-1）

　1990年に、フライブルク（プリーボル）は、フロイトにちなんで中央広場の名称もフロイト広場へと変更することを決めた。

S.E., XXI.259.
Freud-Eitingon 27.10.1931 [FM].
Eitingon-Freud 27.10.1931 [FM].
Federn, Paul, "Freud Amongst Us" in Ruitenbeek, H.M., Freud as we knew him, Detroit, 1973, p.218.
Freud-Sam Freud 1.12.1931 [FM].
Stadlen, Anthony, Oral communication 24.9.1990.

1931年10月28日 （フェレンツィ）
Freud-Eitingon 1.11.1931 [FM].
Freud-Ferenczi 13.12.1931 [FM].
Freud-Eitingon 18.4.1932 [FM].
Ferenczi-Freud 5.12.1931 [FM].

1931年10月28日 （マルティン）
Martin Freud-Jones 5.12.1952 [Inst. of PsA CFB/FO3/O8].
Eitingon-Storfer 26.10.1931 [FM].
Eitingon-Freud 29.10.1931 [FM].

1931年10月29日
Freud-Eitingon 1.11.1931 [FM].
Freud-Federn 1.11.1931 [SFC].

1931年10月31日 （ホルツクネヒト）
1. 『新自由新聞』（1931年10月31日）に載った死亡記事では、ホルツクネヒトは「現代のムキウス・スカエヴォラ（自分の右手を焼き払ったローマの英雄）」と称された。死後1年たって、ウィーンの市民公園で、彼の記念碑の除幕式が行なわれた。

Neue Freie Presse, 31.10.1931.

1931年10月31日 （ネペンテス）
Fichtner-Molnar 21.5.1990 [FM]．（この植物を示唆して下さった G.フィヒトナー教授に感謝する）

1931年10月31日 （ジャンヌ）
Freud-Lampl-de Groot 29.11.1931 [FM].

1931年11月5／6日
Freud-Eitingon 15.11.1931 [FM].
Freud, Anna, Photograph Album [FM: IN 632].
ibid [FM: IN 633].

1931年11月10日
Rice, Emanuel, Freud and Moses: The Long Journey Home, Albany N.Y., 1990 pp.207-8 n.3.
Kürschners Deutscher Gelehrten-Kalender 1931.（フィヒトナー教授のご教示に感謝する）

1931年11月18日
"Obituary" [by Ernst Federn] Sigmund Freud House Bulletin, Vol.4/No.2 Winter, 1980, p.56.
Freud-Lampl-de Groot 20.5.1931 [FM].
Anna Freud-Ernst Freud 22.11.1931 [FM: Lucie Freud Papers].
Freud-Lampl-de Groot 29.11.1931 [FM].

1931年11月21日 （ブロイラー）
1. スイスで精神分析が受け入れられたのは、精神分析がウィーンのユダヤ人・ゲットー文化から抜け出すための、最初の大きな一歩だった。そう考えたフロイトは、1906年にユングにこう書き送っている。「あなたやブロイラーの研究のようなものが現れるたびに、非常にいい気分になります。骨の折れる研究を一生続けることが必ずしも無駄ではないのだと知って、満足を感じるのです」（フロイト-ユング.1906-10-7）

Bonin, p.49.
Freud-Jung 7.10.1906 in McGuire, William (Ed.,) The Freud/Jung Letters, London, 1979 [1974].
Bleuler-Freud 17.5.1925 [LoC].
Bleuler-Freud 7.12.1931 [LoC].
Binswanger, Ludwig, Erinnerungen an Sigmund Freud, Bern, 1956, p.104.

1931年11月21日 （マルティン）
Freud-Lampl-de Groot 29.11.1931 [FM].

1931年11月22日 （オッペンハイマー）
Exhibition Catalogue, "The Freud Centenary Exhibit," May 1956, pp.74-5 [FM: IV/F29-51].
Weiss, Edoardo "Paul Federn" in Psychoanalytic Pioneers, pp.142.
Fichtner-Molnar 21.5.1990 [FM]（カール・オッペンハイマーについて示唆して下さったフィヒトナー教授に感謝する）

1931年11月22日 （プロメテウス）
S.E., XXI.90.
Schaeffer, Albrecht, "Der Mensch und das Feuer," Psychoanal. Beweg., Vol.2.201.
S.E., XXII.187-193.

1931年11月29日
1. この記載に続く数日間に、フロイトとタンドラーのあいだに、何らかの接触があったとも考えられる。タンドラーが私的なメモに「フロイト、1931-12-9」という標題と日付の下、フロイトの人柄や個性についての見解を記しているからである。次に引用するこのメモの記述は、いかに強くて複雑な印象をフロイトが与えることがあったかを示している。

「彼の欲動は前例がないほど強く、彼自身その欲動から逃れることは絶対にできないでいる。超俗的な精神状態にあるときでさえ、これらの欲動からは逃れられない」

「難解な人物。このように老齢でありながら、これほどの生命力や性的な力を持ち、活力に満ちているのは超人的だ。自分の身体に深く根ざしているために、彼の知性は、たびたび肉体的なものとの接点を見つけようとする。それが彼の知的活動の中で表現されているにちがいない」

「彼はみずからの法に責任を負うだけである。その指示に従って生き、社会的な規則に服従することができない。器の大きさから、自分を型にはめることができないのだ。同時代に影響を与える人物なのはまちがいない。もしも彼がユダヤ人でなかったなら、ビスマルクのようになっているかもしれない」

Eissler, Ruth S., & Eissler, K.R., "A Letter by Freud to Professor Tandler (1931), International Review of Psycho-Analysis, Bd. 10, Nr. 1, S.1-11.
Neue Freie Presse, 29.11.1931.
Freud, S., Gesammelte Werke, Nachtragsband., Fischer, 1987, pp.718-9.
Sablik, Karl, "Sigmund Freud and Julius Tandler: eine rätselhafte Beziehung" Sigmund Freud House Bulletin, Vol 9/No.2, Winter 1985 p.17.
Federn, Ernst, "Die Beziehung ist nicht so rätselhaft" Sigmund Freud House Bulletin, Vol. 10/1, Summer 1986.
Freud-Tandler 8.3.1925 [FM: SFVAR].
（この覚え書きに注意を向けさせてくださった、クリスティーネ・ディールクス博士とヨハネス・ライヒメイヤー博士に感謝する）

1931年11月30日
Neue Freie Presse, 1.12.1931.

Yvette Guilbert-Freud 2.12.1931 [FM].

1931年12月3日 （真珠）
1. アンナの誕生日にマルティンがたびたび贈ったこのような詩は、数篇が今なお残っている。アンナもときどき、そのような機会に詩を書いた。誕生日にフロイトは、犬が書いた——アンナが代筆して——詩を受け取ることがよくあった。現存する最も初期の詩は、アンナのドイツ・シェパード犬、ヴォルフの写真に添えられたもので、1926年、70歳の誕生日にフロイトに贈られたものである。
Martin Freud-Anna Freud 3.12.1931 [FM].
"Wolf Photograph & Poem" [FM].

1931年12月3日 （エルンスト）
Martha Freud-Lucie Freud 2.1.1932 [FM: Lucie Freud Papers].
Freud-Ernst Freud 13.12.1931 [LoC].
Lucie Freud-Ernst Freud 7.1.1932 [FM: Lucie Freud Papers].

1931年12月4日
Lou Andreas-Salomé-Freud (soon after 3 April 1931) in Pfeiffer.
Lou Andreas-Salomé-Freud mid-July 1931 in Pfeiffer.

1931年12月9日
1. ヴィシュヌ神の像をフロイトは心から喜んだ。エルンストに宛てた手紙の中で、彼は「非常に嬉しい」と書いている。しかし彼は、木と象牙にひび割れができ始めているのを気にして、この神像はウィーンの気候に耐えられないのではないかと心配した。1933年3月の時点ではこの像はまだ彼の机の中央に置かれていた。というのは、アメリカ人の詩人H.D.が分析を受け始めたときに目にしているからだが、1937年までには左の隅に移されてしまっていた。
Freud-Bose 13.12.1931 [FM: copy 1-F8-30].
Bose Freud Correspondence, Indian Psycho-Analytical Society, Calcutta-9, n.d. [FM: VI/F29-187].
Kakar, Sudhir "Considérations sur l'histoire et le développement de la psychanalyse en Inde," Revue Internationale d'Histoire de la psychanalyse 2, 1989, pp.499-503.
Freud-Eitingon 14.12.1931 [FM].
Freud-H. Gomperz 21.1.1921 [FM: SFVAR 52].
H.D., p.147.
Freud-Ernst Freud 13.12.1931 [LoC].

1931年12月22日
1. たびたび翻訳に言及していることからもわかるように、精神分析の普及に対するフロイトの関心は世界に広がりつつあった。1年後に彼は、マリー・ボナパルトに書き送っている。「スカンディナヴィア人はもちろん勤勉な人々ですが、精神分析を受け入れる点では最も遅れています。インド人や日本人よりも、はるかにそうなのです。（昨日、私は日本語に翻訳された12冊目の自著を受け取りました）」（フロイト-マリー・ボナパルト.1932-12-21）
Int. Z. Psa 1931 XVII. Heft 1. p.160.
Freud-Marie Bonaparte 21.12.1932 [FM: F8/CON 19].

1932

1932年1月1日 （胃の発作）
Freud-Lampl-de Groot 17.1.1932 [FM].

1932年1月1日 （ライヒ）
1. ライヒは1934年までI.P.A.の会員に留まったが、彼が精神分析運動全般にとっての脅威だというフロイトたちの見方は、その間にますます強まっていった。1933年の春に、ライヒは短期間ウィーンを訪れて、共産党員の集会で講演を行なった。そこでは、心理学用語で政治問題が論じられた。当時のオーストリアの政治状況は不安定で、ファシズム的な傾向が現れだしており、そういう状況下での彼の行為をフロイトは無責任だと考えた。アンナは述べている。「これに関する父の所見はこうです。もしも精神分析が禁じられることになるなら、ライヒに代表されるような、政治と分析との混合物としてではなく、純粋に精神分析として禁じられたいのだと」（アンナ・フロイト-ジョーンズ.1933-4-27）
Reich-Int. Z. Psa n.d. [1932] in Reich, W. Reich speaks of Freud, London, 1975 [1967], pp.134-7.
Reich, W., "Der masochistische Character," Int. Z. Psa, XVIII (1932).
Bernfeld, S., "Die kommunistische Diskussion um die Psychoanalyse und Reichs 'Wiederlegung der Todestriebhypothese'," Int. Z. Psa,XVIII (1932).
Freud-Ferenczi 24.1.1932 [FM].
Freud-Eitingon 9.1.1932 [FM].
Anna Freud-Jones 27.4.1933 [Inst. of PsA: CFA/FO1/30].

1932年1月16日 （アイティンゴン）
Freud-Lampl-de Groot 17.1.1932 [FM].
Eitingon -Freud 17.2.1932 & 19.6.1932 [FM].

1932年1月16日 （マルティン）
Martin Freud, pp.199-200.
Freud-Eitingon 19.1.1932 [FM].

1932年1月17日 （アンナ）
Freud- Ferenczi 24.1.1932 [FM].

1932年1月17日 （ポルトガル語）
Translation list [FM: I-F8-17-32].
Freud, Cinco Lições de Psicanalise, São Paulo, n.d. [FM].

1932年1月18日
1. 前年の夏に訪れたあと、ブリットは別れの記念にと、みごとな細工の皮の煙草入れに、最上級のハバナ葉巻を入れてフロイトに贈った（「残念ながら」というべきか。当時、フロイトはタバコを吸うことができなかった。しかし彼は、こうつけ加えている。「ともかく、うちにくる客に楽しんでもらうことはできます」（フロイト-アイティンゴン.1931-7-25）
Freud-Eitingon 19.1.1932, 12.2.1932, 25.7.1931 [FM].

1932年1月26日
Jones, III.155.

1932年1月30日
Freud-Lampl-de Groot 6.2.1932 [FM].
Freud-Eitingon 12.2.1932 [FM].
Bonin, p.57.
Leupold-Loewenthal, Harald, Handbuch der Psychoanalyse, Wien, 1986, p.72.
Wessel, Morris A., "Edith B. Jackson M.D.," The Journal of Pediatrics, July 1978, p.165.

1932年2月1日
Freud-Lampl-de Groot 6.2.1932 [FM].

1932年2月10日
Freud-Lampl-de Groot 2.3.1932 [FM].
Freud-Lampl-de Groot 18.2.1932 [FM].
Neue Vorlesungen (ms.) [LoC].

1932年2月18日
Kosawa-Freud 15.4.1925 [LoC].
Earle, J. 19.1.1990 [FM: Fax].
Freud-Kosawa 20.2.1932 [LoC].
Freud-Kosawa 16.3.1932 [LoC].
Int. J. PsA, 1935, p.531.

1932年2月19日
Freud-Lampl-de Groot 2.3.1932 [FM].
Freud-Eitingon 27.4.1932 [FM].
Freud-Eitingon 12.2.1932 [FM].
Pichler Notes, 8.9.1931 [FM].

1932年2月22日
1. 自分の健康状態に関するフロイトの言葉は事務的なものだった。「人工口蓋に満足しているわけではありませんが、今回の手術の延期は、アンナといっしょに病んでしまった伝染性のカタルによることが大きいのです。そして、アンナも私もなかなか治りません。要するに、傷跡を埋める手術をもう一度受ける必要があるようです。カタルのために延期されているだけですから、来週の月曜に行なわれるはずです。大した手術ではないはずだと、ピヒラーは考えています」（フロイト-ランプル＝ド・フロート1932-3-2）
Freud-Eitingon 22.2.1932 [FM].

Freud-Lampl-de Groot 2.3.1932 [FM].

1932年2月23日
1. 翌年にはナチスが政権を握ったから、ゲーテ・ハウスの中にフロイトの胸像を立てる計画は、あったとしても実現できなかっただろう。しかし、1932年のゲーテ死後100周年記念式典にも、ナチスは影を落としていた。ベルリンにあるマルクス主義労働者学校での行事で、ジェルジュ・ルカーチとヴィットフォーゲル博士とが「マルクス主義の観点から見たゲーテ」について討論することになっていたが、直前になって「公的秩序を脅かす」ということで、警察によって中止させられていたのである。
Freud-Lilly Marlé 11.5.1932 [LoC].
Frankfurter Zeitung, 23.3.1932 (Nos.221-222).

1932年3月7日
Freud-Lampl-de Groot 19.3.1932 [FM].
Freud-Lampl-de Groot 25.3.1932 [FM].
Freud-Eitingon 20.3.1932 [FM].
Anna Freud-Groddeck 25.3.1932 [Typescript FM].

1932年3月8日
Bertin, pp.112-5, 131.

1932年3月13日
1. クリューゲルの死後、ジョン・メイナード・ケインズは、彼を評して「おそらくこの時代で最も偉大な財界の知性だろう」と述べた。クリューゲル自身はこう述べている。「私は、見つけられる限り最も堅固な地盤の上に、つまり民衆の愚かさというものの上に事業を築いたのです」。彼に対するJ.K.ガルブレイスの見解は、ケインズとは違っていた。「彼は、長い窃盗の歴史の中で、あらゆる点で最大の盗人だった。億という単位での横領を考えだすことができる男だった」

クリューゲルは人々の好奇心をそそったが、それは巨額の財産や影響力を持っていたからだけではなく、謎めいた人物だったからでもある。独身を通したので、ジャーナリストは、その私生活について、あるいは結婚歴がないことについて、こりもせずにあれこれと推測をくり返した。グレアム・グリーンは『英国が私をつくった』の中で、彼をモデルにしたクローグという億万長者を登場させている。スウェーデンの精神分析学者ボウル・ビェーレは、彼の性格についての研究を発表した。

さらに考えを進める材料としては、フロイトが日記に書くほど興味を引かれたのは、クリューゲルの自殺のどのような面だったのかという問題がある。
Shaplen, Robert, Kreuger: Genius and Swindler, London, 1963, pp.9,23 & 135.

1932年3月14日
Wiener Zeitung, 15.3.1932.
Eitingon-Freud 16.3.1932 [FM].

1932年3月17日
Freud-Lampl-de Groot 19.3.1932 [FM].
Mann, Thomas, Tagebücher 1935-1936, Fischer, 1979, p.506 n.140.
Freud-Eitingon 20.3.1932 [FM].

1932年3月22日（ゲーテ）
1. フロイトの生涯を通じて、ゲーテはずっと権威者でありつづけた。『自己を語る』の中でフロイトは、自然に関するゲーテの評論を読んで、自分の進路が決まったと述べている（しかし今では、ゲーテ研究者たちは、このエッセーはスイスの作家クリストフ・トブラーが書いたものだと考えている）。『ファウスト第2部』を参照しているときのフロイトが、いかに大切にこの物語を扱うかに気づいたヴィッテルスは、フロイト伝でこう述べている。「彼がゲーテに対して特別なつながりを感じていることを、私は実感した」
Frankfurter Zeitung, 23.3.1932 (Nos.221-222).
Gay, p.24 & note p.658.
Wittels, Fritz, Sigmund Freud, Leipzig/Wien/Zürich, 1924, p.10.

1932年3月22日（フランス）
Translation list [FM: I-F8-17-27].

1932年3月27日（開業）
Jones, Ⅰ.157, 158.

1932年3月27日（回状）
1. 1932年9月のヴィースバーデン国際精神分析大会において、会員たちは、出版所を維持するために、少なくとも向こう2年間、毎月3ドルの寄付をすることに同意し、業務を担当するための国際委員会が組織された。この大会のおかげで、もうひとつの出来事がおきた。1932年のおわりに、アーネスト・ジョーンズとアンナ・フロイトが、回状の発行を再開することにしたのである。以前はこの回状が精神分析運動内部で情報交換などに使われる定期的なメディアだったが、最近ではすっかり途切れがちになってしまっていた。
Freud, Sigmund, An die vorsitzenden der psychoanalytischen Vereinigungen! (Brochure) Vienna 1932 [FM].
Freud-Eitingon 12.2.1932, 22.2.1932, 27.3.1932 [FM].
Freud-Jones 26.4.1932, 1.6.1932, 8.6.1932 [Typescripts: Inst. of PsA].

1932年3月28日（シュトカート）
Wiener Zeitung, 28.12.1929.
Fichtner-Molnar 21.5.1990 [FM].

1932年3月28日（声明書）
Freud-Eitingon 20.3.1932, 8.4.1932, 11.4.1932 [FM].
Jones-Freud 21.4.1932 [Inst. of PsA].

1932年4月4日（マルタ）
Freud-Martha Freud 12.4.1932 [FM].
Jones, Ⅲ.179.
Eitingon-Freud 12.4.1932, 18.4.1932, 26.4.1932 [FM].

1932年4月4日（4症例研究）
S.E., VII. 3-122.
S.E., X. 3-149 & 153-318.
S.E., XII. 3-82.

1932年4月6日（ローハイム）
"Die Psychoanalyse primitiver Kulturen" Imago, XVIII, 3/4, 1932.
"Psycho-Analysis of Primitive Cultural Types" Int. PsA, XIII, Jan.-Apr. 1932.

1932年4月6日（マルタ）
Freud-Martha Freud 12.4.1932 [FM].
Freud-Ernst Freud 1.4.1932 [LoC].

1932年4月10日
1. 1932年11月17日にフォン・パーペンは首相を辞任し、翌日ヒトラーは、独裁的な権限を与えてくれるようヒンデンブルクに求めた。財界人と産業資本家のグループは、ただちにヒトラーを首相に就任させるように要求した。結局、フォン・パーペンとヒトラーは、ナチス主導の連合政権を作ることに同意した。1933年1月30日、ついにヒンデンブルクはヒトラーを首相に任命した。2月1日に国会は解散し、3月5日に選挙が行なわれることになった。
Bergschicker, p.12.

1932年4月16日
1. 1936年にフロイトは、イタリアでの運動に関して「エドアルド・ヴァイスという名前が豊かな未来を保証する」と述べたが、不幸にもこの予測には政治面が考慮されていなかった。2年後にファシストがこの雑誌の発行を禁止し、1938年には、ユダヤ人を排斥する法律のせいで、エドアルドは米国への亡命を余儀なくされ、イタリアでの運動は実質的に禁止されてしまった。
Freud-Eitingon 18.4.1932 [FM].
Freud-Eitingon 27.4.1932 [FM].
Freud-Weiss 24.4.1932 [FM].
Rovigatti, Franca (ed.), Italy in Psychoanalysis, Rome, 1989.

1932年4月17日
Freud-Martha 12.4.1932 [FM].

1932年4月19日（マルタ）
Freud-Lampl-de Groot 24.4.1932 [FM].
Freud-Martha Freud 12.4.1932 [FM].

1932年4月19日（マルティン）
Jones, Ⅲ.201.

Freud-Martha Freud 12.4.1932 [FM].

1932年4月22日
Bonin, p.48.
Binswanger, Ludwig, Erinnerungen an Sigmund Freud, Berne, 1956, p.104.
Freud-Binswanger 8.10.1936 in Letters.
（この注釈の修正に対して、ノーマン・エルロッドに感謝する）

1932年5月6日
1. それにもかかわらず、フロイトは、この誕生日というテーマについての不満を抑えることができなかった。「誕生日は、『厄介もの (nuisance)』という英語でのみ充分に説明できるものの一つです。誕生日を正当化する唯一の根拠は、それが年に一度しかなくて長続きしないということです」（フロイト-ルー・アンドレアス=ザロメ.1932-5-8）
Freud-Eitingon 4.5.1932 [FM].
Freud-Lou Andreas Salomé 8.5.1932 in Pfeiffer.
Freud-Lampl-de Groot 9.5.1932 [FM].

1932年5月8日
Anna Freud-Eva Rosenfeld n.d. [FM: Transcript P. Heller].

1932年5月11日
Freud-Radó 10.5.1932 [FM].
Jones, Ⅲ.181
Freud-Lampl-de Groot 12.4.1932 [FM].

1932年5月14日
Freud-Ferenczi May/June 1932 [FM].

1932年5月23日
Translation list [FM: I-F8-17-30].
Grinstein, p.99.

1932年5月31日（四季報）
1. この新雑誌がアメリカで創刊されると、ジョーンズとフロイトのあいだで、しんらつな手紙が交わされた。ジョーンズの最初の反応は、しかるべき協議もなされずに創刊されたことへの懸念と憤慨だった。自分の雑誌の存在が脅かされるのではないかと思ったのだ。
　ジョーンズの不満は、結局、精神分析運動の運営に対するフロイトの腹立ちや倦怠感を表面化させることになった。フロイトはこう返信している。「委員会がつぶれて、会員同士が連絡を取り合うのに利用していた回状が打切られたのは大きな損失だったと、再び感じています。それ以後フェレンツィは孤立し、英国学会は独自路線を行き、大陸の事情がわからなくなってしまっています。これほど別々で、なかなか言うことをきかない人々をまとめようと骨を折るのが、だんだんいやになってきました」（フロイト-ジョーンズ.1932-6-17）
Editorial, The Psychoanalytic Quarterly 1, 1932.

Jones-Freud 2.6.1933 [Inst. of PsA].
Freud-Jones 17.6.1932 [Typescript Inst. of PsA].

1932年5月31日（ミツィ）
Freud-Mitzi Freud 20.3.1931 [LoC].

1932年6月6日
Translation list [FM: I-F8-17-31].
Grinstein, p.94.

1932年6月15日
1. ユングに宛てた初期の手紙の中で、フロイトは、愛の心理に関して書くつもりだと述べている。「自分のリビドー（常識的な意味での）を完全に克服したら、『人間の愛情生活』の執筆にとりかかろうと思います」（フロイト-ユング.1907-9-19）
2. 『年表』──フロイトの著作と翻訳を年代順に並べたリストで、彼自身が作成したもの──の中で、日本語版の翻訳者として名前があげられているのは大槻憲二のみ。
Technik 1932 Ohtski [sic].
Translation list [FM: I-F8-17-29].
Freud-Jung 19.9.1907 in Freud-Jung Letters, London, 1979 [1974], pp.81-2.
Freud, Chronologie Ms. [LoC].

1932年6月21日
Clark, Ronald W., Einstein: The Life ant Times, London, 1973, pp.346-9.

1932年6月24日
1. この末息子が生まれた後、フロイトはエルンストにこう書き送っていた。「その子にも大天使の名前をつけるのなら、残っているのはラファエルだけですね。ウリエルでは突飛すぎますから」（フロイト-エルンスト・フロイト.1924-5-11）
Lucie Freud-Jones 23.1.1956 [Inst. of PsA CFB/FO2/04].
Freud-Ernst Freud 11.5.1924 [LoC].

1932年6月28日
Freud-Eitingon 3.7.1932 [FM].
Jones-Freud 5.5.1932, 28.5.1932, 16.6.1932 [Inst. of PsA].

1932年7月11日
1. この年の後半にフロイトは、フレンケルの本を1冊、アルノルト・ツヴァイクに送った。この贈り物には次の言葉が添えられていた。「私が編集に一役買った本をこの手紙を添えてお送りします。私の妻の叔父の書簡集です。彼は有名な古典学者であり、傑出した人物でもある、と言えるでしょう。ユダヤ教とキリスト教の教義に対する彼の意見には、注意を向けるだけの価値があります」（フロイト-アルノルト・ツヴァイク.1932-11-27）
Fränkel, Michael, Jacob Bernays: Ein Lebensbild in Briefen, Marcus, Breslau, 1932.

Freud-Ernst Freud 20.9.1931 [LoC].
Freud-Arnold Zweig 27.11.1932 in Zweig Letters.

1932年7月16日（エヴァ）
Freud-Eitingon 21.7.1932 [FM].

1932年7月16日（ヨフィ）
Bernfeld-Liesl Neumann-Bernfeld 14.9.1932 in Reichmayr, Johannes, Im Zwischenraum von Theorie und Praxis, Frankfurt a. M. 1990 [Quoted from ms. by courtesy of the author].

1932年7月26日
Martha Freud-Ernst Freud 30.7.1932 [FM: Lucie Freud Papers].
Freud-Lampl-de Groot 30.7.1932 [FM].

1932年8月1日
Einstein-Freud 30.7.1932 [FM].
Clark, Ronald W., Einstein: The life and Times, London, 1973, pp.346-9.

1932年8月10日
Anna Freud-Eva Rosenfeld n.d. [FM: Transcript Peter Heller].
Freud-Eitingon 5.6.1932 in Letters.

1932年8月15日
Freud-Lampl-de Groot 30.7.1932 [FM].
Freud-Lampl-de Groot 8.9.1932 [FM: Typescript].

1932年8月22日
1. 2年後にアンナ・フロイトは、ブリルの苦闘についてこう語っている。「ブリルがあのような経験をしなければならなかったかと思うと恐ろしくなります。しょっちゅう喧嘩をしているような環境から、アメリカでの本物の精神分析運動がどうしたら生まれてくるのか、私にはわかりません。分析者に分析がどんな影響を与えるのか、悪い徴候であるのは確かです。これらのことはすべて、私の理解をこえています」（アンナ・フロイト-ジョーンズ.1934-6-27）
Freud-Eitingon 27.4.1932 [FM].
Freud-Eitingon 4.5.1932 [FM].
Anna Freud-Jones 27.6.1934 [Inst. of PsA: CFA/FO1/97].

1932年8月23日
Jones, Ⅲ.126, 164.
Ferenczi-Freud 25.12.1929 & 1.5.1932 [FM].
Freud-Ferenczi 12.5.1932 [FM].
Ferenczi-Freud 21.8.1932 [FM].

1932年8月27日（エルンスト）
Freud, Ernst, Interview R.S. Stewart, 10.6.1966.

1932年8月27日（ラド）
Freud-Eitingon 29.8.1932 [FM].

1932年8月30日
1. この基金がどれほど必要だったかを考えると、1933年にフロイトがエルンストに不平を言っているのは、むしろ驚くべきことである。「ゲーテ賞基金が2年半以上ももたなかったことで、憂鬱な気分になってもいます」(フロイト-エルンスト・フロイト.1933-1-15)
Freud-Ernst Freud 15.1.1933 [LoC].

1932年8月31日
Freud-Jones 17.6.1932 [Typescript Inst. of PsA].
Freud-Lampl-de Groot 15.7.1932 [FM].
Freud-Eitingon 24.8.1932, 21.7.1932, 18.8.1932 [FM].

1932年9月1日
Freud-Lou Andreas-Salomé 11.12.1924 [LoC].

1932年9月2日
Freud-Anna Freud 3.9.1932 [FM].

1932年9月4日
Jones-Freud 9.9.1932 [Inst. of PsA].
Jones, III.181.

1932年9月6日
Freud-Eitingon 18.8.1932 [FM].

1932年9月8日
Burlingham, pp.237-8.
Peters, p.189.
Leitsätze der Kongressvortäge. 12 Int. Psa Kong. 23-7 Sept. 1932 [LoC].

1932年9月9日
Nunberg, Herman, & Federn, Ernst (Eds.), Mimutes of the Vienna Psychoanalytic Society Vol.2.
S.E.,IX. 181.
S.E., VIII.111.
Hemecker, Wilhelm Ehrenfels [Typescript By courtesy of the author].
Hemecker, Wilhelm: " 'Ihr Brief war mir sehr wertvoll...' Christian von Ehrenfels und Sigmund Freud-ein verschollene Korrespondenz," in Clair, Pichler, Pircher (Hrsg.), Wunderblock: (Eine Geschichte der modernen Seele,) Wien, 1989, pp.561-570.

1932年9月12日
Translation list [FM: I-F8-17-38].

1932年9月20日
Freud-Ernst Freud 7.10.1927 [LoC].

1932年9月24日
Freud-Anna Freud 3.9.1932 [FM].

1932年9月25日
Freud, Martin, "Gelb ist das Haus . . ." [FM].

1932年9月27日 (インペリアル)
Lange H.W. Family Tree [FM].
Freud-Fliess 23.3.1900 in Masson.

1932年9月27日 (ブリュッケ)
S.E.,XX. 252.
Swales-Molnar 21.4.1990 [FM].
Fichtner-Molnar 21.5.1990 [FM].
F.T.Brucke-F.T.Brucke 30.9.1930 [FM]., Sigmund Freud-E.T.Brucke 13.10.1930 [FM].（これら二つの参考文献について、E.エッツァースドルファー博士に感謝する）

1932年10月2日
1. マーク・ブランズウィックは、フロイトから精神分析を受けていた。この二人のような社会的関係にある場合、その相手を分析するのはいつもより難しいのではないかと、米国の精神分析家スマイリー・ブラントンはフロイトに尋ねた。彼は、「確かにそのとおりだが、それは克服できる」と答えている。
Bernfeld-Neumann 21.11.1932.（エリザベート・ノイマン＝フィルテル夫人とヨハネス・ライヒメイヤー博士のご好意により引用）
Blanton, Smiley, Diary of My Analysis with Sigmund Freud, Hawthorn Books, N.Y., 1971, p.79.

1932年10月4日 (アンナ)
Freud- Ernst Freud 12.5.1929 [LoC].

1932年10月4日 (フェティッシュ)
1. 『フェティシズム』(1927)に関する論文の中で、フロイトは書いている。「フェティッシュの標準的な原型は男性のペニスである」。フロイトの蒐集品の中には、小さな（おそらく古代ローマの）男性器のお守りが数多くあるが、男性器自体はフェティッシュではない。ただし、フロイトがこの言葉を暗示的に使ったのであれば、それらのお守りを「フェティッシュ」とみなせるかもしれない。
S.E., XXI.157.
Phallus amulets [FM: LDFRD 3408, 3409, 3392, 3413, 3499, 4144].

1932年10月6日 (アンナ)
1. ベルリン精神分析学会の年次報告書にはアンナのこの講演については何も記載されていないから、講演は非公式か、学会外でのものだったと思われる。
Eitingon-Freud 19.10.1932 [FM].

1932年10月6日 (ピヒラー)
1. ピヒラーは、熟達した外科医であるだけでなく、自分の仕事を綿密に記録する人物でもあった。その実例として、この手術に関する彼のメモを転載することには価値がある。
「アロナール1とリトラン1 [麻酔薬] を与え、口蓋の浸潤麻酔の後、第3枝の基底下部麻酔を試みる。二つの支え部分の切除。まず、残された空洞の下と内側（第1区画）を摘出してから、直接、鼻粘膜の小部分を含む下部後方の端をとった。これには古い傷跡の厚い部分全体の除去を含む。次に、小片の除去のために、骨の一部を露出させた。蝶形骨突起基底部が正常だとわかり、切除せず。両方の個所を軽くジアテルミー処理し、両方のあいだの鼻柱を3mmの線状に底部をジアテルミーで切断して、左から右への傷跡をとる準備をした。次に、外側の端に残存する赤い支え部分を、ジアテルミーのみで完全に破壊した。骨の上部の傷穴にヨードホルムを染みこませたガーゼを数枚あて、それ以外はオルトフォルムと人工口蓋のみ」
Freud-Lampl-de Groot 8.10.1932 [FM].
Freud Lampl-de Groot 23.10.1932 [FM].
Pichler Notes, 6.10.1932 [FM].

1932年10月14日
Anna Bernays-Stefan Zweig 23.11[?]. 1932 [SFC].

1932年10月29／30日
Eitingon-Freud 17.11.1932 [FM].
Freud-Eitingon 20.11.1932 [FM].

1932年11月1日
Schur, 433.
Freud-Radó 22.11.1932 [FM].
Freud-Eitingon 4.12.1932 [FM].
Freud-Eitingon 20.11.1932[FM].

1932年11月3日
Freud-Lampl-de Groot 7.11.1932 [FM].

1932年11月8日
Freud-Eitingon 20.11.1932 [FM].
Freud-Marie Bonaparte 21.12.1932 [Transcript by Marie Bonaparte. FM: F8/CON 19-20].

1932年11月30日
Wiener Zeitung 30.11.1932.
Yvette Guilbert en Caricatures, Concert programme, "Au temps de Chat Noir" 24.12.1932 [FM: LDFRD 1749].

1932年12月3日 (アンナ)
1. このゴシップ新聞の全体的な調子にたがわず、この記事もたわいなくてまがぬけたものだったが、アンナとパウル・フェダーンが協力して運動を組織したことに言及したり、児童療法の技法に関する彼女とメラニー・クラインとの対立に触れているのも確かである。
Freud-Anna Freud 3.12.1932, 3.12.1924, 3.12.1925 [FM].
Die Stunde, 3.12.1932.

1932年12月3日 (入門講義)
Freud-Eitingon 20.11.1932 - 4.12.1932 [FM].

1932年12月8日

Pichler Notes, (1.12.1932. 8.12.1932) [FM].
Freud-Lampl-de Groot 11.12.1932 [FM].
Anna Freud-Eva Rosenfeld 15.12.1932 [FM: Transcript : P. Heller].
Pichler Notes, 24.12.1932 [FM].

1933

1933年1月4日（マイ医師）
Freud-May 1.1.1933 in Swales, Peter, "Brief eines Landarztes,," Werkblatt 1/2 1987, Salzburg, p.7. "Letter from a Country Docter," Die Psychoanalytische Bewegung, Jan./Feb. 1933.

1933年1月4日（マルティン）
Freud-Eitingon 5.1.1933 [FM].
Freud-Lampl-de Groot 8.1.1933 [FM].

1933年1月5日
Wiener Zeitung (Obituary), 5.1.1933.

1933年1月18日
Bernfeld, Suzanne Cassirer, "Freud and Archaeology," The American Imago 8 (June 1951), pp.107-128.
Burlingham, p.236, 238.

1933年1月27日
Freud-Lampl-de Groot 1.2.1933 [FM].
Freud-Eitingon 5.1.1933 & 5.2.1933[FM].

1933年1月29日（ルース）
Freud-Lampl-de Groot 23.10.1932 [FM].
Freud-Lampl-de Groot 1.2.1933 [FM].

1933年1月29日（ヒトラー）
Freud-Lampl-de Groot 1.2.33 [FM].
Wiener Zeitung, 31.1.1933.

1933年1月31日（ゴールズワージー）
S.E., XXI.105 note 2.
"New Introductory Lectures" S.E., XXII.49.

1933年1月31日（ヨフィ）
1. 7月にフロイトはH.D.に書き送った。「犬たちがひと騒ぎおこしました。ヴォルフはカグラン犬舎に送らなければなりませんでした。というのも、どちらの雌犬も発情期で、ヨフィとリュンのいがみ合いがすさまじかったからです。これは雌の性質に根ざしたもので、結局、性質が良くておとなしいリュンがヨフィに噛まれてしまいました。それでリュンも現在はカグランにいます。この先どうなるかは、はっきりしていません」（フロイト-H.D.1933-7-20）
Martin Freud, p.195.
Freud-H.D. 20.7.1933 in H.D. p.191.

1933年2月12日
Arnold Zweig-Freud 30.12.1932, 1.5.1932, 29.5.1932 in Zweig Letters.
Arnold Zweig-Freud 27.11.1932 ibid.
Arnold Zweig-Freud 30.11.1932 ibid.

1933年2月13日
S.E., IV.xxxii.

1933年2月14日
1. ライバル関係にある東京の「アルス社」もまた、林髞の翻訳になる『メタ心理学』を1933年に出版した。とはいえ、この本が同じ郵便で一緒に届くというようなことはないだろう。
Translation list [FM: I-F8-17-29].

1933年2月17日
1. フロイトには、東洋の古代の遺物や文化を、特に研究した様子はない。しかし、彼の蔵書の中には確かに、仏陀の概念に関する著作が1冊ある。フロイトが出席した最後の精神分析大会の記念として、1922年9月にベルリンで、アイティンゴンから贈られたレオポルト・ツィーグラーの『Der Ewige Buddho』（永遠の仏陀）という本である。
Portal, Jane, in Ferenczi and Art, p.124.
Ziegler, Leopold, Der Ewige Buddho, Otto Reichl, Darmstadt, 1922 [FM].

1933年2月21日
Translation list [FM: I-F8-17-37].

1933年2月28日
1. この国会議事堂炎上事件に関するナチスの説明を信じる者など、ほとんどいないようだった。この頃、シュテファン・ツヴァイクの中編小説を原作にした映画がちょうど上映されていた。『燃える秘密』という題名の作品である。この災上事件の翌日、人々がポスターを指差しては、ウィンクしたり笑ったりしているのに、ゲシュタポ［ナチスドイツの秘密国家警察］が気づいた。ツヴァイクによると、その日の夕方までに、映画の上映は禁止され、本と映画の広告はどちらも消えてしまった。
Zweig, Stefan, Die Welt von Gestern, Fischer, 1979 [1944], p.264.

1933年3月4日（支払停止）
Wiener Zeitung, 4.3.1933.

1933年3月4日（ルーズヴェルト）
1. 1980年代に、ついにウィーン市はフロイトに敬意を表して、ルーズヴェルト広場の一部をジグムント・フロイト公園と改名した。ヴォティーフ教会（ベルクガッセからそれほど遠くない）のそばのこの広場には、それまでにもいろいろな名前がつけられてきた。それらを見れば、オーストリアの歴史の埋もれている地層が明らかになる。最初はマクシミリアン広場で、第一次世界大戦後に自由広場となり、1930年代にドルフス広場となった。1938年にはアドルフ・ヒトラー広場と改名された。（この情報に対して、ヨハネス・ライヒメイヤー博士に感謝する）

1933年3月5日
Bergschicker, p.22.
Freud-Lampl-de Groot 9.3.1933 [FM].
Freud-Lampl-de Groot 8.4.1933 [FM].

1933年3月13日
Reeves, Dr. C. N. in Freud and Art, p.75, 76.

1933年3月15日
Lange, Hanns W. Family Tree [FM].
Freud-Sam Freud 1.12.1931 [FM].

1933年3月22日
Freud-Lampl-de Groot 10.2.1933 [FM].

1933年3月25日
Arbeiter-Zeitung 26.3.1933 in Klusacek, Christine, & Stimmer, Kurt (Hrsg.), Dokumentation zur Oesterreichischen Zeitgeschichte, Wien, München, 1982, Bd. 1928-1938, S.232.

1933年3月27日（Pourquoi）
Freud-Eitingon 3.4.1933 [FM].

1933年3月27日（フェレンツィ）
Ferenczi-Freud 27.11.1932 [FM].
Ferenczi-Freud 29.3.1933 [FM].
Freud-Eitingon 3.4.1933 [FM].

1933年3月29日
Fichtner-Molnar 21.5.1990 [FM].（G.フィヒトナー教授のご教示に感謝する）

1933年3月31日
1. ブライヤーは、初めてマクファーソンと共に訪問したときのフロイトの反応を記録している。「彼はまず、エリスについていくつか質問をしてきた。研究者としての彼の勇気に、フロイトは感服していた。ところが、次に飛行機旅行について尋ね始めると、彼の目は驚くほど生き生きとしてきた。なぜ飛行機で来ることにしたのか、どんな気分だったか、どれほどの高度まで上がったのか、上空からの眺めはどんなだったか、などと訊いてきた。われわれは飛行中の嵐について語り、稲妻を横から見たときの不思議な気持ちを話した。いっしょにその場にいたかったという彼の気持ちが私に伝わってきた」
H.D., p.176.
Bryher, The Heart to Artemis, London, 1963, p.245.

1933年4月2日
Freud-Eitingon 3.4.1933 [FM].

Freud, W. Ernset-Molnar 6.8.1989 [FM].

1933年4月3日（ヨフィ）
Freud-Lampl-de Groot 8.4.1933 [FM].
Freud-H.D. 20.7.1933 in H.D., p.191.
Ibid p.166.

1933年4月3日（ダグラス）
Freud-Douglas 10.4.1933 in Holloway, Mark, Norman Douglas: A Biography, London, 1976, pp.399-400.

1933年4月5日
Freud, W. Ernest-Molnar 6.8.1989 [FM].

1933年4月8日
Freud-Jones 7.4.1933 [Typescript Inst. of PsA].
Freud-Lampl-de Groot 15.4.1933 [FM].

1933年4月10日
1. 実際は、フロイトが1人でローマを訪れたのは1912年である。1913年9月に訪れたときには、ミンナ・ベルナイスが同行している。フロイトは、1912年に発行されたガイドブック——Th.グゼル・フェルス博士が書いた『Rom und die Campagna』（ローマとカンパーニャ）——を持っていた。おそらく最初の旅行に携えていったのだろう。この本のモーゼの像のところに、彼は青いクレヨンで印をつけていた。ちなみに、この本の中で印がついているのは、ここだけである。この個所で、グゼル・フェルスは、ミケランジェロが描写したのは怒りの爆発ではなくて、自制の瞬間であるという事実（これが、フロイトの主張の要点になった）を強調している。グゼル・フェルスはまた、ローマのユダヤ人が、この像を自分たちの宗教的指導者の象徴と考えていたことをも指摘している。この象徴に対するフロイトの批判的分析が、のちに『モーゼと一神教』に内在しているユダヤ教に対する攻撃へと発展していった。
Freud-Weiss 12.4.1933 in Letters.
Gsell Fels, Dr. Th., Rom und die Campagna (7th ed.), Leipzig & Wien 1912, p.754 [FM: Lucie Freud Papers].

1933年4月10日
Freud-Lampl-de Groot 15.4.1933 [FM].

1933年4月16日
Jones, Ⅰ.158.
Freud-Lampl-de Groot 15.4.1933[FM].

1933年4月17日
1. 後にアイティンゴンは、このエピソードから、最近おきた政治的な出来事を思いだした、と書いている。2人の大臣がフォン・パーペン首相に言った。自分たちは暴力以外には屈しない、と。するとフォン・パーペンは、どのようなタイプの暴力がお好きですかと、ていねいに尋ねた、というもの。
Jones, Ⅲ.195, 198.
Peters, p.193.
Clark, p.491.
Freud-Eitingon 21.4.1933 [FM].

1933年4月22日
1. ピーター・スウェールズが示唆した他の名前は、ウィーンの詩人ヴィクトール・クレンペラーと、カール・クレンペラー、アイロス・クレンペラー博士であり、後の2人はどちらもブナイ・ブリース［ユダヤ人の友愛団体］の特別会員である。
Eissler, K.R., Talent and Genius N.Y., 1971, p.140 n.5.
Psychoanalytic Pioneers, p.157.
Jones, Ⅱ.88-9.
Swales-Molnar 21.4.1990 [FM].

1933年4月25日
1. この「尊敬をこめた」献辞はムッソリーニを賞賛しているわけではない。献辞を書き入れた本（『戦争はなぜ？』）をなぜ選んだのかを考えれば、この献辞はムッソリーニの外交政策への痛烈な皮肉とも解釈できる。1928年に出した手紙で、「レーニンやムッソリーニのような独裁者には全く共感できない」とフロイトは述べていた。（フロイト-フィーレック. 1928-7‐20）
Freud-Weiss 12.4.1933 [FM].
Lobner, Hans, "Some additional remarks on Freud's library," Sigmund Freud House Bulletin, Vol.1, No.1, 1975, p.23.
Freud-Viereck 20.7.1928 in Letters.
Carloni, Glauco, "Freud and Mussolini" in Rovigatti, Franca (Ed.), Italy in Psychoanalysis, Rome, 1989, pp.51-60, pp.58-9.

1933年5月1日
Freud-Eitingon 3.4.1933 [FM].
Wiener Zeitung, 3.5.1933.

1933年5月4日
Anna Freud-Jones 27.4.1933 [Inst. of PsA: CFA/FO1/30].

1933年5月5日
Knoepfmacher, Hugo "Zwei Beiträge zur Biographie Sigmund Freuds," Jahrbuch der Psychoanalyse, Bd. XI p.61.
Freud-Jones 7.4.1933 [Typescr. Inst. of PsA].
Jones, Ⅲ.193.

1933年5月6日（誕生日）
Freud-Jones 7.5.1933.
Freud-Jones 7.5.1933 in Jones, Ⅲ.192.
Freud-Jones 7.5.1933 [Typescript Inst. of PsA].
Jones-Freud 16.5.1933 [Inst. of PsA].
Freud-Marie Bonaparte 9.5.1933 in Schur, 445.
Eitingon-Freud 27.4.1933 [FM].

1933年5月6日（目まい）
Freud-Marie Bonaparte 9.5.1933 in Schur, 444-5.

1933年5月11日
Neukollner Tageblatt, 12. Mai 1933, (Auszug) in Bergschicker, p.100.
Jones, Ⅲ.194-5.

1933年5月15日（エルンスト）
Jones-Freud 3.6.1933 [Inst. of PsA].
Freud-Eitingon n.d. (June 1933) [FM].

1933年5月15日（手術）
Pichler Notes, 28.2.1933, 6.4.1933, 15 & 16.4.1933 [FM].

1933年5月15日（ツヴァイク）
1. ツヴァイクのこの本は、フロイトの理論を武器にして、ドイツの反ユダヤ主義を攻撃している。『わが闘争』はダニエル・シュレーバーの『シュレーバー回想録』［平凡社ライブラリーに訳書がある。2002年］になぞらえられている。この本は、パラノイア（妄想症）の原因に関するフロイトの研究の基礎となった。ツヴァイクは、ナチス・ドイツを一人の精神病患者にたとえた。ナチスはみずからの病気に内在する悪魔的な衝動を中心にして生き、その躁病的な願望を否定する周囲の世界を破壊しようと決心していたというのである。
Arnold Zweig-Freud 15.2.1936 in Zweig Letters.
Zweig, Arnold, Bilanz der deutschen Judenheit 1933.
Ein Versuch," Amsterdam, 1934, pp.71-5, 101-4, 232.

1933年5月16日
Freud-Lampl-de Groot 25,2,1933, 9.3.1933, 8.4.1933 [FM].

1933年5月21日（ジャンヌ）
Freud-Lampl-de Groot 27.7.1933 [FM].
Lampl-de Groot, Jeanne, n.d. [FM: SF/LG 70].

1933年5月21日（フリースラント）
Salten, Felix, Neue Menschen auf alter Erde: Eine Palästinafahrt, Berlin-Wien-Leipzig, 1925, pp.111-2.
Eitingon-Freud 2.11.1933[FM].

1933年5月22日
Freud-Lampl-de Groot 26.5.1933[FM].
Freud-Jones 29.5.1933 [Typescr. Inst. of PsA].

1933年5月23日
Freud-Ohtski 20.6.1935 in Zeit.f.Psa. Tokio, V3.5 1935 [LoC].

1933年5月24日
Freud-Jeanne Lampl-de Groot 15.4.1933 [FM].

1933年5月25日
Freud-Lampl-de Groot 26.5.1933 [FM].

1933年5月26日
Pichler Notes, June 1933 [FM].

1933年5月28日
Freud-Pfister 28.5.1933 in Zweig Letters.
Arnold Zweig-Freud 21.1.1934 in Zweig Letters.

1933年5月29日
Freud, "Forward" in Bonaparte, Marie, Edgar Poe: étude psychanalytique, Denoël et Steele, Paris 1933. [FM 2770-2771].
Bonaparte, Marie: Handwritten dedication (ibid).

1933年6月4日
1. フロイトの内面の苦闘は、この追悼文の原稿を線で消したり書き換えたりしたことに現れている。(人生の最後の最後まで、フロイトは、いつもはすらすらと文章を書いて、訂正することもほとんどなかった) たとえば、発表された追悼文にはこういう箇所がある。「枯渇していない感情の源泉から、フェレンツィは次のように確信した。患者たちが子供の頃に切望していた愛情を充分に与えてやれば、はるかに大きな効果を及ぼすことができるのだと」
しかし、原稿では、この文章の最初の部分はこうなっていた。「子供のように無邪気な彼の内面生活の、枯渇していない源泉から……」
Freud-Lampl-de Groot 4.6.1933 [FM].
Freud-Eitingon 7.6.1933 [FM].
S.E., XXII.229 (G.W.XVI.269)
Nachruf Ferenczi, Ms. [LoC].

1933年6月5日
1. ジョーンズは、フロイトとウェルズとが最初に出会ったのは1931年だとしているが、その年に2人が会ったとする他の記録はまったくない。1933年のこの会見は、ザルツブルクのシュテファン・ツヴァイクを訪問したウェルズの求めに応じて、ツヴァイクが計画したものであった。
Jones, Ⅲ.171.
Freud-Lampl-de Groot 8.6.1933 [FM].
Stefan Zweig-Freud June 1933 in Stefan Zweig, p.167.
Wells, H.G. Experiment in Autobiography (Vol.1), London, 1984 [1934],p. 301.

1933年6月16日
Freud-Eitingon 7.6.1933-17.4.1933 [FM].
Eitingon-Freud 31.5.1933 [FM].

1933年6月26日 (ハマーシュラーク)
Schröter, p.60 n.4, p.468 n.1.

1933年6月26日 (ヴィッテルス)
1. フロイトは、本に書き込みをめったにしなかった。せいぜいページの余白に線を引いて、特定の個所を示すくらいだった。膨大な蔵書の大多数、中でも彼が最も高く評価していた本には、メモも印もまったくつけられていない。
"Letter to Fritz Wittels" S.E., XIX.286.
Freud-Wittels 19.11.1933 [FM: I/F8-33-1-14].
Wittels, F. Sigmund Freud: Der Mann, die Lehre, die Schule, Leipzig/Wien/Zürich, 1924 [FM].

1933年6月30日
Freud, W. Ernest-Molnar 6.8.1989 [FM].

1933年7月8日 (ルース)
Freud-Lampl-de Groot 14.7.1933 [FM].

1933年7月8日 (マルティン)
Freud, Anton Walter, Telephone interview, 30.8.1989.
Freud-Lampl-de Groot 14.7.1933 [FM].
Martin, Freud-Jones 18.8.1933 [Inst. of Psa: CFB/FO3/01].

1933年7月9日
1. 「クネプフマッハー・ヴォルフ」とは「ヴィルヘルム・クネプフマッハー」のことだと思われる。また、祝典への招待状には、いくつかの試験問題が載せてあった。その試験問題の中にはソフォクレスの『オイディプス王』からの一節や「自分の職業を選ぶ場合、どんな事を考慮するか」というような小論文の主題があった。
"Invitation to Matura celebration 1933" [FM: SOH9-17 "B"].
Knoepfmacher, Hugo, "Zwei Beiträge zur Biographie Sigmund Freuds" Jahrbuch der Psychoanalyse, Bd. XI p.61 [FM: Author's copy dedicated to Anna Freud, with erroneous dates hand corrected.)
ibid. p.53.

1933年8月1日
Anna Freud-Jones 23.8.1933 [Inst. of PsA: CFA/FO1/39].

1933年8月2日
Freud-Lampl-de Groot 1.2.1933 [FM].
Freud-Lampl-de Groot 10.2.1933 [FM].
Freud-Lampl-de Groot 16.2.1933 [FM].
Freud-Marie Bonaparte 7.12.1933 in Schur, 562.

1933年8月10日
1. おそらく、このユダヤ人盲人会館への訪問はホーエ・ヴァルテ社が出版した点字の『精神分析入門』(出版日は書かれていない) ともなんらかの関係があったのであろう。翌年、アルトマン博士はフロイトにこの施設にいる盲人が製作した彫刻についての本を送った。この本の献辞は1934年11月8日付である。
2. 3年後のフロイト80歳の誕生日に、子供たちは、点字に見せかけたお祝いメッセージを送った。点字のように浮き彫りになってはいたが、実は本物の点字ではなくて、文字は普通のアルファベットであった。
Burlingham pp.297-8
Guestbook, Jewish Institute for the Blind, "Hohe Warte" in Siegfried Altmann Collection [Baeck: AR-C.1107. 2899].
Ludwig Münz & Viktor Löwenfeld, Plastische Arbeiten Blinder, Brünn, 1934 [FM].
Blinden-Institut, Hohe Warte (80th Birthday Congratulatory Message) [SFC]. (この注釈に結びつく情報を教えて下さったカール・フォレント博士とヨハネス・ライヒメイヤー博士に感謝する)

1933年8月11日
Freud-Eitingon 29.7.1933 & 5.8.1933 [FM].

1933年8月12日 (ホッホローテルド)
Freud-Lampl-de Groot 12.8.1933 [FM].

1933年8月12日 (ワイズ)
Wise, Stephen,Challenging Years: The Autobiography of Stephen Wise, London, 1951.
Freud Bernays, Hella, All in the day's work, Talk to Altrusa Club, Columbus, Ohio, 21.9.1978 [LoC].

1933年8月17日
1. 1933年後半に、パリに精神分析学研究所を設立する一助として、マリー・ボナパルトは以前に住んでいたアパート (サン・ジェルマン通り137) をフランス精神分析学会に自由に使わせた。
2. 非医師による精神分析に対してフランス精神分析学会が敵意を示していたので、ジョーンズは不安を抱いていた。「女性で、しかも非医師の会長を戴くのも魅力的かもしれませんが、非医師という点にフランス精神分析学会が反対するのではないでしょうか」(ジョーンズ-アンナ・フロイト.1933-12-2)
Freud-Eitingon 29.7.1933 [FM].
Freud-Jones 23.8.1933 [Typescript Inst. of PsA].
Marie Bonaparte-Jones 20.10.1933 [Inst. of PsA GO7/BE/FO1/04].
Jones-Anna Freud 2.12.1933 [Inst. of PsA CFA/FO1/56].

1933年8月18日 (Essais)
Translation list [FM: I-F8-17-26].
Freud, Sigmund, Essais de Psychanalyse appliquée, Gallimard Paris, 1933 [FM: LDFRD 2927].

1933年8月18日 (ドロシー)
Burlingham, p.240.
Freud-Lampl-de Groot 8.4.1933 & 27.7.1933 [FM].
Young-Bruehl, p.96.

1933年8月24日

Valenstein, Mrs. K., Interview, 14.5.1990.
Freud-Jeanne Lampl-de Groot 27.7.1933 [FM].
Freud-Jeanne Lampl-de Groot 12.8.1933 [FM].

1933年8月25日
Anna Freud-Jones 31.10.1933 [Inst. of PsA: CFA/FO1/49].
Freud-Lampl-de Groot 27.7.1933 [FM].

1933年9月3日 （ラフォルグ）
1. この日記が記録した、ラフォルグによる最後の訪問である。しかし、実際には彼はその後も、たとえば1937年初めにフロイトを訪ねている。その時に、彼はオーストリアから離れるようにフロイトに説得した。フロイトはそれに答えて、「ナチス、私は彼らのことは恐れてはいません。ただ、大きな敵と戦っている私を助けていただきたいのです」と言った。ラフォルグが驚いて、「その敵とは誰なのですか？」と尋ねたところ、フロイトは「宗教、つまりカトリック教会です」と答えている。
2. 1938年までには、状況が変わっていて、アンナ・フロイトは、ウィーンの少数の精神分析学会員を英国へ連れていく際にも、ジョーンズと押し問答をするハメになった。
Anna Freud-Jones 27.11.1933 [Inst. of PsA: CFA/FO1/55].
Laforgue, Dr. "Persönliche Erinnerungen an Freud," Die Vorträge der 5 Lindauer Psychotherapiewoche 1954, Stuttgart, n.d., p.51 [FM: VI/F29-165].
Waelder, Robert, Interview R.S.Stewart, 29.7.1966.

1933年9月3日 （ブライヤー）
1. ブライヤーはその後も精神分析運動に関わり続けた。彼女は1934年のルツェルン大会、1936年のマリエンバード大会、1938年のパリ大会に出席した。彼女が最後にフロイトを訪問したのは（日記にはその記録はない）1936年のマリエンバード大会以後のことであった。政治的な状況が悪化すると、彼女はスイスに移住し、同地の難民委員会で働いて、ユダヤ人や、政治的反体制派がドイツからの国境を越えるのを助けた。スイスから退去を強いられる以前に、105人の人達がナチスの手から逃れるのを彼女は助けている。（その中には、不運なドイツの批評家、ヴァルター・ベンヤミンも含まれていた。その後彼は、スペインへの山越えの途中で自殺した）。
Robinson, Janice S.E.,, H.D.,D.: The Life and Work of an American Poet, Boston, 1982, pp.303-4.
Grosskurth, Phyllis, Melanie Klein: Her World and Her Work, London, 1986 [1985], p.369.
Bryher, The Heart to Artemis: A Writer's Memoirs, London, 1963, pp.269-70, 278.

1933年9月5日
1. この当時、フロイトの精神分析を受けていたロイ・R・グリンカー博士はこの心臓発作と前後してフロイトに会い、急激な変化を報告している。「私が初めてフロイト教授にお会いしたのは1933年の夏の終わりごろで、彼の別荘でした。彼は非常に精力的で、長い指と手を動かし、絶えず歩き回っているのが印象的でした。彼は実際の年齢［77歳］より若く見えました。（中略）こうしたフロイトをその後再び見ることはありませんでした。（中略）歳をとり、病状が深刻なのにもかかわらず、フロイトは分析の仕事を心臓発作後たった2～3週間で再開しましたが、身体的な活気は消え失せていました。非常にゆっくりと歩いていましたし、動きの中には、かつての溢れるほどのエネルギーは見られなかったのです」
Pichler Notes, 15.9.1933 [FM].
Freud-Jones 15.10.1933 [Typescript Inst. of PsA].
Anna Freud-Jones 18.10.1933 [Inst. of PsA: CFA/FO1/45].
Freud-Arnold Zweig 25.10.1933 in Zweig Letters.
Grinker, Roy R., M.D., "Reminiscences of a Personal Contact with Freud," The American Journal of Orthopsychiatry, Vol.X. Oct. 1940, No.4 p.850.

1933年9月16日
Freud-Liebe Kinder [Oli & Henny Freud] 2.9.1933 [FM].

1933年9月19日 （ピヒラー）
Pichler Notes, 19-20.9.1933 [FM].

1933年9月19日 （ルクス）
Freud, Stephen, Personal communication, 23.3.1990.
Freud-Lucie Freud 20.10.1933 [SFC].

1933年9月30日
Mathilde Freud-Ernst Freud 1.11.1933 [FM: Lucie Freud Papers].

1933年10月3日
Neue Freie Presse, 4.10.1933.
Schuschnigg, Kurt v., The Brutal Takeover, London, 1971, p.49, 90.
Freud-Lampl-de Groot 14.7.1933 [FM].

1933年10月4日
1. バウアーが1935年に亡くなった時、フロイトはまだ彼を赦すことが出来なかった。「彼はただ単にジャーナリストとしての立場を乱用しただけでなく、自分が行なったことをあさましくも弁護したのです。これは未だに感じている、もう一つの痛切な幻滅でした」（フロイト-アルノルト・ツヴァイク.1935-2-13）
Freud-Arnold Zweig 28.1.1934 & 13.2.1935 in Zeitung Letters.

1933年10月5日
Freud, Martin, Reifezeugnis [FM: Photocopy-Courtesy A.W. Freud).
Freud, Esti, Vignettes of my Life, Nov. 1979 (ms.), [Baeck].
Martin Freud, p.200.

1933年10月9日 （初の外出）
Martha Freud-Lucie Freud 13.11.1933 [FM: Lucie Freud-Papers].
Martha Freud-Lucie Freud 13.11.1933 [FM: Lucie Freud-Papers].

1933年10月9日 （小人の像）
Reeves, Dr. C.N., in Freud and Art, p.59.
H.D., p.174.

1933年10月14日
Neue Freie Presse, 15.10.1933.

1933年10月16日
Freud-Mathilde Hollitscher 16.10.1933 [LoC]
Freud-Mahtilde Hollitscher 16.10.1924 [LoC].

1933年10月19日
Freud-Ernst Freud 3.12.1933 [LoC].
Martin Freud-Jones 5.12.1952 [Inst. of PsA: CFB/FO3/O8].

1933年11月4日
Freud-Ernst Freud 3.12.1933 [LoC].

1933年11月8 [9] 日 （胃炎）
Anna Freud-Ernst Freud 7.11.1933 [FM: Lucie Freud Papers].

1933年11月8 [9] 日 （ピヒラー）
Pichler Notes, 9.11.1933 [FM].

1933年11月12日 （手術）
1. 10周年と言っても、10年前の1923年11月12日に最初の手術が行なわれたわけではなかったし、ピヒラーによる最初の手術が行なわれて10年目というのでもなかった。問題は、フロイトが「私の顎と口蓋の右横にある白色の腫瘍」に気が付いた1923年初め頃に始まった（フロイト-ジョーンズ.1923-4-25）。4月20日に耳鼻科医師マルクス・ハイエク、彼はユリウス・シュニッツラーの義兄なのだが、この医師が手術を行なった。しかし、この手術は不手際なもので、危険なほど出血した。病理学の報告書でこの腫瘍が悪性であることが判明した。翌月には、ホルツクネヒトがフロイトに放射線療法とラジウム療法を行なった。人工口蓋が造られ、その後ピヒラーによる初めての手術が2段階に分けて行なわれ――最初は1923年10月4日、2回目は11日。しかし、1か月後に病理学者から受け取った報告書を見ると、悪性組織がまだ残っていたので、11月12日に、さらなる徹底的手術が必要になった。1923年に行なわれたこの最後の手術が、ここでフロイトが10周年と言っている手術である。
2. 1930年3月20日に開かれたある会合で『文化への不安』について討議する際に、フロイトは、真理への自分の献身は人々になんら不

快を与えるものではない、として次のように言っている。「あなたがた夫々の死は確かなものですし、私の死は明らかにもっと早くくるのです。しかし、あなたがたはその事で悩んではなりません。7年前に、私は長くても5年の命と言われました。そして、その後の人生はなかなかよい人生でした。ですから、人類に最も不愉快な事をお話する事が出来るのです。つまり、死は不快なことではないのです」

Martha Freud-Ernst/Lucie Freud 29.11.1933 [FM: Lucie Freud Papers].
Sterba, pp.115-6.

1933年11月12日
Neue Freie Presse, 12 & 13.11.1933.

1933年11月14日
1. ドイツから避難した後に、ジンメルはブリュッセルへ移り米国行きのビザが出るのを待っていた。ロスアンゼルスでは勤め口が約束されており、1934年4月に彼はヨーロッパを離れる事が出来た。米国では、彼はロスアンゼルスの研究グループを精神分析学会へ作り変え、自己保存、死の欲動、反ユダヤ主義、集団心理に関しての本を書いた。

Anna Freud-Jones 27.11.1933 [Inst of PsA: CFA/FO1/55].
Martha Freud-Ernst/Lucie Freud 29.11.1933 [FM: Lucie Freud Papers].
Fliess, Robert, "In Memoriam," The Psychoanalytic Quarterly, N.Y., Vol.17, 1948 pp.1-5.
Schultz, U., Hermanns, L.M., "Das Sanatorium Schloss Tegel Ernst Simmels-Zur Geschichte und Konzeption der ersten Psychoanalytischen Klinik." Psychotherapie. Psychosomatik Medizinische Psychologie. 2. Feb. 1987, p.65.
Hermanns, Dr. Ludger, Oral communication, 22.7.1990.
Anna Freud-Jones 4.3.1934 [Inst.of PsA: CFA/FO1/72]
Anna Freud-Jones 12.4.1934 [Inst. of PsA: CFA/FO1/82]

1933年11月16日（新しい講義）
Meisel, Perry, & Kendrick, Walter (eds.), Bloomsbury Freud: The Letters of James and Alix Strachey 1924-1925, N.Y., 1985, p.46.
Jones-Freud 17.7.1933 [Inst. of PsA].
Freud-Jones 23.7.1933 [Typescr. Inst. of PsA].

1933年11月16日（キプロス）
Jones, III.222.
Arnold Zweig-Freud 2.3.1936 in Zweig Letters.

1933年11月16日（エルンスト）
1. ロンドンでの最初の1年間、エルンストはイギリス人がドイツの状況について何も知らないことを知って愕然とした。イギリス人たちは親しみを示そうとして、ヒトラーについてのお世辞を言ったりしたのである。「彼等は全く何も知らなかったのです」と彼は後に書いている。

Martha Freud-Lucie Freud 13.11.1933 [FM: Lucie Freud Papers].
Freud, Ernst, Interview R.S.Stewart, 10.1.1966.

1933年11月25日
Freud-Eitingon 5.10.1933 [FM].
Int. J. PsA, January 1934, Vol.XV, I pp.108-9.
Eitingon-Freud 2.11.1933 [FM].
Martha Freud-Ernst/Lucie Freud 29.11.1933 [FM: Lucie Freud Papers].

1933年12月3日（アンナ）
Freud-Anna Freud 3.12.1933 [FM].
Martha Freud-Ernst/Lucie Freud 29.11.1933 [FM: Lucie Freud Papers].

1933年12月3日（ミツィ）
1. ミツィは、この心臓発作から9年後に亡くなった。1942年6月29日に、彼女は二人の姉妹（アドルフィーネとパウラ）と共にテレジエンシュタット強制収容所へ送られた。その後、ミツィとパウラは1942年9月23日にマールィ・トロスチネッツ［Малый Тростинец、現在のベラルーシのミンスク近く］にある絶滅収容所［ハンブルグ、ウィーン、デュセルドルフの市民3000人が殺された］に移送され、そこで最期を迎えている。

Martha Freud-Lucie Freud 7.12.1933 [FM: Lucie Freud Papers].
Leupold-Loewenthal, Harald: "L' émigration de la famille Freud en 1938," Revue Internationale d'Histoire de la Psychanalyse 2, 1989, p.459.

1933年12月11日
1. Dorothy Burlingham-Lucie Freud 17.1.1934 [FM: Lucie Freud Papers].

1934

1934年1月2日
S.E., XV.11.
Freud, Sigmund, Shiurim be-mavo le-psikho-analizah Vol.1. (Authorized Hebrew translation by Y. Devosis), Stybel, Tel Aviv, 1933/34. [FM: LDFRD 5358].

1934年1月5日
Freud, Anton Walter, Telephone interview, 30.8.1989.
Martha Freud-Ernst/Lucie Freud 15.1.1934 [FM: Lucie Freud Papers].

1934年1月6日（王女）
Bertin, p.190.
Anna Freud-Jones 24.10.1934 [Inst. of PsA: CFA/FO2/15].

1934年1月6日（フィリップ）
1. 1934年の夏、オスカル・フィリップの息子エリオットはケンブリッジの学生で、グリンツィングの夏の家にいたフロイト夫妻を訪問している。フロイトは最初に、「君のお父さんは、まだ正統派のユダヤ教を信じているのかね」と尋ねたが、これは、フロイトがユダヤ教をほとんど認めていなかったことを知っていたエリオットの父が予測していた質問であった。そして、自著『幻想の未来』をお父上が読んでほしいと続けたフロイトに、エリオットはこう答えた。父は『幻想の未来』を読んだが、それは父の信念を強めただけだった、と。［ここでいう「幻想」は宗教を意味し、この本は宗教を否定している。フロイトは無神論者だった］

Martha Freud-Ernst/Lucie Freud 15.1.1934 [FM: Lucie Freud Papers].
Philipp, Elliot, "Souvenirs de rencontres avec Sigmund Freud, "L'Ecrit du Temps 6, Les Editions de Minuit, Paris, [1984?], pp.45-6.

1934年1月24日
Schur, 486.
Engelman, pl.19.
Anna Freud-Jones 30.1.1934 [Inst. of PsA: CFA/FO1/66].
Martha Freud-Lucie Freud 12-14.2.1934 [FM: Lucie Freud Papers].
Pichler Notes, 9.2.1934 [FM].

1934年2月7日
Young-Bruehl, p.45.
Martha Freud-Ernst/Lucie Freud 3.2.1934 [FM: Lucie Freud Papers].
Martha Freud-Lucie Freud 12.2.1934 [FM: Lucie Freud Papers].

1934年2月10日
Anna Freud-Jones 14.1.1934 [Inst. of PsA: CFA/FO1/63].
Anna Freud-Jones 30.1.1934 [Inst. of PsA: CFA/FO1/63].
Anna Freud-Brill 28.2.1934 [FM: Transcript GENERAL file].
Freud-Ernst Freud 2.3.1934 [SFC].
Martha Freud-Lucie Freud 12.2.1934 [FM: Lucie Freud Papers].

1934年2月12日
1. 停電がおきたので、マルタは書いていた手紙を途中で止めた。電車は停まり、電話もつながらなくなったが、ガスと水道だけは使う事が出来た。翌日の夕方、彼女は手紙の続きを書き始めた。劇場や映画館も閉鎖され、家の門は8時には鍵がかけられた。戒厳令がしかれて、政府軍と社会民主党員との間で血なまぐさい市街戦が繰り広げられていた。さらに

フロイト一家の周りには有刺鉄線が張り巡らされ、食料などの購入先であるシュリックガッセにあるパプストの店から隔離されてしまった。「第一次世界大戦中でさえ、このような経験をした事はありませんでした」と彼女は書いた。

Stadler, Karl R., Austria, London, 1971, pp.130-1.
Spiel, Hilde, Vienna's Golden Autumn: 1866-1938, London, 1987, p.231.
Freud-H.D. 5.3.1934 in H.D. p.192.
Kitchen, Martin, The Coming of Austrian Fascism, Montreal, 1980, p.6 & 279.
Freud-Ernst Freud 20.2.1934 in Letters.
Freud-Eitingon 1.3.1934 [FM].
Mann, Thomas, Tagebücher 1933-34, Fischer, 1977, p.324.
Martha Freud-Lucie Freud 12/13/14.2.1934 [FM: Lucie Freud Papers].

1934年2月17日
Hemecker, Dr. Wilhelm, Oral communication, 30.5.1990.

1934年2月18日
Burlingham, p.243.

1934年2月19日
Dumont, Georges-Henri, Elisabeth de Belgique, Paris, 1986, p.265.

1934年3月3日
1. ジョーンズはフロイトへの手紙にこう書いた。「この重大な自動車旅行のとき、ルーシー[三男エルンストの妻]は、その男が車を運転出来ないこと、そして女性の運転を信用していないことを知って、不安になったそうです。彼女は代わりに運転してくれと頼んだのですが、聞き入れられませんでした。事故の5分前に、彼女は駐車場で葉書を投函しました。これが、最後の葉書になるような予感がしたとのことです。母親宛ての手紙だったのでしょうが、これは考えすぎのような気がします。事故がおきたとき、彼女は、楽しい夢を見ているような感じで、大変幸せだったといいます。これは、幼児期の恐怖（母親からの危険？）が現実化することはありえないと思いたいがための、現実を強烈に否認する、強い刺激障壁[知覚を外来刺激から守ってくれる生まれつき備わっている装置]ではないでしょうか。本当は彼女は驚くほど元気で、耳からの出血だけが、受傷していたことを示していたのですから」（ジョーンズ-フロイト.1934-3-26）
Jones-Freud 26.3.1934 & 12.6.1934 [Inst. of PsA].
Jones-Anna Freud 28.2.1934 [Inst. of PsA: CFA/FO1/70].
Anna Freud-Jones 4.3.1934 [Inst. of PsA: CFA/FO1/72].

1934年3月8日
Freud-Ernst Freud 11.3.1934 [LoC].

1934年3月8日
Reeves Dr. C.N. in Freud and Art, p.73.

1934年3月9日
Ransohotf, Rita, "Sigmund Freud: Collector of Antiquities and Student of Archaeology, "Archaeology, 1975, Vol.28, No.2, 102-111, p.106.

1934年3月12日
Wittels, F., Sigmund Freud: Der Mann, die Lehre, die Schule, Leipzig/Wien/Zürich, 1924 p.121(margin note) [FM].
Freud-Lampl-de Groot 25.1.1933 [FM].

1934年3月23日
Pichler Notes, 22-3.3.1934 [FM].

1934年4月5日
Wiener Zeitung, 4.4.1934（この注釈についてヨハネス・ライヒメイヤー博士に感謝する）

1934年4月13日
Freud-Eitingon 14.4.1934 [FM].
Freud-Lou Andreas-Salomé 16.5.1934 in Pfeiffer.
Martha Freud-Lucie Freud 8.5.1934 [FM].

1934年4月20日
Freud-Lucie Freud 20.10.1933 [SFC].
Martha Freud-Lucie Freud 13.11.1933 [FM].

1934年4月21日
J.R. "Obituary" [for Daly], Int. J. PsA, vol. 31, 1950, pp. 290-1.
Freud-Ferenczi 14.4.1925 [FM].
Lupton, Mary Jane, Ph.D., "Claude Dagmar Daly: Notes on the Menstruation Complex" American Imago Vol.46, Spring 1989, No.1, pp.1-2.

1934年4月23日
Pichler Notes 7 & 23.4.1934 [FM].

1934年4月24日
Nestroy, Johann, Sämtliche Werke: historisch-kritische Gesamtausgabe (ed. Fritz Brukner and Otto Rommel), Wien, 1924-1930) 15 vols. [LDFRD 1072].
Beer-Hofmann, Richard, Gesammelte Werke, Fischer, Frankfurt a. Main, 1963, p.637.

1934年4月25日
1. スウェーデンの学会で問題がおきたので、イェケルスは2年後の1936年にロンドンに行こうかと考えた。しかしながら、ジョーンズはそれに賛成しないで、むしろ、どうしてワルシャワに行って、そこで若いグループを助けないのかと言った。イェケルスは1937年にウィーンに戻ったが、1938年にナチスがオーストリアを併合したので、オーストラリア経由で米国に移住した。彼のことを気にかけていたフロイトは、スミス・イーライ・ジェリフ宛てに次のような手紙を書いた。「ニューヨークへの移住者の中に、イェケルス博士という人物がいます。優れた分析家で、私の大変親しい友人です。患者を紹介するなど、彼の生活を支援して頂けませんか」（フロイト-ジェリフ.1938-10-18）
Mühlleitner, Elke, Die Männlichen Mitglieder der Wiener Psychoanalytischen Vereinigung 1937/38, (Typescript).（エルク・ミュールライトナーに感謝する）
Freud-Eitingon 20.11.1932 [FM].
Freud-Jelliffe 18.10.1938 [FM: I-F8-74-25].

1934年4月26日 （ウル）
1. この時期にフロイトはH.D.（ヒルダ・ドゥリトル）を分析していた。『フロイトにささぐ』の1933年3月20日の項目で、彼女はフロイトが語った言葉を記録しているが、この言葉は分析の仕事と古代遺物の蒐集との間にあったつながりを象徴している。「小さな彫像や偶像ははかない思いつきをつなぎ止めたり、完全に忘れてしまうのを防ぐのに役立ちます」
しかしフロイトが古代遺物に魅了されていた事は、時として、分析に必要な冷静さをかき乱すこともあった。考古学についてもっと知りたいという願望が分析の邪魔をして、有名なエジプト学者への治療を中断したことがあった、とライクは述べている。
Wooley, Sir Charles Leonard, The Royal Cemetery: a report on the predynastic and Sargonid graves excavated between 1926 and 1931, London, 1934, 2 vols.[LDFRD 1573].
H.D. p.175.
Reik, Theodor, The Inner Experience of a Psychoanalyst, London, 1949, p.128.

1934年4月26日 （オリ）
Freud-Oli/Henny Freud 2.9.1933 [FM].
Freud-Arnold Zweig 25.10.1933 in Zweig Letters.
Freud-Sam Freud 31.7.1933 [FM].

1934年4月26日 （レーウ）
H.D. p.xiii & 5.
Freud-Lampl-de Groot 15.4.1933 [FM].

1934年4月28日
Martha Freud-Lucie Freud 8.5.1934 [FM].
Freud-Lou Andreas-Salomé 16.5.1934 in Pfeiffer.
Anna Freud-Jones 7.5.1934 [Inst. of PsA: CFA/FO1/85].
Anna Freud-Jones 11.5.1934 [Inst. of PsA: CFA/FO1/87].
Freud-Eitingon 27.5.1934 [FM].
Freud-Ernst Freud 15.4.1934 [LoC].

1934年5月1日
Kitchen, Martin, The Coming of Austrian Fascism, Montreal, 1980, p.278.

Wiener Zeitung, 1.5.1934 (No. 120).

1934年5月6日
Freud-Eitingon 27.5.1934 [FM].
Martha Freud-Lucie Freud 8.5.1934 [FM].

1934年5月6日
Freud- Anna Freud 3.9.1932 [FM].
Freud-Lampl-de Groot 26.5.1933 [FM].
Martha Freud-Lucie Freud 8.5.1934 [FM].

1934年5月7日
Portal, Jane in Freud and Art, p.130.

1934年5月18日
1. 前年、フロイト77歳の誕生日に、H.D.はフロイトの机上の古代遺物が片付けられ、蘭の花瓶が置かれているのを見た事があった。しかし、人々はフロイトに他の花も贈っていた。1930年にマティルデがくれた花に感謝して、フロイトは、自分の机の上にはバラや谷間のゆりがあり、「自分の運命から逃れる事はどうしてもできないことを私に思い出させてくれます」と述べている。(フロイト-マティルデ.1930-5-9) 彼にこのクチナシの花を誰が贈ったのかはわからない。アイティンゴン夫人ミラは1932年までに既に3回クチナシの花を彼に贈っていた。しかし、彼女は今ではエルサレムにいたので、このクチナシの花はおそらく別人からの贈り物であろう。1933年に、フロイトはローマのスペイン広場や、クチナシの花についての思い出をH.D.に語る中でこう打ち明けた、「ローマでは、私でさえクチナシの花を身に付けることができたのです」。それで、H.D.はウィーンでこれらの花を探したが見つからなかった。しかし、彼女もこの時には、ウィーンにいなかった。
Freud-Meine geliebte Alte [Martha Freud] 20.9.1912 [FM].
Freud-Mathilde Hollitscher 9.5.1930 [LoC].
Eitingon-Freud 6.7.1932 [FM].
Freud-H.D. 28.11.1938 in H.D. p.11.
Ibid p.9.

1934年6月4日
1. もっとも、この日記でフロイトは小物の蒐集物にはほとんど言及していない。だからこでいう「サラピス」とは、顎ひげのある男性の大きな胸像のことかもしれない。この胸像は、1938年にエンゲルマンが撮影したベルクガッセ19の写真には写っているが、その後行方不明になった。あるいは、一日に雄牛の像を2体買ったのが珍しかったので、このサラピス像のことを書き留めたとも考えられる(ちなみに、占星術的に言えば、フロイトが生まれたのは「おうし座」であった)。
Wallis Budge, E.A., Osiris and the Egyptian Resurrection, N.Y., 1973 [1911], Vol.1, p.61.
Hart, George, A Dictionary of Egyptian Gods and Goddesses, London, 1987 [1986], pp.188-9.

1934年6月14日　木曜日
1. ジョーンズとアンナ・フロイトは2人とも、グロデックが8月のルツェン大会で発表するために提出した論文を気にかけていた。ジョーンズはその内容が全くナンセンスであると彼女に書いた。それに対して、彼女はさらに手厳しく、こう返答した。「私の印象ではナンセンスどころか、聴きに来た人達が不愉快になるような類のものです。なぜなら、聴衆の誰も、著者が健全な精神状態にあるとは感じないでしょうから」(アンナ・フロイト-ジョーンズ.1934-4-12)
グロデックが亡くなったので、この問題は立ち消えになった。
Freud-Jones 16.6.1934 [FM: SFVAR 76].
Jones-Anna Freud 9.4.1934 [Inst. of PsA: CFA/FO1/81].
Anna Freud-Jones 12.4.1934 [Inst. of PsA].

1934年6月30日
Freud-Arnold Zweig 15.7.1934 in Zweig Letters.

1934年7月4／5日
Pichler Notes, 6.7.1934, 23.3.1934 & 9.8.1934.
Schur, p.450.

1934年7月12日
Freud, W. Ernest-Molnar 6.8.1989 [FM].

1934年7月12日
Portal, Jane in Freud and Art p.130.

1934年7月13日
Freud-Jones 17.6.1932 [Typescript Inst. of PsA].
Sarasin, Philipp, Lebenslauf [FM: S9 Offprints].

1934年7月16日
Translation list [FM: I-F8-17-29].

1934年7月17日
1. J・H・W・フォン・オフィセンはオランダの精神分析団体を離れると、一時期、南アフリカで働いた。オフィセンをできるかぎり援助したザックスに、ジョーンズとアンナは好感を抱いた。二人ともヨーロッパと米国の諸団体内部での派閥争いに嫌気がさしていたからである。「ヴォルフ・ザックスの手紙も同封します。日本からの手紙と同じように、彼の手紙は実に魅力にあふれています。ヨーロッパから遠く離れているからでしょうか」(アンナ・フロイト-ジョーンズ.1935-5-9)
J.R. 'Obituary' [Wulf Sachs] Int. J. PsA 31, 1950, 288-9.
Jones-Anna Freud 3.4.1933 [Inst. of PsA: CFA/FO1/25]
Jones-Anna Freud 29.4.1935 [Inst. of PsA: CFA/FO2/36]
Anna Freud-Jones 9.5.1935 [Inst. of PsA: CFA/FO2/37]

1934年7月21日
Martha Freud-Lucie Freud 8.5.1934 [FM: Lucie Freud Papers].

1934年7月25日
1. フロイトのムッソリーニについての疑念は、部分的にしか正当化されない。オーストリアの独立は維持されるべきだという事を、ムッソリーニがヒトラーに同意させようとしたからである。しかし、ヒトラーからの保証を得る事は出来なかった。
2. ドルフスの葬儀に出たマルティン・フロイトは次のように書いている。「ウィーンの人達は殆ど葬儀に参列しなかった。ウィーンの人間の大多数は今では社会主義者で、最初の市民戦争で敗北した後、ドルフス体制に敵意をもっていたからである。その反面で、ナチス支持の市民もかなりいて、政府打倒の企てが失敗に終わったのを嘆いていた」
Freud-Jones 16.6.1934 [Typescript Inst. of PsA].
Clare, George, Last Waltz in Vienna, London, 1981, pp.131-3.
Martin Freud, p.197.

1934年7月26日　(マルタ)
Freud-Liebe Kinder [Oli/Henny] 31.7.1933 [LoC]
Freud-Ernst Freud 11.3.1933 [LoC]

1934年7月26日　(マリアンネ)
1. マリアンネ・クリスは後年、有力な児童分析家になった。1938年、彼女は夫とともにニューヨークに移住した。1957年に夫が亡くなった後、彼女は幼児期と青年期の問題に関する夫の研究を引き継いだ。彼女の息子であるアントン・O・クリス博士は現在米国で精神分析医として開業している。
[Ernst Federn] "Obituary" (Marianne Kris), Sigmund Freud House Bulletin, Vol.4/No.2, Winter 1980, p.57.
Kris, Anton O.-Molnar 1.6.1990.

1934年8月2日
Freud-Jelliffe 2.8.1934 [FM: I-F8-74-15].

1934年8月18日
Eitingon-Freud 21.7.1934 [FM].

1934年8月20日
1. 1932年フーバー社は、国際精神分析出版所と共同で、ヌンベルグの『精神分析からみた神経症総論』を出版した。この本は、フロイトが「私たちが現在持っている、神経症成立過程についての精神分析学的理論の最も完全で誠実な発表」として推薦したものである。
Nunberg, Herman, Memoirs, N.Y., 1969, pp.59-63.
Freud, Sigmund, Advertising circular I.P.V. 1932 [FM].

1934年8月22日

1. フロイト伝で、ジョーンズはこの訪問の日付を勘違いして、こう書いている。「ルツェルン大会の後で、私はウィーンへ飛び、3日間、フロイトを訪れた。5年ぶりの再会であった」[下線は著者]
Anna Freud-Jones 18.8.1934 [Inst. of PsA: CFA/FO2/10].
Jones-Anna Freud 24.1.1934 [Inst. of PsA: CFA/FO1/65].
Jones-Anna Freud 2.4.1935 [Inst. of PsA: CFA/FO2/35].
Jones, III.205.
CFA/FO2/13].
Freud-Redaktion der I.P.Zeitschrift 11.2.1933 [LoC].

1934年8月25日 （アレクサンダー）
Roazen, Paul, Review of "Howard J. Faulkner & Virginia D.Pruitt (Eds.)"The Selected Correspondence of Karl A. Menninger, 1919-1945" (Yale University Press 1988)" Psychoanalytic Books, Fall 1990, p.448.
Freud-Eitingon 21.7.1932 [FM].

1934年8月25日 （アンナ）
Anna Freud-Jones 15.6.1934 [Inst. of PsA: CFA/FO1/95].

1934年8月29日
H.D., pp.5-6.

1934年9月1日
Anna Freud-Jones 20.9.1934 [Inst. of PsA: CFA/FO2/11].
Eitingon-Freud 18.9.1934 [FM]
Leitsätze der Kongressvorträge, 13 Int. Psa Kon. 26-31 Aug. 1934 [FM]
Anna Freud-Jones 24.10.1934 [Inst. of PsA CFA/FO].

1934年9月3日
1. 1933年、フロイトは『精神分析雑誌』の編集部に、「積極的に活動を行なっている人達の名前だけを、その公用箋のレターヘッドに列挙すべきです」と書き送った。しかし、ラドだけは例外となった。というのは、第一に彼は1924年から1931年までの7年間にわたり優秀な編集委員であった。そして、第二に「彼が激しい気性の持ち主だったので原則の問題で彼を怒らせるのは得策でないと考えたからである。
Anna Freud-Jones 20.9.1934 [Inst. of PsA: CFA/FO2/11].
Jones-Anna Freud 24.9.1934 [Inst. of PsA].

1934年9月6日
Burn, Lucilla in Freud and Art, p.103.

1934年9月23日
1. 非常に奇妙な事であるが、この副題を知らなかったアイティンゴンは、危険な敵を武装解除させるために、この論文に「歴史的・心理学的小説」という副題をつけるようにと、独自に提案した。フロイト自身が作成した自著の年代順リストでは、『モーゼ』は1935年の初めに登録されている。しかし、このリストは、おそらく過去にさかのぼって編纂されたもので、毎月記されたものではない。この作品の表題は括弧内に書かれていて、それが未発表や暫定的な性質のものである事を示している。
Freud-Arnold Zweig 18.8.1933 in Schur, 563 [『ツヴァイク書簡集』ではこの一節は見あたらないが、削除されたとは思われない]
Freud-Arnold Zweig 30.9.1934 in Zweig Letters.
Freud-Lou Andreas-Salomé 6.1.1935 in Pfeiffer.
Freud-Arnold Zweig 16.12.1934 in Zweig Letters.
Yerushalmi,Yosef Hayim, "Freud on the 'Historical Novel': From the Manuscript Draft (1934) of Moses and Monotheism." Int. J. PsA. (1989) 70. p.375.
Eitingon-Freud 14.10.1934 [FM].
Freud, Chronologie [LoC].

1934年10月9日
1. フランスのバルトゥー外相はこの暗殺事件の第一の標的ではなかったが、アルノルト・ツヴァイクがフロイト宛ての手紙で述べたのは、彼の死についてであった。というのは、この事件で長年続いていたバルカン問題に再びヨーロッパが巻き込まれたからである。「バルトゥーの暗殺で、近いうちに何が起きるのか、わからなくなりました。恐るべき事です。暴力が暴力を生み、愚かさが愚かさを生みます。昨日、私は本当に落ち込みました。ユーゴスラヴィアの背後には、このような暗殺へと人々を駆り立てる難しい歴史が横たわっているのです。この事件で得するのはヒトラー一人ですが、彼がこの事件に一枚噛んでいたと証明するのは難しいでしょう。けれども、確かに噛んでいたことを示すものが少しでもあれば、ヒトラー時代を終わらせる新たな激流が生まれるかもしれません。けれども、そういう喜びを私たちは味わえるのでしょうか」（アルノルト・ツヴァイク-フロイト.1934-10-11）
Seton-Watson, Hugh, Eastern Europe between the Wars: 1918-1941, N.Y., 1967, p.228 & 231.
Arnold Zweig-Freud 11.10.1934 in Zweig Letters.

1934年10月13日
Anna Freud-Jones 24.10.1934 [Inst. of PsA: CFA/FO2/15].
Martha Freud-Lucie Freud 12.10.1934 [FM: Lucie Freud Papers]
Freud-Eitingon 27.10.1934 [FM].

1934年11月3日
Martha Freud-Ernst Freud 27.10.1934 [FM: Lucie Freud Papers].

1934年11月26日 （講師）
Dekan-Freud 23.11.1934 [FM: SOH9-17 "D"].
上記の手紙に引用されたオーストリアの法律は次の通り。
Staatsgesetzblatt Nr. 415. #21, Absatz 1. Punkt 4.
(2.9.1920)
Bundesgesetzblatt 1934 Stück 16, Nr. 34 [Artikel 4].
(23.5.1934)
（この注釈について、ヨハネス・ライヒメイヤー博士の協力に感謝する）

1934年11月26日 （ホルモン）
1. 主要なガン手術直後の1923年11月17日に、フロイトはシュタイナハ（Steinach）の手術——精管切除——を受けた。この手術は元気を回復し、ガンの再発を遅らせる方法として、ルドルフ・フォン・ウルバンチッチが薦めたものであった。翌年、何の効果もなかったとフロイトは報告したが、後年、アメリカのジャーナリストであるジョージ・フィーレックからインタビューを受けた際には、この外科手術を弁護した。延命というシュタイナハの効果を認めるかどうかという質問に対して、フロイトはこう答えている。「シュタイナハは延命の試みなどしておりません。彼は単に老化を防ごうとしているだけです。シュタイナハの手術は初期段階での厄介な生物学的事故をくいとめます。人生を生きやすくしますが、意味を与えるわけではありません。如何に強い生命力がその人の中で燃えていようと、生きとし生けるもの全ては、『生命という熱病』が終わるのをひそかに望んでいるのです」
Pichler Notes, 22.11.1934 [FM].
Schur, 450
London Weekly Dispatch 28.7.1927[Transcript LoC:B28]
Jones, III.104.
Freud-Ferenczi 22.1.1924 & 6.8.1924 [FM]
Romm, pp.73-85

1934年12月3日
Freud, Martin, "Birthday poem 3.12.1934" [FM:MOB 16]

1934年12月7日
Freud, Esti D., Vignettes of my Life, Nov.1979 (ms.),[Baeck]
Freud, Anton Walter, Telephone communication, 30.8.1989.

1934年12月14日
Freud-Fliess 19.4.1894 in Masson.
Freud-Ferenczi 13.12.1929[FM].

1934年12月16日

Schur, 57-8.

1935

1935年1月1日
Schur, 409-410.

1935年1月13日
Jones-Federn 4.12.1934 [Inst. of PsA: GO7/BC/FO5/07].

1935年1月23日
Freud-Anna v. Vest 26.3.1925 in Goldmann, Stefan, (1985)
Jahrbuch der Psychoanalyse, Bd. XVII. S. 296-337（この注釈に結びつく情報についてフィヒトナー教授とピーター・スウェールズに感謝する）

1935年1月23日
1. フロイトの誇りにはいつもの不安が混ざっていた。彼は手紙をこう続けている。「もちろん、心配もあります。アンナは物事をまじめに受け取り過ぎるのです。私が死んだらどうなるのか。苦行僧のような禁欲生活を送るのでしょうか」（フロイト-ルー・アンドレアス＝ザロメ.1935-1-6）
Peters, pp. 199-200.
Anna Freud-Jones 14.1.1935 [Inst. of PsA: CFA/FO2/26].
Freud-Lou Andreas-Salomé 6.1.1935 in Pfeiffer.
Sterba, p. 70.

1935年1月27日
1. 米国在住の親戚エトヴァルト・ベルナイスを通じて「本当の」自伝を書かないかという米国からの申し出を受け取ったとき、フロイトは次のような返事を出している。「一方、心理学的に完全で正直な人生の告白を書こうとすれば、家族、友人、敵たちに対して、その大多数は現存しているのですが、（私の事に関してだけでなく彼らの事に関しても）、多くの思慮を欠いた振る舞いをすることになります。ですから、こういう告白は問題外です。つまり、すべての自伝を価値の無いものにするのは、虚偽なのです」（フロイト-エトヴァルト・ベルナイス.1929-8-10）
"Postscript to An Autobiographical Study" S. E., XX. 71.
Freud-Edward Bernays 10.8.1929 in Letters.

1935年2月6日
1. レヴィ＝ブリュールがフロイトに贈ったこの本は、以下の一連の著作の五番目である。『未開社会の思考法』『原始的心性』『原始人の魂』『原始人と超自然』『原始神話学』『原始人における神秘体験と象徴』。ハンガリーの文化人類学者、ゲザ・ローハイムと違って、レヴィ＝ブリュールは原住民の文化に精神分析学を適用するのではなくて、個人と社会の相互関係を再定義しようとした。この違いを、彼は『研究ノート』で次のように要約している。「無意識（フロイトによる）の存在と重要性が認識されたのはごく最近のことであるし、まだ個人の無意識しか研究されていない。だから、これから述べることを、思いもかけないことだと考える哲学者や心理学者がいるかもしれない。しかし彼らは個人でありながら、自分のことを、真の個人のように感知、表象される社会集団の一員あるいは構成要素だと考える人間と出会っていないのだ。このような社会集団はもちろんその構成員から成り立っているのだが、同時にこのような社会集団がその構成員を存在させているのである」
Freud-Marie Bonaparte 7.2.1935 in Jones, III.208.
Lévy-Bruhl, Lucien, La mythologie primitive: le monde mythique des Australiens et des Papous, Paris, 1935 [FM: LDFRD 1013].
Lévy-Bruhl, Lucien, The Notebooks on Primitive Mentality, Oxford, 1975, p. 80.

1935年2月6日
Anna Freud-Jones 25.2.1935 [Inst. of PsA Soc: CFA/FO2/31].
Freud-Arnold Zweig 13.2.1935 in Zweig Letters.

1935年2月18日
Kubie, Lawrence S., "Pavlov, Freud and Soviet Psychiatry" in Sarason, I. G. (ed), Psychoanalysis and the Study of Behaviour, N. Y., 1965 p. 32. （この参考文献についてピーター・スウェールズに感謝する）

1935年2月19日
Freud-Arnold Zweig 13.6.1935 in Zweig Letters.

1935年2月22日
Lou Andreas-Salomé-Freud 6.5.1936 in Pfeiffer.

1935年2月28日
Swales-Molnar 21.4.1990 [FM].

1935年3月11日
Freud, W. Ernest-Molnar 6.8.1989 [FM].

1935年3月16日
Freud-Arnold Zweig 14.3.1935 in Zweig Letters.

1935年3月17日
Bergschicker, p. 130.

1935年3月23日
Pichler Notes, 23.3.1935 [FM].
Anna Freud-Jones 29.3.1935 [Inst. of PsA: CFA/FO2/34].

1935年3月29日
Schur, 527.
Lucie Freud-Ilse Grubrich-Simitis (End letter n.d. [After 1969])[FM: Lucie Freud Papers (Marbled notebook p. 4)].

1935年4月6日
Jones-Freud 27.6.1935 [Inst. of PsA].
Freud-Jones 7.7.1935 [Typescript Inst. of PsA].

1935年4月11日
Grinstein, p. 98.

1935年4月13日
Freud-Pfister 31.1.1936 in Pfister Letters.
Freud, Martin, "Who was Freud" in Fraenkel, Josef (ed.) The Jews of Austria, London, 1970 [1967], p. 206.
Sterba, p. 163.
Freud, Martin-Jones 5.12.1952 [Inst. of PsA: CFB/FO3/O8].

1935年4月18日
Freud-Lou Andreas-Salomé 16.5.1935 in Pfeiffer.

1935年4月20日
1. 1943年にランダウアーはオランダにおけるナチスによる最後のユダヤ人捜索の際に逮捕され、強制収容所に送られた。解放3か月前の1945年1月に、彼はベルゲン＝ベルゼン収容所で亡くなった。彼の家族は生き延びる事が出来た。
2. ランダウアーはオランダ精神分析学会の分裂騒動にもっとも深く関わっていた。というのは、新しい団体は主に彼のために作られたからである。ところが分裂後、彼はこうした状況と、前指導者のオフィセンが脱会したこととを、気まずく感じるようになった。そこで、二つのグループを再統合すべきだと考えた。しかしながら、新グループの他のメンバーは、彼が対立するグループに再統合を申し入れたのを苦々しく感じた。このとき、2グループ間の争いはまだ解決していなかったのである。
ライクとランダウアーが来訪したことを知らせる回状で、後にアンナ・フロイトは、オランダから届いた知らせはあまり良いものではない、なぜなら二つのグループが今「互いに戦争状態にある」からだ、と述べている。オランダ精神分析学会は、1938年、S・J・R・ド・モンフィー会長の下、再統一された。
Anna Freud-Jones 29.3.1935 [Inst. of PsA].
Anna Freud-Jones 24.10.1934 [Inst. of PsA: CFA/FO2/15].
Reik, Theodor, Fragment of a Great Confession, N. Y.,1965, p. 301.
Freud-Jones 20.11.1933 [Typescript Inst. of PsA].
Jones-Freud 1.12.1933 [Inst. of PsA].
Freud-Reik n. d. [FM: 1-F8-16-6].
Hier gehat... p. 56.
Note to Hollós-Federn 17.2.1946, Sigmund Freud House Bulletin, Vol. 3/No. 2, Winter 1979, pp. 70-71.

Freud, Anna Rundbrief 9.5.1935 [Inst. of PsA: CFA/FO2/37].
"Obituary" (S. J. R. de Monchy), Int. J. Psa. (1971), 52, 201.

1935年4月21日
1. ジョーンズは再婚した妻と2人の子供達を連れて来た。最初の妻、作曲家でピアニストのモーフィド・ルイン・オーエンは1918年9月7日に、ある手術の後亡くなった。彼は2番目の妻、キャサリン・ヨーケルとは1919年10月にチューリヒで出会った。彼等は会ってから3日以内に婚約し、3週間後に結婚した。

彼らの最初の娘は1928年に亡くなった。この時、フロイトはジョーンズを慰めようとして、娘の死という悲しみから離れ、気晴らしをするためにシェイクスピアを研究してはどうかと提案した。［これは、後に『ハムレットとオイディプス』というジョーンズの研究に結晶した］

Freud-Jones 24.2.1935 [Typescript Inst. of PsA]
Jones, III. 209.
Jones-Freud 2.5.1935 [Inst. of PsA].
Davies, T. G., Ernest Jones 1879-1958 University of Wales Press, 1979, pp. 43-5.
Jones, III. 149.

1935年4月22日
Anna Freud-Jones 29.3.1935 [Inst. of PsA: CFA/FO2/34].
Hier geht . . . p. 52.
Psychoanalytic Pioneers.

1935年4月23日
1. 1938年のナチス・ドイツによるオーストリア併合の後、ウィーンの分析家達をロンドンへ招く準備を進めた際に、ジョーンズはウェルダーを断った。理由は、ロンドンではなくて、ニューキャッスルしか、居場所が見つからないということであった。その結果、ウェルダーは米国に移住した。以前にロンドン学会に批判的な講義をしたのが、自分が歓迎されなかった原因だと彼はずっと確信していた。

Glover, Edward, "Obituary" (Schmideberg), Int. J. PsA 26, 1955, pp. 213-5.
Freud-Jones 26.5.1935 [Typescript Inst. of PsA]
Anna Freud (Rundbrief), 9.5.1935 [Inst. of PsA: CFA/FO2/37].
Jones-Freud 2.5.1935 [Inst. of PsA].
Freud-Jones 7.7.1935 [Typescript Inst. of PsA].
Waelder, Robert, Interview R. S. Stewart, 29.7.1966.

1935年4月25日
Jones, III. 210.

1935年4月26日（マコード）
McCord, Clinton, "Freud-The Man" (Reprint), The Psychiatric Quarterly, Vol. 14, Jan. 1940.

1935年4月26日（ツヴァイク）
1. 公刊されたツヴァイク宛ての手紙の中で、フロイトはこの本については何も述べていないが、9月に会った際に話をした可能性は考えられる。この本を読み終えたばかりだったトーマス・マンは、日記の中で、次のように厳しく批判した。「［1935年4月24日］シュテファン・ツヴァイクの『メアリ・スチュアート』は質の落ちる、瑣末な本だ。血と情熱と歴史はあふれているが、感傷的で、決まり文句が多すぎる。よい素材を駄目にするこの種の書き物には困ったものだ」

Zweig, Stefan, Die Welt von Gestern, Fischer, 1988 [1944], p. 434.
Mann, Thomas, Tagebücher 1935-1936, Fischer, 1979, p. 89.

1935年4月26日
1. 蒐集家なら対になった品物の片方を贈りはしないだろう。とはいえ、フロイトは集めた古代遺物については寛大であった。

1935年4月28日
1. マンの60歳の誕生日は1935年6月6日であった。その後まもなく、彼はアメリカ旅行に出かけた。大西洋横断の帰途、7月10日か11日に、ベレンガリア号の甲板で彼はドロシーの息子、ボブ・バーリンガムに出会った。そして以下のように記している。「昨日、若いバーリンガムが訪問してくれた事で、この旅行全体の中でも大変人情味あふれる有益な印象を受けた。19歳、もう殆ど20歳。9年間暮らしてきたドイツかオーストリアで、アメリカの新聞社の特派員になりたいと言っていた。3、4年前にウィーンのフロイトを訪ねた時に、そこで既に会っているとのことだった。」

S. E., XXII. 255
Freud-Mann June 1935 in Letters.（発表されたフロイトの手紙にある「1935年6月」という日付は、マンの誕生日の日付にあわせたのだと思われる）
Mann, Thomas, Tagebücher 1935-1936, Fischer, 1979, p. 140.

1935年4月30日
Pichler Notes, 30.4.1935 [FM].
Anna Freud-Jones 9.5.1935 [Inst. of PsA: CFA/FO2/37].

1935年5月5日
Freud-Eitingon 5.6.1932.
Pichler Notes, 5.5.1935 [FM].

1935年5月6日
Schur, 457.
Freud-Eitingon 12.5.1935 [FM].

1935年5月24日
1. 王立医学会名誉会員の称号はたいへん重要な称号だが、これはフロイトがイギリスの公式の医学界から受け取った最後の名誉ではなかった。1937年5月に、彼はジョーンズに次のように書いている。「私は、ロンドン・王立医学的心理学協会（Royal Medico Psychological Association）の名誉会員にするとの厳粛な証書をたった今受け取りました。これはどういった類のもので、また私からどんな反応を期待しているのかを、数行で私にお知らせくださいませんか。何も特別な栄誉ではないと、私は思っています」（フロイト-ジョーンズ.1937-5-18）

ジョーンズは返事を書いて、「この協会は英国にある精神科医、主に精神病院の医師達による公式の団体です。（中略）問題になっている名誉はかなりなものです。実を言うと、すでにあなたに贈られていると思います。というのは、私は最近の大会演説でその事について話した事を覚えているからです」（ジョーンズ-フロイト.1937-5-22）

Freud-The Royal Society of Medicine 25.5.1935 [FM: II/F8-105].
Freud-Arnold Zweig 13.6.1935 in Zweig Letters.
Freud-Jones 26.5.1935 [Typescript Inst. of PsA]
Freud-Jones 18.5.1937 [Typescript Inst. of PsA]
Jones-Freud 22.5.1937 [Inst. of PsA].

1935年6月9日
Anna Freud-Jones 7.6.1935 [Inst. of PsA].
Anna Freud (Rundbrief), 9.5.1935 [Inst. of PsA: CFA/FO2/37].

1935年6月10日
1. 1945年ホロス夫妻は、かろうじてハンガリーのファシストから殺されずに済んだ。戦後、彼はこの経験を感動的な手紙でパウル・フェダーンに物語っている（ホロス-フェダーン.1946-2-17）

Hollós-Federn 17.2.1946 in Psyche 28 (1974), pp. 266-268. [English version] Sigmund Freud House Bulletin, Vol. 3/No. 2, Winter 1979, pp. 70-71.

1935年6月10日
1. 作家のジョバキーノ・フォルツァーノ（1933年にヴァイスと一緒にフロイトを訪問した）はムッソリーニの親友であったから、ヴァイスと精神分析学の為にとりなしをしようと試みた。1934年ヴァイスは、ムッソリーニの義理の息子で、やがて外務大臣になるガレアッツォ・チアーノとの接見を認められ、『イタリア精神分析雑誌』の発行禁止に抗議したが、効果はなかった。フロイトは、彼の敵である反動的なオーストリアのヴィルヘルム・シュミット神父が、禁止するためにその影響力を行使したのではないかと、疑った。

Freud-Arnold Zweig 13.6.1935 in Zweig Letters.
Carloni, Glauco, "Freud and Mussolini," in Rovigatti, Franca (ed.), Italy in Psychoanalysis, Rome, 1989 pp. 51-60.
Freud-Arnold Zweig 30.9.1934 in Zweig Letters.

Freud-Weiss 7.7.1935 [FM].

1935年6月11日

この名前の解読に専門的支援をしてくださったフィヒトナー教授、および、米国国会図書館が所蔵するこのインタビュー記事を私に紹介して下さったピーター・S・スウェールズに感謝する。このインタビューは、ベンガル語から著者によって翻訳され、"Pashchimer Yatri-Iurop Bhraman"（『西欧への巡礼、ヨーロッパでの旅』）カルカッタ、1935年）の中で発表された。

1935年6月18日

Freud-Meine Lieben 14.6.1930 [FM].

1935年6月22日

Anna Freud-Jones 19.6.1935 [Inst.of PsA: CFA/FO2/42].

1935年6月22日

Pichler Notes, (Summer 1935)[FM].

1935年6月27日

Freud, W. Ernest-Molnar 6.8.1989 [FM].

1935年7月8日

Freud-Fliess 30.1.1901 p. 477 n. 1 Schröter.

1935年7月13日

Neue Freie Presse, 14.7.1935.
Clare, George, Last Waltz in Vienna, London, 1981, p. 133.

1935年7月14日

1. ライクがベルリンに出発する前の1928年に、フロイトはアイティンゴンに次のような手紙を書いた。「数日前、私はライクと話し合いましたが、印象は痛切でした。私が非難したある事を、彼は撥ねつけはしませんでした。ですが、彼の苦境に対して何の援助も約束出来なかったのです」（フロイト-アイティンゴン.1928-11-17)。

10年後に、ライクが推薦状を求めたときには、フロイトはロンドンから以下のように答えている。「あなたの事を考えると、同情と怒りとが私の内部で争うのです。いろいろ頼まれるたびに、他人を助けられない無力さがわかるのでなければ、英国での生活を楽しめるのですが」（フロイト-ライク.1938-7-3)」

2. この日記にはライクがフロイトを訪問したというこれ以上の記録はない。しかし、実際には、ライクは米国に移住する直前の1938年に最後の訪問をしている。彼は以下のように書いている。「私が見たフロイトは著しく変わっていた。皮膚にはしわが出来、両目は深く落ちくぼんでいた。タバコ・ケースを開けたときの両手も、骨と皮だけのように見えた。しかし、彼の目、彼の好奇心に満ちて、洞察力のある目はいつものように生き生きと輝いており、優しかった」

Psychoanalytical Pioneers, p. 250.
Freud-Reik 4.1.1935 [FM: I-F8-18].
Sterba, pp. 82-3.
Freud-Eitingon 17.11.1928 [FM]
Freud-Reik 3.7.1938 [FM: Copy I-F8-18-7]
Reik, Theodor, From Thirty Years with Freud, London, 1942, p.34.

1935年7月17日

1. キニジンはキニーネに由来する薬で、心臓血管系の拡張薬である。この薬とは別に、フロイトは一時期、亜硝酸アミルを与えられた事があったが、この効き目をよしとせず、「私はこの薬を飲むと、頭の中が混乱したような不愉快な気分になるので嫌でした」と言っていた（フロイト-アルノルト・ツヴァイク.1937-12-20)。

Freud-Jelliffe 2.8.1934 [FM: 1-F8-74-14]
Anna Freud-Jones 20.7.1935 [Inst. of PsA: CFA/FO2/48].
Blanton, Smiley, Diary of My Analysis with Sigmund Freud, N. Y., 1971, p. 61.

1935年7月22日

Bertin, pp. 191-2.

1935年7月26日

Martin Freud, 26.7.1935 [FM: MISC]

1935年8月2日

1. ロックフェラーJr.の精神分析が話題になったのか？ フロイトは既に他の有名な大富豪に出会っていたが、彼らとの出会いからは何も生まれなかった。ロンドンのロスチャイルド一族の家長が1920年に来訪した際には、後にフロイトは以下のように書いている。「彼は精神に異常をきたしていましたし、私にはどうしようもなかったのです。いずれにしても、彼は私の治療を拒否しました」（フロイト-アンナ・フロイト.1920-10-12)。2年後の1922年に、グゲンハイム夫人が訪ねてきたときには、フロイトは彼女と会うのを見合わせた。「この大富豪は裕福というより『けち』だと思うのですが、あからさまに無礼な態度と暗黙の脅しとで、うまく断ったのです」（フロイト-アンナ・フロイト.1922-7-17)「『けち』の原文は英語 'mean']。

2. 6か月前に、ロックフェラー財団のために旅行していたジェラード博士にフロイトは会っていた。非常に奇妙な事であるが、ロックフェラーという名前は、1935年12月にフロイトとアルノルト・ツヴァイクの間で交わされた手紙に繰り返し出始めている。ツヴァイクは、モーゼが唯一神アトン-レーの太陽神寺院の生徒であり、アメノフィス3世の若き同世代人だとの話を聞いていた。この情報の出所は「ルクソールにあるロックフェラー美術館」のスミス教授であった。フロイトは最初、「ロックフェラー美術館」がどこにあるのかわからなかったが、ようやくロックフェラーがパトロンとなっていた、「シカゴ大学東洋研究所」がルクソールにあるのを見つけたのだった。

Collier, Peter, & Horowitz, David, The Rockefellers, London, 1976, p. 146 note.
Puner, Helen Walker, Freud: His Life and His Mind, N. Y., 1947, p. 236.
Hannah, Barbara, Jung: His Life and Work, N. Y., 1976, p. 130.（この参考文献についてソヌ・シャムダサニに感謝する）
Freud-Anna Freud 12.10.1920 [LoC]
Freud-Anna Freud 17.7.1922 [LoC]
Arnold Zweig-Freud End Dec. 1935 in Zweig Letters.

1935年8月2日

Wallis Budge, E. A., Osiris and the Egyptian Resurrection, N. Y., 1973 [1911], Vol. II, p. 306.
Lustig, Robert, Interview Lynn Gamwell, 5.9.1988 [FM: FAR/41/37].（この会見記事の写しについてリン・ガムウェルに感謝する）
Bonnet, Hans, Reallexicon der Aegyptischen Religionsgeschichte, Berlin, 1952.
Reeves, Dr. C. N. in Freud and Art, p. 53.
Zweig, Stefan, Die Welt von Gestern, Fischer, 1979 [1944], p. 211.

1935年8月6日

Anna Freud-Jones 12.8.1935 [Inst. of PsA: CFA/FO2/51]
Anna Freud-Jones 1.11.1935 ibid.

1935年8月14日

1. ルシアンはやがて英国の一流画家になった。こうして彼は、画家になるという、父エルンストの若き日の野望を実現した。同じく画家であったフロイトの患者セルゲイ・パンケーネフ（狼男）は、次のような話を回想している。「彼［フロイト］の一番下の息子さんも画家になるつもりだったのですが、その考えを捨てて、建築家に切り換えました。『もし僕が大金持ちか一文無しなら、画家になると決めたと思うんだ』と、この息子さんは父親に語ったそうです。絵を描く事は二つに一つだ、アマチュアとして追い求める贅沢品だと考えるか、さもなければ真剣に受け止めて本当に偉大な何かを成し遂げるか。並の人間からはこの分野では満足できるものは何も生まれない、というのがその理由でした。貧困と『鋼鉄の必要性』が鋭い刺激となって優れた絵画が出来あがるというのです。息子さんの決定を歓迎したフロイトは、この理由についても、筋の通った説明だと考えていました」

Green, John, "The relentlessly personal vision of Lucian Freud," Art News, April 1977, pp. 60-3.
Martha Freud-Gabriel Freud 29.7.1935 [FM: Lucie Freud Papers].
Gardiner, Muriel (Ed.), The Wolf Man and Sigmund Freud, Hogarth, London, 1973, pp. 144-5.

1935年8月18日
Freud-Sam Freud 6.12.1928 [FM].
Freud-Eitingon 18.8.1932 [FM]
Freud-Lilly Marlé 1.6.1936 [FM: MISC]

1935年8月19日
Pichler Notes, 19.8.1935, 26.8.1935, 4.9.1935 [FM].

1935年9月1日
Hier geht . . . p. 80.
Roazen, Paul, Helene Deutsch, N. Y., 1985, p. 246 n.
Roazen-Molnar 17.12.1990 [FM].

1935年9月3日
1. 1897年9月29日前後の時期は、フロイトの生涯において、その転機となった時期であった。つまり、この日の8日前に、誘惑理論を捨てて、幼児期の空想とエディプス・コンプレックスの理論の方向に最初のステップを踏み出した、とフロイトはフリースに認めたのである（フロイト-フリース,1897-9-21）。

フロイトは1897年12月7日に、『夢判断』についてブナイ・ブリース会員に初めて講演を行なった。続いて1897年12月4日に、同じテーマで2回目の講義をして、議事録によると、「聴衆は熱狂的な喝采で感謝の気持ちを示して」いる。次の20年間にわたって、フロイトは更に21回もの講演を行なった。それらはしばしば彼の専門的研究に関連していた。例えば、1899年に「忘却の心理学」、1900年に「児童の心的生活」そして、『日常生活の精神病理』を書いていたその1901年には、「偶然と迷信」というタイトルの講演という具合である。1917年には、「幻想と芸術」というタイトルで最後の講演を行なった。ブナイ・ブリースという団体は、フロイトに専門家でない一般人に話す機会を与えたのであり、実際、それは彼の「最初の聴衆」であった。

Rozenblit, Marsha L., The Jews of Vienna 1867-1914, Albany, 1983, pp. 149-50.
Knoepfmacher, Hugo, "Sigmund Freud and the B'nai B'rith" in Knoepfmacher, Hugo "Zwei Beiträge zur Biographie Sigmund Freuds" (Offprint from Jahrbuch der Psychoanalyse Bd. XI).
"Address to the member of B'nai B'rith" S. E. XX. 273-275.
Freud, 21.1.1926 in Freudiana: From the Collection of the Jewish National and University Library (Exhibition catalogue), Jerusalem, 1973, p. ix.
Freud-Fliess 21.9.1897 in Masson.
Klein, Dennis B. Jewish Origins of the Psychoanalytic Movement, University of Chicago Press, 1985 [1981], pp. 156-163.

1935年9月5日
Bernfeld, Suzanne Cassirer, "Freud and Archaeology," American Imago, Vol. 8, No. 2, p. 110.
Martin Freud, quoted in Clark, p. 217.

Portal, Jane in Freud and Art, p. 127.

1935年9月15日
Jones, II. 122.
Emden-Freud 12.4.1912 [FM: SOH9-17].
Int. J. PsA, Jan. 1935, Vol. XVL, part 1, (Reports).

1935年9月15日
1. けれども、フロイトは自分の「おはこ」を持ち出したことをわびる一方で、追伸ではもう一つの得意な話題を持ち出している。「P.S. あの時は、シェイクスピア＝オックスフォード問題に興味をお持ちか、お尋ねするのも忘れていました。第17代オックスフォード伯エドワード・ド・ベールこそが本物のシェイクスピアだと、私はほぼ確信しているのです」
Freud-Stefan Zweig 5.11.1935 in Stefan Zweig.
Zweig, Stefan, Die Welt von Gestern, Fischer, 1988 [1944], p. 432.

1935年9月15日
Meyers Enzyk. Lexikon, Bibliog. Inst. 1974.
Fichtner-Molnar 21.5.1990 [FM].

1935年9月29日
1. この訪問は他の資料では確認できない。しかし、もし、この訪問者が本当にサー・ジェームズ・ジーンズであれば、フロイトを王立学会の会員にする可能性が話題になったものと思われる。フロイトの蔵書の中には、ジーンズの著書の1冊『エオス：宇宙論の諸断面』（ロンドン、1929）があるが、この本には著者の献辞は記されていない。
Milne, E. A., Sir James Jeans, 1952.
Royal Society Yearbooks [FM]
Jeans, J., Eos or the Wider Aspects of Cosmology, London, 1929 [FM].

1935年10月1日
Roger Keverne (Spinks of London: unofficial assessment).

1935年10月2日
Bergschicker, p. 112.
Natkiel, Richard, Atlas of 20c History, London, 1982.

1935年10月10日
1. フロイトがドロシー・バーリンガムに贈った最初の指輪は金製で、古代ギリシャの黒味がかった碧玉に二輪馬車と御者が沈み彫りにしてあったが、石にはひびが入っていたので、この二番目の宝石が代わりに渡された。やはり、黒味がかった碧玉で、それにはヴァイキング［北欧の海賊］の長いボートが彫ってあった。
"The Subtleties of a Faulty Action," S. E., XXII. 232-235.
Burlingham, p. 192.

1935年10月11日

Pichler Notes, 11.10.1935 [FM].

1935年10月13日
1. ソーントン・ワイルダーは1938年［？］6月21日に、今度はロンドンのフロイトを訪れたようである。これらの訪問のいずれかに、ワイルダーが自分の日記に書き留めた次の発言を、フロイトはしたのだと思われる。「ガンと『潜在意識の中に敵意が存在する』こととが結びつくと、いつの日か、わかるのかもしれませんね」
Freud-Arnold Zweig 14.10.1935 [SFC: Typescript copy].
Freud-Ernst Freud 16.12.1928 [LoC]
Simon, Linda, Thornton Wilder: His World, Garden City, N. Y., 1979, pp. 118-9.
Gallup, Donald (Ed), The Journals of Thornton Wilder 1939-1961, Yale, 1985, p. 282.
Goldstone, Richard H., Thornton Wilder: An Intimate Portrait, New York, 1975, pp. 147-8.

1935年10月16日
Freud-Mathilde Hollitscher 16.7.1935 [LoC].

1935年10月22日
Jones, I. 123-7, 179.

1935年10月28日
Jones-Freud 27.6.1935 [Inst. of PsA].
Freud-Jones 7.7.1935 [Typescr. Inst. of PsA].
Freud-Jones 29-10.1935 [Typescr. Inst. of PsA].

1935年11月6日
Mottled notebook [FM: F8.104].

1935年11月10日
Wiener Zeitung, 12.11.1935 (No. 313).
Visitor list 1938-9 [FM: LDFRD 5238].
Macinnes, Colin, "Yvette" New Statesman, 22.4.1966.

1935年11月21日
Almanach der Psychoanalyse 1936 [FM].

1935年11月23日
Freud-Arnold Zweig 13.6.1935 in Zweig Letters.
Freud-Ernst Freud 21.11.1935 & 29.11.1935 [LoC].

1935年12月3日
Martin Freud, 3.12.1935 [FM: MOB 8A]

1935年12月7日
Freud-Pfister 31.1.1936 in Pfister Letters.

1935年12月10日
Freud, W. Ernest-Molnar 6.8.1989 [FM].
Freud-Velikovsky 26.2.1932 [LoC].

1935年12月14日
Hruby, Karel in Capek, Milic, & Hruby, Karel, T. G. Masaryk in Perspective, S. V. U. Press, 1981, p.

vii.
Zeman, Zbynek, The Masaryks: The Making of Czechoslovakia, London, 1976, p. 155.
Herben, Jan, T. G. Masaryk, Prague, 1947, pp. 470-1.

1935年12月23日
Anna Freud-Ernst Freud 30.12.1935[FM: Lucie Freud Papers].

1936

1936年1月2日
Anna Freud-Jones 28.12.1935 [Inst. of PsA. CFA/FO2/61].

1936年1月13日
Anna Freud-Jones 22.1.1936 [Inst. of PsA: CFA/FO2/62]

1936年1月14日
Freud-Wittkowski 6.1.1936 in Letters.
Freud-Wittkowske 15.1.1936 [FM: I F8-34-1-4].
"A Disturbance of Memory on the Acropolis" S. E., XXII. 238-248.

1936年1月16日（王女）
Bertin, pp. 194-5.

1936年1月16日（ピヒラー）
Pichler Notes, 16.1.1936 [FM].
Anna Freud-Jones 22.1.1936 [Int. of PsA: CFA/FO2/62]

1936年1月20日
Freud-Ernst Freud 6.6.1934 [LoC].

1936年1月21日
Jones, III. 26 & 221.
Meng, H. "Freud and the Sculptor" in Ruitenbeek, H. M., Freud as we knew him, Detroit, 1973, pp. 350 & 351.

1936年1月22日
NLM Cat.
Fichtner-Molnar 21.5.1990.（この示唆についてフィヒトナー教授に感謝する）
van Wulfften-Palthe, P. M., "Koro. Eine merkwürdige Angsthysterie" Int. Z. Psa, XXI. Heft 2, 1935, pp. 249-257.

1936年2月1日
1. 後年、ネモンは英国に落ち着いた。肖像彫刻家として成功した彼は、クイーン・エリザベス2世、皇太后、ビーヴァーブルック卿、モンゴメリー卿、ウィンストン・チャーチル、ドワイト・D・アイゼンハワーなどの彫像を制作した。
Jones, III. 221.
Nemon, Mrs., Telephone communication, 29.5.1990.
Nemon, Oscar, "Comment j'ai fait le buste de Freud" Psyche, Paris, Vol. 10, 1955, p. 483.

1936年2月4日
Freud-Jones 2.3.1937 [Typescript Inst. of PsA].

1936年2月9日
1. 1925年の父ヨーゼフの死後、ロベルト・ブロイエルはフロイトにこう書き送った。「敬愛する教授殿、父はつきせぬ興味を示し、しばしば心から楽しみながら、貴方の仕事を追いかけておりました。ときには事実関係で異議を唱えることもありましたが、貴方の名前を父が最上級の呼称で呼ぶのを、私は何度となく耳にしました。貴方の豊かな才能や優れた業績に父は驚嘆していたのです」（ロベルト・ブロイエル-フロイト.1925-6-25）
Hirschmüller, Albrecht, The Life and Work of Josef Breuer, New York University Press, 1989 [1978], p. 30.
Robert Breuer-Freud 25.6.1925 [FM: SF/Breuer]

1936年2月20日（ビホヴスキー）
Kardiner, Abram, My Analysis with Freud, Norton, 1977, p. 85.
Mühlleitner, Elke, Die Männlichen Mitglieder der Wiener Psychoanalytischen Vereinigung 1937/38, (Diplomarbeit: Vienna University, 1990 unpubl.).
Ehrenwald, Jan, M. D., "Gustav Bychowski: An Appreciation" American Imago, Vol. 30, Spring 1973, No. 1.

1936年2月20日（ピヒラー）
Pichler Notes, 20.2.1936 [FM].

1936年3月3日（ピネレス）
Freud-Fliess 1.8.1899, Schröter p. 399 n. 2.
University Papers Beilage 3. [LoC].
Pfeiffer, p. 231 n. 142 & footnote.

1936年3月3日（オシリス）
Jones, Mark et al. (Eds.), Fake? the art of deception, London, 1990, p. 270.
Reeves, Dr. C. N., Notes on LDFRD 3132 ms. [FM].

1936年3月10日（ピヒラー）
Pichler Notes, 10.3.1936 [FM].

1936年3月25日（ミンナ）
Lou Andreas-Salomé-Freud 6.5.1936 in Pfeiffer.
Freud-Marie Bonaparte 26.3.1936 in Schur, 478.

1936年3月25日
Interview, Mrs. Aviva Harari, 10.7.1991.

1936年3月25日（本の押収）
Freud-Marie Bonaparte 26.3.1936 in Schur, 478.

1936年3月25日（偏頭痛）
Freud-Marie Bonaparte 26.3.1936 in Schur, 478.
Schröter, p. 155.
S. E. XIX. 236 n. 1. （N.B.この英語版ではドイツ語原文の 'Migrane' を頭痛（headache）と訳している）.
Schur, 99.

1936年4月3日
Reeves, Dr. C. N., Notes on LDFRD 3852 ms. [FM].
Ransohoff-Shamdasani 27.11.1987 [FM].

1936年4月5日
Freud-Anna Freud 27.12.1926

1936年4月12日（エジプト）
Reeves, Dr. C. N., Notes on LDFRD 3275 ms. [FM].
Ransohoff-Shamdasani 27.11.1987 [FM].

1936年4月12日（ミンナ）
Anna Freud-Jones 3.4.1936 [Inst. of PsA: CFA/FO2/70]

1936年4月29日
Freud-Lou Andreas-Salomé [c. 20th] May 1936 in Pfeiffer.

1936年5月4日
Rolland-von Hindenburg 20.4.1933 in Doisy, M., Romain Rolland 1866-1944, Bruxelles, 1945, p. 84.
Freud-Wittkowski 6.1.1936 in Letters.
Meng, Heinrich "Sigmund Freud in Brief, Gespräch, Begegnung und Werk" Psyche, J. X. Heft 9 Dez. 1956, p. 529.

1936年5月6日（誕生日）
1. ジョーンズが同意したとき、フロイトはこの代案にさえ二の足を踏んだ。「今ではこの案も、審美的に見られたものではないという気がします。見るも恐ろしい人間ばかりと言ってよい写真を四百枚ほど集めて、そのうち半分以上は私が全く知らない人間で、しかも相当数は私の事を知りたいとは全然思っていないのですから」（フロイト-ジョーンズ.1935-7-21）
2. リリー・マーレのエッセーのタイトルは「家庭でのジグムント・フロイト」「ライナー・マリア・リルケとの出会い」及び「わが友、H.C.アンデルセン」であった。フロイトが謝意を控えたのは、最初のエッセーの中にある、自分が生まれたときの母親の年齢の間違いを、訂正したときだけであった。
Jones-Anna Freud 13.3.1936[Inst. of PsA: CFA/FO2/69].
Freud-Marie Bonaparte 22.3.1936 in Jones, III.216.
Freud-Lilly marlé 1.6.1936[FM: MISC Typescript copy]

Anna Freud-Jones 28.5.1936[Inst. of PsA: CFA/FO2/73].
Freud-Jones 21.7.1935[Typescript Inst. of Psa].

1936年5月6日 （アビシニア）
Mann, Thomas, Tagebücher 1935-1936, Fischer, Frankfurt/M., 1979, p.299.

1936年5月7日
1. トーマス・マンは5月6日にウィーンへ行ったと公刊された日記の中で書いているが、残念ながらこの日記では、5月6日の次は13日に飛んでいる。
Schur, 479.
Jones, III.218.
Mann, Thomas, Tagebücher 1935-1936, Fischer, 1979, p.299.

1936年5月8日 （マン）
Schur, 480.

1936年5月8日 （ブラウン）
1. ハインリヒ・ブラウン（1854-1927）の人格は、若きフロイトに強い印象を与えた。後年、彼は著名なジャーナリストになり、ドイツ社会民主主義運動で活躍した。
Freud, "Zum Ableben Professor Brauns," Mitteilungsblatt der Vereinigung jüdischer Aerzte, No.29, May 1936, Vienna p.6., quoted in Pictures & Words, p274.
"University papers: Beilage II" [LoC].

1936年6月5日
1. 1920年、将来のウィーン精神分析診療所（外来患者クリニック）は総合病院の建物を使用する許可を得られなかった。ウィーン市立総合病院はペリカンガッセ18にある建物を使う事を許可したが、非医師が分析治療を行なわないという条件付きであった。ウィーン精神分析学会もこの場所で1週間に一度会合を開き、アンナ・フロイトが1935年以降技法セミナーを催していた教育研究所も、この建物を使用した。
2. リヒャルト・ステルバは、学会本部開所式でのジョーンズの演説について、こう記している。「演説冒頭の一文に、彼の振る舞いの特徴である、あのあいまいさが表われていた。『他のすべての諸学会の母体であるウィーン精神分析学会が、自らのしかるべき本部を見つけるまでに30年以上かかったのは、この学会が耐え忍んできた名誉ある貧困の意義深いしるしであります』」
Anna Freud-Ernst Freud 30.12.1935[FM: Lucie Freud Papers].
Binswanger, Ludwig, Erinnerungen an Sigmund Freud, Bern, 1956, p.108.
Anna Freud-Jones 3.4.1936[Inst. of PsA: CFA/FO2/70]
Jones, III.216.
Pictures & Words, p335.
Diercks, Dr. Christine, "Exhibition at Berggasse 19," (Exhibition, Sigmund Freud Haus, Summer 1988).
Sterba, p.153.

1936年6月14日
1. トーマス・マンは日記の中で、フロイトを「der Alte（ご老体）」と呼んでいる。（オーストリアーハンガリー帝国最後の年月には、この呼称はフランツ・ヨーゼフ皇帝に対して使われた）。この日記でマンは、講演の前にテラスでお茶とアイスクリームをとったと述べ、それからフロイトの感動と、ナポレオンについての応答について記している。これがヨゼフのテーマに関連するのは明らかである。その後に「アメリカの婦人」（おそらくドロシー・バーリンガム）が、マンを滞在しているホテル・インペリアルまで送って行った。
Schur, 481.
Freud-Arnold Zweig 17.6.1936 in Zweig Letters.
Freud-Mann 29.11.1936 in Letters.
Mann, Thomas, Tagebücher 1935-1936, Fischer, 1979, p.316

1936年6月29日
Freud-Krausz 22.5.1936[FM].
Jones, III.216.

1936年6月30日
Jones-Freud 6.7.1936[Inst. of PsA].
Jones, III.220.

1936年7月11日
Stadler, Karl R., Austria, London, 1971, p.148.

1936年7月14日
Anna Freud-Jones 15.7.1936[Inst. of PsA: CFA/FO2/78].

1936年7月18日
Pichler Notes, 16, 17 & 18.7.1936[FM].

1936年7月19日
Pichler Notes, 19 & 20.7.1936[FM].

1936年7月23日
Pichler Notes, 20, 22, 24, 27.7.1936[FM].
Anna Freud-Jones 23.7.1936[Inst. of PsA: CFA/FO2/80].

1936年7月31日
XIV. Internationaler Psychoanalytischer Kongress: Leitsätze der Kongressvorträge. Jakob Weiss, Wien, n.d.[FM: SOH9-16].
Jones, III.223.

1936年8月6日
XIV. Internationaler Psychoanalytischer Kongress: Leitsätze der Kongressvorträge. Jakob Weiss, Wien, n.d.[FM: SOH9-16].

1936年8月14日
Arnold Zweig-Freud 16.2.1932 in Zweig Letters.
Freud-Struck 23.10.1914[FM: SF VAR 114].
Pictures & Words, pp.210-11.
Freud-Struck 7.11.1914[FM: SF VAR 115 Typescript & Letters].

1936年8月18日 （モーゼ）
1. これは本当に珍しい名誉であった。「委員会」（最初に指輪を贈られたグループ）が1925年にアブラハムの死去とランクの退会を機に解散したあと、フロイトは、テーゲル診療所に滞在した際に受けた援助と好意に感謝して、1928年にエルンスト・ジンメルに指輪を贈ることで、この慣習を復活した。その後、多くの友人や親戚が、大抵は女性だったが、贈り物として指輪を受け取った。
Freud-Arnold Zweig 13.2.1935 & 2.5.1935 in Zweig Letters.
Freud-Eitington 12.5.1935.
Arnold Zweig-Freud 8.6.1936 & 16.7.1936 in Zweig Letters.
Freud-Simmel 19.11.1928 in Letters.
Freud and Art, p.123.
Jones, III.223-4.

1936年8月20日 （アンナ）
Jones-Eitingon 2.10.1936[Inst. of Psa: CEC/FO2/59].

1936年8月20日 （小銘板）
1. 翌1937年にヴィリー・レヴィイへ出した手紙でフロイトは、モーゼ、ユダヤ人、及びエジプトの芸術について論じている。なぜユダヤ人がアマルナ時代の芸術を引き継がなかったのか、これはモーゼ自身の姿勢だったのか。あるいは砂漠を越えて移動できなかったのか、とフロイトは考えをめぐらせている。モーゼの律法では、芸術は宗教の犠牲になった。
Pictures & Words, p.335 n.311.
Freud-Willi Lévy 1.10.1937[LoC: Filed under Freud-Unknown].

1936年8月25日 （タンドラー）
Sablik, Karl, Julius Tandler: Mediziner und Sozialreformer, Wien, 1983.

1936年8月25日 （ブリット）
1. 第二次世界大戦後、ブリットはソビエトによる侵攻を阻止する必要性を唱えて運動し、世界人権宣言と世界連邦政府を通じてソビエト連邦に民主主義が達成されるように訴えた。
'Obituary: W.C. Bullitt," New York Times 15.2.1967.
Bullitt, W.C., The Great Globe Itself: A Preface to World Affairs, London, 1947.

1936年8月28日 （ジョーンズ）
Anna Freud-Jones 28.12.1935[Inst. of PsA:

CFA/FO2/61].
Anna Freud-Jones 21.2.1936[Inst. of PsA: CFA/FO2/65].

1936年8月28日（エルンストル）
Freud, W. Ernest-Molnar 6.8.1989[FM].

1936年9月6日
Rozenblit, Marsha L., The Jews of Vienna 1867-1914, Albany,1983, pp.161-4,171.
Clark, p.499.
Martin Freud, pp.163-5.

1936年9月12日（エルンスト）
1. エルンスト［フロイトの三男］の死後に、妻ルクスは自殺を試みたが、助かった。押しが強かった彼女は、急激な変身をして、従順な女性になった。この結果、自分の息子のルシアンとの関係にも変化が生じた。ルシアンは、今なら母を描く事が出来ると思い、母について一連の絵画を描き続けたが、それは1989年に母親が亡くなるまで続いた。
Gruen, John, "The relentlessly personal vision of Lucian Freud," Art News, April, 1977.

1936年9月12日（ヴォルフ）
Freud-Jones 24.2.1935[Inst. of PsA].
Freud, Anna, "Introduction" in Bonaparte, Marie, Topsy, Der goldhaarige Chow, Fischer, Frankfurt am Main, 1981, pp.8-10.

1936年9月14日
1. フロイトはかつてある訪問者に言った事がある。「そうです。自然は、男が18歳になれば結婚するように促します。しかし社会では、28歳で結婚するようにと言うのです」。また、長女マティルデ宛ての手紙では、妻を選ぶ際の条件についてこう書いていた。「私が妻を選ぶとき決定的要因になったのは、名誉ある名前、家庭における暖かい雰囲気を見つける事でした。ですから他の男たちも、若い頃の私と同じように考えるのではないでしょうか」（フロイト-マティルデ・フロイト.1908-3-26）
Jones, I.164-5.
G.W.Allport Recalls a Visit to Sigmund Freud, July 1920[LoC].
Freud-Mathilde Freud 26.3.1908 [FM: MISC & in Letters(misdated 19.3.1908).]

1936年10月18日
Andreas-Salomé, Lou, The Freud Journal, London, 1987[1958], p.91.
Schur, 208. n.14.
Freud-Beer-Hofmann 10.7.1936[FM: SF VAR 5]

1936年10月22日
Arnold Zweig- Freud 16.4.1936 in Zweig Letters.
Freud-Arnold Zweig 31.5.1936, ibid.
Freud-Arnold Zweig 22.6.1936, ibid.

1936年10月24日
1. フロイトとフリースとの友情は30年以上前に終わり、傷跡も残っていたが、マルティン・フロイトによると、フリースの写真はフロイトの書斎に、しかも名誉ある場所に残っていた。フロイトは本当にこの友情と、それが意味するものを、目に見える形で残そうとしたのだろうか。1938年にエトムント・エンゲルマンが撮影したフロイトの書斎の写真は、この書斎の最も完璧な記録だが、その中には「名誉ある場所」はもちろんとして、どこにもフリースの写真は一枚も見つからない。マルティンは稀にしかフリースに会わなかったことを認め、フリースについての細かい事はほとんど思い出すことが出来ないと述べている。彼はフリースをフライシュル（エルンスト・フライシュル・フォン・マルコフ）と混同しているように思われる。マルコフも同じようにあごひげをたくわえた支援者であったが、彼の写真は、書斎ではなく診察室の長椅子の上ではあるものの、確かに「名誉ある場所」に掛かっている。
Freud-Fliess 26.10.1896 in Masson.
Freud-Marie Bonaparte 1.12.1936 in Schur, 485.
Martin Freud, p.110.
Engelman, Pl.12.

1936年10月27日
Freud -Ferenczi 16.7.1924 & 6.8.1924[FM].
Schur, 484.
Freud-Fliess 18.10.1893 & note 5, Schröter.

1936年11月1日
1. 矛盾しているようであるが、この難しい時代にもかかわらず、ドイツでは精神分析が発展しているように見えた。アンナ・フロイトはジョーンズに次のように書き送った。「おかしな事ですが、仕事は増えています。新しい入門希望者が来ますし、講座への出席者も増え、様々な病院が多くの患者を治療のために回してきています。公の機関でさえ分析の正当性と治療の有効性を信じています。外の世界でのこのささやかな成功のおかげで、彼［ベーム］は全てを解消し、おしまいにすることが難しくなりました」（アンナ・フロイト-ジョーンズ.1936.3.10）
ナチス当局との交渉におけるベームの努力はジョーンズの共感を呼びおこした。ジョーンズはアンナに次のように答えている。「私はベームがより波乱に満ちた人生を選択したことを賞賛せざるを得ません。そしてそれがおそらく、より名誉ある素晴らしい道であると思います」（ジョーンズ-アンナ・フロイト.1936.3.13）。ベームの専門は同性愛の研究で、軍隊におけるこの問題でナチスの顧問になった。初め、彼は不妊・断種手術、拘禁、死刑などの刑罰に反対していた。しかし、1944年12月以降は、これらの刑罰に同意した。
Sterba, pp.155-7.

Anna Freud-Jones 10.3.1936[Inst. of PsA: CFA/FO2/68]
Jones- Anna Freud 13.3.1936[Inst. of PsA: CFA/FO2/69]
Anna Freud-Jones 10.3.1936[Inst. of PsA: CFA/FO2/68]

1936年11月15日
Freud Collection Authentication Notes[FM].
Berhard-Walcher-Neufeld 17.12.1987[FM].

1936年11月22日
1. フロイトとヨーゼフ・ヘルツィヒとの関係には数奇な最終章があった。1938年にナチスはフロイト家の財政問題を担当する、一人の特別委員を任命した。ところが、この人物（ザウアーヴァルト博士）はヘルツィヒ教授のかつての教え子であった。彼のヘルツィヒに対する尊敬の念はフロイトへと移行した。その結果、ザウアーヴァルトはフロイト一家が亡命する際に、大きな力になった。
Pictures & Words, pp.274, 335.
Jones, I.179 & III.238.

1936年11月26日
Bourgeron-Molnar 28.10.1990[FM].（この情報についてブルゲロン博士に感謝する）

1936年12月3日
Freud-Anna Freud 3.12.1936[FM].
Freud- Eitingon 5.2.1937[FM].
Freud-Stefan Zweig 18.5.1936 in Stefan Zweig.
Pichler Notes, 7.12.1936[FM].

1936年12月7日
Freud, A. W., Telephone interview, 29.7.1989.

1936年12月10日
1. 1937年6月3日、英国の前国王、現ウインザー公爵はシンプソン夫人とフランスで結婚した。夫妻はハネムーンをオーストリアのケルンテンにあるヴァッサーレオン城で過ごした。9月中旬には、ハネムーン最後の数日をウィーンで送ったが、その際には熱狂的な群集に取り囲まれた。1937年10月27日、ヒトラーの賓客として彼らはドイツを訪問した。
Freud-Marie Bonaparte 17.12.1936[FM: F8/CON 11 Transcr. M.B.]
Bloch, Michael, The Secret File of the Duke of Windsor, London, 1988, p.112.

1936年12月12日
Pichler Notes, 12.12.1936[FM].

1936年12月20日
Jones, III.224.
Schur, 506 note 4.

1936年12月24日
Freud-Marie Bonaparte 17.12.1936[FM: F8 CON

11 Transcript M.B.]

1936年12月27日
Freud-Stefan Zweig 18.5.1936 in Stefan Zweig.

1937

1937年1月2日
Schur, 486.
Marie Bonaparte, 8.11.1951(Transcript notes M.B.)[FM: II/F8-102].
Marie Bonaparte (Notebook): Quoted in Masson p.9.

1937年1月11日
Freud-Marie Bonaparte 17.12.1936[FM: F8-CON 11 Transcript M.B.]
Jones, III.226.

1937年1月14日
Freud-Arnold Zweig 10.2.1937 [SFC Typescript copy]
Freud-Lampl-de Groot 22.2.1927[FM]

1937年1月15日（マン）
Mann, Thomas, Tagebücher 1937-1939, Fischer, 1980, pp.10-11.
Jones, III.492-3.
Thomas Mann-Freud 13.12.1936 [FM: VAR SF 98]

1937年1月15日（リュン）
Freud-Arnold Zweig 10.2.1937 [SFC Typescript copy]

1937年1月18日
Pichler Notes, 4 & 14.1.1937, 12.2.1937, 17.3.1937[FM].
Schur, 489.
Freud-Arnold Zweig 2.4.1937 in Zweig Letters.

1937年2月3日
"Moses ein Aegypter," Imago 23(1937), pp.5-13.
Freud- Eitingon 5.2.1937 in Letters.
Yerushalmi, Yosef Hayim, "Freud on the'Historical Novel'" Int. J. PsA., 1989, 70, p.384.

1937年2月11日
1. 数十年後、ルー・アンドレアス＝ザロメについてアンナはこう語っている。「あの方のことはよく存じあげておりましたし、本当に素晴らしい女性でした」（アンナ・フロイト-スチュアート.1972-12-11）
S.E. XVIII.297.
Pfeiffer, p.240.
Anna Freud-Stewart 11.12.1972（この引用についてR・S・スチュアートに感謝する）

1937年2月28日

1. ヴォルフ・ザックスは左翼的雑誌『民主主義者』を創刊、運営した。社会問題に関わる以外に、彼は筋金入りのシオニストで、南アフリカ・シオニスト連盟で活動した。『モーゼと一神教』出版後、フロイトに出した手紙の中で、彼はユダヤ民族国家を作れば、ユダヤ人は民族として常態に戻るし、反ユダヤ主義の根源であるユダヤ人を取り巻く誤った神秘性も消滅するから、ユダヤ人への憎しみは減じるだろう、と書いている。
Freud-Jones 2.3.1937 [Typescript Inst.of PsA].
Bonin, p.245.
Jones-Eitingon 24.2.1937[Inst.Of PsA:CEC/FO2/61].
Wulf Sachs- Freud 1.8.1939[FM:SOH9-16].

1937年3月7日
"Memorandom on the Electrical Treatment of War Neurotics" S.E. XVII.211
Eissler, Kurt, Freud und Wagner-Jauregg vor der Kommission zur Erhebung militärischer Pflichtverletzungen, Wien, 1979.

1937年3月23日
1. ウィーン精神分析研究所でアンナ・フロイトと共に児童分析を研究したイーディス・ジャクソン博士は、1936年にイェール大学に戻り、児童精神病施設の所長に就任した。帰国前に彼女はモンテッソーリ保育所の開設について、ウィーン市当局との交渉を担当している（仮にアンナが交渉していたら、反ユダヤ主義の影響で、開設は断られていたかもしれない）。さらに、彼女は友人ムリエル・ガーディナーと共に地下社会主義組織を援助して、ユダヤ人の出国にも協力した。保育所の同僚だったジョセフィーヌ・シュトロス博士によると、この保育所を開設することで、彼女はフロイトから分析を受けたことへの感謝の意を表わした。またシュトロスが休暇の際には、彼女が代理を務めている。この保育所が行なった有名な実験の一つが、（シュトロスの言葉によると）夜尿症と同様にウィーンの親たちを悩ませていた、摂食障害の研究であった。
Young-Bruehl, p.219-20.
Freud, Anna "Forward" in Kramer, Rita, Maria Montessori, Oxford, 1978, p.5.
Stross, Dr. Josefine, Interview, 13.6.1990.

1937年4月4日
Schur, 208.

1937年4月6日
Manha Freud-Ernst Freud 4.4.1937[FM:Lucie Freud Papers].

1937年4月22日
Schur, 490.
Pichler Notes, 19/22/24/26.4.1937[FM].
Kielholz, Arthur, "Persönliche Erinnerungen an Freud," Schweizer Archiv für Neurologie und Psychiatrie, Bd.79, Heft 2(1957), p.402.

1937年4月24日（療養所）
Pichler Notes, 26.4.1937[FM].
Martha Freud-Ernst Freud 4.4.1937[FM: Lucie Freud Papers]

1937年4月24日（ハルバン）
Bertin, pp.140-1.

1937年4月30日
"Analsis Terminable and Interminable," S.E., XXIII.248.
Unendliche Analyse Typescript ms.& galleys[LoC].
Freud-Eitingon 5.2.1937 in Letters.

1937年5月6日
1. 前年とは異なり、この年の誕生日は家族だけで祝われた。長男マルティンが恒例の誕生日を祝う詩を作ったが、「今日は大騒ぎなし！」と題するこの詩は、このように終わっていた。「それゆえ、我々は自信を持って言うことができる。これから8回の誕生日も密やかに祝うのだと！　それでは、その時までさようなら！」
Schur, 186, 231.
Freud-Marie Bonaparte 6.12.1936 in Jones, III.226.
Freud-Marie Bonaparte 1.12.1936 in Schur, 563.
Freud-Arnold Zweig 2.4.1937 in Zweig Letters.
Freud-Jones 18.5.1937[Typescript Inst.of PsA]
Martin Freud, Heute keine Sensation![FM:SOH9-5]

1937年5月12日
Martha Freud-Ernst Freud 4.4.1937 [FM: Lucie Freud Papers].

1937年5月13日
Freud-Marie Bonaparte 16.5.1937 in Schur, 490.
Bertin, p.198.

1937年5月16日
Peters p.222.
Leitsätze; Budapest 15-17 May 1937[LoC].

1937年5月28日
Sterba, pp.155-7
Analysis Terminable and Interminable, S.E.XXIII.250.
Orgler, Hertha, Alfred Adler: The Man and His Work, London, 1973, pp.7, 200-201.

1937年6月5日
1. 一見すると、この記載はスイスの分析家エミール・オーバーホルツァーとフレデリック・ヴァイルのことのように思われる。けれども、1927年にエミール・オーバーホルツァー（ミラ・オーバーホルツァーの夫）は、反対していた非医師による分析の問題でスイスの学会と袂を分かち、分析医学会（Verein ärztlicher Analytiker）を設立した。フレデリック・ヴァイルもこの医師から訓練を受けてい

る。従って、両者はフロイトにとって今なおお好ましからざる人物であったかも知れない（1937年4月21日にスイスの分析家キールホルツと会った際、フロイトはオーバーホルツァーを強情な人間だと述べ、今でもそうなのかと尋ねている）
Fichtner-Molnar 21.5.1990[FM]
Roazen, P.," Tola Rank" Revue AlHP,1990, 3 p.446.
Int. J. PsA., Vol.1 No.3., 1920 pp.365-9.
Eissler, K.R.,"Obituary. F.S. Weil," Int. J. PsA, Vol. 41, 1960 pp.633-40.
Kielholz, Arthur, "Persönliche Erinnerungen an Freud," Schweizer Archiv für Neurologie und Psychiatrie, Bd. 79, Heft 2(1957), p.402 & note.

1937年6月11日（アンナ）
Freud-Arnold Zweig 2.4.1937 in Freud, Ernst L. (Hrsg.), Sigmund Freud/Arnold Zweig: Briefwechsel Fischer, Frankfurt/Main, 1984, [1968]

1937年6月11日（高温）
Neue Freie Presse, 11.6.1937.
Pichler Notes, 9.6.1937[FM].

1937年6月11日（耳炎）
Schur, 490-1.
Jones, III.229.
Pichler Notes, 6.7.1937[FM].

1937年6月26日
McCord, Clinton, "Freud-The Man," The Psychiatric Quarterly, Vol. 14, Jan. 1940.

1937年7月
Gay, p.605 n.
Freud-Ehrenwald 14.12.1937*[FM: Typescript copy 1-F8-18-4]
＊公刊された『フロイト書簡集』では「フロイト-匿名氏.1937-12-14」となっている。

1937年7月27日
Eitingon-Freud 24.1.1937[FM].
Freud-Eitingon 5.2.1937[FM]& Letters.
Eitingon-Freud 24.2.1937[FM].

1937年7月28日（ツヴァイク）
Arnold Zweig-Freud 6.9.1937 in Zweig Letters.

1937年7月28日（王女）
Marie Bonaparte-Freud 6.9.1937 in Bertin, p.198.
Jones, I.316.
Marie Bonaparte 8.11.1951[FM: II/F8-102].
Marie Bonaparte(Notebook), in Masson, p.9.

1937年8月8日
1. ジョーンズのフロイト伝によると、マリー・ボナパルト宛ての手紙（1937-8-13）でフロイトは、「昨日」『モーゼ』を書き終えた、と述べている。ところがエルンストが編集した書簡集では、「昨日」ではなく「一昨日」となっている。おそらくこの言葉を、一方の翻訳者はGestern（昨日）、他方はVorgestern（一昨日）と読んだのだろう。これらの訳文に従うと、フロイトは8月11日か12日にこの論文を書き終えたことになるのだが、どちらの日付もこの記載が言う8月8日とは一致しない。
Freud-Marie Bonaparte 13.8.1937 in Jones, III. 494-5
Wenn Moses ein Aegypter war…(Galley proof), [LoC].

1937年8月18日
1. ジョーンズはフロイト伝の中でこう書いている。「［1937年］8月にフロイトは3日間原因不明の血尿に見舞われた。1909年に米国を訪問して以来、彼は前立腺炎にかかったと考えていたが、本当にそうだったのか健康診断書では確認できない」
Freud-Marie Bonaparte 20.8.1938 in Jones, III.252.
Pichler Notes, 20.9.1937[FM].
Jones, III.229.

1937年9月1日
1. この手紙に使われた「心」（Kopf）という単語を、偶然にもフロイトは11年後、レービの性格を描写する際に再び用いた。1908年9月13日にロンドンの国立肖像画館を見学した時、彼は短いメモを書きとめたのだが、その中で、シェイクスピアはホメロス、ゴンペルツ、エム・レービ、ソクラテス同様に「典型的な思索家」（ein typischer Kopf）だ、と記しているのである。確かにレービの頭部は一般的に受け入れられているソクラテスの頭部と類似する所があった。1926年にフロイトの肖像画を描いたシュムッツアーは、フロイトが所有していたレービの肖像画も描いている。
2. フロイト記念館の書斎にはデューラーの版画が2枚かかっている。「キリストへの裏切り」と題する小さなエッチングと、フィリップ・メランヒトン［ドイツの宗教改革者］の大きな肖像画である。
Freud-Anna, "Home Movies" commentary [FM].
Freud-Fliess 5.11.1897 in Schröter.
Freud-Martin Freud 16.8.1937 in Letters.
Freud, 13.9.1908, Bemerkgn.über Gesichter u Männer National Portrait Gallery[FM: I/F8-73-4].

1937年9月14日（マサリク）
Freud-Arnold Zweig 22.6.1936 in Zweig Letters.
Zeman, Zbynek, The Masaryks: The Marking of Czechoslovakia, 1976, p.155.
Seton-Watson, Hugh, Eastern Europe between the Wars: 1918-1941, N.Y.1967, p391.

1937年9月14日（51年）
Blanton, Smiley, Dairy of my Analysis with Sigmund Freud, N.Y.,p.41,(Entry for 23.1.1930).

1937年9月15日
1. ハーバート・ジョーンズはアンナに自作の詩を送った。そのうち一作は、夫が仕事から帰るのを心待ちにする妻を想う詩で、「なぜフェミニズムは展望がないのか」という表題がついていた。もう一作は退屈な夢想詩で、「ギリシャの笛を吹く少女」という題名だったが、アンナはこの詩をドイツ語に訳している。アンナが不在の時にジョーンズから届いた手紙を、フロイトが開封して娘に回送したことがあったが、「いずれにしても私に見せてくれるでしょうから」というのが、開封した理由であった。ハーバート・ジョーンズは魅力的（liebenswürdig）だが、明らかに個人的な人間関係を文学に置き換えている、とフロイトは付け加えている。
Young-Bruehl, p.65-8.
Loe Jones-Freud 21.9 1937[FM: SOH9-11].
"The Greek Flute Girl" in Jones, Herbert, The Blue Ship, Bodley Head, London, 1921.
Freud, Anna, Die Griechische Flötenbläserin[FM: AM56].
"Why Feminism has no Future" in Jones, Herbert, Finlay, Bodley Head, London, 1923.

1937年9月23日
"Constructions in Analysis" [ms. LoC].
"Constructions in Analysis" S.E., XXIII.268.

1937年10月15日
Pichler Notes, 14.10.1937[FM].

1937年10月16日（マティルデ）
Freud-Mama & Minna [Bernays] 16.10.1887 [Loc]

1937年10月16日（ベルクガッセ）
1. かつて、ベルクガッセをフロイトにちなんだ名前に改める動きがあったが、実現しなかった。ペッツラインスドルフから出した日付のない手紙［1931年か1932年］で、フロイトはマックス・ハルバーシュタットにこう書いている。「それに加えて、私に敬意を表してベルクガッセの名前を変更する話があります。もし本当にそうなったら、私がどんなに誇りに思うか、想像して下さい」（フロイト-マックス・ハルバーシュタット、日付なし）
Freud-Max Halberstadt n.d. [Loc].

1937年10月19日
Clark, Ronald W., Einstein: The Life and Times, London, 1973, pp.396-7.
Bertin, p.242.
Dumont, Georges-Henri, Elisabeth de Belgique, Paris, 1986.

1937年10月21日
Knöpfmacher, W., Entstehungsgeschichte und Chronik der Vereinigung "Wien" B'nai B'rith in Wien, 1895-1935, B'nai B'rith, Wien, 1935.
Klein, Dennis B." The Prefiguring of the Psychoanalytic Movement: Freud and the B'nai B'rith," in Jewish Origins of the Psychoanalyic B'rith,

Movement, University of Chicago Press, 1985.
Freud-B'nai B'rith Vienna [End September] 1937 in Knoepfmacher, Hugo "Sigmund Freud und B'nai B'rith," Jahrbuch der Psychoanalyse, Band XI S.70.

1937年10月22日 （ドロシー）
Burlingham, p.257, 262.

1937年10月22日 （アイティンゴン）
Arnold Zweig-Freud 27.10.1937 in Zweig Letters.

1937年11月5日 （気管支炎）
Schur, 49.
Freud-Wittkowski 25.10.1937 [FM: SFVAR].

1937年11月5日 （ゲルトナー）
Jones, I.58, 60, 95.
Schröter, p.336 n.3.
Byck, Robert (Ed.), The Cocaine Papers, N.Y., 1974, P.284.

1937年11月14日
1. 王女以外に、マーク・ブランズウィック博士も1930年代にフロイト一家を撮影した。1972年に2人が撮影したフィルムから多くの断片を抽出、編集して、ハムステッド診療所誕生20周年を記念する、短い年代記風の記録映画が作られた。アンナ・フロイトが肉声でこの映画の語り手を務めた。その後、この記録はアンナの解説を含むように専門家の手で再編集され、1979年7月にニューヨークで開かれた国際精神分析大会の会場で、初めて上映された（現在はロンドンのフロイト記念館で定期的に上映されている）。
"Home Movies" [FM].
Yorke, Clifford: October 1986 (Typescript Introduction to "Home Movies") [FM].

1937年11月23日
1. 1937年、ビーネンフェルト博士はアントン・フォン・ミラーのペンネームの下、『ドイツ人とユダヤ人』と題する本を発行した。1939年にはこの本の英訳が出版された。ナチスの脅威がオーストリアで増大すると、博士は多くの人々（フロイトは含まず）が国外へ金を持ち出すのを援助した。博士を無条件で信頼した人々は、領収書なしで現金を手渡した。その後、博士本人もロンドンに亡命した。博士のロンドンでの住所は、フロイトがつけていた小さな緑色の英国住所録の最後に記されている。
Freud, Martin, "Who was Freud" in Fraenkel, Josef (ed.), The Jews of Austria, London, 1970 [1967], p.205.
Nunberg, H., and Federn, Ernst (eds), Minutes of the Vienna Psychoanalytic Society, New York, 1962, Vol. III, p.59.
Bienenfeld, Rudolf, Die Religion der Religionslosen Juden, Wien, 1938 [FM] (Inscribed: "Zur Erinnerung an Wien").
Waelder, Robert, Oral communication R.S. Stewart.
Green address book [FM:5238].

1937年11月28日
Zweig, Stefan, Die Welt von Gestern, Fischer, 1979[1944], p.288.
Stefan Zweig-Freud 15.11.1937 in Stefan Zweig.
Freud-Stefan Zweig 17.11.1973 Ibid, p.175.

1937年11月30日
Schur, 491.
Pichler Notes, 26.11.1937 & 1.12.1937 [FM].

1937年12月3日
Martin Freud, 2.12.1937 [FM: MOB 13].

1938

1938年1月9日
Young-Bruehl, p.28, 46, 65.
Jones, II.429.
Jones, I.179, 245.

1938年1月22日
Schur, 492-3.
Pichler Notes 22/23.1.1938 [FM].
Freud-Eitingon 6.2.1938 [FM] & Letters.
Anna Freud-Jones 25.1.1938 [Inst. of PsA: CFF/FO1/01].

1938年2月19日
Anna Freud-Jones 20.2.1938 [Inst. of PsA: CFF/FO1/02].

1938年2月24日
Anna Freud-Jones 20.2.1938 [Inst. of PsA: CFF/FO1/02].
Clare, George, Last Waltz in Vienna, London, 1981, pp.170-1.
Bergschicker, pp.228-233.
Neue Freie Presse, 25.2.1938.

1938年2月[24−]28日
Freud-Arnold Zweig 21.3.1938 in Zweig Letters.

1938年3月2日
Freud-Arnold Zweig 21.3.1938 in Zweig Letters.

1938年3月9日
Clare, George, Last Waltz in Vienna, London, 1981, pp.173-4.

1938年3月10日
Telegrams, Vienna, March 15 [1938], Washington, March 16 [1938] (2) [FM].

1938年3月11日 （エルンストル）
Freud, W. Ernest-Molnar 6.8.1989 [FM].

1938年3月11日 （シューシュニク）
Martin Freud, p.121.
Clare, George, Last Waltz in Vienna, London, 1981, pp.176-7.

[1938年3月12日]
1. この警句の変形が"Finis Austriae finis hominis"（オーストリアの終焉、人類の終焉）であり、オーストリアの崩壊が住民に何を意味したのかを、より的確に表している。シュテファン・ツヴァイクのような人物は以前からこの終末を予見していた。「破局が来るのは避けがたい、と私は考えていた。ここ何年もの間、毎朝他の人々が何の心配もなく新聞に手を伸ばすとき、私は『オーストリアの終焉』という見出しの恐怖に取りつかれていたのだ」
Martin Freud, pp.205-6.
Zweig, Stefan, The World of Yesterday, London, 1944, p.302.
Neue Freie Presse, 11.3.1938 & 12.3.1938.

1938年3月13日
Jelavich, Barbara, Modern Austria; Empire and Republic, 1815-1986, Cambridge University Press, 1987, pp.156-7.
Hitler, Adolf, Mein Kampf, (transl. Ralph Manheim), London 1969, p.3.
Stadler, K.R., Austria, London, 1971, p.150.
Neue Freie Presse, Nr. 26403S 13.3.1938 & Nr. 26404A 14.4.1938.
Waelder, Robert, Interview R.S.Stewart, 29.7.1966.
Jones, III.236.
Schuschnigg, Kurt von, The Brutal Takeover, London, 1971, p.269.

1938年3月14日
1. 『新自由新聞』は次のように報じている。「総統は数十万の喉から湧き起こる熱狂的な叫び声で歓迎された」。3月15日に投函された手紙には、カギ十字のスタンプが押され、その周りには「ウィーンの総統」と記されていた（そうした手紙の一つが、フロイトがアブラハムゼン博士に出した手紙であった。政治的興奮を無視して、この手紙にはフロイト自身の経験、つまり、世紀の変わり目におけるオットー・ヴァイニンガーとの関係が書いてある）。シュテファン・ツヴァイクの回想録はウィーンの運命の悲しみを表している。「ウィーンの重要性とその文化は、最も異質な諸要素の出会いと、その精神の超国家性に基づいていたのだが、そのウィーンを国民化、地方化しようとしてヒトラーがどんな罪を犯したのかは、数十年後にようやく示されるだろう。ウィーンの天才、中でも音楽のそれは、この街がいつでもあらゆる民族的、言語的な違いを調和させることにあったのだから。ウィー

ンの文化は全ての西欧文化の総合体であった」
Stadler,Karl R.,Austria,London,1971,p.182.
Carloni,Glaucom,"Freud and Mussolini" in Rovigatti,Franca[ed.],Italy in Psychoanalysis, Rome,1989,pp51-60.
Freud-Adrahamsen 14.3.1938 [LoC].
Neue Freie Presse, 15.3.1938.
Zweig, Stefan, The World of Yesterday, London, 1944, p.28-29.
Clare, George, Last Waltz in Vienna, London, 1981, p.196.

1938年3月15日
1. フロイトが「断固として」ウィーンを去ろうとしない、とアーネスト・ジョーンズが知ったのは、ナチスによる捜索の後であった。おそらくこの不屈の態度には、ナチスによる捜索への反発がこめられていた。この捜索が彼の闘争心を目覚めさせたのだ。彼がウィーンを去らねばならないことは、この頃には誰の目にも明らかだったのだから。事実、ジョーンズが記しているように、2日前のウィーン学会の会合で、すでにフロイトは学会の解散と出国に同意していた。
Martin Freud, pp.207-211.
Jones, III.234.
Jones, I.323 & III.234-5.
Waelder, Robert, Interview R.S.Stewart, 29.7.1966.

1938年3月16日
1. 英国精神分析学会へ入会するウィーンの分析家の人数をジョーンズが制限しようと考えたことには、いくつかの理由があった。一つは、亡命精神分析家によって英国学会が圧倒されてしまう、という危惧であった。すでに1年前に彼はフロイトにこう書いていた。「我々の学会は明らかにドイツ化しつつあります。ここ数年間に外国からきた会員が17人もいるのですから」（ジョーンズ-フロイト.1937-2-23）。また、ジョーンズがクライン学説に共感していること、さらには亡命者が理論面での彼の指導的地位や学会の一体性を危うくしかねない、という危惧もあった。アンナはジョーンズの立場の難しさを理解しており、後にこう書いている。「自分たちとは異なる科学的見解を持ち、英国学会の平和と内部統一を乱す以外、益がないと思われる人間たちに対して（中略）、学会の門戸を開くように説得することは容易ではなかったに違いありません」

ちなみに、1938年3月の記載がこの日記ではジョーンズへの最後の言及となる。もっとも、フロイト一家が英国に居をかまえた後、ジョーンズは足しげく一家を訪問している。フロイト一家の入国許可を得るために、ジョーンズが非常に大きな役割を果たしたことに、フロイトとアンナは感謝した。彼女は4月にこう書いている。「あなたが私たちのために今なさっている事全てを私が理解しているということを、もっと平和なときに示せればと思います。（中略）あなたのご活躍を拝見しながらそう考えておりますし、今なさっている事がどんなことなのか、充分承知しております」（アンナ・フロイト-ジョーンズ.1938-4-3）
Jones's Diary, 15.3.1938 [Inst. of PsA].
Jones, I.323.
Waelder, Robert, Interview R.S.Stewart, 29.7.1966.
Freud-Jones 28.4.1938 in Jones, III.240.
Jones-Freud 23.2.1937 [Inst. of PsA].
Freud, Anna, "Personal Memories of Ernest Jones," (1979) The Writings of Anna Freud: Vol. VIII Hogarth, London, 1982, p.350.
Anna Freud-Jones 3.4.1938 [Inst. of PsA: CFF/01/03]

1938年3月17日
Jones, III.238.
Bertin, p.200.
Berthelsen, Detlef, Alltag bei der Familie Freud, Hamburg, 1987, p.81.
Martin Freud, p.214.

1938年3月22日
1. なぜゲシュタポは他の人間ではなくあなたを連行したのかと、1966年に質問されたとき、アンナは次のように答えている。「だって、彼等は誰でも連行したのです！」
2. ベルテルセンがまとめたパウラ・フィヒトルの回想録[邦訳『フロイト家の日常生活』]によると、最初ゲシュタポはフロイト本人にベルクガッセ7にある学会施設への同行を求めた。この時アンナが間に入り、父は階段を登れない、ととりなした。彼女は代わりに自分がベルクガッセ7に同行すると言い、この申し出が受け入れられた。それからこの施設でアンナはゲシュタポに身柄を拘束されたというのである。この説明は3月15日の最初の捜索と、22日のアンナの連行とを混同しているように思われるが、ゲシュタポがフロイト本人を連行した可能性は考えられる。一方、フロイトが自分の患者で、心臓が弱っているので階段は登れないし、少しでも興奮すれば危険だと証明する報告書を、3月22日にピヒラー医師は書いている。マルティン・フロイトによると、ピヒラーからこの証明書を手に入れたのはアンナである。もしそうなら、彼女は22日の連行前に手に入れておいたか、あるいは、連行後ピヒラーの所に誰かを行かせたことになる。さらにパウラは、アンナの連行後数日間、再度の捜索を防ぐため、フロイト一家のアパートに続く階段にマリー・ボナパルトが座り込んでいた、と証言している。
3. マルティン・フロイトによれば、他の人々と一緒にゲシュタポ本部の廊下で待機させられていたアンナが、首尾よく部屋の中に入れたのは、「友人達の影響力」のおかげであった。アンナ本人は、「謎の電話」（彼女のために外部で行なわれた活動を示唆している）がかかってきたので部屋の中に入ることができた、とジョーンズに語っている。彼女の連行後、ドロシー・バーリンガムが米国大使館のウィリーに電話して、1通の電報が米国国務長官に向けて発信された。
Martin Freud, p.212-4.
Schur, 498.
Berthelsen, Detlef, Alltag bei der Familie Freud, Hamburg, 1987, p.78-9.
Pichler, Prof. Hans, 22.3.1938 [FM].
Cathrin Pichler-Molnar 29.11.1990 [FM].
Martin Freud, p.215.
Freud, Anna, Interview R.S.Stewart, 17.1.1966.
Gay, p.626 n.
Clark, p.507.

1938年3月28日（英国への入国）
Jones, III.234-5, 237.
Freud, Anna, "Personal Memories of Ernest Jones," (1979), The Writings of Anna Freud: Vol. VIII, Hogarth, London,1982, p.350.
Jones diary, 25.3.1938[Inst. of PsA].

1938年3月28日（エルンストル）
Freud, W. Ernest-Molner 6.8.1989 [FM].
Freud, W. Ernest, Brief Biography (ms.), 1989 [FM].

1938年4月1日
1. 父ハルバーシュタットの死後、エルンストル[次女ゾフィの長男]は母の姓フロイトを名乗った。彼は戦中、戦後をロンドンで過ごし、ロンドン精神分析研究所とハムステッド児童治療クリニック（現在、アンナ・フロイト・センターとして知られている）で成人、小児分析の訓練を受けた。やがて彼はこれらの施設で教育分析家になり、数年間母子観察を教えた。ハムステッド・クリニックでは乳児健康調査グループの責任者となったが、このグループは乳児特性（Baby Profile）についての彼の考えを実行するためにアンナ、ドロシー・バーリンガム、乳児健康クリニックのスタッフと共に創設した団体であった。出産前後、中でも新生児を集中的に世話する際の心理社会的な側面について、彼は本を著わし、各地で講演した。アンナがメアスフィールド・ガーデンズの家に確保していた彼の相続分を放棄することにエルンストルが同意したので、ロンドンにフロイト記念館を創設する仕事をアンナは始めることができた。アンナの死後、彼は西ドイツに渡り、その後はケルンで精神分析の実践と監督に従事している。

1987年にウィーン大学で催されたフロイトに関する講演で、W・エルネスト・フロイトは1930年代のフロイト、バーリンガム両家の独特な家庭生活の様子を紹介し、両家が互いの生活に及ぼした影響を説明した――一方は保守的かつウィーン風、もう一方は進歩的かつアメリカ風の生活であった。
Freud, W.Ernest-Molnar 6.8.1989 [FM].
Freud, W. Ernest, Brief Biography (ms.), 1989 [FM].
Freud, W. Ernest "Die Freuds und die Burlinghams

in der Berggasse: Persönliche Erinnerungen" (Sigmund Freud-Vorlesung, gehalten an der Universität Wien, am 6.Mai 1987), Sigmund Freud House Bulletin, Vol.11/1, Summer 1987, 3-18.

1938年4月6日
The Star, 5.7.1938 [FM: F29-58-24].

1938年4月9日
1. マリー・ボナパルトは1935年5月から1936年6月の間にこの本を書いた。愛犬トプシーの病気が執筆の契機となったが、口腔にできたこのガン性腫瘍は、放射線治療でようやく治癒した。軽い内容ではなく、病気、愛、死について深く考察した本である。次のような一節を翻訳する際、フロイト親子はフロイト自身の状況と比較せずにはいられなかったはずである。「トプシーに宣告が下った。唇の下にリンパ肉腫ができ、再び大きくなり始めた。成長、拡大、増殖、破裂して、トプシーを死に追いやるであろうと。2、3か月の間に、あらゆる死のなかで最も恐ろしい死を迎えねばならぬのだ」

Freud-Marie Bonaparte 6.12.1936 in Jones, III.225-6.
"Topsy" ms. [LoC].
Freud-Marie Bonaparte 13.8.1937 in Letters.
Jones, III.239.
Bonaparte, Marie, Der goldenhaarige Chow, Allert de Lange, Amsterdam, 1939, p.19 [German translation: Anna & Sigmund Freud].

1938年4月10日
Stadler, karl R., Austria, London, 1971, pp.183-4.
Bergschicker, pp.228-233.

1938年4月17日
Blanton, Smiley, Diary of my Analysis with Sigmund Freud, N.Y., 1971, pp.106-7.

1938年4月19日（アレックス）
Freud-Alexander Freud 19.4.1938 in Letters.

1938年4月19日
Bertin, p.201.
Berthelsen, Detlef, Alltag bei der Familie Freud, Hamburg, 1987, p.81..

1938年4月18日
Bertin, p.199, 201.

1938年4月26日
Freud-Jelliffe 2.8.1934 [FM: 1-F8-74-14].
Jones, III.100-1.
Freud-Jones 13.5.1938 [Typescript Inst. of PsA].

1938年4月29日
Bertin, p.201.

1938年5月1日
"Home Movies" [FM].

1938年5月5日（ミンナ）
1. スイスにいる間、ドロシーはフロイト一家と毎日電話連絡をとっていた。一家の安全が確信できた5月28日に、彼女はミンナと共にロンドンへ出発した。同日、米国で別居中の夫ロバート・バーリンガム博士が自殺した。翌29日に出したお悔やみの手紙の中でフロイトは、この死は「あの不幸な男にとっては解放」を、また夫妻の4人の子どもたちにとっては救済を意味する、と記している。

Valenstein, Mrs K., Interview, 14.5.1990.
Freud-Dorothy Burlingham 1.5.1938 [LoC].
Burlingham, pp.261-5.
Freud-Dorothy Burlingham 29.5.1938 [LoC].

1938年5月5日（ゲシュタポ）
1. 9日後、フロイトはミンナにこう書き送った。「なすべき事の大部分をアンナが処理しました。ロベルト［・ホリチャー］やマルティンのような男たちは役に立たず、半分間が抜けていました」（フロイト-ミンナ・ベルナイス.1938-5-14）

Stadler, Karl R., Austria, London, 1971, p.184.
Jones, III.238.
Schur, 498-9 n.3.
Martin Freud, P214.
Freud-Jones 23.4.1938 [Typescript Inst. of PsA].
Freud-Jones 28.4.1938 ibid.

1938年5月6日
Freud-Jones 13.5.1938 [Typescript Inst. of PsA].

1938年5月10日
Reichsfluchtsteuerbescheid [FM].
Freud-Jones 13.5.1938 [Typescript Inst. of PsA].

1938年5月12日
1. 合邦後、無国籍となったことを、シュテファン・ツヴァイクは苦々しくこう記している。「そして私は1人のロシア人亡命者から何年も前に聞いた言葉をいつも思い出すことになった。『昔、人間は肉体と精神だけを持っていた。今では他にパスポートが必要だ。さもなくば、人間として扱われないのだ』」
2. ベルクガッセ19の内部の記録を、後世のために残すようにとエンゲルマンに依頼したのは、ウィーンの心理学者アウグスト・アイヒホルンであった。写真に撮っておけば、「嵐の年月が過ぎ去った時、記念館を開設することができる」と、この心理学者は述べていた。

Engleman, E., Oral communication, 3.2.1989.
Zweig, Stefan, Die Welt von Gestern, Fischer, 1979[1944], p294.
Engelman, p134.

1938年5月14日
1. フロイトは少し異なった話を提供している。「おそらくマルティンは家族と共に私たちより先に出発し、妻と娘をパリに残して、息子と一緒にロンドンに行くでしょう。こうして不幸な結婚生活を実質的に終わらせることを彼は望んでいるのです。この点では私たちの希望も同じですが。彼女は単に意地悪で頭がおかしいだけでなく、医学的な意味で精神を病んでいます。とはいえ、彼は英国で何ができるのでしょうか。彼は妻（女）なしでは生活できないし、当地で自分に許しているような種類の自由も、ロンドンでは見出せないでしょう」（フロイト-エルンスト・フロイト.1938-5-12）

Martin Freud, p215.
Freud-Ernst Freud 12.5.1938 [Inst. of PsA: CFB/FO2/O1].

1938年5月21日
Freud-Jones 28.4.1938 [Typescript Inst. of PsA].
Freud-Minna Bernays 23.5.1938 [FM].
Reichsfluchtsteuerbescheid [FM].

1938年5月24日
Freud-Minna Bernays 20.5.1938 [FM].
Mathilde Hollitscher-Jones n.d. in Clark, p.511.
Freud-Minna Bernays 26.5.1938 [FM].

1938年5月30日
Freud-Minna Bernays 20.5.1938 [FM].
Freud-Minna Bernays 28.5.1938 & 2.6.1938 [FM].

1938年6月2日
Jones, III.238.
Freud-Minna Bernays 14.5.1938 [FM].
Freud-Minna Bernays 2.6.1938 [FM].

1938年6月3［4］日（出発）
1. フロイトはこの脱出行を他にも記録したが、こちらの日付は正確である。この記録とは小さな黒色の手帳で、その後彼の机の引出しの中に保管されていた。もっとも旅程に沿ってメモ書きしたらしい次の4件の記載以外には全く使われていない。「6月4日土曜、出発。6月5日日曜、パリ、夜ドーヴァー。6月6日月曜、ロンドン」

Freud-Eitingon 6[7].6.1938 [FM] & Letters.
Black notebook [FM 5233].

1938年6月3［4］日（ケール橋）
Freud-Eitingon 6[7?].6.1938 [FM] & Letters.
Clarke, p.513.
Schur, 502.
Berthelsen, Detlef, Alltag bei der Familie Freud, Hamburg, 1987, p.86.

1938年6月4［5］日（パリ）
1. ナチスに及ぼした全ての外交的圧力に関して、フロイトはブリットに恩義を感じていた。パリ東駅で会った時、ブリットはフロイトに、ウィルソン大統領研究書に関する議論をロンドンで再開するように提案した。フロイトはこの頃には、もうこの本には改善の余地がな

い、とあきらめていたのかもしれない。ブリットはロンドンでフロイトを2回訪問し、1冊のテキストをまとめ上げた。ブリットによれば、フロイトはこのテキストに反対しなかった。ウィルソン未亡人の死後、ブリットがこのテキストを出版することに、フロイトは同意したようである。

2. 「アテナ神」とはマリー・ボナパルトがフロイトのためにこっそり持ち出しておいた小像のことである。彼が気に入っていた小像で、机の正面の所に、自分の方に向けて置いてあった。紀元前5世紀のギリシャ時代の現物を模して、紀元1～2世紀のローマ時代に作られた像である。知恵と戦争の女神アテナの像で、左手を上げ、右手には酒杯を持っている。胸当てにはメデューサの頭部が付いていた。遅くとも1933年にはフロイトの蒐集物の中にあり、H.D.に見せたとき、彼はこう述べていた。「彼女は完璧です、ただ、槍がなくなっているのです」

Freud-Eitingon 6[7?].6.1938 [FM] & Letters.
Jones, III.243.
"Home Movies" [FM].
Freud-Marie Bonaparte 8.6.1938 in Schur, 504 & 564.
Freud, Sigmund & Bullitt, William C., Thomas Woodrow Wilson, Twenty-eighth President of the United States: A Pychological Study, London & Boston, 1967, pp.ix-x.
Burn, Lucilla, in Freud and Art, p.110.
H.D., p.74.

1938年6月4 [5] 日（ロンドンに）
Freud-Eitingon 6[7?].6.1938 [FM].
Berthelsen, Detlef, Alltag bei der Familie Freud, Hamburg, 1987, p.88.

1938年6月5 [6] 日（ドーヴァー）
Jones, III.243.
Freud-Eitingon 6[7?].6.1938 [FM].

1938年6月5 [6] 日
Jones, III.243.
Freud-Lampl-de Groot 13.6.1938 [FM].
Berthelsen, Detlef, Alltag bei der Familie Freud, Hamburg, 1987, p.89, 92.

1938年6月5 [6] 日（ミンナ）
Schur, 505.
Freud-Lampl-de Groot 13.6.1938 [FM].

1938年6月5 [6] 日（花と新聞）
Freud-Lampl-de Groot 13.6.1938 [FM].
Jones, III.244-5.

1938年6月9日
1. サムはこの日記に記された最初の来客だが、フロイトが訪問客を記していた手帳では、この名前は7番目に登場する。6番目までの名前は次の通り。「ヤフダ（Yahuda）、St. ツヴァイク、エデル夫人、B・ロウ、シュミットバーグ、グラヴァー夫妻」。ところがこの日記によれば、「ヤフダ［Jahuda:原文のまま］」の訪問はサムの2日後、6月11日である。このことは、この日記同様に訪問客リストも厳密に訪問順ではなく時には後から書き入れられたことを、示しているのだと思われる。

Freud-Sam Freud 4.6.1938 [FM].
Freud-Ernst Freud 12.5.1938 in Schur, 499.
Dark blue notebook [FM: LDFRD 5238].

1938年6月10日
Freud-Eitingon 6[7?].6.1938 [FM].
The Referee, 18.6.1938 [FM].

1938年6月11日
1. アルノルト・ツヴァイクが念頭に置いていたのは、フロイトの蔵書の中にある次の本である。『聖書の信憑性：ヨセフの物語；エジプトの記念碑や文献に見られる出エジプト記と創世記の証拠と描写』（ロンドン1934）、『モーゼ5書の語法：エジプト語に関連して』第1巻（ロンドン1933）

Dark blue notebook [FM: LDFRD 5238].
Arnold Zweig-Freud 6.9.1937 in Zweig Letters.
Jones, III.250. 396, 400.

1938年6月18日
1. ジョーンズによれば、ミンナは後に老人ホームに送られた。8月下旬にかかった別の病気のためだと思われる。
Jones, III.246.

1938年6月19日
Jones, III.91.

1938年6月21日
Freud-Jones 28.4.1938 [Jones, III.240 & Typescript Inst. of PsA].

1938年6月23日
Martha Freud-Meine Theuern [Lilly Marlé] 22.6.[1938] [LoC (Filed under "Martin F.-Lilly F. Marlé")].

1938年6月23日
The Times, 5.9.1938.
Royal Society, Notes and Records, 2 October 1938.

1938年6月23日
Freud, Anna, Commentary to "Home Movies" [FM].

1938年6月25日
1. フロイトが英国でつけていた住所録には北ロンドンの古物商の名前が記されており、彼が依然として新しい古代遺物を探し求めていたことを示している。エルンストの義理の兄弟である美術商ハンス・カルマンもフロイトを訪問している。この美術商から彼は長方形の木製テーブルを購入したが、このテーブルは現在フロイト記念館の書斎に置いてある。

"Rechte und Pflichte der Mitarbeiten 1924," Archiv des Psychoanalytischen Ambulatoriums, Wien [FM: SOH9-6 (P67-8)].
Dawson, Warren R., Who was who in Egyptology, The Egypt Exploration Society, London.
Dawson, Warren R., Battiscombe George Gunn: 1883-1950, From the Proceedings of the British Academy, Vol.XXXVI, London n.d.
Freud-Simmel 26.6.1938 [FM: I/F8-41-2].
Calmann, Mrs G., Oral communication, 1990.
Freud-Ernst Freud 12.5.1938 in Letters.

1938年7月15日
Freud-Eitingon 3.11.1938.
Freud-Eitingon 19.12.1938 & 29.12.1938 [FM].

1938年7月15日
Kent, G.H., & Rosanoff A.J.,"A Study of Association in Insanity," Amer. J. Insan. 67:37-96, 317-390, cited in: Burnham, John Chynoweth, "Psychoanalysis and American Medicine, 1894-1918," Psychological Issues Vol. V/No.4．（この参考文献についてソヌ・シャムダサニに感謝する）

1938年7月15日
Romm, p.123.
Green address book [FM: LDFRD 5238].
Schur, 507-8.

1938年7月16日
Freud, Ernst, Interview R.S.Stewart, 10.1.1966.
Freud-Alexandar Freud 17,7,1938 [LoC].

1938年7月17日（モーゼ）
Dali, Salvador, The Secret Life of Salvador Dali, London, 1961, p.398.
"Findinds, Ideas, Problems," S.E.,XXIII.299.

1938年7月17日（遺言書）
Probate copy of Freud's will [FM].
Schur, 497.
Jones, III.238.

1938年7月18日（ケント氏）
Dark blue notebook [FM: LDFRD 5238].

1938年7月18日（ギルダー）
Freud-Indra 20.7.1938 in Letters.

1938年7月19日（聴力を失う）
Green address book [FM: LDFRD 5238].
Freud-Anna Freud 3.8.1938 [FM].

1938年7月19日（ダリ）
1. ダリはフロイトを数枚スケッチした。フランソワ・ペティのコレクションが現在所有しているスケッチは、メアスフィールド・ガー

デンズにある肖像画の習作として使われたのだと思われる。とはいえ、他の一連のスケッチにはこう記してある。「渦巻きとカタツムリの原則に従ったジグムント・フロイトの頭蓋の形態学。実物に基づき、彼の死の2年前に描く」。これらのスケッチも、この肖像画に影響を与えた。もっとも、これらのスケッチをダリが全て今回の訪問の際に書いたのか、それともエスカルゴの夕食、マリー・ボナパルトのポー研究書に関する会話、亡命するフロイトがパリに着いたことを報じる新聞写真などの影響が重なりあって、この訪問以前に描いたのか、この点は不明である。
Stefan Zweig-Freud 18.7.1938 in Stefan Zweig,
Freud-Zweig, Stefan 20.7.1938 in Jones, III.251.
Dali, Salvador, The Secret Life of Salvador Dali, London, 1961, pp-23-5 & 397-8.
Zweig, Stefan, The World of Yesterday, London, 1943. p.318.
Romm, Fig.42, p.124.

1938年7月26日
Martha-Meine Theuern [Lilly Marlé] 22.6.[1938] [LoC (Filed under "Martin F.Lilly F. Maelé")].
Jones, III.248.

1938年7月28日（遺言書）
Probate copy of Freud's will [FM].

1938年7月28日（家の購入）
Ellis, Donald, Report 26.6.1986 [FM: MAG/41/5].
Freud-Anna Freud 1.8.1938 [FM].
Freud-Anna Freud 3.8.1938 [FM].

1938年7月29日
Freud-Lampl-de Groot 26.7.1938 [FM].
Freud-Schnier 5.7.1938 in Jones, III.323.
Peters, p.231.
S.E.,XXIII.111-115.

1938年8月1日
Freud-Anna Freud 1.8.1938 [FM].

1938年8月4日
Jones, III.249.
Bertin, p.200.
Prospectus cover [FM: V/F29-80].

1938年8月5日（ボイムラー）
1. この書簡の第3段落でボイムラー社の代表者はこう述べている。「ロンドン到着までの費用はすべて弊社が負担し、通関手続きとロンドン市内の配達費用は貴殿の口座から請求するようにとの指示を、ザウアーヴァルト博士から頂戴致しました」（ボイムラー-フロイト.1938-8-4）
Bäuml-Freud 4.8.1938 [FM].

1938年8月5日（アンナ）
Freud-Anna Freud 3.8.1938 [FM].

Abriss der Psychoanalyse (ms.) [LoC].

1938年8月6日
Freud-Marie Bonaparte 21.8.1938 in Jones, III.496.
Freud-Marie Bonaparte 12.11.1938 in Schur, 508 n.5.
Bertin, p.203.

1938年8月7日 日曜－8日 月曜（物品）
Freud-Eitingon 15.6.1938 [FM].
Freud-Lampl-de Groot 26.7.1938 [FM].
Freud-Anna Freud 3.8.1938 [FM].

1938年8月7日 日曜－8日 月曜（レヴィイ）
Freud-Lampl-de Groot 22.8.1938 [FM].
Freud-Willy [Lévy] 19.10.1938 [Loc (Files under "Unknown")].
Zweig, Stefan-Freud [August 1938] in Stefan Zweig.

1938年8月13日
1. この頃、ハムステッドは精神分析家安息の地となったばかりであった。エルンストは、ロンドンに来た1933年には精神分析家がリージェント・パークより郊外に住むのは不可能だった、と述べている。だが、アーネスト・ジョーンズがメラニー・クラインのためにセント・ジョンズ・ウッドに家を一軒斡旋し、このことがハムステッドに向かう流れを促進した。
Freud-Lampl-de Groot 22.8.1938 [FM].
Freud, Ernst, Interview R.S.Stewart, 10.1.1966.

1938年8月24日
Freud-Anna Freud 1.8.1938 [FM].

1938年8月29日
Freud-Lampl-de Groot 22.8.1938 [FM].

1938年9月2日
1. フロイトが使った「ホテル・エスプラネード」という表現は、フロイト本人あるいは家族の一員が以前泊ったことのある、ヨーロッパ大陸の少なくとも二つのホテルを思い起こさせる。一つはハンブルク、もう一つはベルリンにあった。1926年12月から1927年1月にかけて、フロイトはベルリンの「ホテル・エスプラネード」に宿泊した。アンナ宛ての1926年12月29日付の葉書にはこのホテルの絵が描かれており、フロイトはアインシュタインとの会見の模様を報告している。二人は相対性理論よりは精神分析について、多くを語りあっている。
Blanton, Smiley, Diary of my Analysis with Sigmund Freud, N.Y., 1971, p.107.
Freud-Anna Freud 29.12.1926 (postcard) [FM].

1938年9月4日
Freud-Alexandar Freud 22.6,1938 in Letters.

Freud-Alexandar Freud 17.7,1938 [LoC].

1938年9月7日
Anna Freud-Arnold Zweig n.d. [SFC 7433].
Schur, 508-9.

1938年9月8日
Pichler Notes 8/9.9.1938 [FM].
Pichler-Anna Freud n.d. [FM: SAF 276].
Freud-Lampl-de Groot 8.10.1938 [FM].

1938年9月27日
Freud-Lampl-de Groot 8.10.1938 [FM].
Freud-Eitingon 3.11.1938 [FM].

1938年9月30日
1. 戦争の瀬戸際から引き返したこの日は、一般的に言えば、喜びがあふれた一日であった。シュテファン・ツヴァイクのような悲観論者でさえ、この雰囲気に押し流された。しかしながら、この雰囲気は長くは続かなかった。英国の歴史学者ヒュー・セットン＝ワトスンはミュンヘン協定についてこう述べている。「アメリカ植民地を失って以来、最大の敗北と打撃を英国は蒙った。英国はヨーロッパ大陸を枢軸国に売り渡したと、苦悩や恐怖におののきながら、全ヨーロッパは考えた」
Chamberlain, Neville, Broadcast speech, 27.9.1938.
Freud-Marie Bonaparte 4.10.1938 in Letters.
Zweig, Stefan, The World Yesterday, London, 1943, p.313.
Seton-Watson, Hugh, Eastern Europe between the Wars: 1918-1941, N.Y., 1967, pp.396-7.

1938年10月2日（ミンナ）
Freud-Lampl-de Groot 8.10.1938 [FM].

1938年10月2日（マルティン）
Freud-Marie Bonaparte 4.10.1938 in Letters.
Freud-Lampl-de Groot 8.10.1938 [FM].

1938年10月11日
1. 第二次大戦後、オーストリア政府はザウアーヴァルトを戦争犯罪人として訴追した。結局無罪となったが、フロイト一家を担当した際、一家に協力的だったことを証明する宣誓供述書をアンナ・フロイトとマリー・ボナパルトが提出したことも、彼が無罪判決を得る一つの力になった。
2. シュール医師は、1939年にザウアーヴァルトが英国に現われたと記している。けれども、彼は今回の訪問を翌年の出来事と勘違いしたようである。だからといって「スパイ活動」の可能性を排除できないが、個人的休暇、あるいはフロイトの財政状況について話すために、ザウアーヴァルトは英国を訪れたのかもしれない。フロイトの甥エルンスト・ヴァルディンガーの発言の中に、この訪問を示唆すると思われる部分がある。「フロイトが亡命する際、寛大にもゲシュタポは、亡命当初の数

日間を乗り切るのに必要な金を持ち出すことを認めました。ナチスの当局者［ザウアーヴァルト？］がしばらく後にロンドンのフロイトを訪問し、その金を返すように言ったとしても、無邪気で恥知らずなことだと呼べるでしょうか」
Freud, Anna, Interview R.S.Stewart 17.1.1966.
Jones, III.237-8.
Schur, 498-9. n.3.
Waldinger, Ernst, "My Uncle Sigmund Freud," Books Abroad, Vol. 15 No. 1, Jan.1941, p.4.

1938年10月12日
Blue notebook [FM: LDFRD 5238].
Schur, 511
Arnold Zweig-Freud 16.10.1938 in Zweig Letters.

1938年10月16日
Jewish Chronicle, 6.1.1939.

1938年10月29日
1. セグレダキスはこのヴィーナス像の真正品証明書も王女に渡している。1938年10月28日付の証明書で王女の訪問の12日後に発行されている。この像についての情報をフロイトが求めたのではないか。この証明書には、問題の像は「古代青銅像——ギリシャ時代（紀元前3-2世紀頃）」と記されている。しかし、おそらくこれは紀元1-2世紀頃のローマ時代の像である。フランスのヴァランス市で見つかった像だと、セグレダキスは脚注で述べているが、この点もローマ時代に作られたことを支持する根拠になる。
Freud-Eitingon 3.11.1938 [FM].
Burn, Luciila in Freud and Art, p.112.

1938年10月31日
Die Zukunft, No.7., 25.11.1938.
S.E..XXIII.289.
Freud-Jelliffe 18.10.1938 [FM: 1-F8-74-25].
Clare, George, Last Waltz in Vienna, London, 1981[1980] pp.208-9.
Klepper, Jochen, Unter dem Schatten deiner Flügel, Stuttgart, 1962[1955], p.631, p24.

1938年11月10日　（ポグロム［ユダヤ人大虐殺］）
1. 「水晶の夜」事件の5日後、週刊評論誌『時代と潮流』の編集者ロンダ子爵夫人は、反ユダヤ主義に関する記事を、フロイトに依頼した。この依頼に答えて、個人的に苦しんだ迫害を、フロイトは詳細に記述した。精神分析運動と精神分析出版所の破壊、子供たちが仕事を奪われたこと、一家が故郷から追い出されたこと。最後に彼は、自分よりは個人的に巻き込まれていない非ユダヤ人からの寄稿を求めるよう、編集者に要請している。
Thalmann, Rita, & Feinermann, Emmanuel, Crystal Night: 9-10 November 1938 (Transl. Gilles Cremonesi), Holocaust Library, N.Y., 1974[1972].
Clare, George, Last Waltz in Vienna, London, 1981, p.228.
Eitingin-Freud 12.12.1938 [FM].
Freud-Lampl-de Groot 20.11.1938 [FM].
Rhondda-Freud 15.11.1938 [FM].
Freud-Rhondda 16.11.1938 in Letters.

1938年11月10日　（禁書）
Freies Deutschland, Antwerp, 1.12.1938 [FM: Press cuttings].

1938年11月29日
Wells-Freud March 1939 in Jones, III.259.

1938年12月3日
1. 児童心理学に関してアンナが行なった3回の講義は、ロンドン州教育委員会理事会が開いた学習活動の一部であり、この主題に関する最新の研究成果を教師に知らせることが目的であった。
Freud-Marie Bonaparte 12.11.1938 in Letters.
Anna Freud-McCord 28.8.1938 [FM 5044].

1938年12月4日
Freud-Marie Bonaparte 12.11.1938 in Letters.
Jones, III.246.

1938年12月6日　（リュン）
1. リュンが検疫犬舎にいる間、フロイト一家は小さなペキニーズ・ジャンボ犬を、「一時的な代用品」として購入した。この犬はパウラによくなついたが、フロイトにとってはリュンの代役にはならなかった。「父はリュンに非常に義理固かったようです」とアンナは述べている。
Press clippings 6/7.12.1938 [FM].
Freud, Anna, Commentary "Home Movies" [FM].

1938年12月6日　（独唱会）
Lund, Engel, Telephone communication, 20.6.1990.（この注釈に結びつく情報についてシュトロス博士に感謝する）

1938年12月7日　（放送）
BBC-Freud 6.12.1938 [FM].
BBC recording (Cassette) [FM].

1938年12月7日　（マルティン）
1. 第二次大戦の勃発がこの商売を終わらせた。というのは、政府がこの仕事に必要な化学製品の提供を求めたためである。戦中から戦後にかけてマルティンは港湾労働委員会で監査役として働いた。このため、よく出張して、ハルやグリムズビーのような街のホテルに泊まったが、彼はこの仕事が嫌いであった。そこで、トテナム・コート・ロード近くにタバコ屋を開いた。この店には裏部屋があり、美容師に貸していた。彼はハイゲートにある自宅からこの店までヴェスパ［イタリア製のスクーター］で通ったが、ある日転倒事故をおこした。この事故以降、彼は完全には回復しなかった。
Freud, A.W., Telephone interview, 30.8.1989.

1938年12月8日　（王女）
Jones, III.246.
Bertin, p.201, 204.

1938年12月8日　（ブラウン）
Who Was Who, Vol. 5, London,1964.
Jones, III.254.

1939

1939年1月2日－31日
Jones Diary, 18/25.12.1938 [Inst. of PsA].
Schur, 512, 517.
Freud-Eitingon 5.3.1939 [FM].

1939年2月2日
Freud-Eitingon 3.11.1938, 19.11.1938, 29.12.1938 [FM].
Freud-Eitingon 5.3.1939 [FM].

1939年2月5日
Bertin, p.206.
Jones Diary, 5.2.1939 [Inst. of PsA].

1939年2月10日　（ピウス11世）
1. 1934年、ドルフス首相が反対派を鎮圧した1か月後に、フロイトはエルンストにこう書き送った。「カトリック教会の反動は信じられないほど素早く、広範囲に進んでいます。とはいえこのこと自体が、ヒトラー信奉者の蛮行も国境は越えないだろうという、ある種の保証になります。我々はこの蛮行からは逃げ出すでしょうが、カトリック教会が我々の保護者なのです！」（フロイト-エルンスト・フロイト.1934-3-11）
Kelly, J.N.D., Oxford Dictionary of Popes, Oxford & New York,1986.
Freud-Arnold Zweig 30.9.1934 in Zweig Letters.
Freud-Ernst Freud 11.3.1934 [LoC].

1939年2月10日
Jones, Ernest, Free Associations, Hogarth, London, 1959, p.160.
Brome, Vincent, Ernest Jones: Freud's Alter Ego, London, 1982.
Schur, 517-8.

1939年2月19日
Freud-Eitingon 19.12.1938 [FM].
Jones Diary 19/20.2.1939 [Inst. of PsA].

1939年2月26日
Schur, 517-8.
Marie Bonaparte [Inst. of PsA: CBC/FO8/20].

1939年2月28日
Schur, 518.

1939年3月3日（パリ）
1. シュール医師は、ツヴァイク宛てのフロイトの手紙の最後の文章の中にある、興味深い二つの誤りに注目した。一つは文法的な間違いである、'würd'［würde（であった）とwird（である）の合成語］。もう一つは'diesmal'（今回）の代わりに'damals'（過去）を使ったことである。シュールの意見によるとこの部分は次のようになる。「（16年間存在を分かち合ってきたあのなつかしいガンが、新たに再発したことは、もはや何の疑いもありません。今回、誰が強いとわかるか［あるいは、わかったのか］、誰も予言はできません）」（フロイト-アルノルト・ツヴァイク.1939-3-5）。これらの書き間違いを、死の願望に対抗して生きようとする希望の現われだ、とシュールは解釈した。
Freud-Eitingon 5.3.1939 [FM].
Freud-Arnold Zweig 5.3.1939 in Zweig Letters.
Freud-Arnold Zweig 5.3.1939 in Schur, 520-1.
Schur, 520-1.

1939年3月3日
Kelly, J.N.D., Oxford Dictionary of Popes, Oxford & New York,1986.

1939年3月6日
Who was Who, Vol. VI., London,1979 (2nd ed).
Freud-Eitingon 5.3.1939 in Schur, 520.

1939年3月8日
Freud-Jones 7.3.1939 in Jones, III.260.
Jones diary 8.3.1939 [Inst. of PsA].
Programme: 25 anniversary dinner [FM].

1939年3月9日
Schur, 518-9.
Finzi-Lacassagne 5.7.1939 in Schur, p.525 n.15.

1939年3月13日
Freud-Sachs, Hanns 12[/14].3.1939 [FM].

1939年3月13日．
Lacassagne-Marie Bonaparte 28.12.1954 (Ms. copy by Marie Bonaparte) [FM].
Schur, 518.

1939年3月15日（ラジウム）
1. アイティンゴン宛ての手紙を見ると、6日後もフロイトの気分は同じであった。「当地の医師たちは放射線とラジウムを組み合わせた治療がこれまで成功していることを本当に喜んでいるように見えます。しかしながら、主観的にはひどい気分です。私の全般的健康状態は非常に悪く、局所の症状にも悩まされています。これも治療の一部だと言うのですが。ですから、我々は待ち続けます。ともあれ、誰もこれ以外のことは出来ないのです」（フロイト-アイティンゴン.1939-4-20）
Freud-Sachs 12[14].3.1939 [FM].
Anna Freud-Arnold Zweig 11.5.1939 [SFC].
Freud-Eitingon 20.4.1939 [FM].

1939年3月15日
Bergschicker, pp.228-233.

1939年4月6日
Freud, Ernst, Interview R.S.Stewart 10.1.1966.
Jones diaries [Inst. of PsA].
Freud-Ernst Freud 3.4.1922 [LoC].

1939年4月16日
Prochaskas Familien-Kalender, 1916 & 1917 [LoC].

1939年4月19日
1. ハリーは1939年春に両親の米国への移住申請書を提出したが、両親は1年後もまだ英国で米国のビザを待っていた。
Alexandar Freud-Ernst Freud 17.2,1940 & 28.4.1940 [FM: Lucie Freud Papers].
Harry F. Mizzi, Dolf & Pauli F. 25.9.1939 [LoC].

1939年4月20日
Schur, 522.

1939年5月6日
"Home Movies" [FM].
Anna Freud-Arnold Zweig 11.5.1939 [SFC].
H.D. Freud 6.5.1939 [FM: VAR SF 20-21].

1939年5月12日
Freud, Anna, (1981) in Bonaparte, Marie, topsy, Der goldhaarige Chow, Fischer, Frankfurt am Main, 1981[1939], pp.8-10.

1939年5月19日
Freud-Jones 1.11.1938 [Inst. of PsA].
Lones-Freud 2.11.1938 [Inst. of PsA].
Leonard Woolf-Freud 15.3.1939 [FM: SOH9-16].
Blanche Knopf-Freud 31.3.1939 [FM: SOH9-16].

1939年5月20日
Young-Bruehl, pp.236-7.
Peters, p.237.
Int. J. PsA., Vol. 21., 1940, p.121.
Anna Freud-Arnold Zweig 11.5.1939 [SFC].

1939年7月2日
Freud-Marie Bonaparte 5.6.1939 in Schur, 524.
Bertin, p.207.

1939年7月10日
1. フロイトはハブロック・エリスを尊敬したが、これは手放しの尊敬ではなかった。H.D.はエリスと面識があり、1933年にフロイトから分析を受けた際、彼のことを話した。この分析の記録の中で彼女は、フロイトが言い放った、エリスについての懐疑的な評価を記録している。「ああいう立場にいて、外部の批判を問題にしない人物が、なぜ性についての表面的な記録作りに膨大な精力を費やすのか、いつも不思議に思っていた、とフロイト教授は語った。また私の反応を見て、自分の意見は正当化されるかもしれない、と感じたとも。不思議なのは、と彼は続けた。『エリスは人々が行なうおかしなことをいくつも記録しておきながら、なぜ人々がそうするのかを知ろうとは思わないことです。ご存じのように彼とは多少疎遠になっているのですが、彼の『性心理学』には未熟な部分がある、と私はいつも考えていたのです』」
Freud-Ellis 8.11.1925 [FM: SFVAR 132].
H.D. Freud 6.5.1939 [FM: VAR 22].
H.D., p.148.

1939年7月12日
Schur, 525.

1939年7月15日
1. 精神分析運動がウィーンを越境して、初めての重要な普及をみたときに、この運動は「名誉あるが苦痛に満ちた長年の孤立」に終止符を打った。1907年にフロイトはユングにこう書いている。「静かな確信が（中略）ついに私を支配し、見知らぬ人物の答える声が届くまで待つように、私に命じました。それがあなたの声だったのです。ブロイラーをさかのぼればあなたに行き着くこともわかりました。このことでも、お礼を申しあげねばなりません」（フロイト-ユング.1907-9-2）
Bleuler-Freud 23.10.1929 [LoC].
Freud-Jung 2.9.1907 in Schur, 253.

1939年7月24日
Freud-Meine Lieben 17.3.1929 [FM].
Bourgeron-Molnar 28.10.1990 [FM].

1939年7月24日
1. フロイトがウェルズに送った手紙の続く一節を読むと、問題は英国への最初の旅行から、別の場所へ移動する。この一節でフロイトは、英国国籍を得たいという願望は「幼児期の空想」だったと述べている。そこで、3歳の時に彼の異母兄弟がマンチェスターへ転居したことが関係してくる。幼いフロイトにとってこの出来事は、遊び仲間ジョンとパウリーネ・フロイトの喪失、フロイト自身のフライブルク［現在のチェコのプリーボル］からの転居、さらには大フロイト一族から両親2人だけの家族への一家の縮小を意味した。この空想の中では、英国が楽園の回復を表わしていたのかも知れない。
2. この法案の提出はロッカー＝ランプソンにとって、フロイトのために英国議会に影響力を行使しようとする2度目の試みであった。

1938年4月に彼はドイツでの死から逃れようとするユダヤ人を援助するために、パレスチナ国籍の適用範囲を拡大する法案を提出した。この法案の審議の際、フロイトは特に一つの実例としてあげられた。「年老いて死にかけている」にしても、「ナチスの怪物」の犠牲者としてである。これらの言葉でフロイトは、1933年にルートヴィヒ・バウアーが彼の主張を「弁護」したことを苦々しく思い出したに違いない。もっとも、この法案は議会を通過しなかった。

3. フロイト死後のインタビューで、英国国籍授与の問題を振り返って、ウェルズはこう答えている。「我々の多くがこの希望をかなえようとして出来る限り手を尽くしました。というのは、それが英国にとって非常に名誉なことだったからです。しかし、実現しませんでした。必要なのは特定個人に関するささやかな法案だけでしたし、議会が同意すれば30分で通ったでしょうが、うまく行きませんでした。実現しなかったことを非常に残念に思っています」

Wells-Freud 14.7.1939 [FM: VARSF].
Freud-Wells 16.7.1939 [FM: SFVAR & Letters].
Clark, p.508.
Locker-Lampson-Freud 6.9.1938 [FM: VARSF].
South African Jewish Times, 3.11.1939.
Wells, H.G., The Fate of Homo Sapiens, London, 1939 [Dedicated copy: Private collection].

1939年7月26日
Martha Freud-Elsa Reiss 23.2.1939 [LoC].
Pfister-Martha Freud 12.12.1939 in Pfister Letters.

1939年8月1日 （開業の終了）
1. 一般患者の分析の他、ドロシー・バーリンガムの教育分析——1938年6月13日から1939年1月1日までの99時間——があった。また、二つの短期分析があったが、その一つは米国の精神分析家スマイリー・ブラントンの分析で、1938年8月30日から9月7日までの8時間、1時間あたり4ギニーだった（分析料金は1時間あたり、3ポンドから6ギニーまで、さまざまであった）

Dark blue notebook [FM: LDFRD 5238].
Schur, 526.

1939年8月1日
Photograph Album [FM: IN 87].
Bertin, p.207.

1939年8月23日
Young-Bruehl, pp.278-9.

1939年8月24日
Letter List 1938-39 [FM].
Ellis-Neufeld 26.6.1986 [FM: MAG/41/5].

1939年8月25日
Schur, 360.

Segond, Pierre, 'Eva Freud, une vie' Trames, No. 15, Sept. 1993, p.112.
Oliver Freud-Jones 16.4.1953 [Inst. of PsA: CFB/FO5/02].
Martha Freud-Elsa Reiss 2.12.1945 [LoC].

1939年8月25日
Dorothy Burlingham-Anna Freud 25.8.1939 [FM].
Valenstein, Mrs K., Interview, 14.5.1990.
Burlingham, p.271.

1939年9月23日
1. 1939年9月26日にシュテファン・ツヴァイクがゴルダーズ・グリーン葬儀場で読み上げた弔辞は、フロイトへの感謝を表わす、心打つ内容であった。ツヴァイクはこう述べている。「20世紀の人間である我々は誰もが、彼なくしては、物の考え方や理解の仕方が異なっていたでありましょう。また我々の心の中に彼が与えてくれたあの力強い刺激がなければ、我々はより狭く、不自由、不正確に物を考え、判断し、感じていたことでしょう。我々がこれから人間の心の迷路の中へ踏み込もうとするときには、彼の知性の光がいつでも我々の行く手を照らしてくれるのです」

Schur, 529.
Anna Freud-Arnold Zweig 28.10.1939 [SFC].
Anna Freud-Arnold Zweig 13.2.1940 [SFC].
Martha Freud-Federn 5.11.1939 [SFC].
Zweig, Stefan, Worte am Sarge Sigmund Freuds in Stefan Zweig, p.250

索　引

（論文、著作、出版物、著名文化人、時事のみを採録した）

H.D.（ヒルダ・ドゥーリトル）　XIII, 147, 162
I.P.V　45　→国際精神分析出版所

【あ】

『「愛情生活の心理学」への諸寄与』（日本語の）　127, 145
アインシュタイン、アルバート　70, 128, 132, 208
『悪童——生命の歴史、カリギュラ』　67
『アクロポリスでのある記憶障害』　203, 204, 287
『アニミズム；魔術と神聖なる王』　60
アビシニア（エチオピアの旧称）　X, 197, 210
「ある暗所恐怖症の児童の分析——その詳説」（アンナ・フロイト）　88
「ある微妙な失錯行為」　197
暗殺事件（アレクサンダーI世とジョン・バルトゥー）　306
アンドレアス＝ザロメ、ルー　44, 48, 50, 114, 131, 174, 223, 297, 314
『イーリアス』　110, 288
『イタリア精神分析雑誌』　308
『一般神経症講義と精神分析学基礎』　106
『一般精神分析入門』　189　→『精神分析入門』
一般徴兵制度　185, 188
『イドの本。女性の友人の精神分析的手紙』　176
『イマーゴ』　98　→『米国版イマーゴ』
「いわゆるユダヤ精神について」　228
印刷工のストライキ　146
『ヴィアフランカ』　150
ヴィースバーデン大会　132
ウィーン医師会　96
『ウィーン新聞』　287
「ウィーンの思い出」　232
ウィルソン、ウッドロー（ウィルソン大統領）　71, 85, 87, 117, 137, 157, 289, 318
ウェルズ、H.G.　155, 208, 260, 273, 301, 322
ウォール街の大暴落　XIX
永遠の仏陀　299
英国国営放送（ＢＢＣ）　XX, 261
英国への入国　240　→亡命
『エオス：宇宙論の諸断面』　310
「エジプト人モーゼ」　223　→『モーゼと一神教』
エディプス・コンプレックス　55
エドワード8世退位　218
『エンゲル・ランドの民俗歌謡の本』　261
『応用精神分析に関する諸論文』　158
王立医学会名誉会員　192
オーストリアの終焉（Finis Austriae）　235, 238→ドイツとの合邦
大槻憲二　154, 297
『終わりなき分析』　225

【か】

カーディーム　214
『快感原則の彼岸』　XVII, 61, 69
『快感原則の彼岸』（日本語訳）　69　→日本語翻訳書
外国通貨　XIII
『解剖学的な性の差別の心的帰結の二、三について』　107
『シシフォスあるいは教育の限界』　81
「家庭でのジグムント・フロイト」　311
カトリック教会　321
機知　285
『機知——その無意識との関係』　65
『技法論文集』　145
教育学のための精神分析学入門　47
強制収容所　XIX, 153, 307　→ダッハウ強制収容所、ナチス、ナチズム
禁書　260, 321　→ベルリンの焼却
金融制限　293
「偶然と迷信」　310
クーデター　XV, 106
『屈辱と亡命。ドイツ・ユダヤ人の真実』　153　→ツヴァイク、アルノルト
グリム童話　XX
ゲーテ　287, 296, 298
ゲーテ賞　53, 75, 77, 79, 80, 81
ゲシュタポ　235, 240, 243, 299, 317, 320　→ナチス、ナチズム、ヒトラー
『月経コンプレクス』　173
ゲットー　294　→反ユダヤ主義
『原始人と超自然』　307
『原始人における神秘体験と象徴』　307
『原始人の魂』　307
『原始神話学』　307
『原始神話学：オーストラリア原住民とパプア原住民の神話世界』　187
『原始的心性』　307
「原始文化の諸類型における精神分析」　124
『幻想の未来』　43, 56, 66, 112, 123　→ロラン、ロマン
『現代精神史におけるフロイトの位置』　47　→マン、トーマス
「幸運なハンス」　XX, XXII
交換可能通貨　109
講師の地位を剥奪　181
『五月の田園』　150
『国際雑誌』　81
『国際精神分析雑誌』　77
国際精神分析出版所　45, 95, 99, 105, 117, 119, 120, 121, 127, 203, 204, 206, 239, 243, 253, 291, 293, 305　→I.P.V
国際精神分析大会　102, 106, 113, 178, 179, 212
国勢調査　173

国民投票　237, 241
「コロ。奇妙な不安ヒステリー」　205　→『国際精神分析雑誌』

【さ】

ザールの住民投票　186
『催眠術』　102, 292
『催眠分析』　58
ザルテン、フェリクス　79
『サン・ルイス・レイ橋』　197
『シーザー』　150
シェイクスピア　310
市街戦　303
『自我とイド』　117, 145
『自我と防衛機制』　208
四季報　297
『ジグムント・フロイト書簡集』　294
『自己を語る』　XI, 186, 196, 198, 221
『獅子座の流星群』　56　→ロラン、ロマン
『死者の書』　XIX
『自然』　80
「自著『ジグムント・フロイト』（1923）への補遺」　156
『失語症の理解のために』　94
『児童の心的生活』　310
「『詩と真実』にみられる幼年時代の一記憶」　53, 79　→ゲーテ
市の封鎖措置　150
シューシュニクの演説　235
──の事故　193
──の辞職　237
出国（オーストリアからの）　243
シュニッツラー、アルトール　110
シュバイツァー、アルベルト　208
『シュレーバー回想録』　300
『シュレーバー（自伝的に記述されたパラノイア（妄想性痴呆）の一症例に関する精神分析的考察）』　124
「昇華と性的特色の発現」（アンナ・フロイト）　270
『小児期半側性脳性麻痺の臨床的研究』　63
『少年ハンス（ある5歳男児の恐怖症分析）』　124
ジョーンズ、アーネスト
　46, 56, 66, 89, 91, 117, 119, 160, 170, 174, 178, 179, 180, 181, 187, 189, 190, 198, 208, 211, 212, 214, 230, 239, 243, 244, 250, 266, 268, 270, 276, 282, 285, 287, 297, 304, 305, 311, 313, 315, 317
ジョーンズ夫妻　123　→ジョーンズ、アーネスト
『女性の性愛について』　107, 117
新憲法　175
審査不問証明書　245　→英国への入国、亡命
心室細動　182　→心臓病、心臓喘息、心臓発作

『新自由新聞』 289
心臓喘息 273
心臓病 46
心臓発作 64, 74, 160, 193, 223
「水晶の夜」 XIII, 235, 260, 321 →反ユダヤ主義、ポグロム（ユダヤ人大虐殺）
スペイン共和国 XV
スペイン語版全集 112, 134 →『全集』『標準版全集』『フロイト全集』
『生、夢、死の時間』（ボナパルト，マリー） 255
『制止、症状、不安』 198
『聖書の信憑性：ヨセフの物語；エジプトの記念碑や文献に見られる出エジプト記と創世記の証拠と描写』 319
『精神科学にとっての精神分析の重要性』 67
『精神による治療』 94, 219 →ツヴァイク，シュテファン
『精神分析：その理論と現実への応用』 120
『精神分析 5 講』 120
『精神分析――意味と実践的応用』 177
『精神分析概説』 235, 255
『精神分析からみた神経症総論』 305
『精神分析教育学』 77
『精神分析原理』 106
『精神分析索引 1893-1926』 44
『精神分析雑誌』 306
『精神分析四季報』 127
『精神分析入門』 62, 66, 88, 117, 121, 126, 170, 177, 189, 301 →『一般精神分析入門』
『精神分析年鑑』 44, 198
『精神分析の基礎』 125
『精神療法：50症例の研究』 56
ゼネラル・ストライキ 171
『全集』 180 →『標準版全集』『フロイト全集』
戦争神経症 114
『戦争神経症の電気療法への覚書』 224
『戦争はなぜ？』 127, 129, 132, 146, 148 →アインシュタイン，アルバート
『続精神分析入門』 62, 117, 121, 131, 138, 143, 165, 180, 235

【た】
『大衆向け精神分析』 77
ダッハウ［強制収容所］ 243 →強制収容所
『ダビデ王の劇への序章』 215
ダリ，サルヴァドール 252
『タンホイザー』 57
『知恵の悲喜劇：哲学行為の影響と歴史』 198
ツヴァイク，アルノルト（アルノ） 57, 75, 85, 141, 143, 147, 153, 155, 161, 180, 212, 213, 215, 229, 259, 276, 282, 285, 297, 300, 306, 309, 315, 319, 322
ツヴァイク，シュテファン 53, 65, 94, 135, 190, 196, 208, 219, 232, 276, 280, 284, 301, 308, 316, 318, 323
対馬完治 145
ドイツ国際連盟脱退 162
『ドイツ人とユダヤ人』 316
ドイツ精神療法学会 217
ドイツとの合邦 238 →オーストリアの終焉
ドイツとの協定 211
ドイツの選挙 122, 163
ドイツへの宣戦 274

『ドゥ・フリエント帰る』 143 →ツヴァイク，アルノルト
『トーテムとタブー』 88, 89, 145
『トーマス・マン60歳の誕生日に寄せて』 191 →マン，トーマス
独ソ不可侵条約 274
『ドストエフスキーと父親殺し』 45
突撃隊 239, 244
――の反乱 176 →ナチス、ナチズム
『トプシー 金毛のチャウチャウ犬』 270 →ボナパルト，マリー
『ドラ（あるヒステリー患者の分析の断片）』 124
ドルの支払停止 145
ドルフス暗殺 161

【な】
ナチス 86, 150, 155, 172, 235, 244, 267, 268, 296, 307, 313, 318, 323 →ナチズム、ヒトラー
ナチズム XII, 141, 266
『日常生活の精神病理』 VIII, XXI, 66, 99, 310
『日常生活の精神病理』（日本語の） 89
日本 305
日本語 295
日本語の雑誌 154
日本語の翻訳書 XVII, 99, 115, 145
日本語版 297
日本精神分析学会 115 →矢部八重吉
日本のメダル 224
「ニュールンベルク法」 185
『人間と火』 110
『人間の愛情生活』 297
『人間モーゼ、ある歴史小説』 169, 180 →「エジプト人モーゼ」、『モーゼと一神教』
『願いがかなう本』 282
ネストロイ，ヨハン 57, 173, 282
『ねずみ男（強迫神経症の一症例に関する考察）』 124
『年表』 297
ノーベル賞 43, 44, 53, 86, 219, 280

【は】
『ハムレットとオイディプス』 308
バルカン問題 306
バルハウスでクーデター 177
パレスチナ問題 283
『犯人と裁判官』 282
『バンビ』 79 →ザルテン，フェリクス
反ユダヤ主義 XV, 45, 141, 214, 259, 321 →「水晶の夜」、ポグロム（ユダヤ人大虐殺）
『悲哀とメランコリー』 143
『非医師による精神分析の問題』 189
『非宗教的ユダヤ人の宗教』 232
『ヒステリー研究』 205, 271
ヒトラー 143, 145, 208, 232, 236, 238, 239, 243, 267, 274, 282, 296, 305, 306, 316, 321 →ナチス、ナチズム
「秘密年代記」 VIII
『標準版全集』 76 →『全集』
ヒルシュフェルト，マグヌス 74
ヒルダ・ドゥーリトル 147 →H.D.
ヒンデンブルク当選 124
『ファウスト第 2 部』 296 →ゲーテ
『フェティシズム』 298
ブナイ・ブリース 231

『ブナイ・ブリース月報』 196
フライブルク 110
プラハ占領 269
『古いカラブリア』 148
古沢平作 121
『フロイト家の日常生活』 317
『フロイト全集』 253 →『全集』『標準版全集』
『フロイト伝』 156
フロイト伝 315 →ジョーンズ，アーネスト
『フロイトと人間』 57 →ツヴァイク，アルノルト
『フロイトにささぐ』 304
フロイトの死 274
『フロイトへの感謝』 114 →アンドレアス＝ザロメ，ルー
「フローベールと『聖アントワーヌの誘惑』」 189
『ブロックハウス百科事典』 282
「『文化的』性道徳と現代人の神経過敏」 132
「文化的退行」 141
『文化への不安』 XV, 43, 51, 62, 74, 75, 89, 113, 127, 143, 180
「分析技法における構成の仕事」 230
『兵営俗謡集』 67
『米国版イマーゴ』 253 →『イマーゴ』
ベルリン国会議事堂 145
「ベルリン国会議事堂 火災」 141
『ベルリン精神分析研究所の十年』 87
ベルリンの焼却 XV, 141, 151 →禁書
ベンヤミン，ヴァルター 302
亡命 235 →天国への入国
ポーランドに侵攻 274
ポグロム（ユダヤ人大虐殺） 260, 321 →「水晶の夜」、反ユダヤ主義
本の押収 206

【ま】
マサリク 辞任 199
『マゾヒズム的性格』 119
マリエンバード大会 302
丸井清泰 285
マルクス主義 117, 119
マルセイユでの暗殺 181
マン，トーマス 47, 122, 191, 208, 210, 211, 308, 312, 314
マン，ハインリッヒ 280
『未開社会の思考法』 307
ミケランジェロ 300
『ミケランジェロのモーゼ』 148
ミュンヘン危機 235
ミュンヘン協定 269, 274
『ミレナへの手紙』 196
ムッソリーニ 300, 305
『メアリ・スチュアート』 308
『燃える秘密』 299
モーゼ 248, 250, 312
「モーゼがエジプト人であったとすれば…」 228 →『モーゼと一神教』
『モーゼと一神教』 169, 213, 223, 228, 235, 251, 252, 265, 266, 268, 270, 300, 306, 314, 315, 319 →「人間モーゼ、ある歴史小説」、「エジプト人モーゼ」

【や】

『ヤーコプ・ベルナイス：手紙による伝記』　128
『薬物中毒。薬物を求める心理』　60
『ヤコブの夢』　224
矢部八重吉　XVII, 51, 69, 115, 145, 285
ユダヤ教　289, 297, 303
ユダヤ人　294, 296, 300, 302, 307, 312, 314, 323　→反ユダヤ主義
ユダヤ性　289
ユダヤ民族大学　283
指輪　46, 50, 112, 281, 287, 312
『夢判断』　VIII, 43, 72, 74, 75, 138, 143, 213, 225, 236, 266
『夢理論のメタ心理学的補遺』　143
「幼児期の心的外傷」　215
『良き仲間』　64
『ヨゼフとその兄弟たち』　222　→マン，トーマス
『ヨゼフ四部作』　211　→マン，トーマス
『よそ者エゼキエル』　156
4か国会議　192

【ら】
「ライナー・マリア・リルケとの出会い」　311
ラテラノ条約　266
『力動精神医学』　56
『リビドー的類型について』　105
『リリュリ』　56　→ロラン，ロマン
『林檎の木』　143
ルーズヴェルト大統領　237
ルツェルン大会　302
『ルフェーヴル婦人の事件』　49　→ボナパルト，マリー
『レオナルド・ダ・ヴィンチの幼年期のある思い出』　145
「歴史的・心理学的小説」　306　→『モーゼと一神教』
ロラン，ロマン　56, 204, 208
『論文集』　76

【わ】
『わが闘争』　238, 300　→ヒトラー
「わが友、H．C．アンデルセン」　311

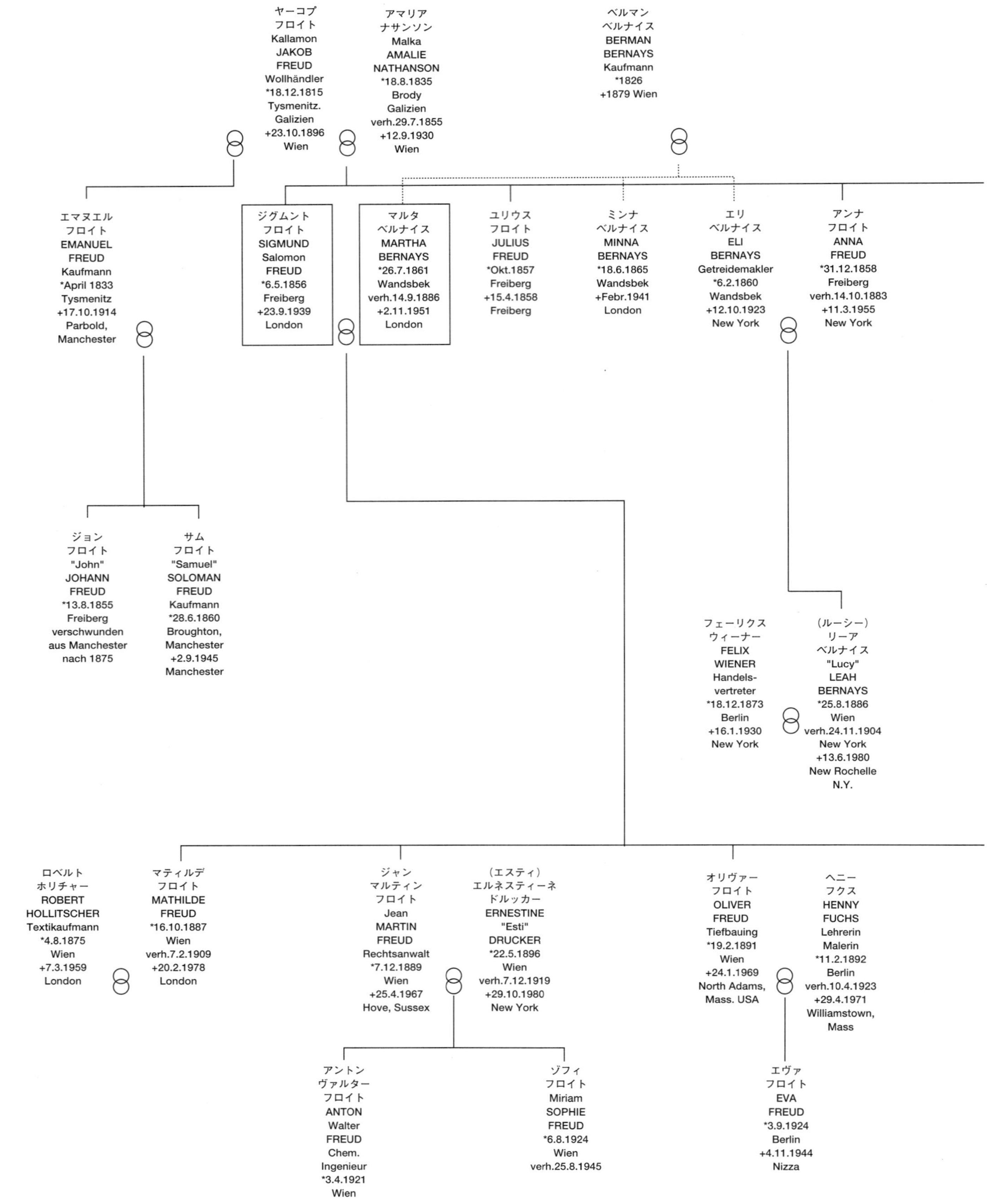

ヤーコブ フロイト Kallamon JAKOB FREUD Wollhändler *18.12.1815 Tysmenitz. Galizien +23.10.1896 Wien
アマリア ナサンソン Malka AMALIE NATHANSON *18.8.1835 Brody Galizien verh.29.7.1855 +12.9.1930 Wien
ベルマン ベルナイス BERMAN BERNAYS Kaufmann *1826 +1879 Wien
エマヌエル フロイト EMANUEL FREUD Kaufmann *April 1833 Tysmenitz +17.10.1914 Parbold, Manchester
ジグムント フロイト SIGMUND Salomon FREUD *6.5.1856 Freiberg +23.9.1939 London
マルタ ベルナイス MARTHA BERNAYS *26.7.1861 Wandsbek verh.14.9.1886 +2.11.1951 London
ユリウス フロイト JULIUS FREUD *Okt.1857 Freiberg +15.4.1858 Freiberg
ミンナ ベルナイス MINNA BERNAYS *18.6.1865 Wandsbek +Febr.1941 London
エリ ベルナイス ELI BERNAYS Getreidemakler *6.2.1860 Wandsbek +12.10.1923 New York
アンナ フロイト ANNA FREUD *31.12.1858 Freiberg verh.14.10.1883 +11.3.1955 New York
ジョン フロイト "John" JOHANN FREUD *13.8.1855 Freiberg verschwunden aus Manchester nach 1875
サム フロイト "Samuel" SOLOMAN FREUD Kaufmann *28.6.1860 Broughton, Manchester +2.9.1945 Manchester
フェーリクス ウィーナー FELIX WIENER Handels- vertreter *18.12.1873 Berlin +16.1.1930 New York
(ルーシー) リーア ベルナイス "Lucy" LEAH BERNAYS *25.8.1886 Wien verh.24.11.1904 New York +13.6.1980 New Rochelle N.Y.
ロベルト ホリチャー ROBERT HOLLITSCHER Textikaufmann *4.8.1875 Wien +7.3.1959 London
マティルデ フロイト MATHILDE FREUD *16.10.1887 Wien verh.7.2.1909 +20.2.1978 London
ジャン マルティン フロイト Jean MARTIN FREUD Rechtsanwalt *7.12.1889 Wien +25.4.1967 Hove, Sussex
(エスティ) エルネスティーネ ドルッカー ERNESTINE "Esti" DRUCKER *22.5.1896 Wien verh.7.12.1919 +29.10.1980 New York
オリヴァー フロイト OLIVER FREUD Tiefbauing *19.2.1891 Wien +24.1.1969 North Adams, Mass. USA
ヘニー フクス HENNY FUCHS Lehrerin Malerin *11.2.1892 Berlin verh.10.4.1923 +29.4.1971 Williamstown, Mass
アントン ヴァルター フロイト ANTON Walter FREUD Chem. Ingenieur *3.4.1921 Wien
ゾフィ フロイト Miriam SOPHIE FREUD *6.8.1924 Wien verh.25.8.1945
エヴァ フロイト EVA FREUD *3.9.1924 Berlin +4.11.1944 Nizza

フロイト一族の系図 （本書に現れた人のみ）

Stroemfeld出版社の「フロイト家系図（1996）」より一部分を抜粋して作成した

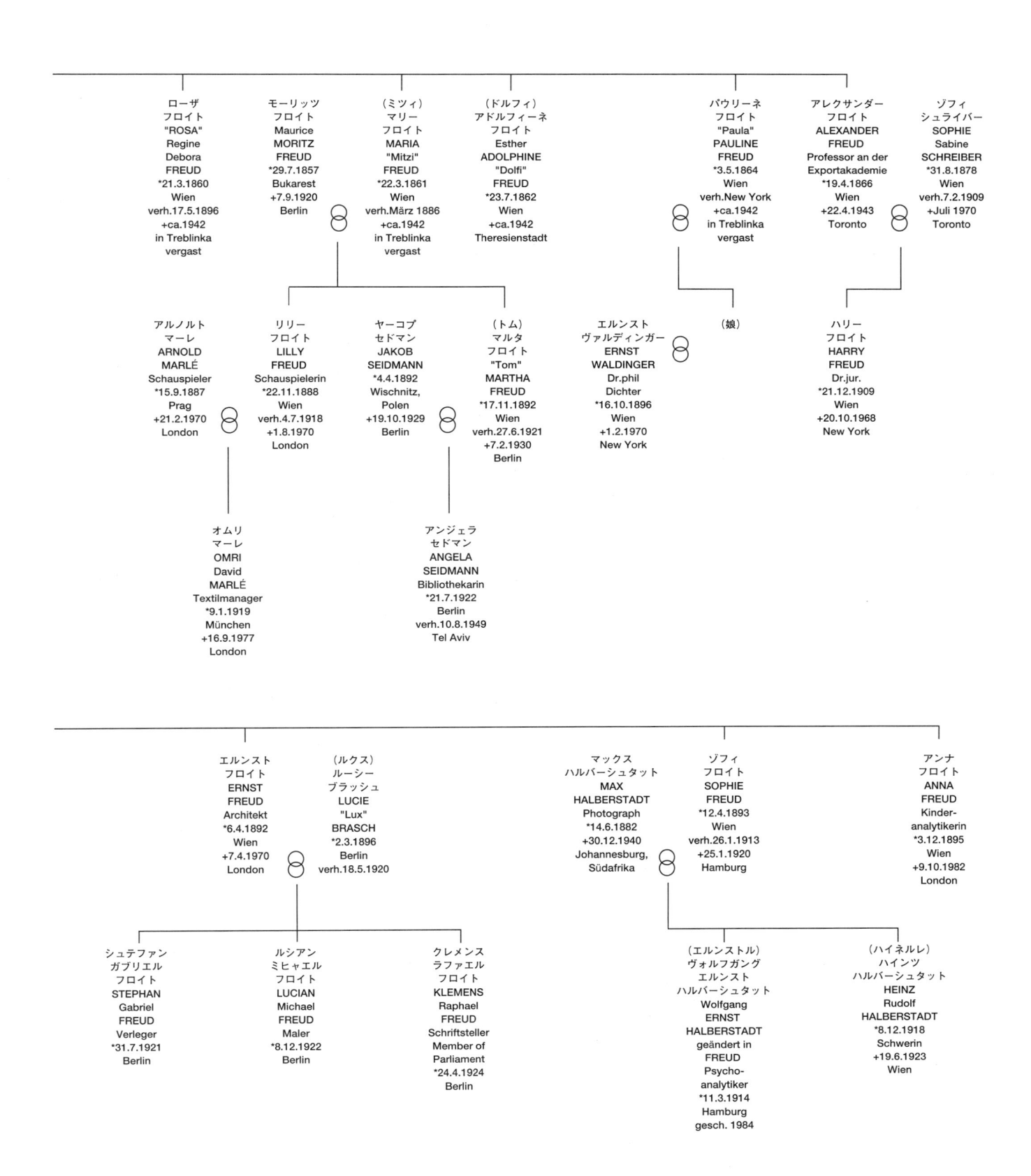

ローザ
フロイト
"ROSA"
Regine
Debora
FREUD
*21.3.1860
Wien
verh.17.5.1896
+ca.1942
in Treblinka
vergast

モーリッツ
フロイト
Maurice
MORITZ
FREUD
*29.7.1857
Bukarest
+7.9.1920
Berlin

(ミツィ)
マリー
フロイト
MARIA
"Mitzi"
FREUD
*22.3.1861
Wien
verh.März 1886
+ca.1942
in Treblinka
vergast

(ドルフィ)
アドルフィーネ
フロイト
Esther
ADOLPHINE
"Dolfi"
FREUD
*23.7.1862
Wien
+ca.1942
Theresienstadt

パウリーネ
フロイト
"Paula"
PAULINE
FREUD
*3.5.1864
Wien
verh.New York
+ca.1942
in Treblinka
vergast

アレクサンダー
フロイト
ALEXANDER
FREUD
Professor an der
Exportakademie
*19.4.1866
Wien
+22.4.1943
Toronto

ゾフィ
シュライバー
SOPHIE
Sabine
SCHREIBER
*31.8.1878
Wien
verh.7.2.1909
+Juli 1970
Toronto

アルノルト
マーレ
ARNOLD
MARLÉ
Schauspieler
*15.9.1887
Prag
+21.2.1970
London

リリー
フロイト
LILLY
FREUD
Schauspielerin
*22.11.1888
Wien
verh.4.7.1918
+1.8.1970
London

ヤーコプ
セドマン
JAKOB
SEIDMANN
*4.4.1892
Wischnitz,
Polen
+19.10.1929
Berlin

(トム)
マルタ
フロイト
"Tom"
MARTHA
FREUD
*17.11.1892
Wien
verh.27.6.1921
+7.2.1930
Berlin

エルンスト
ヴァルディンガー
ERNST
WALDINGER
Dr.phil
Dichter
*16.10.1896
Wien
+1.2.1970
New York

(娘)

ハリー
フロイト
HARRY
FREUD
Dr.jur.
*21.12.1909
Wien
+20.10.1968
New York

オムリ
マーレ
OMRI
David
MARLÉ
Textilmanager
*9.1.1919
München
+16.9.1977
London

アンジェラ
セドマン
ANGELA
SEIDMANN
Bibliothekarin
*21.7.1922
Berlin
verh.10.8.1949
Tel Aviv

エルンスト
フロイト
ERNST
FREUD
Architekt
*6.4.1892
Wien
+7.4.1970
London

(ルクス)
ルーシー
ブラッシュ
LUCIE
"Lux"
BRASCH
*2.3.1896
Berlin
verh.18.5.1920

マックス
ハルバーシュタット
MAX
HALBERSTADT
Photograph
*14.6.1882
+30.12.1940
Johannesburg,
Südafrika

ゾフィ
フロイト
SOPHIE
FREUD
*12.4.1893
Wien
verh.26.1.1913
+25.1.1920
Hamburg

アンナ
フロイト
ANNA
FREUD
Kinder-
analytikerin
*3.12.1895
Wien
+9.10.1982
London

シュテファン
ガブリエル
フロイト
STEPHAN
Gabriel
FREUD
Verleger
*31.7.1921
Berlin

ルシアン
ミヒャエル
フロイト
LUCIAN
Michael
FREUD
Maler
*8.12.1922
Berlin

クレメンス
ラファエル
フロイト
KLEMENS
Raphael
FREUD
Schriftsteller
Member of
Parliament
*24.4.1924
Berlin

(エルンストル)
ヴォルフガング
エルンスト
ハルバーシュタット
Wolfgang
ERNST
HALBERSTADT
geändert in
FREUD
Psycho-
analytiker
*11.3.1914
Hamburg
gesch. 1984

(ハイネルレ)
ハインツ
ハルバーシュタット
HEINZ
Rudolf
HALBERSTADT
*8.12.1918
Schwerin
+19.6.1923
Wien

- **ジグムント・フロイト**＝1856-1939　精神分析学の創始者。20世紀が生んだ重要な人物の一人である。モラビアに生まれ、ウィーン大学で医学を学び、臨床医になる。はじめヒステリー治療の研究を行なっていたが、1900年に無意識（本人が知らない隠れた心理）の過程がわれわれの考えや行動を決定すると論じた『夢判断』を発表する。これを契機にフロイトの名声が高まり、以後40年間著作物をつぎつぎに発表する。そのなかで第一次大戦後ごろから生命には生体を無機状態にする欲動、つまり「死の欲動」があるのではないかと思索しはじめ、『快感原則の彼岸』を発表。1923年にガンと診断され、以後自分の死と闘いつつ、1938年にナチスから逃れるためイギリスに亡命。1939年に死去。著作は『フロイド選集』（全17巻，日本教文社）『フロイト著作集』（全11巻，人文書院）等がある。
- **マイクル・モルナール**＝ロンドン・フロイト記念館館長代行。バーミンガム大学でフランス語とロシア語を学び、東アングリア大学でヨーロッパ研究を行なう。フロイト研究は、文学理論を通して行なうようになった。それには両親がナチス・ドイツとオーストリアからの避難民であり、フロイトと同様に1930年代の歴史の巻添えになったという家族背景があった。
- **小林 司**＝1929年、弘前市に生まれる。1959年東京大学大学院博士課程修了、医学博士、精神科医、作家、シャーロッキアン。もと上智大学カウンセリング研究所教授、現在はメンタルヘルス国際情報センター所長。著訳書115冊。

フロイト最後の日記　1929〜1939

2004年4月20日　初版発行

著者　　　ジグムント・フロイト
編者　　　ロンドン・フロイト記念館
解説者　　マイクル・モルナール
訳者　　　小林　司〈検印省略〉
　　　　　©Tsukasa Kobayashi, 2004
発行者　　岸　重人
発行所　　株式会社 日本教文社
　　　　　東京都港区赤坂9-6-44　〒107-8674
　　　　　電話　03-3401-9111（代表）03-3401-9114（編集）
　　　　　FAX　03-3401-9118（編集）03-3401-9139（営業）
　　　　　振替　00140-4-55519
　　　　　http://www.kyobunsha.co.jp/
印刷所　　凸版印刷株式会社
製本所　　牧製本印刷株式会社

- ◆　Ⓡ〈日本複写権センター委託出版物〉本書の全部または一部を無断で複写複製（コピー）することは、著作権法上での例外を除き、禁じられています。本書からの複写を希望される場合は、日本複写権センター（03-3401-2382）にご連絡ください。
- ◆　乱丁本・落丁本はお取り替えいたします。
- ◆　定価はカバーに表示してあります。

ISBN4-531-08138-2　Printed in Japan